本书系
国家哲学社会科学基金项目·一般项目
朱子学在海外的传播及其影响（项目编号：10BZX04）
项目成果

朱子学在海外的传播与影响

蔡尚思 题

张品端 ■ 著

中国社会科学出版社

图书在版编目（CIP）数据

朱子学在海外的传播与影响／张品端著 . —北京：中国社会科学出版社，2019.12
ISBN 978-7-5203-5528-5

Ⅰ.①朱⋯　Ⅱ.①张⋯　Ⅲ.①朱熹（1130—1200）—理学—文化传播—研究　Ⅳ.①B244.75

中国版本图书馆 CIP 数据核字（2019）第 247693 号

出 版 人	赵剑英
责任编辑	耿晓明
责任校对	李　军
责任印制	李寡寡

出　　版	中国社会科学出版社
社　　址	北京鼓楼西大街甲 158 号
邮　　编	100720
网　　址	http://www.csspw.cn
发 行 部	010-84083685
门 市 部	010-84029450
经　　销	新华书店及其他书店

印　　刷	北京明恒达印务有限公司
装　　订	廊坊市广阳区广增装订厂
版　　次	2019 年 12 月第 1 版
印　　次	2019 年 12 月第 1 次印刷

开　　本	710×1000　1/16
印　　张	31
插　　页	2
字　　数	478 千字
定　　价	138.00 元

凡购买中国社会科学出版社图书，如有质量问题请与本社营销中心联系调换
电话：010-84083683
版权所有　侵权必究

序

朱子学于宋末元初,发源于闽浙赣的武夷山地区,由南至北而遍于全国,成为我国元明清时期的正宗思想;东传至日、韩等国,成为"东亚文明的共同体现";又传至西方欧美地区,成为世界性的学说。近古,朱子学的这种"自南而北,而迄于东西"的传播是极其深刻的国际性的中国文化运动。

随着改革开放的不断深入发展,中外学术文化交流日益频繁,中国学者渐渐加强了对韩国朱子学和日本朱子学的研究,乃至朱子学在东南亚和欧美地区的传播与影响的研究,成果不断出现。这为朱子学的研究拓宽了视域,对朱子学的研究作出了贡献。

本书以二十几位外国哲学思想家为主,着眼于中外哲学对话,从中看到朱子学在海外"得新意,长新格"。比如,其中的"李退溪与朱子学",针对朱子的理气论,退溪提出了"理自能动"的思想。正是由于理的动静,才有阴阳之气的产生。这就解决了"若理无动静,气何自而有动静"的内在矛盾。又如,对于朱子"四端是理之发,七情是气之发",李退溪提出了"四端七情理气互发说"。他的弟子李栗谷又提出了"四端七情气发理承一途说。"通过朱子与李退溪的比较,可以知道李退溪的思想中,哪些是他对朱子思想的继承,哪些是他对朱子思想的发展。从退溪到他的学生栗谷,朱子学有非常大的发展,这个发展的基础就是中国的朱子学,也就是朱子学统的发展。

又如,"贝原益轩与朱子学",针对朱子"理气为二"论,贝原益轩提出质疑。他主张"理即气之理",理气是一体而不可分的。他倡导的格物穷理的"理",是寓于万事万物之中的理,即经验的理。他从气本论出发，在人性问题上，认为性只有一性，就是气质之性，而气质的本然就是天地之性。这是对朱子二性（天命之性、气质之性）论的修正。贝原益轩的学说是一种"改新的儒学"，一种以经世致用为标志的新学风。从日韩对朱子学的发展来看，只研究朱子的思想，而不研究李退溪、李栗谷、贝原益轩的思想，也难以真正认识朱子学的特质，也就不能了解朱子哲学体系所包含的逻辑发展的可能性。

书中主要采取文化思想比较的方法，注重对原始资料的发掘和理论分析来深化研究。如通过对朱子理学与欧洲启蒙哲学、古典哲学作个案比较分析，既阐明两者在哲学建构上都有着相似的思维方式（即在学理进路上的相似性），又揭示两者之间的文化差异，以及不同的价值诉求。其突出特点是用东西文化"对话"的方式，清晰地呈现出朱子理学与欧洲启蒙哲学、古典哲学主要范畴的异同。又如，本书这种文化思想比较的方法用于对北美朱子学研究，其研究表现为将朱子思想对象化并予以客观考察，其基本形态是援引西方哲学中的概念和思想阐释朱子思想。这种方法更能反映北美朱子学研究的特点。

我对朱子学在海外的研究，是从20世纪末开始的。武夷山地区是朱子生长终老之乡，朱子学的发祥地。改革开放后，海外许多学者前来朱子故里进行文化考察，学术交流，这为我开展朱子学在海外传播与影响的研究提供了有利条件。1997年4月，我在中华书局主办的《文史知识》上，发表了《朱子学在越南》的文章，之后在《东南学术》发表了《朱子理学对法国启蒙思想家的影响》，在《合肥学院学报》发表了《李滉对朱子理学的继承和发展》，在《朱子文化》发表了《朱子学在新加坡》等12篇系列论文。在此基础上，我于2010年申报的《朱子学在海外传播与影响》课题，获得国家社科基金立项。在课题研究期间，我曾到韩国、日本和新加坡等国查阅收集有关资料，进行课题研究，并于2016年结项。课题结项后，根据专家的意见，又对书稿做了进一步的修改完善。

当然，朱子学在海外的传播，与传播国的文化碰撞、交融，其影响是多方面的，并且有正面的，也有负面的。我重点关注的是朱子学在海外的传播，对传播国思想家在哲学方面，以及社会价值观的一些影响。

书中所写,是我梳理朱子学在海外的资料,所形成的一些看法,力求做到较准确地反映朱子学在海外的传播,具有"世界朱子学"的意义,并为促进中外学术文化交流与对话起到一定的作用。至于能不能做到,我只能说,"非曰能之,愿学焉"。

张品端

2019 年 3 月

目　　录

引言 ·· (1)

上篇　朱子学在东亚的传播与发展

第一章　朱子学在韩国 ··· (19)
 一　朱子学东渐及其对韩国的影响 ······················ (19)
 二　李彦迪与朱子学 ·· (46)
 三　李退溪与朱子学 ·· (59)
 四　李栗谷与朱子学 ·· (89)
 五　曹南冥与朱子学 ·· (106)
 六　李巍岩与朱子学 ·· (117)
 七　朱子《白鹿洞书院揭示》与韩国书院教育的发展 ··· (129)
 八　《朱子家礼》与韩国礼学的发展 ························ (136)
 九　《朱子语录》在韩国的传播与影响 ···················· (141)
 十　朱子《近思录》在韩国的流传及其影响 ············ (152)

第二章　朱子学在日本 ··· (158)
 一　朱子学东传及其在日本的发展 ·························· (158)
 二　藤原惺窝与朱子学 ·· (182)
 三　林罗山与朱子学 ·· (202)
 四　山崎暗斋与朱子学 ·· (221)
 五　贝原益轩与朱子学 ·· (231)
 六　大阪学派与朱子学 ·· (241)
 七　水户学派与朱子学 ·· (253)

八　朱子《白鹿洞书院揭示》在日本的传播与影响 ……………… (267)
　　九　朱子《近思录》在日本的流传及其影响 …………………… (273)
第三章　东亚朱子学的特点 ……………………………………………… (281)
　　一　日本、韩国对中国朱子学的接受 …………………………… (281)
　　二　日本朱子学的特征 …………………………………………… (284)
　　三　韩国朱子学的特征 …………………………………………… (286)
　　四　中日韩朱子学的相同性 ……………………………………… (292)
　　五　中日韩朱子学的相异性 ……………………………………… (295)
　　六　现代东亚朱子学研究 ………………………………………… (298)

中篇　朱子学在东南亚的传播与影响

第四章　朱子学在越南 …………………………………………………… (309)
　　一　朱子学在越南陈朝的初传 …………………………………… (309)
　　二　朱子学在越南后黎朝的发展 ………………………………… (314)
　　三　朱子学在越南阮朝由盛而衰 ………………………………… (321)
　　四　朱子学在现代越南的影响 …………………………………… (327)
第五章　朱子学在新加坡 ………………………………………………… (333)
　　一　朱子学在新加坡的早期传播 ………………………………… (333)
　　二　新加坡独立后朱子学的发展 ………………………………… (336)
　　三　朱子学与新加坡现代化 ……………………………………… (340)
第六章　朱子学在泰国、马来西亚和印度尼西亚等国 ………………… (346)
　　一　朱子学在泰国的传播与影响 ………………………………… (346)
　　二　朱子学在马来西亚的传播与影响 …………………………… (349)
　　三　朱子学在印度尼西亚的传播与影响 ………………………… (355)

下篇　朱子学在欧美的传播与影响

第七章　朱子学在欧洲 …………………………………………………… (361)
　　一　朱子学在欧洲的传播与影响 ………………………………… (361)
　　二　早期耶稣会士对朱子学的理解 ……………………………… (383)

三　朱子学与法国启蒙思想家 …………………………………（400）
　　四　朱子学与德国启蒙思想家 …………………………………（411）
　　五　朱子学与康德哲学 …………………………………………（421）
　　六　朱子学与黑格尔哲学 ………………………………………（430）
　　七　朱子学与李约瑟 ……………………………………………（441）

第八章　**朱子学在美国** …………………………………………（447）
　　一　朱子学在美国的早期传播 …………………………………（447）
　　二　朱子学研究在现代美国的兴起 ……………………………（448）
　　三　狄百瑞的朱子学研究 ………………………………………（452）
　　四　陈荣捷的朱子学研究 ………………………………………（453）
　　五　余英时、田浩的朱子学研究 ………………………………（456）
　　六　成中英、安乐哲的朱子学研究 ……………………………（459）
　　七　南乐山、白诗朗的朱子学研究 ……………………………（463）
　　八　伽德纳、谢康伦、孟旦的朱子学研究 ……………………（466）
　　九　杜维明的儒学观 ……………………………………………（469）

第九章　**朱子学在加拿大** ………………………………………（471）
　　一　秦家懿的朱子学研究 ………………………………………（471）
　　二　梁燕城的儒学思想 …………………………………………（473）

参考文献 ……………………………………………………………（475）

结束语 ………………………………………………………………（486）

引　言

南宋时，朱子在闽浙赣的武夷山一带建书院，讲学著述，开展学术文化创造活动，形成了著名的朱子学派，其影响遍及南方各省。元初，朱子学北传，并在元朝统治者的支持下，朱子的《四书章句集注》被钦定为科举的教科书和考试的标准答案，朱子学成为官学。明初，朱子学被钦定为官方哲学，成为中华民族的精神力量和生活方式。其后，朱子学影响了中国近古时期六百多年。朱子学是朱熹以自己的思维方式和方法对一代又一代中国人，关于自然、社会和人自身的认识成果的总结。它是中华民族的珍贵文化遗产。作为文化遗产，它是超越时代，超越区域的。

一　多元的东亚朱子学

南宋末，朱子学传入高丽，使朱子学的发展迈进了一个新的阶段。韩国称朱子学为朱子性理之学（即性理学）。所谓性理学，韩国柳成国教授认为："所谓性理学，乃成立于宋代，又称为宋学、道学、理学、程朱学、朱子学等。如从儒学所言的'修身、齐家、治国、平天下'，虽重于实践的、伦理的一面，在性理学，则更重视人间行为准则的原理和根据。因之，不只言伦理方面的问题，更具有哲学的性格，故成为十分理论的学问。进一步地，性理学者们更探求人间本性与宇宙形上学的原理，由此，更导出了理气与性情的问题。"[①] 而韩国性理学是由朝鲜初

[①] ［韩］柳成国：《韩国儒学史》，台北商务印书馆1989年版，第130页。本书所引外文献，如未注明译者，皆为汉文本。

期的儒学，继承了高丽末期以实用为特征的典章制度和以词章之学为主的汉唐学风，向理论的、哲学形式的宋明理学（主要是朱子学）转化。

从高丽末到朝鲜初是朱子学的传播开创时期。这时期的主要代表人物有郑梦周、郑道传、赵光祖等。他们在韩国朱子学传入和发展的这段历史中，起了继往开来的作用。其任务是介绍、阐述朱子学，将朱子学为中心的儒家哲学上升为朝鲜李朝的建国理念，为改革提供理论根据，为新王朝制定内外政策、重整社会秩序、加强中央集权服务。

李朝开国后的一百年，朱子学在朝鲜进入发展创新时期，使朱子学与朝鲜社会实际和需要相结合，发展创新为具有朝鲜特色的朱子学。当时，各种朱子学派相继出现，形成了以徐敬德为代表的气学思想，以李彦迪为代表的理学派等。李彦迪和曹汉辅开展了"无极太极"论辩，为朝鲜时期第一次性理学的论辩。

16世纪中叶，朝鲜出现了朱子学集大成的思想体系，并以思辨性、人间性、实践性相圆融为特征。其代表人物为李退溪和李栗谷。这个时期，李退溪与奇高峰、李栗谷与成牛溪开展了两次"四端七情"论辩。论辩双方都是以对元典的解释或理解为依据，并各以自己的理解为符合元典的本义。由于其所依的元典是共同的，尽管他们的理解和解释发生分歧，但仍属于性理学范围之内，又由于对元典的不同理解和解释，而形成朝鲜性理学的主理派和主气派。李退溪提出了"四端理发而气随之，七情气发而理乘之"的理气互发说，从"理发而气随之"或"气发而理乘之"，以理为主，即主理；李栗谷提出了"气发理乘一途说"，即"四端七情均为气发而理乘之"，以气为主，即主气。此外，奇高峰提出了"情兼理气"说。他们都是从"理气"范畴出发，对"情"的来源及性质进行分析。这就开启了韩国性理学主理与主气两个学术流派。后来由于受李退溪和李栗谷的影响，朝鲜出现了岭南礼学和畿湖礼学，推动了朝鲜礼学的发展。此外，这时期还有以曹植为代表的南冥学等。

李朝从中期向后期转变时，朝鲜学者从关注性理学中的已发的"四端"与"七情"的定性问题，转向未发的"心"与"情"上面，并扩展到"人性"和"物性"的定性问题。这个时期，出现了"湖洛论争"，即围绕"人物性同异""未发心体本善有善恶"的问题展开了激烈的论争。与此同时，朝鲜还出现了与正统朱子学相对抗的汉学和阳明学派。作为官方意识形态来看，朱子学仍然具有正统地位，其他学派未能取代朱子学的地位。

朱子学传入日本较早，1211年日本僧侣俊芿回国，带去朱熹的《四书章句集注》初刊本，并在俊芿回国30年后复刻宋版朱熹《论语集注》，署名"陋巷子"，这是日本印中国朱子学著作之始，也是朱子学传入日本的重要标志之一。[1] 朱子学传入日本后，依附于佛教，"儒佛一体"经历了很长一段时间。15世纪后期，日本形成了以清原业忠一条兼良为代表的博士公卿派，以桂庵玄树为代表的萨南学派，以南村梅轩为代表的海南学派。这些学派开展"四书和化"工作，在各地讲授朱子学，促进了朱子学在日本的传播。特别是此前后醍醐天皇在宫廷开设宋学讲筵，日本史所说的"建武中兴"，便是以宋学作为其意识形态的理论。这为17世纪初德川幕府把朱子学作为其官方哲学奠定了基础。

在江户时代前期，朱子学在日本进入兴盛时期。其标志，一方面是朱子学脱离佛教的束缚，走上独立发展的道理；另一方面是朱子学与日本原有的神道相结合，形成日本化的朱子学。在这期间，中国朱子学著作和不同派别的思想继续向日本输入。明末的中国禅宗临济宗杨岐派禅师隐元（1592—1673，福建福清人），于1654年赴日，在日本创立黄檗宗。此后，隐元禅师所住持的日本京都万福寺的十三代住持均为闽浙一带的中国僧人。他们都在日本传授禅学和朱子学。明末清初，浙江余姚的朱舜水，于1659年到达日本长崎，在日本讲学23年。他对朱子学在日本的传播和发展起了重要的作用。

江户时代，日本朱子学出现了许多派别。藤原惺窝（1561—1619）是日本朱子学派的创始人，使日本朱子学发展到一个新的时代。他创立的京师朱子学派，主张日本神道与儒道调和，认为两者"名有不同，心为一也"[2]。其弟子林罗山，以理气融合论批判佛教，排斥"异学"，维

---

[1] 张立文：《朱熹评传》，长春出版社2008年版，第363页。
[2] 参见李甦平《圣人与武士——中日传统文化与现代化之比较》，中国人民大学出版社1992年版，第48页。

护朱子学的独尊地位,使朱子学成为统治意识形态。海南朱子学派发源于日本南部四国之土佐地区,始称南学。其代表人物山崎暗斋笃信朱子学,倡导"敬内义外"说,将朱子学的伦理道德思想向实用伦理方向发展,使朱子学日本化。海西朱子学派的贝原益轩注重格物笃实,具有经世、求实的特色。他的格物穷理的"理",是指寓于万事万物之中的理,即经验的理,并且有实用价值。他的这一经验合理性的品格为新井白石(1657—1725)所继承和发展。新井白石以其朱子"穷理"的实践精神,在现实的考察基础上,对本草学、地理学、军事学都做了研究,写出了论著,使日本朱子学成为接受西方科学技术的思想基础。

大阪朱子学派,是根据大阪这个商业都市发展的特点,本着商人的立场而建立的。他们以怀德堂为阵地,讲授朱子学,有平民教育之风。他们把朱子学中的"理"着重解释为客观世界的规律,在认识论上更接近了近代意识。所以,有学者说:"怀德堂学派在认识论方面已表现出了近代性格。"①而水户朱子学派则是以朱熹的《通鉴纲目》的正闰观、名分论为指导思想,编撰《大日本史》为其特征。该学派受朱舜水思想影响较大,有兼容并包之学风。此外,日本还出现了以大塚退野为代表的熊本朱子学派。大塚退野受朝鲜李退溪《朱子书节要》思想影响较大。他的门人有薮孤山、横正小楠、元田东野等人,并传于后代,在明治维新时出现了许多有作为的学者。

随着日本儒学中不同学派的出现,一些原为朱子学者,由于在研究中对朱子学产生怀疑,以至批判,转而或研究阳明学,或从孔孟元典中寻求儒学真谛,或学习西方自然科学,而形成了阳明学派、古学派和兰学派等。

16世纪中叶以后,中国朱子学与韩国朱子学、日本朱子学共同形成了东亚朱子学,朱子学成为东亚文化的主流、东亚文明的共同体现。但三国朱子学各具特色,显示了东亚朱子学的多元性。日本、韩国对中国朱子学的接受,由于传入的渠道不同,韩国主要靠官方学者,而日本则由中日两国僧人传入,"儒佛一体"的现象持续了很长一段时间,朱子学才走上了独立发展的道路。并且日本没有普遍实行科举制度,所以

---

① 王家骅:《儒家思想与日本文化》,浙江人民出版社1990年版,第148页。

朱子学始传日本比韩国早,而融化为本民族自己的文化学术时间,日本比韩国要晚得多。这是日韩对中国朱子学接受的不同之处。

东亚朱子学,就韩国来说,朝鲜性理学家以朱子理气论为基础,对心性情哲学范畴进行了深入细致的探讨,使心性哲学在朝鲜得到发展。韩国朱子学具有明显的特点:一是重气。高丽从中国元朝引进朱子学,受中国元代朱子学家许衡重"气"思想影响。朝鲜早期形成了以徐敬德为代表的气学思想,而后李栗谷的重气思想,被韩国学者视为朝鲜后期实学的先驱者。二是重情。韩国朱子学的热点不在"宇宙论""本体论"的探究,而是热衷于"性情"的探讨,突出了"情"的重要性。朱熹关于"心性情"问题,从"动静""体用""未发已发"等方面作了详细的论述,但却没有从理学的基本范畴"理气"角度对"情"进行论述。韩国的"四端七情"论辩,就是韩国儒学史上对"情"的定性问题,展开的一场重要论辩。韩国朱子学者对"四端七情之辨"的探讨从高丽末开始,一直延续到朝鲜末期,经历数百年之久,几乎每一位韩国朱子学者都直接或间接地参与了这场著名论辩。这次论辩为韩国朱子学的一大特色。三是重实。韩国朱子学学者注重实行践履,为学的目的是为了自身的道德修养,探求心性之学,以明自我完善。此外,韩国朱子学还具有"自主性"的特征。朝鲜性理学的主理派与主气派之间论辩三百多年之久,充分展示了韩国朱子学的"自主"精神。

就日本来说,朱子学经儒佛合流,又与日本原有的神道相结合,形成了日本化的朱子学。藤原惺窝、林罗山、山崎暗斋和贝原益轩等不同学派的代表人物,从理气论、人性论到认识论都进一步发展了中国朱子学,具有日本朱子学的特色。日本朱子学具有的特点:一是重视"即物思维",强调理的自然性、实在性的意义。日本朱子学发挥朱熹的"即物穷理"思想,注重"即物思维"。如贝原益轩从朱熹的"格物穷理"思想出发,重视自然科学研究。源了圆认为日本民族的这种"即物思维"[①]特征,使日本人讲究实际、实用和实效。这样,就形成了日本民族讲求实际、倡导实用的民族性,努力提倡经验科学、实证科学的良好

---

① 王家骅:《儒家思想与日本文化》,第148页。

风气。这一思想倾向为日本走向现代化提供了理论思想前提。二是提供的道德之理是神儒合一，把忠信仁义等思想与天皇崇拜思想结合起来；三是将"理"阐释为经验型范畴，因而不注重形而上的思辨，而热衷于形而下的即物穷理，并把穷理精神与经验相结合，给予朱子学以经验合理性的品格，并使之成为西方近代自然科学传入的媒体。这就构成了日本民族重实用的特征。

朱子学于宋末传入韩国、日本，成为包括中国在内三国的官方意识形态，支配东方三国思想文化七八百年，其影响极为广泛而深刻。对于这种影响，美籍华人学者杜维明说："第二期儒学的发展，也就是中国的宋明、朝鲜的李朝到后来日本的德川……所以，岛田虔次（日本，1917—2008）指出：儒学是东亚文明的体现。这就是说，儒学不完全是中国的，也是日本的、朝鲜的。这是儒学第二期的发展，有800年的历史……朝鲜的李朝大概从1392年开始建朝，直到1910年日本侵略朝鲜灭亡，跨越中国明清两代，是东亚大王朝，这个朝代的指导思想就是儒学，其中非常突出的思想家就是李退溪（李滉）。从李退溪到他的学生李栗谷（李珥），儒学有非常大的发展，这个发展的基础即是中国的朱子学，也就是朱熹学统的发展。"[①] 朱熹、李退溪等新儒家，把孔孟儒学更加具体化，成为东方诸民族成就人生价值升华的楷模，体现出了儒学是东方文化的主要特征。

东亚朱子学的多元性说明，日韩对中国朱子学的引进与吸收，并不是简单地将中国朱子学移植到日本或韩国，而是根据他们所在国的社会实际，与其传统文化、思维方式、行为方式以及社会需要相融合。我们探讨东亚朱子学的特点，发掘朱子学其深层的文化内涵，是吸取东亚各国、各民族思想文化智慧的重要方法。

二　东南亚朱子学的现代化

越南与中国山水相依，同属汉文化圈，是东南亚地区传入朱子学最早的国家。1226年，越南陈朝建立，陈太宗即创立国学院，重修国子

[①] 杜维明：《论中国传统文化》，生活·读书·新知三联书店1988年版，第97、120页。

监，重视儒学教育。1253年9月，陈太宗"诏天下儒士，诸国学院，讲'四书''五经'"①，这是朱子"四书"传入越南的最早记载。

陈朝建立之初，亟须一种适应当时社会发展的意识形态。当时正在中国上升为社会主流文化的朱子学，受到越南陈朝的重视。陈朝重视朱子学，这与中越两国都具有大致相同的文化结构有关。陈朝的科举制度仿效中国，同样以朱熹《四书章句集注》为取士标准。这为朱子学在越南被确立为官方意识形态奠定了社会基础。

朱子学在越南的传播，除统治者的提倡外，出现了一批积极传播朱子学的朱文安、黎文体、张汉超等先驱者。他们在解释、体会朱子学的同时，致力于朱子学的传播与普及。如朱文安任国子监司业时，讲授"四书""五经"。他所著的《四书说约》一书，以朱子的《四书章句集注》为蓝本，介绍"四书"的内容。《越史总论》将朱文安的学术思想概括为"穷理、正心、除邪、拒僻"。朱文安的思想对后来越南社会产生了深远的影响，被誉为越南朱子学的一代宗师。

1428年，越南建立后黎朝。黎太祖仿中国明朝以朱子学作为正统思想，重视制礼乐，创学校，振兴儒学。1434年，越南举行科举考试，都考"四书"，同时，大量刊行《四书大全》。此后，黎玄宗、黎裕宗都尊崇朱子学，因此，黎朝时期儒风大振，儒者辈出。如吴士连用汉文撰写的《大越史记全书》，是一部越南通史。从该书《凡例》所做的说明，可以清楚看出受到朱熹《资治通鉴纲目》思想的影响，作者对程朱理学的造诣之深。黎贵惇是黎朝著名朱子学者，具有深厚的汉学修养，曾两次出使中国。他的著作有五十多部，其内容涉及哲学、经济及史地诸方面，被称为集大成的学者。他著的《四书约解》认为，理与气并非对立，具有同等的地位，不像阴与阳、体与用那样可分主次，反映了他对朱子学的深入研究。他在《重刊四书约解序》中说："圣贤言行载之四书备矣……是故河南、紫阳（即朱子）两夫子撰出而发明之。"可见，他对程朱理学的推崇。

1802年，阮朝建立，定都顺化，改国号为越南（陈朝称安南，后

---

① ［越］吴士连等编纂：《大越史记全书·陈纪·太宗》，东京：日本东京大学东洋文献中心丛刊，1979年。

黎称交趾）。阮朝建国八十年间，由于与清朝一直保持宗藩关系，所以，"儒学占据独尊地位……对于儒学，阮朝诸王均极为尊重"①。阮朝以朱子学为官方意识形态，尊崇朱子学。特别是明命帝，兴学校，普及儒家思想。他规定越南儿童七八岁上小学，读《孝经》《小学》；十二岁以上，读《论语》《孟子》《中庸》《学记》；十五岁以上，读"五经"。1834年，明命帝还颁布《十条训谕》，其中第一条就是"敦人伦"，即以儒家伦理纲常为主要内容进行社会教化。1835年，明命帝诏谕将《四书大全》《五经大全》《小学集注》等书大量印行。1846年，绍治帝还允许民间印刷《四书大全》《五经大全》和《性理大全节要》等书籍销售，使儒家书籍流布全国。这时期，是越南朱子学发展的全盛时期。

朱子学在越南古代社会有600多年，对越南民众产生了广泛深远的影响。所以，一位英国学者说，儒学（主要指朱子学），在越南取得非凡胜利，把"五伦"尤其是家庭关系的伦理在社会中扩展到最大限度。②杜维明也说："越南在法国殖民主义征服以前，受到儒学的很大的影响。就是在今天，在许多地方，它的人与人之间的关系，它的行为，都受到儒家的影响。"③越南学者陈重金亦指出："须知我国自古至今，凡事皆以儒教为依据，以三纲五常为处世之根本……国人濡染中国文明非常之深，尽管后世摆脱了中国的桎梏，国人仍不得不受中国的影响。这种影响年深日久已成了自己的国粹，即使今天想清除它，也不易一时涤荡干净。"④

近代，朱子学由华人移民，将其传入新加坡、泰国、马来西亚和印度尼西亚等东南亚国家。1819年新加坡开埠前后，大量华人迁入新加坡。他们创办华人学校，教学宗旨是"究洛闽之奥"⑤，主要课程内容

---

① [越] 陶维英：《越南文化史纲》，胡志明市：胡志明出版社1992年版，第271页。
② [英] 亚历山大·B.伍德斯特：《中世纪的越南与柬埔寨：比较评论》，李延凌译，《印支研究》1985年第1期。
③ 杜维明：《论中国传统文化》，第97页。
④ [越] 陈重金：《越南通史》，戴可来译，商务印书馆1992年版，第354页。
⑤ 1849年，新加坡第一所华文学校"崇文阁"的《兴建崇文阁碑记》，引自冯增铨《儒学在新加坡》，《孔子研究》1986年创刊号。

为"四书""五经"。新加坡重视朱子学,是与种族认同、文化认同的强烈愿望相关。新加坡原总理李光耀说:"我们的历史并不是在祖先初到新加坡的时候才开始,它早在5000多年前中国文明初创时就已开始。这段历史是我们的一部分,因为我们继承了这个系统与文化。"① 因此,新加坡加强华人传统文化的宣传,进行朱子学研究,是必然的。

1982年,新加坡大力发展儒家伦理道德教育,编写《儒家伦理》教材,在中学高年级设立该课程,培养学生具有儒家伦理的价值观念。新加坡是一个多元化的移民社会。在各族文化传统基础上提出了"国家至上,社会为先;家庭为根,社会为本;关怀扶助,同舟共济;求同存异,协商共识;种族和谐,宗教容忍"五种核心价值观,以作为各族人民建立一个共同的价值系统的基础。可以看出,新加坡政府推出共同价值观的目的,在于用现代语言对儒家思想进行诠释,并通过改造和发展,把儒家思想的合理内核不留痕迹地融入共同价值观的框架中去,从而实现儒家思想的现代转型。

新加坡大学龚道运教授对朱子的心性践履之学开展研究,提出了朱子学也有心学。新加坡朱子学研究的特点,是把儒学研究与他们社会实际发展、与现代化联系起来。朱熹的义利观对新加坡经济行为的扩张和经济秩序的建立起了积极的作用,所以新加坡学者特别注重朱子心学的研究。他们认为朱子的心性践履之学在今日有重要的实践意义。

儒家文化在泰国得到华人的认同。泰国华人领袖郑午楼博士说:"我们海外华人,在保持中华文化传统中占有重要地位。事实上,儒家思想早已通过历史塑造出华人特有的心态和生活方式。我们身居竞争性工商社会,深知社会价值观念,西方化所造成的弊端。如果得到经济现代化,却失去了儒家传统,那将是一个时代的悲剧。因此,我们必须在投身于一个工商社会以求生存发展的同时,努力保持并发扬华人的道德理性,实践东西文化共同冶于一炉的中庸之道。"②

泰国学者的朱子学研究,主要表现在对朱熹人性论的关注上,如郑彝元在《儒家思想导论》中说:"朱熹能够把人性的善恶与天理人欲两

---

① 《社论》,《联合早报》1991年2月19日。
② [泰]郑彝元:《儒家思想导论·序》,曼谷:时中出版社1984年版,第1页。

者联系起来讲，表明他已看到了本能（人性）与理性（天理）同善恶的相关性。但是，他把性理说成天理，表明他还不明白理性发源于人的社会属性，是人类社会意识的表现。其次，他对人欲与天理、本能与理性的依存性缺乏明确认识，不明白两者之间的对立并非绝对，只能互相制衡而不能独立存在。"[1] 郑氏这种分析是深刻的。

马来西亚华人早在1888年，就在槟榔屿建立了义学学堂。其《章程》第13条就规定要读《孝经》和"四书"。1898年，出生在槟榔屿的辜鸿铭将《大学》译成英文。21世纪，朱子学受到马来西亚官方的重视。马来西亚高等教育部副部长胡亚桥说："儒学在中华文化形成与发展过程中扮演主导角色，而朱熹是儒学发展到宋代另创高峰，贡献至大的人物。"[2] 他还要求马来西亚朱熹学术研究会聘请国际著名朱子学者到马来西亚进行讲学活动，以推动朱子学研究的发展。马来西亚朱熹思想研究会创办《朱子学刊》，出版《朱熹文选集》，举办"朱子格言书展""朱子学国际学术研讨会"等。通过各种形式的倡导，朱子学在马来西亚华人社会的各个阶层中被推广与普及，产生了较大影响。

印度尼西亚有800多万华人，是海外最大的中国文化区。19世纪末，印尼中华会馆成立，其宗旨是弘扬儒家学说。该会馆成立后，组织翻译出版朱注"四书"中的《大学》和《中庸》，将《朱子家训》改编成诗歌，大力弘扬朱子学等儒家思想。21世纪初，印尼的朱子后裔建立起印尼朱氏联合会，召开纪念会，举办朱子学论坛，传播朱子学，传承朱子文化传统。

在东南亚，由于各国文化、社会结构各不相同，因而对朱子学的接受，以及朱子学所产生的影响亦不相同。朱子学最早传入越南，并成为越南的官方哲学。越南官方和学者致力于朱子学的普及，使朱子学成为越南民众的价值体系核心，影响近古越南社会六百多年。

近代，朱子学在新加坡、泰国、马来西亚和印度尼西亚等东南亚国家传播。华人在海外自强不息、安身立命之本就是儒家文化，其精神源泉来自儒家的道德伦理思想。东南亚朱子学研究主要关注朱子人性论，

---

[1] ［泰］郑彝元：《儒家思想导论·序》，第1页。
[2] ［马］符树存：《马来西亚朱子学研究的崛起》，《朱子文化》2006年第2期。

注重朱子的心性践履之学，体会实践道德伦理，弘扬儒家的价值观念和理性精神。通过华人的努力，以朱子学为核心的新儒学，得到华人的普遍认同，强化了中华民族意识。

在东南亚各国资本主义生产关系普遍发展的前提下，朱子学中的价值观、中庸之道等思想，不仅没有妨碍东南亚各国社会经济的运行，反而演变成一种配合经济增长的有利的人文条件。从东南亚儒家思想的发展来看，由传统儒学到现代儒学的转换，从根本上是一个社会实践和历史的选择过程，只有被选择的儒学，即从儒学中分离出具有现代性的思想资源，才能在现代化社会中发挥作用。

朱子学作为一种外来文化，将与东南亚各国的主流文化相互交流融合，继续存在和发展下去。

三　理一分殊的欧美朱子学

明末清初，朱子学由来华传教士介绍到欧洲。从 16 世纪中叶到 17 世纪中叶这 100 多年，是朱子学在欧洲的早期传播。这时期，欧洲传教士将朱子《四书章句集注》和《性理大全》等著作译成西文，介绍朱子理学。罗明坚是第一个将"四书"翻译成拉丁文，这是欧洲对中国儒家经典的首次解译。利玛窦从儒家经典中寻找"儒耶对话"的切入点，探讨用儒家思想论证基督教教义的可能性。他写的《天主实义》，是传播理学最有影响的一部著作。该书从基督教立场出发，对朱子学中的"太极"和"理"作了批判性的介绍。龙华民写的《论中国人宗教的基本问题》，也是一部向欧洲介绍朱子理学的文章。其价值就在于以西方语言首次阐述了朱子学思想观念。马若瑟的《论中国人的独神主义书简》，对朱子理学作了最详细的介绍。为了反对把朱子理学说成无神论和斯宾诺沙的泛神论，他在这封书简中，引用大量的中文资料论证朱子理学是一神论。

朱子理学经过早期欧洲耶稣会士们各自的理解和诠释，被视为无神论、有神论、一神论等。但无论冠以何种学说，均对欧洲人产生了深刻的影响，给他们以启迪。拥护它的人，对它倍加赞赏；反对它的人，对它大加抨击。这种现象说明朱子理学博大精深，其丰富的思想内涵，并非用无神与有神这种简单的方法来区别。

随着耶稣会士往来中欧之间，大量书信文章不断寄往欧洲。1702年，法国卢安哥比神父编辑的《耶稣会士书简集》，后经杜赫德、巴图耶、马雷夏尔主编，到1776年共出版了34大卷。这些书信结集出版后，成为18世纪欧洲大量流通的读物，促进了朱子学在欧洲的传播。

经过传教士近百年的传播，从17世纪末开始，欧洲掀起了一百多年的"朱子文化热"。这时期不仅耶稣会士们对朱子学有更深的理解，而且欧洲启蒙思想家们，在深入接触和探讨朱子学，并在研究的过程中受到了启蒙。如鲍狄埃认真研究了朱熹的《太极图说》和张载的《正蒙》，提出了一种著名的宇宙形象①。马勒伯朗士从"偶因论"的哲学观点出发，写下中西比较哲学史上的一篇名作《一个基督教哲学家和一个中国哲学家的对话——论上帝的存在和本性》。在这篇文章中，马勒伯朗士集中论述了中国朱子哲学的"理"和西方基督教"上帝"的异同。孟德斯鸠从朱熹的"法者，天下之理"②和"礼法应'与时宜之'"③的思想中得到启示，提出了他的"自然界是运动着的物质，它为自身固有的规律即'法'所支配""人类历史也和自然界一样，为自己固有的'法'所支配；支配一切民族的一般的'法'就是人类理性"④等看法。莱布尼茨在深入接触和研究朱子理学的过程中，将传教士译文中所介绍"理"的概念加以梳理，归纳为六点：（1）理是"第一本原"，即是大自然的理由和本原；（2）理不仅是天地与一切有形物体的"物质性之原"，也是一切德性、风俗与一切无形物体的"精神性之原"；（3）理与万物的关系是"一是一切"的关系；（4）理即"太虚"或空间，无际的太空，它是无所不在的，同时万物的存在与秩序都是由理来决定；（5）理在形态上是"圆体"或"丸体"；（6）理也叫

---

① ［丹麦］克劳德·伦德贝克：《理学在欧洲的传播过程》，耿昇译，《中国史研究动态》1988年第7期。
② 朱熹：《学校贡举私议》，《朱文公文集》卷69，《朱熹集》（六），郭齐、尹波点校，四川教育出版社1996年版，第3637页。
③ 朱熹：《论语集注》，《四书集注》，岳麓书社1995年版，第84页。
④ 《孟德斯鸠全集》，法国巴黎出版社1950年版，第927—943页。

太极,太极是作用于气的理。① 这是他对朱熹"理"的独到的见解。

朱子理学由来华传教士介绍到欧洲后,经欧洲启蒙思想家马勒伯朗士、孟德斯鸠、莱布尼茨等阐释,也为近代欧洲哲学的开创提供了一定的思想资源。从近古中西哲学的发展来看,朱子学与康德、黑格尔的哲学建构有着相似之处。如朱熹与康德哲学中的"天理"与"物自体""物理"与"伦理""至善"概念的比较分析,朱熹本体论的构建与康德认识论的完成,表明东西方两种不同哲学都有着相似的思维方式;朱熹的"理"和黑格尔的"绝对理念"的比较分析,表明朱熹的"理"是先天完备无缺的精神,而黑格尔的"绝对理念"是一种不断自我完善的精神。从哲学体系的内在矛盾来看,朱熹哲学体系中最基本的矛盾是理本体与心本体的矛盾,理本体与气本论的矛盾;黑格尔哲学体系中的主要矛盾是作为辩证者他却否认物质、自然的辩证发展,事物永恒发展与发展过程终结的矛盾。这种在同一哲学体系中出现内在矛盾的发展观,是马克思哲学以前的哲学家难以避免的问题,也是自身无法解决的。

在欧洲,朱子学主要是通过西方传教士翻译朱子的"四书"《朱子大全》和《性理大全》等著作,将朱子学传到欧洲。在中西文化交流还只能借助宗教传播形式而进行的时代,尽管传教士们站在基督教独尊的立场上,评判朱子理学的是与非、有神与无神、唯物与唯心,致使在中西文化交流中带来不成熟的结果。但是,我们应该看到,传教士对朱子学的传播,促成了欧洲一百多年的"中国文化热"。

欧洲启蒙思想家、哲学家通过传教士们的朱子学译著间接地了解到朱子理学,并从中获得有益的启迪,为近代欧洲哲学的开创提供了一定的思想资源。我们对朱子理学与欧洲的马勒伯朗士、伏尔泰、孟德斯鸠、莱布尼茨、沃尔夫、康德、黑格尔等哲学思想的比较,分析中西哲学家在开展各自哲学建构时,在学理进路上的相似性。这有助于我们借鉴不同时期的哲学对于现代社会的价值。

从朱子学在欧洲传播与影响来看,任何国家和民族要想改造、发展、超越自己的文化传统,就决不能把外来文化拒之门外而采取封闭式

---

① 引自姜林祥编《儒学在国外的传播与影响》,齐鲁书社2004年版,第288页。

的内省方式。没有各国与各民族不同文明形式之间的互渗、互补，要实现本国传统文化的更新与发展是不可能的。本土文化与外来文明的对立互补性，是人类文明发展的普遍规律。

18世纪开始，欧洲耶稣会士们翻译和撰写的朱子的著作传入北美。在北美传播经历了一个相当长的沉寂期。进入19世纪后，美国为了打开中国的门户，派遣传教士到中国，开始对中国文化进行研究。这时，美国出现了一批"东方学者"。裨治文是美国最早翻译朱熹著作的西译者之一。他将朱子的《小学》一书译成英文，其后又将《朱子大全》中关于理气、天地、人物等若干片断译成英文，并于《中国丛报》上发表了长篇的《朱熹传》译文以及朱熹的书目。卫三畏主张把孔子、朱子的思想和基督教的思想结合起来。卫三畏著《中国总论》，并在该书中第一卷中说："儒家思想的许多精华，如中国人的伦理道德观、人格品性等都是可以乐以称道的。"[①]

19世纪中叶，美国成立了东方学会，开展以中国文化为主体的东方学的研究。20世纪以后，美国对朱子学的研究出现了热潮。哥伦比亚、哈佛、夏威夷等大学都设有朱子学博士课程，为朱子学研究培养人才。以哥伦比亚大学为中心的地区性中国哲学讨论会每月举办一次，其《中国哲学学报》于1978年曾出版过朱子学专号。

20世纪70年代后，一批中国学者如余英时、成中英、杜维明等赴美国攻读博士学位。他们受到西方文化知识的系统教育和西方哲学思维训练，毕业后留在美国大学任教。他们以较为熟练的西方现代哲学语言来阐明朱子学，其著作更容易为西方人所理解和接受。这个时期，美籍华人学者和美国本土学者共同以一种研究朱子学为基础的新儒学运动，形成了极为活跃的态势，美国也逐渐成为西方研究朱子学的重镇。1982年7月，美国在夏威夷举办了第一次朱子学国际学术会议。这次会议盛况空前，取得了丰硕的成果。

20世纪80年代，美国的狄百瑞、陈荣捷、余英时、成中英、安乐哲、南乐山、杜维明等一批新儒家学者，翻译朱子原著，撰写朱子学研

[①] 卫三畏：《中国总论》第一卷，引自杨焕英《孔子思想在国外的传播和影响》，科学教育出版社1987年版，第202页。

究论文和论著，以儒家身心性命之学为终极关怀，开展儒学的复兴活动，对朱子学的阐发做出了努力。如狄百瑞通过对朱熹思想的诠释，认为朱子的哲学正是一种无比卓越的自由主义学说，并把宋明理学的自由主义传统因素归纳为诸如"为己之学""人本主义""理性主义"等。陈荣捷的朱子学研究，安乐哲说："陈先生花费了二十五年漫长的岁月，研究并弘扬朱熹思想，遂使举世肯定朱子学在世界思想上获得其应有的地位。"[1] 余英时的朱子学研究重视把朱子思想放在一种综合性的历史背景下加以考察，更关注朱子时代的历史政治背景，而尽量避免对朱子思想和道学运动做纯粹哲学化的抽象讨论。安乐哲用"比较哲学"的方法来研究朱子学。他认为，要避免将中国哲学置于西方哲学范畴的框架中加以讨论。南乐山的研究进路，不同于中国哲学专家的儒学文本研究，而是从哲学的角度力图发展一种可行于当今世界的儒家哲学。

这些新儒家学者对朱子的研究，表现出与欧洲学者迥然不同的研究特点：注重对朱子原著的翻译，向读者提供切实可靠的原始资料；致力探究朱子所处时代的政治文化背景，梳理朱子思想的形成过程及发展脉络；重视对朱子思想的研究，推动现代新儒学的发展。

加拿大对朱子学的研究要晚于美国，其主要研究力量是旅居加拿大的华人。朱子学在加拿大华人社会中有广泛的影响，出现了著名的秦家懿、梁燕城华裔学者。秦家懿主要从事朱子学与西方哲学比较研究。梁燕城主要从事儒学与全球伦理研究。

在北美，现代新儒家的朱子学研究的特点是，如狄百瑞对儒家道统的普世价值和个体传承的可能性做了研究。其著述中充溢了"为己之学"之精神，儒学传统的自由主义特征。陈荣捷"以朱释朱"的研究进路，注意从思想内部阐释朱子学，这一标准成为美国朱子学研究的主流。成中英在朱熹超融思想的启示下，进一步提出了"以知识构架实现儒学的超融创新"的主张。他认为，儒学是一个持续发展的生命体，从先秦儒学发展到宋明理学再到新儒学，下一步的走向就是全球儒学。杜维明致力现代新儒学的发展、文明对话及现代精神的反思，并提出儒学应在以朱熹为代表的第二期儒学（即宋明理学）的基础上，发展第三

---

[1] ［美］安乐哲：《灵魂的反刍》，《汉学研究通讯》1985年第1期。

期儒学（即现代儒学）。这些对现代北美学者的朱子学研究及其儒学观做个案研究，反映出西方朱子学研究的特色。

21世纪，国际朱子学研究的特点，是在全球视域下探讨朱子学的时代价值。许多学者从世界的大局来看朱子学在东方文化中的重要地位，并与西方现代思想进行比较，从中寻找出东方文化中适合现代西方人的部分。朱子学在以后的发展中能否对世界做出贡献，主要决定于朱子学是否能够开创一套与现代社会相适应的自觉的伦理。现代要进一步把朱熹的思想、处世哲学和人生修养，普遍地介绍给现代人，有效地提升人们对自身生命价值的重估，建立起引导人生的价值指向。这有利于中国文化走出去。

朱子学作为一门学问，作为一种具有重要参考价值的思想学说体系，不仅是中国的，也是世界的。因此，朱子学的传承发展，对于提高中华文化在世界文明史上的地位，促进东西文化"对话"，推动世界性的文化交流与合作，加快中国文化走出去的步伐，都具有现实意义。

上　篇

朱子学在东亚的传播与发展

第一章　朱子学在韩国

中国与朝鲜半岛之间很早就建立了友好关系。372年，朝鲜半岛高句丽、百济、新罗三国相继设太学。7世纪，新罗统一朝鲜半岛，开始派遣贵族子弟赴唐留学，培养儒学人才。837年，仅新罗在唐留学生就有216人。① 高丽时期（918—1391），儒学在朝鲜半岛的传播发展，还只是表现为以国学而发展起来的儒学教育和以科举而发展起来的汉文学上，在思想史上还没有占主导地位。这个时期的建国理念是佛教哲学。高丽中期以后，北宋理学开始传入朝鲜半岛。宋神宗元丰八年（1085），高丽王派遣其弟义天（僧统）来宋求问佛法。义天与游酢、杨时结交，成为好友，开始接触北宋理学。义天归国时，除携回佛学典籍4047卷外，还带回二程理学著作。高丽王子王楷曾在宋师从杨时，后将二程理学传到高丽。徽宗宣和五年（1123），宋使允迪出使高丽，高丽王向他询问："龟山（杨时）先生安在？"② 这说明，在朱子学传入之前，二程理学已传到高丽了。

一　朱子学东渐及其对韩国的影响

（一）朱子学在高丽时期的早期传播

约在13世纪30年代，朱子学开始传入高丽。起初，朱子学是通过移民在高丽民间传播。南宋嘉定十七年（1224）春，朱熹曾孙朱潜弃官，"与门人叶公济、赵昶、陈祖舜、周世显、刘应奎、杜行秀、陶成河七学

---

① 张敏：《儒学在朝鲜的传播与发展》，《孔子研究》1991年第3期。
② 《杨龟山先生行状》，《杨龟山先生文集》卷25，清正谊堂刻本。

士浮海而东……舟泊锦城仍居焉"①。朱潜与门人到达高丽全罗南道之锦城（今顺化）后，建书院讲学，传播朱熹思想，在当地产生很大影响。人们尊称朱潜所居之地为"仁夫里""君子里""朱子川"。这是朱子学在朝鲜半岛传播之滥觞。但是这仅是一种民间的私学传播，其影响主要在民间，还未能对整个高丽民族的政治制度和文化心理产生重大的影响。

高丽王朝统治者接受朱子学是在13世纪末。元世祖至元二十六年（1289），安珦（字士蕴，号晦轩，1243—1306）作为新设立的高丽儒学提举司提举，陪同高丽忠烈王赴元大都燕京（今北京）。他在燕京首次读到新刊《朱子大全集》，认为它是孔孟儒教之正脉，于是手抄此书并摹写朱熹画像。他回国后，作为高丽朝集贤殿大学士、宰相，便在高丽国子监讲授朱子之学。安珦为高丽王朝官方第一位朱子学的传播者。

安珦以朱熹教育思想为依据，整顿当时的高丽教育机构，努力恢复"国学"，并设置"赡学钱"作为办校基金，教授"诸生，横经受业者动以数百计"②，在全国"兴学养贤"，推行儒家的伦理道德。同时，又派遣大批学者到中国留学，有的还长期住在元朝大都，专门从事朱子学的研究，为高丽朱子学研究提供了原始资料。安珦是一个朱子学的崇拜者，他把朱熹作为圣人供奉，"晚年常挂晦庵先生真（像），以致景慕，遂号晦轩"③。

据安寅植的《晦轩安文成公略史》中记载，在安珦门下修学的几百名弟子中，能会通正道、传承学统的著名门人有易东禹倬、德斋辛蕆、上党白颐正、菊斋权溥、东庵李瑱、梅云堂李兆年6人。其中最优秀的门人应属禹倬。安珦对禹倬学问德行评价极高，在临终的病榻上，叮嘱白颐正、权溥等门人说："我离世后，禹倬就是你们的老师，像对待我一样对待他。"④

---

① ［韩］周世鹏：《节义篇·朱潜》，《东国名贤言行录》，朝鲜李朝泰宗十三年（1402）刻本。
② ［韩］郑麟趾：《高丽史》卷105，列传18《安珦》条，朝鲜科学院古籍出版社1957年版。
③ ［韩］郑麟趾：《高丽史》卷105，列传18《安珦》条。
④ ［韩］范世东：《备耗录》，《华海师全》卷1，载元天锡编：《活动人物丛记》，1932年重刊本。

安珦对高丽时代士人之风的形成产生过深刻的影响。李退溪说："安文成公倡学校,崇儒术,虽未能变鲁而至道,及其末也,兼道德节义之美,有如郑圃隐者出焉,将非其力欤?"[①]

1314 年,高丽忠宣王在元大都购置"万卷堂"书库,又到江南购书。元统治者也赠书给高丽王朝,1314 年 7 月将原南宋秘书阁所藏书 4371 册(共 1.7 万余卷书籍)赠给高丽王室[②]。元朝还在负责管理高丽和中国东北地方事务的"征东行省"中专设"儒学提举司",向高丽传播中国传统文化和推进儒学文化教育事业。这大大有助于朱子学在高丽的传播。

高丽朝传播朱子学继安珦之后,著名的还有易东禹倬、白颐正、权溥、申贤、李齐贤等。

易东禹倬(1263—1342),字天章,又字卓夫,号丹岩,世称易东先生。他生于丹山县品达里新院(现忠清北道丹阳郡赤城面玄谷里),本籍丹阳。忠烈王四年(1278),易东禹倬考取乡贡进士,被任命为弘文馆修撰。忠烈王十六年(1290),他在郑可臣主管的科举考试中丙科及第,翌年被任命为宁海司录(现庆北盈德的地方官)。后来,禹倬历任祭酒司、晋州牧史、通事舍人(管理朝会的礼仪)、监察纠正(从五品)、进贤馆直提学、成均馆祭酒(从二品)等。他为官清廉,敢于直谏君主,根除弊政。晚年,易东禹倬辞官退隐,到福州礼安县(今安东市卧龙面),专心致力于学问研究和对后学的培养上。他的门人很多,当时白颐正的门人李其贤、林忠佐和安牧等 21 人,权溥的门人李谷、白文宝等 19 人都到易东禹倬门下修学。其中最优秀的应是申贤。最后,易东禹倬于 1342 年 2 月 7 日辞世,享年 81 岁。

易东禹倬继承了安珦弘扬朱子学的传统,在成均馆(高丽忠宣王于 1308 年将国子监改为成均馆)任职期间,向儒生们讲授程朱理学,并说:人们阅读经史百家不应该只停留在会意悟道上,而是要熟记于心,身体心会。[③] 这不仅强调性理学理论基础的重要性,同时更注意性理学

---

① [韩]李退溪:《杂著·策问》,丁范镇:《增补退溪全书》(二),首尔:成均馆大学校大东文化研究院,1978 年版影印本,第 342 页。
② 张敏:《儒学在朝鲜的传播与发展》,《孔子研究》1991 年第 3 期。
③ [韩]裴宗镐等编:《易东禹倬先生考实》,首尔:博民社 1985 年版,第 360 页。

的实践重要性。他为开创高丽末期的新学风及振兴儒学做出了非常大的贡献。

到了高丽末,学者们开始关注程颐的《易传》和朱子的《周易本义》,此前高丽学者都只关注象数易的研究,对义理易很少研究。据《高丽史·本传》记载:易东禹倬"通经史,尤深于易学,卜筮无不中。程传(按指《伊川易传》)初来东方,无能知者,倬闭门月余参究,乃解。教授生徒,理学始行"①。从此引文可见,易东禹倬不仅通晓经史,而且对易学研究很深。正是因为有了这种对象数易的深入理解为基础,才有后来东易:"闭门月余",就能够领悟新传入的程氏易传之说。易东禹倬对于程氏《易传》的研究,韩国《东国遗事》有如下记载:"我先生奉使中国,自元顺帝曰:'臣国无易'。矢子问曰:'通达易理?'……无一字差误。"通过这段文字记载,我们可知易东禹倬从中国元朝归来后,对程氏的《易传》开始潜心研究。引文中所说的韩国"无易",并不是说没有《周易》,而是说没有传入新的程氏《易传》。

易东禹倬对易学所进行的义理学式的诠释,使过去具有神秘性、咒术性的占卜术变得更具有伦理性和合理性。不仅如此,他还开创了研究程朱易学之先河,对丽末鲜初李穑、郑梦周、郑道传、权近等人的易学思想产生了深远的影响。②

易东禹倬对于心性理气问题,与朱子看法相同。他认为心是理气之合,圣人是按照理而发,故可以保存德,而凡人按照气而发,就容易流于不善。所以,禹倬强调通过"诚"和"敬"来不断努力,改变人的气质之性,以圣人作为人生的终极目标。

理学中的"诚""敬"受到易东禹倬的特别重视,他曾命其门人申贤收集宋代诸儒文集中有关"诚"和"敬"的内容,汇编为《备耗录》,其目的是在年老之后可以随时阅读,以警醒自己。所以《华海师全》中记载说:"易东先生……尽属之曰:'予辑诚敬所以然之妙与迹,裁编一度,备蕙老朽之耗忘'。"③ 对于"诚"与"敬"的问题,禹倬

---

① [韩]郑麟趾:《高丽史》卷109,列传22《禹倬》条。
② 郭信焕:《周易浅见录和阳村权近的易学》,韩国《精神文化研究》,1984年夏季刊,第84页。
③ [韩]范世东:《备耗录》,《华海师全》卷1。

有自己独到的见解。他认为,天道是先天性的完成,是圣人的境界;人道是需要后天的努力,是贤人以下的境界,而连接人道与天道的就是诚。对于"敬",禹倬认为:"敬于人道也,当行所由则然矣,于天道,以何指的底敬体欤。"这是就"敬"的所以然进行的分析。关于"敬体",禹倬说:"道之流行而化之妙,是诚而然,道之流行而化之著,是敬之体也。"① 这是对敬的本体在天道中的位置所做的说明。

比起圣人的"诚",易东禹倬更关心凡人的"诚之"。他认为,不断以日日新的姿态来努力做一个诚实的人是非常重要的。他说:"然子既言诚敬……在下愚亦有诚敬,而不为君子,宁不恨哉?明其言,故使自暴自弃者,易为觉知其为然,或有反之者,岂不幸哉?"这也就是说,即使是"下愚",只要认识到自身的价值,确立主体性,就会为生活做出最大的努力,而将其具体到某个德目的话就是"敬"。对于这样的"敬",禹倬有自己的解释。他说:"天与圣之道也,何莫是敬,是以曰主一,曰湛然,曰涵养,是天与圣之敬,学之者皆人道也,贤者之事也,希圣而希天也。"② 可见,禹倬非常注重性理学之实践性。

此外,禹倬在《朱子家礼》的基础上,写了《家礼精要》,提出改革婚丧之礼。当时的高丽在婚丧礼上,大都按照佛教形式举办丧礼,以百日为丧期。在婚姻上,流行族内婚。对此,禹倬上疏朝廷,"禁族婚、制丧礼,设四学,立州县学校"③。虽然禹倬的上疏文没有被全部采纳和贯彻实施,但是,1308 年 11 月,忠宣王颁布了禁止近亲结婚的圣旨等。④ 社会上的内婚风气得到了遏制。故"壬辰倭乱"时期就义的义兵长赵宪(1544—1592)就说:"韩国之所以知道君臣父子的道理,多亏了禹倬的《小学》和《朱子家礼》,也是他的研究使文明得以继承。"⑤

对禹倬最为尊崇的应该是李退溪,退溪先生在禹倬晚年隐居的礼安创建易东书院(于 1570 年 8 月落成),并亲自命名和题写匾额。他在《易东书院记》中说:易东,忠义大节,对经学深入研究,以及知进退

---

① [韩]范世东:《备耗录》,《华海师全》卷 1。
② 同上。
③ 裴宗镐等编:《易东禹倬先生考实》,第 360 页。
④ [韩]《高丽史·世家》卷 33,《忠宣王》条。
⑤ [韩]裴宗镐等编:《易东禹倬先生考实》,第 367 页。

之时宜。该书院于 1871 年被毁，1969 年重建，现保存在安东大学校内。

从上可见，禹倬易学是高丽朝朱子学的主要内容，是禹倬开其端的。禹倬的易学思想对后来朝鲜李朝朱子学者有很大影响。

白颐正（1260—1340），字孝珠，号彝斋。他也是高丽忠宣王的侍臣。他在元大都陆续居住了十多年，师事赵孟頫学习朱子学，史书曰："时程朱之学盛行于中国……颐正在元，得而学之。东还，李齐贤、朴忠佐首先师受孝珠。"①白颐正对朱子学造诣很高，归国后即把带回的朱学典籍，设馆讲学，传授给弟子。

权溥（1262—1346），号菊斋。他在翻刻朱子学著作方面做出了贡献。他 18 岁登第，官至都佥议使司事，封永嘉府院君，谥文正。权溥"尝以朱子《四书章句集注》建白刊行，东方性理之学自权溥倡。"②

李齐贤（1287—1367），字仲恩，号益斋。他在高丽从学白颐正后，到元大都深造朱子理学。李齐贤自元仁宗延祐元年（1314）至惠宗至正元年（1341），在中国长达 27 年之久。1315 年，高丽忠宣王在元大都召见他，当时李氏 28 岁。李齐贤在大都与中国著名的朱子学家姚燧、阎复和赵孟頫等交游，并师从姚燧，使李氏的朱子学研究水平得到不断提高。其学问造诣让姚燧等元朝学者也"称叹不置"③。后来，李齐贤不仅成为朱子学在高丽的积极传播者，而且还是激烈反对佛学，并提出社会改革主张的一个学者。

申贤（1298—1377），字信敬，号云月斋，谥号文贞。他师从易东禹倬，为其高足，曾负责易东先生的著作整理。现存的《华海师全》记载了，在申贤的门人中最具代表性的人物有圃隐郑梦周、牧隐李穑、耘谷元天锡、简斋申用义（申贤之子）等。该书所附的《东方斯文渊源录》中，记述有新罗和高丽时期的道学渊源，即道统关系为：薛聪（新罗）——崔冲——金良鉴——安珦——禹倬——申贤——郑梦周、李穑。

---

① [韩]郑麟趾：《高丽史》卷 106，列传 19《白文节》条。
② [韩]郑麟趾：《高丽史》卷 107，列传 20《权溥》条。
③ [韩]郑麟趾：《高丽史》卷 110，列传 23《李齐贤》条。

申贤曾到中国，在元朝大都与朱公迁等交游，全力治学，成为一代硕学之士。元朝明宗时受师礼待遇，并封号"不谖斋"。申贤尊师意，收集宋代群贤文集中有关"诚"和"敬"的内容，汇编成《备耗录》。在《备耗录》的编辑过程中，与其师易东进行过问答式的讨论。对"诚"与"敬"的关系，申贤认为，"真实无妄"本身就是"诚"，"欲真实无妄"就是敬，"诚之"的具体内容就是"敬"。

对于圣人和贤人在"诚之"的修养中所产生差异的原因，申贤认为，是由于气质的作用产生的局限性所导致的不同。他举《中庸》中圣人的"至诚"和贤人及其以下之人的"致曲"为例。对于"致曲"的解释，申贤引用朱子注中"曲一偏也"一句，认为这里的"一"，不是主一的意思，而是指全一；而"偏"字不是指由于偏颇或迷惑而导致的偏向，而是所主的意思。因此，申贤其解释为"尽全力做所主的事"[1]。对此，易东则认为："朱子言发见，而君则言所主，以愚见发见似善端初头味，所主似善端已择底味。"[2] 在这里，易东指出了申贤对"曲"之解释与朱子的不同。

朱子学自南宋末在高丽从民间传播到官方引入，这是朱子学在朝鲜半岛的初传时期，可谓是启蒙期。朱潜和安珦、易东禹倬、白颐正、权溥、李齐贤、申贤等都是朱子学的早期传播者。

（二）丽末鲜初朱子学的发展

丽末鲜初，刚刚兴起的朱子学顺应了时代潮流，在朝鲜半岛得到广泛的发展。这时期，朝鲜半岛涌现出李穑、郑梦周、郑道传、权近、吉再和赵光祖等一批朱子学者。

李穑（1328—1396），字颖叔，号牧稳。他是李齐贤的大弟子，在丽末鲜初具有承上启下、继往开来重要作用的朱子学者。他年轻时以高丽使节书状官身份入元，后获得元翰林称号。归国后，他移植元朝的教育方式，以朱子学为教育内容，并对朱熹《小学》作谚解，进行普及。

---

[1] ［韩］范世东：《备耗录》，《华海师全》卷1。
[2] ［韩］吴锡源：《韩国儒学的义理思想》，邢丽菊、赵甜甜译，复旦大学出版社2015年版，第181页。

李穑任国家成均馆大司成时，成均馆便成了传播朱子学的讲坛，当时对朱子学的学习盛况空前，人才辈出。据《高丽史》记载，1367年"重营成均馆，以穑判开城府事兼成均馆大司成，增置生员，择经术之士……先是馆生不过数十，穑更定学式，每日坐明伦堂，分经授业，讲毕相与论难忘倦，于是学者坌集，相与观感。程朱性理之学始兴"①。故美国著名朱子学专家狄百瑞说："曾在北京学习过的朝鲜学者李穑，被任命为元在朝鲜的教育监督官。他的使命是，在许衡为蒙古人制订的课程样式的基础上，传播新儒学教育。还要求使普通平民通过普遍的学校系统而获得新生，并在多种族的基础上，将有天赋的学者吸引到元朝统治阶层中来。"②

郑梦周（1337—1392），字达可，号圃隐。他和李穑都是齐名的高丽大儒兼重臣，曾任过宰相。他一生竭尽全力推行朱子学，曾"内建五部学堂，外设乡校，以兴儒学"。他对朱子学的阐发，同时代人颇为折服，学者评论："时经书至东方者，唯朱子《集注》耳，梦周讲说发越，超出人意，闻者颇疑。及得胡炳文《四书通》，无不吻合，诸儒尤加叹服。"李穑高度评价郑说："梦周论理，横说竖说无非当理。推为东方理学之祖。"③后李朝著名朱子学者李滉、宋时烈等也尊郑梦周为宗师始祖。宋时烈说："吾东方自箕圣以后至于丽季阐开道学有功，斯文无如郑梦周之比，而致使人人得知君臣父子之伦，内夏外夷之义者，亦皆梦周之功也。"④值得一提的是。郑梦周竭力以朱子学排斥佛教。他创办学堂，讲朱子学，用朱子《家礼》行冠婚丧祭，以取代佛教的仪式，为朱子学取代佛教在社会生活中的地位做出了贡献。

朱子学通过高丽末期从认识到体系化，为朝鲜李朝的出现提供了理论基础。

1392年，高丽国总兵李成桂废恭让王自立，改国号为朝鲜。李氏取得政权以后，为巩固新兴的中央集权制的封建王朝，即出于"经邦治国"的需要，崇尚朱子学。李成桂（太祖）设成均馆，建文庙祀孔祀

---

① [韩] 郑麟趾：《高丽史》卷115，列传28《李穑》条。
② [美] 狄百瑞：《新儒学在朝鲜的兴起》，《东方哲学研究》1985年第1期。
③ [韩] 郑麟趾：《高丽史》卷116，列传30《郑梦周》条。
④ [韩] 郑梦周：《筵臣奏辞》，《圃隐文集》卷3。

朱，这就加速了朱子学在朝鲜的传播和普及。

开国之初，著名朱子学者郑道传（1337—1398），字宋之，号三峰。他是朝鲜初时著名的政治活动家和排佛论者，又是李朝开国之思想理论的奠基人。他于1362年中进士，第二年任职忠州司录，1370年出任成均馆博士，1375年又提升为成均馆司艺、艺文应教、知制教等，后官至判三司事。郑道传根据朝鲜当时社会需要而改造和运用朱子学，如他提出"性三品说"，主张上、中、下品三种人"各有其职，以受无养"①，就代表了统治阶级的意志和愿望。李朝初期的政治体制改革大多出自其手。郑道传排佛崇儒，著有《佛氏杂辨》和《心气理篇》，从理论上全面、系统、彻底地批判了佛教的危害性和虚伪性。他反对佛教的轮回说，认为人和一切事物都是要经过发生、发展和消灭的过程。现实世界是由"气"变化而成的，不论是肉体和精神都是从同一物质始源即"气"产生的，"气之凝聚者，为形质，为神气"②。按他的说法，当气在凝聚成形体，有足以发生精神现象时就会产生精神；当气散形体消失时，精神也随之化为乌有。肉体和精神不是相互分离，而是密切联系。郑氏以此批驳佛教的"神不灭"论，这是他哲学中合理的唯物主义因素。朝鲜五百年，独尊儒术，佛教回退山林，与郑氏是有关的。当时成均馆朴础称："郑道传发挥天人性命之渊源，倡鸣孔孟程朱之道学，辟浮屠百代之诳诱，开三韩千古之迷惑。斥异端息邪说，明天理正人心。吾东方真儒一人而已。"③他在这部著作里，对四端七情与理气关系展开论述。这是韩国哲学史上首次提到四端七情与理气关系，影响韩国朱子学发展达数百年之久。

权近（1352—1409），字可远，号阳春。他是高丽朝权溥之曾孙，与郑道传都是活跃在丽末鲜初的朱子学者。权近在高丽朝末期，受李穑的影响较多，政治态度比较温和。进入李朝，他转入郑道传的思想，激烈排佛和主张政治改革。他曾出使到南京，明太祖称其老实秀才。权近著有《入学图说》《五经浅见录》《阳春先生文集》。其中《入学图说》

---

① [韩] 郑道传：《心气理篇》，《三峰集》卷14，《韩国儒学资料集成》（上），首尔：延世大学出版社1980年版。
② [韩] 郑道传：《佛氏杂辨》，《三峰集》卷14。
③ [韩] 郑麟趾：《高丽史》卷116，列传30《郑道传》条。

是朝鲜最早的朱子学入门书。《五经浅见录》则是继其祖父倡议出版的朱熹《四书章句集注》之后,用朱子学观点解释儒学经典的重要著作。遗憾的是,该书今仅传《礼记浅见录》和《周易浅见录》。权近在《周易浅见录》中认为,易为变易,根据这种变动天地得以恒久。易在这种持续不断的变化之中,维持天地的中道"常",而人类则应该按照天道以"时中"来应对变化。对于这种"易"的关系,他在《周易浅见录·上经》中说:"易者,变易也。盖天道之变易者性也,人道之变易者中也。诚则恒而无息之理,中则变而从道之义也,此义之体用也。"

权近与郑道传虽然同为李朝初期朱子学的代表人物,但在接受研究朱子学方面各有侧重点。郑氏注重现成的朱子学理论,以之批判佛教,而权近则致力于对朱子学的阐发。如他强调"理"的绝对性时说:"理为公共之道,其尊无对。"又说:"理为心气之本,原有是理,然后有是气,有是气然后阳之轻清者,上而为天,阴之重浊者,下而为地……天地之理,在人而为性,天地之气,在人而为形,心则兼得理气,而为一身之主宰也。故理在天地之先,而气由是生,心亦禀之以为德也。"[①]在此基础之上,他又着重解释了"五常""四端""七情"等心性问题。尤其是他在《入学图说》中首次提出"四端""七情"的关系问题。其书中"四端,理之原,发于性,纯善;七情,气之源,发于心,有善有恶"的观点,为后来李滉心学和四端七情说的开端。这实为百余年后,李退溪诸学者进行扩日持久的"四七论辩"之滥觞。在朝鲜朱子学发展史上有着重要的意义。后来,权近学说传到日本,对日本儒学界产生了一定的影响。日本曾多次翻刻权氏的《入学图说》,现存有宽永甲戌刻本和庆安元年刻本等。

吉再(1353—1419),字再父,号冶隐,为高丽朝仕臣。李朝建立后,他以忠臣不事二君之义,归隐家乡。吉再还乡以后,仿照伯夷和叔齐在龟尾金乌山下建了一个亭子取名为采薇亭,全身精力都投入培养弟子上。他曾在洛东江中流的善山教学,其门下无数名弟子都顺着洛东江出师,历经100年后,这些儒生枝繁叶茂,故取名为"士林"。吉再门下著名弟子有金叔滋(字子培,号江湖,1389—1456),再传弟子有金

---

① [韩]郑道传:《心气理篇注》,《三峰集》卷10。

宗直（字季昷，号占毕斋，1431—1492）、金宏弼（字大犹，号寒暄堂，1454—1504）、郑汝昌（字伯勖，号一蠹，1450—1504）和赵光祖（字孝直，号静庵，1482—1519）等名儒。他们都是代表中小地主利益的士林学者，在地方建立一系列书院，向乡下贵族子弟讲授程朱理学，注重"实践躬行"。

士林学者们在政治上主张以儒家忠义思想事君，清廉治民；在经济上提出所谓"均田论"及"限田论"，反对代表大贵族、大官僚利益的勋旧大臣的土地兼并和霸道政治。于是，从 15 世纪末到 16 世纪中叶，朝鲜李朝发生了四次"士祸"[①]的流血事件，无数士林学者在此过程中牺牲。尽管导致各种士祸产生的具体事件不同，但都是志在民本、一心为民的良心士林，受朱子学思想的熏陶，为防止建国安定后随之而来的统治阶级的官僚贵族化，而进行的前赴后继的斗争，是内在的"义理"与外在的"至治主义"结合而升华成的"士林精神"。尽管"士祸"使无数士林学者献出了生命，但他们的"义理"精神和"道学"实践却成为朝鲜社会的精神支柱和价值标准。

士林派学者在朝鲜朱子学发展史上起了承上启下的历史作用。他们不仅关心现实政治，而且还对朱子学进行了深入的研究。如金宏弼着重研究伦理道德修养，成为道学之宗。李退溪曾评论说："金先生道学渊源，固非后学所敢测者，然以先朝追奖之意推之，断然以为近学道世之宗也。"[②]郑汝昌则著《理气说》《善恶天理论》《立志论》等，均反映了他在宇宙论、伦理观以及教育思想方面的研究成果。

赵光祖 29 岁时参加"春中进士会试"，考中状元。34 岁时又应谒圣试以乙科状元及第，之后历任典籍监察、副提学、元子辅养官、大司宪等职，从而确立了在李朝前期士林中的领袖地位。他以"崇道学、正人心、法圣贤、兴至治"为人生信念，聚集一批年轻士大夫，倡导至治主义，主张革弊扶新的社会改革。

在朱子学的阐发上，赵光祖提出以"理"为最高范畴，以"仁"

---

① 即 1498 年李朝第十代国王燕山君屠杀士林的"戊午士祸"，1504 年燕山君屠杀士林的"甲子士祸"，1519 年勋旧派大臣屠杀士林派的"己卯士祸"，1545 年李朝外戚争权夺利迫害士林的"己巳士祸"。

② ［韩］李退溪：《答卢仁甫》，《增补退溪全书》（一），第 326 页。

为核心的哲学思想。他说:"理不为气所动……因论理气之分曰:理为主而气为理之所使,则可矣。"① 又说:"春者,天之元也。四时自春而始,四端自仁而发。无春序不成,无仁不遂。"赵氏把"仁"比之于"春",说四季的流行自"春"而始,而人伦亦由"仁"为始端,这样便赋予"仁"以流行发育的功能,从而与天道合一。他认为:"虽天人之殊兮,理在仁而靡爽,然则春于天,仁之于人,同一春也。"② 由此构筑了"天人同理""天人相贯"的思想体系。赵光祖还认为,人性体现天理,故"性"与"理"义亦相同不悖。他说:"性无不善而气禀不齐,人之气不善,气之使然也。"③ 又说:"夫人受天地之中以生,只有仁义礼智之德。天理岂有恶哉,但为气禀所拘,故乃有差焉……理惟微而气易乘,故善人常少,而不善人常多。"④ 这是强调修养工夫的必要性。赵光祖在吸收朱子学的"诚""敬"学说的基础上,提出了适合改革思想的"持敬""去欲"的修养方法,并强调"学以致用"。他说:"大抵耳、目、鼻、声、色、臭味之欲,无非以气而出也。"⑤

赵光祖在朝鲜历史上,首次较为系统地提出了"仁政""王道"的改良主义政治思想。奇大升说:"以东方学问相传之次而言之,则以梦周为东方理学之祖……金宗直学于叔滋,金宏弼学于宗直,而赵光祖学于宏弼,继其渊源之正,得其明诚之实,蔚然尤盛矣。"⑥ 栗谷亦说:"权近入学图似龃龉,郑圃隐号为理学之祖,而以余视之,乃安社稷之臣,非儒者也。然则道学自赵静庵始起。"⑦ 可见,到了赵光祖之时,道学才初具规模。

从高丽末至朝鲜初期,朱子学在朝鲜半岛进入了传播开创时期,即义理初发阶段。以朱子学为中心的儒家哲学上升为朝鲜李朝的建国理

---

① [韩]赵光祖:《筵中记事》二,《静庵文集》卷5,首尔:景仁文化社1996年版。
② [韩]赵光祖:《春赋》,《静庵文集》卷1。
③ [韩]赵光祖:《筵中记事》一,《静庵文集》卷5。
④ [韩]赵光祖:《复拜副提学时启十三》,《静庵文集》卷4。
⑤ [韩]赵光祖:《筵中记事》,《静庵文集》卷5。
⑥ [韩]奇大升:《论思录》下,《高峰集》第三辑,《别集》附录卷2。
⑦ [韩]李珥:《语录》上,《栗谷全书》(二)卷31,韩国成均馆大学出版社1992年版。

念。这为后来朝鲜化的朱子学的形成和发展奠定了坚实的理论基础和社会基础。

(三) 朝鲜化朱子学的形成和发展

李朝开国一百余年之后，朱子学在朝鲜的发展进入了发展创新时期。这时期，朝廷君主比较开明，置集贤殿，取用年轻人才为大学士，从事编纂书籍和典章制度的制定。良好的社会环境为朝鲜化朱子学的形成和发展创造了条件。在统治者的倡导下，朝鲜朱子学有长足的发展，对理学理论提出了许多新的见解。当时，各种独立的朱子学派相继出现，形成了以徐敬德为代表的主气派，以李彦迪为代表的主理派等。

徐敬德（1489—1553），字可久，号花潭。他终身未仕，讲学开城，晚年著有《原理气》《理气说》《太虚学》《鬼神死生说》，内容以气为主。他认为：世界是由"气"所构成，气即"太虚"。他说："太虚湛然无形，号之曰先天，其大无外，其先无始，其来不可究，其湛然虚静，气之原也。"① 徐氏在这里所说的"太虚"有三层含义：太虚为世界之本原；太虚即气；太虚无始终，亦无穷尽。徐敬德在其气一元论思想的基础上，提出气之聚形成万物，散则还原为气的主张。他说："物质为气，无始无终，不生不灭，恒久不变。宇宙现象的变化生灭，是一气的聚散。"又说："气弥漫无外之远、通塞充实，无有空阙、无一毫可容间也。然挹之则虚，执之则无，然而却实，不得谓之无也。"② 徐氏在朝鲜哲学史上第一次明确地提出了"气不灭"论思想。这一物质不灭论是朱熹思想中唯物主义倾向的继续和发展，对略晚于他的李退溪的思想有较大的影响。

徐花潭的气学思想的特色可称为气之体用之学。从气之体来说，他把气概括为"太虚"，在有形有象的万物生成之前，湛然无形的静态之气即为宇宙本体。从气之用来说，他提出了"机自尔"这一独创语。其中的"机"可释为动机，活机之意，"自"即强调内在性、自律性，

---

① ［韩］徐敬德：《原理气》，《花潭集》卷2，《韩国文集丛刊》(24)，首尔：景仁文化社1996年版。

② ［韩］徐敬德：《鬼神死生论》，《花潭集》卷2。

"机自尔"是讲运动，是"气"的内在的、必然的属性，是不靠任何外力影响的一种自律机制，也可以理解为"气"具有自律性运动因。"机自尔"的原因是："阴阳一用，动静一机，此所以流行循环不能自已者也。"① "一阴一阳者，太一也。二故化、一故妙，非化之外别有所谓妙者。二气之所以能生生化化而不已者，即太极之妙。"② 此为"二化一妙"说。"妙"为事物运动的根本属性，而"化"则为变化运动之内因，妙化即对立统一，即为事物变化的根本动力。事物由其内在动因的推动而"生生化化"发展。可见，"机自尔"强调的是气化功能的内在性和自律性。

徐花潭在解释气之所以具有内在功能性时指出，这是由于"气外无理"。这表明，在"理气"问题上，他认为"理"在"气"中，"气"外无"理"。在"气外无理"的前提下，"理"作为"气"固有的规律性，规定着气运动变化的过程，并通过气表现出来。徐氏的唯气论思想在东亚儒学史上亦颇具特色。

李彦迪（1491—1553），字复古，号晦斋。他撰写有《求仁录》《大学或问》《中庸九经衍义》等著作。他强调太极是理，太极是斯道之本体，万化之要领。他坚持朱熹的理气一元论，认为理气不可分。李彦迪说："夫所谓太极者，乃斯道之本体，万体之要领，而子思所谓天命之性者也。盖其冲漠无朕之中，万象森然已具，天之所以覆，地之所以载……性命之所以正，伦理之所以著，本末上下贯乎一理，无非实然而不可易者也。"③ 在理气观上，李氏认为理气相依不离，但"有理而后有气"④，主张理先气后，以理为本。他还认为，在天地万物产生以前，既已存在太极和理，在天地万物产生之后，仍作为所以然而与天地万物密切结合而存在。他说："道不离于形器，有人之形，现有所以为人之理，有物之形，则有所以为物之理，有天地之形，则所以为天地之理……若有其形，而不能尽其道，是空具是形而失，所以得其形之理

---

① ［韩］徐敬德：《复其见天地之心说》，《花潭集》卷2。
② ［韩］徐敬德：《原理气》，《花潭集》卷2。
③ ［韩］李彦迪：《答忘机堂第一书》，《晦斋集》卷5，《韩国文集丛刊》（24），首尔：景仁文化社1996年版。
④ ［韩］李彦迪：《答忘机堂第一书》，《晦斋集》卷5。

也，然则弃形器，而出其道，安有所谓道者哉。"① 可见，李彦迪的哲学之主理性。

早年，李彦迪与曹汉辅的"无极太极"论辩，是朝鲜时代出现的第一次性理学争论。这一论辩不仅显示朝鲜学者对朱子学有一定的理解，而且对后来朝鲜性理学的发展产生过深刻的影响。

徐敬德和李彦迪二人同样专注于以理气为根底的宇宙论，但其哲学体系之出发点和内容却大相径庭。徐氏从气哲学的立场出发，阐述其太虚说；而李氏则从理哲学的立场出发，将理的"太极说"确定为宇宙论。

在总结前人研究朱子学成果的基础上，李朝建立150多年后即产生了朝鲜朱子学集大成的思想体系。其代表人物为李退溪与李栗谷。他们分别完成了集朝鲜朱子学之大成的任务，将朝鲜朱子学推向了新的高潮。此外，还有曹植开创的南冥学。

李滉（1501—1570）字景浩，号退溪。他著的《圣学十图》集中地反映了其性理学思想，体现了退溪学的逻辑结构。李退溪以朱子学为依据，创立了一个以理气二物说，四端七情理气互发说和敬学为核心内容，以主理为特征的性理学思想体系，在朝鲜朱子学发展史上树立了一块里程碑。其学说不仅对朝鲜朱子学，而且对日本朱子学影响颇大，日本和朝鲜学者都称他为"朱子以后第一人物"。

李珥（1536—1584），字叔献，号栗谷。他编撰的《圣学辑要》，是其生平学问和思想的集中反映。李栗谷也以朱子学为依据，创立了一个以理气非一非二说、四端七情气发理乘一途说和心境界等为主要内容，以主气为特征的性理学思想体系。作为一个学派的创始人，李栗谷在朝鲜朱子学界别树一帜，为朝鲜朱子学的发展做出了贡献。

李栗谷与李退溪同样都服膺朱子学，但他们的学术见解不尽相同。如退溪主张"四端理发而气随之，故无不善。七情气发而理乘之，故有善恶"②的四端七情理气互发说。而栗谷则主张四端七情之发，皆为"凡情之发也，发之者气也，所以发者理也。非气不能发，非理无

---

① ［韩］李彦迪：《答忘机堂第三书》，《晦斋集》卷5。
② ［韩］李退溪：《心统性情图说》，《增补退溪全书》（一），第205页。

所发"①。他认为四端七情都发于理气，并没有理善气恶的区分。这就是16世纪中叶，朝鲜性理学史上著名的"四端七情论辩"。其争论是围绕人的"情"问题的本体论展开，主要焦点是四端七情是理发还是气发，或是理气兼发的问题。这个争论几乎调动当时的所有学者，探讨时间之长，参加人数之多，可谓东亚朱子学史上第一次。

曹植（1501—1572），字楗仲，号南冥。他为学主反己修身，诚意正心，笃实践履，力避空谈心性天理。其学问是认识自己的生命本质和价值，从而使其意识到自我不仅是个精神的产物，而且是个经验的存在。这种通过每个人的人格塑造，使道德伦理理想转化为社会现实，以达至国家社会的和谐，是南冥学的精神实质。此外，曹南冥强韧的志向和躬行实践的义气，被其门人所传承，成为后来韩国国难之时发起义兵活动的基石。他阐明理学，振作士林，对形成新士风影响极大。

南宋末朱子学传入高丽后，经过200年的吸收消化，到16世纪中叶，李退溪、李栗谷各以其精湛的学术开拓出朝鲜朱子学的新时代，使朱子学融化为朝鲜民族自己的学术文化。从此，朝鲜朱子学遂支配朝鲜政治、教育、学术、社会价值观，其影响极为深远。

（四）朝鲜后期朱子学的兴衰

李退溪、李栗谷以后，朝鲜朱子学出现了岭南（庆尚道俗称领南）学派和畿湖（畿指京畿，湖指忠清道等）学派。领南学派，多从退溪说，他们主要发挥主理论的理气论。畿湖学派大多从栗谷之说，他们主要发挥主气论的理气观。此外，这时还出现有折衷学派。他们对退溪、栗谷"四七理气"之说，则折衷之而融合于朱子。其主要学者有：张旅轩、金农岩、李陶庵、吴老洲、洪梅山和田艮斋等。这些学派的出现，相互论辩，进一步推动了朝鲜朱子学深入发展。

根据韩国成均馆前任馆长崔根德教授的研究，领南学派和畿湖学派的发展谱系如下：

领南学派的谱系是：第一代为直接受李退溪熏陶之门人，如金诚一（鹤峰，1538—1553）、柳成龙（西厓，1542—1607）、郑逑（寒冈，

---

① ［韩］李珥：《圣学辑要》一，《栗谷全书》（一）卷19。

1543—1620)、李桢（龟岩，1512—1571）、李德弘（艮斋，1541—1591）、赵穆（月川，1524—1606）、黄俊良（锦溪，1517—1563）、禹性传（秋渊，1542—1593）、郑惟一（文峰，1533—1576）等人。其中鹤峰、西厓、寒冈三人被誉为退门三杰。

第二代为张显光（旅轩，1554—1637）、郑经世（愚伏，1563—1633）、张兴孝（敬唐，1554—1633）、柳袗（修岩，1582—1635）、柳元之（掘斋，1598—1674）、许穆（眉叟，1595—1682）等人。其中许穆受业于郑逑，在近畿地方起了传播退溪学的作用。其后，私淑于他的李瀷（星湖，1681—1736），将道传之于安鼎福（顺庵，1712—1791），使实学兴起。

到了第三代才带有同岭南学派这一名称相称的色彩，他们为李榘（活斋，1613—1654）、李徽逸（存斋，1619—1672）、李玄逸（葛庵，1627—1704）、李栽（密庵，1657—1730）、李万敷（息山，1664—1732）、权相一（清台，1679—1760）等。其中李玄逸、李栽父子尤其深得性理学之奥秘，为主理学派之确立提供了坚实的指标。后来，岭南学派的学统再由李栽传至李象靖（大山，1711—1781），李象靖门下出了郑宗鲁（立斋，1738—1816）、南汉朝（损斋，1744—1810）、李万运（默轩，1736—?）等弟子。后来，南汉朝的弟子中出现了柳致明（定斋，1777—1860）这样出类拔萃的人物，同时代的学者有李源祚（凝窝，1792—1871）、李钟祥（定轩，1799—1870）等。柳致明的门人有金兴洛（西山，1827—1809）、李敦禹（肯庵，1807—1884）等人。同时代的著名学者有张福枢（四未轩，1815—1900）、李震相（寒州，1818—1886）等。再往后，则有金兴洛、张福枢的弟子曹兢燮（深斋，1873—1937）和李震相的弟子郭钟锡（俛宇，1846—1919）等人。①

畿湖学派的谱系，也随着南岭学派的发展分为三代。第一代以李珥的嫡传弟子金长生（沙溪，1548—1631）为主。随后的第二代有金长生之子金集（慎独斋，1574—1656），以及宋浚吉（同春堂，1606—1672）、宋时烈（尤庵，1607—1689）、李维泰（草庐，1607—1684）、

---

① ［韩］崔根德：《韩国儒学思想研究》，邢丽菊译，学苑出版社1998年版，第335页。

余榮（市南，1607—1664）等人，其中宋时列成就最高。第三代多为宋时列的门人，有宋基厚（闻道斋，1621—1671）、李瑞夏（畏斋，1625—1689）、权尚夏（遂庵，1641—1721）、李喜朝（芝村，1655—1724）、宋奎濂（霁月堂，1630—1709）、郑澔（尤岩，1648—1736）等。在权尚夏的门下出了所谓江门八学士，如韩元震（南塘，1682—1751）、李柬（巍岩，1677—1727）、尹凤九（屏溪，1681—1767）、蔡之洪（凤岩，1683—1741）等。此后，再传至任圣周（鹿门，1711—1788）、任靖周（玄湖，1727—1796）、任宪晦（全斋，1811—1876）、田愚（艮斋，1841—1922）等。①

对于以退溪学和栗谷学为主导的韩国性理学的演进，韩国著名学者玄相允在《朝鲜儒学史》中亦说："李朝性理学在理气问题上，分为退溪学说和栗谷学说两个系统。以南人为中心的南岭学派尊奉退溪学说，变化发展为主理派；以西人为中心的畿湖学派则拥护栗谷学说，变化发展为主气派。其中脱离自派、支持反对派学说者有之；将自派学说与反对学说折衷起来的学者亦有之。如南岭学派的张旅轩（显光）、郑愚伏（经世）支持了栗谷学说，畿湖学派中以朴南溪（世采）为首的林沧溪（永）、赵拙修（至明）等诸学者大都认同退溪的学说，其实沧溪、拙修两氏对退溪、栗谷两说采取了折衷态度。畿湖学派中成为老论主流的金农岩（昌协）折衷退溪、栗谷两学说，一方面承认栗谷学说的'理发气乘'之大原则，另一方面又支持退溪学说的主理主气之主张。"②

在退溪学派和栗谷学派的发展中，两派的政治观点也常显示出对立的姿态。对此，韩国现代著名学者李家源说："退溪易簀后，栗谷李珥极赞高峰初说之分明直捷，而亦曰：'明彦学识岂敢冀于退溪，只是偶于处见得到矣！'自是众说纷纭。沙溪金长生，尤庵宋时列，南塘韩元震，鹿门任圣周，主栗谷；而如牛溪成浑，寒冈郑逑，磻溪柳馨远，愚潭丁进翰，农岩金昌协，星湖李瀷，茶山丁若镛，芦沙奇正镇，寒州李

---

① ［韩］崔根德：《韩国儒学思想研究》，第337页。
② ［韩］玄相允：《折衷派之消长》，《朝鲜儒学史》第13章，民众书馆1983年版，第237页。

震相,皆主退溪也!"① 李家源教授在这里是概括性的说明。事实上,此两派的演变贯串于长达四五百年的整个李朝性理学史之中,充分地显示出由李退溪及其学生李栗谷为渊源的性理学思想的生命力和伟大而深远的影响。

16世纪20年代初,阳明学传入朝鲜。到17世纪,以阳明学为正统的光海君北人批判朱子学。李朝仁祖、孝宗、显宗时的西人,强调纯真朱子学,主张义理论、继承和发扬栗谷学,排斥阳明学和退溪学。这以宋时列为代表。宋时列是朝鲜后期最有名的朱子学者。他追随栗谷学,拜栗谷门人金长生为师,对朱子学深信不疑,并且表示谁要是怀疑或反对朱子,那便是"斯文乱贼"或"斯文大贼"。在中国明清更替之时,宋时列又以"义秉春秋,崇节义,辟邪说",而撰著出版了《朱子大全答疑》《朱子言论同异考》等著作,还取《朱子大全》而编成《节酌通编》。在英祖时期,宋时列这些著作成为经筵的主要教材。他的门人权尚夏"受其衣书之托,主盟斯道三十余年"②,与同盟韩元震等将理学推向朝堂和民间。权尚夏借助经筵、书院和乡学等各种传播途径,促使朱子学在朝鲜社会植根牢固,从而主导了国家生活和社会风气。宋时列虽对朱子学深信不疑,但他认为李退溪以朱熹的"理之法""气之法"为根据,对理气关系问题的阐述和立论是不对的,并认为这种说法实际并不是朱熹的,而是朱熹的门人在整理朱子语录时误加的。显宗时,宋时列等又抛出"名分论",引起了众多的论争和政争。

18世纪初期,因为追求纯正朱子学和"名分论",而进一步分析朱熹的"心性论",故而在栗谷学派(即畿湖学派)里发生了关于"人物性同异"的湖洛论争。居住在西湖一带的朱子学者称湖派,以南塘为代表;居住在洛下地区的朱子学者则称洛派,以李巍岩为代表。在争论中,韩元震继承了栗谷的"气局说",并且以朱熹《孟子集注·告子章句上》的"性为理气之合(气中之理),气同理异"和《大学或问》中的"性是理气之合(气中之理),理同气异"为根据,主张"人物性

---

① [韩]李家源:《退溪学研究之诸课题》,韩国退溪学研究院编《退溪学报》第14辑,1977年7月,第61页。

② [韩]韩南塘:《经筵说》,《南塘集》(上)卷12,首尔:景仁文化社1976年版。

异论";而李巍岩则继承了李栗谷的"理通说",并且以朱熹对《中庸》"天命之谓性"的注释:"天以阳明五行化生万物,气以成行,而理示赋焉……于是人物之生,因各得所赋之理,以为健顺五常之德,所谓性也"为依据,主张"圣凡人心同论"和"人物性同论"。湖派韩元震以朱熹对《孟子》"生之谓性"的注释:"人物之生,莫不有是气,莫不是有理……以气言之,则知觉运动,人与物莫不异也。以理言之,则仁义礼智之禀,岂物之所得而全哉"为依据,主张"人物性异论",并且以此出发,对清入主中原表示仇视。他认为明清改朝换代是"夏华"的中国已亡,变成"夷狄"的世界,故要保存朱子学道统,必须兴兵北伐。洛派李巍岩则从"圣凡人心同论"和"人物性同论"出发,认为"天地万物同此一原",即使是夷狄和小人也可以进行教化,使其像君子一样具有普遍的心性,故而他们提出"理一"的观点。洛派李巍岩的这一观点,对后来实学家中北学派思想的形成有着深远的影响,并且成为北学开放的学问态度的根源。

19世纪初,韩国正处于传统社会向现代社会转变的过渡时期。西方帝国主义列强入侵亚洲,日本侵略朝鲜并将其变成殖民地。在国家处于内外交困的危难形势下,朝鲜朱子学思想界根据朱子学的义理传统出现了"斥邪卫正论"和"内修论"。"斥邪卫正论"以李恒老等为代表,主张积极对抗外来侵略,并应对西学和西洋势力;"内修论"以田愚等为代表,主张通过内修(即内在的修养)来谋求儒学的发展,确保儒学的自我意识,以解决国难之困境。

李恒老(1792—1868),号华西,京畿杨平人。他开创的华西学派,其哲学思想是以主理的价值观为特征,并形成了道学价值秩序为主旨的斥邪为正思想。后来,这一思想成为朝鲜末义兵运动的精神支柱。

在太极论上,华西最为推崇周敦颐的《太极图说》和朱子的《太极图说解》。据《华西集》记载,他先后著有《太极图说小注记疑》《太极图说解改正》《易与太极图同异说》《临川吴氏太极说录疑》《太极说》《太极者本然之妙说》等。华西认为,宇宙的终极本质是生成太极的原理,周氏《太极图说》的核心就是一个"生"字。他说:"愚按太极图说中一个生字,实为根纽命脉。所谓太极,亦不过是生生之道也，去一生字，则无以说太极矣……太极只是一个生生之理。"① 也就是说，太极是生成万物、主宰万物的本体。在此，华西强调太极的能动性和创生性。

对于太极与无极，华西说："所谓无极者，无情意，无造作之说也。所谓太极者，无所不具，无所不该之说也。二者俱明，然后其义始尽。"② 又说："太极只管一动一静，生生不已焉耳。"③ 在华西看来，太极有无形无为的无极一面，也有主管动静的生生之道的一面。

华西认为，太极即理。他说："太极理也，理有主宰乎？为其主宰是物也，故谓之理……太极理也，理有运用乎？为其运用是物也，故谓之理。"④ 在这里，华西突出了理的主宰性。他还认为，理该动静体用。所以，他说："理也者，该动静体用，包能所大小，故无亏缺，不相假借而足。"⑤ 按华西之意，理不仅能动静，而且还可以通体用之用来主宰和运用气。

对于理与气，华西依照朱子的理气不相离不相杂，但决是二物的思想。他说："理气之分有两样，以理之本体言，则理为统气之主，而气为载理之器，此则不可离之说也。以气之万殊言，则理为至善至中之准则，而气为偏倚过不及之缘由，此则不可杂之说也。"⑥ 又说："朱子曰：理气决是二物，此圣贤相传之决案也。"⑦ 在这里，华西认为，理是至善和至中的准则，而气由于过或不及的缘由，成为不善的根据。所以，理气应分而言之。可见，华西对理气不相离，不相杂两者，更强调不相杂。

华西特别强调理的主宰性。他说："理本尊而无对者也，气本卑而有对者也。"⑧ "理为主气为役，则理纯气正，万事治而天下安矣。气为

---

① [韩] 李恒老：《太极说》，《华西集》卷24，首尔：景仁文化社1976年版，第629页。
② [韩] 李恒老：《临川》，《华西雅言》卷2，第1050页。
③ [韩] 李恒老：《临川》，《华西雅言》卷1，第1048页。
④ [韩] 李恒老：《太极者本然之妙说》，《华西集》卷25，第641页。
⑤ [韩] 李恒老：《形而》，《华西雅言》卷1，第1049页。
⑥ 同上。
⑦ [韩] 李恒老：《朱子理气决是二物说》，《华西集》卷25，第659页。
⑧ [韩] 李恒老：《神明》，《华西雅言》卷3，第1067页。

主理为二，则气强理隐，万事乱而天下危矣。"① 可见，华西的理气论具有明显的以理为主的价值意识。

在心论上，华西认为心是人的主宰，并按朱子门人黄榦（号勉斋）将主宰之心分为"形、气、神、理"四个层面。即心的形作为血肉的心脏，心的气作为气运的精爽，心的神就是人虚灵的神明，神的理作为心的本体，就是仁义之心。这种"形气神理"四层构造，也可分为，"形"是阴，"气"是阳，"神"是用，"理"是体。② 心的"形气神理"四个要素，缺乏任何一个都不能够成"一物"。但就心兼理气而言，如果说"心"是"理"，那么知觉运用又接近"气"；如果说"心"是"气"，那么虚灵神妙又接近"理"③。可见，心具有理气两面性。

华西认为，"神明知觉"本身不是"理"的实体，只是在性体上"主宰妙用"而已。这也就是说，不是把包含神明的"心"本身看作"理"，而是强调"心"的本体论层面的"理"。他说："凡说心者，论气不论理，本源不明。理论不论气，善恶不分。"华西的这种主张，不仅是从"心"的存在论立场来看待，而且是从能动的、实践性的、现实指向性层面来把握的。华西强调心的本体论层面的理，其理由在于正确认识义理实践的内在根据，确立人格主体，以正确的价值观实践义理，实践正义。所以，华西说："故救乱世莫先于辟异端，辟异端莫急于明正学，明正学只在一心。"④

从上述可见，华西是通过实现纯善的天理来实践正道，即以主理的价值观来建立斥邪卫正思想的。

在李朝从中期向后期的转折时期，因壬辰倭乱（1592）、丙子胡乱（1636）和中国的明清改朝换代，朝鲜社会所具有的痼疾和弊端更加明显地暴露出来。对此，朝鲜李朝思想界的一些学者，如李芝峰（1562—1628）、柳馨远（1622—1673）、李星湖（1681—1763）、洪大容（1731—1783）、朴趾原（1737—1805）、朴齐家（1750—1805）、李德懋（1719—

---

① ［韩］李恒老：《理气问答》，《华西集》卷25，第642页。
② ［韩］李恒老：《杂著》，《华西集》卷24，第633—654页。
③ ［韩］李恒老：《心与气质同异说》，《华西集》卷22，第567页。
④ ［韩］李恒老：《神明》，《华西雅言》卷3，第1071页。

1791)、安鼎福（1712—1791）、丁若镛（1762—1836）、金正喜（1819—1888）等，他们都从现实的立场出发，发扬朱子学中的"以民为本，心忧天下""格物致知，即物穷理""知行相须，力行为重""经世致用，创新进取"的精神，关心民生，增强国力，崇尚务实。这就是朝鲜实学的兴起。

朝鲜实学思想家们，否认朱熹对儒家经典解释的权威性，但又重视并且强调朱子学中以民为本、兴利除弊的为政"通变论""经世致用"的思想，力倡远虚文近实用，去迷信尊科学，学以致用，以变革社会，救国救民。他们都有出使中国的经历，耳闻目睹了中国皇帝强调朱子学的"经世致用"，以"理"治国，而使中国富有繁荣。特别是乾隆朝中国的繁荣和强盛，故而主张学习中国。他们综合阳明学的"知行合一"说和朱子学的"格物致知"论，强调"学有兼知行"，但格外重视践行，除道德践履之外，更重要的是经世实践。基于此，他们提出了一系列的改革朝鲜政治、经济、文化、教育，加强国力的方案。同时，他们提倡实事求是，积极研究自然科学和技术科学，努力确立能够支持自己改革方案的哲学理论。洪大荣、朴趾原、朴其家等思想家，特别向往中国清朝康乾盛世，故而提出用一视同仁的"华夷一论"，来抵制"遵明攘夷"传统的"华夷论"，呼吁放弃脱离实际的"北伐论"，力主"北学中国"，形成实学中的北学派。

北学派为了推动实学的发展，检书官柳得恭等人，于1790、1801年到中国北京琉璃厂收购图书，并且与博学多才、学识出众的清朝名士纪昀、罗聘结交。北学派朴其家站在实学家经世济民的立场，面对清朝国势强盛的现实，认为："苟利于民，虽其法之出于夷，圣人将取之，而况中国之故哉！"若继续因循"大义"而无视现实，那么"吾恐中国之夷未暇攘，而东国之夷未尽变也"。于是，他面对汹汹之势的"北伐论"，振臂呼吁："古今之人欲攘夷也，莫如先知夷之为谁；欲尊中国也，莫如尽行其法之为逾尊也。若夫为前明复仇雪耻之事，力学中国二十年后，共议之未晚也。"[①]

[①] ［韩］朴其家：《尊周论》，《贞蕤集·北学辨外编》，参见何芳川主编《中外文化交流史》（上卷），国际文化出版公司2008年版，第169—170页。

北学派朴趾源在朱熹的《不自弃文》"人皆迁之,我独不移。士其业者,必至于登名;农其业者,必至于积粟;工其业者,必至于作巧;商其业者,必至于盈赀。若是,则于身不弃,于人无愧"[①] 中的,重视工商业、四业并举思想的启示下,认为只有发展工商业、四业并举,才能实现"'利用厚生'的价值目标,实践圣人的古训",并且把"利用厚生"的学说,解释为"工制什器,商通货财,以利民生,使衣食图谋民之厚生",而且更加"重视实用和实践,主张同等对待农工商各行业,以保证其'生业'"[②]。

北学派以"利用厚生"、北学中国的实学思想为中心,既摆脱后期朝鲜朱子学者空谈虚论、坐而论道的浮夸风气,又吸收朱子学中的格物致知和自然科学、生态伦理以及不贱工商、四业并举的思想,积极研究自然科学和技术科学,重视发展工商业,振兴经济,建立新的思维体系,把朝鲜社会引向近代。北学派的理论克服了朱子学内在"华夷差别主义"的倾向。其"华夷一论",不仅意味着不断适应瞬息万变的外部世界,而且成为后来以民族自主和现代化为目标的韩国开化思想的哲学基础。

李瀷(1681—1763),字子新,号星湖,京畿道骊州人。他出身两班士族家庭,追随李退溪,属于岭南学派。他著有《论语疾书》《孟子疾书》《大学疾书》《中庸疾书》《近思录疾书》《心经附注疾书》《星湖礼说》《藿忧录》《星湖僿说类选》《星湖先生文集》等。李星湖传承李退溪的学术思想,著《李子粹语》记录李退溪的言论。

李星湖是18世纪前半叶朝鲜实学的主要代表人物。他反对儒家学者绝对信奉儒教经典,主张对儒家经典持实学的态度,要有创造性的理解和发挥。他不仅注重研究儒学经典,而且非常重视研究本帮历史、地理、制度和风俗,并提出了一系列社会改革措施。他为了克服当时朝鲜性理学一味追求形而上的经学观,而提倡"下学",经世致用,实事求是的学风。李星湖撰写的一系列"疾书",就是在于为学应经世致用。如他的《近思录疾书》,就是在教授家塾子弟时,担忧弟子不能见到

---

① (清)朱玉编:《朱子文集大全类编》卷21,四部丛刊本。
② 引自[韩]余海宗《中韩关系史论集》,中国社会科学出版社1997年版,第189页。

《近思录》的"意趣","辄加笺解,俾有以易入云尔"。李星湖在肯定《近思录》的价值时说:"以今观之,儒学日屈,无所事事,谓诸子之书不可卒,既不欲致思于其间,虽欲志焉,浩浩莽莽,亦远而无得也。其要专意四子,不得不错,非此书不可信乎!朱子纂集之功又不在四子下也。"①

19世纪中叶,朝鲜实学达到鼎盛。丁若镛(号茶山),是实学思想集大成者。他认为,哲学化的朱子学已背离时代的需要,而陷入空洞虚幻的形上思辨。所以,他倡导孔子在《论语》中阐述的学说,力图使儒学成为简单明白的社会学说,教导人们怎样在现实社会中生活。丁若镛试图越过宋明理学和汉唐儒学而直溯孔学之源,否定朱熹对儒家经典的注释,反对朱熹把"理"当作是天地万物的本原,认为"理"只是事物内在的客观规则,根本不存在脱离具体事物的"理"。但是,他又赞同朱熹"圣人谓太极者,所以指夫天地万物之根也"②的观点。他综合实学思想家"经世致用"和"利用厚生"的观点,对朝鲜社会制度的田制、税制、吏制、法则、学制、兵制、政制等诸多方面都提出改革方案。其思想深度达到他那个时代所能达到的水平。

1894年,中日甲午战争后,朝鲜的宗主权由清朝移交给日本,拥戴中国明、清皇朝500年的朝鲜社稷,从此灭亡。此后,朝鲜改称大韩帝国,沦为日本的殖民地,朱子学也从此在韩国走向衰弱。但是,朱子学仍然是该时期朝鲜人民的精神支柱。此时,在朝鲜以崔济愚为首的儒生学者为了对抗西学天主教和日本的侵略,拯救国家和民族,创立了以朱子学为中心的东学,并且成立东学党,领导人民反对西学和外国资本的奴役;1894年又以"忠孝双全,济世安民,逐灭倭夷"为号召,领导农民起义抗击倭寇。东学党农民运动失败后,农民义军有的成立英学党,有的成立活贫党,他们继续高举"斥邪卫正论"旗帜,继续开展"抗日义兵运动",进行反对外来侵略的斗争。

19世纪末,朝鲜士人学者发动了开化运动。开化运动的思想家们,努力改造朱子学,赋予其全新的意义,以实现朱子学的近代化。开化运

---

① [韩]李瀷:《星湖先生近思录疾书》,朝鲜李朝时期抄写本。
② 朱熹:《答杨子直》,《朱文公文集》卷45,《朱熹集》(四),第2154页。

动是一场对外开放，建立近代国家体制的政治运动。其思想家阅读由中国刊行并传入的《海国图志》《瀛寰志略》等书籍，积极吸取魏源的"师夷长技以制夷"的思想和朱熹的"经世亦只是随时""势自是如此"的变革思想，主张自主开国，全面实行"开化"政策，努力学习西方近代文明的知识，发展近代技术，建设近代化的新国家。

19世纪末至20世纪初，韩国爱国知识分子李沂、金泽荣、朴殷植等人发动了启蒙运动。李沂初习朱子学，后投入实学。金泽荣以抗日救国为己任，向民众开展启蒙教育，后来流亡中国，撰写了《新高丽史》等多部学术著作，编校出版各种诗文集和韩国史著等45部，向中国读者介绍韩国文学、儒学历史。他精通儒学，曾任崇仁殿参奉。他在朱子学衰退的情势下，撰著出版了《儒教求新论》一书，主张运用阳明学来解释儒家哲学，用阳明学"简易直截"来克服朱子学的支离污漫，谋求朱子学的新发展；同时要求人们用自发的良知为基础，学习礼法知识，追求事理判断，磨炼能动智慧。启蒙思想家们试图组织西友学会等各种学会，出版发行学会的机关刊物；建立五山等学校，以发展教育事业，对民众进行国史、国语、国文、国学的民族教育，以发展民族文化。这是试图将朱子学和科学时代相适应的资产阶级改革。它促进了韩国近代民族主义理念的形成。

（五）现代韩国朱子学

1945年8月，第二次世界大战结束后，韩国摆脱日本35年的殖民统治，开始致力于经济发展，到20世纪60年代经济开始腾飞；20世纪70年代起开始致力于被日本殖民统治者强行割断的传统儒学的研究，试图重建自己的民族精神。20世纪80年代后半期韩国发展为亚洲"四小龙"之一，儒学的研究也随之转向探讨其与经济文化发展的相互关系，即阐述经济发展和儒学之间的相互渗透、相互影响的关系。在这种历史背景下，韩国朱子学又获得生机。

现代韩国的朱子学研究的情况：一是建立了众多的韩国朱子学研究机构。1978年3月，韩国学者在首尔成立了退溪学研究院，1988年6月成立了国际退溪学研究会，翻译出版了大量朱子学研究著作，从源流上深入研究退溪学，并把它放在东方以至世界文化的全局中进行考察，取得了丰硕的学术成果。同时，韩国学者在江陵成立了栗谷研究院，其活动也不亚于退溪学会。其他还有东洋哲学研究会、韩国哲学研究会、韩国哲学思想研究会等等。这些学会都以研究韩国朱子学为主。此外，韩国还有以朝鲜时代著名朱子学家的号来命名的学术团体，如圃隐思想研究会、良斋思想研究会、牧隐学会等。这些学会都定期举行有关学术研讨会。在韩国各大学，诸如成均馆大学、首尔大学、釜山大学、庆熙大学、高丽大学、岭南大学、安东大学、庆尚大学等，也建立了相应的研究所、研究院，并出版发行自己的学术刊物。

二是韩国学者编撰大量朱子学著作。如卢仁淑著有《朱子家礼与韩国之礼学》，李秀雄著有《朱熹与李退溪诗比较研究》，刘明钟著有《朱子的人间与思想》，金永植著有《朱熹的自然哲学》，刘承相著有《朱子早年思想的历程》，等等。他们都肯定朱子学对朝鲜民族有着极大的影响，并提出对朱子学要重新诠释、理解和现代化的目标。如，金永植教授的《朱熹的自然哲学》（华东师范大学出版社2003年版），是国际范围内朱子学研究领域里，颇具特色的一部学术著作。他在书里指出：要从把握朱熹的自然哲学的角度去研究朱熹思想。他还在武夷山朱熹研究中心主办的《朱子文化》（2007年第6期）上发表《朱熹格物致知方法论中的类推》的论文。他对朱熹的"类推"方法进行了考察，指出"类推"是朱熹"格物致知"践履中的重要方法。他的研究，为我们全面认识朱熹和朱子学提出了一个独特的视角。

三是在学术研究上，韩国学者突出了退溪学的研究。由退溪学研究院主办的退溪学国际学术大会，自1976—2014年，分别在韩国的首尔、日本东京、中国台湾、美国波士顿、德国汉堡、中国香港、中国北京、苏联莫斯科、中国武夷山等地举办了25次，发表了一千多篇论文。这些学术会议和论文，促进了退溪学研究逐步走向世界，亦提高了朱子学在国际的地位。

20世纪90年代，韩国在朱子学研究中，还出现了"家学"热的现象，即是将朱子学研究与家学研究结合起来。这种研究氛围反映了韩国家族制度，在现代社会依旧发挥着极大的作用。如韩国学者徐大源就将《朱子家训》译为韩文，广为传播，以促进韩国的家学研究的发展。此外，朱熹《武夷棹歌》对韩国亦有较大的影响，在韩国形成了一种独特的"武夷九曲文化"。朱仁俊对韩国全罗北道镇安郡茂朱流传的朱子学传播的情况，进行搜集整理，辑成《茂朱武夷九曲诗》。

洪元植在《关于儒家资本主义论的评价》中说："韩国是通过朱子学才能解释的国家。"韩国人认为对儒教的否定，将是"属于对自己文化的一种自杀行为"。古老的学术正成为当代韩国重塑民族文化教育、民族精神的厚实基础。

二　李彦迪与朱子学

李彦迪（1491—1553），字复古，号晦斋，生于庆州良洞村。他在燕山曾跟随舅父孙仲暾（号忘斋）学习八年，熟知性理学。中宗九年（1514）科举及第，初任天官郎，继而担任仁同县监、司宪府掌令、密阳府使等官职。中宗二十五年（1530）升任司谏。中宗三十二年（1537）后，任宗簿寺金正、直提学。担任全州府尹时，因推行善政而著名。

李彦迪心系国家，有数千言奏章上书朝廷，谏言国家大本和政治纲领，受到朝廷的嘉许，被特别提升为礼曹参判、右参赞。仁宗元年（1545）又升任为议政府左参赞。翌年，李彦迪受权臣尹元衡嫉恨，因良才驿壁书事件陷害，被流放江界，于63岁时去世。

1568年，宣祖即位，时任左议政的李冀上奏朝廷，为李彦迪申冤复权，追任李彦迪为领议政。次年，追赠谥号"文元"。宣祖六年，李彦迪在庆州玉山书院受到祭享。光海君二年（1610）九月，从祀文庙。后来六谷徐必远将李彦迪与寒暄堂金洪弼、一蠹郑汝昌、静庵赵光祖列为东方四贤追慕。李退溪为李氏撰写了《晦斋李先生行状》，奇大升为李氏撰写了《神道碑铭》。

李彦迪在家乡庆州创办玉山书院授徒讲学，著书立说，其著作有《奉先杂义》《中庸九经衍义》《进修八规》《大学章句补遗》《续大学或问》《求仁篇》等。

李彦迪28岁时，与曹汉辅（号忘机堂）进行过有关"无极太极"问题的论辩。这是韩国朝鲜时期第一次性理学的重要辩论。此虽不及后来李退溪与奇高峰的"四端七情"论辩、南塘与李巍岩的"人性物性之同异"之论争,在朝鲜哲学史上影响极大,且牵涉人物极多,但此论辩显示韩儒对朱子学有很深入的掌握和发挥,对儒、佛思想的不同也有恰当的理解。

(一)"无极太极"论辩的理论渊源

这次辩论之缘起是孙叔暾(号忘斋)与曹汉辅(号忘机堂)讨论周濂溪《太极图说》首句"无极而太极"的意义。李彦迪看到孙、曹二人的论辩文章后,写出《书忘斋忘机堂无极太极说后》一文,对曹汉辅之说提出异议。他评论曹汉辅、孙叔暾二人的论辩说:"谨案忘斋无极太极辨,其说盖出于陆象山,而昔日朱子辨之详矣,愚不敢容赘。若忘机堂之答书,则犹本于濂溪之旨,而其论甚高,其见又甚远矣。其语中庸之理,亦颇深奥开广,得其领要,可谓甚似而几矣。"①

李彦迪言孙忘斋之说出于陆象山,认为他的"无极太极辨"是太极由无极所生;对曹汉辅之说认为是"犹本于濂溪之旨",以无极太极为一。曹氏看到这篇文章后,做出了回应。于是,李、曹两人书信往来数次进行论辩。现存有晦斋答忘机堂的四封书信。② 遗憾的是,曹汉辅同孙叔暾、李彦迪论辩中所涉及的曹氏原信都已失传,现对曹汉辅的见解只能从李晦斋书信中征引,来讨论其思想。为了弄清李彦迪和曹汉辅对朱子学的理解,我们先从朱熹与陆九渊"无极太极"论辩谈起。

朱熹曾与陆九渊有"无极太极"论辩,这是关于周濂溪《太极图说》中"无极而太极"应如何解释的问题。陆九渊认为周敦颐此句有如老子"有生于无",即太极是由无极而来。他主要从生成论的角度来理解,认为"易"之"太极"即是"中",即是本源;在"太极"之上再加"无极",是"叠床上之床,架屋下之屋"③。朱熹则是从本体论的角度来理解,认为非"太极"之外复有一"无极",两者本一,"无极即是无形,太极即是有理";但分解地说,"无极"是有中说无,"太极"是无中说有。故朱熹说:"不言无极,则太极同于一物,而不足为

---

① [韩]李彦迪:《书忘斋忘机堂无极太极说后》,《晦斋集》卷5。
② [韩]李彦迪:《晦斋集》卷5。
③ 陆九渊:《与朱元晦》,《陆九渊集》卷12,中华书局1980年版,第157页。

万化之根；不言太极，则无极沦于空寂，而不能为万化之根。"① 这也就是说，"无极"之"无"非没有之意，即不是不存在，而是无形无状却实有此理之意。它也是存在，只是无形、无状、无名、无限而已。但它却是"太极"之所以为"太极"的存在依据。②

朱熹和陆九渊对"无极而太极"的理解各有所据。陆氏之所以会从生成论角度理解这一命题，一是与传统的思维进路有关，二是与《太极图说》的版本有关。因为当时《太极图说》的《国史》本，此句为"自无极而为太极"。九江本是"无极而生太极"。这两个版本都是"以无为本""有生于无"的观点。朱熹不取其说，而做出上面的理解，就在于周敦颐之《通书·动静》章。因为按《太极图说》所言："无极而太极，太极动而生阳，动极而静；静而生阴，静极复动；一动一静，互为其根，分阴分阳，两仪立焉。阳变阴合而生水火木金土。五气顺布，四时行焉。五行一阴阳也。阴阳一太极也，太极本无极也"，人们很自然地会产生如陆氏的生成论之理解，即顺序从"无极"到"太极"到"阴阳"到"五行"。这里隐含着一个时间的流变过程。③

朱熹对"无极而太极"所取周氏《动静》章言："动而无静，静而无动，物也。动而无动，静而无静，神也。动而无动，静而无静，非不动不静也。物则不通，神妙万物……五行阴阳，阴阳太极，四时运行，万物终始。"按周氏之意，"物"仅仅执"动"或"静"之一端（动而无静，静而无动），要么"动"，要么"静"，非此即彼，故为"不通"。这就是说，物质的动静是机械的，动就是动，静就是静，动中无静，静中无动，动静是相互排斥的。而神则动而无动，静而无静，非不动不静，是超乎动静的。对这种形而上的动静，朱熹说："理则神而莫测，方其动时，未尝不静，故曰'无动'；方其静时，未尝不动，故曰'无静'。"④ 作为形而上之"神"的动静是变化无穷的。它是能神妙万物的，是动静之理。它能使万物由动到静，由静到动，发生无穷变化。这种动静之理是神妙莫测的，故形而上的神是动静的根据。

---

① 朱熹：《答陆子美书》，《朱文公文集》卷36，《朱熹集》（三），第1567页。
② 徐洪兴：《周敦颐〈通书〉、〈太极图说〉关系考》，《中国哲学史》2000年第4期。
③ 同上。
④ 黎靖德：《朱子语录》卷94，中华书局1986年版，第2403页。

在周敦颐看来,"太极"虽是本源,是动之发动,但其动之发动如何成为可能?是因为"太极"具有"神"的性质或曰功能;只有"神"是"动而无动,静而无静"却又"非不动不静"的。它跳出了生成流变的过程,消解了时间因子,成为动和静之所以能够动静的原因。"神"是无形无状的,但却又是实有的存在,它可以"妙万物"。"妙万物"是指神是宇宙万物运动的内在本性和变化本身的微妙功能。这个神,实质上也就是"无极"和"太极"本是二而一、一而二的,实无先后上下之分。如果硬要说"无极"先于"太极",那也只能理解为是逻辑在先。①

后来,朱熹把周敦颐讲的"太极"解释为"理",对"太极"本体之义作了进一步的阐发。

(二)"无极太极"论辩中曹汉辅的主张

李彦迪与曹汉辅遵从朱子之说,都认为"太极即无极"。李氏说:"今详忘机堂之说,其曰'太极即无极',则是也。"②而两人之争论,是对此无极之本体,应如何规定,及如何方能体会、掌握之问题。前者是本体问题,后者是功夫问题。

李彦迪在《书忘斋忘机堂无极太极说后》,首先评论曹汉辅、孙忘斋二人的论辩说:"谨案忘斋无极太极辨,其说盖出于陆象山,而昔日朱子辨之详矣,愚不敢容赘。若忘机堂之答书,则犹本于濂溪之旨,而其论甚高,其见又甚远矣。其语中庸之理,亦颇深奥开广,得其领要,可谓甚似而几矣。"③李彦迪说忘斋之说出于陆象山,认为他的"无极太极辨"是太极由无极所生。而忘机堂之说,李彦迪认为是"犹本于濂溪之旨",即合于朱子的看法,以无极太极为一。

在本体论上,曹汉辅对本体的规定是"虚而灵,寂而妙,灵妙之体,充满太虚,处处呈露"④。此说本体为虚寂灵妙,是不合于朱子所

---

① 徐洪兴:《周敦颐〈通书〉、〈太极图说〉关系考》,《中国哲学史》2000年第4期。
② [韩]李彦迪:《书忘斋忘机堂无极太极说后》,《晦斋集》卷5。
③ 同上。
④ 曹汉辅的著作失传,只能据晦斋有关书信中之征引,来讨论其思想。此引文见李彦迪《书忘斋忘机堂无极太极说后》,《晦斋集》卷5。

言太极本意的。朱子言太极是理,理是不活动的。对此虚灵之本体,曹汉辅又用"寂灭"来规定,他说:"太虚之体,本来寂灭。"① 这大概是曹汉辅重视太极之"无极"性格,从虚无处体会本体。他对本体的规定还进一步说:"无则不无,而灵源独立;有则不有,而还归澌尽。"② 这就是说,本体不落于有无之相对说中,即说有说无皆不可。曹汉辅以太虚来说本体,应是受北宋理学家张载思想的影响。张载云:"太虚无形,气之本体;其聚其散,变化之客形尔。至静无感,性之渊;有识有知,物交之客感尔。"又云:"气之为物,散入无形,适得吾体,聚为有象,不失吾常。太虚不能无气,气不能不聚而为万物,万物不能不散而为太虚。循是出入,是皆不得已而然也。"③ 曹汉辅认为,太虚之体虚灵寂灭,为气之本,万化皆会澌尽,而虚灵之体独立恒存。这样理解本体,与张载之意还是有距离的。张载虽言太虚是气之本体,及气散而适得吾体,但亦强调太虚即气,并非至万化澌尽时,方可见本体之存在。而曹汉辅所谓的"寂灭",是从万化终归于尽,聚而必散上说。依李彦迪之意,曹汉辅以本体为寂灭,以世间为幻有,是不合于朱子"理气论"的。如此言本体,会使人远离人生以探索本体。

在功夫论方面,曹汉辅认为可以"以无极太虚之体,作得吾心之主,使天地万物朝宗于我,而运用无滞"④。又说:"游心于无极之真,使虚灵之本体,作得吾心之主。"⑤ 这里所说的"万物朝宗于我",即天地万物以我为中心;"运用无滞",即表示本心呈现,理便呈现,而事物之来,皆能恰当回应之;而"以无极太虚之体,作得吾心之主",则是从本体之形而上的性格,作为契悟本心的入路而言。曹汉辅借着对本体是虚灵无极之体会,使生命能进入一种与日常生活不同之境界,这是一种主张"顿悟"的工夫。李彦迪认为,曹氏之"顿悟"工夫违反了圣门下学上达之程序,并大加反对。在李氏的论难下,曹汉辅将工夫论

---

① [韩]李彦迪:《书忘斋忘机堂无极太极说后》,《晦斋集》卷5。
② [韩]李彦迪:《答忘机堂第一书》,《晦斋集》卷5。
③ 张载:《正蒙·太和篇》,《张载集》,中华书局1978年版,第9页。
④ [韩]李彦迪:《书忘斋忘机堂无极太极说后》,《晦斋集》卷5。
⑤ [韩]李彦迪:《答忘机堂第一书》,《晦斋集》卷5。

修正为"主敬存心，而上达天理"①，及"敬以直内，顾諟天之明命，吾之心坚定不易"② 言主敬，便加强了此工夫中的道德意识。但李彦迪认为，此中乃缺乏"下学人事"的工夫，不从下学人事入手，上达天理是不可能的。在此工夫论之论辩中，曹汉辅表现了孟子、陆九渊之说的特色。依孟、陆确可当下明本心，先立其大者。所以，李彦迪和曹汉辅之论辩，亦多少表现了朱陆之争的意义。

（三）李彦迪对曹汉辅"无极太极"理论的修正

李彦迪认为，曹汉辅对朱子学之本体理解不恰当。他说："大抵忘机堂平生学术之误，病于空虚。而其病根之所在，则愚于书中求之而得之矣。其曰'太虚之体，本来寂灭'。以灭字说太虚体，是断非吾儒之说矣。谓之寂可也，然其至寂之中，有所谓'于穆不已'者存焉……此心本然之体，而谓之寂可也；及其感而遂通，则喜怒哀乐发皆中节，而本然之妙于是而流行也。先儒所谓'此之寂，寂而感'者，此也。若寂而又灭，则是枯木死灰而已，其得不至于灭天性乎？"③ 依李彦迪所言，曹汉辅所说的道体是"太虚之体，本来寂灭"。李彦迪认为，"寂灭"是佛教之说，用寂灭来形容道体，不合儒家义。若以"寂"形容道体是可以的，但在至寂中，有"于穆不已者存焉"，即道体是既寂而又生生不已的，不能以虚无寂灭来说。李氏说："其三曰：体天德。易曰：天行健，君子以自强不息。又曰：君子终日乾乾，夕惕若，历无咎。盖天之德，刚健无息而已矣，君子法之，勉强于进德修业。"④ 又云："夫所谓无德者，一而无二，纯而不杂，合而言之，则诚也。动静无违，表里交正，而终始惟一，然后乃可以庶几焉。"⑤ 据此可知，李彦迪所理解的天道，是刚健无息的，而人要自强不息，纯一不杂，方可合天德。这是从人的道德实践中呈现出的道德心之创造性，来体会天道之创造性。曹汉辅以寂灭来形容道体，便不能表示道体的创生性。

---

① ［韩］李彦迪：《答忘机堂第二书》，《晦斋集》卷5。
② ［韩］李彦迪：《答忘机堂第三书》，《晦斋集》卷5。
③ ［韩］李彦迪：《书忘斋忘机堂无极太极说后》，《晦斋集》卷5。
④ ［韩］李彦迪：《进修八规》，《晦斋集》卷8。
⑤ 同上。

李彦迪继而从朱熹中和说之心性关系来论证道体并非寂灭。他说在情绪来发时，性体浑然在中，此可说是寂。但在情绪已发而心感通应物时，此性便表现其作用，故性体之寂，是"寂而感"的。这与佛教的"寂而灭"是不同的。对"中和"之义，李氏在《进修八规》中说得更为详细。他说："其八曰：致中和……盖天命之性，纯粹至善，而具于人心。方其未发，浑然在中而无所偏倚，故谓之中。及其发而品节不差，无所乖戾，故谓之和。静而无不该者，性之所以为中也。天下之理皆由是出，故曰天下之大本。动而无不中者，情之发而得其正也，天下古今之所共由，故曰天下之达道。此乃人心寂感自然之理，体用之全。"[①] 这就是说，从未发已发，见性理从中而和，有体有用，故并非枯寂无用之体。但李彦迪对《中庸》所说的"中和"之理解，是遵从朱熹之说，即是在"理气二分""心情性三分"之架构下所说的。性理虽可说有其体用，但理之作用乃是由情之未发至已发，心之由寂然而感通，而显出的。即理挂搭在气上，由气之活动显出理之作用，使理由浑然而粲然。这并非是对《易传》《中庸》所说之道体之恰当理解。《易》《庸》之道体本身便有其活动性，故曰"生生之谓易"，"维天之命，于穆不已"。李彦迪按朱子学说，并不能表示他所要强调的道体之创造性，及刚健之活动性。

曹汉辅对李彦迪之意见，有接受，但对自己的见解，亦有坚持。他说："至如寂灭之说，生于前书粗辩矣，未蒙允。今又举虚灭无极之真，乃曰'虚无即寂灭，寂灭即虚无'，是未免于借儒言而文异端之说，小子之感滋甚。先儒于此四字盖尝析之曰：'此之虚，虚而有；彼之虚，虚而无。此之寂，寂而感；彼之寂，寂而灭。'然则彼此之虚寂同，而其归绝异，固不容不辨。而至于无极之云，只是形容此理之妙，无影响声臭之耳，非如彼之所谓无也。故朱子曰：'老子之言有无，以有无为二；周子之言有无，以有无为一。正如南北水火之相反'，讵不信欤？"[②] 曹汉辅以"寂灭"来形容道体，又认无极之真，其虚灵无极，即是寂灭。

---

① ［韩］李彦迪：《进修八规》，《晦斋集》卷8。
② ［韩］李彦迪：《答忘机堂第二书》，《晦斋集》卷5。

李彦迪对曹氏之论，又引丽末鲜初著名朱子学者郑道传《儒释同异之辨》来做说明。郑氏说："先儒谓儒释之道句句同而事事异。今且因是而推广之。此曰虚，彼亦曰虚；此曰寂，彼亦曰寂……此曰知行，彼曰悟修；此之知，知万物之理具于吾心也；彼之悟，悟此心本空无一物也。此之行，循万物之理而行之无所违失也；彼之修，绝去万物而不为吾心之累也。此曰心具众理，彼曰心生万法。所谓具众理者，心中原有此理，方其静也至寂，而此理之体具焉；及其动也感通，而此理之用行焉，其曰寂然不动，感而遂通天下之故是也。所谓生万法者，心中本无法也，对外境而后法生焉。"① 郑道传之说，本朱子之意而推衍，而李彦迪之说，大抵依郑氏。儒家所说之本体，虽亦可用虚、寂来形容，但一定是虚而有、寂而感，决不容说虚而无、寂而灭。依朱子之意，寂感应都从心上说。在情绪未发而心寂然处，性理浑然而在；在情绪发时，心感而遂通，在心之感通时，性理亦粲然地表现其内容（显为四德）。心之寂然感通，虽具性理在其中，但寂感是从心之活动上说，理是不能说寂感。郑道传及李彦迪对寂感之理解，应是上述之意，而并非认为性理、太极是即寂即感的。

曹汉辅对于所以要坚持用"寂灭"来形容道体，有自己的说明。他说："为破世人执幻形为坚实，故曰寂灭。"对此说，李彦迪反驳说："来教又曰：'为破世人执幻形为坚实，故曰寂灭。'此语又甚害理。盖人之有此形体，莫非天之所赋，而至理寓焉。是以圣门之教，每于容貌形色上加工夫，以尽天夫之所以赋我之则，而保守其虚灵明德之本体，岂流于人心惟危之地哉？孟子曰：'形色，天性也；惟圣人然后可以践形。'岂可以此为幻妄，必使人断除外相，独守虚灵之体，而乃可以为道乎？是道不离于形器，有人之形，则有所以为人之理；有物之形，则有所以为物之理……若有其形而不能尽其道，是空具是形，而失夫所以得其形之理也。然则弃刑而求其道，安有所谓道者哉？此寂灭之所以陷于空虚诞谩之境，而无所逃其违天理灭之罪者。"② 在这里，李彦迪进一步肯定了一切形器存在之真实性。他认为形而上者必即于形而下者存

---

① ［韩］郑道传：《儒释同异之辨》，《三峰集》卷9。
② ［韩］李彦迪：《答忘机堂第三书》，《晦斋集》卷5。

在，故形而下者必有天理为其存在之根据。形而下者，就形器本身之存在状况说，当然是聚散变化，生灭不已的，不会永恒不变地存在。但在形器之变化过程中，都有实理贯串其中，都显现了理的意义，故虽聚散变化，但形器本身并非虚幻而无意义。李氏之肯定形器，并非只就形器说；而是由"道不离于形器"来说。道不孤悬，必即于形器；而器亦不只是器，必有其所以然之理。李彦迪这一说法，可以说是对朱子的"理气论"作了很好的诠释。由于理气不离不杂，故天理不离形器，一切事物皆有其道，一切存在皆有其存在之客观根据，并不是偶然而虚妄的。

对曹汉辅所主张"主敬存心，上达天理"之工夫论，李氏作了如下的修正。他说："来教又曰：'主敬存心，而上达天理。'此语固善，然于上达天理上，却欠下学人事四字，于圣门之教有异。天理不离于人事，下学人事，自然上达天理；若不存下学工夫，直欲上达，则是释氏觉之说，乌可讳哉？盖人事，形而下者也，其事之理，则天理之也，形而上者也。学是事而通其理，即夫形而下者而得夫形而上者，便是上达境界。从事于斯积久贯通，可以达夫浑然之极矣。而至于穷神如化之妙，亦不过是而驯致耳。"① 在这里，李彦迪借朱子之理气论中理气不离之义，说明形而上之道，不离形而下之器。而若形而上者不能离形而下者，则人欲知天理，便只有在形而下之存在处寻求，舍此而外，别无他途。李氏还借此解释孔子所说的"下学而上达"之意。又由此而批评曹汉辅之工夫论，认为不下学人事，是决不能上达天理的。李彦迪这一下学人事方能上达天理之说，实含有"理必不离人事，能于人事中表达出来的，方是道德之理"。

曹汉辅以"顾諟天之明命，吾之心坚定不易"为工夫，是他一直坚持的。此是欲以无极太虚之体作为心之主，是体证本心之工夫，这未必是静以涵养心中之性理，即未必是在心与理为二下之存养工夫。李彦迪以曹氏之工夫有所偏，认为他在日常生活中所以有差失，正是因为只有静时的"敬以直内"之工夫，而欠缺动时的"义以方外"工夫所致。若不能承认本心即理，则心是现实的经验义之心，对于此一

---

① ［韩］李彦迪：《答忘机堂第二书》，《晦斋集》卷5。

意义之心，确实需要这种静涵动察、敬义挟持的工夫。但若曹汉辅所说的"顾諟天之明命"，是让炯然不昧之本心作为人生命之主宰，则是另一形态之工夫，并不可以套在"静涵动察"之系统下，说曹忘辅只有静时之工夫。

李彦迪非常强调动时工夫之重要，他说："昔颜渊问克己复礼之目，孔子曰：'非礼勿视，非礼勿听，非礼勿言，非礼勿动。'程子继之曰：'由乎中而应乎外，制于外所以养其中。'然则圣门工夫，虽曰主于静以立其本，亦必于其动处深加省察。盖不如是，则无以克己复礼，而保固其中心之所以存矣。故曰'制于外所以养其中'，未有不制其外而能安其中也。愚前所云'存省体验于日用事物之际，而言顾行，行顾言'者，此之谓也。安有遗其心官，随声逐色，失其本源之弊哉……若未到从容中道之地，而都遗却择善省察工夫，但执虚灵之识，不假修为，而可以克己复礼，可以酬酢万变云，则譬如不出门而欲适千里，不举足而欲登泰山，其不能必矣。"① 按朱子系言心是经验义之心，故必须以静涵动察，敬义挟持为工夫，这两方面下功夫是必需的。所以，李彦迪以曹汉辅之工夫为有所偏。

李彦迪以曹汉辅之言工夫，是如不出门而欲适千里，即是不可能达到目的之工夫。这是纯依朱子义理来说，此一批评是值得商榷的。若是本心呈现，理便存在，而且洞开实践行动之源，何以不能克己复礼？曹汉辅之说，是先立本以为人生命活动之主宰。他批评李氏之工夫是"遗其心官，随声逐色，失其本源"。李彦迪要"制外以养中"，当不会随外物而转，但从曹氏之批评，可见曹汉辅对"先立本"是十分强调的。此应接近孟子"先立其大"之义。

（四）李彦迪对"无极太极"之阐发

李彦迪在"太极即无极"的辩论中，对本体和工夫问题的讨论，多得自朱子。李退溪在《晦斋李先生行状》中说："先生之学而其精诣之见，独得之妙，最在于与曹忘机汉辅论无极太极书四五篇也。其书之言，阐吾道之本原，辟异端之邪说，贯精微，彻上下，粹然一出于正。

---

① ［韩］李彦迪：《答忘机堂第三书》，《晦斋集》卷5。

深玩其义，莫非有宋诸儒之绪余，而其得于考亭者为尤多也。"① 李退溪认为，李晦斋之论，是合于朱子义理的，并说晦斋此一论辩在其著作中最有"精诣之见，独得之妙"。

在本体论方面，李彦迪主要依朱子理气论加以发挥，对于"理气不离不杂"及"理一分殊"有特殊之体认。他强调道至高至妙，又至近至实，夫道只是人事之理，形而上者必即于形而下者，这对朱子"理气不离"之说作了很好的诠释。李彦迪在对太极这一本体之体会时说："然其间不能无过于高远，而有背于吾儒之说者，愚请言之；夫所谓无极而太极云者，所以形容此道之未始有物，而实为万物之根柢也。是乃周子灼见道体，迥出常情，勇往直前，说出人不敢说底道理。令后来学者，晓然见得太极之妙，不属有无，不落方体，真得千圣以来不传之秘。夫岂以为太极之上，复有所谓无极哉！"② 从文句来看，这段多采自朱熹答陆子静书之意来论说。③

李彦迪还引朱熹之论来补充说明"无极"之意义。他说："此理虽若至高至妙，而求其实体之所以寓，则又至近而至实。若欲讲明此理，而徒骛于窅冥虚远之地，不复求之至近至实之处，则未有不论于异端之空寂者矣。"④ 这就是说，太极之理，虽是至高至妙，而须用无极来形容。但此理之所存在处，是至近至实的。所谓至近至实，是指日用伦常而言。人不能因为天理是形而上的，便专从虚无缥缈，远离人生处想象追寻。这体现了李彦迪重视伦常实践之特色。

儒学是成德之教，以开显人的道德意识，作真正之道德实践，完成人格为目的。如孔子说"知天命""知我者天乎"，是从践仁所达之境界。而孔子虽有此知天之体悟，并不因为天是最高之存有，便专用其心力所探测天道，却是教人反身修德，开启"为仁由己"的道德自觉，树立道德主体，在伦常生活中践履。此中虽有对天道之体悟，但决不会离开伦常事物而单独言天道。这就是所谓"下学上达"。对此，朱子也是非常强调的，这可从他对周敦颐之学的了解中看到。他说："盖尝窃

---

① ［韩］李退溪：《晦斋李先生行状》，《增补退溪全书》（二），第 482 页。
② ［韩］李彦迪：《书忘斋忘机堂无极太极说后》，《晦斋集》卷 5。
③ 朱熹：《答陆子静》五书，《朱文公文集》卷 36，《朱熹集》（三），第 1573—1577 页。
④ ［韩］李彦迪：《书忘斋忘机堂无极太极说后》，《晦斋集》卷 5。

谓先生之言，其高极乎无极太极之妙，而其实不离乎日用之间；其幽探乎阴阳五行造化之赜，而其实不离仁义礼智、刚柔善恶之际……盖其所谓太极云者，合天地万物之理而一名之耳……是岂离乎生民日用之常，而自为一物哉……顾孟氏既没，而诸儒之智不足以及此，是以世之学者茫然莫知所适，高则放于虚无寂灭之外，卑则溺于杂博华靡之中，自以为道固如是，而莫或知其非也。"① 朱子此文所说，即李彦迪之意之所本，他认为说太极，是合天地万物之理而一名之，即关联于一切存在而言，故不能一说太极，便将其想象为外于人伦之存在。

从朱子《语类》中，我们可以看到朱子常对将道体看作远离人生者做出批评。如他说："又有一种人，思虚向里去，又嫌眼前道理粗，于事物上都不理会，此乃谈玄说妙之病，其流必入于异端。"② 又说："先生曰'天下万物，当然之则便是理，所以然底便是原头处……但圣人平日也曾先说个天理在那里，方教人做去凑，只是说眼前事，教人平平恁地做工夫去，自然到那有见处。'"③ 可见，朱子对道体之形上性格有默会，但并不偏重在往道体之玄妙处推测，而仍是重在人事上实践。按照朱子之意，在人事，即伦常中实践，才是让人可以体证天理的根据。若专用心于天理之推测，而不在人事中实践，便反而不能体认天理。此即表示儒家的形上学，是实践下的形上学，若离开了下学，便没有上达天理之可能。李彦迪对儒学之重实践，肯定人伦之特色，有很恰当的掌握。

既是理不离气，一切人伦事物，形器的存在，都有其所以然。故若要明天理，必即于伦常日用中寻求，而且是由践履以求之，不能离人生而言道，不能说道既是超越的、永恒的。而人生则是现实的、变化多端的，便以人生为幻妄，离人以言道，一往而不返。相反的，至高妙的道，便存于至切近之人生伦物中，越努力于人伦中践履，便越能见道之高明奥妙。这可以说是将追求超越玄奥之天道的热情，落实在具体的人生中作尽心的践履，以善化人生一切的努力实践，来满足追求天道的超

---

① 朱熹：《隆兴府学濂溪先生祠记》，《朱文公集》卷78，《朱熹集》（七），第4086—4087页。
② 黎靖德编：《朱子语类》卷16，第325页。
③ 黎靖德编：《朱子语类》卷117，第2825页。

越愿望。人生不能没有超越的向往,缺乏了超越的精神,人便容易囿于凡尘,安于现实。但亦不能不正视人生,若不正视人生,而一味说超越的理想,则人生便无意义,具体的、现实的生命便得不到由理想给出的润泽。所以,"理气不离""道至高至妙亦至近至实"之论,实有其曲折奥妙处,很符合"极高明而道中庸"之旨。

李彦迪还认为,须正视世间之差别,不能浑然无别。由于理不离气,理必即于形器而存在,故理必有分殊之表现。人反身而于至切近处践履以求明道,必须注意存在事物之差别性、多样性。从李彦迪反对曹汉辅所主张之"一理太虚""以形器为幻""物我无间"等说来看,李氏对"理一分殊"是十分重视的。他强调不同之存在物皆有其所以如此之理,故物各有不同之司职。又认为理虽浑然一致,但其中粲然,可知李彦迪意在肯定世间存在事物之差别性。由"理气不杂"已可肯定世界,而由"理一分殊",则进一步肯定存在物之差别性。这一步的肯定是非常重要的。由于肯定分殊,便会相应于各存在物之不同而成就之。由于承认差别,就必须使分殊之个别存在,皆实现自身之价值,必见到在各分殊中皆显出天理,方可见天理之全,在浑然而盖天盖地之天理中,存在着无限丰富的内容。这一想法显示了朱子思想中对"致广大而尽精微"境界之向往,亦充分表达了儒家"人文化成"之精神。

在工夫论方面,李彦迪对朱子"中和说"之"静涵动察""敬贯动静"之工夫,亦有个人的体会。他说:"圣门之教,主敬以立其本,穷理以致其知,反躬以践其实,而敬者又贯通乎三者之间,所以成始而成终也。故其主敬也,一其内以制乎外,齐其外以养其内,内则无二无适,寂然不动,以为酬酢万变之主;外则俨然肃然,深省密察,有以保固其中之所存。及其久也,静虚动直,中一外融,则可以驯致乎不勉不思,从容中道之极矣。两件工夫不可偏废明矣。"[1] 在这里,李彦迪是按照朱子所倡导的"穷理以致其知,反躬以践其实,居敬者所以成始成终"[2] 来说,认为持敬省察久了,方可达到"静虚动直,中一外融"

---

[1] [韩]李彦迪:《答忘机堂第四书》,《晦斋集》卷5。
[2] 黄宗羲:《晦翁学案》,《宋元学案》卷49,中华书局1986年版,第1576页。

之境界。

李彦迪强调"静涵动察""敬义挟持"的工夫,认为须于动、静,未发、已发之时各有工夫,方能使心依理而行。这是在心、理为二时,由于心不即理,故须敬以挟持,使心合理。依朱子及李彦迪之言,只有存养以立大本的工夫是不够的,必须加上动时之省察。就是说,在人的日常生活中,本心之呈现并不易得,大多都处在受感性情绪影响的状况中,故对动时之省察工夫是尤为重要。李氏在其诗中云:"中和虽似有宾主,动静周流无定辰。体察工夫终是宾,空虚论说竟非真。"可见重视动时工夫,是李彦迪的心得。他所谓的省察是对自己任何细微的生命活动皆须反省。在心发为意,意或善或恶之际作工夫;在处事接物时省察体验,而言顾行,行顾言,希望能"制于外以养其中"。这种对动时省察的强调,隐含着他对现实生命的有限性、缺陷性有深切之体会。人的生命充满私欲习气,必须着实下苦功对治,方可有纯洁化之可能。而人在应事接物而动时,其生命问题才会显示出来,此时才好做工夫,而若只是静时涵养,则不易见生命之毛病。此亦如王龙溪所说"欲根潜藏,非对境则不易发"[1]之意,此确是修养之实在工夫。

从以上可见,李彦迪与曹汉辅的"无极太极"论辩,主要是从本体及工夫两方面展开。通过论辩显示出,李彦迪对朱子思想有较深入的理解,表现出朱子学重视道德实践、强调下学的特色。而曹汉辅的思想中,则具有陆王之学的某些特征。

三 李退溪与朱子学

李滉(1501—1570),字景浩,号退溪,庆尚北道安东礼安人。他34岁科举及第,开始其官场生涯,曾任弘文馆修撰、经筵讲说官、成均馆大司成、弘文馆大提学和知中枢府等职。李退溪49岁辞官归乡,隐居庆尚道安东的陶山,精研《朱子全书》,细读朱熹书信及真德秀(福建浦城人,朱熹门人)《心经》,56岁时辑成《朱子书节要》14卷。他64岁时著《圣学十图》,并对每图都有引述和说明。此图及其评说,

---

[1] [韩]李彦迪:《次忘机堂韵》(五首之二),《晦斋集》卷4。

概括性地反映出李氏的朱子学思想,体现了退溪学的逻辑结构。他68岁向宣祖进献了《圣学十图》,并上奏了《进圣学十图札》。

李退溪是朝鲜时期培养弟子最多的学者,据《陶山及门诸贤录》记载,其门人有310人,其中安东出身的弟子105人,岭南出身的弟子190名。后来,李退溪的弟子们发展成岭南学派,形成的学派谱系非常庞大。其中比较重要的门人有鹤峰金诚一(1538—1593)、西厓柳成龙(1542—1607)、寒冈郑逑(1543—1620)、竹川朴光前(1526—1597)。

李退溪,是在朱熹逝世三百多年以后才出生,他的主要学术活动时期相当于中国明朝中期的嘉靖时代(1522—1566)。这时,朱子学传入朝鲜已有二百余年的历史。朝鲜朱子学对中国朱子学的真正理解和创新是由李退溪开始的。下面就李退溪与朱熹的性理学,从理气论、性情论、格物论、工夫论、方法论作一些分析。

(一) 理气论

朱熹、李退溪都是以理气论为其性理学的出发点。李氏的理气论是沿着朱熹的理、气思路来建立的。朱熹有理气"不离不杂"之说。"不杂"是说理是属形而上的,不可混杂。"不离"是说理寓于气,离了气,理便无有挂搭处。气能凝结造作,而须依理而行。李退溪以朱熹"理与气决是二物"为依据,早在《天命图说》中,就已确定了"理气之分"的观点,即所谓"理终不杂于气"。李退溪说:"天地之间,有理有气。才有理便有气联焉;才有气便有理在焉。"正因为理气为二物,所以理气在宇宙演化过程中的地位和作用是不同的:"理为气之帅,气为理之卒,以遂天地之功。"[①] 在与朝鲜学者奇大升(字明彦,号高峰,1527—1572)展开的"四端七情"之辩中,他又进一步提出:"盖理之与气,本相须以为体,相待以为用,固未有无理之气,亦未有无气之理。然而所就而言之不同,则亦不容无别。从古圣贤,有论及二者,何尝必滚合为一说而不分别言之耶?"[②]

后来,李退溪又专门写了《非理气为一物辩证》一文,批评朝鲜学

---

① [韩] 李退溪:《天命图说》,《增补退溪全书》(三),第140页。
② [韩] 李退溪:《答奇明彦论四端七情第一书》,《增补退溪全书》(一),第405页。

者徐敬德虽然一生用力于性理之学,但"终见得理字不透,所以虽拼死力谈奇说妙,未免落在形器粗浅一边"①;而且批评中国明代学者罗钦顺的"通天地古今,无非一气"②之论,"误入处正在于理气非二之说"③。不过,李退溪的"理气之分"说,其真实含义并不是要将理与气截然分离而"判为二物",而只是为了避免将理气"混为一物"所做的一种观念上的区分。这一点,李退溪自己讲得很明确:"理与气本不相杂而亦不相离。不分而言,则混为一物,而不知其不相杂也;不合而言,则判为二物,而不知其不相离也。""理非别有一物,即存乎气之中。"④ 所以,这样一种理气二物说,虽主理气二分,但并非以理气为平行本原。这表明了李退溪在理气关系的剖析上,比朱熹更前进了一步。

朱熹在强调理气"不离不杂"时,又说:"盖气则能凝结造作,理却无情意,无计度,无造作。"⑤ 按照朱熹的基本思想,理只是一个形式标准,只存有而不活动。因此,朱熹所说的"理"自身是不会动静的,不具有"妙用创生义",理与气只有依存关系,并无生成关系,理自身不能产生气。同样,朱熹以理解释太极,认为太极是形而上的无造作之理,势必也得出太极自身不能产生阴阳的结论。那么,周敦颐的《太极图说》中"太极动而生阳""静而生阴"又怎么解释呢?对于这个问题朱熹和其及门弟子都未真正解决。

李退溪为了解决这个问题,把朱熹所言"理却无情意,无计度,无造作"解释为"无情意造作者,此理本然之体也;其随寓发见而无不到者,此理至神之用也。何也,但有见于本体之无为,而不知妙用之能显行,殆若认理为死物,其去道不亦远甚乎?"⑥ 他认为,朱熹所说的"无情意、无造作",是指理的本然之体,即理自身并不是一个可以分化或产生出阴阳二气的实体;"妙用之能显行"是说理自身虽然不能产

---

① [韩]李退溪:《非理气为一物辩证》,《增补退溪全书》(二),第331页。
② 罗钦顺:《困知记》,中华书局2013年版,第89页。
③ [韩]李退溪:《非理气为一物辩证》,《增补退溪全书》(二),第331页。
④ [韩]李退溪:《李子粹语》卷1,《增补退溪全书》(五),第186页。
⑤ 黎靖德编:《朱子语类》卷1,第3页。
⑥ [韩]李退溪:《答奇明彦别纸》,《增补退溪全书》(一),第465页。

生阴阳，但阴阳的产生却是理的作用和显现。因此，如果从阴阳的产生是理的作用使然、是理的体现或显现这个意义上说，那就仍然可以说"理能生气"。李退溪认为周敦颐"太极动而生阳"的意思是说，理自会动静，正是由于理的动静，才有阴阳之气的产生。李退溪对"理"和"太极"自身能动性的肯定，是很有价值的。解决了"若理无动静，气何自而有动静"的内在矛盾，也回答了明初中国学者曹端的"理为死理，而不足以为万物之原，理何足尚"①的诘难。这是从理气论上发展了朱子学。

李退溪晚年则在理动气生思想的基础上，进而提出理有体用说。他从"理"具有体与用的两重性出发，认为作为"本然之体"的理，能够发生"至妙之用"②，并在把理的动静与气的动静联结在一起的时候，同时把理的"动"与气的"生"联系起来，进而提出了"理动则气随而生，气动则理随而显"的命题。李退溪在《答郑子中别纸》中说："盖理动则气随而生，气动则理随而显。濂溪云'太极动而生阳'是言理动而气生也。"③ 在这里，"理动气生"是强调理的动静是气之所产生的根源，"气动理显"是指气的运行及其秩序显示出理的存在和作用。理自身有动静，便无须乘气而动静。理气二者的关系则是："动静者，气也；所以动静者，理也。"④ 理有体用说是李退溪理学思想的一个有特色的表现，说明他对理的认识的进一步深化。

（二）性情论

性和情的关系问题，即人的本质及其表观问题，是中国哲学的基本问题，即"明于天人之际"问题的一个中心问题。宋代，天人问题演变和发展为理气、道器、心物以及天理和人欲问题。围绕着这些问题，人的性情问题在更高的阶段上，展开自己向前发展的矛盾运动。朱熹在北宋张载的"心统性情""天地之性"和"气质之性"，程颐的"性即理也""心有体用"等思想的基础上，对心性之学作了进一步的阐发。他

---

① 黄宗羲：《诸儒学案》，《明儒学案》卷47，中华书局1985年版，第1108页。
② ［韩］李退溪：《答李公浩问目》，《增补退溪全书》（二），第229页。
③ ［韩］李退溪：《答郑子中别纸》，《增补退溪全书》（二），第317页。
④ ［韩］李退溪：《静斋记》，《增补退溪全书》（二），第357页。

在《答徐景光》中说，"有是形，则有是心；而心之所得乎天之理，则谓之性；性之所感于物而动，则谓之情。是三者，人皆有之，不以圣凡为有无也。但圣人则气清而心正，故性全而情不乱耳。学者则当存心以养性，而节其情也"①，提出了以理为本体的性情学说。李退溪总结和发展了朱熹的性情学说，既有同，又有异；既有所继承，又有所创新。

1. 心与理

朱熹的理学以理为最高范畴，理是他的哲学体系的出发点和最高本体。但他又特别强调心的作用，他说："人之所以为学，心与理而已矣。心虽主乎一身，而其体之虚灵，足以管乎天下之理；理虽散在万物，而其用之微妙，实不外乎一人之心，初不可以内外精粗而论也。"② 这就是说，在心与理的关系上，心虽是大身的主宰，但它的本体虚灵，完全能够统摄管辖宇宙的理，而理虽然体现在万物之中，但它的微妙功用却超不出一人之心，也就是"心具众理"。因此，心和理无内外精粗之分，二者统一起来，合而为一。朱熹提出了"心与理一"的命题。他说，"心与理一、不是理在前面为一物，理便在心之中"③，形成了他的理体心用、心具万理的内外天人合一之学。

在心与理、气的关系上，朱熹认为，心是气之灵，心能知觉，有动静；而所以知觉，所以动静的理，则是性。因此，心不是性，亦不是理。性有"本然之性"和"气质之性"；情亦有"四端"与"七情"。朱熹认为，心属于气，然其发以理为依据，故心之活动需要理气之共同配合。

朱熹还认为，"心有体用"。他说："心主于身，其所以为体者，性也；所以为用者，情也。是以贯乎动静而无不在焉。"④ 又说："仁义礼智，性也；恻隐羞恶辞让是非，情也；以仁爱，以义恶，以礼让，以智知者，心也。性者，心之理也；情者，心之用也；心者，性情之主也。"⑤

---

① 朱熹：《答徐景光》，《朱文公文集》卷64，《朱熹集》（六），第3380页。
② 朱熹：《大学或问》下，《四书或问》，上海古籍出版社、安徽教育出版社2001年版，第24页。
③ 黎靖德编：《朱子语类》卷5，第85页。
④ 朱熹：《答何叔京》二十九书，《朱文公文集》卷40，《朱熹集》（四），第1886页。
⑤ 朱熹：《元亨利贞说》，《朱文公文集》卷67，《朱熹集》（六），第3512页。

"心"之体是指"天命之性",即"理天";"心"之用是指心发动而产生出的情。性情不仅互为体用,而且性是心之体,情是心之用,心则赅括体用的总体,性情都只是这一总体的不同方面。他认为,这样心、性、情之间的关系,就是张载提出而未加发挥的"心统性情"。

李退溪发展了朱熹"心与理一"的内外天人合一之学。他阐发朱熹的"理在万物,而其用实不外一人之心"时说:"其(理)用虽不外乎人心,而其所以为之妙,实是理之发见者,随人心所至而无所不到无所不尽。但恐吾之格物有未至,不患理之不能自到也。"这就是说,理显示其作用功能虽然不超出人心,但它之所以能在心中显示其妙用,实际上完全由于理本身具有发示显现的性质,随着人心穷究钻研,理没有不显现出来的。只怕我穷究钻研事物不彻底详尽,而不怕理不能显现出来。李退溪把这种理通过人心而显现其妙用的观点和朱熹的"理无情意,无计度,无造作"之说,"会通"起来。他说:"无情意造作者,此理本然之体也。其随寓发现而无不到者,此理至神之用也。何也,但有见于本体之无为,而不知妙用之能显行,殆若认理为死物,其去道不亦远甚也乎?"这是说,理之本然之体虽然不是有意志有作为的造物主或人格神,但却具有通过人心的"格物",而随时随地显现出来的"至神之妙用",决不是死物,而是"活泼泼"的。具有神通广大的主动性或能动作用,因而能"理一分殊",化生万事万物。李退溪自认为这是对朱熹心和理学说"得新意,长新格"①。

李退溪在朱熹"心之发为理气之合"说的基础上,进一步提出了"心合理气"说。他在《答奇明彦论心统性情图》中说:"夫人之生也,同得天地之气以为体,同得天地之理以为姓,理气之合则为心。故一人之心即天地之心,一己之心即千万人之心,初无内外彼此之有异。"②此一合理气之心具有实体性意义。正因为心合理气,所以才有"虚灵知觉之妙"或"知觉运用之妙"。李退溪认为,心的虚灵知觉作用并非仅仅缘气而生,而是理与气结合的结果。故他说:"灵固气也,然气安能自灵,缘气理合,所以能灵。"又说:"理气合而为心,有如许虚灵不

---

① [韩]李退溪:《答奇明彦别纸》,《增补退溪全书》(一),第465页。
② [韩]李退溪:《答奇明彦论心统性情图》,《增补退溪全书》(一),第463页。

测，故事物才来，便能知觉。"李退溪关于"理气合而为心"的命题，突出了理对于心之"灵"的作用，从理气论上为知觉作用建立了可靠的根据。这是对朱子学心性论的一个贡献。

李退溪还继承了朱熹的"心有体用"说。他说："体用之名未见于先秦之书，而程朱以来诸儒所以论道论心，莫不以此为主。"① 他认为，心具众理而成的性是人心的本体，感于物所产生的情是人心之用。他说："虚灵，心之本体；知觉，乃所以应接事物者也。"② "虚灵"是心的本然状态，而"知觉"则是心的外在表现，此虚灵之心可以具众理而应万事。在李退溪看来，心是一个备体用、赅寂感、贯动静、统性情的能动的认识主体和道德主体。整个世界的本体和妙用，都具于人之心中，人心之体用就是天道（即天理）之体用。

2. 心与性情

对于心、性、情三者，张载首先提出"心统性情"说。朱熹对此倍加推崇，认为这是张载对理学的巨大贡献，在理学中只有程颐"性即理也"一语堪与相比。他说："伊川性即理也，横渠心统性情，二句颠扑不破。"③ 但张载对"心统性情"这一命题未给以具体解说，在后来宋明理学中，实际发生影响的是朱熹关于心统性情的思想。④ 朱熹说"心统性情"的"统"是统摄统贯义，而非属统率义。而心之统性与统情，亦有不同。心统性，是认知地、关联地统摄性而彰显性；心统情，则是行动地统摄情而敷施发用。所以，朱熹的"心统性情"说有两个主要意义：一是"心兼（包）性情"，二是"心主性情"。

朱熹心性论对于性情的分析，主要是以理气相分的观点解释性情。他将性分为本然之性与气质之性，亦将情分为四端与七情。朱熹在《孟子集注》卷三中说："恻隐、羞恶、辞让、是非，情也。仁、义、礼、智，性也。"又在《中庸章句》第一章中说："喜怒哀乐，情也，其未发，则性也。"关于理气与四端七情的关系，朱熹说："四端是理之发，

---

① ［韩］李退溪：《心无体用辩》，《增补退溪全书》（二），第328页。
② ［韩］李退溪：《李子粹语》卷1，《增补退溪全书》（五），第231页。
③ 黎靖德编：《朱子语类》卷5，第93页。
④ 陈来：《宋明理学》，华东师范大学出版社2004年版，第136页。

七情是气之发。"①"四端是理之发"是说：四端，是依理而发出的情，却不能说情是从理上发出来。这两句话，在中国本土并没有引起讨论，而在朝鲜却引起一场四端七情论辩。这场论辩由李退溪与奇大升开始，后来李栗谷与成牛溪（字浩原，1535—1598）又接着论辩，前后持续了二百多年。四端七情论辩起自于李退溪在 1553 年看了郑之云（号秋峦，1509—1561）的《天命图说》所言"四端发于理，七情发于气"一句之后，把它改成"四端理之发，七情气之发"。并解释说："恻隐、羞恶、辞让、是非，何从而发乎？发于仁、义、礼、智之性焉尔。喜、怒、哀、惧、爱、恶、欲，何从而发乎？外物触其形，而动于中，缘境而出焉尔。"奇大升反对"四端是理之发，七情是气之发"的提法，他认为七情泛指人的一切情感，四端只是七情中发而中节的一部分，因而四端作为部分应与作为全体的七情共同发自同一根源，即皆发于仁义礼智之性。奇大升这个说法以朱子《中庸章句》说为依据。李退溪了解奇大升的异议后，经仔细思量，即将"四端理之发，七情气之发"改为"四端之发纯理，故无不善；七情之发兼气，故有善恶"②。对此，奇大升又回信论辩说："非七情之外复有四端也。"并主张四端只是七情中发而中节者。奇大升的说法，不能解决七情中发而不善的情也是发于全善之性的矛盾。此时，李退溪在《朱子语类》中看到"四端是理之发，七情是气之发"之后，对自己的解释大有信心。他说："得是说，然后方信愚见不至于大谬。"③

李退溪在朱子的基础上，力图有所发展，使朱子心性论更加完备。他认为，四七分理气，并不是说四端仅仅是理，七情仅仅是气，四端与七情都是兼乎理气的。李退溪说，"二者皆不外乎理气"④，"四端非无气"，"七情非无理"，认为四端七情作为现实情感无不兼乎理气，因为心是理气之合，情也是理气之合，但二者"虽同是情，不无所从来之异"⑤；二

---

① 黎靖德编：《朱子语类》卷 53，第 1297 页。
② [韩] 李退溪：《答奇明彦论四端七情第一书》，《增补退溪全书》（一），第 405 页。
③ [韩] 李退溪：《答奇明彦》，《增补退溪全书》（一），第 413 页。
④ [韩] 李退溪：《答奇明彦论四端七情第一书》《增补退溪全书》（一），第 407 页。
⑤ [韩] 李退溪：《答奇明彦论四端七情第二书》，《增补退溪全书》（一），第 416、411 页。

者虽皆兼乎理气，但就所发的初始根源说，四端发自性理，七情发于形气。李退溪又认为，四端七情兼乎理气，但有主次之分。他说："四端七情，一主理、一主气，相对互说。"① 其具体情况则是："大抵有理发而气随之者，则可主理而言耳，非谓理外于气，四端是也；有气发而理乘之者，则可主气而言耳，非谓气外于理，七情是也。"② 四端七情，就其所主不同，而分属理气。这就是李退溪提出的"四端理发而气随之，七情气发而理乘之"的理气互发说。李退溪的四端七情说不仅把"情"的问题从心性论中凸显出来，而且对"情"作了具体的论证，发挥出一套颇具特色的情感哲学，这也是对朱子学的一个贡献。

李退溪之所以致力于"四端七情、理气互发"说的思辨，其目的还在于解释情的善恶，以及解决如何使情有善恶而变为纯善这一心性论的根本问题。他说："四端之情，理发而气随之，自纯善无恶；必理发未遂而掩于气，然后流为不善。七者之情，气发而理乘之，亦无有不善，若气发不中而灭其理，则放而为恶也。"③ 他认为四端之情或七情之情，在"理发而气随之"或"气发而理乘之"的情况下，纯善无恶；而在"理发未遂而掩于气"或"气发不中而灭其理"的情况下，则会流于恶。可见，情的善恶之分关键还在于发作过程中理气的相为关系。也就是说善恶的分别还决定于人调整自己、修养自己的努力，只有在意识活动的过程中使理性能驾驭、控制、引导感性，即"以理驭气"，思维情感才能呈现为善。这也正是李退溪"四端七情、理气互发"说的务实精神之所在。

李退溪性情观对朱熹心性论的另一个重要发展，是他继承和发展了朱熹关于"天地之性"和"气质之性"的理论，明确地指出了两者的"异中之同""同中之异"的辩证关系。他认为"天地之性"和"气质之性"有"异中之同"。得天地之理的"天地之性"和得天地之气的"气质之性"在心中合二为一，统合成为统一体，这是他们的同。这种天地之性和与气质之性的同即统一，是建立在理和气互相为体用的哲理

---

① [韩] 李退溪：《答金而精》，《增补退溪全书》（二），第93页。
② [韩] 李退溪：《答奇明彦论四端七情第二书》，《增补退溪全书》（一），第412页。
③ [韩] 李退溪：《心统性情图说》，《增补退溪全书》（一），第205页。

基础上的。他在《答奇明彦论四端七情第二书》中指出:"盖理之与气、本相须以为体,相待以为用,固未有无理之气,亦未有无气之理。"① 正因为理和气互为体用,处于互相对待不可分离的统一中,所以在人性的问题上,天命之性和气质之性也就逻辑地必然有同,即处于不可分割的统一体中。他说:"论性不论气不备,论气不论性不明,二之则不是。"② 意思是,论性,则天地之性与气质之性都得提到,二者不能分开。如因只讲天地之性,不讲气质之性,那就是讲得不周全(不备);如果只讲气质之性,不讲天地之性,那就讲不明白(不明);如论性而把天地之性与气质之性截然分开(二之),那是错了(不是)。

但是,李退溪又认为,"天地之性"和"气质之性"在理气的统一体中又有所区别,即"同中有异"。因为他们各有"所主",各有"所重"。他说:"子思所谓天命之性,孟子所谓性善之性,此二性字所指而言者何在乎?将非就理气赋与之中,而指此理源头本然处言之乎?由其所指者在理不在气,故可谓之纯善无恶耳。"他还说:"孔子有继善成性之论,周子有无极太极之说,此皆就理气相循之中剔拔而独言理也。孔子言相近相远之性,孟子言耳目口鼻之性,此皆就理气相成之中兼指而主言气也。斯四者岂非就同中而知其有异乎。"③ 这些都是说,天命之性和气质之性都是"理气赋与""理气相循、相成",但由于各有侧重点和角度不同,而分"天命之性"和"气质之性"。子思的"天命之性",孟子的"性善之性",周敦颐的"无极而太极"的"太极之性",都是在"理气赋与""理气相循、相成"之中着重于"理源头本性处"而说的;而孔子所说的"性相近也,习相远也"的"性",孟子所说的耳、目、口鼻之性,等等,则是在"理气赋与""理气相循、相成"之中着重于气而说的。这就是"天命之性"和"气质之性"在同中之异、统一中的区别。

正是在这种"天命之理"和"气质之性"的"异中之同,同中之异"的辩证思维的基础上,李退溪又独创性地提出了"天命之情"和

---

① [韩] 李退溪:《答奇明彦论四端七情第二书》,《增补退溪全书》(一),第411页。
② [韩] 李退溪:《心统性情图说》,《增补退溪全书》(一),第205页。
③ [韩] 李退溪:《答奇明彦论四端七情第二书》,《增补退溪全书》(一),第412页。

"气质之情"的范畴、理论,以及它们之间的"异中之同,同中之异"的辩证关系。他认为情是由性而发的,"夫四端,情也;七情,亦情也。均是情也,何以有四七之异名耶?"① 李退溪指出,四端七情都是情,这是同;又分"四端"和"七情",这是异。而它们之所以有同和异,则是由"天命之性"和"气质之性"有同和异所决定的。他说:"就气禀中指出本性之性不杂乎气禀而为言,子思所谓天命之性,孟子所谓性善之性,程子所谓即理之性,张子所谓天地之性,是也。其言性既如此,故其发而为情,亦皆指其善者而言,如子思所谓中节之情,孟子所谓四端之情,程子所谓何得以不善名之情,朱子所谓从性中流出元无不善之情是也。"这就是说,既然气禀中有不杂乎气禀的本然之性即天命之性,都是善的,那么由天命之性抒发出来的四端之情也是无不善的。四端之情,理发而气随之,自纯善无恶,必理发未遂,而掩于气,然后流为不善。同样,气质之性抒发出来的七情,"七者之情,气发而理乘之,亦无有不善,若气发不中,而灭其理,其放而为恶也"②。正是因为性有天地之性和气质之性之别,因而情也就有天理之情和气质之情之别。

四端七情这两种情,虽然都"合理气""兼理气""不外乎理气",是这二者的同一性,但因他们"所从来各其所主"不同,四端之情主要来源于理,而七情之情主要来源于形气,因而"四端是理之发,七情是气之发"。四端是天理之情,七情是气质之情。这是两者的"同中之异"。而这种"同中之异"又是互发相须、互相依赖的。他说:"四端理发而气随之,七情气发而理乘之,理无气之随,则做出不成;气而无理之乘,则陷利欲而为禽兽。"③ 对于四端和七情,天理之情和气质之情来说,"理而无气""气而无理",都是只强调一面,排斥另一面,都是片面的,或者"做出来不成",或者"陷利欲而为禽兽",把它们的区别绝对化,因而是十分褊狭的。李退溪主张,对四端七情、天理之情和气质之情,"就同中而知其有异,就异中而见其有同,分而

---

① [韩]李退溪:《答奇明彦论四端七情第二书》,《增补退溪全书》(一),第411页。
② [韩]李退溪:《心统性情图说》,《增补退溪全书》(一),第205页。
③ [韩]李退溪:《答李宏仲问目》,《增补退溪全书》(三),第89页。

为二,而不害其未尝离,合二为一,而实为于不相杂,乃为周悉而无偏也"①。既看到同中之异,一分为二,又看到异中不同,合二为一,这才全面而无片面性。

3. 道心人心之辨

朱熹为了说明人性善恶的原因,在阐发天地之性与气质之性同时,又讲"道心"与"人心"的问题。朱熹认为心具有"道心"和"人心"两重属性。前者"原于性命之正",后者"生于形气之私"。"性命之正"就是理,"形气之私"就是气。他认为心有善恶,可分为两种,"此心之灵,其觉于理者,道心也;其觉于欲者,人心也"②。就是说,只有这一个心,知觉从耳目之欲上去,便是人心;知觉从义理上去,便是道心。合于道德原则的意识为"道心",专于个体情欲为内容的意识是"人心"。

李退溪依朱子在《中庸章句》序中对"道心""人心"的诠释,还以四端七情分指道心人心。他说:"人心为七情,道心为四端。"③ 道心是义理之心,是由天地之性发生的四端之情,是纯善的。人心是由气质之情发生出来的七情,有善有恶,人心不等于人欲。他说:"人心者人心之本,人欲者人心之流,夫生于形气之心,圣人亦不能无故,只为谓人心而未遂为人欲也,然而人欲之作,实由于此,故曰人欲之本。陷于物欲之心……乃名为人欲,而变称于人心也。是知人心之初本不为此,故曰人心之流。"④ 这就是说,人心之中,理中节为好底,反之为不好底。只存陷溺于物欲之心才叫人欲,人欲是恶的,是人心的流变,所以是人心的"变称"。这是李退溪根据朱熹晚年定论所做出的发展。他总结朱熹关于人心与私欲问题的思想发展过程说:"人心为私欲,程门只作为此看。朱子初间亦从之,其说见于大全书《答伍叔京》等书可考。其以为非私欲乃晚年定论。"⑤ 他还说:"能精能一则不畔于道心,不流于人欲矣。程子谓人心为人欲,朱子晚觉其说犹有

---

① [韩] 李退溪:《答奇明彦论四端七情第二书》,《增补退溪全书》(一),第412页。
② 朱熹:《答郑子上》书十,《朱文公文集》卷56,《朱熹集》(五),第2863页。
③ [韩] 李退溪:《答李平叔》,《增补退溪全书》(三),第139页。
④ [韩] 李退溪:《答审侄问目》,《增补退溪全书》(三),第207页。
⑤ [韩] 李退溪:《答赵士敬》,《增补退溪全书》(二),第265页。

未尽,故不得不从今说。"① 李退溪的"道心"和"人心"之辨的最主要点在于既区分道心和人心,又区分人心和人欲,其目的在于"遏人欲存天理"。他说:"遏人欲事,当属人心一边;存天理事,当属道心一边可也。"②

李退溪把"存天理,遏人欲"称为"心学"的总纲领。他说:"大抵心学虽多端,总而言之、不过遏人欲存天理两事,其'功夫'就是道德性而道学问,'克治(人欲)存养(天理)'、'敬静为一'。"③ 李退溪所说的"心学"是对朱熹理学的发展,是以理为出发点的心性论,"心统性情"之学。它通过"心具众理""性即理""天地之性"和"气质之性","四端"和"七情"的同中之异、异中之同,"道心"和"人心"之辨,大力提倡"克治存养","敬静为一",致知格物,穷理尽性,尊德性而道学问,达到遏人欲存天理,回归到天理之本体,把握天理之本体的天人内外合一的精神境界,这就是他的哲学的最终归宿。朱熹很重视心的主体性的作用,其后学中发展了他的心性之学,已有称朱熹哲学为心学的。李退溪宗奉朱熹,他的哲学以理为最高范畴,是李朝的理学大师,但他受了朱熹后学的影响;也受了陆王心学的影响。他虽然反对陆王心学,但在对立中有所吸收,很重视心性之学,用以弥补和丰富朱熹的理学,甚至在他的理学体系中大力提倡心学。这是程朱理学和陆王心学走向综合的趋势,在他的哲学体系中的反映。

(三) 格物论

"人心之灵莫不有知,而天下之物莫不有理",朱熹依于此,将一切皆平置为"然"与"所以然"。"然"指实然存在的事物,"所以然"指遍在于事物的普遍的理。如何穷究外在事物之理,朱熹的途径便是格物致知。"格物致知"这一概念最初出于《大学》,《大学》经一章朱注格物云:"格,至也。物,犹事也。穷至事物之理,欲其极处无不到也。"这里的"无不到"是指要彻底地穷究事物的道理。补传释致知:

---

① [韩] 李退溪:《答李宏仲问目》,《增补退溪全书》(三),第97页。
② [韩] 李退溪:《答李平叔》,《增补退溪全书》(三),第140页。
③ [韩] 李退溪:《答李平叔》,《增补退溪全书》(二),第255页。

"所谓致知在格物者，言欲致吾之知，在即物而穷其理也。"格物与致知的关系，朱熹常常概括为"格物所以致知"，这是指，一方面格物以致知为目的，另一方面致知是在格物过程中自然实现的。朱熹把两者通俗而形象地比喻为吃饭与吃饱。

明初，朱门后学有的不讲格物致知，提倡尊德性，以尽心知性代替格物致知。作为朱熹学说的继承者，李退溪反对只求本心、不去外求的心学途径，坚持朱熹的格物致知的治学途径。他认为格物就是以人之心去穷尽事物之理，"穷究其理之极处"。这是因为"理在事中"，穷理离不开格物，天下事物皆是自身以外的客体，欲穷其事物之理，在于格物工夫，而不是求其本心。李退溪明确指出："若以事物言之，凡天下事物实皆在吾之外，何可以理一之故，遂谓天下事物皆吾之内耶！""理在事物，故就事物而穷究其理到极处也。"① 这种"就事物而穷究其理"的认识方法，含有唯物主义的因素。

李退溪把格致到治平称为功夫，把物格到天下平称为功效，这是合于《大学》及朱子解释的。他在程朱释"格"为"穷""至""尽"等义的基础上，更为细致地将格物与物格作了分疏。他说："格字有穷而至之义，格物重在穷字，故云物格。物格重在至字，故云物格。一说物理之极处亦通。"② 李退溪认为，以"穷"为重的格物是指"以此知彼"的过程说的，是做逐件格物的工夫，以"至"为重的物格，"至"有已到的意思，是指功效和穷物之理已达某种境界。这里的某种境界，即"格物知至，如明镜止水"③。为了说明这个问题，他举例说："比如有人自此历行郡邑至京师，犹格物致知之功夫也。已历郡邑、已至京师，犹物格知至之功效也。"④ 李退溪还强调通过长期用力的格物功夫，"积久功熟，自然有脱然贯通处"⑤。故而他主张，学问只能下学而上达，循序而前进，不能求捷径，讲顿悟和离开"日用事物"而用功。

李退溪修正了朱熹"格物""物格"之义，而有"理到"说。由于

---

① ［韩］李退溪：《格物物格俗说辩疑答郑子中》，《增补退溪全书》（二），第38页。
② 同上书，第37页。
③ ［韩］李退溪：《答金而精》，《增补退溪全书》（一），第96页。
④ ［韩］李退溪：《答金而精别纸》，《增补退溪全书》（一），第115页。
⑤ ［韩］李退溪：《答赵起伯大学问目》，《增补退溪全书》（二），第275页。

朱熹着力于格物的解释,对物格比较不注意,使得朝鲜理学就朱熹在《大学》经一章对物格做出的注解"物格者,物理之极处无不到也",发生了争议,其中核心是"到"的主体的问题,是心到理的极处,还是理自到于极处。奇大升就把"物理之极处无不到"解释为"理自到于极处",其说可称为理到说。李退溪起初反对理到说,指出所谓格物的"无不到"是指"理在事物,故就事物而穷究其理到极处",即人穷究到物理的极处;而物格的无不到只是指"已到""已至"。奇大升不同意李退溪的看法,坚持理自到于极处。后来,李退溪受到朱子《大学或问》中关于"理虽散在万物,而其用之微妙,实不外乎一人之心"①的说法,及《朱子语类》中对这个说法的补充"理必有用,何必又说是心之用"②的启发,用理有体用的方法来解决理到问题上的困难。他说:"'其理在万物而其用实不外乎一人之心'则疑若理不能自用,必有待于人心,似不可以自到为言,然而又曰'理必有用,何必说是心之用乎',则其用虽不外乎人心,而其所以为用之妙,实是理之发见者,随人心所至而无所不到、无所不尽,但恐吾之格物有未至,不患理不能自到也。然则方其言格物也,则是我穷至物理之极处;及其言物格也,则岂不可谓物理之极处随吾所穷而无不到乎?是知无情意造作者,此理本然之体也;其随寓发见而无所不到者,此理至神之用也。向也但有见于本体之无为,而不知妙用之能显行,殆若认理为死物,其去道不亦远甚矣乎。"③李退溪认为,根据朱熹的思想,理是万物的本体,因而人心也是理的表现(用),从这个观点来看理到说,既然人心是理的表现,那么,理的表现的程度也正是随着人心的认识所达到的程度、境地而转移的。从而,在格物致知的过程中,随着格尽物理、人心无所不到,理的表现也就完成了(无所不到)。所以,从理的本身来说,是不能自到于极处的,但从理的表现、发见(至神之用)来说,又是随着人心所至而得到表现的。这样,从理的发用和表现来说,就可以说有一个"无不到""到极处"的问题。这里的"到"即是表现。在这个意义

---

① 朱熹:《大学或问》下,《四书或问》,第24页。
② 黎靖德编:《朱子语类》卷18,第416页。
③ [韩]李退溪:《答奇明彦别纸》,《增补退溪全书》(一),第465页。

上退溪认为"理到之言未为不可"。可见，李退溪的理到说，与奇大升的理到说是有区别的。

李退溪在格物论中，还提出了"穷理而验于践履，始为真知"① 的命题，认为知之与否，或能否获得真知，均依赖于行和以行来检验。这里的"行"是指实践而言。因此，他说："学也者，习其事而真践履之谓也。""终身不行，亦遂终身不知。此言切中末学，徒事口耳之弊。"②"真知与实践如车两轮，缺一不可；如人两脚，相待互进。"③ 李退溪对行和真知的提倡，有导向务实致用之学的深刻意义。

李退溪的格物论，虽然十分强调践履的重要性，但也很重视"心之官则思"的能动作用。他说："盖圣门之学，不求诸心则昏而无得，故必思以通其微，不习其事则危而不安，故必学以践其实。思与学交相发而互相益也。"④ 又说："心虽主乎一身，其体之虚灵，足以管乎天下之理。理虽散在事物，其用之微妙，实不外一人之心……理虽在物而用实在心。"与此相联系的"慎思"亦受到李退溪所关注，他认为在"致知"的途径上，必须做到"博学""审问""慎思""明辨"四者，"而四者之中，慎思为尤重"。所谓"思者，何也"？他答曰："求诸心而有验有得之谓也"，即要求充分发挥"心"的主观能动作用，感物而"明辨其理"⑤，这都说明退溪重视"心"的主观意识的作用。这里要指出的是，李退溪强调"心"的能动作用，其心学与心学派的心学有原则性的不同，心学派是"心哲学"，是本体论，是把心作为万物的根源，而李退溪是治心之学，践履之学，是认识论。李退溪正是在这方面完善和发展了朱熹心性之学，这是退溪学的最大特色之一。

（四）工夫论

理学家大都有各自的特殊的修养工夫，朱子是理学修养论的集大成者。他倡导"主敬涵养"，在宋明理学中有很大影响。朱子的"主敬涵

---

① ［韩］李退溪：《答李叔献》，《增补退溪全书》（一），第370页。
② ［韩］李退溪：《进圣学十图札》，《增补退溪全书》（一），第196—197页。
③ ［韩］李退溪：《传习录论辩》，《增补退溪全书》（二），第334页。
④ ［韩］李退溪：《戊辰六条疏》，《增补退溪全书》（一），第184页。
⑤ ［韩］李退溪：《言行录》卷4，《增补退溪全书》（四），第218页。

养"说主要由静养动察、敬贯动静思想组成。依朱子见解,心不是理,而是气之灵。心有动静,而所以动,所以静的根据,则是理。然而,心如何方能合理而具理?这就必须通过涵养工夫。朱子言"涵养"不是涵养本心性体,而是以肃整庄敬之心,汰滤私意杂念,以达到"镜明水止""心静理明"之境。情是心气之发、心气之变,情之发未必合理中节,故须加以察识。所谓"察识",是以涵养敬心而显现的心知之明,来察识已发之情变,使心之所发的情变,皆能合理中节。察识也和涵养一样,都不是落实于本心、性体上做,而是一套针对心气而设的工夫。静时涵养敬心,以求近合乎未发之中;动时察识情变,以期达于中节之和。这就是朱子的"静养动察"之说。

朱子又认为,心气之贞定凝聚,必须通过"敬"的工夫,无论动时静时,皆有敬以贯之:敬立于存养之时——涵养于未发,亦行于省察之间——察识于已发。即"未发之前,是敬也,固已立乎存养之实;已发之际,是敬也,又常行于省察之间"①。若顺着察识于已发而推进一步,便是致知格物以穷理。朱子"敬"的工夫,贯穿在知与行、未发与已发的过程,及从格物致知到治国平天下的所有节目。朱子的弟子黄榦(号勉斋)曾在朱子行状中概括其主敬说为:"其为学也,穷理以致其知,反躬以践其实,居敬者所以成始成终也。谓致知不以敬,则错惑纷扰,无以察义理之归;躬行不以敬,则怠惰放肆,无以致义理之实。"②以敬贯动静、敬贯始终、敬贯知行概括朱子的为学之方,比较全面反映了朱子的思想。总体来说,朱子"主敬涵养"思想是发展了伊川程颐"涵养须用敬,进学则在致知"的思想,并吸收了程门弟子及他自己的修养体验所形成的。

李退溪的工夫论一本程朱,他说:"道之浩浩,学者难得其门而入。程朱之兴,以居敬穷理两言为万世立大训。"③ 又说:"乃知朱门大居敬而贵穷理,为学问第一义。"④ 认为学问思辨为穷理之要,而居敬持志则是修身之本,二者相辅相成,学者必须"十分勉力于穷理居敬之

---

① 王懋竑:《朱子年谱》卷4,商务印书馆1941年版。
② 王懋竑:《朱子年谱》卷4。
③ [韩]李退溪:《与朴泽之》,《增补退溪全书》(一),第334页。
④ [韩]李退溪:《答崔见叔问目》,《增补退溪全书》(一),第345。

工"。然而，相比较而言，穷理与居敬"两段工夫"，退溪更加重视居敬的修养工夫。他说，"敬是入道之门"①。"用工之要，俱不离乎一敬。盖心者一身之主宰，而敬又一心之主宰也。"② 在《天命图说》中，他亦指出："君子于此心之静也，必存养以保其体；于情意之发也，必省察以正其用。然此心之理浩浩然不可摸捉，浑浑然不可涯涘，苟非敬以一之，安能保其性而立其体哉？此心之发，微而为毫厘之难察，危而为坑堑之难蹈，苟非敬以一之，又安能正其几而达其用哉？是以君子之学，当此心未发之时，必主于敬而加存养工夫；当此心已发之际，亦必主于敬而加省察工夫。此敬学之所以成始成终而通贯体用者也。"③ 在这些言论中，退溪不仅强调"敬学"的重要性，敬对于心性具有"保其性而立其体""正其几而达其用"的作用，即所谓"敬可以立主宰"④；而且概括了"敬学"的基本内容，即：心未发时存养，心已发时省察，换言之，"静而存养，动而省察"⑤。

李退溪立足于"心兼动静"之说，强调朱子的"敬为圣学之始终"，认为主敬工夫亦应是"通贯动静"。"静而涵天理之本然，动而决人欲于几微"⑥。不管是存养本心的静功还是省察事为的动功，都贯通一个"敬"字。"敬"即"主一无适"，"主一只是专一，无事则湛然安静而不骛于动，有事则随事应变而不及乎它"⑦。所以，"君子之学，当此心未发之时，必主于敬而加存养工夫；当此心已发之际，亦必主于敬而加省察工夫。此敬所以成始成终而通贯体用者也"⑧。

李退溪论敬还注重静功与动功的结合。他说："存心端坐固为居敬，起居行事心专一，则亦岂非居敬者乎？……学者静中固当存心端坐，而动处尤当致力。遇这事心在这事，遇那事心在那事，然后可谓敬矣。"⑨

---

① [韩] 李退溪：《言行通录》卷2，《增补退溪全书》（四），第30页。
② [韩] 李退溪：《圣学十图·心学图说》，《增补退溪全书》（一），第208页。
③ [韩] 李退溪：《天命图说》，《增补退溪全书》（三），第140页。
④ [韩] 李退溪：《言行录》卷1，《增补退溪全书》（四），第175页。
⑤ [韩] 李退溪：《静斋记》，《增补退溪全书》（二），第356页。
⑥ [韩] 李退溪：《答金惇叙》，《增补退溪全书》（二），第71页。
⑦ [韩] 李退溪：《朱子书节要序》，《增补退溪全书》（二），第348页。
⑧ [韩] 李退溪：《答禹景善问目》，《增补退溪全书》（二），第130页。
⑨ [韩] 李退溪：《答李叔献别纸》，《增补退溪全书》（一），第371页。

又说:"无事时存养,惶惶而已;到讲习应接时,方思量义理,固当如此。才思量义理心已动了,已不属静时界分故也。然此意分明,似不难知,而人鲜能直知,故静时不思,便以后窈冥寂灭,动时思量,又胡乱逐物去,却不在义理上。所以名为学问,而卒不得力于学也。惟主敬之功通贯动静,庶几不差于用工尔。"①

根据心无内外之分的思想,李退溪论敬亦主"表里俱赅""内外合一"。在道德修养上,他力倡交性"内外交相养"之法。李退溪说:"道理无间内外,凡致谨于外,乃所以涵养其中。"② 认为心性虽"无内外之分",但是,"若人不于自家身上求,却去腔子外寻觅,是舍枢纽大本之所在,而向别处驰走求索",这是一种"逐虚外而忘本原"的做法。不管是静功还是动功、内功还是外功,对于修身工夫来说,都"不应有所遗阙,使之偏著一边工夫也"。李退溪论修身工夫,从动与静、内与外相结合的高度立论,充满着辩证法思想。

李退溪还将"静养动察"的"敬学"之要皆与"四七互发"说联系起来。他说:"四端之情,理发而气随之,自纯善无恶,必理发未遂而掩于气,然后流为不善。七者之情,气发而理乘之,亦无有不善;若气发不中而灭其理,则放而为恶也……要之,兼理气、统性情者,心也。而性发为情之际,乃一心之几微,万化之枢要,善恶之所由分也。学者诚能一于持敬,不昧理欲,而尤致谨于此,未发而存养之功深,已发而省察之习熟,真积力久而不已焉,则所谓精一执中之圣学,存体应用之心发,皆可不待外求而得之于此矣。"③ 由于心兼理气、统性情,性发为情有理发气随而为四端和气发理乘而为七情之分,因此,以持敬工夫赅贯于未发已发之始终,未发时存养,已发时省察,做到不昧于理欲,这便是"心法"的要诀。在性发和情发之际,从理发、气发两方面用功夫,即:在理发气随而为四端时,扩充本心的善端,使理之发不至于中断;而在气发理乘而为七情之际,克去气禀之私欲,使气之发皆能中节。可见,李退溪的持敬工夫较之程朱更为细密。

---

① [韩]李退溪:《答李叔献别纸》,《增补退溪全书》(一),第370页。
② [韩]李退溪:《答金而精》,《增补退溪全书》(二),第92页。
③ [韩]李退溪:《心统性情图说》,《增补退溪全书》(一),第205—206页。

（五）方法论

中国的辩证法思想源远流长，早在商周之际的《易》中就包含着阴阳对立的辩证法观点。后来的《系辞上》发挥了其中的辩证法思想，提出了"分而为二以象两"和"动静有常、刚柔断矣"的思想。隋代的杨上善在解释《老子》的"道生一，一生二，二生三，三生万物"时，提出"从道生一，谓之朴也。一分为二，谓天地也"①。到了北宋，周敦颐把太极生两仪说进一步系统化，形成了《太极图说》；邵雍用"一分为二"注释"太极生两仪"；张载提出"一物两体"；二程提出"万物莫不有对"等。北宋理学家的这些辩证思想，对其后朱熹影响很大。朱熹在前人的基础上，比较系统地论述了辩证思想中的分合与动静等问题，形成了自己独特的辩证思维方法。

李退溪是韩国朝鲜时期朱子学的集大成者。追本溯源，退溪学的主要理论来源是朱子学。当然，他作为韩国的朱子学家，不可能不带有韩民族的特点，不可能不具有自己的个性。李退溪的辩证思维在韩国朱子学中独树一帜。下面就李滉与朱熹的辩证思维中的"分合"和"动静"问题作一比较分析。

1. 李退溪与朱熹的分合论

朱熹继承了中国古代朴素辩证法思想中"一分为二"的传统，又受到当时自然科学成就的启示，比较系统地阐述了"一分为二"的思想。他的论述大致可以归纳为三个方面。

第一，通过太极生两仪说，说明天地万物的形成是不断的"一分为二"的过程。朱熹从北宋诸子理学中借用"一分为二"的命题，纳入他自己的理学体系，并作了新的解释和发挥。朱熹在解释《周易·系辞》中的"太极生两仪，两仪生四象，四象生八卦"时说："此只是一分为二，节节如此，以至于无穷，皆是一生两尔。"② 他说："天下道理，只是一个包两个。易便只说到八个处住。洪范说到十数住。五行五个，便有十个：……所谓'兼三才而两之'，便都是

---

① 杨上善注：《黄帝内经·太素》，人民卫生出版社1983年版，第196页。
② 黎靖德编：《朱子语类》卷67，第1651页。

如此。"① 又说："盖天地之间，一气而已。分阴分阳、便是两物，故阳为仁，而阴为义。然阴阳又各分而为二。"② "一分为二""分而为二"都是一个意思，说的是一个事物可以分为两方面，一个道理分两端。在这里，朱熹讲了"一分为二"是"无穷"的，又讲了"一分为二"的普遍性。这虽然不能说他已达到了事物无限可分的思想，但可以说他在论证世界生成过程中，已在一些方面洞察到了这一客观规律。还值得注意的是，朱熹对"一分为二"的含义，有两种提法：其一是"一生两"，其二是："一个包两个"。后一种提法在思想上是更深刻的，更富有辩证思想，它在朱熹的著作和言论中是大量的，并不是偶然的提法。

第二，通过一切事物都有对，说明对立统一是普遍现象。北宋程颢说："万物莫不有对，一阴一阳，一善一恶，阳长则阴消，善增则恶减。"程颐也说："道无无对，有阴则有阳，有善则有恶，有是则有非，无一亦无二。"③ 朱熹对二程的命题，有不少的发挥。他说："天下之物未尝无对，有阴便有阳，有仁便有义，有善便有恶，有语便有默，有动便有静，然又却只是一个道理。"又说："问天下之理，无独必有对，有动必有静，有阴必有阳，以至屈伸消长，盛衰之类，莫不皆然，还是他合下便如此耶？曰：自是合下来如此。一便是二，形而上便对形而下，然就一言之，一中又自有对，且如眼前一物，便有背有面，有上有下，有内有外，二又各自为对。虽说无独必有对，然独中又自有对，且如棋盘路，两两相对，末梢中间只空一路，看似无对，然此一路对了三百六十路，此所谓一对万，道对器。"④ 这里讲的"对"就是对立、对立面。阴与阳、仁与义、善于恶、语与默、动与静，都是对立统一。在这里，朱熹强调了矛盾对立的普遍性，并从"对"的角度，进一步阐发了"一物两体"，"一分为二，节节如此，以至于无穷"的思想。上面的言论中，朱熹的"对"还分内部的和外部的。"一中又自有对"，

---

① 黎靖德编：《朱子语类》卷65，第1610页。
② 朱熹：《答袁机仲别幅》，《朱文公文集》卷38，《朱熹集》（三），第1693页。
③ 程颢、程颐：《二程遗书》卷15，《二程集》（上），中华书局2004年版，第123、135页。
④ 黎靖德编：《朱子语类》卷95，第2435页。

"独中又自有对",说的是内部的对。"二又各自为对"说的是外部的对。为什么会是这样呢？朱熹认为这是自然而然，非有安排的，是"理合当如此"，"是自然，非人力之所能为者"。在朱熹看来，无独必有对，乃是理本身的属性，也是具体事物的规律，并非外加的、人力所能造成的。可见，对立统一乃是自然、社会和思维领域中普遍存在的现象。

第三，通过事物的相反相成，说明对立统一的基本内容。朱熹说："凡事无不相反以相成，东便与西对，南便与北对，无一事一物不然。"① 相反相成讲的是矛盾的一种联系。关于相反相成朱熹讲了许多话，概括起来，具体内容主要有：（1）每一个事物都有对立的两个方面，即"凡一事，便有两端"。朱熹认为"一"并不是自身的等同，而是"有两端，用处不同"。换言之，"一"是包含两个不同方面的"一"，是包含差异与其中的"一"，是对立的统一体，对立双方是在统一体中有机地联系着的。"两"就是两端，又叫对，指矛盾的两个方面，不是没有任何联系的孤立的两个事物。他说："两者、阴阳、消长、进退也。""两便是这个消长，又是化，又是推行之意。"② （2）对立的双方互为存在的前提。朱熹认为，"天之生物，不能独阴，必有阳，不能独阳，必有阴，皆是对"③。"阴中有阳，阳中有阴，未有独立而孤居者。"④ 这种对立的两个方面互为存在的思想，朱熹更通俗更概括的表达为："阴中有阳，阳中有阴，互为其根。"⑤ （3）对立双方相互渗透，相互转化。朱熹认为，对立双方不仅相互渗透，而且相互转化。对立的两个方面，由于量的变化，达到一定限度的"极"，就走向对立面，矛盾双方可以互相转化。他说："譬如阴阳，阴中有阳，阳中有阴，阳极生阴，阴极生阳，所以神化无穷。"⑥ 这里所说的"神"是妙用，就是

---

① 黎靖德编：《朱子语类》卷62，第1482页。
② 黎靖德编：《朱子语类》卷98，第2512—2513页。
③ 黎靖德编：《朱子语类》卷95，第2434页。
④ 朱鉴编：《朱文公易说》卷10，《四库全书》(第18册)，上海古籍出版社1987年版，第636页。
⑤ 黎靖德编：《朱子语类》卷97，第2512页。
⑥ 黎靖德编：《朱子语类》卷98，第2511页。

变化，不是鬼神之神，是所谓"合一不测为神"的神。为什么会不测，是由于两在，是由于"一"是两端的合一。因而"一"是能发展的、变化的，"所以神化无穷"。可见，朱熹对对立面相互渗透、相互转化是看得较为深刻的。

可见，朱熹关于"一分为二"的论述，有许多合理之处，尤其是谈到事物和"一分为二"时，包含着闪光的辩证法思想。

李滉继承朱熹"一分为二"的辩证法思想，也运用这种辩证方法解释了太极生两仪说。他说："形生神发，则阳动阴静之为也。五性感动，则阳变阴合、而生水火木金土之性也。善恶分，则成男成女之象也。万事出，则万物化生之象也。"① 他还说："至于气也，则始有阴阳对立之象，而互为其根。故阴中不能无阳，阳中不能无阴。阴中阳之中，又不能无阴；阳中阴之中，又不能无阳，其变至于十百千万，而各不能无对焉。"② 在这里，李滉是把阴阳的分合与动静结合起来，解释太极生两仪的。李退溪分合论中，有如下三点值得关注：

第一，把分合论运用到治学时，明确提出"分而为二"和"合二为一"的结合是周悉而无偏的方法。他在讲义理之学的特征时说："大抵义理之学，精微之致，必须大著心胸，高著眼目，切勿先以一说为主，虚心中气，徐观其义趣，就同中而知其有异，就异中而见其有同。分而为二，而不害未尝离，合二为一，而实归于不相杂，乃为周悉而无偏也。"③ 李滉把"分而为二"和"合二为一"自觉地联系起来，并运用到治学上，既看到同中之异，一分为二，又看到异中之同，合而为一。这是很有见地的，在人类认识发展史上闪烁着辩证法思想的光辉。正因为如此，他经常是既"分而言之"又"合而言之"，把两者结合起来阐述人心和道心、知和行的辩证关系。

第二，把分合论运用到四端七情说时，指出理和气各有"所主与所重"，深化了对立统一的内容。他说："盖人之一身，理与气合而生，故二者互为发用，而其发又相须也。互发则各有所主可知，相须则互在

---

① ［韩］李退溪：《太极图说》，《增补退溪全书》（一），第199页。
② ［韩］李退溪：《天命图说》，《增补退溪全书》（三），第142页。
③ ［韩］李退溪：《答奇明彦·论四端七情第二书》，《增补退溪全书》（一），第412页。

其中可知。"又说："情之有四端七情之分，犹性之有本性气禀之异也。然则其于性也，既可以理气分之，至于情独不可以理气分言之乎？恻隐羞恶辞让是非何处而发乎？发于仁义礼智之性焉尔。喜怒哀惧爱恶欲何从而发乎？外物解其形而动中，缘境而出焉尔。四端之发，孟子既谓之心，则心因理气之合也。然而所指而言者，则主于理，何也？仁义理智之性粹然在中，而四者其端绪也。七情之发，程子谓之动于中，朱子谓之各有攸当，则亦因兼理气也。然而所指而言者，则在乎气，何也？外物之来易感而先动者，莫如形气，而七者其笛脉也……由是观之，二者虽曰皆不外乎理气，而因其所从来各指所主而言之，则谓之某为理某为气，何不可之有乎。"①李退溪不仅指出了理气相对待，而且又指出相对待中又有所主或所重的区别。四端七情这两种情，虽然都"合理气""兼理气""不外乎理气"，是这二者的同一性，但因它们"所从来各其所主"不同，四端之情主要来源于理，而七情之情主要来源于形气，因而"四端是理之发，七情是气之发。"四端是天理之情，七情是气质之情，这是两者的"同中之异"。而这种"同中之异"又是互发相须、互相依赖的。由此得出"四端理发而气随之，七情气发而理乘之"②。对于四端和七情，天理之情和气质之情来说，理而无气，气而无理，都只是强调一面，排斥另一面，都是片面的。李滉这种"异中见同""同中见异"的辩证思维方法是对朱熹"一分为二""合而为一"思想的重要发展和丰富。他的这种方法是建立在宋明理学以理为体的理气结合的基础上的。所谓四端七情都是脱离现实的抽象人性，但指出四端七情之中有理分气分的所主或所重，说明对立统一的双方有主次或轻重之分，这就深化了对立统一的具体内容。

第三，把分合论运用到理气关系时，明确指出"理极尊无对"。在"理是否也有对"这个问题上，如果说朱熹的态度还有些犹豫的话，李滉就坚定明确。他认为，理和气不同，理无对，其理由有二：一是"理本极尊无对"，正如"王者本尊无对"③一样，这是受政治立场的影响

---

① ［韩］李退溪：《答奇明彦·论四端七情第二书》，《增补退溪全书》（一），第411—416页。
② ［韩］李退溪：《答李宏仲问目》，《增补退溪全书》（三），第89页。
③ ［韩］李退溪：《答李达、李天机》，《增补退溪全书》（一），第354页。

所致；二是"理虚故无对"①，其原因是理"无情意""无造作"，这是受理一元论的限制。在这点上，李滉未能将分合论贯彻到底。

李退溪对朱熹的分合论进行了新的探索，并有所发展。他把"分而为二"与"合二为一"结合起来的方法，是他自己的独到之处。朱熹曾经说过："两所以推行乎一也，张子言：'一故神，两在故不测；两故化，推行于一。'谓此两在，故一存也。'两不立，则一不可见；一不可见，则两之用或几乎息矣。'亦此意也。""两者，所以推行于一，一所以为两。"② 这一段话说明了"一"和"二"的辩证关系，包含着"分而为二"和"合而为一"相联系的思想，但还没有明确提出来。与李滉同时代的韩国朱子学者徐敬德，也谈到过阴阳、动静的辩证关系，但也只是说道，"一生二、二者何谓也"③，说明在这个问题的论述上比较接近。李退溪的学生李珥说理气"既非二物，又非一物。非一物、故一而二；非二物，故而一也"④。这里只是讲到一与二的辩证关系，没有涉及分与合，也没有达到他老师的高度。

李退溪的分合论的特点，不仅在于把"分而为二"和"合二为一"联系起来，而且在于这种分合论的广泛运用。他对许多问题的分析，都是"分而为二""合而为一"，了解同中异和异中同，真正成为周悉而无偏的方法。

2. 李退溪与朱熹的动静观

中国哲学史上，最早把动静作为对立的范畴提出来的是《易·系辞传》。《易·系辞传》中说："动静有常，刚柔断矣"。周敦颐更进一步把动静看成是相互渗透相互转化的。他说："一动一静，互为其根。"⑤ 程颢提出"天地万物之理，无独必有对，皆自然而然，非有安排也"⑥，并根据这个道理分析动静关系，得出"动静无端，阴阳无始"的结论。朱熹进一步展开了对"动静无端，阴阳无始"的研究分析，形成了比

---

① [韩] 李退溪：《答奇明彦·论四端七情第二书》，《增补退溪全书》（一），第423页。
② 黎靖德编：《朱子语类》卷98，第2512页。
③ [韩] 徐敬德：《原理气》，《花潭集》卷2。
④ [韩] 李珥：《答成浩原》，《栗谷全书》（一）卷10，第197页。
⑤ 周敦颐：《太极图》，《周敦颐集》，中华书局1990年版，第138页。
⑥ 程颢、程颐：《二程遗书》卷11，《二程集》（上），第121页。

较系统的动静理论。朱熹的动静理论，大致包括下面四方面的内容：

第一，动静无端始，不可分先后。朱熹在解释"动静无端，阴阳无始"时说："今以太极观之，虽曰动而生阳，毕竟未动之前须静，静之前又须是动。推而上之，何自见其端与始。"又说："动而静，静而动，捭阖往来，更无休息。"在朱熹看来，动与静既无先后，又无终始，是"层层流转，不可穷诘"① 的无限发展的过程。朱熹的这一观点有很大的意义，即从时空来看都没有一个开端，这就避免了诸如"第一推动力""上帝之手"等难题，显示出了中国古代哲人的智慧。

第二，动静相为对待，不能相无。朱熹把对立面的相互斗争、相互依存，称之为"可以相胜而不能相无"，或者叫"相为对待，不能相无"。他说："动静二字相为对待，不能相无，乃天理之自然，非人力所能为也。若不与动对，则不名为静；不与静对，则亦不名为动矣。"② 在这里，朱熹对动与静的关系，讲了三个要点：一是动静只能"相对"，而不能"相无"。有动必有静，反之亦然。二是动静的相对是天理之自然，非人力所能为也。三是动必与静对，静必与动对，两者各为对方的内在规定。否则不成其为动静。在朱熹看来，动与静是相为对待的关系，两者既相互区别又相互联系，两者互为存在的前提，没有动就无所谓静，没有静也无所谓动。应该说，这是对动静这一相对范畴很好的阐述。

第三，动静互为其根，静中有动，动中有静。朱熹对对立面相互包含、相互渗透看得较为深刻。他说："静中有动，动中有静，静而能动、动而能静、阳中有阴、阴中有阳，错综无穷是也。"还说："阴静之中，自有阳动之根；阳动之中，又有阴静之根。动之所以必静者，根乎阴故也；静之所以必动者，根乎阳故也。"③ 这就是说，动与静相对立，但不是绝对对立，而是相互渗透，相互依赖，所以它们才可以相互转化。

第四，动极复静、静极复动。朱熹在解释"太极动而生阳"时说，这只是从眼前斩断说起，"其实那动以前又是静，静以前又是动"。所

---

① 黎靖德编：《朱子语类》卷94，第2367、2385页。
② 朱熹：《答胡广仲》，《朱文公文集》卷42，《朱熹集》（四），第1947页。
③ 黎靖德编：《朱子语类》卷94，第2403、2376页。

以说，"动极复静""静极复动"，正如昼夜相继。他又说："动极生静、亦非是又别有一个静来继此动，但动极则自然静，静极则自然动，推而上之，没理会处。"① 这也就是说，动静相继、转化无穷。朱熹这里从物极必反的角度论证了动静的相互转化，这种转化是自然的、内在的，而不是从外面强加的。他认为动静的这种自我转化，"譬如鼻息，无时不嘘，无时不吸，嘘极则生吸，吸尽则生嘘，理自如此"②。可看，朱熹的动静思想内容是相当丰富的，它包含了许多朴素的辩证法的积极因素，已经多方面接触到对立统一规律，对这个规律有了一定的认识，其中有些认识还是颇为深刻的。

李退溪继承和发展了朱熹动静理论。他对动静理论的运用和发展，主要体现在如下三方面：

第一，坚持动静论，主张理有动静、太极有动静。在朱熹那里，形而上学之理怎样使形而下之气动起来，始终是难以解决的问题。朱熹以理解释太极，于是在利用周敦颐的《太极图说》"太极动而生阳""静而生阴"时，就出现了一些新的问题。如：理自身是否会动静？理自身是否能产生出阴阳二气？按照朱熹理"无情意""无造作"的规定性，理自身是不会动静的，他只能说："动静是气也，有此理之为气主、气便能如此。"③ 其结果只能是"理搭于气而行、正如人乘马而行"，气行则理亦行。同时，朱熹又说过理之"流行""太极含动静"（以本体而言）、"太极有动静"（以流行而言）④，但他没有直接讲太极或理自身的动静。

李退溪发现，不能动静的理是无法使气动静起来。于是，他明确肯定理自身能动静。他的门人曾向他提出，朱子所谓"太极之有动静是天命之流行"，是否指另有一个主宰者使太极有动静，李退溪回答说："太极之有动静，太极自动静也。天命之流行，天命之自流行也。岂复有使之者欤？"⑤ 在他看来，太极自身有动有静，而且太极自身的动静

---

① 黎靖德编：《朱子语类》卷94，第2373、2385页。
② 黎靖德编：《朱子语类》卷32，第2372页。
③ 黎靖德编：《朱子语类》卷94，第2373页。
④ 朱熹：《答杨子直》，《朱文公文集》卷45，《朱熹集》（四），第2154页。
⑤ ［韩］李退溪：《答李达、李天机》，《增补退溪全书》（一），第354页。

并没有另外的主宰者使然。他指出:"延平答朱子曰:'复见天地之心,此便是动而生阳之理。'按朱子尝曰:'理有动静故气有动静,若理无动静,气何自而有动静乎?'盖理动则气随而生,气动则理随而显。濂溪云'太极动而生阳'是言理动而气生也;《易》言'复见天地之心',是言气动而理显,故可见也。二者皆属造化而非二致。"① 李退溪不仅明确肯定理能自动自静,而且认定"理动"是"气生"的根源和根据。

第二,运用体用关系,进一步解释动静论。朱熹曾以体用关系来解释动静理论。他说:"太极为体,动静为用。"又说:"动不是太极,但动者太极之用耳,静者不是太极,但静者太极之体耳。"理本身虽然是超越动静的,但却包含有所以动静之根据。这种形而上的动静,在朱熹看来,即是神。他说:"理则神而莫测,方其动时,未尝不静,故曰'无动';方其静时,未尝不动,故曰'无静'。"② 这也就是说,作为形而上之义的神的动静是错综无穷的。神是能神妙万物的,它不属于阴阳,却能使"阴阳不测",它不属昼夜,却能使昼夜变化。形而上之神,就是动静之理,它能使万物由动到静,由静到动,发生无穷变化。可见,神是气之所以为动静的根据,而且是动中有静、静中有动,神妙莫测的。

李退溪认为,道学之妙处,"只在一体一用、一动一静之间,此外别无妙处也"。在论证体用关系的普遍合理性时,他说:"以寂感为体用,本于大易;以动静为体用,本于戴记;以未发已发为体用,本于子思;以性情为体用,本于孟子,皆心之体用也。"③ 朱熹也说"体静而用动"。李退溪试图以这种体用关系,解释理是怎样生阴阳二气,并使它动静起来的。他说:"盖无情意云云,本然之体,能发能生,至妙之用也……理自有用,故自然而生阳生阴也。"李退溪还用体用关系,进一步解释"动静不能相无"。他说:"既指静为体,则更无可指为无用处。"④ 退溪晚年则在理动气生思想的基础上,进而提出理有体用说。这就使朱熹利用《太极图说》时,发生的问题得到了一种解决。

---

① [韩]李退溪:《答郑子中·别纸》,《增补退溪全书》(二),第317页。
② 黎靖德编:《朱子语类》卷94,第2369、2403页。
③ [韩]李退溪:《心无体用辨》,《增补退溪全书》(二),第328—330页。
④ [韩]李退溪:《答李公浩问目》,《增补退溪全书》(二),第299页。

第三，把动静论运用于修养论，强调"静养动察""敬贯动静"。朱熹主张"主敬涵养"的修养工夫。依朱子见解，心不是理，而是气之灵。心有动静，而所以动，所以静的根据，则是理。然而，心如何方能合理而具理？这就必须通过涵养工夫。朱子言"涵养"不是涵养本心性体，而是以肃整庄敬之心，汰滤私意杂念，以达到"镜明水止""心静理明"之境。情是心气之发，心气之变，情之发未必合理中节，故需加以察识。所谓"察识"，是以涵养敬心而显现的心知之明，来察识已发之情变，使心之所发的情变，皆能合理中节。察识也和涵养一样，都不是落实于本心、性体上做，而是一套针对心气而设的工夫。静时涵养敬心，以求近合乎未发之中；动时察识情变，以期达于中节之和。朱熹又认为，心气之贞定凝聚，必须通过"敬"的工夫，无论动时静时，皆有敬以贯之：敬立于存养之时——涵养于未发，亦行于省察之间——察识于已发。

李退溪进一步阐发了朱熹"敬学"关于"静而存养，动而省察"①的要皆。他说："大抵人之为学，勿论有事无事，有意无意，惟当敬以为主，而动静不失。""静而涵天理之本然，动而决人欲于几微，如是真积力久，至于纯熟，则静虚动直，日用之间，虽百起百灭，心固自若，而闲杂思虑自不能为吾患。"② 在他看来，人心的动静之理和天地的动静之理，是一致的。因此，他说："人心动静之理，即天地动静之理，非有二也。"③ 他在《静斋记》的一开头就强调："太极有动静之妙，而其动也本于静。圣人全动静之德，而其动也主乎静；众人具动静之理，而动静之理常汩于动。"④ 李退溪还立足于"心兼动静"之说，亦强调"主敬"工夫，应是"通贯动静。"他说："惟立敬之功，通贯动静。"⑤

李退溪和朱熹的动静观也有不同之处。如果说，朱熹着重阐述阴阳的动静分合，那么李退溪更加重视动静分合论的运用。

---

① [韩] 李退溪：《静斋记》，《增补退溪全书》（二），第357页。
② [韩] 李退溪：《答金惇叙》《增补退溪全书》（二），第71页。
③ [韩] 李退溪：《答郑子中·别纸》，《增补退溪全书》（二），第317页。
④ [韩] 李退溪：《静斋记》，《增补退溪全书》（二），第357页。
⑤ [韩] 李退溪：《答李叔献·别纸》，《增补退溪全书》（二），第370页。

3. 李退溪与朱熹分合论、动静观的局限性

从上面的论述中可以看出，李退溪和朱熹的分合论和动静观中包含着许多辩证法思想，在东亚哲学发展史上具有积极的意义。然而，他们由于受历史的限制，其辩证思维也有一定的局限性。

在分合论中，当朱熹、李退溪谈到理气关系时，就受其"理一元论"思想的限制，故没有，也不可能把"一分为二"贯彻到底。尽管他们承认天下之物无不有对，在解释事物的"一分为二"时是极为深刻的，但他们不敢承认理自身也有对。朱熹说："这对处，不是理对。其所以有对者，是理合当恁地"①，"唯心无对"②。李退溪甚而说："理本极尊无对"，"理虚故无对"。可见，朱熹和李滉的"一分为二"观点有其辩证法的主观应用因素在里面。"一分为二"是客观事物本身所固有的规律。坚持辩证法的客观应用是唯物辩证法的基本原则，只有坚持辩证法的客观应用，才能反映自在物本身的最一般的发展规律，这是已由哲学史所证实的。朱熹和李退溪分合论中的局限性恰恰说明，主观思想上的"一分为二"只是它的客观反映而已。

在动静观上，朱熹把动静转化看成是环状的简单循环。他的所谓"相胜"，只是循环的"相胜"，"天地间一阴一阳，如环无端，便是相胜的道理"③。又如，在动静的对立中，他主张静主动客。他说："体在天地、后用起天地，先对待底是体，流行底是用，体静而用动。"④ 又说："动不是太极，但动者太极之用耳，静者不是太极，但静者太极之体耳。"⑤ 事实上，这是把事物的运动看成是从静到动，其结果是割裂了动与静的辩证关系。李退溪也同样主张"静主动客"。因此，他们都没有把动静论贯彻到底。

综上所述，李退溪以朱子学为依据，创立了一个以理气二物说、四端七情理气互发说、格物说和敬学为核心内容，以主理为特征的性理学思想体系，在朝鲜朱子学发展史上树立了一块里程碑。

---

① 黎靖德编：《朱子语类》卷95，第2434页。
② 黎靖德编：《朱子语类》卷97，第2513页。
③ 黎靖德编：《朱子语类》卷76，第1940页。
④ 黎靖德编：《朱子语类》卷65，第1603页。
⑤ 黎靖德编：《朱子语类》卷94，第2369页。

四 李栗谷与朱子学

李珥（1536—1584），字叔献，号栗谷，京畿道人。他生活的16世纪，朝鲜王朝已进入中衰期，整个社会面临着严重的政治、经济危机。李珥曾任过弘文馆大提学，从性理学上为探寻社会治乱之策而进行了一番理论探索。他40岁时编撰的《圣学辑要》，是其生平学问和思想的集中反映。

李栗谷作为16世纪韩国著名的哲学家、栗谷学派的开创者，他一生最着力处，便是对朱子学的研究，且善以己意表述之，多所创获。本节从理气论、心性论、格致论和工夫论四个方面对朱熹与李栗谷的性理学思想作一比较，以窥见李氏对朱学的继承和创新。

（一）理气论

关于理气问题，李栗谷一方面继承朱熹理气论思想，另一方面吸取朝鲜初期性理学者的理气论思想，立说较为新颖。其说有三：理气"既非二物又非一物"说；"理通气局"说；"气发理乘一途"说。

1. 理气"既非二物又非一物"说

在理气关系上，朱子的理气观是建立在理气不离不杂之思想的基础上。栗谷依本朱子的这一思想而又有所创新。他认为，理气为"一而二""二而一"的辩证关系。栗谷说："夫理者，气之主宰也；气者，理之所乘也。非理则气无所根柢，非气则理无所依着。既非二物，又非一物。非一物，故一而二；非二物，故二而一也。非一物者，何谓也？理气虽相离不得，而妙合之中，理自理、气自气，不相挟杂，故非一物也；非二物者，何谓也？虽曰理自理、气自气，而浑沦无间，无先后、无离合，不见其为二物，故非二物也。"[①] "一而二"是指理气的特性和功能性，"二而一"是指理气的圆融性和内在性。理气的这种既"一而二"又"二而一"的关系，栗谷概括为"理气妙合"。栗谷讲"理气妙合"，妙就妙在理气非一非二，不离不

---

① ［韩］李珥：《答成浩原》，《栗谷全书》（一）卷9，第197页。

杂,动静无端,显微无间。在判定理气究竟是一物还是二物的问题时,栗谷亦严格地以朱子的理气不离不杂的观点立论。因为"理气浑融,元不相离",故非二物;又因为理气"浑然之中,实不相杂",故非一物。理之与气,"即气而理在其中",二者是"一而二、二而一"的。这样,李栗谷既排除了理气二歧之见,又避免了认气为理之病。理气这种非二物故二而一,非一物故一而二的思维模式,正反映了东方哲人的思维特点。

李栗谷认为,理气"不相离、不相杂"。讲理气"不离",旨在突出理的实在性,指出离开气而讲理,则理便成为一悬空孤立的抽象物,如何成为万物之本体?从理不离气而言,理为实理。讲理气"不杂",旨在强调理对气的本质优先性。李栗谷认为,离开理而讲气,则气便成为混沌一团,世界岂不成为一杂乱无章的存在,又如何确证人道的理性秩序。故李栗谷说:"理气之妙难见亦难说。夫理之源一而已矣,气之源亦一而已矣。气流行而参差不齐,理亦流行而参差不齐。气不离理,理不离气,夫如是则理气一也。""理气妙合""理气一也",既突出了世界的物质(气)实在性,又强调了实在世界具有理性的秩序。

在李栗谷看来,天地万物的实体是"气",天地万物的本体是"理"。实体之气的本然状态是湛一清虚的,但在变化流行中本然之气会发生形态上的变异,分化为不同的存在形式,由此而形成千差万别的具体事物。本体之理也因气的变化万端而表现为"分殊"之理。此分殊之理就是某物为之某物的本质之性。故栗谷说:"理虽一,而既禀于气,则其分万殊,故在天地而为天地之理,在万物而为万物之理,在吾人而为吾人之理。然则参差不齐者,气之所为也,虽曰气之所为,而必有理为之主宰,则其所以参差不齐者,亦是理当如此。"[1]"理当如此",气才能如此。理之于气,犹如人之于马。人乘马而行,不是任马而行;而是人按照自己的目的驭马而行。这就显示出理对气的本质优先性,是理主宰气,而不是气主宰理。

2. "理通气局"说

"理通气局"说是为回答理气之异的问题而提出的。此语出自华严

---

[1] [韩]李珥:《答成浩源》,《栗谷全书》(一)卷10,第210页。

十玄门中的"通局无碍门"①,但李栗谷此说亦本于朱子的"理气不离不杂"之义和"理一分殊"之说。它是从理气不相离之妙的关系中包含的理无形、气有形的特性中提出的。李栗谷在《圣学辑要》中明确指出:"理通者,天地万物同一理也;气局者,天地万物各一气也。所谓理一分殊者,理本一矣,而由气之不齐,故随所寓而各为一理,此所以分殊也,非理本不一也。"②在朱子的理气论中,"理"是形式原则,它赋予万物之存在以形式。作为形式原则的"理"本身是超时空的,因而也是普遍的。这便是李栗谷所说的"理通"。但"理"本身不活动,故它是抽象的"存有",而非具体的"存在"。具体的"存在"需要"气"。"气"是实现原则,因为它使万物在时空中得以成为具体的存在。然而当理落在气中时,便受到气之限制,而形成万物之性,并呈现万物在时空中的特殊性,故"气"又是特殊性原则。这便是李栗谷所说的"气局"。李栗谷的"理通气局"说是对朱子学形而上体系"理一分殊"的阐释。

李栗谷在与成牛溪开展理气之辨时,进一步阐述了"理无形而气有形,故理通而气局"的见解。他说:"理通者,何谓也?理者,无本末也,无先后也。无本末,无先后。故未应不是先,已应不是后,是故乘气流行。参差不齐,而其本然之妙无乎不在。气之偏则理亦偏,而所偏非理也,气也;气之全则理亦全,而所全非理也,气也。至于清浊粹驳、糟粕煨烬,粪壤污秽之中,理无所不在,各为其性,而其本然之妙则不害其自若也。此之谓理之通也。气局者,何谓也?气已涉形迹,故有本末也,有先后也。气之本则湛一清虚而已,曷尝有糟粕煨烬,粪壤污秽之气哉?惟其升降飞扬未尝止息,故参差不齐而万变生焉。于是气之流行也,有不失其本然者,有失其本然者。既失其本然,则气之本然者已无所在。偏者,偏气也,非全气也;清者,清气也,非浊气也;糟粕煨烬,糟粕煨烬之气也,非湛一清虚之气。非若理之于万物,本然之妙无乎不在也。此所谓气之局也。"③简言之,所谓理通,是指理无形

---

① [韩]李丙焘:《韩国儒学史略》,首尔:亚细亚文化社1986年版,第169页。
② [韩]李珥:《圣学辑要》二,《栗谷全书》(一)卷20,第457页。
③ [韩]李珥:《答成浩原》,《栗谷全书》(一)卷10,第209页。

迹，故无本末，先后，乘气流行参差不齐，而本然之妙无处不在；所谓气局，是指气有形迹，故有本末、先后，气之流行有失其湛一清虚之本者，非若理之寓于万物而本然之妙无处不在。以"理通气局"四字表述理气之异，确是李栗谷的特识。

3. "气发理乘一途"说

"气发理乘一途"说是针对"理气互发"说而提出的，它涉及理气动静问题。李栗谷一本朱熹关于气有动静而理无动静的思想。他说："大抵有形有为，而有动有静者，气也；无形无为，而在动在静者，理也。""天理者，无为也，必乘气机而乃动，气不动而理动者，万无其理。"① 在李栗谷看来，气可以动，而理不能动；气有为，而理无为，所以只能是"气发理乘"。理气不能互动，自亦不能互发。李栗谷认为除了人的情感是"气发理乘"之外，天地间不论是天道的运行还是人道的流行，也都是"气发理乘"这一条途径，没有其他的途径。这样，李栗谷就否定了退溪的理气互发说。他在与成浩原展开理气之辨的过程中，又进一步阐发了"理无为而气有为，故气发而理乘"的观点。他说："气发而理乘者，何谓也？阴静阳动，机自尔也，非有使之者也。阳之动则理乘于动，非理动也；阴之静则理乘于静，非理静也。故朱子曰：'太极者，本然之妙也。动静者，所乘之机也。'阴静阳动，其机自尔，而其所以阴静阳动者，理也。故周子曰：'太极动而生阳，静而生阴。'夫所谓动而生阳、静而生阴者，原其未然而言也；动静所乘之机者，见其已然而言也。动静无端，阴阳无始，则理气之流行皆已然而已。安有未然之时乎？是故天地之化、吾心之发，无非气发而理乘之也。所谓气发理乘者，非气先于理也，气有为而理无为，则其言不得不尔也。"②

李栗谷为了进一步说明"气发理乘"之含义，还作了一个比喻："器动而水动者，气发而理乘也。器水俱动，无有器动水动之异者，无理气互发之殊也。器动则水必动，水未尝自动者，理无为而气有

---

① ［韩］李珥：《答安应休》，《栗谷全书》（一）卷12，第248页。
② ［韩］李珥：《答成浩原》，《栗谷全书》（一）卷10，第209页。

为也。"① 以器动则水动比喻气动则理动，既说明了气发理乘的理由，又否认了所谓理气互发说。

与"气发理乘"之说相关联的是理气先后的问题。李栗谷对此也有独到的看法。他说："天地之化，无非气化而理乘之也。是故阴阳动静而太极乘之，此则非有先后之可言也"，"气发理乘者，非气先于理也"②。在栗谷看来，阴阳无始，动静无端，这是从极本穷源上讲气之本然无始无终。此种本然之气与形上之理原是妙合无间的，换句话说，理之本体与气之本然状态是无先后之可言的。故气发理乘并不意味着理气有先后。

上述理气三说，是李栗谷理气论的基本思想。他曾在《圣学辑要》中总论理气问题说："有问于臣者曰：理气是一物是二物？臣答曰：考诸前训，则一而二、二而一者也。理气浑然无间，无不相离，不可指为二物，故程子曰'器亦道，道亦器'；虽不相离，而浑然之中实不相杂，不可指为一物，故朱子曰'理自理，气自气，不相挟杂。'合二说而玩索，则理气之妙，庶乎见之矣。论其大概，则理无形而气有形，故理通而气局；理无为而气有为，故气发而理乘。无形无为而为有形有为之主者，理也；有形有为而为无形无为之器者，气也。此是穷理气之大端也。"③ 可见，理气非一非二，理通气局，气发理乘，三者互相联系，共同组成了李栗谷理气论。

（二）心性论

朱熹关于"性情"问题，从"动静""体用""未发已发"等方面作了详细的论述，但很少从"理气"角度对性情进行探讨，这就为后来学者留下从细微处发展的空间。李栗谷的心性论，大体继承了朱熹的心性情三分和"心统性情"的思想，但在具体论述上又有其独特的创发。其心性论的主要内容表现为"心合性气"说、"四端七情气发理乘"说和"心性情意一路各有境界"说。

---

① ［韩］李珥：《答成浩原》，《栗谷全书》（一）卷10，第210页。
② 同上书，第210—211页。
③ ［韩］李珥：《圣学辑要》二，《栗谷全书》（一）卷20，第455页。

1. "心合性气"说

在理气论上，李栗谷认为气是"盛理之器"①；在心性论上，李栗谷则认为心是"盛贮性之器"。他强调"心中所有之理，乃性也"②。"理在于心，而其名为性。"③ 所以，他说，"天理之赋予人者谓之性，合性与气而为主宰于一身者谓之心"④。在这里，栗谷说心为性气之合，而不说心为理气之合，与退溪有所不同。退溪认为理是能活动的，理与气合而为心，自然有虚灵知觉之妙，即承认心之知觉不只是气的作用，而是理与气的共同作用。退溪的这一思想，突出了理对于心之"灵"的作用，侧重于解决心的知觉作用问题。栗谷固守朱熹的立场，以理为"只存有而不活动，能活动者唯气。所以栗谷认为理自身并不能动，只能乘气而动"。他说："性，理也；心，气也。"⑤ "心是气也。"⑥ 正因为如此，栗谷强调"合性与气而为心"，其意似乎不在说明心的知觉作用问题，而是为了解释道德意识的善恶问题。这一点，是与他的四端七情气发理乘说相连的。栗谷"心合性气"的思想，尽管朱子也有"心者，气之精爽"的思想，但把心直接理解为是气，这应该说是李栗谷对朱子心论的进一步发挥。

在心与身的关心上，李栗谷也强调心的优先性，比朱熹更加明确地指出心的主宰性。他说："心为身主，身为心器，主正则器当正。"⑦ 故心是栗谷心性论的主要讨论对象。在心的作用上，栗谷特别强调心的实体功能和心当具众理的一面。他说："人之一心，万理全具"⑧，又说："气变乎本然之理者，固是原于理而已非气之本然，则不可谓听命于理也，故所重在气，而以气主言。"⑨ 这是栗谷心性论的基本立场，体现了他"主气"的特色。

---

① [韩] 李珥：《人心道心图说》，《栗谷全书》（一）卷14，第283页。
② [韩] 李珥：《答成浩原》，《栗谷全书》（一）卷9，第193页。
③ [韩] 李珥：《答安应休》，《栗谷全书》（一）卷12，第246页。
④ [韩] 李珥：《人心道心图》，《栗谷全书》（一）卷14，第285页。
⑤ [韩] 李珥：《答安应休》，《栗谷全书》（一）卷12，第249页。
⑥ [韩] 李珥：《答成浩原》，《栗谷全书》（一）卷9，第193页。
⑦ [韩] 李珥：《圣学辑要》三，养气章，《栗谷全书》（一）卷21。
⑧ [韩] 李珥：《圣学辑要》二，《栗谷全书》（一）卷20，第456页。
⑨ [韩] 李珥：《答成诰原》书二，《栗谷全书》（一）卷10，第211页。

2. "四端七情气发理乘"说

李栗谷的"四端七情气发理乘"说，是反对李退溪"四端七情理气互发"说而提出来的。朱熹在对《孟子》中四端的解释时，曾说过"四端是理之发，七情是气之发"①。退溪依此提出"理气互发"说，而栗谷不同意退溪理气互发论，而只讲气发理乘一途说。他说："朱子之意亦不过曰：'四端专言理，七情兼言气云尔耳。'非曰四端则理先发，七情则气先发也。退溪因此而立论曰：'四端理发而气随之，七情气发而理乘之。'所谓气发而理乘之也，非特七情为然，四端亦是气发而理乘之也。"② 栗谷批评退溪未能理解朱熹之真谛，并认为依朱子分解的思想来看，则发者是情，而情属于气，在"理"上则不说发。所谓"四端是理之发"，其真实之意，当是说：四端，是依理而发出的情，却不能说情是从理上发出来的。理只是气发时所当遵依的标准，亦即发之所以然，而实际上的"发者"乃是气。对此，栗谷举例说："见孺子入井中，然后乃发恻隐之心，见之而恻隐者，气也。此所谓气发也。恻隐之本，则仁也，此所谓理乘之也。非特人心为然，天地之化无非气化而理乘之也。"③ 四端与七情均是气发理乘。所以，栗谷说："凡情之发也，发之者气也，所以发者理也。非气则不能发，非理则无所发。"④ 这就是所谓四端七情气发理乘一途说。

栗谷沿着四端七情均是气发理乘的思路，进一步解释了情何以有善恶的问题。他认为，凡情都是气发理乘，所以，四端不在七情之外，即"七情包四端"。这与朱熹主张四端与七情的同质性的观点是一致的。栗谷认为，七情之发有善有恶，而四端特指七情已发时的善而已。栗谷依朱子性即理，理不活动，活动的是心，心是气，故心所发动的情，不一定合理的思想。他说："性具于心，而发为情。性既本善，则情亦宜无不善，而情或有不善者，何耶？理本善而气有清浊。气者，盛理之器也。当其未发，气未用事，故中体纯善，及其发也，善恶始分。善者，清气之发也；恶者，浊气之发也。其本则只天理而已。情之养者，乘清

---

① 黎靖德编：《朱子语类》卷53，第1776页。
② ［韩］李珥：《答成浩原》，《栗谷全书》（一）卷10，第198页。
③ ［韩］李珥：《答成浩原》，《栗谷全书》（一）卷9，第192页。
④ ［韩］李珥：《年谱》上《栗谷全书》（二）卷34。

明之气，循天理而直出，不失其中，可见其为仁义礼智之端，故目之以四端；情之不善者，虽亦本乎理，而既为污浊之气所掩，失其本体，而横生或过或不及，本于仁而反害仁，本于义而反害义，本于礼而反害礼，本于智而反害智，故不可谓之四端耳。"① 就是说，情的善恶是在性发为情的过程中，由气之清浊造成的，以清气之发为善，而浊气之发为恶。

栗谷还把四端七情的善恶问题与人心道心问题联系起来讨论。"道心""人心"这两个概念出自为《尚书·大禹谟》中"人心惟危，道心惟微；惟精惟一，允执厥中"之语。后来，理学家言心性论都牵涉到这一问题。朱熹对此理解为："心之虚灵知觉，一而已矣。而以为有人心道心之异者，则以其或生于形气之私，或原于性命之正，而所以知觉者不同，是以或危而不安，或微妙而难见耳。"② 他认为，人心发于形气之私，故危殆而不安；道心原于性命之正，故微妙而难见。朱熹未尝以人心道心为二心。但其或生或原之说易使人产生"二心"之疑。退溪从"理气互发"说出发，认为道心为"理发"，人心为"气发"。栗谷认为，这是因为对理气关系认识未透而产生的对朱熹人心道心说的误见。他指出："大抵未发则性也，已发则情也……发者气也，所以发者理也。其发直出于正理而气不用事，则道心也，七情之善一边也；发之际，气已用事，则人心也，七情之合善恶也。"③ 在栗谷看来，人心道心俱是气发，但因气有本然之气与所变之气之异，故乘本然之气而为道心、为四端（善情），乘所变之气而为人心，为七情（兼善恶）。基于上述观点，栗谷极力反对退溪的四端七情理气互发说，而始终坚持其四端七情气发理乘一途说。

3 "心性情意一路各有境界"说

在心与性、情、意的关系上，栗谷进一步发挥朱熹的"心统性情"的思想。他主张心为性情之主，反对"分心性为有二用，分情意有二歧"，认为这是对朱熹"心统性情"说的曲解。在栗谷看来，心

---

① ［韩］李珥：《人心道心图说》，《栗谷全书》（一）卷14，第283页。
② 朱熹：《中庸章句·序》，《四书集注》，岳麓书院1987年版，第21页。
③ ［韩］李珥：《答成浩原》，《栗谷全书》（一）卷9，第193页。

性情意只是一路，而各有境界。他说："性是心之理也，情是心之动也，情动后缘情计较者为意。若心性分二，则道器可相离也；情意分二，则人心有二本矣。岂不大差乎？须知心性情意只是一路而各有境界，然后可谓不差矣。"① 所谓一路，是指心之未发为性，已发为情，发而后紬绎思量计虑者为意。性、情、意均统摄于心，故言心、性、情、意为一路。所谓各有境界，则是指心寂然不动时是性境界，心感而遂通，发用流行时是情境界，因所感生情而缘情计较时是意之境界。然而，虽各有境界，但总归是一心之未发已发而已。所以，栗谷又说："性发为情，非无心也；心发为意，非无性也。只是心能尽性而性不能检心，意能适情而情不能运意，故主情而言，则属乎性；主意而言，则属乎心。其实则性是心之未发者也；情意是心之已发者也。"栗谷提出此说，有很强的针对性。他认为心虽有人心、道心之分，其实只是一心，并非有二心；性虽有本然之性、气质之性之异，其实乃一性，绝非有二性；同样，情虽有四端七情之别，其实为一情，绝非有二情。他强调说："夫以心性为二用，四端七情为二情者，皆于理气有所未透故也。"② 这里所谓"于理气有所未透"，就是不懂得气发理乘一途的道理。由此亦可看出，在栗谷的心性论与理气论之间具有一以贯之的一致性。"心性情意一路各有境界"说是栗谷心性论的又一创见。

（三）格致论

格物致知说，是朱子学中最有特色的一个问题。它既是方法论、认识论，又是朱子理学体系中的重要组成部分。朱熹对《大学》的解释，特别注重格物致知说。他对此作了明确的训释："格，至也。物，犹事也。穷至事物之理，欲其极处无不到也。""致，推极也。知，犹识也。推极吾之知识，欲其所知无不尽也。"③ 朱熹以推扩训致，以至极训格，以知为识，以物为事，解释简明清晰。朱熹的"格物"说，实际上提

---

① ［韩］李珥：《论心性情》，《栗谷全书》（一）卷14，第296页。
② ［韩］李珥：《圣学辑要》二，《栗谷全书》（一）卷20，第455—458页。
③ 朱熹：《大学章句》，《四书集注》，第6页。

出了一条向外求知的方法，即他所说的"即物穷理"之学。格物的过程，这个过程即"用力之久，而一旦豁然贯通焉"。这是说，格物的最终境界不是一天一事就可以达到的，要通过用力之久的功夫，就是今日格一物，明日格一物，经过积久的努力，才能达到"一旦豁然贯通"的境界。这个豁然贯通的境界不是没有内容的神秘体验，而是标志着达到了"众物之表里精粗无不到，而吾心之全体大用无不明"①的格物知至的阶段。

栗谷的格致论是以朱熹的格物致知论为基础，并进一步作了阐发。在格物的对象上，栗谷同朱熹一样，也肯定格物对象的广泛性。他说："天下之有名可名者，皆可谓之物，岂必物之物乃为物耶？"②他把物的对象规定为应接的事物之全体。但又不可能穷究所有的天下之物，故栗谷又引用程颐之言对穷究之"物"的对象进行了说明。他说："程子曰：'凡一物上有一理，须是穷致其理。'穷理亦多端，或读书讲明义理，或论古今人物而别其是非，或应接事物而处其当否，皆穷理也。穷理工夫大要如此。"③即把格物分为读书、评论古今人物是非、接触事物等。这与朱熹的格物之途径大体相同。就读书而言，栗谷比朱熹更强调读书的重要性。他认为，读书是穷理之首要工夫。他说："入道莫先穷理，穷理莫先于读书。以圣贤用心之迹，及善恶之可戒者，皆在于书故也。"④读书明理贵在于得天地之心，体圣贤之意，"为有用之具"，而不是入耳出口，徒记诵圣贤语而已。但读书并不是格物之全部，格物的最终目的在于躬行实践。栗谷指出："彼读书者格致中一事耳。读书而无实践者，何异于鹦鹉之能言耶？"⑤

栗谷与朱熹皆主张穷究具体事物之理，"即物穷理"，同时，又提倡"居敬""存心"的工夫与穷理工夫相辅相成。但栗谷比朱熹更为重视明道的体认方法。朱熹把居敬工夫视为穷理的必要工夫。他说："学者工夫，唯在居敬穷理，此二事互相发。能穷理，则居敬工夫日益进；

---

① 朱熹：《大学章句》，《四书集注》，第11页。
② ［韩］李珥：《与奇明彦》书一，《栗谷全书》（一）卷9。
③ ［韩］李珥：《圣学辑要》二，穷理章，《栗谷全书》（一）卷20。
④ ［韩］李珥：《击蒙要诀》读书章，《栗谷全书》（二）卷27。
⑤ ［韩］李珥：《东湖问答》论君臣相得之难，《栗谷全书》（一）卷15。

能居敬，则穷理工夫日益密。"① 栗谷对朱熹这一思想作了阐发。他认为以居敬工夫涵养本体之心法，是穷究事物之理的预备性方法，但这却是必需的。栗谷说："诚能严恭寅畏，常存此心，使其终日俨然不为物欲之所侵乱，则以之读书，以之观理，将无所往而不通，以之应事以之接物，将无所处而不当矣。此居敬持志，所以为读书之本也。"② 居敬工夫是存养心知本体，以维持致知状态的方法。若能常存心知之本然状态，即可因内心之灵明在格物时顿悟到穷究事物之理，从而达到"豁然贯通"之境界。

栗谷认为，在穷究事物之理时，要达到完全致知的地步。他说："如或思而未得，则专心致志，抵死血战，至忘寝食，方有所悟。"③ 这种方法与朱熹"格者，至极之谓"，"言穷之而至其极也"④ 的思想相同。穷而至其极，就是深入到事物的本质。朱熹认为，"致知、格物，十事格得九事通透，一事未通透不妨；一事只格得九分，一分不透，最不可"⑤。这说明朱熹、栗谷已经认识到，人的认识不能只停留在表面现象，而要深入到事物的内部。栗谷还认为，"苦思之久终未融释"的话，亦可穷究其他事物之理。他说："或苦思之久，终未融释，心虑窒塞纷乱，则须是一切扫去，使胸中空无一物。然后却举起精思，犹未透得则且置此事，别穷他事，穷来穷去，渐致心明，则前日之未透者，忽有自悟之时矣。"⑥ 在这点上，栗谷与朱熹的看法是相同的。朱熹说："于此处既理会不得，若专一守在这里，却转昏了。须着别穷一事，又或可以因此而明彼也。"⑦ 可见，朱熹和栗谷都主张两种方法相互使用。

在致知上，栗谷不同意把致知的"知"分为"德性之知"与"见闻之知"，而主张"知"只有"真知"与"不真知"之分。这是继承

---

① 黎靖德编：《朱子语类》卷9，第150页。
② [韩] 李珥：《圣学辑要》二，收敛章，《栗谷全书》（一）卷20。
③ [韩] 李珥：《圣学辑要》二，穷理章，《栗谷全书》（一）卷20。
④ 朱熹：《大学或问》上，《四书或问》，第8页。
⑤ 黎靖德编：《朱子语类》卷15，第305页。
⑥ [韩] 李珥：《圣学辑要》二，穷理章，《栗谷全书》（一）卷20。
⑦ 黎靖德编：《朱子语类》卷8，第397页。

了朱熹的思想。朱熹为了克服北宋理学家张载、二程在"德性之知"与"见闻之知"问题上的一些矛盾,试图把二者统一起来。他把"知"分为"真知"与"不真知"。朱熹说:"问'知有闻见之知否?'曰:'知,只是一样知,但有真不真,争这些子,不是后来又别有一项知。所知亦只是这个事。'"① 但因"知"之真与不真是由认识机能的差异所确定的,所以栗谷更强调"致知"之过程的分析。他把"致知"的认识过程分为上、中、下三个阶段。他说:"最下一层,闻人言而从之者也。中一层,望见者也。上一层,履其地而亲见者也。"② 这就是说,第一阶段(即最下层)是通过读书等格物的工夫穷得事物之理的阶段;第二阶段是通过穷究事物而逐渐理会事物之理的阶段;第三阶段是实践其已知之知的阶段。这样才能达到"真知",达到"真知"之过程也就是格物知至的过程。

栗谷在对朱熹格致说的解释上,对"格物"和"物格"分别做了分疏。他对"格物"的解释是:"人穷物之理,而使之至于尽处也。"对"物格"的解释是:"物之理已至于尽处,更无可穷之余地也。"栗谷的这种解释,不仅与朱子在《大学章句》中解释的"穷至事物之理,欲其极处无不到也"和"物理之极处,无不到也"意思相通。而且其解释也更为明晰。栗谷还指出,"物格者,物理尽明而无有余,是物理至于极处也,是主物而言也。知至者,物之理尽明而无余,然后吾之知,亦随而至于极处也,是主知而言也"③。亦是对朱熹《大学或问》的"理之在物者,既诣其极而无余,则知之在我者,亦随所谓而无不尽也"④ 的进一步发挥。所以,栗谷基于对朱子格物说的理解,不同意退溪的"理到说"。他说:"理本在极处,非待格物始到极处也。理非自解到极处,吾之知有明暗,故理有至未至也。"理本在极处,若格到十分处自然就到极处,但只格到三分出,就不能说到了极处。知至就是指对吾心之物之理的全部的知晓与否。使心真实地依理而行,应是明理之后的境界,惟先明理而真知善之所在,然后可以诚

---

① 黎靖德编:《朱子语类》卷34,第898页。
② [韩]李珥:《答成浩原》书二,《栗谷全书》(一)卷10。
③ [韩]李珥:《语录》下,《栗谷全书》(二)卷32。
④ 朱熹:《大学或问》上,《四书或问》,第8页。

意。他说："所谓真诚意者，格物致知，理明心开而诚其意之谓。未能真知，恐难得到真诚意也。"① 唯有通过格物致知的工夫，而明理、明善，然后可以使意诚，而真实地为善去恶。就此义而言，诚意是格物致知后的结果。此即所谓《大学》的"物格而后知至，知至而后意诚"，及《中庸》的"不明乎善，不诚乎身"之意，即诚身须在明善之后。栗谷的格物致知说作为其诚意之先行工夫，不仅符合朱熹依循《大学》的"格致诚正"之序，重视格物致知的工夫之用意，而且是对朱子之说的修正和发展。

栗谷从知行二者分言"止于至善"问题，是很好的工夫理论。他说："珥所谓知之至善云者，不必深排。夫至善云者，只是事物当然之则也。其则非他，只是十分恰好处耳。统而言之，则知行俱到，一疵不存，万理明尽之后，方可谓之止于至善。分而言之，则于知，亦有个至善；于行，亦有个至善。知到十分恰好处，更无移易，则谓之知之止于至善；行到十分恰好处，更无迁动，则谓之行之止于至善。何害哉？"② 这是栗谷答复奇明彦信中的一段话。栗谷是分知和行两方面做工夫，知要知得十分恰好处，此是知的止于至善，而行亦要行得十分恰好，则为行的止于至善。奇明彦则反对从知行两方面说止于至善之论，认为止于至善是行的事。其实栗谷此说，是合于朱熹所说的知行之工夫的。在朱熹理论中，言知至便可意诚，即若知至，行亦会恰当，但知至未必就能诚意，即行亦未必恰当。因为诚意须有独立之工夫，不是知理知得切便能达至。这也是后来王阳明批评朱熹的"知先行后"说，而倡知行合一，并认为《大学》之教首重诚意的主要原因之一。朱熹主张知先行后，并强调"行"的重要性。意即要先能明理，然后才可以"行"得恰当。既然知行可分先后，则当然可以言知行各有止于至善。故必须从这两方面做工夫，才能使知行俱止于至善。栗谷此说，便包含从两方面做工夫之意，既不是只知得彻底便可，尚须行得笃实。这是对朱熹知行说的进一步的阐发。

---

① ［韩］李珥：《语录》下，《栗谷全书》（二）卷32。
② ［韩］李珥：《与奇明彦》书一，《栗谷全书》（一）卷9。

（四）工夫论

栗谷十分重视工夫论。他一方面继承《中庸》中的"诚"思想，一方面继承朱子居敬存理，静养动察，变化气质的思想。其工夫论的要旨在于居敬、存诚和养气三者的统一。

1. 关于居敬

栗谷非常强调"敬"字工夫，认为"敬言圣学之始终"①，"敬乃圣门第一义，彻头彻尾，不可间断"②。他年轻时曾与退溪讨论过"敬"的问题。退溪问栗谷："敬者，主一无适，如或事物气头来，则如何应接？"栗谷经过反复思考之后，回答说："主一无适，敬之要法；酬酢万变，敬之或法。若于事物上一一穷理，而各知其当然之则，则临时应接，如镜照物，不动其中，东应西答，而心体自如，因其平者断置事理分明故也。不先穷理，而每事临时商量，则商量一事时，他事已蹉过，安得齐头应接？……盖静中主一无适，敬之体也。动中酬酢万变，而不失其主宰者，敬之用也。"③ 栗谷此意是说，敬是一种心有存主、专心一意的精神状态。这种精神状态贯彻于动静两个方面：静中主一无适和动中酬酢万变。二者是本体与作用的关系。他把敬分体用之说，是本于朱熹所说的敬赅动静之意。而以静中无适为敬之体，动中应事为敬之用，则是栗谷对朱熹之意的发挥。栗谷在谈到抑制色念时说："此也无别工夫，只是心有存主，读书则专心穷理，应事则专心践履，无事则静中涵养。"④ 在谈到"敬以直内"时，他说："有事则以理应事，读书则以诚穷理，除二者外，静坐收敛此心，使寂寂无纷起之念，惺惺无昏昧之失可也。"⑤ 这些都是讲敬的工夫包括动与静两方面，即：应事践履、读书穷理是动中工夫，静中涵养或静坐澄心是静中工夫。二者都是心的涵养工夫。正是在这个意义上，栗谷论"敬以直内"与"义以方外"的关系说："敬体义用，虽分内外，其实敬赅夫义。直内之敬，敬以存

---

① ［韩］李珥：《圣学辑要》三，收敛章，《栗谷全书》（一）卷20。
② ［韩］李珥：《圣学辑要》三，正心章，《栗谷全书》（一）卷21。
③ ［韩］李珥：《上退溪先生别纸》书一，《栗谷全书》（一）卷9。
④ ［韩］李珥：《语录》下，《栗谷全书》（二）卷32。
⑤ ［韩］李珥：《击蒙要诀》，《栗谷全书》（二）卷27。

心也；方外之义，敬以应事也。"①

栗谷提出的"敬之活法"之说，亦是顺朱熹格物致知论而说的。如朱熹说："敬有死敬，有活敬。若只守着主一之敬，遇事不济之以义，辨其是非，则不活。"② 但栗谷将格物穷理的效果配合持敬工夫来讲。敬之活法，是有其个人的心得。此说以平时若能穷究事物之理，而知处事接物的当然之则，则于事物交至时，便可不动其中而应万变，如明镜之照物，同时兼照而不随色变。这也能道出朱熹的格物穷理工夫之优点。

栗谷认为，人的心性道德修养是无止境的，主敬只是权宜之计。他说："学者须是恒主于敬，顷刻不忘，遇事主一，各止于当止。无事静坐时，若有念头之发，则必即省察所念何事，若是恶念，则即勇猛断绝，不留毫末。"③ 通过敬之功夫不断克去恶念和私欲，恢复本心之诚，乃是栗谷修养工夫论的最终目的。他说："敬，主一之谓，从事于敬，则可以寡欲至于诚矣。"④ 寡欲并不是无欲，而是对私欲的合理节制。因此，栗谷提出了与朱熹、退溪以"主敬"为特征不同的，而以主诚为特征的"存诚养心"修养工夫理论。

2. 关于存诚

"存诚"作为一种治心之重要工夫，是栗谷修养工夫论的主要内容。栗谷认为，诚是天之实理、人之实心。他说："天有实理，故气化流行而不息；人有实心，故工夫辑熙而无间。人无实心，则悖乎天理矣……一心不实，万事皆假，何往而可行？一心当苟实，万事皆真，何为而不惑？故周子曰：'诚者，圣人之本'。""存诚"的工夫要从诚意入手，栗谷说："诚意为修己治人之根本……志无诚则不立，理无诚则不格，气质无诚则不能变化。"⑤ 所以，"诚意"为真践力行、修己治人之根本。因栗谷主张"气发理乘一途"说，认为理不活动，而气能活动，所以理之能否完全呈现，须看气是否为湛一清虚之本然之气。可

---

① [韩] 李珥：《圣学辑要》三，正心章，《栗谷全书》（一）卷21。
② 黎靖德编：《朱子语类》卷12，第216页。
③ [韩] 李珥：《圣学辑要》三，正心章，《栗谷全书》（一）卷21。
④ [韩] 李珥：《语录》上，《栗谷全书》（二）卷31。
⑤ [韩] 李珥：《圣学辑要》二，诚实章，《栗谷全书》（一）卷20。

见，如何使气保持或恢复其为本然之气的状态，便成为最重要的工夫。栗谷变化气质的工夫论本于张载和朱熹之说。张载尝言："形而后有气质之性，善反之则天地之性存焉，故气质之性，君子有弗性者焉。"①朱熹解释说：天地之性，专指理而言，气质之性，则以理杂气而言，只是此性在气质之中，故随气自为一性。栗谷在《圣学辑要》中将中国宋明诸儒的为学宗旨及工夫论加以分类辑要，并附加按语点评其义，系统阐述了他自己的"矫气质之偏，复性之本然"的工夫论。

诚和敬是相互关联的，既有联系，又有区别。就工夫论而言，"诚之"之意与"敬之"之意并无多大的差别，人们常常以"诚敬"合而言之。栗谷引程子的话说："程子曰：'诚敬固不可以不勉，然天下之理不先知之，亦未有能勉以行之者也'。故大学之序，先致知而后诚意，其等有不可躐者。"② 敬之与诚之即是工夫之表现，此一"诚敬"工夫之所向则是天理、天道。但从诚自体上看即是指此天理，故此时二者之间又是诚体敬用的关系。栗谷说："诚者，敬之原也；敬者，反乎诚之功也。理则仁之在乎天者也，仁则理之赋予人者也。敬以复礼以全天理，则此非至诚之道乎？"③ 不过，栗谷承认敬与诚相互关联的同时，还主张由敬入诚。他说："诚者，天之实理，心之本体。人不能复其本心者，由有私邪为之蔽也。以敬为主，尽去私邪，则本体乃全。敬是用功之要，诚是收功之地。由敬而至于诚矣。"④ 在这里，栗谷把"诚"看作天理和心的本体，即心中之天理。敬就是去私欲、邪念，以恢复本心的天理。由敬而至于诚乃心性修养工夫之极致。

3. 关于养气

栗谷强调"保养正气"的养心工夫，是对朱熹后天渐教工夫理论的进一步发展。养气包括"养志气"与"养血气"两个方面。前者为"养仁义之心"，即良心；后者是"养真元之气"即"真气"，二者缺一不可。志气不高则人无以立，生气亏虚则人无以生。栗谷说："仁义之心，人所同受，而资禀有开蔽；真元之气，人所同有，而血气有虚实。

---

① 张载：《正蒙·太和篇》，第9页。
② [韩] 李珥：《圣学辑要》二，穷理章，《栗谷全书》（一）卷20。
③ [韩] 李珥：《四子立言不同疑二首》，《拾遗》，《栗谷全书》（二）卷6。
④ [韩] 李珥：《圣学辑要》三，正心章，《栗谷全书》（一）卷21。

善养仁义之心，则蔽可开而全其天矣；善养真元之气，则虚可实而保其命矣。"本来，天地气化，生生不穷，毫不停息，人之气与天地相通，良心、真气亦与之俱长。唯其戕害多端，所长不能胜其所消，辗转梏亡，故心为禽兽，气至夭折。这需要养气。如何养气呢？栗谷说："其养之之术，亦非外假他物，只是无所挠损而已。"就是说，养气的唯一方法，是使人本来所具有的良心、真气"日长而无所戕害，终至于尽去其蔽，则浩然之气盛大流行，将与天地同其体"①。可见，栗谷的养气工夫，直由程朱而上溯至孟子。

栗谷认为，人之仁义之心，是由天地之理而来，而人之血气，亦是自天地之气而来。并指出，害良心者和害真元之气者皆为耳目口鼻四肢之欲。故栗谷一方面主张养志气，一方面又主张养血气。就养志气而言，栗谷的方法有：一是要寡欲，寡欲则不会失去其本心；二是要保养，保养则足以存其仁义之心，足以供其所伐，养则长，不养则消；三要养浩然之气，浩然之气是配义与道，是天理与真元之气恒不相离，所生之气是理在气上表现。这就是栗谷所说的"理气之妙"之表现。就养血气而言，栗谷则引用孔子的君子有三戒说和《周易·颐卦》中的"慎言语，节饮食"等思想来予以解释。若能少时戒色、壮时戒斗，老时戒得，做到孔子所言三戒，便能以理胜之，不为血气所动。慎言语，是指要养其德。节饮食，则指要养其体。因此养血气的目的在于，使血气不足以乱其本心。栗谷进一步认为，从本源上讲，真元、浩然并非二气。但是以道义养的话，会成为浩然之气，只保养血气的话，则会成为真元之气。故二者也可称为"浩然之气，心上气也；真元之气，身上气也"②。栗谷主张"存诚养心"，"养心"主要是指涵养"仁义之心"。因涵养"仁义之心"的过程便是集义而生浩然之气之过程，亦即是兼养"真元之气"的过程。故养心之工夫，应以养志气为重心。但养血气作为使血气不足以乱其本心之方法，亦是不可缺少的修养工夫。因此，在具体的道德实践中，应该把二者结合起来，要同时并进。

朱熹以"敬"为圣学之成始成终，而提出静养动察、敬贯动静的

---

① ［韩］李珥：《圣学辑要》三，养气章，《栗谷全书》（一）卷21。
② 同上。

"主敬涵养"说。栗谷则以诚为立志、格物、变化气质之本,以"诚之"为一切学问尽性成圣之工夫,而提出了"存诚养心"说。栗谷由敬入诚,诚兼体用,恢复气之本然状态,"保养正气"之养心工夫,既是对朱子之说的继承,也是对其理论的阐发。

从上述可见,栗谷在朝鲜朱子学界别树一帜,创立了一个以理气非一非二说、四端七情气发理乘一途说和心境界等为主要内容,以主气为特征的性理学思想体系。作为一个学派的创始人,李栗谷为朝鲜朱子学的发展做出了贡献。

五 曹南冥与朱子学

曹植(1501—1572),号南冥,韩国岭南人。他少年崇尚举业,并多次参加科举应试。他曾数度被推荐,中宗三十三年(1538)被任命为献陵参奉,后又作为遗逸先后被任命为典牲署主簿(1548)、宗簿寺主簿(1551)、丹城县监(1555)、造纸署司纸(1558)、尚瑞院判官(1566)、宗亲府典钱(1569)等官职,但均没有赴任。南冥自始至终拒绝出仕,并非他不关心国家大事和人民疾苦。他曾多次上疏朝廷,要求改革。如,明宗十年(1555),他针对当时的时局,上疏说:"殿下之国事已非,邦本已亡,天意已去,人心已离,比如大木百季虫心,膏液已枯,茫然不知飘风暴雨,何时而至者,久矣。"[1] 又于明宗二十二年(1567)上疏曰:"百疾所急,天意人事,亦不可测也。"[2] 可见,南冥是希望挽救危机,扶正朝纲,主张实施变通之策,富民强国。他还在《民严赋》中说,"民则戴君,民则覆国"[3],认为可以解决现实政治矛盾的力量在于人民。这充分体现了南冥的民本思想,人民性的一面。

南冥所处的时代,正在从朱子学的吸收时期向逐渐形成韩国朱子学的时期转变。他25岁时读到《性理大全》,此后全力研究性理学,并躬行实践。据记载:"至是,读《性理大全》,至鲁斋许氏言,志伊尹之

---

[1] [韩]曹植:《辞免丹城县监疏》,《南冥集》卷2,1894年重刊本,韩国南冥学研究院2000年,影印本。
[2] [韩]曹植:《疏状封事》,《南冥集》卷2。
[3] [韩]曹植:《赋》,《南冥集·别集》卷1。

志，学颜子之学。出则有为，处则有守，大丈夫当如此。出无所为，处无所守，则所志所学将何为？遂脱然契悟，慨然欲学圣人向里做去，刊落枝叶，专就六经四子，及周程张朱书，穷日继夜，苦日继夜，苦心致精，研穷探索，以反躬实践为务。"① 从这里可以看出，南冥曾一度沉迷于俗学，后对此进行了深刻的反省，转而开始学习儒家的为己之学。

中宗二十六年（1531），南冥读了李浚庆（1499—1572）送给他的真德秀的《心经》后，开始关注心学；中宗二十八年（1533）又读到宋麟寿（1487—1547）送给他的《大学》之后，对理学产生了坚定的信念，认为"善反之具，都在是书"②。南冥在儒家经典中，最尊崇的是"四书"，而"四书"之中，又特别重视《大学》。他说："古今学者，穷易甚难，此不会熟'四书'故也。学者精熟'四书'，真积力久，则可以知道，而穷易庶不难矣。盖精而未熟，则不可以知道，熟而未精，则亦不可以知道，精与熟，俱至然后，可以透见骨子。"又说："夫大学群经之纲统，须读大学，融会贯通，则看他书便易。"③ 南冥强调《大学》的原因，不仅仅是因为朱子倾其一生精力研究《大学》，更是因为《大学》中蕴含了修己治人的实践性伦理思想。韩国成均馆大学教授吴锡源认为，南冥义理思想的理论基础来源于以性理学为中心的《性理大全》，实践的基础则来源于以修养方法为中心的《大学》。④

曹南冥是韩国16世纪中叶著名的性理学家。他一生服膺朱子学，其为学主反己修身，笃实践履，并通过自我修养，把所学用"身教"的形式呈现出来，形成了其独自的身心性命之学。下面从南冥为己之学、敬义之学、心性之学、穷理之学，对南冥的性理学思想作一介绍。

（一）为己之学

先秦时期，孔子就说"古之学者为己"⑤ "为仁由己"⑥ "君子求诸

---

① ［韩］曹植：《南冥集》附录《编年》，二十五岁条。
② ［韩］曹植：《杂著·书圭庵所赠大学后》，《南冥集》卷4。
③ ［韩］曹植：《杂著·示松坡子》，《南冥集》卷4。
④ ［韩］吴锡源：《韩国儒学的义理思想》，第213页。
⑤ 朱熹：《论语集注·宪问》，《四书集注》，第226页。
⑥ 朱熹：《论语集注·颜渊》，《四书集注》，第191页。

己"① 等。这就肯定了人的自我价值和生命意义,道德伦理是人所以为人的本质所在,即朱熹所说的"仁者,人之所以为人之理"②,并提升人的自觉性和主动性,以达到内圣成德之境界。南冥对中国儒家学者的"为己之学",是深有感悟的,并从践履和义理上终生力行。他对自己是"笃行践履之工甚笃,精神气魄多有动悟人处"③;对他人,南冥皆"观其出处,然后论其行事得失"。这里讲的"出处"是"出则有为,处则有守","谨出处之节"。南冥为学,力避空谈心性天理,笃实践履力行,贵在自得,以期之内圣成德。他说:"学必以自得为贵,徒靠册子上讲明义理,而无实得者,终不见受用,得之于心口,若难言学者,不以能言为贵。"④ 为了说明空谈心性天理,对自身的成德为人处事毫无用处,南冥举了一个例子。他说:"遨游于通都大市中,金银珍玩靡所不设,终日上下街衢而谈其价,终非自家家里物,只是说他家事耳。却不如用吾一匹布,买取一尾鱼来也。今之学者,高谈性理而无得于己,何以异此?"⑤ 这就是说,为学空谈心性天理,就像谈论市场上金银珠宝的价格,而不能买一样,成不了自家的东西,还不如用一匹布买一条鱼回来,可供自己受用。

南冥认为,进学在于下学上达。他说:"学者须守下学上达之悟,乃学之要。"学者求天理,"须是合内外之道,一天人,齐上下,下学而上达"⑥。又说:"舍人事而谈天理,乃口上之理也;不反诸己而多闲识,乃耳底之学也。休说天花乱落,万无修身之理也。"⑦ 但是,南冥强调"下学上达",并不反对谈论心性天理,如他"每读书得精要语言,必三复己,乃取笔书之,名曰《学记》,手自图神明舍,因为之铭,又图天命、天道、理气、性情与夫造道入德堂室科级者,其类非一"⑧。他把性理学理论用20多个图标示,从义理和实践上全面地论述

---

① 朱熹:《论语集注·卫灵公》,《四书集注》,第241页。
② 朱熹:《孟子集注·尽心章句下》,《四书集注》,第526页。
③ [韩] 曹植:《金参判行状略》,《南冥集》卷6。
④ [韩] 曹植:《言行总录》,《南冥集·别集》卷2。
⑤ [韩] 金宇顒:《行状》,曹植《南冥集》卷5。
⑥ [韩] 曹植:《学记类编》上,《南冥集》卷3。
⑦ [韩] 曹植:《戊辰封事》,《南冥集》卷2。
⑧ [韩] 成大谷:《墓碑文》,《南冥集》卷1。

理学。可见，南冥是非常重视性理学之形上理论的。

南冥认为，学问有阶梯路脉，先下学再上达是符合理学家之进学之路。他说："濂洛以后，著述辑鲜，阶梯路脉昭如日星，新学小学，开卷洞见，至其得力浅深。"① 南冥依据"下学上达"的进学之序，在读书方法上，主张先治"四书"，后治《周易》。在他心目中，古代圣贤为学皆是如此，如朱熹"平生精力，尽在《大学》"，认为"《语》《孟》既治，则六经可不治而明矣"②。因为在南冥看来，"四书"特别是《大学》一书是"群经之统纲"，是"第一存养地"③，所以，学者须精熟"四书"，"真积力久，则可以知道之上达而穷《易》庶不难矣"④。即只有在精熟"四书"基础上，才可把握"道"的真谛。

南冥对朱熹的"一以贯之"思想作了阐述，认为修身之道"始于格物"，下学就在"日用事物之间"。同时，他还认为"下学"虽是"上达"的前提和基础，但如果"只理会下学又局促了"，还必须在"事事理会"的基础上，进一步上升到"贯通处"，即由"贯"上升到"一"。"下学"是末是粗，"上达"是本是精，本与末，精与粗是不可分离的，是"一以贯之"的。南冥基于对"一以贯之"的理解，他认为"今人说道，爱从高妙处，便入禅去。"⑤ 南冥还指出，陆象山的错误如同佛教一样，亦是"专务上达而无下学"，离"贯"求"一"，把"本"与"末"分离开来，陷入了"悬空妄想"的境地，滑向了虚无之学。

南冥极为关心世道人心，"以为必先掇于纪纲本源之地"⑥，努力从道德伦理践履力行上教化人，提高人们的德性素质。据南冥弟子郑述所记："上曰：曹植教尔者何事？尔之所做何工？（金宇颙）对曰：臣诚不能做功，若植之所教，则以求放心为务，又以主敬为求放心之功矣！上曰：求放心、主敬皆切己工夫。"⑦ 南冥主反己修身，诚意正心，笃

---

① ［韩］曹植：《言行总录》，《南冥集·别集》卷2。
② ［韩］曹植：《杂著·示松坡子》，《南冥集》卷4。
③ ［韩］曹植：《解关西问答》，《南冥集》卷2。
④ ［韩］曹植：《杂著·示松坡子》，《南冥集》卷4。
⑤ ［韩］曹植：《学记类编》下，《南冥集》卷3。
⑥ ［韩］郑述：《祭文》，《南冥集》卷7。
⑦ ［韩］曹植：《金参判行状略·遗事》，《南冥集》卷7。

实践履,力避空谈心性天理的思想,是"为己之学"的典范。这种"为己之学"彰显出东亚儒学的本质特征。

(二) 敬义之学

16世纪以后,朝鲜性理学者们开始把关注的焦点转向人的存在及其本质问题,特别是对"四端七情"问题的讨论。而南冥则执着于程朱理学的修养理论上,并倾其一生努力躬身实践。韩国学者玄相允对其评价说:"南冥也如其他诸儒一样潜心研究程朱之学,特别是把反躬体验和持敬实行作为学问的关键,这也是他的独特之处。南冥的学问专精敬义之学,一生都在努力实践持敬居义,而且他从来不满足于口头或文字,必须都要通过实践躬行,总是保持着勤勉刻苦的姿态。"[①]

对于敬和义,早在《周易》就有"敬以直内,义以方外"的记载。意思是以敬的态度来正心,以义的标准来对外行事,使之中节。朱子对此作了进一步的阐释,他说:"方未有事时,只得说敬以直内,若事物之来,当辨别一个是非,不成只管敬去。敬、义不是两事。"[②] 又说:"敬主乎中,义防于外,二者相挟持。"[③] 南冥对朱子"敬义挟持"的思想,是有深刻的体会。他早年就说:"以为敬义挟持,用之不穷。吾家有此二字,如天之有日月,洞万古而不易,圣贤千言万语,其要归,不出于此,一意进修,孜孜不怠。"[④]

南冥以"敬义"为其"一生学问大旨"。他作《敬图》和《小学、大学图》,在朱熹"敬义挟持"思想的基础上,提出"敬义皆立",形成自己的敬义之学。在南冥看来,"敬者,整齐严肃,惺惺不昧,主一而心应万事,所以直内而方外,孔子所谓修己以敬者是也"[⑤]。"敬"贯串于成圣成贤之始终。"义"之意,为事之宜、正,合理适当,是事理之当然和人事之应为,是对外行义而合乎事理。敬为主一无适,而义要将敬所主之"一"落实到外王事功、治国平天下之上,把义与敬紧密

---

① [韩] 玄相允:《朝鲜儒学史》,第104—105页。
② 黎靖德编:《朱子语类》卷12,第216页。
③ 黎靖德编:《朱子语类》卷95,第2450页。
④ [韩] 曹植:《南冥集》附录《编年》,二十五岁条。
⑤ [韩] 曹植:《戊辰封事》,《南冥集》卷2。

地联系在一起，使敬的内涵更为充实。南冥认为，如果过分地强调敬之"主一"，就会有"专著上学，不究下学"①之偏。可见，"敬义皆立"，使"义"更富有原动力，更能发挥"义"之外王事功的作用。

南冥还认为，敬和义所具有的功能虽然有所不同，却是相互依存的。敬虽然不论动时、静时都在主宰着心，维持着心的正确性，但当与外物接触或在行事的过程中，必然需要有具体的判断标准和实践要领，这就使"义"有了必要性。因此，敬和义作为一体，只要在敬上努力就会有义，同样在义上用功也就会有敬。

南冥在《佩剑铭》中说："内明者敬，外断者义。"②所谓的"明内"，与《大学》的"明明德"意思一致，"明内"的功夫是以"敬"为主，"明明德"的功夫是以"明"为主，其实质是一致的。"外断"指将不合宜的行为予以纠偏，则为义，实质上也是为了"明内"，即为了心的主宰作用。这就将"敬义"提升到"心体"的层面来认识，也体现了"敬义"对于"本心"的作用。

南冥论"敬"，一主"内外交相养之道"（或者叫"表里交正之功"）。何谓"内外交相养之道"，他引朱熹的话解释说："人心常炯炯在此，则四体不待羁束而自入规矩；只为人心有散缓时，故应许多规矩来维持之，但常常提警教身入规矩内，则此心不放逸而炯然在矣。心既常惺惺，又以规矩绳检之，此内外交相养之道也。"③这也就是"合内外之道"。

南冥把"敬义"视为追求的精神境界。他在讲学的山天斋悬挂有很大的"敬义"二字，作为教育的目标。在南冥看来，"敬义"是人类一切心性活动和社会实践的内在根据和最高原则。它不但是外在的道德规范和道德修养的功夫，而且是内在的精神追求和理想境界。这种理想崇高而伟大，很难达到。南冥在临死之前，还对其门人自谦地说："敬义二字，极切要，学者要在用功熟，熟则无一物在胸中，吾未到这境界，以将死矣。"④他认为，工夫熟到敬内义外，敬义浑化，就不复存在于

---

① ［韩］曹植：《与吴子强书》，《南冥集》卷2。
② ［韩］曹植：《铭·佩剑铭》，《南冥集》卷5。
③ ［韩］曹植：《学记类编》下，《南冥集》卷3。
④ ［韩］曹植：《南冥集》附录《编年》，七十二岁条。

胸中，此即是"上达"之境界。

南冥"敬义皆立"的观点，与当时李退溪相对于"义"来说，更加重视"敬"，是有所不同的。南冥在说"敬"的同时，总是强调义，是让人们认识到"义"的重要性。所以，同时代的学者成运（1497—1579）在为南冥所做的《墓碣铭》中说："以为学莫要于持敬，故用工于主一，惺惺不昧，收敛身心。以为学莫先于寡欲，故致力于克己，涤净渣滓，涵养天理。"① 南冥这种重视理学修养论中敬和义的学术特征，以及他积极实践敬义精神的一生，在韩国性理学史上有着非常重要的意义。这不仅是因为他的学说后来形成了南冥学派，并与退溪学派共同成为岭南影响深远的两大学脉，还是因为他在朱子学韩国本土化的进程中所提出的问题，让我们认识了韩国学术发展的特点，看到了朝鲜时代的朱子学者们的理学精神的处世观。

（三）心性之学

"心统性情"是朱熹心性论的核心内容。朱熹从体用、动静、未发已发诸方面，阐发其"心统性情"说，认为性是体，情是用；性是静，情是动；性是未发，情是已发。"性情皆出于心"，故心是性情的主宰，"心即管摄性情者也"②。南冥称赞朱熹的"'心统性情'语极好，更颠扑不破"③。

南冥继承和发展了朱熹"心统性情"说，作《心统性情图》，并引程颐说："心一也，有指体而言者，寂然不动，性也。有指用而言者，感而遂通天下之故，情是也。"又引朱子语："朱子曰：'谷子生是性，发为萌芽是情。'""性是未动，情是已动，心包得未动已动，所谓'心统性情'者也。"他还特别指出："心向里面推入性，心向外面推出情。"南冥认为，"心"兼有、包括性情。这个"心"既有"未动"的"性体"的含义，亦有"已动"的"性用"的含义。可见，南冥的"心统性情"，即是"心兼性情"。

---

① ［韩］曹植：《南冥集》附录《编年》，七十二岁条。
② 黎靖德编：《朱子语类》卷5，第94页。
③ ［韩］曹植：《学记类编》上，《南冥集》卷3。

南冥根据朱熹"以四七理气"的说法,把性分成本然之性和气质之性,以"理""气"分别解析"性""情",以心统摄之。这里的"心统性情",即以心统摄"性"(心之所具之理)与"情"(即性之用)。他认为,源于理的本然之性是"心之所具之理",即"仁义礼智信之理,皆天理无不善"。源于气的气质之性是根据人的气禀不同,又可分为"纯清"者为善,是上智;"杂清浊"者为"善恶混",是中人;"纯浊"者为恶,是下愚。这是人的个性差异之根源,遂有上、中、下之分。

南冥是将"情"从性之体用推出,将"情"分之为"理"与"气"两个方面。如果情循理"发为四端","四者正,情亦无不善"(如孟子的"恻隐之心");情循气发,喜怒哀乐爱恶欲七情,则有善有恶:"中节者善,不中节者恶。"不管是性还是情,亦不管是性循理发而不善,还是情循气发而有善恶,皆主之于心,即"心主性情"。

南冥还引用朱熹的话说:"仁义是性,孟子则曰仁义之心;恻隐是情,孟子则曰恻隐之心,可见其心统性情矣。"① 以心兼性(体)与情(用),又各具理、气之二端。通过理、气之分析整合,将朱熹关于心、性、情统一的思想,以及"性即理""论性不论气不备"的思想贯通起来。这是将理气与心、性、情相贯通,其阐发是对朱熹"心统性情"思想的发展。

南冥还将心、性、情、分别从天道、人道两方面进行分析,以天道作为人道的本体论的根据。这就使"心统性情"的思想具有更为深入的本体论视野。他的这一思想亦是从朱熹思想中发展而来的。朱熹说:"乾之'元亨利贞',天道也,人得之,则为仁义礼智之性。"②"仁义礼智,便是元亨利贞。若春间不曾发生,得到夏无缘得长,秋冬亦无可收藏。"③对此,南冥亦云:"元亨利贞,天道之常,仁义礼智,人性之纲。"④ 在南冥看来,"元亨利贞"是天道之常,人得之,则为人的"仁义礼智之性",这是将"天之性"(元亨利贞)与"人之性"(天命之性,亦即

---

① [韩]曹植:《学记类编》上,《南冥集》卷3。
② 黎靖德编:《朱子语录》卷28,第725页。
③ 黎靖德编:《朱子语录》卷6,第107页。
④ [韩]曹植:《学记类编》上,《南冥集》卷3。

仁义礼智）相对应。南冥又将"人之情"（恻隐、羞恶、辞让、是非）与"天之情"（生长收藏）相对应，即人的"四端"之情与"天之情"相通；人之心（以仁爱、以义恶、以礼让、以智知）与"天之心"（以元生、以亨长、以利收、以贞藏）相通。这就将人的"道德心"与"天之心"相贯通。这实际上就是朱熹所说的"体用一源，显微无间"的"天人一体"思想。

南冥援引朱熹的论点，认为"心统性情"是"实心论"。从"性"的层面看，"人物未生时，只可谓之理。才谓之性，便是人生以后，此理已堕在形气之中"；"天命之性若无气质，却无安顿处。如水非有物盛之无归着处。且如言光必有镜，必有水，光便是性，镜、水便是气质；若无镜与水，则光亦散矣"。从本然之性寓于气质安顿处而言，它不是外于气质而独存的"虚性"。从这个意义上说，"性"是"实性"。从"情"的层面看，不管是发于理的恻隐、善恶、辞让、是非四端之情，还是发于气的喜、怒、哀、乐、爱、恶、欲"七情"，都是有形影的事物，故是"实情"而非"虚情"。从"心统心性"层面看，有虚亦有实。南冥引朱熹的话指出："心如谷种，所以生处是性，生许多枝叶处是情，心情皆有形影的物事，独性无形影。"[①] 从"性无形影"而言，心是"虚心"；从"心情皆有形影的物事"而言，心是"实心"。可见，"心统性情"在南冥那里，既含有"虚"的成分，又含有"实"的成分，是"虚"与"实"的有机统一体。

（四）穷理之学

宋代理学家强调的"穷理"，不是单纯的探求事物的知识，其目的在于探求实现人的修养和实践的理论。对于"穷理"，南冥说："所谓明善者，穷理之谓也。""其所以为穷理之地，则读书讲明义理，应事求其当否。"[②] 这就是说，穷理不是观念性的理论分析，而是对善恶这一道德行为进行判断和分析的根据，是价值论层面的。所以，南冥认为，穷理作为实践的根据，必须在与实践的义理相连接的情况下，才具

---

① ［韩］曹植：《学记类编》上，《南冥集》卷3。
② ［韩］曹植：《戊辰封事》，《南冥集》卷2。

有实际的意义。① 1568年，南冥向宣祖上疏说："穷其理，将以致用也；修齐身，将以行道也。"②

南冥认为，"即物穷理"是"明明德第一工夫"。他引真德秀的话说："即物而理在焉，有著力用功之地，不至驰心于虚无之境。"他认为："为学工夫不在日用之外。检身则动身语默，居家则事亲事长，穷理则读书讲学。"具体而言，"穷理"的主要方法有：（1）在人伦上求理。南冥赞成程颢的说法，主张明天理，应"于五伦上求"。他认为："学者实下功夫，须是日日为之，就事亲从兄接物处理会。"如果"不去人伦上寻讨"，而悬空处去求，则"吾学道亦惑矣"（2）读书讲学。南冥认为穷理只在"日用间读书应事处"求之，亦即朱熹所说的"穷理或读书讲明义理，应事接物求其当否而已"。（3）随事致察。南冥认为："随事观理而天下之理得矣。""穷理莫如随事致察，以求其当然之则。"如"遇富贵就富贵上做工夫，遇贫贱就贫贱上做工夫"③，离开人伦和社会实践去求理，只能陷入"虚无之境"。可见，为学工夫不在日用之外。

在"进学之序"上，南冥认为，即物穷理并不是一蹴而就，而是一个由下学而上达的不断积累过程。正如朱熹所说："下学者，事也；上达者，理也。理只在事中。若真能尽得下学之事，则上达之理便在此。"④ "学如登塔，逐一层登将去，上面一层，虽不问人，亦自见得。"⑤ 南冥亦说："舍人事而谈天理，乃口上之理也；不反诸己而多闲识，乃耳底之学也。休说天花乱落，万无修身之理也。"又说："天下之物，无一物不具天理。下学之序，始于格物，以致其知，不离乎日用事务之间。"⑥ 这就是说，只有通过下学人事才能上达于天理，舍下学之事是不可能获得天理。

从"穷理涵养并进"来说，南冥认为："穷理涵养，要当并进。盖

---

① ［韩］吴锡源：《韩国儒学的义理思想》，第214页。
② ［韩］曹植：《戊辰封事》，《南冥集》卷2。
③ ［韩］曹植：《学记类编》上，《南冥集》卷3。
④ 黎靖德编：《朱子语录》卷44，第1139页。
⑤ 黎靖德编：《朱子语录》卷13，第223页。
⑥ ［韩］曹植：《戊辰封事》，《南冥集》卷2。

非稍有所知，无以致涵养之功；非深有所存，无以尽义理之奥。""涵养中自有穷理工夫，穷其所养之理也；穷理中自有涵养工夫，穷其所穷之理也。两项都不相离，才见成两处便不得。""心外无理，穷理即所以致知；理外无物，格物即所以穷理；言穷理则易流于恍惚。言格物则一归于真实。"①

从朱子学的居敬穷理说的立场上来看，居敬属于行的领域，穷理属于知的领域。这一点南冥也是一样的。南冥同样认为，应该属于义的"方外"，在理论上应属于知的领域，而应该属于敬的"直内"，在理论上属于行的领域。他在《易书学庸语孟一道图》②中，对此作了进一步的阐释。该图上半部分是强调体现对外性实践的义分属在知的领域，作为实践的义行必须建立在穷理的基础上，而作为理论的穷理，则必须通过义行才能得以实现；下半部分则是强调将敬分属于行的领域，作为修养身心的居敬必须通过行动才能得以实现，作为实践的行为则必须通过居敬来节制。③

南冥还将义和知、敬与行联系起来。特别是他把义这一实践的德目分属在知这一理论性的领域之中，试图以此来克服宋代以后对穷理层面的形而上学领域研究过分的深化现象。南冥对于当时疏于实践、空谈义理的现象是不满意的。他说："今之学者，高谈性理，无实得于心。"④又说："下学人事，上达天理，是其学之目的也，舍人事而谈天理，不反诸己而多闻识，乃口耳之学，非所以修身之道也。"这一看法，与儒家最初"道非高远，就在人伦日用之间"的观点是一致的。南冥的学术特点，比起深入的理论性的穷理研究，更加重视实践理性的义理研究。这是南冥学与退溪学所不同之处。所以，郑述对退溪与南冥的评价是："李滉德器浑厚，践履笃实，功夫纯熟，阶段分明。曹植器局峻整，才气豪迈，超然自得，特立独行。"⑤

---

① [韩] 曹植：《学记类编》下，《南冥集》卷3。
② 南冥将自己平时所学绘制成《学记图》，1894年刊行的重刊本，共有10副图，《易书学庸语孟一道图》为其中之一图。
③ [韩] 吴锡源：《韩国儒学的义理思想》，第217页。
④ [韩] 许穆：《神道碑铭并序》，《南冥集》卷5。
⑤ [韩] 曹植：《戊辰封事》，《南冥集》卷2。

从上述可见，在曹南冥的性理学中，为己之学，是南冥从学入身，并倾其一生为之努力躬身实践的典范；敬义之学，是南冥修养论的核心，为南冥学的宗旨；心性之学，以"心统性情"论为核心，是南冥的治心之学；穷理之学，是南冥对善恶这一道德行为进行判断和分析的根据。就为学而言，南冥是通过自我修养，即致力于人格修养和道德实践，把学到的学问用"身教"的形式呈现出来，形成了独特的学风。其学说的内在逻辑，是通过个人（体）到群体的不断反思和人格的逐渐完善，由修身、齐家到治国、平天下的道德伦理实践，以达到国家社会和谐一致的思想。南冥学在韩国性理学的发展中，产生过重大的影响。

六　李巍岩与朱子学

朝鲜后期，韩国学者从关注性理学中已发的"四端"与"七情"的定性问题，开始把目光转向如何定性未发的"心"与"情"上面，并扩展到"人性"和"物性"的定性问题。18世纪初，在畿湖学派里发生了一场论辩。论争发端于权尚夏门下的江门八学士中最杰出的李巍岩和韩南塘之间。他们各自都以朱熹的理气论和心性论为根据，围绕"人物性同异""未发心体本善有善恶"的问题展开了激烈的辩论。支持巍岩一方的学者主要居住在洛下地区（今首尔、京畿），被称之为洛派；而支持南塘一方的学者主要居住在西湖一带（今忠清道），被称之为湖派。故韩国哲学史把这场论辩称之为"湖洛论争"。洛学以金昌协（1651—1708）为起点，湖学以权尚夏（1641—1721）为起点。这时期，韩国朱子学中的心体与性体的本性问题成为重要的论题。

（一）人物性同异论

中国有关本性的讨论从先秦就开始，比较有代表性的有荀子的"性恶论"、孟子的性善论等。到了宋代张载提出了"天地之性""气质之性"，而为程颐所推崇。朱熹对之进行了进一步的阐发。依张载而言，"天地之性"是指人之超越的道德生命，"气质之性"则是指由人之自然生命（气质）所构成的"性"，两者是相互独立的，其关系是理与气的关系。对朱熹而言，"气质之性"即是"天命之性"，但就它堕在气质之中来说,特别称之为"气质之性"。"天地之性"是纯理,"气质之性"则是理与气之混合。故在朱子学的脉络中,"天地之性"与"气质之性"的关系并非理与气的关系,"天地之性"与"气质"的关系才是理与气的关系。这是朱熹对张载"气质之性"所做的新诠释。

18世纪韩国性理学的"人物性同异"论辩发端于1678年,金昌协问他的老师宋时烈(1607—1689),人性与物性是否相同。后来金昌协提出了理气说、知觉说、未发说等,奠定了洛学"人物性同论"的理论基础。到1709年,权尚夏门下的江门八学士中最杰出的李巍岩(1677—1727)和韩南塘(1682—1751)正式开启了这场持续了一百多年的论争。

巍岩和南塘双方都是依据朱熹的"理同气异"和栗谷的"理通气局"思想,对本性问题进行阐释的。而栗谷的"理通气局"之说,实本于朱子的"理气不离不杂"之义和"理一分殊"之说。栗谷本人也承认其"理通气局"之说系本于"理一分殊"之说,如他在《圣学辑要》中所言:"理通者,天地万物同一理也;气局者,天地万物各一气也。所谓'理一分殊'者,理本一矣,而由气不齐,故随所寓而各为一理,此所以分殊也,非理本不一也。"[①] 用现代的语言来表达,"通"即为普遍性,"局"即为特殊性。在朱子的理气论中,"理"是形式原则,它赋予万物之存在以形式。作为形式原则的"理"本身是超时空的,因而也是普遍的。这便是栗谷所谓的"理通"。但"理"本身不活动,故它是抽象的"存在",而非具体的"存在"。具体的"存在"需要"气"。"气"是实现原则,因为它使万物在时空中得以成为具体的存在。然而当理落在气中时,便受到气之限制,而形成万物之性,并呈现万物在时空中的特殊性,故"气"又是特殊性原则。这便是栗谷所谓的"气局"。栗谷的"理通气局"说有进于朱子之处仅在于"湛一清虚之气"之说。依栗谷的理解,若气之活动完全顺乎理,而不失其本然,此即"湛一清虚之气"。这是一种理想状态,栗谷将它等同于孟子所说的"浩然正气"。

对栗谷而言,"性"不仅是理气之合,而且又作为普遍的"理"存

---

① [韩]李珥:《圣学辑要》,《栗谷全书》(一)卷19,第60页。

在于特殊者"气"之中，然后才可以成为"性"。栗谷说："性者，理气之合也，盖理在气中，然后成为性，若不在形质之中，则当谓之理，不当谓之性也。"①

按其"理通气局说"，则因为气局而人和物之"性"有差异。从理通之理的层面来讲，人和物之"理"是相同的。故栗谷云："人之性非物之性者，气之局也，人之理即物之理者，理之通也。"② 换言之，如果用"性"来定义理一之理（即理通之理），人性和物性是相同的；如果用"性"来定义分殊之理（即气局之理），人性和物性是不同的。实际上，在性理学来讲，所谓人性、物性之性都是指本然之性。巍岩所主张的"性"，亦是如此。他说："愚尝闻，本然者一原也，气质者异体也"。"性虽有本然气质之别，而本然其主也。"③ 他认为，"性"的本质是一个普遍性的根源，即"一原"，"气质"属于不同的个体，即异体。这种主张也是侧重于栗谷的"惟其理之虽局于气而本体自如"和"人之理即物之理者，理之通"④ 的观点。故李氏说："盖栗谷之意，天地万物，气局也；天地万物之理，理通也。而所谓理通者，非有以离乎气局也，即气局而指其本体不杂乎气局而为言耳。"⑤ 而南塘却是从另一角度来区分一原和异体的。在内容上包括"性三层说"，即超形器：一原，理通；因气质：本然之性，气局之理；杂气质：气质之性，气局。这和巍岩说法虽然不同，但"超形器"所表现的就是一原，在这种观点中人与物的性都是相同的。而异体则用"因气质"来表现，在这种观点里人与物是相异的。南塘选择的是后一种观点。因此，南塘继承了栗谷的"人之性非物之性者，气之局也"⑥ 的观点，主张"人物性不同"说。

李巍岩所坚持的立场，是把重心放在无差别的、同一的"理"上，而不是放在差别的、异体的"气"上，即把程颐的"性即理"与朱熹

---

① [韩] 李珥：《答成浩原》，《栗谷全书》（一）卷10，第207页。
② 同上书，第216页。
③ [韩] 李巍岩：《巍岩遗稿》卷7，首尔：景仁文化社1977年版，第130页。
④ [韩] 李珥：《答成浩原》，《栗谷全书》（一）卷10，第211、216页。
⑤ [韩] 李巍岩：《巍岩遗稿》卷12，第220页。
⑥ [韩] 李珥：《答成浩原》，《栗谷全书》（一）卷10，第216页。

的"理同"、栗谷的"理通"联系起来，从而主张"性同"。南塘则坚持性与理的分开，认为理是具形之前的物件，此所谓"气已成形，理亦赋焉"，主张"性即气"。而李巍岩所主张的"性"，正如程颐和朱熹所言，在"性即理"这一基本前提下，"性"的本质是一个普遍性根源，即"一原"，并同时承认气质属于不同的个体，即异体。这就是巍岩洛学的"性同"与南塘湖学的"性异"的本质所在。

巍岩还认为："天命五常太极本然，名目虽多，不过此理之随指异名，而初非有彼此本末偏全大小之异。"① 这就是说，要用天命、五常、太极、本然之类的概念来把握"性"，因而应从"天地万物同此一原"的层面来理解。故李氏说："夫宇宙之间理气而已，其纯粹至善之实，无声无味之妙，则天地万物，因此一原也。"② 南塘则认为，天命是超形器的，而五常是以气质命名的，所以相互区别。韩氏把五常定义为五行秀气之理，人运五行秀气而生，人的五常是完整的，然而动物虽然都有五行，但只拥有五行的一部分秀气，因而动物的五行是偏塞的。故他说："万物既生，则得其气之正且通者为人，得其气之偏且塞者为物……草木则全无知觉。禽兽则虽有知觉而或通一路，终为形气之所拘，而不能充其全体之大。人则得其正且通者，故其心最为虚灵，则顺五常之德，无不备焉……此人物之所以殊也。"③

以李巍岩为代表的洛论立足于宇宙万物存在之原理，即理一（理通之理）而规定"性同"的观点，对后来北学思想的形成产生了深远的影响。北学派的学者们继承了洛论的"人物性同"说的基本形式中演绎的逻辑结构，克服了象征着差别性、特殊性、个别性的气局之弊端，而立足了同一性、普遍性为象征的理通的沟通上。从中我们可以看到，朱子的"理同"、栗谷的"理通"、洛学的"性同"，是东亚性理学对人类与自然和谐共处的环境与生态问题在哲学上的深刻反思。其现实意义在于树立了自然界万物平等的价值观。

从上述可见，以巍岩为代表的洛派的"人物性同论"，与以南塘为

---

① ［韩］李巍岩：《巍岩遗稿》卷4，第80页。
② ［韩］李巍岩：《巍岩遗稿》卷12，第231页。
③ ［韩］韩南塘：《示同志说》，《南塘集》（上）卷12，首尔：景仁文化社1976年版。

代表的湖派的"人物性异论"的对话，是对朱子、栗谷有关人性和物性之范畴的新诠释。他们的论辩丰富了东亚朱子学的思想内涵。

（二）未发心体本善有善恶论

在朱子学逐渐本土化的过程中，朝鲜学者更加重视探究人类的内在心性和道德价值问题。巍岩和南塘二人各自都以朱熹的心性论为依据，对未发心体本善、有善恶问题进行了激烈的论争。从双方的论辩，我们可窥见巍岩对朱熹心性论的新阐释。

1. 巍岩与南塘的未发心性论

在心性论本身，朱熹对未发已发的使用更多以指性与情之间的体用关系。他说："性、情一物，其所以分，只为未发已发之不同耳。若不以未发已发分之，则何者为性，何者为情耶？"① 又说："情之未发者性也，是乃所谓中也，天下之大本也。性之已发者情也，其皆中节则所谓和也，天下之达道也。"② 朱熹认为，性是一个本质的范畴，是深微不发的，它只能通过现象的意识活动来表现。情则是一个意识现象的范畴，情是性的表现，性是情的根据和根源。在朱熹看来，未发为心之体，即性；而已发为心之用，即情。所以心就具有统摄未发之性与已发之情的两面性，即以心为贯统性情的总体。他说："心主于身，其所以为体者性也，所以为用者情也。是以贯乎动静而无不在焉。"③ "仁、义、礼、智，性也；恻隐、羞恶、辞让、是非，情也；以仁爱，以义恶，以礼让，以智知者，心也。性者，心之理也；情者，心之用也；心者，性情之主也。"④ 朱熹认为，性是心之体，情是心之用，心则是赅括体用的总体，性情都只是这一总体的不同方面。这种心、性、情之间的关系，就是"心统性情"。

在朱熹看来，由于"未发"既是在已发之前，又是大本、中，因而"未发"具有两种意义：一种是它置于已发基础之上的，具有时间上的先在性；另一种是它作为性的具现体，是一切善的根源。

---

① 朱熹：《答何叔京》十八书，《朱文公文集》卷40，《朱熹集》（四），第1875页。
② 朱熹：《太极说》，《朱文公文集》卷67，《朱熹集》（六），第3536页。
③ 朱熹：《答何叔京》二十九书，《朱文公文集》卷40，《朱熹集》（四），第1886页。
④ 朱熹：《元亨利贞说》，《朱文公文集》卷67，《朱熹集》（六），第3512页。

在未发心性论中，巍岩与南塘的共同目标都是究明性善的问题，但由于彼此的着重点不同，导致了他们之间的观点分歧。最初，双方的争论点是未发状态下有无气质之性。南塘认为未发状态下存在气质之性。他说："专言理则曰本然之性，专言气则曰气质之性。而心有未发已发，故未发是性之体，而已发是性之用也，但未发之前，气不用事，故但见其理之至善，而不见其气之善恶。及其发而后，方见其气之善恶。故又曰：未发之前，气质之性不可见，而已发之后方可见也。"① 性之概念是在气的前提下成立的，未发中也存在气，所以兼指气时就说气质之性，单指理时就是本然之性。尽管如此，未发状态下心是"至虚至明"的，"无以掩蔽天命之本体"②，原因就是"气不用事"。南塘又指出，未发状态下的气虽有"清浊粹驳"和"刚柔善恶"的多样性之本色，但是由于不发挥作用，所以不会妨害心的虚明本体。

对南塘所认为的"未发状态下也存在气质之性"，巍岩指出："然则所谓未发，正是气不用事时也。夫所谓清浊粹驳者，此时无情意无造作，湛然纯一，亦善而已矣。此处正好单指其不偏不倚，四亭八当底本然之理也，何必兼指其不用事之气而为言乎？"③ 在未发时，气不发挥任何作用，故纯粹至善，这是俩人都认同的。但巍岩强调，气因湛然纯一而善，与南塘所认为的气存在"清浊粹驳"与"刚柔善恶"有明显不同。依南塘之意，未发是未接触事物的状态，此时兼具善恶的气质虽然存在，但不发挥作用，所以不会影响理的善，但仍然具有恶的可能性。所以，南塘说："未发虚明，明德本体；善恶不齐，气禀本色。"④可见，南塘非常关注人所禀赋的气质的差异，与巍岩一直强调未发之气湛然清虚不同。由此可知，南塘是持未发心体有善恶的观点。

对心是否为一的问题。巍岩依朱子将"性"分为"本然之性"和"气质之性"，才能够把握其实质一样，亦主张将心也应分为"本然之心"与"气质之心"。他说："今不暇广引，只以《大学章句》言之，其曰'虚灵不昧，以具众理应万事'者，此本然之心也；其曰'为气

---

① [韩] 韩南塘：《南塘集》（上）卷13。
② [韩] 韩南塘：《南塘集》（上）卷11。
③ [韩] 李巍岩：《与崔成仲》，《巍岩遗稿》卷7。
④ [韩] 韩南塘：《南塘集》（上）卷28。

禀所拘'者,此气质之心也。心非有二也,以其有拘与不拘而有是二指,则所谓大本之性者,当就其本然之心而单指,所谓气质之性者,当就其气质之心而兼指矣。"① 巍岩还进一步将本然之心对应与本然之性,气质之心对应与气质之性,并说:"故无君主宰,则血气退厅,而方寸虚名。此即本然之心,而其理即本然之性也。天君不宰,则血气用事,而昏明不齐,此即气质之心,而其理即气质之性也。"② 他借用朱熹之言指出,本然之心就是虚灵不昧之明德,气质之心就是受气禀所拘之明德。同是一明德,因受气禀之拘与否而区分为两种不同的心。因此,神明的本心应与作为气血的气质之心区别对待。就善恶来讲,气质之心是在未发状态下也有的刚柔善恶之心,而本然之心是"虚灵洞澈,神秒万物,操存舍亡,元无不善之心体者"③。

南塘在展开自己理论的过程中也提出了"心之本然"与"心之气禀"说。他认为未发之心可以分为湛然虚明的"心之本体"和气禀不齐的"心之气禀"两个方面,而且只有这样才可以阐明心的善恶。湛然虚明的心之本体是"气的精爽",体现在人身上为"虚灵"是善心的层面;而气禀说的是清浊粹驳的不齐的气质,也就是心有善恶的层面。④ 但是,南塘对"心之本然"与"心之气禀"的区分,仅仅只是理论上的区分,就具体现实来说,只存在一心。他借用铁镜与潭水的比喻说:"盖镜水则心也,镜水之明止,即心之未发虚明也。潭之大小,铁之精粗,即心之气禀不齐也。镜水之明止与铁潭,决非二物……心之虚明与气禀,亦犹是耳。"⑤ 正如镜子的明亮与铁的精粗是镜子的两方面,水的静止与潭的大小是潭水的两方面一样,湛然虚明的心之本体与万端不齐的心之气禀也是同时存在的心的两个方面而已。所以,南塘指出:"虚灵则气禀之虚灵,气禀则虚灵之气禀,非有二物也"⑥,"虚明气禀,

---

① [韩] 李巍岩:《未发辨》,《巍岩遗稿》卷12。
② [韩] 李巍岩:《未发辨后说》,《巍岩遗稿》卷13。
③ [韩] 李巍岩:《未发辨》,《巍岩遗稿》卷12。
④ 邢丽菊:《朝鲜时期的"未发"论辩及其理论差异——以巍岩与南塘为中心》,《哲学研究》2011年第1期。
⑤ [韩] 韩南塘:《南塘集》(上)卷11。
⑥ [韩] 韩南塘:《南塘集》(上)卷15。

又非二物,则此所以性无二性,而心无二心也"①。他据此主张"圣凡心异论",即圣人之心禀赋清气,心的虚灵之本体不受遮掩;凡人之心禀赋浊气,所以心之本体被遮蔽。故圣凡心有异。这与巍岩认为的圣凡心都共同体现了湛然虚明的心之本体的主张是不同的。

在南塘看来,巍岩的未发心性论是以心为中心来论性,将与善恶相对应的心设定为本然之心,那么其余不是纯善的心就是气质之心,而且在这种气质之心基础上很自然就联系到了有善恶的气质之性。所以,南塘没有采取在本然之心框架下论性善的方式,而是像孟子一样以性善为主来论本然之心。他认为,虽然心中存在兼具善恶的气禀与纯善的湛然虚明之本体,但在寂然不动的未发状态下,气不用事,故不妨害心善,所以性的纯善也会如实显现。而且他还举出朱熹对《孟子》所做的注释"气质所禀,虽有不善,不害性之本善"为依据,但是,南塘的未发心性论如同朱熹在中和新说中所指,未发状态下心性具有不二的关系。未发心不仅包括心纯善的层面,还包括有善恶的气禀,而且未发状态下同时存在本然之性和气质之性,如此,在未发状态下就很难确保性善。在巍岩看来,欲主张完全的性善,就必须在南塘的性论中去除有善恶的气禀的层面。因为南塘的未发之心是心之本体与气禀同时存在的一心,而受气禀影响很容易被认为是气质之心;未发之性是本然与气质同时存在的一性,性由于气质的影响具有被认为是气质之性的危险性。所以,巍岩认为南塘未发心性论的根本问题在于无法确保人的纯善本性。

从上述可见,在巍岩与南塘论争的过程中,巍岩将未发之心界分为二心(本然之心、气质之心),而南塘则将未发之心界分为一心(心之本然、心之气禀两个层面)。这对巍岩来讲,性善只有在本然之心的状态下才能确保本然之性;而对南塘来说,性善是气质的本然之性,是在未发状态下性的一个层面。巍岩与南塘由于对未发心体的界分不同,导致了双方观点各异。

2. 巍岩对朱熹未发心性论的阐释

巍岩首先将朱熹的未发说划分为三个层次,即"浅言""深言"

---

① [韩]韩南塘:《南塘集》(上)卷11。

"备言"①。所谓的"浅言"指的是心没有应接事物之状态，此时凡人的气质是浑浊的，巍岩将其称为"不中底未发"。他说："据其不接事物故初谓之未发，不属情用，故亦谓之性。而实则其性粗，在靠不得，故君子有不性焉。自孔子相近之性以下，至退、栗性亦有善恶者，皆指此也。故朱子曰：'恶者，固为非正；而善者，亦未必中也'。此不中底未发，自是一界分也。"② 所谓"深言"指的是追寻源头而求其本质的状态，此时凡圣人是相同的。巍岩说："喜怒哀乐未发之中，众人与圣人都一般。或曰：'恐众人未发与圣人异否？'曰：'未发只做得未发，不然是无大本，道理绝了。'或曰：'恐众人于未发，昏了否？'曰：'这里未有昏明，须是还他做未发，若论原头，未发都一般。'又曰：'未发之明，自尧舜至于途人，一也。'"③ 故"未发之时，至虚至静，所谓鉴空衡平之体，虽鬼神有不得窥其际者。"巍岩将其称为"大本底未发"。他说："朱子曰：'以此心而应万物之变，无往而非中矣。'此大本底未发，真个是筑底处也。"所谓"备言"是就统合心的存失、深浅而言的。巍岩说："此心存，则寂然时皆未发之中。感通时，皆中节之和。心有不存，则寂然木石而已，大本有所不立也。感通驰骛而已，达道有所不行也。"④ 他在《未发辨》中指出"然未发二字，煞自有浅深界分"，强调要严格区分。若只是从"浅言"阶段认为未发是"思虑未萌，事物未至"，则这只是"不中底未发"。只有"深言"指的才是"大本底未发"。

巍岩对"未发"的理解有一段概括的表述："求于未发之旨，则无论圣凡，必此心全体，寂然不动，方寸之间，如水之止，如镜之明，则夫所谓清浊粹驳之有万不齐者，至是一齐于纯清至粹（此气之本然也）。而其不偏不倚四亭八当之体，亦于是乎立。则所谓天下之大本也。"⑤ 此所谓真正的"未发"如同明镜止水般，是心的寂然之状态，

---

① 邢丽菊：《朝鲜儒者巍岩的未发心性论以及对朱熹理论的新阐释》，《中国哲学史》2011年第4期。
② ［韩］李巍岩：《未发辨》，《巍岩遗稿》卷12。
③ ［韩］李巍岩：《未发有善恶辨》，《巍岩遗稿》卷12。
④ ［韩］李巍岩：《未发辨》，《巍岩遗稿》卷12。
⑤ ［韩］李巍岩：《答韩德绍别纸》，《巍岩遗稿》卷7。

这种状态纯清至粹，是为"天下之大本"。也就是说，未发不单指的是事物未接的状态（不中底未发），同时也具有是心的"湛然虚明"之本体（大本底未发）的意思。在未发时，这两种状态即不中底未发与大本底未发必须都考虑到才算周全，这就是"备言"了。如果说"不中底未发"指的是接触外部事物以前的感情的未分化状态，属于物理性（时间性）的层次，而"大本底未发"指的就是本质层次上的未发。而后者是巍岩所强调的重点。

以这种未发论为基础，巍岩进一步将心区分为神明至精的心体和至粗的血气之心。他说："夫气一也，而语其粗则血气也，语其精则神明也。统粗精而谓之气，而所谓心则非血气也，乃神明也。心体也至精，而气质也至粗，心体也至大，而气质也至小……若如此都无辨别而混谓之一物，则安得为识心之论也？"① 在巍岩看来，心区分为神明至精的心体与至粗的气血之心。前者是本然之心，后者是气质之心。而作为心体的心是他未发心性论的重点。

巍岩还据此提出了"未发心体纯善论"。他认为，心虽然为一，但未发时，"虚灵洞彻"和"神明不测"的心体起主宰作用，所以只能是纯善的，没有恶的可能性。这也是"大本底未发"时的心。这种本然的心体在圣凡人身上体现出来也是相同的。他说："未发之体，小子谨就《大学》明德而言之，夫气禀所拘之明德，则其昏明有万不齐矣。其所谓本体之明德，则圣凡当是无别矣。"② 可见，他在论未发的过程中始终认为心体的纯善与圣凡人所具有的明德之心体是没有区别的。他这是以朱熹所说的"未发之时，自尧舜至于途人，一也"，以及栗谷的"众人幸于一瞬之间，有未发时，则即全体湛然，与圣人不异矣"为理论依据的。

巍岩继承了以栗谷为宗的畿湖学派"心是气"的学统，又进一步借用栗谷提出的"本然之气"强化了自己所提出的"未发之气纯善"的观点。栗谷曾指出："圣贤之千言万语，只使人检束其气，使复其气之本然而已。气之本然者，浩然之气也。浩然之气，充塞天地，则本善之

---

① ［韩］李巍岩：《未发辨后说》，《巍岩遗稿》卷13。
② ［韩］李巍岩：《上遂庵先生》，《巍岩遗稿》卷4。

理，无少掩蔽，此孟子养气之论，所以有功于圣门也。"① 栗谷将恢复"气之本然"设定为修养的目标。这与孟子的"浩然之气"以及花潭的"湛一清虚之气"是相通的，均指的是本然之气。巍岩以此为依据，认为未发之气是"纯清至粹"的本然之气，所以圣人与凡人没有不同，由此便可以体会到未发的真理境界，实现中的本体。②

在心区分为本然之心和气质之心，并使之对应于本然之性与气质之性的基础上，巍岩指出了"心性一致论"。他说："未发是何等精义，何等境界！此实理气之大原，心性之筑底处，而谓之大原筑底处者，无他，正以其理气同实，心性一致而言也。圣人则合下以理为心，故心即性，性即心，体即中，用即和，无容可议矣。"③ 按巍岩所言，他理解的未发是理与气、心与性的根源处，这就是理气共存、心性一致的地方。而且从"圣人则合下以理为心"也可以看出，巍岩试图阐明的是心与性在价值论上的一致性。尧舜般的圣人之心能够实现善的本性，是因为他们的纯善之心与纯善之性是一致的。这也就是说，巍岩通过心性一致来试图将心牵引到本然纯善的层次上，并从性的角度来考虑，形而上之性在现实中的实现需要形而下之气的媒介作用，而形而下之气同样需要形而上之性来确保其善性。他的这一心性论观点是以理气不离和理气同实的理气论为基础展开的。④

巍岩的"理气同实"主要具有两层含义：一是从理气不离的角度来主张心性一致；二是重视理气的相互依存性。巍岩曾说："所谓实事，则必待夫理气同实，心性一致，然后方可谓实事。"⑤ 理与气必须在实质上相同，心与性一致，这才是实在的事情。具体而言，"理气同实"是"气之正通，理亦正通；气之偏塞，理亦偏塞"，"心性一致"是"本心存，则天理明；本心亡，则天理灭"。这种逻辑结构是将理气不

---

① ［韩］李珥：《答成浩原》书二，《栗谷全书》（一）卷10。
② ［韩］崔英辰：《韩国儒学思想研究》，邢丽菊译，东方出版社2008年版，第249—250页。
③ ［韩］李巍岩：《未发辨后说》，《巍岩遗稿》卷13。
④ 邢丽菊：《朝鲜儒者巍岩的未发心性论以及对朱熹理论的新阐释》，《中国哲学史》2011年第4期。
⑤ ［韩］李巍岩：《未发有善恶辨》，《巍岩遗稿》卷12。

离的观点从理气论扩展到心性论的产物。故巍岩认为,不仅理气不能分离言之,心性也不能分离而待。关于理气的相互依存性,朱熹曾指出,"理非别为一物,即存乎是气之中。无是气,则是理亦无挂搭处","如阴阳五行错综不失条绪,便是理。若气不结聚时,理亦无所附著"①。巍岩继承了朱熹的这一观点,认为如同理在现实中存在必须要有气的存在一样,性为了在现实中具现,也需要心。他说:"所谓理气,以心性而言也。心之不正而性能独中者,天下有是乎?性故本善,虽则不本于心,而其善之存亡,实孙于心之善否,则遗心而论性,实非鄙见之所安也。"② 为了确保性善在现实中的实现,就需要心善。只有心性一致,那么善才得以在现实中存在。在心的方面,巍岩不仅仅强调气的本然性,而且通过本然之心而使得本然之性的善得以现实存在,同时也能体现未发的真正含义。可见,巍岩通过本然之性和本然之心的一致来努力确保善的现实性,并阐明不受气质约束的纯粹的善在现实中存在的可能性。③

朱子学的核心是主张"性即理",强调性善,而为了确保理这一形而上的存在,在形而下的现实层面上的发显,就需要气的作用。至清至纯之气能将性之善完全显现出来,而至浊至粕之气能掩盖性之善,不能使之现实化。可见,因为气的作用,性善与现实中显现出来的心善之间是有一定距离的。而巍岩认为"本然之气"是在未发状态下的气湛然纯一,至清至纯,此时即使理气兼指而言,也丝毫不会损害理与性的纯善性。在此影响下,才能实现"本然之心"。这种本然之心就是朱熹所说的"心之湛然虚明,鉴空衡平真体之本然者""本明之体""虚灵不昧之明德"等。由于此心是由本然之气构成的,所以性善能够完全地显示出来,从而达到心性一致。正是基于此,巍岩才将此心认为是理。由此可以看出其理论的创新之处。④

巍岩所主张的"心性一致"是将本然之性的性与本然之心的心一致

---

① 黎靖德编:《朱子语类》卷1,第3页。
② [韩]李巍岩:《未发辨》,《巍岩遗稿》卷12。
③ 邢丽菊:《朝鲜儒者巍岩的未发心性论以及对朱熹理论的新阐释》,《中国哲学史》2011年第4期。
④ [韩]崔英辰:《韩国儒学思想研究》,第249—250页。

化，即赋予了心本然的含义。这与朱熹在"性是心之理，情是心之用"①中强调心的本然的层面是一脉相承的。而阳明的心学，主张"心即理"，将心等同理。巍岩虽然承认并强调心的本然性，但并没有将此心直接看成理。可见，巍岩的心性一致论，既立足于朱子学的心性论基础上，同时又内含着类似于阳明学的观点，具有连接朱子学的"性即理"与阳明学的"心即理"的哲学意义，体现了朝鲜中后期朱子学的"心学式"发展。

综上所述，湖洛之争，通过人物性同异论、未发心体本善有善恶论论辩，韩国性理学者对朱子学的心性论的研究更加深入透彻，提出了很多新观点，是对中国朱子学的发展。

七　朱子《白鹿洞书院揭示》与韩国书院教育的发展

中国古代书院始于唐代，玄宗皇帝设丽正书院为皇室修书，始有书院之名。北宋时期，书院向教育方面发展。到了南宋，书院形成了独特的办学和治学风格。朱熹为南宋书院教育的发展做出了巨大贡献。

南宋淳熙六年（1179），朱熹知南康军（治所星子县，今江西省九江市星子县）。他以教育为己任，修复了著名的白鹿洞书院，并为该书院制定了《白鹿洞书院揭示》（亦称《白鹿洞书院教规》，以下简称《揭示》）。

朱子《揭示》是书院精神的象征，后来成为各地书院教育共同遵守的准则。绍熙五年（1194），朱熹知潭州（今湖南省长沙市），重振著名的岳麓书院，又将该学规移录其中，史称《朱子教条》。朱熹逝世后，其门人刘爚（时为国子监司业）于嘉定五年（1212）奏请宁宗皇帝，"请刊行所注《学》《庸》《语》《孟》以备劝讲，正君定国……又请以熹《白鹿洞规》示太学，取熹《四书集注》刊行之"②。宁宗许之，

---

① 黎靖德编：《朱子语类》卷5，第96页。
② 脱脱等撰：《宋史》（第35册）卷401，《列传》第160《刘爚传》，中华书局1985年点校本，第12171页。

朱子《揭示》即成为太学的学规。淳祐元年（1241）正月，理宗皇帝赵昀在视察太学时，"亲书朱熹《白鹿洞规》赐焉"①，颁行太学。此后，这个《揭示》作为御颁的学规，成为全国各类学校和书院共同遵行的教育指导方针。它不仅对我国宋末及元、明、清时期的教育产生了极大影响，而且对近邻韩国的教育产生了深刻的影响

958年，高丽王朝（918—1392）正式实行科举制度，考试内容以儒学为中心。成宗九年（990），高丽开始设立书院于西京，"令诸生抄书史籍而藏之"②。这时高丽的书院只是一种整理收藏图书的机构，与中国唐代集贤书院和丽正书院相似，还不具备教学的功能。韩国书院具有教学功能，是在朝鲜李朝时期，朱子学传入后，朱熹《揭示》在朝鲜产生影响的结果。

（一）朱子《白鹿洞书院揭示》在韩国的传播

14世纪末，朱子学由普及到逐渐成为朝鲜李氏王朝的官方哲学。此后，朱子《揭示》也被朝鲜的书院教育奉为佳臬。李朝世宗元年（1419），敕令"凡儒士私置书院，教诲生徒者，启闻褒赏"③。据《世宗实录》卷86记载："世宗二十一年（1439）九月甲申，初兼成均馆主簿宋乙用上书，请令各官学校明立学令，命下礼曹与成均馆议之。成均馆议曰：谨按朱文公（朱熹）淳熙间在南康请于朝，作白鹿洞书院学规，其略曰：父子有亲，君臣有义，夫妇有别，长幼有序，朋友有信，右五教之目。"李朝鼓励民间办书院，并诏令各官学效法朱子《学规》办学。全国各地以设书院为荣，一种以奉祀先贤与教育子弟的书院相继建立。

韩国书院教育除了官方倡导外，还得力于韩国性理学者的努力。李朝中宗三十八年（1543）五月，朝鲜性理学者周世鹏为丰基郡守时，依朱熹修复白鹿洞书院的规例，在高丽著名性理学家安珦读书的兴竹溪白云洞创立了白云洞书院，以代替当时不能发挥正常作用的乡校（官办

---

① 《续文献通考》卷49，《学校考》，浙江古籍出版社1988年影印本。
② [韩] 郑麟趾：《高丽史》卷3，《书院》。
③ 朝鲜李朝《世宗实录》卷2，首尔：琛求堂1984年版。

地方教育机构)。据《中宗实录》卷95载:"世鹏于珦之旧居为建祠宇,春秋享之,名曰白云洞书院,左右有序,以为儒生栖息之所,储谷若干,存本取利,使郡中凡民俊秀者聚食而学焉。"又据《明宗实录》卷10载:"丰基白云洞书院,黄海道观察使周世鹏所创立,其基乃文成公安珦所居之洞,其制度规模,盖仿朱文公之白鹿洞也,凡所以立学令,置书籍田粮供给之具,无不该尽,可以成就人才也。"韩国学术界普遍认为,周世鹏在丰基郡竹溪创办的白云洞书院,对韩国的书院教育发展产生过极大的影响。

朝鲜时期,性理学集大成者李退溪,把朱子《揭示》作为书院教育的基本理念,极为推崇。他与朱熹一样,对民族教育具有强烈的忧患意识。李退溪了解当时朝鲜地方官学(乡校)已有"环境上的非教育性"和"教育上的非自律性"等缺点。他认为,民间创办的书院与官办的乡学相比,则有它的优越性,书院有幽静的读书环境,可专心"讲道肄业",而不汲汲于功名。但"国学乡校,在朝市城廓之中,前有学令之拘碍,后有异物之迁夺者,其功效岂可同日而语哉"①!在教学的方法上,乡校也远不如书院。当时,官办的学校往往"徒设文具,教方大坏,士反以游于乡校为耻"②。因此,李退溪认为"惟有书院之教盛兴于今日,则庶可以救学政之缺"③。又因为,"学校风化之源,首善之地"④,因而书院必须树立正派的道德院风,"知重道义,尚礼让,彬彬乎习于士君子之风,此书院之所以贵"⑤。

李退溪认为,书院学习不是为了应付科举。他明确指出当时科举制阻碍了人才的发展,"世间无限好人才尽为科举坏了"⑥。他想在没有"学令"的束缚和科举弊端的书院实施教育活动。他于1548年继任丰基郡守时,闲暇时到白云洞书院讲学。他自谓"滉自到郡以来于书院一

---

① [韩]李退溪:《答闵判书》,《增补退溪全书》(一),第272页。
② [韩]李退溪:《拟与丰基郡守论书院事》,《增补退溪全书》(一),第342页。
③ [韩]李退溪:《上沈方泊》,《增补退溪全书》(一),第264页。
④ [韩]李退溪:《李子粹语》卷4,《增补退溪全书》(五),第403页。
⑤ [韩]李退溪:《拟与丰基郡守论书院事》,《增补退溪全书》(一),第341页。
⑥ [韩]李退溪:《与申启叔》,《增补退溪全书》(一),第284页。

事，未尝不欲其心焉"①，认为书院的宗旨是"志于学"，是"乐育人才之地"②。这里值得一提的是，李退溪在白云洞书院讲学时，发现柱子后有一位偷偷听课的青年学子，便悄悄叫过来问明事由。其人回答说是本地铁匠裴纯，因铁匠为贱民，没敢插到士大夫们中间去听课，只能躲在柱子后面听讲。李退溪有感于裴纯的好学，顶着周围的非难，接收他为正式弟子。李退溪这一做法应该是受到朱熹教育思想的影响。朱熹在强调大学教育时说："及其十有五年，则自天子之元子、众子，以至公、卿大夫、元士适子，与凡民之俊秀，皆入大学，而教之以穷理、正心、修己、治人之道。"③

为了便于学者理解朱子《揭示》的教育理念，李退溪撰写了《白鹿洞学规集注序》，还将朱子《揭示》绘成图。他在《答金而精》中说："公亦尝闻朱先生白鹿洞规乎？滉以为欲治五病，在此一规。盖其为教也，本于明伦，而以博学、审问、慎思、明辨为穷理之要。自修身以至于处事接物，为笃行之目。夫学问思辨而物格知至，则理无不明，而学术可造于精微矣。修身主于忠信笃敬，而补之以惩窒迁改，则行无不笃，而心虑不至于躁杂，行己不至于颠倒矣。处事以正义明道，接物以行恕反己，则笃行又见于事物，而浮妄非所忧，泛忽非所虑矣。"④退溪把朱子《学规》归结为"明人伦"，"穷理力行，以求行夫心法切要处"⑤。"心法"即传心养性的方法。他为学一生，身体力行。晚年，李退溪将《白鹿洞规图》收入《圣学十图》（第五图），并由十个圣图把其思想和践履工夫糅合成一个整体，构成他的完整思想体系。他于68岁时向李朝宣祖进献《圣学十图》，受到宣祖皇帝的推崇。后来，《白鹿洞规图》成为朝鲜书院所标示的人格教育的蓝本。

李退溪还依据朱熹修复白鹿洞书院的先例，上书朝廷要求承认丰基郡白云洞书院为正式的教育机构。据韩国《增补文献备考·学校考》记载："明宗庚戌（1550），文纯公李退溪继莅本郡，以为教不由上则

---

① [韩]李退溪：《上沈方伯》，《增补退溪全书》（一），第263页。
② [韩]李退溪：《拟与荣川守论绍修书院事》，《增补退溪全书》（一），第338页。
③ 朱熹：《大学章句·序》，《四书集注》，第1页。
④ [韩]李退溪：《答金而精》，《增补退溪全书》（二），第92页。
⑤ [韩]李退溪：《进圣学十图札并图》，《增补退溪全书》（一），第205页。

必坠废，以书遣监司请转闻于上，而依宋朝白鹿洞故事，赐额颁书给田土臧获，俾学子藏修。监司沈通源从其言，启闻，赐额绍修书院，命大提学申光汉作记，仍颁'四书''五经'《性理大全》等书，书院赐额始此。"明宗采纳了李退溪的建议，特亲书"绍修书院"匾额赐之。朝鲜书院史上，有皇帝赐额的书院叫"赐额书院"。后来，这种赐额书院发展到269所，占朝鲜书院总数的40%以上。① 由于李朝皇帝的倡导，这就大大推动了朝鲜书院的发展。至李朝高宗八年（1870），书院多达679所，几乎每县超过两所。② 可见，韩国当时书院教育之普及。

（二）朱子《白鹿洞书院揭示》与韩国书院教育的发展

书院教育兴起以后，为了进一步整顿书院的院风，李退溪要求书院的"山长"要有尊贤礼士的气度，同时也不放松对书院诸生严格的约束，不允许"傲物凌人，短于谨言，疏于检身"③。所以，学生必须"为学趋向正当，立志坚确为贵……更须志气坚定，不为浇俗所移夺，刻苦用功久而不辍"④。正确的学习态度、勤奋的学习精神是学生必须具备的条件。求学的目的不能只为了获得功名利禄，凡沉湎于名利则难于自拔，"可忧者声利海中易以溺人，若非在我者硬着脊梁，牢着脚跟，鲜不堕落于坑堑之中矣"⑤。因此要"必常有不可夺之志，不可屈之气，不可昧之识见。而学问之力日淬月锻，然后庶可以牢着脚跟，不为世俗威风所掀倒也"⑥。能做到既不迷恋于功名，也不为身处贫困的环境而动摇求学的决心，"苟志于学不以穷苦而废，穷而废学，初非去学者为耳"⑦。

李退溪遵循朱子《揭示》中教人的"为学之序"，注重在教育上的循序渐进。他说："大抵儒者之学其升高必门下，其陟遐而自迩，夫自

---

① 韩国《增补文献备考》卷210，《学校考》，首尔：高丽书籍株式会社1980年影印本。
② 蔡茂松：《韩国朱子学》，载武夷山朱熹研究中心编《朱子学新论》，上海三联书店1991年版，第637页。
③ [韩] 李退溪：《答奇明彦别纸》，《增补退溪全书》（一），第424页。
④ [韩] 李退溪：《答李宏仲》，《增补退溪全书》（一），第214页。
⑤ [韩] 李退溪：《与韩永叔》，《增补退溪全书》（二），第279页。
⑥ [韩] 李退溪：《答奇明彦》，《增补退溪全书》（一），第445页。
⑦ [韩] 李退溪：《答琴闻远》，《增补退溪全书》（二），第242页。

下自迩故其迂缓,舍此又何自为高且邃哉!"① 人获得知识有一个由浅而深的积累过程,由起初的"未晓"而达到逐渐的"悟解""专心致志,研究精深,虽有未晓处,毋遽舍置,时时细绎,游意玩味,久久渐熟自然悟解,正欲不得也"。凡学习上急于求成则适得其反,"读书有妨者,此欲速之心所使,故以此为患也,欲速不惟不暇温故,而方读之书亦不暇精熟,意者匆匆常欲有所追逐,本欲广读诸书卤莽遗忘,厥终与初不读一书者无疑"②。违反学习规律,必然失败。李退溪认为,古代的圣贤如颜回、曾参、子贡,他们也都是遵照循序渐进的方法,而没有什么捷径可走。他说:"学非一蹴可到……此事乃终生事业,虽到颜曾地位,犹不可言已了,况其下者乎。"③ 读书不能贪多,"看书勿至劳心,切忌多看,但随意而悦其味,穷理须就日用平易明白处看破,教塾……积之久,自然融合而有得"④。读书贪多则嚼不烂,浮光掠影则无所得,历览诸书,匆匆涉猎,看过不能记忆,与不读无异。因此,李退溪在给学生讲授时,按照订立的教程进行教学,根据学生的接受能力逐步施教。他说:"程课须严立,志意须宽著,所谓严立非务多也,谓量力立课而谨守之也,所谓宽著非悠泛也,谓虚心玩绎而无急促也。"⑤ 其所谓"量力立课"是很有道理的。

李退溪以朱子《揭示》为蓝本,结合自己的教育实践和朝鲜当时的具体情况,在伊山书院制订了《伊山院规》(共十二条)。其第一条就明确规定:"以'四书''五经'为本原,以小学家礼为门户。"这里所说的"小学""家礼",就是朱熹的《小学》和《家礼》。《伊山院规》鼓励学生"立志坚固,趋向正直,业以远大自期,行以显义为归者为善学",对那些"诡经反道,丑言辱亲,败群不率者,院中共议摈之",要求"诸生常宜静处,各斋专精读书,非因讲究疑难,不宜浪过他斋虚谈度日,以致彼我荒思废业"⑥。后来,《伊山院规》成为朝鲜书院教育

---

① [韩]李退溪:《李子粹语》卷1,《增补退溪全书》(五),第224页。
② [韩]李退溪:《答黄仲举白鹿洞规集解》,《增补退溪全书》(一),第477页。
③ [韩]李退溪:《金而精问目》,《增补退溪全书》(二),第79页。
④ [韩]李退溪:《答南时甫》,《增补退溪全书》(一),第365页。
⑤ [韩]李退溪:《答许美叔》,《增补退溪全书》(二),第184页。
⑥ [韩]李退溪:《李子粹语》卷4,《增补退溪全书》(五),第411页。

史上的典范。李退溪的门人李栗谷亦依据朱熹书院教育思想，制订了《隐屏精舍学规》（共二十二条）。其第十一条规定："非圣贤之书，性理之说，则不得披读于斋中。若欲作科业者，必习于他处。"可见，朝鲜李朝时期书院教育重视性理学，凡《小学》《家礼》《近思录》《性理大全》和《四书集注》等，皆为书院教材。

李退溪从51—70岁，都在故乡礼安创办的陶山书堂讲学著述。这时期，他培养出300多名弟子。在300多名门人中，有许多是当时有代表性的学者。他们以李退溪的故乡礼安及邻近的安东和荣川（今为荣州）为中心，开展学术研究，著书立说，形成了韩国性理学史上著名的退溪学派。这与朱熹晚年定居建阳考亭，形成著名的考亭学派有点相似。

在陶山书堂讲学时，李退溪主张书院学生人人平等，不允许按身份定座次。当时，在乡校或书院这类教育机构中，排位是身份高的人坐在前排、身份低的人坐在后排，寄宿时也是身份高的儒生住东厢，身份低的儒生住西厢，这已是不成文的惯例。李退溪的门人乌川七君子在创建的易东书院落成典礼时，在确定出席宾客的座次时，李退溪认为应当按照先贤"乡党莫如齿"[①]的教诲，依年龄顺序入座。但主持建立书院的乌川七君子却坚持要按照当时的惯例，依身份定座次。他对弟子们作了严肃尖锐的批评。李退溪晚年弟子李德弘记录这一事件说："金富弼、富仪、富仁、富伦、富信、琴应夹、应壎佩酒以谒先生。先生论乡座分贵贱之分，只当以古齿坐。金富弼曰：'古今殊异，不可如是。'先生厉声肃气，终日极辩，诸上舍略不回头……先生答赵振书曰：'乡党序齿，以年之长少为座次也，若分贵贱，则是序爵也，岂序齿之谓乎？'"[②] 这里所说的金富弼、金富仪、金富仁、金富伦、金富信、琴应夹、琴应壎等七人即为李退溪的门人乌川七君子。他们由于家中富裕、侍仆众多，常表现出歧视的态度。李退溪倡导书院门生人人平等的思想，对退溪学派的士大夫产生了极大的影响，为韩国书院的发展树立了良好的院风。

---

① 朱熹：《孟子集注》，《四书集注》，第349页。
② ［韩］李德弘：《溪山记善录》（下），《民斋先生文集》卷6，首尔：延世大学校出版部1980年版。

在韩国书院教育发展史上，朱熹具有重要地位。正如韩国学者金相根先生在《韩国书院制度之研究》中指出："自书院制度发达以后，学者则改书院为乐园，舍政界而归书院，专心修治，使学术脱离政治而独立发展。结果，培育出徐敬德、李彦迪、金麟厚、李退溪、曹植、奇大升、李珥、张显光等优秀的儒学家，而确立朝鲜儒学的体系。尤其他们受朱学的影响最大，对性理之论，树立空前绝后的成绩。故后人认此期为朝鲜儒学之黄金时代。"朝鲜书院依中国书院奉祀朱子的制度。朝鲜八个道中的七个道，有二十五所书院，皆奉祀朱子。其中，京畿道有临漳书院；忠清道有云谷、忠贤、宗晦、道东、晦庵等书院；全罗道有三川、紫阳和谷川等书院；庆尚道有新安影堂；黄海道有绍贤、白鹿洞、飞凤、龙岩、正源、鹜峰、景贤、凤冈、道东和凤岩等书院；平安道有新安、朱文公等书院。①

韩国书院教育历时四百多年，是韩国朝鲜时代特有的教育形式。它的发展是在朱子《揭示》东传及其影响下，才具有真正的书院教育的价值。退溪是朝鲜时期书院教育思想的集大成者，对韩国民族的教育发展做出了巨大的贡献。

八 《朱子家礼》与韩国礼学的发展

《朱子家礼》是在"古礼繁缛，后人于礼日益疏略，然居今而欲行古礼，亦恐情文不相称"②的情况下，朱熹为推行人伦风教的需要而撰写的一部通俗礼学书。其主要内容是冠、婚、丧、祭等家庭礼仪和其他家常日用的有关行为规范。《朱子家礼》问世后，对宋末以降中国社会的伦理道德、风俗习惯及生活方式都产生巨大影响。不仅如此，《朱子家礼》还曾传播到韩国，对其礼俗文化也产生了极大的影响。

（一）《朱子家礼》在韩国的流传

《朱子家礼》于南宋末就已传入朝鲜半岛。南宋嘉定十七年

---

① 韩国《增补文献备考》卷210，《学校考》，首尔：高丽书籍株式会社1980年影印本。
② 黎靖德编：《朱子语类》卷84，第2177页。

(1224)，原任浙江乌程县令的翰林院学士朱潜东渡高丽，在所住之地的全罗道的锦城推行朱子家礼。应该说，这时《朱子家礼》就开始流传高丽民间了。但这毕竟只是一种民间流传，还不能对整个高丽民族的文化、习俗产生重大影响。《朱子家礼》在高丽的传播主要靠官方学者的推动。

半个世纪后，高丽官方学者安珦、白颐正、李齐贤、权溥、禹倬、李穑、郑梦周、郑道传等在高丽传播朱子学，使朱子学在高丽得到进一步发展。这时传播朱子学的最大特点之一是为了自己的存在开辟道路。当时，佛教是高丽的建国理念，极盛行，对佛教之外的一切学派、教门视为异己而加以排斥。朱子学在高丽的传播和发展，首先面临的问题是在社会上争得立足之地。在此背景下，早期高丽朱子学者们不仅在理论上极力揭露佛教的危害性和虚伪性，同时还以《朱子家礼》易既往千年间流通之佛教的生活仪式。如李穑极力辟佛，认为渎僧之秕政，为亡国的原因之一，僧徒不修行而妄说祸福，诱引良民，广占田庄。丧失宗教之真面目。他进谏高丽朝廷，革除护国祈福中心的崇佛之弊端，施行朱子家礼，崇尚朱子学。郑梦周立庙，践履三年丧，树立宗法。《高丽史》云："时俗丧祭，专尚乘门法，梦周始令士庶仿《朱子家礼》，立家庙，奉先礼。"① 他用朱子家礼行冠婚丧祭，以取代佛教的仪式。在一大批高丽官方学者的倡导下，朱子家礼在高丽末得以较广泛的流传。恭让王二年（1390），"行礼仪式一依朱文公家礼，随宜损益"②，高丽政府已把它作为大夫士庶人的家礼。其后，一般家庭的礼制便都以文公家礼为标准。

1392 年，高丽朝重臣李成桂（李太祖），在社会改革派理论家赵浚、郑道传等人支持下，废高丽恭让王，建立朝鲜李朝。李朝试图以儒学（主要是朱子学）作为国家和社会的意识形态，以朱子家礼为行礼之仪则，除去佛教之淫祀，以此立新王朝之规。这对朱子礼学思想的传播无疑起了催化剂的作用。建国初，李太祖就提出："冠婚丧祭，国之大法。仰礼曹详究经典，参酌古今，定为著令，以厚人伦，以正风俗。"

---

① ［韩］郑麟趾：《高丽史》卷3，《列传》。
② ［韩］郑麟趾：《高丽史》卷63，《大夫士庶人祭礼》。

这是在开国后十天（即1392年7月28日发表，太祖即位为7月17日），太祖颁布的敕书中包含的内容，以后成为朝鲜礼典的基本精神。太祖三年，郑道传向太祖推荐编写宪章法典，即《朝鲜经国典》。经太宗、世宗两代君主的修定，在成宗二年（1471），朝鲜第一部集国家政治法典之大成的《经国大典》问世。《经国大典》主要参照中国法典、《朱子家礼》，规定了李朝的社会制度、伦理道德，规定了国朝五礼仪：吉、凶、军、宾、嘉；规定了民间礼仪：冠、婚、丧、祭。

16世纪20年代，赵光祖、金安国等新进士林，积极倡导自治主义，欲以《朱子家礼》革新社会礼俗，以小学之理念为社会化。据《李朝实录》（中宗大王十三年十一月）载，金安国上书曰："臣到北京，自念圣上留心性理之学，士大夫亦知方向，思得濂、洛诸儒全书及其他格言至谕，以资讲习……所谓《语孟或问》者，朱子所作……此帙尚不来，故购求，须广印……所谓《家礼仪节》者，皇朝大儒丘浚所删定也。文义之脱略，补而备之，及《朱子家礼》之羽翼也。亦印颁而使人讲行为当。"丘浚（1421—1495）为明代琼州府琼山县人，曾任明宪宗经筵侍讲，国子监祭酒、礼部右侍郎。《家礼仪节》是丘浚注释《朱子家礼》的一部礼学著作（收录明朝编的《性理大全》卷4）。该书"取世传《朱子家礼》而损益以当时之制。每章之末，又附以余注及考证"[①]。在元明两朝传述《朱子家礼》的各类著作中，《家礼仪节》在朝鲜流传最广，影响最大。

值得一提的是，新进士林主持政界不久，就遭到守旧势力的反对，挫折自治主义（己卯士祸，1519）。政变后，新士林一批学者转入对朱子礼学思想的研究，于是推动了朝鲜礼学理论的发展。

（二）《朱子家礼》与朝鲜礼学的发展

李朝是朝鲜礼学繁荣时期。这时期，朝鲜朱子学者撰写了大量礼学著作，推动了礼学的发展。权近是李朝初期朱子学代表之一。在老师李穑的指导下，权近开始对中国礼学进行研究。他历经14年之久，竭尽心血完成的《五经浅见录》中的《礼记浅见录》（11册），是一部校正

[①] 《四库全书总目》卷25，《家礼仪节》提要。

礼记集注的礼学巨著，可谓穷其学问之境。其门人许稠、郑陟等，具有礼学之造诣，曾参加李朝《国朝五礼仪》的编纂。礼学之学问化，自权近始。金麟厚（1510—1560）曾著《孝经刊误跋文》《大学衍义跋文》与《家礼考误》。《家礼考误》摘家礼上误字，示解释上差异，为《朱子家礼》传来以后，最初之注释书。李彦迪是朝鲜礼学发展史上一位重要人物。他著《奉先杂仪》，本于《朱子家礼》，又参以司马光之书仪和二程（程颢、程颐）所订之祭礼，添加本国时俗之宜，形成一套祭祀先祖和有关祠堂的仪制、规则。后来，李退溪著《丧祭礼问答》，李栗谷著《祭礼仪》都以《奉先杂仪》为蓝本。

朱子学自南宋传入高丽，经过二百多年的吸收消化，产生了朝鲜朱子学集大成的体系，其代表人物为李退溪与李栗谷。随着退溪学和栗谷学两大学派的出现，朝鲜礼学亦分为岭南礼学与畿湖礼学。金麟厚遵守朱子家礼，为畿湖礼学之先驱者；李彦迪折衷朱子家礼与时宜，为岭南礼学之先驱者。

岭南礼学学者李退溪，49岁辞官隐居庆尚道安东之陶山，潜心精研《朱子全书》和朱熹书信，于56岁辑成《朱子书节要》14卷。此书对朝鲜、日本朱子学影响极大。其礼学思想是：追求人情与义理之调和，折衷时王之制与礼制。其行礼上，尊重其效用性，兼矫正丧制之弊。其礼学著作有《丧祭礼问答》。李退溪后，岭南礼学者还有郑述、许穆和李瀷等。郑述为李退溪门人，著有《五先生礼学类纂》《礼记丧礼分类》《家礼辑览补注》《五服沿革图》和《深衣制度》。其中《五先生礼学类纂》集成五先生（二程、涑水、横渠、晦庵）之礼学，包括典礼与家礼，克服《朱子家礼》之行用中心性，探求于诸说之本源，致力于礼学之学问化。许穆之礼学，在于树立以君权为中心之礼乐论，以此克服当时政治社会的危机。他著《经礼类纂》5卷，撰述丧、祭礼一百余项。李瀷之礼学特点是经世致用。他著有《家礼疾书》6卷。岭南礼学具有礼学的现实性和开放性。

畿湖礼学学者李珥，服膺朱子学，且善以己意表述性理说，多所创获。因其早卒，他未能集畿湖礼学之大成。他著有《击蒙要诀》和《祭礼仪》。宋翼弼（字龟峰，1534—1599）是畿湖礼学启道者，他著有《家礼注说》《礼问答》两书。前者为朝鲜早期《朱子家礼》注释书,并致力于礼学之理论化;后者是疑礼问答书,它起到了提示畿湖礼学之方向作用。其学统传承金长生。金长生(1548—1631)曾师从宋翼弼和李栗谷。其学问广博,尤精礼学,礼学著作有《家礼辑览》《疑礼问解》《丧礼备要》《典礼问答》。这四本书具备正、变、曲三礼之说。金长生著《家礼辑览》之目的欲克服家礼之时差与地域的差异性,在于切合人家日用之需,故对俗制也间有采择。此书完稿于1599年,初刊于1685年。《丧礼备要》则以风俗与国制折衷于家礼,为行礼之根柢,其后数百年间遵守不已。《疑礼问解》的内容,是金长生平日答门人之问,和与朋友关于礼学的往复问答。金长生之子金集,承家学,长于礼。其门人受业,以礼为先,常谓礼者制人欲存天理之法则。从游门人,无不通晓冠婚丧祭之礼。他著有《疑礼问解续》一卷。金氏父子礼学造诣很深,尤有功于朝鲜礼学。金长生之学统传于宋时烈、宋浚吉、俞乐和李惟泰等。这里就不一一具述。

退溪、栗谷之后,朝鲜礼学有很大发展,礼学著作大量出版。据首尔大学奎章阁图书馆所藏韩国本《综合目录礼类》记载有:曹好益《家礼考证》7卷,郑经世《丧礼参考》,宋时烈《经礼问答》,赵镇球《家礼证外》6卷,李宣朝《家礼增解》14卷、《三礼仪》3卷、附《改葬仪》1卷,朴世采《南溪先生礼说》20卷,俞棨《家礼源流》14卷、《续录》2卷,许穆《经礼类纂》5卷,林胤源《近斋礼说》8卷,尹拯《明斋先生疑礼问答》8卷,李瀷《家礼疾书》6卷,田愚《艮斋先生礼说》6卷,金景游《四礼正变》14卷,李震相《四礼辑要》16卷,李赫《四礼说》8卷,李縡《四礼便览》8卷,金在鲁《礼记补注》30卷,丁若镛《丧礼四笺》20卷、《丧礼外编》6卷、《丧礼节要》6卷,许传《士仪》25卷,朴建中《丧礼备要补》20卷,金在洪《常用祝辞类辑》6卷,柳长源《常变礼通考》36卷,崔锡鼎《礼记类编》18卷,南道振《礼书札记》26卷,林圣源《礼疑类辑》24卷,韩文纯《仪礼经传通解补》10卷。此外,还有《朝鲜儒学史》等书收录的,散藏于韩国其他各地图书馆及民间者,就更多了。从以上所列,可见朝鲜礼学发达之一斑。

朝鲜礼学具有自己独有的特点:(1)《朱子家礼》首先是用于取代佛教生活仪式而受到重视,后来发展成为作为规范社会行为方式;(2)以

《朱子家礼》为本，吸取司马光和二程等其他礼学著作的一些内容，并参考本国时俗，融会贯通；（3）通过对《朱子家礼》的注释和阐发，意在切于实用；（4）朝鲜礼学受性理学之影响较深。退溪、栗谷之后，分为岭南、畿湖两大礼学派别。岭南礼学追求人情与义理之调和，并重视其效用性，具有现实性和开放性；畿湖礼学以家礼为教育与行礼之本，以风俗与国制折衷于家礼，并重视礼学的理论化。可见，朝鲜礼学是中国礼学尤其是朱熹礼学的一种移植。

此外，《朱子家礼》对朝鲜社会影响亦很大，朝鲜社会以礼为文化发展的基础。成均馆的大成殿每年春、秋都要举行祭孔的释奠礼，帝王要亲自祭奠。馆生则每月初一冠带参拜孔子。读书以"四书"、"五经"、诸史为主，不准读老庄佛经杂流百家子集，违者罚。成均馆除举行释奠礼外，还要从事其他的教化工作。通过教化，确立社会秩序和礼仪风俗。就书院而言，李退溪《伊山院规》明确规定："以'四书''五经'为本原，以小学家礼为门户。"这里所说的家礼即指朱子家礼。今韩人重礼，成为"礼仪之邦"，这与《朱子家礼》在朝鲜的流传和发展有着渊源关系。

九 《朱子语录》在韩国的传播与影响

南宋咸淳六年（1270）黎靖德编的《朱子语类》（140卷），约于朝鲜成宗七年（1476），传入朝鲜半岛。在朝鲜文献中，有使明谢恩使郑孝常等归国时购入《朱子语类》，将其进奉朝廷的记载。据《成宗实录》卷67，成宗七年五月十三日条："谢恩使郑孝常、朴良信回京师复命。传曰，因齐介未得引见。中朝事如何？且景泰追封后，得无布告天下乎？孝常对曰，无矣。仍进《朱子语类大全》二十卷曰，此书近来所撰，故进之。"这里说所进《朱子语类大全》只有20卷，可能有误。据郑孝常进书时所言"此书近来所撰"，应为明成化九年（1473）刊行的陈炜刻本《朱子语类大全》。陈氏刻本为黎靖德所编的《朱子语类》（140卷）翻刻本。又据记载，郑孝常使华后五年，即成宗十二年（1481）4月，以质正官身份出使中国的金欣（1448—1492），归国时奉上《朱子语类》。次年，使行员李克基和韩忠仁等在归国时又从北京购得一部《朱子语类》。①

16世纪中叶，朝鲜将《朱子语类》刊行普及。中宗三十九年（1544），以中国陈炜刻本《朱子语类大全》为底本，朝鲜首次刊行《朱子语类》（140卷75册）（木刻本），并颁赐给各位大臣。韩国尚存中宗三十九年刊行的丙子字本（木活字混用刊行），其中唯一完本是卢守慎（1515—1590）的内赐本，现藏于日本静嘉堂文库。此外，韩国国立中央图书馆和其他图书馆也保留有相当数目的残本。1550年，李退溪校刊《朱子语类》（木刻本），现尚存有一部当时李退溪使用过的自笔校正本。宣祖八年（1575），经柳希春和赵宪（1544—1492）等人校正的《朱子语类》又重新刊印（铜活字）。② 这为朝鲜学者提供了研究《朱子语类》的文本。

最早以《朱子语类》为文本研究朱子思想的学者是李退溪。他编著的《语录解》一书，汇集《朱子语类》里的宋代口语和俗语，以汉语兼朝鲜谚文进行解释。这是一部开拓性的作品，为后来朝鲜学者研究《朱子语类》打下了基础。此后，《朱子语类》的研究著作陆续出现，主要有柳希春的《朱子语类训释》。该书是在李退溪《语录解》的基础上，解释《朱子语类》中的难字和俗语。而郑瀁（1600—1668）的《语录解》则是对《朱子语类训解》的补充。

朝鲜后期，宋时烈（1607—1689）进一步深化了对《朱子语类》的研究。他编写了《朱子语类抄》，并与其门人"整其错杂，删其烦复，随类移分"③，编成《朱子语类小分》。该书对朝鲜后期《朱子语类》的研究产生过极大的影响。李宜哲（1703—1778）的《朱子语类考文解义》、洪启禧的《朱子语类大全》、鱼有凤（1672—1744）的《朱子语类要略》都受其影响。

18世纪之后，朝鲜学者对《朱子语类》的研究趋向细化，具体表现在两个方面：其一是全面系统的注释《朱子语类》（包括解义、校正、校勘等）；其二是以抄节、节要的形式编成《朱子语类》的选集

---

① ［韩］郑墡谟：《朝鲜本〈朱子语类〉注释书研究》，《朱子学刊》2018年第1期。
② ［韩］宋穊：《李滉自笔校正〈朱子语类〉的价值及其学问方法论》，《历史学报》（第47辑），1970年。
③ ［韩］宋时烈：《答郭汝静》，《朱子大全》卷107。

本。注释本，以宋时烈及其门人编纂的《朱子语类小分》、李宜哲的《朱子语类考文解义》、洪启禧的《朱子语类大全》为其代表；抄节、节要本则以宋时烈的《朱子语类抄》、安鼎福（1712—1791）《朱子语类节要》、鱼有风的《朱子语类要略》、李縡（1680—1746）《朱子语类抄节》、河谦镇《朱子语类节要》、郑载奎《朱子语类节略》为其代表。① 在注释本中，宋时烈及其门人编纂的《朱子语类小分》除了校勘原文以外，还删除了原文中重复的内容，并对全书内容作了重新分类。李宜哲的《朱子语类古文解义》是对原书的注解，并修正了洪启禧《考异》（即卷末附有校订本卷内容的考异，是洪氏在《朱子语类》校订中最重要的部分）中的错误。

20 世纪以后，韩国出现了许多韩译文《朱子语类》，大多数是《朱子语类》的节选译本。如许铎、李尧圣译的《朱子语类》卷 1—13（韩国清溪出版社，1998 年出版），李周行等译的《朱子语类》卷 1—13（韩国松树出版社，2001 年出版），李承妍译的《朱子语类选集》（韩国艺文书院，2012 年出版）等。但至今尚未看到《朱子语类》140 卷的全译本出版。

据《韩国学术志引用索引》记载，当代韩国以《朱子语类》为对象或以《朱子语类》相关文献为对象的研究论文有 32 篇。按照韩东大学教授和伟的研究，将这 32 篇论文分为四个方面：一是文献研究（有 6 篇论文），二是哲学研究（有 8 篇论文），三是文学研究（有 4 篇论文），四是语言学研究（有 14 篇论文）。

（一）在文献研究方面

1970 年，韩国学者宋稶首先考察了由《朱子语类》明成化本翻刻的柳希春本、退溪本、养安院本，并将三个版本进行了比较，说明退溪本《朱子语类》的价值。他认为，退溪本是现存的校勘本中最为精良的版本。该版本指出了《朱子语类》中二十余处错误，是迄今为止韩国朱子学文本研究的最高水平。他还论述了退溪本中的自笔注及傍点与

---

① ［韩］郑墡谟：《安鼎福的〈朱子语类节要〉考》，《韩国实学研究》（第 25 辑），2013 年。

退溪思想的关系，以此揭示退溪学的方法论的形成过程。

朴钟天在《尤庵学派〈朱子语类小分〉研究》中，对宋时烈及其门人的《朱子语类小分》的编纂和流传过程进行了介绍。他指出：1679 年，宋时烈在流放地（巨济岛）与其孙宋畴锡（1650—1692）对《朱子语类》进行了校勘。在校勘中，他们删除了原书中重复错杂的部分，并对全书内容进行了重新分类、编写目录，并完成了《朱子语类小分》的部分内容。然而宋时烈生前未能完成此书的编纂工作，后由弟子金昌协、权尚夏、李喜朝等承接此事，后又经李箕洪、洪致祥和赵仁寿等其他弟子共同参与，附签校订完成。据朴宗天的考证，原本《朱子语类小分》已遗失，现在的《朱子语类小分》是由宋秉璿（1836—1905）及其门人于 19 世纪后半期补充编辑而成的，其中包括原作《朱子语类小分》20 册，及宋秉璿与门人编辑的补本 10 册，共 30 册。①

此外，朴钟天还对《朱子语类小分》的形成特征、构成内容，以及该文献的编辑方式和研究方法都做了考察。在此基础上，他指出了《朱子语类小分》的学术特点，及其在思想史上的意义。朴氏认为：其一，《朱子语类小分》《朱子大全札疑》《论孟或问精义通考》和《二程书分类》，都是朝鲜朱子学研究的代表性著作；其二，通过《朱子语类小分》，可以了解宋时烈的学术特点，及其学派的学术影响力；其三，《朱子语类小分》出现在宣祖刊本《朱子语类》，至英祖刊本《朱子语类》的过渡期，有助于了解朝鲜时期《朱子语类》的流传，及当时的研究境况；其四，现存笔写本《朱子语类小分》30 册（包括原本和补本），反映了朝鲜后期《朱子语类》研究的思想展开过程，及不同时期的研究情况，对研究《朱子语类》在朝鲜时代的发展史具有重要的意义。

2013 年，郑塘谟对奎章阁本《朱子语类抄》的编纂背景及版本问题进行了研究。他指出，英祖十二年（1736），《朱子语类》被用于经筵教材。但由于《朱子语类》多达 140 卷，内容多，难以被帝王所接受，因而根据当时儒臣李光佐（1674—1740）的建议，选择《朱子语类》中与帝王之学有关的内容，作为经筵教材进行讲读，并将所选内容

---

① ［韩］朴钟天：《尤庵学派〈朱子语类小分〉研究》，《谈论历史》（第 53 期），2009 年。

装订成册，命名为《朱子语类抄》。据郑氏考证，现存奎章阁本《朱子语类抄》有 8 册本和 11 册本，两种版本收录的内容相同，均出自《朱子语类》的卷 93、卷 101、卷 104、卷 106、卷 112、卷 127、卷 137。郑墡谟认为，这两个版本刊刻时间不同，可能是出现两个版本的原因，英祖时期使用的是 11 册本，而现存的《朱子语类抄》则是以 8 册本为底本刊行的。

此外，郑墡谟还对安鼎福（1712—1791）所著的《朱子语类节要》进行了考证。他认为，16 世纪中叶，李退溪编纂的《朱子书节要》成为朝鲜后期文人的必读之书，由此出现了专门研究《朱子大全》和《朱子语类》的退溪学派，并开启了朝鲜特有的朱子学研究。退溪学派的学者安鼎福，于英祖五十一年（1775）仿《朱子书节要》，从《朱子语类》中节选出朱子思想的核心内容，将其编成《朱子语类节要》（内容为《朱子语类》的 17%），共 8 卷本。《朱子语类节要》中的卷 2、卷 3、卷 4、卷 6、卷 8，现收藏在韩国国立中央图书馆，卷 1、卷 2 收藏在高丽大学，卷 5 遗失。

李宜哲对洪启禧于英祖四十七年（1771）校勘的《朱子文集大全》和《朱子语类大全》作了考证，并对两书中出现的错误进行了修正。他于英祖五十年（1774）将解释《朱子语类》中的疑难句及口语，汇编成《朱子语类考文解义》。现存《朱子语类考文解义》有首尔大学奎章阁本和韩国中央研究院藏书阁本两个版本，都为书写本。①

2016 年，郑墡谟以《朱子语类考文解义》的编辑背景为中心，考察了朝鲜后期《朱子语类》研究的特征。他认为，朝鲜后期《朱子语类》研究代表作品的出现，都与当时身为太子的正祖有关，正祖做太子时热衷于朱子学的研究。李宜哲《朱子语类考文解义》和安鼎福《朱子语类节要》的编辑，其目的都在于帮助当时的太子研究朱子学。另外，郑氏还认为，李宜哲于 1762 年编撰的《朱子大全札疑后语》，继承了尤庵学派朱子学研究的正统，而《朱子语类考文解义》的编辑延续了这一正统性。

---

① ［韩］郑禧谟：《朝鲜后期〈朱子语类〉研究的特点——以〈朱子语类考文解义〉的编撰背景为中心》，《韩国文化》2016 年第 1 期。

（二）在哲学研究方面

当代韩国学者对《朱子语录》中的"读书法"作了深入的研究。如金恩曎于2006年写的《〈朱子语类·读书法〉中表现出的读书意义和方法》①，以朱子读书法的时代背景为中心，分析了朱子所认为读书的意义、读书的心态、读书的方法。金氏认为，朱子把读书看作是认识正确的人间道理的过程，通过读圣人的言论，可以获得对于问题的解答，这是读书的真正价值。金氏还从朱子读书法中得到启示：重视读书过程中持有的心态（即存心、虚心、平心、宽心），是朱子强调读书时应持有的心态；读书的内容不同着眼点和阅读方法也不同。朱子为解决当时的社会问题，提出了自己的读书理念。金恩曎将这个读书理念归纳为"将道理融入内心，并予以实践"，并认为朱子读书法的理念对当代社会也同样具有启示作用。

2008年，辛泰洙对《朱子语类·读书法》与读书法相关的理论进行了研究，写出了一系列论文。他在《朱子语类〈读书法〉中的读书理论》②一文中指出：朱子在读书法中，批评了当时的读书风气，并把读书看作是社会层面而非个人层面。从朱子的立场来看，读书是为引领社会风气，文人应身体力行，把体认"性即理""理一分殊"等思想当作读书的目的。朱子的读书法主要包括"虚心敬看""抉开缝罅""迎刃而解""反复玩味"等。辛氏认为，朱子读书法的准则有二：一是存心养性；二是态度、方法和阶段。

辛泰洙在《朱子语类〈读书法〉中的"活看"论》③一文中，对《朱子语类》中与读书法相关联的"活看"作了讨论。他认为，所谓"活看"，就是灵活地看。"灵活地看"的目的是为了寻求道理，因为"圣人言语一重又一重"，道理就在其中，需要一层一层的剥去，才能

---

① ［韩］金恩曎：《〈朱子语类·读书法〉中表现出的读书意义和方法》，韩国《教员教育》（第22卷）2006年第3期。
② ［韩］辛泰洙：《朱子语类〈读书法〉中的读书理论》，韩国《退溪学论集》2008年第3期。
③ ［韩］辛泰洙：《朱子语类〈读书法〉中的"活看"论》，韩国《韩民族文学》（第60辑），2012年。

领会。辛氏把"活看"的原则概括为：一是分辨大小，如孟子谈"本性"，"本性"有"善""恶"，而孟子只以"善"来讨论"本性"，因而在孟子的言论中，"本性"为大，"善"为小。二是分辨焦点不同，如"体"原意是"身体"，又包括"本体"或"体质"的意思；"心"原意"内心"，又包含着"本性"的意思。这就应越过原意去看它隐含的意思。三是立足于"理气"来把握道理。辛氏认为，"活看"的形式有一定的内在顺序——即"抛去先入为主的观念——把握字的意思——内心就自推究"的过程。"圣人的言论，人寻求贯通世间万物的同一的道理"，就是"活看"的终极的价值。"活看"具有两方面的意义：从修养论的角度来看，它为如何提高修养提供了依据；从认识论的角度来说，它为如何理解事物提供了方法。

辛泰洙在《〈朱子语类·读书法〉的层位及其构成主义特点》中[①]指出：朱子在《读书法》中主张人应在内心构建知识体系，这一主张类似"构成主义读书"。其证据是：朱子鼓励读书人自己构建知识体系，以此从现实层面进入理性层面，并在理性层面上使"所以然"和"所当然"相统一。当"所以然"和"所当然"统一时，意味着以"活看""修养"来抑制"气质之性"，以确立"仁"。所谓"仁"，并非指"爱"，而是人和天地万物合二为一的"爱"的原理。个人对"仁"的认识和实现其意志，决定了"活看"和"修养"可能蕴含的能量。从这一点来说，当读书把"仁"作为最终目标，并以"仁"领引作为手段或方法的"活看"和"修养"时，可以由现实层面过渡到理性层面。在朱子式的构成主义中，如何越过人的界限，对于知识构建非常重要。通过知识构建，知识经验可以成为"见闻之知"，道德性可以为"德性之知"。因而，知识构建中包含着——脱离现实层面进入理性层面的"所当然"的阶段，和从"所当然"的阶段进入"所以然"的阶段。

2010 年，金基镐分析了《朱子语类·读书法》中所揭示的探索新意的方法，即如何在所获取的内容中创造新意，并讨论了朱子的"新

---

① [韩] 辛泰洙：《〈朱子语类·读书法〉的层位及其构成主义特点》，韩国《岭南学》（第 21 号），2012 年。

意"论对韩国古典读书论史发展的贡献。① 对此,金氏从四个方面进行了分析:(1)朱子在说明探索道理的过程时,指出了三个探索新意的方法,即"熟读""讨论""讲解"。这三个方法中,只有"熟读"带有独立性,而其他两个方法都没有独立性。为了理解书中的真谛而进行探索新意的活动,在任何情况下都应该以"熟读"为前提。(2)朱子所说的探索新意的行为,是发现道理的过程,同时也是把书本上的死道理变为令自己受用的活道理的过程。因此,探索新意的过程也是读者将道理融入内心的前提条件。(3)探索新意是为了吸收实践道理。因为没有新意的吸收和实践,本身难以成立。一方面,探索新意却没有发现其中的道理,那么道理也不可能融入自身,更无法实践道理;另一方面,如果不去探索新意,也就不可能发现道理。这就说明,在朱子看来,读书的目的在于探索新意。(4)对于韩国古典读书论,朱子的"新意"论具有两个意义:从继承方面来说,朱子的"新意"论给韩国古典读书论提供了发现道理的方法和步骤,这一点在李退溪的读书论中可以得到证明;从创新方面来说,朱子的"新意"论开辟了韩国新意论的新天地,这在丁茶山的读书论中可以得到证明。因而,朱子的新意论在韩国古典读书论的发展中,起到了积极的作用。

此外,在哲学方面,韩国学者还从《朱子语类》中的"理气"论开展研究。

如李向俊于2007年,尝试以维特根斯坦的观点,解释《朱子语类·理气上》第一节的内容,讨论如何利用维特根斯坦的语言哲学来解释朱子对"理"的论述。② 按照维特根斯坦《逻辑哲学论》的理论,对"理"形而上学的阐释属于超越命题界限的空谈。与此不同的是,维特根斯坦在《哲学研究》中,强调语言使用的多样化,及以日常语言为中心等。他认为,形而上学的陈述常常由于其在某些语法上产生的错觉,而陷入混乱之中。消除这种混乱的方法,是将语言的多样化使用方式,与日常语言的使用方式进行对照、理解。李向俊将维特根斯坦的这

---

① [韩]金基镐:《〈朱子语类·读书法〉中表现出的"新意"论》,韩国《人文研究》(第59号),2010年。
② [韩]李向俊:《以维特根斯坦的观点试解〈朱子语类〉》,《汎韩哲学》第44辑,2007年。

一观点用于《朱子语类》,认为对于与"理"类似的性理学陈述,应该对照日常语言来把握其意义,以此得出一般的解释方法。他还指出,根据日常性和日常语言解释性理学中形而上学的陈述的可能性。

刘英姬在《朱子学的哲学治疗意义——以〈朱子语类〉为中心》一文中,分析了朱子哲学是否具有心理治疗的功能。他认为,哲学治疗是治愈心理疾病的一种积极方法。所谓哲学治疗,是指哲学家在哲学理论的基础上,向日常生活中遇到价值观问题、人生烦恼等咨询者提供帮助的活动。朱子的门人在培养自己成为君子的过程中,对于出现的问题向朱子询问,朱子给予解释。这种问答,可以看作是朱子学中所见的哲学治疗。儒学精神重视共同体生活,有益于解决现代社会关系疏远的问题。因此,治疗者如果能将儒学所追求的人生目标和意义,以现代角度重新解释,并具体化,可以为咨询者提供一定的帮助。

2017年,池贤珠以《朱子家礼·丧礼》为中心考察了家族成员的秩序形式,并以《朱子语录》卷2《理气下》中的"天地下"为中心,探讨了朱子宇宙论的背景。[①]《朱子家礼》中秩序形式呈现出的宇宙论背景,一般认为来自古代宇宙论中的开天说和浑天说。池氏认为,朱子的宇宙论背景与天地结构和天体运行论有关。《丧礼》篇中的秩序形式可以与宇宙结构论相对应的有"升降""周旋""出入""背向"。朱子否定当时历法家的右旋说,而肯定张载的左旋说,因而朱子对宇宙论的展开只能以理气说明。《丧礼》中,以方位概念看围绕死者的家族成员的秩序形式,正体现了天体运行和天地的结构。把中心方位视为上位的家族成员的位阶秩序,其背景正是把"地"视为中心的"天包于地"的宇宙结构论。

(三) 在文学研究方面

韩国学者以《朱子语类》为考察对象,讨论了朱子的文学思想。如安赞淳以《朱子语类》记录的朱熹对苏轼、韩愈的评语,从理学和文学两个方面讨论了朱熹对苏轼、韩愈诗文的看法,并由此总结出朱熹的

---

① [韩]池贤珠:《由〈朱子家礼〉的方位观看丧礼的秩序结构及其宇宙论背景》,《东洋哲学研究》(第91辑),2017年。

文学观。① 他认为，在理学方面，朱熹对苏轼、韩愈的诗文都以否定为主，但也带有一些肯定的评价。朱熹虽然肯定苏轼、韩愈等古文家的"文以贯通""文以明道"的看法，但又认为他们把"文"与"道"的关系看成"文自文，道自道"，这一做法"裂道与文以为两物"，这与理学家所主张的"文道"一致、"文"来自"道"的看法不同。在文学方面，朱熹对苏轼的评价以肯定为主，在肯定评价之后也指出了问题的所在。

此外，安赞淳还将朱熹所指出的问题点归纳为两类：第一，苏轼的文章有"轻文字不将为事""下字亦有不贴实处""做文字时，只是胡乱写去"等不良现象；第二，苏轼"文道"中侧重于文，文章"趋于巧"，所以"伤于巧"，"花艳处多"。朱熹对韩愈诗文则没有相关批评。他赞赏韩愈倡导古文，使衰落的文风焕然一新，并认为韩愈在当时具有最高的文学成就。安氏还将朱熹对韩愈诗文的评价，与对欧阳修、苏轼诗文的评价进行了对比，认为与对欧阳修、苏轼诗文持部分否定态度不同，朱熹从文学方面对韩愈诗文的评价，持肯定态度。他认为，朱熹对韩愈、苏轼的评价里存在着积极、肯定的一面。虽然宋代的文学论因周敦颐和二程等的影响，多少有些极端，但之所以没有向着完全否定的方向发展，应该与朱熹对文学的重视及自身具有的深厚文学造诣有关。正是由于朱熹确立了理学家文学评论的方向，才避免了当时文坛上出现的问题。因此，安氏认为，透过朱熹对韩愈、苏轼诗文的评论，现代文学史需要对朱熹的文学观进行重新思考，朱熹虽然受到周敦颐、二程的影响，但并不像文学史中所说的那样仅重视道。朱熹对韩愈、苏轼等的文学评论颇具独到之处。②

杨沅锡比较了《诗集传》《诗序辨说》《朱子语类》《诗传遗说》中，朱熹对《诗经》的注解，考察了各注解书籍中反映的《诗经》观点。③

---

① [韩] 安赞淳：《从苏轼的评价看朱熹的文学观及其意义》，《中国语文学论集》（第100号），2016年；《从韩愈的评价看朱熹的文学观及其意义——以〈朱子语类〉中的评价为中心》，《韩中语言文化研究》（第12辑），2016年。

② 同上。

③ [韩] 杨沅锡：《朱熹的诗经注解书比较研究——以〈诗集传〉〈诗序辨说〉〈朱子语类〉〈诗传遗说〉为中心》，《汉文古典研究》（第19辑），2009年。

他认为,《朱子语类》卷23、卷80、卷81除了包含对《诗经》的解说之外,还有对"美刺"说、大序的"变风止乎礼义"说、"诗序子夏所作"说的否定,以及读诗者"思无邪"的主张,反诗序说、淫诗说等,资料丰富、翔实。特别是《朱子语类》中收入了大部分朱熹晚年对《诗经》的定论,具有一定的意义。

朴英姬则以《朱子语类》为中心,分析了语录体的编撰在一定程度上体现了记录者和编辑者的意图。[①] 他认为《朱子语类》从编撰到问世,内容中夹杂几种"欲望":(1)道学者的圣人梦。《朱子语类》的讲义内容和目的在于指明通向"圣贤"的路,说明朱子希望门人能够进入圣人行列。因此,编撰《朱子语类》也体现了门人希望进入圣人行列的欲望。(2)道学者交流的欲望。《朱子语类》第一阶段的交流是朱子与门人间的相互交流,第二阶段的交流是门人之间再记录和编辑过程中的交流。(3)门人自我发现的欲望。《朱子语类》并非单纯的问与答,其中包含着门人的反问,以及朱熹对反问简单的肯定回答;门人记录的也并非单纯朱熹的话,而是门人对朱熹话的理解。朴氏认为,《朱子语类》中所隐藏的欲望,是记录和编辑圣贤语录的动力。

(四) 在语言学研究方面

韩国学者在语言学方面的研究,因研究角度各有不同,有从语法、有从方言、有从文本特点等开展研究。如姜勇仲考察了《朱子语类》中三位浙江籍记录者使用的"做",发现只有浙江籍记录者将"做"当作介词使用。他考察了《朱子语类》的文本特点,发现对于相同的内容,不同记录者呈现出不同的语言特点。又如崔圭钵考察了《朱子语类》中的方言现象,指出在研究《朱子语类》句法现象时,应考虑方言对《朱子语类》句法特征的影响,等等。其他诸如文本特点和语言翻译等方面的研究,就不一一叙述。

从以上可见,当代韩国学者在《朱子语类》研究方面的特点和取向。

---

① [韩]朴英姬:《语录,对记录的欲望——以〈朱子语类〉为中心》,《中国语文学论集》(第75号),2012年。

十　朱子《近思录》在韩国的流传及其影响

南宋淳熙二年（1175），朱熹与吕祖谦在福建建阳寒泉精舍，选辑周敦颐、张载、程颢、程颐四子的语录624条，编成《近思录》（14卷）。这就将"四子"之学统合为一个思想体系。该书于绍熙元年（1190）在漳州刊刻。朱子对漳州门人陈淳说："四子（按指四书），六经之阶梯；《近思录》，四子之阶梯。"[1] 可见，《近思录》在理学中的地位之高。此后，许多学者对《近思录》进行过注释和续编。现存不同版本约200种，其中以叶采《近思录集解》、蔡模《续近思录》、江永《近思录集注》、张伯行《近思录集解》较为著名。

《近思录》是随着朱子学的东渐，而传播到高丽。最早从中国传入高丽的《近思录》（汉文原本），是高丽末到中国的官方学者带回的。据姜绍书《韵石斋笔谈》记载："凡使臣入贡……在彼所缺者，日出市中，各写书目，逢人遍问，不惜重值购回，故彼国反有异书藏本也。"[2] 李瑞良在《中国古代图书流通史》中亦说："元代中国图书在高丽的流通，促进了程朱理学在高丽的传播。程朱理学著作就是在元朝传入高丽的。"[3] 现藏于韩国首尔大学奎章阁的叶采《近思录集解》，是高丽恭愍王十九年（1370），依据金广远藏本重刊的，其跋文记载了刊梓的情况。

《近思录》传入高丽后，高丽学者不断抄写、刻印，并进行仿编、续编、注解等，形成了韩国《近思录》系列文献。从韩国现存《近思录》来看，有抄写本、木刻本、活字本。据程水龙教授《朱子〈近思录〉东亚版本研究》课题统计，现存高丽末至20世纪40年代的版本约187种。

到了朝鲜时期，李朝官方仿中国活字印刷术，大量铸造铜活字，刊印《近思录》。1403年，李朝太宗对大臣们说："吾东方在海外，中国

---

[1] 黎靖德编：《朱子语类》卷15，第2629页。
[2] 姜绍书：《韵石斋笔谈》（卷上），载于《四库全书》（第872册），上海古籍出版社1987年版，第95页。
[3] 李瑞良：《中国古代图书流通史》，上海人民出版社2000年版，第302页。

之书罕至，板刻之本易以剜缺，且难尽刊天下之书也。予欲范铜为字，随所得书必就而印之，以广其传，诚为无穷之利。"① 随后，朝鲜大量铸造铜字，用于刊印书籍。这些铜活字相对于木板刻印而言，印刷便捷，并可反复使用，这就有力地促进了《近思录》在朝鲜的传播。李朝前期名臣金汶说：以期使《近思录》之书，"广布于下，俾人人皆得以讲明"②。

朝鲜除抄写、翻刻朱子《近思录》原文本之外，还大量仿编《续近思录》文献。朝鲜学者认为，"四书"之后，《近思录》是最"能垂教于世的儒学读本"。刘沛霖说："朱子的著作中，《易学启蒙》《近思录》和《增损吕氏乡约》等在朝鲜倍受推崇。"③ 因此，朝鲜出现了许多仿编《近思录》的系列文献。

在体例编撰上，朝鲜学者"发凡立例，遵寒泉之成规"，即纲目结构设定皆按《近思录》，分为14卷，而刚目篇名亦与《近思录》相近。李朝的李汉膺（1778—1864）仿《近思录》例，将南宋朱熹、张栻、吕祖谦和李朝李滉四人的语录1062条，编成《续近思录》（14卷）。其体例结构，"篇目一依《近思录》例"，即分为道体、为学大要、致知、存养、力行、家道、出处、治道、治法、临政、处事、教人之道、警戒、辨异端、总论圣贤等十四目。在李氏看来，"朱子殁后三百有二载，而退陶李子生于东方，讲明朱子之学，以斯道为己任……绍修洛闽《近思》之学，实退陶倡之也"④。李朝的宋秉璿（1836—1905），将李朝赵光祖、李滉、李珥、金长生和宋时烈五位性理学者的语录选出788条，编成《近思续录》（14卷）。他认为："五先生之学，即周、程、张、朱之道。而阐明四子之旨则此书，安如不为四子、《近思》之羽翼欤！"⑤

---

① [韩]权近：《近思录·跋》，载叶采《近思录集解》，朝鲜李朝世宗十八年（1436）木刻本。
② [韩]金汶：《近思录·跋》，载叶采《近思录集解》，朝鲜李朝世宗十八年（1436）木刻本。
③ 刘沛霖：《儒家思想东渐及朝鲜儒学的基本历程》，《解放军外语学院学报》1991年第6期。
④ [韩]李汉膺：《续近思录序文》，载李汉膺《续近思录》，朝鲜李朝木刻本。
⑤ [韩]宋秉璿：《近思续录序文》，载宋秉璿《近思续录》，朝鲜李朝高宗十一年（1874）木刻本。

此外还有诸如朴泰辅《海东七子近思录》（14卷）、李度中《李子近思录》（14卷）等。

所以，李朝学者韩梦麟说：朱吕所编《近思录》，"条分类别，合为十四篇，名之曰《近思录》，使初学之士领其要而得其门焉，其惠后学深矣"①。

此外，中国朱子学者的编辑理念在一定程度上也影响了朝鲜学者。朱子编辑《近思录》之旨意，是为了初学者更好地学习和把握周敦颐、程颢、程颐、张载四子之要义，而精选其中"关于大体而切于日用"的语录编辑成书。其后，学者们又将朱子之著述编辑成入门读本，如蔡模《续近思录》、邱濬《朱子学的》和高攀龙《朱子节要》等。这一编辑行为影响了朝鲜学术界，如韩梦麟在编辑《续近思录》时，认为"朱夫子性理道学上说话，不啻倍蓰于周、程、张诸贤之书信，所谓义理府库，学门不能遍观而尽识"。于是，他从《朱子学的》《朱子节要》中"采其尤切于学者六七百言，又于四书注疏中取其紧要者数百条，编为一书，而依《近思录》条目为次，曰《续近思录》"②。可见，此书的编纂既取法于朱熹当初编集四子语录的初衷，又能效法宋、明学者续编《近思录》之法，从朱熹宏富的著述中采辑语录进行编纂，形成具有本民族特色的朱子学读本。

李朝时期，朝鲜学者对《近思录》进行了新诠释，比较著名的有李珥、郑晔、金长生、宋时烈、李瀷、金泽述、朴履坤、金平默等。他们对《近思录》的诠释，有别于中国学者，不是对《近思录》所有语录都进行解释，而是有选择性地进行解释，或针对某条语录中疑难字词句进行注释。如郑晔（1563—1625）、金长生（1548—1631）编撰，宋时烈（1607—1689）校勘的《近思录释疑》（14卷）。他们在诠释《近思录》时，除了引朱子之语外，还引用李朝著名的性理学家李滉、李珥之言加之注释，补入本国学者的思想资料。这体现了朝鲜学者在学术上兼收并蓄的态度。

---

① ［韩］韩梦麟：《续近思录序文》，载韩梦麟《续近思录》，朝鲜李朝纯祖十九年（1819）木活字本。

② 同上。

李朝中期实学代表人物李瀷（1681—1763）的《近思录疾书》（14卷）。他对周敦颐、张载、二程的语录作了评析，对叶采《近思录集解》提出质疑，并阐述了自己的见解。如在注释《近思录》卷2第六条时，他说："朱子曰：'明道说的来洞洞流转，若伊川以笃志解立其诚，则缓了，此说亦不可易矣。'今叶注引朱子语云：'择言谓修辞，笃志谓立诚。立诚即上文忠信。'此条遍求不得，而与见于《语类》者分明不合，则舍之无疑。此《易》大传中有，朱子释伊川意者，不察下有结辞，遂拈出为说也，似甚鲁莽。"

李朝朴履坤（1730—1783）的《近思录释义》（14卷）。他引用程子、朱子、黄勉斋、真西山、饶双峰、陈潜室、李滉、李珥、金长生等中韩学者语录，对《近思录》中大多数语录重新进行注释，并对叶采《近思录集解》的观点作了修正。如对《近思录》卷3第49条，叶氏《近思录集解》说："'沿流而求源'，谓因言以求其意也。"朴氏则认为，"叶注谓因言求意，愚则以为因《传》而求《易》也"。这反映出朝鲜学者对《近思录》的诠释，是一种批判性的接受。

朝鲜学者除对《近思录》作注释外，还对《近思录》进行讲解或札记，出现大量《问答》《讲义》《札记》类的文本。据宋熹准《近思录注解丛编》[①]收录的朝鲜学者讲义、问答、札记之类，有南景义《近思录讲义》、柳微文《近思录讲录》、柳重教《近思录讲义发问》、李滉《近思录问目》、李珥《近思录口诀》、郑重器《对近思录策》、赵承洙《近思录问答》、林泳《近思录读书札录》、朴泰汉《近思录札记》、金长生《近思录释疑》、李瀷《近思录疾书》、林翰周《近思录叶注存疑》等。这些著作体现了朝鲜学者对《近思录》的别样新诠释。

问答类的文本是由君臣问辩、师生问答、多位学者相约进行的讲论辩说等形成的。如朴世采《近思录问答》是他回答成子章、沈龙卿、沈明仲、沈士磬、任大年、金士直、蔡伯瑞、权季文等人，问《近思录》中的某些语句，或叶采《近思录集解》和金长生《近思录释疑》的注文，所做的问答汇编。朴世采所答多结合周、张、二程、朱子、黄榦，及朝鲜性理学者的论说来解惑答疑。

---

① [韩]宋熹准：《近思录注解丛编》，韩国学民文化社1999年，影印本。

讲义类文本是李朝性理学者在讲解《近思录》，及其相关讲论时的语录汇编。如沈相风《近思录讲义》，辑录了李教文、权载奎、金克永、柳远重、金在植、权载二、金镇文、沈相风、宋淮夏、李教宇和郑珪锡等人，相互讲论的语句。

札记类文本是朝鲜学者在研读《近思录》时，将自己的心得或疑惑进行札记的汇编。如朴光一《近思录札记》（14卷），是他选取《近思录》中的语录，对其进行阐发。其中有对叶采《近思录集解》和金长生《近思录释疑》注文的校勘，有比较中朝理学家思想异同。

可见，韩国有关《近思录》的注解、问答、讲义和札记，体现出《近思录》在韩国传播后产生的一种文化学术创造。这些文献资料，已成为东亚朱子学研究的宝贵资源。

韩国对《近思录》的受容有其自身特色。其一，韩国学者高度肯定《近思录》的理学思想价值。李朝初年金宗瑞说："是书所载，皆正心修身之要。"吴熙常在为韩梦麟《续近思录》作序时说："窃惟朱子《近思》一书，即四书之津筏也，大而天人性命之源，细而日用躬行之实，包涵该括，开卷灿然，其所以继往开来者，可谓至深至切矣。"[①]金平默亦说："是书，以为四子之阶梯。凡所以求端用力，处己治人，辟邪说，明正宗者，阶级有序，本末殚举。盖将使夫学者，先用心于此，而有得焉，然后求之全书，致博反约，尽得其宗庙百官之盛焉。此其为传心之要诀，而不在群经四子之下矣。"[②] 这就将《近思录》提升到与"四书"同等看待的地位。可见，《近思录》在朝鲜时代的传播价值。

其二，韩国学者效仿《近思录》的编纂分类体例，内容上兼收并蓄，集录中国理学家和本国性理学家的思想资料，编撰出一系列具有本民族特色的朱子学读本。如宋熹准《近思录注解丛编》中就收录有朝鲜学者《讲义》《问答》《札记》的《近思录》系列文献。

其三，韩国学者对《近思录》及其历代学者的注释，多采取批判接

[①] ［韩］吴熙常：《续近思录序》，载韩梦麟《续近思录》，朝鲜李朝纯祖十九年（1819）木活字本。

[②] ［韩］金平默：《近思录附注序》，载金平默《近思录附注》，朝鲜李朝哲宗七年（1856）抄写本。

受的态度，体现出一种民族自觉意识。如朴履坤对叶采《近思录集注》，认为"叶氏之解尚有不能详明者"，于是，"用力于是书，复搜宋儒之论，参订东贤之语，随得随札"①，撰成《近思录释义》（14卷）。姜奎焕《近思录集解答疑》、李宗诛《近思录叶注札疑》和林翰周《近思录叶注存疑》等，都体现了韩国学者在承传中国《近思录》注家思想的同时，敢于批评接受、增附己见的求真精神。

从上可见，朱子《近思录》传入韩国后，韩国出现了《近思录》注本、讲本、札记和仿编等具有本土特色的文本，形成了本土化的朱子学文献，是东亚朱子学研究的宝贵资料，有着深厚的东亚朱子学思想史意义。②

---

① ［韩］卢相稷：《近思录释义序》，朴履坤《近思录释义》，朝鲜李朝木刻本。
② 以上资料多引自程水龙教授《朱子〈近思录〉东亚版本研究》课题成果。

第二章 朱子学在日本

中国与日本隔海相望，海上交通非常便利，这给中日文化交流提供了良好的条件。隋唐以降，中日高僧往来频繁。13世纪初，朱子学由中日僧人传入日本。后来，朱子学作为一种外来文化，被日本民族所接受，并成为他们的文化体系、价值体系和传统文化的主流。下面就朱子学在日本的传播和发展做一叙述。

一 朱子学东传及其在日本的发展

（一）朱子学在日本的早期传播

自13世纪初，即日本镰仓时代（1192—1333）中叶至室町时代（1392—1602）末，这是朱子学传入日本，及日本民族接受朱子学的时期。朱子学的传播者主要是留学中国的日本僧人和去到日本的中国僧人，以及流寓日本的中国朱子学者。这时期，儒、释、道三教，佛教为尊，儒教依附于佛教之下。朱子学从属于佛门，从属公卿，"儒佛一体"的特点明显。

南宋庆元六年（1200），日本京都泉涌寺开山大师俊芿（1116—1227）率弟子安秀、长贺于1199年4月入宋，先在明州（今宁波）、临安（今杭州）和秀州（今嘉兴）等地参禅学法，后住临安（当时南宋首都）下天竺。他学佛之余，又和临安的钱相公、史丞相、楼参政、杨中郎等博学儒士相交，学习朱子学，留学中国12年，自然受到朱子思想影响。南宋嘉定四年（1211），他返日时携回中国书籍2013卷，其中有儒书256卷。当时，正是程朱理学复兴，真德秀、魏了翁大力提倡理学，使"理学遂明于天下后世"①的时候。朱熹学说受到宁宗皇帝的褒扬。嘉定三年（1210），朱熹被赐曰"文"，称朱文公。他的《四书集注》恰在俊芿回国之前出版，此书应是俊芿所带之列。故日本伊地知秀安的《汉学记源》卷3中说："宋书之入本邦，益首乎俊芿，多购儒书回自宋。"日本坂本太郎《日本史概说》亦说："最早由俊芿传入日本，后来又随禅宗传播。"②

日本临济宗祖师圆尔辨圆（1202—1280），于南宋理宗端平二年（1235）来华，在宋6年。他受教于无准、北磵、楼昉、痴绝等禅师。北磵、楼昉和痴绝都是当时南宋禅门中有名的"儒学家"，力主儒学与禅学结合，圆尔深受其师影响。在1241年回国时，他携回典籍数千卷，除佛教经论章疏僧传外，还有儒书、诗文集、医书、字帖等。其中有朱熹的《晦庵大学或问》《晦庵中庸或问》《论语精义》《孟子精义》和《五先生语录》等著作。他将这些书籍藏于普门院，亲手编写了《三教典籍目录》。圆尔回国后，曾为北条时赖讲授《大明录》，介绍二程、朱熹思想，主张儒佛合一。随后，还有道元、绍明和桂庵玄树等一大批日本僧人来中国留学，学习佛学和朱子学。据木宫泰彦《日中文化交流史》统计，北宋时来华日僧只有22人，南宋时增加为109人。③ 这是因为北宋时，日本处于平安时代中后期，此时贵族掌握文化，政治上比较保守，没有派留学生来华，入宋僧也不多。南宋以后，中日贸易频繁，此时日本进入镰仓时代，对外政策开放，来华僧侣增多。13世纪中叶，日本首次刊刻朱子《论语集注》。④

同时，中国禅僧也不断去日本，他们在传播禅学的同时，也介绍张载、二程和朱熹的著作和思想。如兰溪（1213—1278）临济宗禅僧，四川涪江人。1246年，他携弟子义翁、龙江游日本，为建兴寺开山祖，后死于日本，赐曰大觉禅师。他著有《大觉禅师语录》二卷，主张理学与佛学相结合。大休正念（1215—1239），温州进嘉人，临济宗禅

---

① 脱脱等撰：《宋史》（第37册）卷437，《列传》第196《真德秀传》，第12964页。
② [日]坂本太郎：《日本史概说》，商务印书馆1992年版，第188页。
③ [日]木宫泰彦：《日中文化交流史》，胡锡年译，商务印书馆1980年版，第254—258、305—334页。
④ 李瑞良：《中国古代图书流通史》，第426页。

僧，他曾从石溪心月学，承其法脉。他于南宋咸淳五年（1269）去日本，受当时北条时赖之请，先后主持禅兴、建兴、圆觉诸寺，后为净智寺开山祖，死于日本。他强调三教合一，多用宋学基本概念，注意存养省察功夫。大休正念认为，"儒、释、道三教之兴，譬如鼎鼐品分三足，妙应三才，阐弘万化，虽门庭设施之有殊，而至理所归之一致"①。

一山（1247—1317），浙江临海人，自幼出家，于元成宗大德三年（1299）赴日，后归化日本。他精通佛学和程朱理学，与其日本弟子虎关师炼（1278—1346）、雪村友梅（1290—?）曾有关于宋学的问答。一山的再传弟子义堂周信曾在日本王侯公卿中讲授程朱理学，而义堂周信的弟子歧阳方秀又是日本开创"四书"和点和训的人。此外，还有兀庵普宁、大修正念、无学祖元禅僧等先后于1260年、1269年、1279年赴日本，他们在日本都传授佛学和程朱理学。

镰仓时期，中日民间僧侣的交往十分频繁，日本曾仿南宋"五山十刹"禅院制度而建立自己的"五山十刹"制度，中日两国名僧荟萃于此。据统计，从孝宗乾道三年（1167）至恭宗德祐元年（1275）共计108年的时间内，行迹被记录在案的入宋禅僧达57名。②中日禅僧互相研讨佛学、汉诗文及程朱理学，形成日本历史上有名的五山学和五山文学③。其代表人物有虎关师炼、义堂周信、绝海中津、中岩圆月、瑞溪周凤等人。因此，可以断言，朱子学引进日本绝不只是由二三名高僧，而是由中日来往的广大禅僧共同努力传播之结果。正如日本的永田广志所说："禅宗五山的僧侣，非常重视汉学的教养，所以从中国回国的僧侣都是儒教，特别是宋学的传播者，不久就形成了儒学对抗佛教兴起的开端。"④

朱子学传日，在禅僧之外，尚有宋末元初流寓日本的儒学家。据九龙真逸辑《宋东莞遗民录》卷11《李用传》记载：南宋末有儒学家李

---

① ［日］大休正念：《语录·寿福寺录》，引自郑樑生《朱子学之东传日本与其发展》，文史出版社1991年版，第127页。
② ［日］辻善之助：《海外交通史话》，东京：内外书籍社1930年版，第142—145页。
③ 镰仓末期到室町时代之间，以京都及镰仓的五山为中心，诸禅僧之间所掀起的汉文学。
④ ［日］永田广志：《日本哲学思想史》，陈应年等译，商务印书馆1983年版，第22页。

用（字叔大，号竹隐），于 1276 年"浮海至日本，以诗书教授，日本人多被其化，称曰夫子"[①]。李用不是禅僧，不受日本武士们的欢迎，影响也不大。但至少可以说明，把朱子学介绍到日本，在禅僧之外尚有儒学家之功劳。

镰仓时代的日本是以武士为中心的封建社会，而禅宗不立文学，单传心印，见性成佛的简单明快的宗教哲学，深受日本武士欢迎。禅与武士相联系，朱子学又与禅学相联系，武士好禅，自然也喜欢朱子学。这些去日本的禅僧均被统治者北条氏奉为上宾，这对朱子学的传入和传播起了促进作用。

在日本南北朝时代（1334—1392），后醍醐天皇（1318—1339）在宫廷开设宋学讲筵，日本史称"建武中兴"。这是以宋学作为其意识形态的理论基础。由于玄惠法印等人的努力，"终于使朝廷擢用儒臣，而以宋学为'建武中兴'的思想根基"[②]，玄惠讲席倡程朱之学，开日本宋学研究一代之风。自此之后，整个 14 世纪讲读宋学者，分别以程朱新义讲授《大学》《中庸》《论语》《孟子》等。

到 14 世纪时，朱子学逐渐深入宫廷，打破了禅僧独占儒学的局面，出现了以北畠亲房等人为代表的研习朱子学的公卿贵族学者。他们不像禅僧偏重于禅学与朱子学的联系及其哲学认识论方面，而是注重伦理纲常、经世治国方面。这时，以朱子学的仁义道德哲学研究逐渐代替了以明经训诂的日本儒学，从而打破了平安朝以来菅原氏、大江氏、清原氏、中原氏四家的世袭家传的儒学传统。

室町时代后期，日本逐渐形成了博士公卿、萨南、海南三个研究儒学的学派（其中萨南和海南是属地方朱子学派）。博士公卿派的代表人物是清原业忠、清原宣贤和一条兼良等，主要成员是朝臣和贵族。他们宣讲儒学全部采用朱熹新注，明显地表现了朱子学的倾向。萨南（九州）学派的代表人物桂庵玄树（1427—1508），号岛阴，周防山口人，于明成化六年（1470）到明朝，1473 年回日本，在明朝学习 6 年。回国后，他在九州介绍朱子学，其贡献在于完成了"四书和化"的工作。

[①] 引自王守华《朱子学之传入日本》，《白鹿洞书院通讯》1989 年第 1 期。
[②] 严绍璗：《汉籍在日本的流布研究》，江苏古籍出版社 1992 年版，第 42 页。

他认为,"儒学不原于晦庵者不以为学焉","违背晦庵之义者,皆不敢取也"①。桂庵玄树是萨南学派的开创者,其门下出了一大批学者。他们是朱子学在日本的传播力量。在1481年首先将朱子的《大学章句》加以刊行,并且将汉籍的训读法加以整理,而著了《家点和法》这部书。

另一个受地方大名支持而发展起来,活跃于土佐(今四国)的海南学派,始祖南村梅轩是日本"与王阳明同时出世,从程朱学入,自立一家之说,而达于王学的见地者"②。他学问的根底未脱禅学之心法,故曾说:"三纲五常之道真是以维持天地,诸子百家之学亦无可更改。但了悟此心,未有若禅法者。心者身之主,万事之根也。心未定静以何办事?"③梅轩虽属朱子学系统,但其思想具有阳明学和禅学倾向。

这里值得一提的是,朝鲜退溪学,对朱子学在日本的传播和发展起了积极的推动作用。室町幕府时期,日本与朝鲜互派使节多达六十多次,两国文化经贸往来频繁。1590年(日本天正十八年),李退溪的弟子金诚一(1538—1593)作为使节出使日本,当时住在京都的大德寺。日本朱子学派创始人藤原惺窝负责接待他,并从金氏那里得知李退溪的朱子学研究情况,从而摆脱佛学的系束。故先辈朱谦之说:"惺窝读佛书,而志在儒学。所以,他三十岁时,因与朝鲜所称朱子学派李退溪门人金诚一、许筬之等接触之下,终于放弃了佛教思想。"④此外,李退溪研究朱子学的著作有《朱子书节要》《延平答问》《天命图说》《自省录》和《朱子行状辑注》等11种,也流传到日本,并经日本学者加上训点,重刊出版,有力地促进了朱子学在日本的传播。

(二) 室末江初日本朱子学

从奈良(711—793)至室町末,日本的官方哲学主要是佛教思想。这期间,佛教得到日本统治者所给予的经济上的庇护和身份上的特权,成为权门势学。但是佛教僧侣日益堕落,寺前大街往往是花街柳巷,僧侣破戒行为屡见不鲜,加上寺院建筑豪华,规模宏大,劳民伤财,并大

---

① 《桂庵和尚宗法倭训》,《日本教育史资料》,京都史迹会1976年编印,第12页。
② 朱谦之:《日本的朱子学》,生活·读书·新知三联书店1958年版,第107页。
③ [日]井上哲次郎:《日本朱子学派之哲学》,富山房1990年版,第669页。
④ 朱谦之:《日本的朱子学》,第152页。

量占有土地，成为国家财政危机的重要原因之一。室町时代末期，日本正处在封建制度的大改组和大动荡时期，重视来世的佛教已不能适应新的时代，而具有现世道德规范的朱子学却正是当时日本社会所需要的。于是，日本上层文臣排佛崇儒思想日渐明显，这当中以藤原惺窝的贡献最为显著。他以"释氏既绝仁种，又灭义理"①为由，有力地排斥佛教。他排佛观点总结有两点：其一是反对佛学的修养法，同时他还痛斥当时那些只知金银财宝，失却佛法之本意的出家人；其二是否定佛教的空寂思想，肯定儒教之现实世界观。他认为："西方极乐净土不是来世，而即在所谓的现世。不即内在于各自之心中深处。"②

林罗山继承了其师藤原惺窝的反佛思想，提出他的排佛论：第一，认为佛教就是"以山河大地为假，以人伦为幻妄，遂灭绝义理"，"去君臣去父子以求道"的出世主义；第二，认为国史中违背名分的事件（如苏我氏和僧玄慧的情况）起因于"好佛之罪"，即所谓佛教无视人伦，紊乱了政道；第三，提出建寺院的浪费性，"以材言之，尽国中之名木；以铜言之，尽国中之良铜，其费不知几亿兆"，"劳国内之人，集国内之材而建大殿，果何所用乎？"③藤原惺窝、林罗山批判佛教的不合理主义和落后主义，深刻地影响了同时代及后世儒者。

江户时代（1603—1867）初期，德川家康为了使饱受战乱之苦的民众能安居乐业，在设立幕府时采取了一系列措施，以巩固其封建统治。他首先考虑是用佛教还是儒学作为建国理念（即官方意识形态）。于是，他召集儒学者和五山学僧进行了一场名扬日本的"儒佛论争"，其结果是德川家康采纳了藤原惺窝的观点，用儒学作为日本的国学，即以正人伦而平天下作为幕府设立的基础，并起用林罗山为大学总监。

此后，德川幕府的历代将军及其诸侯崇信朱子学，大肆宣扬朱子学。如五代将军德川纲吉以朱子学作为治国的理论基础，他亲自向大名（藩主）、旗本（江户时代，领地一万石以下的能面谒将军的幕臣）讲授"四书"《周易》等著作，一直坚持了八年之久，共讲240次，这在

---

① [日]林罗山：《惺窝先生行状记》，京都史迹会编：《林罗山文集》卷4，东京：ぺりかん社1979年版，第49页。
② 日本《续群书类丛》第十四歌文部，东京：图书刊行会，明治三十八年（1905）版。
③ [日]林罗山：《谕三人》，《林罗山文集》卷56，第851页。

日本史上是罕见的。此外，纲吉于1690年在江户汤岛建立圣堂（孔子庙），设昌平坂学问所，倡导全国各藩设立藩校，村镇设立学堂——寺子屋，致力于朱子学的普及。在幕府的提倡下，全国数百藩主也大兴朱子学之风，他们刊书聘师办校，极为活跃。各地藩校以及私塾成为普及朱子学的场所。经过幕府与诸侯的推崇与宣传，朱子学风靡全国，儒家思想广泛而深刻地渗透到日本社会的各个阶层。

（三）江户时代朱子学的兴盛

德川幕府时代是日本朱子学空前觉醒的时代，学者们努力发挥自己的创造性见解，因而出现了各种日本朱子学派的争鸣。当时主要的朱子学派有京师朱子学派、海西朱子学派、海南朱子学派、大阪朱子学派和水户派。

藤原惺窝（1561—1619）是日本朱子学派的开创者，也是京师朱子学派的代表人物之一。他反对明经家学传统，信奉程朱新注之学，提倡士人自由研究，主张研究经学不在形式而在内容。惺窝曾为幕府将军德川家康讲授《贞观政要》《大学》，得到幕府的重用。他40岁以后，专门从事教育活动，其门人很多，"师其说者，凡百五十人"[1]。惺窝的最大功绩是使朱子学摆脱了禅学之束缚，最终在日本成为完全独立的学派，并向伦理化方向发展。

林罗山（1583—1657）继续惺窝的自由研究之风，于20岁就开堂宣讲朱子"四书"新注，听众甚多。《罗山先生行状》云："八年（1603）癸卯，先生开筵聚诸生，讲《论语集注》，户外履满。"接着，罗山至京都进谒幕府将军德川家康，为家康所赏识，诏为侍读，成为幕府政治参谋，主管教育。在理气、心性问题上，他主张理气合一，心统性情和性情一境。他说："理、气一而二，二而一……心统性情，元是一心也。若果是四端发自理，七情发自气，还是二心欤？"[2] 这些观点表达了他在理气、心性问题上的独到见解，具有某些合理的因素。京师朱子学派就其哲学思想性质来说，属主理派。室鸠巢（1658—1734），

---

[1] 黄遵宪：《日本国志》下卷，人民出版社2005年版，第782页。
[2] ［日］林罗山：《随笔》，《林罗山文集》第68卷，第844页。

为后期京师朱子学派的领袖。

海南朱子学派发源于日本南部四国之土佐地区，始称南学，南村梅轩为其始祖，江户时代的主要代表人物是谷时中（1598—1649）、山崎暗斋。他们代表的日本主理派朱子学，能给人以坚强的信仰和毅力，成为德川幕府教育国民忠君爱国、仁勇信诚、自强不息的思想武器。谷时中"唱程朱之学于土州，当时称之南学，从游甚众"。他严守朱子的性理之说，特别重视朱子学的"有养践履之实行，笃学缜密，厚重拘束，一身动静周旋，平常尤谨"①。谷时中确立了南学的基础，其弟子小仓三省（1604—1645）和野中兼山（1605—1663）则为南学的楷模和海南理学正宗。此二人殁后，南学中断，后来由山崎暗斋再崛起。

山崎暗斋（1618—1682）从礼教伦理、道德践履方面修正中国朱子学，把仁、敬看成是礼教的最高目标，道德最完善的准则。他认仁为人的本质，识敬为身体力行，用居敬贯通主知和实践，并提出"敬义内外"说，他说："'敬以直内，义以方外'的工夫使人一生受用不尽，朱子之说不我欺也。《论语》中的'君子修己以敬'就是'敬以直内'的工夫，而'修己以安人，以安百姓'就是'义以方外的工夫。"②也就是说，"敬内"即修身（己），而不是养心，"义外"即以义来正国家天下，就是治人。这是山崎暗斋朱子学思想的特色，他门下六千人，尤著者为佐藤直方（1650—1719）、浅见䌹斋（1652—1711）和三宅尚斋（1662—1741）称崎门三杰。他们对江户时代之思想史和教育史影响极大。

海西朱子学派的安东省安（1622—1701）、贝原益轩是日本主气派的代表。其主要倾向是对朱熹的理一元论进行改造，并吸收张载、罗钦顺的气一元论思想。这一派从批判理气二元论走向理气合一说。他们注重格物笃实，具有经世、求实的特色。安东省安是朱舜水（1600—1682，明末东渡日本）的门人，他用实学改造朱子学，倾向于中国明儒罗整庵（1465—1547）的气一元论。安东有一段著名的论述："天地之间，唯理与气，此为二不是，此为一亦不是。先儒之论，未能归一……

---

① ［日］原念斋：《先哲丛谈后编》第1卷，日本文化社，昭和十三年（1938）庚寅刊本，第2—3页。

② ［日］山崎暗斋：《朱笔抄略后记》，《山崎暗斋全集》（上卷），日本古典学会，昭和十二年（1937）刻本，第178页。

罗整庵曰'理只是气之理，当于气转折处观之。往而来，来而往，不知其所以然而然，若有一物主宰乎其间而使之然者，此即所以有理之名。《易》有太极，即谓此也。若于转头皆合，此说极明，要须省悟。"①

贝原益轩（1630—1714）用"理气合一"论改造朱熹的"理一元论"。他说："理是气之理，理气不可分为二物，且无先后，无离合，故愚以为理气决是一物。"② 贝原益轩还吸取罗钦顺的"理一分殊"思想，并用该理论分析程朱的人性论。他反对人有二性之说，主张"气质之性"即为"本然之性"。在认识论上，贝原益轩继承朱熹"格物穷理""格物致知"中的合理思想，认为格物致知就是博学广闻。从这种思想出发，倡导"经世致用"的有用之学，发展了实学思想。他还提出知行并进说。实际上，贝原益轩从理气世界观、人性论到认识论都进一步发展了中国朱子学，具有日本朱子学的特色。

前期以五井持轩（1641—1721）为代表，后期以中井履轩（1732—1816）为代表的大阪朱子学派，是根据大阪这个商业都市发展的特点，本着商人的立场而宣传朱子学的。享保十一年（1726）建怀德堂，讲授程朱之学，有平民教育之风，主讲者皆著名之士，朱子学者。讲学兼取陆王，为大阪自由学风之特征。五井持轩与贝原益轩相交，受其影响，强调气的作用，如有其论证，专以气质为说③。持轩以朱熹《四书集注》为教材，深入体会其义理。在大阪那个追求金钱价值的城市里，他以教授朱子学为职业数十年，那里的商人讽讥他和其住所为"书屋加助"。中井履轩继承和发展了持轩重"气质"的思想，他将孔子、朱熹的仁学思想与西方启蒙时期的人道主义结合起来。他认为："人者，人道之谓也……自五伦之亲爱，推而至于博爱，所谓人道也，即是仁矣。"④ 他强调人们对现实生活的追求，反对脱离现实生活以行道，认为商人采用正当经营方法，所得之利，就是"义"。他不空谈性义，认

---

① 朱谦之：《日本哲学史》，生活·读书·新知三联书店1964年版，第38页。
② ［日］贝原益轩：《大疑录》卷上，井上哲次郎编《日本伦理汇编》第八册，东京育成会，明治三十五年（1902）刊本，212页。
③ ［日］原念斋：《先哲丛谈》第4卷，东京：平凡社1994年版，第22页。
④ ［日］中井履轩：《中庸适原》，《甘雨亭丛书》本，安中造士馆，安政三年（1856）刻本，第51页。

为有利于人的物质生活和精神生活才能称得上朱子学之大道。大阪朱子学派的这些思想，实质上是为日本封建社会向资本主义发展，为以后明治维新的产生做思想上的准备。

以水户藩主德川光圆（1628—1700）为首的水户朱子学派，受流寓日本朱子学家朱舜水影响较大。他们认为学者之道要"择其善者而从之，其不善者而改之"①，"巨儒、鸿士者，经邦弘化，康济艰难者"②。这种实学思想形成了水户朱子学派兼容并包的学风，成为该学派勃兴的思想根源之一。水户朱子学派提倡大义名分、尊王贱霸、忠孝无二的思想，以司马光《资治通鉴》和朱熹《通鉴纲目》为模式编写《大日本史》，用新儒学思想来说明日本的建国精神。实际上是以史学为主的儒学综合派。其促进神道与儒道一致，已超出了朱子学范围。

除了上述日本朱子学派外，还有九州熊本朱子学派。该学派的代表人物是大塚退野（1677—1750）。大塚退野曾信奉中江藤树的阳明学，后通过学习李退溪的《自省录》和《朱子书节要》，而尊信退溪，由退溪而信奉朱子学。他精研《朱子书节要》达48年，获朱子之所言所为记之于心胸，信而行朱子之所言所为，自以为读此书而获朱子之心，而40多年不变。他的门人薮孤山认为，大塚退野得到《朱子书节要》而读，超然有得于心，便遵信其书如神明。大塚退野说："'勉斋之状朱子，不如《节要》之尽朱子也。'先生亦曰：'百世之下，继紫阳之绪者，退溪其人也'。"③ 他讲朱子学，传播朱子学，而形成熊本朱子学派。熊本朱子学派的学者还仿效《朱子书节要》体例，精选李退溪的书翰而成《李退溪书抄》，广泛流传。此后日本著名的朱子学者都不同程度地受到退溪学的影响。大塚退野的门人有薮孤山、横正小南、元田东野等人，并传于后代，在明治维新时出现了诸多有作为的学者。

朱子学在日本的兴盛，除朱子学派的发展外，还表现为朱子学研究著作的繁荣。朱子学传入初，由于禅僧兼儒佛于一身，他们对朱子学的

---

① 朱谦之：《日本的朱子学》，第379页。
② ［日］稻叶君山：《朱舜水全集》，日本图书刊行会，明治四十五年（1912）刊本，第419页。
③ ［日］大塚退野：《送赤彦礼序》，《孤山遗稿》卷9，东京：思文阁，平成八年（1996）刊本。

理解和阐述，大多都夹杂在禅僧语录中，像《大觉禅师语录》和《大休语录》等。接着现出了比《语录》高一级的论文集，如虎关师炼的《济北集》、义堂周信的《空华日工集》等。他们以专题论文的形式阐述对宋学的理解。后来出现了理学研究的系统性专著。最早出现的专著是云章一庆研究理气之说的《理气性情图》与《一气五性例儒图》，可惜今已失传。现在最早的宋学研究著作是云章晚年讲授的《百丈清规》讲义（日名《百丈清规云桃抄》）。该书《报恩章》论儒学传统，《大众章》论心性之学，《尊祖章》论儒佛不二，《住持章》论三纲领八条目、格物致知和诚意正心等。

到江户时代，朱子学研究盛行日本，其学术著作层出不穷。如安东守约著有《初学问答》《耻斋漫录》《省安遗集》等，贝原益轩著有《慎思录》《大疑录》《初学知要》《自娱集》和《益轩十训》等，藤原惺窝、林罗山和山崎暗斋著述就更多了。大批朱子学研究著作问世，表现了朱子学日本化的发展。

朱子学对日本民族文化的渗透，亦体现了朱子学日本化的发展。具体表现：如朱子学的正统论、大义名分论融注于日本史学思想。日本南朝（当时日本有南北二朝廷，两个天皇）大臣北畠亲房曾从玄慧法师受学朱熹的《资治通鉴纲目》，深得朱熹史学的蕴奥，并使之融注于日本史学。他著《神皇正统记》，以君臣大义创日本皇族系天神子孙万世一系之说，并特别阐扬南朝为皇室正统，以正大义名分。德川光国继承北畠亲房的史学精神，设立史局，广招海内学者，从事《大日本史》（420卷）编撰。再如，日本朱子学所提倡的道德之理是德川时代武士道德的核心内容。武士道精神以程朱理学为中心，并带有日本民间的习俗风尚，是以日本封建制度为背景而发展出的一种特殊文化，所以武士道是日本式的儒教。德川幕府曾多次制订和修改《武家诸法度》，用朱子学的人伦道德来加强武士道精神。德川家宣（六代将军）修改《武家诸法度》，突出儒家的"仁政""忠孝"思想，强调武士之责在于"修文武之道，明人伦，正风俗"①。德川末期，把"忠孝、武勇、信

---

① 日本《御触书宽保集成》7号，引自王裁源《儒学东渐及其日本化的过程》，《孔子研究》1989年第3期。

义、名誉、礼仪、质朴、廉洁"等德目作为武士必须恪守的信条，进一步强化武士道精神。故日本新稻户造在其英文著作《武士道》中说："儒家思想是武士道的最丰富的渊源。"

（四）江户时代后期日本朱子学

进入江户时代中期，朱子学受到古学派、阳明学派和国学的挑战，朱子学日趋衰落。但是，德川幕府为巩固封建制度，在思想上于宽政二年（1790）实行"异学之禁"，因而朱子学虽然在逐渐衰微下去，但还保持着官学地位，直到明治维新。

在朱子学风靡日本之际，出现了与之对抗的古学派。古学派以山鹿素行、伊藤仁斋、荻生徂徕为代表。他们原来都是朱子学说的追随者，后来怀疑朱子学与孔孟思想不同，而另立学派。他们提倡从《论语》《孟子》原文去把握古义，以期直探孔孟的真精神。山鹿素行（1622—1685）是古学派的开山祖，他早年从学于林罗山，信奉朱子。40岁以后，他渐疑心性理气之说，以宋学为太高远。他学《论语》《孟子》不借古来一切注疏，直接熟读精研，探究孔孟本意。他著《四书句读大全》与《圣学要录》，直返孔子。他鸣古学于江户，排斥汉唐宋明诸儒。他解理为圣理，性为理气妙合。以无极而太极为异端，而以伦理释太极。解《大学》以实在道德为标准而不重格致。反对持敬静坐而主敬礼。因其重行，提倡武士道，与之以哲学根据。他晚年讲学于江户，从之者众，支配江户时期士人之心三百余年。

伊藤仁斋（1627—1705）原宗信朱子学，37岁始出己见，宣扬古学于京都，与山鹿素行东西相呼。他自述，"予自十六七岁，深好宋儒之学，尊信《近思录》《性理大全》……其后三十七八岁，始觉明镜止水之旨非是，渐渐类推，要之实理，衅隙百出，而及读《语》《孟》二书，明白端的，殆若逢旧相识矣。心中欢喜，不可言喻，顾视旧学，若将误一生"[①]。这是伊藤氏自述"学问次第"变化过程。自述中说的"明镜止水之旨"，指朱熹的"读书法"，朱熹说："心不

---

① ［日］家永三郎等编：《日本思想大系33·伊藤仁斋·伊藤东涯》，岩波书店1980年版，第294页。

定故见理不得，今且要读书须定其心，使之如止水如明镜，暗镜如何照物。"① 这里否定朱熹的读书法，表明他从朱子学转而要出己见了。仁斋《童子问》说："问先生学问之家法曰：吾无家法，就《论语》《孟子》正文理会，是吾家法耳。"他在《童子问》中评《论语》《孟子》二书说："包含天下之理而无缺，荟萃百家之典而不遗。"所以仁斋视《论语》《孟子》为本经，儒家其他著作均为旁经。他著《孟子古义》《语孟字义》。他说《大学》非孔氏遗书，《中庸》乃《论语》之衍义，并著《论语古义》十卷，《孟子古义》七卷，以明其说，是其终生研究孔孟的结晶。

伊藤仁斋还重视圣人之道的实践，重视朱子所倡导的思辨思想，为当时学术界注入了新的学风。他从朱熹信徒转而创立具有鲜明实学特点的古学堀川学派，在朱子学以外立了新学说，为日本哲学界注入新的活水，也改变了德川时代旧哲学的格局。他一生不仕官，于贫穷中致力学问。他的学塾叫古义堂，有门人三千以上，为学界之一大努力。

荻生徂徕（1666—1728）是当时著名学者，萱园学派的创立者。他25岁讲程朱理学，僧侣儒生听者数百人，才学声望均高。他虽属古学派，但与素行和仁斋之学不同，他是以古文辞学作为进入经学研究的阶梯，他广读诗文，遍览"四书"，写文章自由发挥。他说孔子不谈理气、天理人欲，而谈治国平天下。他以"萱园社"为基地，吸引了一世文人才子，使其辞学风行一世。萱园学派之盛行，非伊藤仁斋堀川学派所及。

与古学派差不多同时兴起的还有阳明学派，与朱子学派争衡。该学派的代表人物有中江藤树、熊泽蕃山和富永仲基。中江藤树（1608—1648）初修朱子，后读阳明，醉心于阳明的"致良知"之说。他自称得朱子的圣人之教，又以阳明的知行合一说而加以实行，并努力使阳明学和日本神道相结合。他的《神道大义》说："夫神道以正直为体，以爱敬为心，以无事为行。然正直、爱敬、无事三者，与彼《中庸》所谓知仁勇三者通。"

熊泽藩山（1619—1691）为中江藤树之门生，他承其师说，把

---

① 黎靖德编：《朱子语类》卷11，第177页。

"知行合一"的思想贯彻于政治行动之中，对阳明学的讲习与宣传是颇有成绩的。他任冈山藩藩士时，与藩主池田光政相配合，进行藩政改革。他的主要著作有《集义和书》《大学或问》。

富永仲基（1654—1727）发展了阳明学，他认为中国的儒学、印度的佛教、日本的神道三者舍弃风土与时代的特色都是相通的，他把三者统归于"诚"道。他所说的"诚"道就是《论语》的"忠信"、《孟子》的"诚"，朱子的"穷理尽性"和王阳明的"致良知"。德川幕府末期，朱子学派与阳明学派以"忠孝一本"说与"神儒一致"说合流。

18世纪神道复兴，同时折衷学派和考证学派盛行起来，对朱子学派进行了有力的批判。这时，虽然出现了宽政改革推动的地方官，象冈田寒泉（1740—1816）、柴野栗山（1716—1807），和正学派朱子学者尾藤二州（1747—1813）、赖春水（1746—1816）、西山拙斋（1735—1798）、菅茶山（1748—1827）等那样一些以"振兴学政"为旗帜的朱子学家，但是他们没有提出新的理论，只是衰弱中的回光返照而已。特别是宽政改革（1790），禁止异学，强化朱子学所带来的反弹极大，招致异学者和国学神道派的反对，最后导致1866年萨摩藩和长州藩联合发起讨幕运动。至此，经历270多年的德川幕府拉下了帷幕，朱子学也由此退出了官学的地位。

另外，自16世纪中叶传入日本的西学，至18世纪初发展很快，形成了一个热衷于西学研究的新学派，即日本兰学派。西学传入，对朱子学亦形成了挑战。

（五）明治维新时期的朱子学

1868年，日本明治天皇开始变法维新，即明治维新。新政府在进行维新活动中，大力推行"文明开化"政策，即吸取西方的政治经济制度和思想文化，很快就确立了资本主义体制。清末，中国驻日本参赞黄遵宪在《日本国志》一书中，对明治维新时期的日本作了如下描述："日本迫于外患，斐然更张……百务并修，气象一新，摹效西法，惘遗余力……富强之机转移频捷，循是不辍，当有可与西国争衡之势。"在这种情况下，作为日本的传统文化的重要组成部分的朱子学，该如何应对西方文化的挑战，就成为此时日本思想家思考的课题。

当时，日本有的朱子学者坚守阵地，批评西学。如大桥讷庵（1816—1862）著《辟邪小言》，从朱子学出发，认为西学不是穷理之学，西人不知穷理、不知仁义，西人有"艺"无"道"。大桥从理论上否定西学。吉田东洋固守朱子学，在创设的文武馆里，研读《小学》《近思录》、"四书""五经"等，提高汉学修养，接受朱子学的教化。而更多的日本朱子学者开始融合西学，对朱子学进行改造，提出朱子学与西学互补的主张。如佐久间象山（1811—1864）在反省、对照朱子学的基础上，肯定西方的"实理"之学，主张用西学的"实理"来改造朱子学的"虚理"，认为西学的认识方法和理论可以补充发展朱子学的"格物穷理"之方法。他用"东洋道德，西洋艺术"概括儒学与西学关系，主张在坚持儒家政治伦理的前提下，学习西方科学技术。佐久间象山主张在传统思想的基础上吸收新思想，又用新思想改造传统思想的观点，为新思想顺利发展和朱子学创新发展开拓了道路，在当时具有重大的意义。

横井小楠（1809—1869）与佐久间象山一样，也是开国论者。他用儒家"天下为公""民为邦本"来解释西方政制，认为西方各国政治制度都值得肯定与效仿，并且从根源上探寻当时中国和日本失败的原因。他还用朱熹的"即物穷理"的格致思想，"经世只是随时""势自是如此"的改革思想，撰著《国是三论》。横井先生认为，只有"开国"，才顺"天地运气"，顺者国则兴，而"锁国"必违"天地运气"，违者则国运衰。所以，他提出"富国强兵"和"殖产兴业"的口号，主张以欧美国家的社会制度为典范，改造日本的社会制度。开国论者们，想通过朱子学的再解释、再创新，而使西方文明日本化，从而为日本社会的改造寻求出路。

在开国论者的推动下，"明六社"欣起声势浩大思想启蒙运动。"明六社"是明治六年（1873）成立的一个知识分子团体，其代表人物是加藤弘之、中春正直（1832—1891）、西周（1829—1897）、津田真道（1829—1903）、福泽谕吉（1835—1901）、中江兆民（1847—1901）等。"明六社"的主要人员几乎全部是日本"开成所"（东京大学前身）出身的。他们引进孔德、穆勒的实证主义，提倡实证科学，即引进西方的"天赋人权说"和"社会契约论"，主张自由、平等，反对朱子学的等级观念。但是，他们的思想中仍然保留着朱子学的烙印，如他们往往借用朱子学的概念来介绍西学，使得朱子学与西学之间保持有某种程度的连续性，这就对日本朱子学中的合理因素给予了继承和发展。如中村正直在《明六杂卷》上发表《支那不可侮论》文章，对崇拜西洋、蔑视中国的风潮发出警告。他撰写《汉学不可废论》，主张"汉学有用论"，为汉学振兴倾注全力。中江兆民吸收朱子学中的民本思想，力图把传统民本思想与近代民权论结合，把朱子学的民本思想改造为具有新内涵的近代民权、民主思想。这些都表明，在日本全面西化的背景下，朱子学对日本社会的政治、经济、文化的发展仍然在产生影响。

与此同时，日本出现复兴儒学的运动，其代表人物有鸟尾小弥太、三宅雪岭、元田永孚、西村茂树等。鸟尾小弥太和三宅雪岭等学者，严厉抨击明治政府全面西化政策，并且警告说：模仿欧美若走入极端，日本则会变成"劣等的欧美"，日本人则会变成为"劣等的欧美人"。元田永孚（1818—1891）和西川茂树（1828—1902）等学者，则针对日本全面西化后社会经济高速发展而出现的"民心极端浮躁"与"精神危机"的病症，主张把复兴朱子学作为根本国策，从朱子学里寻求"道德之教"来规范人心。明治十二年（1879），明治天皇命元田永孚（为天皇的侍讲）按他的意旨记述《教学大旨》。次年，西村茂树所作而由文部省发行的《小学修身训》出版，之后在明治十四年（1881）五月又公布了《小学教则纲领》，并任用汉学者作为小学教师，以期为德育之教。元田永孚著有《教学大旨》《幼学纲要》，西村茂树著有《日本道德论》。他们通过以天皇敕谕的名义，把自己的这些著作作为儒学的通俗教科书，向全日本的小学、中学等各级各类学校发行，供他们使用。尤其是《幼学纲要》，它是以朱子《小学》的体例为参考，从孝行第一至勉职第二十，共20项。在各项里，首先举《孝经》或"四书""五经"的语句。《幼学纲要》主要讲儒教伦理。它特别强调在儿童中进行以"孝忠""仁义"等为主要内容的道德教育，向儿童灌输尊皇爱国的思想。

日本明治天皇虽然批判朱子学，但并未全盘否定朱子学。明治二十三年（1890）十月三十日，明治天皇发布《教育敕语》，确立了以儒学道德为主要内容的国民道德教育方针，朱子学又在近代日本思想中占有重要的地位。《教育敕语》指出作为一个日本的忠良臣民必须严格履行的道德是：坚持儒教伦理道德，必须重视服务于国家，必须接受神道的国家主义、军国主义思想。换句话说，明治天皇颁布的《教育敕语》是把日本神道与朱子学融为一体。它以朱子学的道德论与近代的国家主义、军国主义结合，形成以忠孝为重点，以天皇为中心的国民教育方针，对国民进行仁义忠孝的教育。井上哲次郎说："敕语的主要之点，简单地说，就是国家主义。"而敕语中所列举的"孝于父母，友于兄弟，归根到底还是为了国家，自己的身体献给国家，为君父牺牲"。这是"忠君爱国"的说教。[①] 经过这样的教育，日本国民对《教育敕语》更加尊崇，《教育敕语》逐渐形成一种国家精神的象征。

明治维新时期，朱子学的"经世致用""格物穷理"思想，促进了日本思想家追求自然之理的研究，并且以此作为摄取西方科学技术的母本，从而使日本经济保持着快速发展的趋势。特别是20世纪60年代以来，日本经济取得高速发展，变成亚洲第一个实现现代化的国家，成为世界经济大国之一。这是日本朱子学的一个显著的特点。

（六）现代日本朱子学

所谓现代日本朱子学，是指第二次世界大战后日本学者研究朱子学的情况。战后，日本进行了社会和教育制度的改革，儒家的伦理道德不再作为国民道德教育的根本方针。就思想体系而言，朱子学不再作为国民道德理论基础的意义，而仅仅被作为人文科学的研究对象而被学者所重视。

对于这个时期日本朱子学研究的特点，日本岛田虔次在《战后日本宋明理学研究的概况》中有所概括。他说："战败后，随着社会状况的激变，学界的情况也大有改变。在继续历来的哲学意味的研究之外，作为新的倾向，可以说还有所谓思想史，或者叫作社会的思想史。这是超越儒教、佛教的区别，探求时代的意识——思想的一种见解。"[②] 这就

[①] 中国日本史研究会编：《日本史论文集》，生活·读书·新知三联书店1982年版，第166页。

[②] ［日］岛田虔次：《战后日本宋明理学研究的概况》，载《中国哲学》（第七集），1982年。

是说，现代日本学者是把朱子学放在整个思想史的大局中去考察，打破了过去那种孤立研究朱子学的正统方法，根据实际资料来叙述朱子学的形成过程及其内部的逻辑构造。

日本吉田公平、市来津由彦在《日本宋明理学研究情况概述》中说：回顾（日本）四十年来的宋明理学研究，可以看到：第一个特色是岛田虔次的著作①中所指出的"近代思维"的概念，对研究界引起很大反响，即从政治、社会、思想史的角度来综合掌握的尝试，将是今后宋学研究的重大课题。这是因为，以资本主义萌芽论证为代表的社会经济史研究的进展，给予了很大的刺激。但是，尽管如此，一方面掀起激烈的论争，另一方面也进一步扩大了视野。进行明代思想的研究，也可以说是岛田的一大功绩。第二个特色是楠本正继及其学派进行了活跃的工作。在哲学研究上楠本及其学派取得了有意义的研究成果，事实强有力地证明了本性的理解是至关重要的。第三个特色是现在打破了以前的"明学即阳明学"的框框，明代思想的研究领域扩大到佛教、道教、基督教，而且在研究中打破"教"的框框，开始研究零星的思想家，出现了证实明代思想丰富性的研究。第四个特色是宋明理学的本身已经作为伟大的遗产，成为历史研究的对象，再也不是过去那样作为实践伦理而起作用了。研究者本身对宋明理学的态度，也随之而改变。② 岛田虔次（1917—2008）是日本京都大学教授，著名的中国哲学专家，其著作还有《朱子学与阳明学》等数种。楠本正继及其学派，下面还将论及。在战后四十多年中，由于日本朱子学界研究领域的扩大和具有了新的特点，学术空气十分活跃，涌现出了大批朱子学家，其研究成果十分丰富。

1. 现在日本朱子学的研究中心

现在日本朱子学有两个研究中心：一是东京大学。由宇野哲人（1875—1974）教导和影响而成长起来的知名学者有宇野精（1910—1998）、山井涌（1920—1999）、宇野茂彦（1944—　）等。他们围绕着"朱子的综合研究"课题③进行撰述。日本学者岛田虔次在《战后日

---

① 这里是指岛田虔次《中国近代思维的挫折》，东京：筑摩书店1949年版。
② ［日］吉田公平、市来津由彦：《日本宋明理学研究情况概述》，《中州学刊》1985年第3期。
③ 此课题为日本文部省科研经费拨款项目。

本宋明理学研究的概况》中说："明治以后，欧洲的学问成了日本学问和教育的主流。在这种背景下，中国研究、中国思想史研究的领域逐渐形成了三个流派。一、以东京大学为中心的所谓'汉学'、'支那哲学'学派……宋学的研究，主要是由这一派进行的。此派以宇野哲人为代表……宇野的《支那哲学史——近世儒学》（1954年出版）。宇野是东京'汉学'派宋明学研究的带头人，他给该学派提供了叙述宋明理学研究的一个模式。"

二是九州大学。日本冈田武彦说："日本近年来对朱子学、阳明学的研究，起于九州大学。这是由于九州大学教授楠本正继先生，在宋明学研究方面确立了划时代的方法论；九州大学拥有最为丰富的有关宋明学的资料，及众多方面的研究专家。近年来，无论是中国还是日本，以往的宋明学研究是由于受西洋学的影响更加科学、系统化了，还是仅仅停留在与西洋学的外观上的比较，而与内在的理解上、使之形成学问体系上，都还有所欠缺。楠本正继先生出色地解决了这个问题。我想，原因之一是由于先生年轻时研究过德国哲学，因而继承家学，克服了其影响。楠本先生的祖父及其弟以对幕末维新的深刻体验为基础，作为朱子学，是当时首屈一指的大家……楠本先生继承了这种家学的精神，将研究的锋芒指向新儒学。因此，较之其他日本的研究家确有研究不同的方法。鄙人是楠本门下，不过是继承了其学风之一端……较多地吸收了对朱子学有深刻体会的日本山崎暗斋系统的学说，吸收了以明末的体会为主的新朱子学、新阳明学而成为幕末维新的阳明学者、朱子学者的学说。这一点，以往在中国和日本都忽视了。这也是搜集资料困难的一个原因。"①

所谓"继承家学"，是指楠本正继（1896—1963）出身于以日本朱子学山崎暗斋学派为家学的家庭，其祖父楠本端山（1832—1916）、叔父楠本硕水也是著名的朱子学家，被称为"儒学双杰"。他们一脉相承形成的所谓家学，是指中国儒学在日本演化而形成的体认方法。楠本正继著有《朱晦庵的事业》《宋明时代儒学思想的研究》《九州儒学思想

---

① 《冈田武彦教授来信摘要》，《中国哲学史研究》1983年第3期。

的研究》① 等。《宋明时代儒学思想的研究》是宋明理学通史性的著作，被称为战后日本的宋明理学研究的最高著作之一，1963年荣获朝日新闻社文化奖。该书学术精炼，论据坚固，深具体会，有独到见解。上引冈田武彦所说的楠本正继关于宋明学研究的划时代的方法论，有两个方面：一是指"受西洋学说的影响更加科学、系统化的方法"；一是指"吸收了以明末体会为主的新朱子学而成为幕末维新的朱子学者的学风"。对此，冈田武彦有所解释："楠本先生是用西洋哲学来探讨学问体系，以家学来摄取精神。结果，他成为明治以后最引人注目的中国思想家，蕴有体认（而且是深潜缜密的体认）的家学，是暗暗地在楠本先生的书中表现着的。在日本看出这一点的人是很少的。"②

楠本正继用西方哲学方法研究中国儒学的风气，打破了当时用分析的方法，即实证主义方法研究中国儒学的风气，在日本开创了以东方精神来研究中国哲学之先河。楠本正继门下人才辈出，著名者有冈田武彦（1908—2001）、荒木见悟（1917—2013）、佐藤仁（1927—　）、福田殖等。

2. 现代日本朱子学研究的内容

现代日本朱子学的学术内容，主要有两个方面：一是对中国朱子学的研究。根据日本吉田公平、市来津由彦在《日本宋明理学研究情况概述》的综合介绍：井宇三郎的《宋代易学的研究》（1958），论述了朱熹把北宋刘牧的象数易、邵雍的先天易、周敦颐的太极图等三个易学集其大成的经纬；友枝龙太郎的《朱子的思想形成》（1969），探讨了朱熹40多岁时提出的中和说，对其仁、太极、鬼神、格物等说，形成的影响；后藤俊瑞的《朱子的伦理思想》（1969），对朱熹的实践论按照西方伦理学的方法进行思考论述；三浦国雄的《朱子》（1979）、佐藤仁的《朱子》（1986）记述了朱熹的生平事迹和朝鲜化儒学史；山田庆儿的《朱熹的自然学》（1978），通过分析整理《朱子语类》的片段记述，从宇宙论、天文学、气象学等方面重新阐述朱熹气的自然学；田中兼二的《朱门弟子

---

① ［日］楠本正继：《朱晦庵的事业》，日本评论社1940年版；《宋明时代儒学思想的研究》日本千叶广池学园出版部1962年版；《九州儒学思想的研究》，日本九州大学出版社1957年版。

② 引自李今山《日本当代儒学家冈田武彦》，《国外社会科学》1987年第8期。

师事年考》(1975),详细地考证了《朱子语类》里所出现的门人师事的年代;吉田幸次郎、三浦国雄的《朱子集》(1976),对朱熹论著进行了语音注释;三浦国雄的《朱子与呼吸》(1982)、《气数与事势》(1984),吾妻重二的《关于朱熹〈周易参同契考〉》(1984),市来恭彦的《阴符经考异》(1984)的思想,都是从道教及其气的方面来研究朱熹;荒木见悟的《佛教与儒学》(1965),柳田圣山的《佛教与朱子的周围》(1976),研究了朱熹和佛教的关系,以及朱熹关于大慧禅是什么的问题;佐藤仁的《朱熹与陆游》(1976),冈本不二明的《语音与身体——朱熹的文学》(1979),小南一郎的《朱熹〈楚辞集注〉考》(1981),论述了朱熹的文学观;佐野公治的《朱子经书的构造——四书学的成立》(1984)、《关于朱子以后〈大学〉观的变迁——四书史概观》(1986),认为朱熹的四书学是通过四书观、注释方法建立起完整的解释学体系;上山春平的《朱子的〈家礼〉》(1982)、《仪礼经传通解》(1982),山根三芳的《朱子礼学的先驱——北宋道学系统礼学的诸论考》,研究了朱熹的礼学;石田肇的《唐仲友觉书〈备忘录〉》(1975),衣穿强的《朱熹与唐仲友》(1980),是对朱熹生前事迹的专题研究;冈田武彦的《宋明哲学的本质》(1985),是程朱理学通论性的最新著作。[1]

此外,他们对南宋福建理学的其他派别也有广泛深入的研究。例如,近藤一成的《道学派的形成和福建》(1980),从史学角度对理学道统中福建籍学者的经济思想进行了分析;土田健次郎的《陈襄的思想》(1988)、《杨时的立场》(1981),荒木见悟的《杨时小论》(1981)、《关于宋儒陈瓘》(1984),冈田武彦的《胡五峰论》(1966),佐藤仁的李侗、刘子翚、朱松等朱熹父师的文章,探讨了闽学与福建早期理学的关系。池田知久发掘南宋末年象数闽学派学者林希逸的《庄子鬳斋口义》,得出在日本室町时代至江户时代初期,"帮助程朱理学在日本扎根的就是林希逸的《口义》"[2]。岛田虔次的《朱子学与阳明学》(1987),吉田公平的《关于王阳明〈朱子晚年定论〉》(1982)、《〈朱

---

[1] [日] 吉田公平、市来津由彦:《日本宋明理学研究情况概述》,《中州学刊》1985年第3期。

[2] [日] 池田知久:《林希逸〈庄子鬳斋口义〉在日本》,《中国哲学史研究》1987年第2期。

子晚年定论〉的继承》《性善说与无善无恶说》，高桥进的《朱熹王阳明：物、心与理的比较思想论》（1977）等，对朱子学与阳明学的关系作了论述。山下龙二的《罗钦顺和气的哲学》、山井涌的《明清时代气的思想》（1978）、《清代的朱子学》等，对明清时代朱子学和气本论的关系进行了分析。

对朱子学的具体范畴及范畴关系的探讨，上山春平的《朱子的人性论和礼论》涉及几个现代日本朱子学者的观点。他说：颇为流行的一种说法是：朱子理论体系的基本概念"理"和"气"，相当于亚里士多德的"形式"和"资料"这一对概念。这一提法曾为理解朱子学体系的构造作过不少贡献。但是，最近约翰·尼登在题为《中国的科学文明》（1956）中提出了对这一提法的重大的反对意见；在此以前，还有安田二郎在《中国近世思想研究》（1948）中，也对此提出尖锐的批评；上述两者的见解得到了岛田虔次先生《朱子学和阳明学》和山田庆儿先生《朱子的宇宙论》[①] 等的支持。安田对"气"的理解，采取了如加鲁的观点，即把它看作"瓦斯或空气状态的物质"；对"理"的理解，提出了作为"意思"来掌握的独立的见解。尼登认为，"气是以能力和物质互相转化为前提的一种物质——即能源"；理是组织或者"组织的原理"，岛田先生大体上同意安田的学说，批判地继承了安田学说的山田先生，对朱子的宇宙论的研究，着重从"气"的角度来进行。目前他的见解接近尼登的见解。我基本上同意尼登和山田先生的观点，即要从要素论和全体论、机械论和有机体论、分析主义和直观主义，这样相对的方向去掌握朱子学的哲学思想。

上山春平的上述观点，把朱子学的范畴体系清晰地表示出来。对此，友枝龙太郎在《朱子学之基本特征》中也有深刻的说明。他提出朱熹的范畴"皆两者对待依赖而不可废一。即是不一不二、不离不杂之辩证论。其中理气论，非理生气之生成论。理与气，若论其生，则是俱生；但论其价值，则理优先于气"[②]。冈田武彦在《朱子学是门活学问》

[①] [日] 山田庆儿：《朱子的宇宙论》，《东方学报》1966 年第 1 期。
[②] [日] 友枝龙太郎：《朱子学之基本特征》，载《日本学者论中国哲学史》，中华书局 1986 年版，第 353 页。

中说："它的某些思想与西洋的科学领域是相通的。这是众所周知的，所不同的是，朱子学的哲学体系是建立在以人伦这一重视人的价值之基础上的。"① 冈田武彦是享有国际声誉的朱子学家，他对朱子学有及其深入的研究和体认，对朱子学思想的实质和特色的见解，是很值得重视的。

二是对日本朱子学和韩国退溪学的研究。前者有阿部吉雄（1905—1978）的《日本朱子学与朝鲜》②、《朝鲜的朱子学与中国的朱子学》③，冈田武彦的《山崎暗斋》④，牛尾弘孝的《山崎暗斋派的朱子学——日本的思考》⑤ 等。后者有高桥进的《李退溪和敬的哲学》⑥，友枝龙太郎的《李退溪的生平和思想》⑦、《李退溪哲学之历史位置》⑧ 等。两者都论到中、日、韩三国朱子学的相互促进和影响。

另外，现代日本朱子学很注重研究范畴的扩大和新资料的发掘。日本朱子学迄今已有五六百年的历史，因此他们对朱熹及其主要后继者的思想研究已经比较深入，成果较多。到了现代，日本学者注重朱子学研究范围的扩大和新资料的发掘。1985 年 3 月，以日本著名朱子学家、日中学会理事长山井涌为团长的"朱熹遗址调查研究访中团"一行十人，访问了朱子遗址，并与中国有关朱子学者进行座谈。近几年来，日本著名朱子学家芦天孝昭、三浦国雄、市来津由彦、土田健次郎、吾妻重二等数十人亦来中国访问朱子遗址，搜集朱熹和其他朱子学者的事迹。

3. 朱子著述的整理和考辨

在朱熹著述的整理和考辨方面，1973 年，日本中文出版社出版的

---

① ［日］冈田武彦：《朱子学是门活学问》，载厦门大学哲学系编：《厦门朱子学国际学术会议论文集》，厦门大学出版社 1987 年版。
② ［日］阿部吉雄：《日本朱子学与朝鲜》，东京：日本东京大学出版社 1971 年版。
③ ［日］阿部吉雄：《朝鲜的朱子学与中国的朱子学》，东京：明德出版社 1977 年版。
④ ［日］冈田武彦：《山崎暗斋》，东大图书公司 1987 年版。
⑤ ［日］牛尾弘孝：《山崎暗斋派的朱子学——日本的思考》，载厦门大学哲学系编《厦门朱子学国际学术会议论文》。
⑥ ［日］高桥进：《李退溪和敬的哲学》，日本东洋书院 1985 年版。
⑦ ［日］友枝龙太郎：《李退溪的生平和思想》，韩国退溪学研究院，1985 年。
⑧ ［日］友枝龙太郎：《李退溪哲学之历史位置》，载《第八届退溪学国际学术会议论文集》，日本东洋书院 1986 年版。

《朱子语类大全》。冈田武彦为该书写的前言《朱子语类的成立及其版本》，是近年来日本朱子学者研究《朱子语类》的综合成果。还有佐藤仁的《朱子语类词句索引》①、《朱子语类人名地名书名索引》②，友枝龙太郎的《朱子的思想形成》③，附录《朱子语类的成立》《关于朱子语录类要》等，是对《朱子语类》书志的研究。藤本幸夫的《朝鲜版〈朱子语类〉考》④，搜集整理了日本国内外的《朱子语类》朝鲜版，反映出了对《朱子语类》研究的广度和深度。

在朱熹论著方面，有复斋俊瑞的《朱子四书集注索引》《朱子四书或问索引》⑤、《诗集传事类索引》⑥，大槻信良的《四书集注典据考》⑦，东京大学朱子研究社编《朱子文集固有名词索引》⑧，佐藤仁的《朱子文集人名索引》⑨ 等。

现代日本朱子学最引人注目的成果是以九州大学为中心出版的《朱子学大系》。这是一套规模很大的丛书，其主编是诸桥辙次（1883—1982）、安冈正笃、冈田武彦等，有八十多位现代日本朱子学者参加了编辑和撰稿，1974 年开始出版。全书共 15 卷：第 1 卷是《朱子学总论》，第 2、3 卷是《朱子的先驱》，第 4 至 9 卷是《朱子的主要著作》（其中第 4、5 卷为《朱子文集》，第 6 卷为《朱子语类》，第 7、8 卷为《四书集注》，第 9 卷为《近思录》），第 10、11 卷是《朱子的后继》；第 12、13 卷是《日本的朱子学》，第 14 卷是《朱子学者书简》，第 15 卷是《年志、图表、文献目录》等。这部《朱子学大系》，具有很高的学术价值。

现代日本朱子学在资料搜集和整理上做出了贡献，西方学者研究朱

---

① [日] 佐藤仁：《朱子语类词句索引》，日本采华书林出版社 1975 年版。
② [日] 佐藤仁：《朱子语类人名地名书名索引》，日本采华书林出版社 1975 年版。
③ [日] 友枝龙太郎：《朱子的思想形成》，东京：春秋社 1969 年版。
④ [日] 藤本幸夫：《朝鲜版〈朱子语类〉考》，日本富山大学人文部，1982 年。
⑤ 这两书先后由日本广岛大学中国哲学研究室于 1954、1955 年出版。
⑥ [日] 复斋俊瑞：《诗集传事类索引》，日本武库川女子大学中国文化研究室，1960 年。
⑦ [日] 大槻信良：《四书集注典据考》，日本中文出版社 1976 年版。
⑧ 东京大学朱子研究社编：《朱子文集固有名词索引》，日本东风书店 1980 年版。
⑨ [日] 佐藤仁：《朱子文集人名索引》，日本中文出版社 1977 年版。

子学大多都依赖日本资料。

应该指出的是，现代日本朱子学虽然图书易得、资料齐全，但是在研究深度上有的并不一定比中国强。今人陈荣捷说："即以注释《近思录》而论，日本注释、讲述、翻译不下百余种。以言引朱，总不若江永（《近思录注》14卷）之精。名物、掌故与校对，远不及茅星来（《近思录集注》14卷）；而诠释意义，则更在张伯行（1651—1725年，著《近思录集解》14卷、《续近思录》10卷）、施璜（其在世之1705年刊刻所著《五子近思录发明》14卷）之下。惟佐藤一齐（名坦，1772—1859）之《近思录栏外书》参考其详，新见颇多。而宇都宫遁庵（名由的，1634—1710）之《鳌头近思录》之引语探源，最为特色。总之，各有所长，正可互相借鉴。"[①] 陈荣捷是站在国际朱子学界的高度加以评价的，甚为确当。现代日本朱子学享有国际声誉。1987年，联邦德国学者余蓓荷把日本岛田虔次的《朱子学与阳明学》译成德文。

从上面的论述可知，朱子学自镰仓时代传入日本后，经儒佛合流，又与日本原有的神道相结合，表现了朱子学日本化的开始。江户时代，朱子学派纷立，研究著作层出不穷，朱子学走向兴盛，出现了日本朱子学思想体系，成为德川幕府治国的思想武器。任何事物总是在对立统一的规律中发展的。明治维新之后，日本朱子学衰弱，但朱子学的"经世致用""格物穷理"思想，使日本追求自然之研究，很快实现了现代化。

二　藤原惺窝与朱子学

藤原惺窝（1561—1619），字剑夫，号惺窝，别号紫立子，出生于播磨国三木郡细河村（今兵库县三木市）。其父冷泉为纯（1530—1578）。藤原氏冷泉家因中世歌学泰斗藤原定家（1162—1241）之孙藤原为相而颇负盛名。据藤原家世系谱可知，藤原惺窝为十二世之孙，当时享有采邑之封建特权，在播磨细河拥有自己的领地。

藤原惺窝孩提时代入寺庙学佛，法号文华宗舜。据其高足林罗山为

[①] 陈荣捷：《访问哲学界观感》，《中国哲学年鉴》，中国大百科全书出版社1984年版，第487页。

其所撰述的行状中记载:"甫七八岁投龙野宗昊东明长老,诵心经、法华经等,皆谙焉。人呼为神童,一旦祝发为浮屠名曰雍。"而其师"东明师景云寺长老成九峰,姓大江氏,所谓儒而入佛也。先生从事笔研,其所出可知矣。博学禅教兼见群书"①。又据《相国寺塔头末派略记并历代》的记载,藤原惺窝还曾侍师文凤宗韶(?—1572)学佛。② 惺窝在播州龙野景云寺的两位老师东明宗昊和文凤宗韶所留存的史料都很少,但从相关记载看,他们二人虽以佛法为精神旨归,但亦研习儒学,对朱子学有相当的了解和把握。而且,东明宗昊还是一位由儒入佛的高僧。

藤原惺窝十八岁时,父兄在与三木城主别所长治(1558—1580)的战乱中被杀后,他陪其母离开故乡,来到京都投奔当时住持京都相国寺普广院的叔父清叔寿泉(?—1576)。惺窝进入相国寺,主要从师相国寺惠林院南丰轩主周清。他在相国寺继续研究禅学。在一次去播磨国之际,惺窝与当时的播磨龙野城主赤松广通(1562—1600)结为挚友。此后,他便常在京都伏见一代游学。据林罗山《惺窝先生行状》中所言:"故从赤松氏游于洛于伏见之间。先生虽读佛书,志在儒学。"③ 正是在这时,惺窝由禅学逐渐倾向于儒学。

藤原惺窝还俗归儒与来访日本的朝鲜学者的影响有关。天正十八年(1590),惺窝在京都结识了朝鲜使者。其中一位为金诚一(1538—1583)。金氏为朝鲜著名朱子学家李退溪之高足成浑的门人。惺窝向金诚一请教儒学,并互相以诗篇赠签。而另一位使节许筬之,对藤原惺窝视为"不同道者",并致书说:"子释氏之流,而我圣人之徒,拒之尚无暇,反为不同道者谋,岂非犯圣人之戒而自陷异端。"④ 许筬之是朝鲜朱子学者,他峻别禅儒,视藤原惺窝为"不同道者"的态度,这很可能使长期生活于禅儒一气之中的惺窝受到刺激和震动。

---

① 《日本思想大系》卷 28,《藤原惺窝·林罗山》,东京:岩波书店 1975 年版,第 233 页。
② 东京大学史料编纂所编:《大日本史料》(第 12 编),东京大学出版社 1994 年版,第 511 页。
③ 日本国民精神文化研究所编:《藤原惺窝集》卷上,东京:思文阁 1978 年版,第 6 页。
④ [日]阿部吉雄:《日本朱子学与朝鲜》,第 48 页。

1598年，在京都，藤原惺窝又遇到在丰臣秀吉侵朝时被俘的朝鲜学者姜沆，经常进行学问交流。姜沆也是李退溪学派的朱子学者，对佛教持批判态度。此时，惺窝还阅读了不少在丰臣秀吉侵朝战争期间由日本人携回的儒学著作。这些经历，使得惺窝开始脱离禅宗而转向儒学。

在姜沆的帮助下，藤原惺窝用朱子学的观点注解"四书""五经"，并编撰《四书五经倭训》（倭训，即用日语写作）。藤原惺窝注训的《四书大全》《新版五经》等江户初期的刻版书稿，至今仍然完好无损地保留在日本东京大学图书馆、筑波大学中央图书馆以及日本国家国会图书馆等藏书机构。

此后不久，藤原惺窝即还俗结婚，在个人生活上也脱离了佛教。林罗山在形容惺窝由禅回到俗世生活时的心态，引惺窝的话说："先生以为：我久从事释氏，然有疑于心，读圣贤书，信而不疑。道果在兹，岂人伦外哉？"①

文禄二年（1593），藤原惺窝到江户（今东京）为德川家康（1543—1616）讲授《贞观政要》和《大学》。这次，他们会见具有重大的意义。因为终于促成新幕府在文化和教育政策方面的彻底改革。德川家康面对受战争破坏的国家，急切寻求恢复和平和稳定的方法。此时，藤原惺窝也热切地想在五山禅寺之外建立研究朱子学的新中心。庆长五年（1600）九月，德川家康到京都召见惺窝。惺窝以"深衣道服"谒见之。这是他从服饰外貌上直观地表现出自己儒者身份的象征，也表达了他对儒学的坚定立场。同时也暗示他一心研学，并无出世为官之意。这也是为何他后来拒绝家康委以的重职，而推荐弟子林罗山的原因之一。

藤原惺窝的门人很多，著名的有林罗山（1583—1657）、松永尺五（1592—1657）、那波活所（1595—1648）、堀杏庵（1585—1643）、菅得庵（1581—1628）等。清人黄遵宪在其《学术志》中说："自藤原始为程朱学，师其学者凡百五十人……时海内丧乱，日寻干戈，文教扫地，而惺窝独唱道学之说。先是讲宋学者以僧元惠为始，而其学不振。自惺窝专奉朱说，林罗山、那波活所皆出其门。于是朱

---

① 《藤原惺窝集》卷上，第8页。

学大兴。"① 此后，其后学人才辈出。江户时代的古学派始祖山鹿素行（1622—1685）师承林罗山，林家自罗山后又出了峨峰（1618—1680）、凤冈（1644—1732）两位德川官学之大儒。松永尺五门下的木下顺庵（1621—1699）、新井白石（1657—1725）等都是江户时期著名的儒家学者。他们都是德川文化繁荣的创始者和参与者。而被称为日本近世儒学始祖的藤原惺窝，则开启了德川幕府官学与京都之朱子学的传统。

藤原惺窝一生致力于朱子学的研究，同时也受到其他中国理学家如陆九渊、林兆恩和王阳明，朝鲜李退溪等理学思维的影响。他对东亚诸儒的思想是采取兼收并蓄的态度，并有深入的思考。

（一）弃佛崇儒

藤原惺窝对佛教逃避现实的出世主义持否定的态度。这是他排佛的根本原因之所在。当时的日本，正在经历战后的重建，社会的焦点集中在如何建构合理的人伦关系与稳定的社会秩序，从而使人们免受由人事纷争而引起的祸乱。对于饱受战乱之苦（父兄都在战乱中身亡）而又有社会良知的藤原惺窝来说，必定会转向以现实担当为己任的儒家学说上来。惺窝曾总结自己思想转变的过程说："我久从事释氏，然有疑于心。读圣贤书，信而不移。道果在兹，岂人伦之外哉！"② 惺窝是当时日本的名僧，他弃佛崇儒的转向，在日本知识界的影响非同一般，可以说标志着日本思想界新时代的到来。

朱熹的辟佛思想对藤原惺窝排佛思想的形成产生过很大的影响。当林罗山问排佛之事时，惺窝回复说："来书所谓排佛之言，更不待劳颊舌。唐有傅大史、韩吏部，宋有欧阳子，余子不可胜计焉。程朱以往，诸儒先皆有成说，足下之所讲，余无斯意哉？"③ 这言下之意是说，唐代傅奕、韩愈，宋代欧阳修、二程、朱熹等先儒们都是名垂于史的排佛论者。他们都将排佛论说得很多了，何须我们再聒噪？中土儒者们的言论，就是我们排佛的理论武器。当他的禅林旧友诘问他说："吾子初奉

---

① 黄遵宪：《学术志》，《日本国志》卷3，天津人民出版社2005年版。
② ［日］相良亨：《近世日本儒教运动的系语》，京都：理想社1975年版，第28页。
③ 《藤原惺窝集》卷上，第138页。

佛，今又为儒，是弃真归俗也。"藤原惺窝反驳道："由佛者言之，有真谛有俗谛，有世间有出世间。若以我观之则人伦皆真也，未闻呼君子为俗也，我恐僧徒乃是俗也。圣人何废人间世哉？"① 这也就是说，道理的真假不是以"谛"的"真""俗"来分，而是要以世间人伦为判。这与朱熹所说的"吾儒所养者是仁义礼智，他（指禅）所养者只是视听言功，儒者则全体中自有许多道理，各自有分别，有是非。他只见得个混沌底事物，无分别，无是非"，几乎同出一辙。朱熹对佛教的态度是"释氏则以天地为幻妄，以四大为假合，则是全无也"②。正是因为禅"害人心，乱吾道，岂容不与之辩"③。藤原惺窝对佛家的态度同样也是认为"释氏既绝人种又灭义理，是所以为异端也"④。他还指出："我儒如明镜，物来即应；释氏如暗镜，却弃绝物。镜中本来固有之明而欲暗之，是害理也。"⑤

揭露和批判佛教的社会影响也是藤原惺窝排佛论的一个重要内容。惺窝认为，佛门不交税不纳粮，不务正业，游手好闲，对社会的政治和经济危害很大。他说："当世天下困穷，人民疲敝。盖游手者众多也。食粟之家有余力，力农之夫不足。所谓长安百物皆贵，盖此故也。相率不为寇盗亦可在。余以为游手者十，而浮屠者五六。"⑥ 对此，朱熹同样也有过尖利的批判。他说："其（指佛教）始者，祸福报应之说又足以钳制愚俗，以为资足衣食之计，遂使有家产者割田以赡之、择地以居之，以相从陷于无父无君之域而不自觉。"⑦ 这也就是说，一些不明真相的百姓往往被佛教那套祸福报应的宣传所打动，在衣服食物这样的生活必需品方面帮助僧侣，后来有封地或有家产的人则把田地捐献出来供寺院使用，更有甚者还会仿照僧侣出家修行。这样一来，整个社会就会在不知不觉中陷入一种无视君王权威、无视父兄亲情的恶劣状态。

---

① 京都史迹会编：《林罗山文集》（下卷），第 464 页。
② 黎靖德编：《朱子语类》卷 126，第 3012 页。
③ 黎靖德编：《朱子语类》卷 57，第 1320 页。
④ [日] 相良亨：《近世日本儒教运动的系语》，第 28 页。
⑤ [日] 藤原惺窝：《惺窝问答》，《藤原惺窝集》（卷下），第 394 页。
⑥ 同上。
⑦ 黎靖德编：《朱子语类》卷 126，第 3009 页。

而造成这一切的根本原因则在于佛教失去其为人为道之伦常心。所以，朱熹说："释氏弃了道心，却取人心之危而作用之。遗其精者，取其粗者以为道。如以仁义礼智为非性，而以眼前作用为性是也。此只是源头处错了。"①

藤原惺窝常告诫弟子说："异书者，先哲所戒。"② 又说："孔子曰：'道不同不相为谋。'孟子曰：'能言距杨墨者，圣人之徒也。'子释氏之流，而我圣人之徒，方当距之不暇，而反为道不同者谋也？无乃犯圣人之戒，而自陷于异端之归乎？"③ 惺窝认为，孔孟之学才是先哲之圣道，儒门弟子，理应时刻谨慎戒备。作为圣人之门生，应该恪守自己的信仰，有自己的追求，应该向宋儒看齐。

然而，藤原惺窝认为，对于佛教僧众的那种沉浸于自己的世界，而贬低其他人文文化和思想言行举动，要给予宽容和理解。因此，惺窝看到释迦牟尼的画像时，就情不自禁地作《题释迦出山像》诗感慨，为其可悲可叹一番说："采果拾薪无世纷，爱他山里自心情。从今五十年来事，回首应您出岫云。"④

（二）理一分殊

在对于儒学，藤原惺窝更注重宋明理学。他说："宋儒之高明，诚吾道之日月也。汉唐训诂之儒，仅释一二句，费百千万言，然浅近如此。如何？然亦名物度数，不可不一校者欤，思之，此疏。公羊之语下之疏，何休注下之疏，错杂混淆，行无高低，字无细大，见者费眼力乎，如何？"在这里，惺窝将宋明理学比喻为"日月"，并指出汉唐训诂之儒学，存在繁细琐屑之弊端。也正是基于此，惺窝批评日本学界固守自闭，仅知汉唐注疏之学，而不知东亚学界之儒学已经发展到讲求义理之道的宋明理学。他说："日本诸家言儒者，自古至今，唯传汉唐之学，而未知宋儒之理。四百年来，不能改其旧习之弊，却是汉唐非宋儒，是可悯笑。"惺窝认为，作为学者，要知晓学术是有发展的，不能

---

① 黎靖德编：《朱子语类》卷126，第3021页。
② ［日］藤原为经编：《惺窝先生文集》卷11，京都：思文阁1941年版，第149页。
③ 《惺窝先生文集》卷4，第288页。
④ 同上书，第71页。

作茧自缚，注疏训诂的最终目的是为了得其中之理，以其行善行事。他还觉得，当下最值得学习研究的是程朱之学。惺窝说："其议论岂外程朱哉。以其出处之行实见，则其人可知焉，其人可敬焉。今日读者亦得入头之处，然后见其议论之诚实，读书亦得践履之实学。"① 惺窝还认为："朱夫子者，既往圣，开来学，得道统之传者也。"② 可见，惺窝对朱子学极为推崇。

在理气论中，对于"理"的理解，藤原惺窝以朱熹编撰的《延平问答》为文本，进行了深入的研究。他说："夫无道者理也。此理在天，未赋于物曰天道。此理具于人心，为应于事曰性。性亦理也。盖仁义礼智之性，与元亨利贞之天道，异名而其实一也。凡人顺理，则天道在其中，而天人如一者也。"③ 这与朱熹所说的"宇宙之间，一理而已。天得之而为天，地得之而为地，而凡生于天地之间者，又各得之以为性，其张之为三纲，其纪之为五常，盖皆此理之流行，无所适而不在"④ 的观点是一致的。惺窝认为，天道、理、性是异名而实同，即朱熹所谓的"性即理"。

藤原惺窝对朱熹所谓的"理"进行了分析。他认为"理"有主客两面，不论在心或在物之理，都须加以体认。他说："程朱谓之穷理。由是言之，天地所以为天地者何？上而积气者，天也；下而厚行者，地也。水火所以为水火者何？虽千万里之外内有炎上者，虽不名火而必火也；虽千万年之前后有润下者，虽不称水而必水也。寒暑昼夜亦然。虽一草一木，鸟禽昆虫，亦各有其理，而况人乎？就人身言之，目曰视、曰明，耳曰听、曰聪，口曰言、曰恭，心曰思、曰睿。故曰：人者，天地之灵，五行之秀也。此心此理，豁然贯通，谓之格物。物，事也，有物则有事，而唯言事则虚，言物则实。父子、君臣皆物也；有亲、有义者，事也。所以然者，理也。推其类以致于蕴奥者，穷此心之量，所谓格物物格欤？"⑤

---

① 《惺窝先生文集》卷11，第148页。
② 《惺窝先生文集》卷10，第139页。
③ 同上书，第131页。
④ 黎靖德编：《朱子语类》卷7，第72页。
⑤ [日] 藤原惺窝：《惺窝问答》，《藤原惺窝集》卷下，第595页。

藤原惺窝认为朱熹思想的要点，在于调和"理"的一与多，即调和在体上之"理一"与用上之"分殊"。具体言之，朱子旨在阐明本体之"理"，藉分化与实现之媒体之"气"，以具体实现万物。① 他的弟子堀杏庵记载惺窝就学问之道的教诲时说："惺窝云，学问之道，分别义理，以理一分殊为本。万物一理，物我无间，则必入于理一，流于释氏平等利益，墨子兼爱。专以分殊见之，则必流于杨子之为我矣。二者皆未得其善。故读圣贤之书，晓圣贤之心，则可专以理一分殊为宗。若可，则无弊矣。"② 惺窝推崇朱子学，认为学问的根本在于体得"理一分殊"③。

惺窝认为"理一分殊"之说，是在决定伦理差别时的基础。若只注重万殊事物所共之一理，则一理与外在之万物即将毫无间隔，不免流于佛家万物平等和墨子兼爱之说。另一方面，如果只注重分殊，则流于杨朱为我的偏颇。可见，局限于一方面，便不完善。他认为读圣贤书，当识取圣贤的用心，如果以"理一分殊"之说为宗旨，便可避免偏差。朱熹将其师李侗所讲"理一分殊"之旨加以阐发，再经李退溪辗转传授予惺窝。李退溪曾注解朱熹所编的《延平问答》，并在朝鲜出版。李退溪的注解足以代表儒家体认真理的基本观点。它对惺窝具有特殊的意义。朱熹以"豁然贯通"来形容儒家体认真理的工夫。这一工夫克服了内与外、主与客、一与多、潜能与实现等两相对立的偏差。④

值得一提的是，藤原惺窝虽尊崇朱子学，但又不排斥其他宋明诸儒学者。例如，他既不以朱熹的"理"来对抗陆九渊的"心"，又不以陆象山之"心"来消解朱熹的"理"。他对王阳明更是崇拜有加，将王阳明称之为"殿下"，以泰山喻之。他喜陆王的简易直接与知行合一，并认为程朱理学与陆王心学同为继尧舜，尊孔孟之儒学，对待两学不应偏向一端，而应去异存同。惺窝对宋明诸儒是采取兼收并蓄的态度。所以，沟口雄三指出："江户时代的吸收，具有肯定其必要性的主体动机，在这一意义上可以说是有为的、有意图的吸收"，在"吸收朱子学的根

---

① [新加坡] 龚道运：《日儒藤原惺窝的朱子学思想》，《朱子研究》1993年第1期。
② [日] 堀杏庵：《杏阳稿》卷4，东京大学史料编纂所藏本。
③ [日] 大田青丘：《藤原惺窝》，吉川：弘文馆1985年版，第134页。
④ [新加坡] 龚道运：《日儒藤原惺窝的朱子学思想》，《朱子研究》1993年第1期。

柢中,渗入了日本社会的独特性"①。

(三) 格物致知

格物致知是朱子理学的一个重要命题。朱熹在为汉儒郑玄所注《礼记》中的古本《大学》作考订时,认为古本《大学》原文有错简,因而在"诚意"传之前,增补了"格物"传和"致知"传。他在所补的"格物"传、"致知"传中,对"格物""致知"作了经典的表述。在《大学章句》经一章中,他解释为:"致,推极也。知,犹识也。推及吾之知识,欲其所知无不尽也。格,至也。物,犹事也。穷至事物之理,欲其极处无不到也。"②

关于"格物",朱熹认为是穷至事物之理,并且要穷至极处。而惺窝对"格物"的解释是:"物为一切之物,我心之上如有一点机心,神知不发,此喻为镜中。所谓物为尘,镜中如变清明,染一点尘,则不得明。镜中的变清明之处曰虚,其中有灵,或可谓之至善。《中庸》所云:此皆镜中变清净光明之处有虚灵,为格物的工夫,其工夫亦为物,只心有一点昏浊,即会有各种各样的思虑。如思虑,自然虚灵,自然明知生发,故万事之用不勉而中。想着清除思虑即为思虑,不在于锤炼思虑,而是在于让思虑自然变得分明,此谓全体大用。"③ 在这段话中,惺窝指出,心本虚灵不昧之至善,只是被后天如尘埃般的思虑、物欲、机心所遮蔽。所以,拂拭掉尘埃,使心重变清明即可。但是,惺窝认为恢复心之清明之为,不是有意识之为,而是自然之为,即无为之为。这说明,"格"的行为不是有意识的,而是自然的。所以,心与物不是二元对立的,而是"镜"与"镜中"的关系。拂拭的行为,也不是镜中沾染了尘埃,便做出抹去的惯性反应。可见,惺窝对格物的理解,明确显示出他的禅性思维。

从惺窝对"物"的解释来看,与朱熹是相一致的。藤原惺窝说:"物,自我喜好之事,或器材、犬、马、雉、鹰,或酒、茶、棋、将棋、

---

① [日]沟口雄三:《中国的思想》,中国社会科学出版社1955年版,第74页。
② 朱熹:《大学章句》,《四书集注》,第6页。
③ 《藤原惺窝集》(卷上),第388页。

乱舞、座敷、庭院、歌、连歌等，一无所限也。"① 惺窝将"物"解释为"事"，与朱熹"物犹事也"并没有什么区别。

关于致知，朱熹认为致知与格物是相关联着的，必须经过即物穷理以至其极的切实工夫，人心的知识才能达到无所不尽。在朱熹看来，所以致知的"知"，是指人的知识，而不是指人能知，知识是指格物所得到的知识扩充的结果。惺窝对"知识"的解释与朱熹有所不同。他认为："知者，知至善之知也。致者，致之之意也。根本无有而今始致之。阴阳为分之前，从浑然一个至善发出来。譬如，物之初无有也，而今始致之者，致也。"② 依惺窝之言，"致知"就是要引致出知晓至善的智慧来，"知"就是知晓至善的智慧。这是对善的先天规定性，具有先验性的特征。

对于"格物"与"致知"的关系，惺窝说："格物，则无欲自然至知之意，遂'致知'也。非物格而后知至。物格之中，毫发之间可知'知至'。"③ 这也就是说，格物与致知是同时进行的，不可分离的，并非先格物而后知至，而是在"格物"的过程中，便已知"知至"。这一点与朱熹的"致知格物只是一事，非是今日格物明日致知"④，"格物所以致知，于这一物上穷得一分之理，即我之知亦知得一分；于物之理穷二分，即我之知亦得二分；于物之理穷得愈多，则我之知愈广"⑤，如出一辙。

惺窝特别重视"格物"。在《惺窝问答》中，林罗山问起格物的含义，惺窝回答说："此心此理豁然贯通谓之'格物'。曰'物，事也'，有物则有事，而唯言事则虚、言物则实。父子君臣皆物也，有亲有义者事也，所以然者理也。推其类以至于蕴奥者穷此心之量……专言理不言物则驰于虚；专言物不言理则局于器。器有形，理无形。忠孝以君父之存没而不可偏废也。物理自然、道器不二，谓之'格物穷理'。"藤原惺窝将"物"解释为形而下的"器物"，与形而上的"事理"相对。强调"格物穷理"不可偏废一端，又以君臣父子与亲孝忠义作比，也具

---

① ［日］林罗山：《寸铁录》卷1，假名注本，冷泉爵家所藏本。
② ［日］藤原惺窝：《假名性理》，《藤原惺窝集》卷上，第389页。
③ 《藤原惺窝集》卷下，第391页。
④ 黎靖德编：《朱子语类》卷115，第2908页。
⑤ 黎靖德编：《朱子语类》卷18，第399页。

有很强的现实性。这显然是对朱熹格物思想的继承发展。

这里值得注意的是，藤原惺窝将"格物致知"论解释为"去物欲，致至善"。他把"格"释为"去"，"物"释为"物欲"；"致"释为"致之'致'"，"知"释为"致至善之'知'"。这于朱熹的"穷物之理，推极已知"是不同的。

（四）居敬穷理

藤原惺窝曾经做过禅宗的和尚。他对禅宗有过深入的接触，也有坐禅的经验。但后来他却回到世俗的生活，并崇尚朱子学。

关于静坐工夫。藤原惺窝认为宋明理学家的静坐工夫，是领悟以体认真理的主要途径，也是与禅宗的坐禅最大不同处。[①] 从这方面说，惺窝由李退溪传承了朱熹学派的基调。这一宗旨可归纳为居敬穷理。惺窝以为居敬的工夫主要是静坐的实践。在朱熹理学思想中，如要达到培养深广"智藏"的目的，这是必不可少的工夫。我们如果由静坐获得深广的"智藏"，便足以使呈现于眼前之事物得到正解。由此可见经验主义的种子已潜藏于朱熹的理性主义中。但对惺窝来说，静坐的工夫只产生一种对道德严肃主义的强烈倾向。与静坐的工夫相平行，惺窝还依自我修养的形而上基础来解决朱熹所讲"性即理"的问题。他一方面把四端和理等同起来；另一方面，他则把七情和人的气质直接等同起来。[②] 由于七情引出私欲而为潜在之恶，于是静坐作为自省的工夫便用来对治和情欲相联系的不善意念。静坐足以恢复心的平静状态。此一平静的心体即人的本性或理。它不受具有干扰作用的心理活动的阻挠，于是清楚地呈现它的主宰作用。[③]

根据日本学者金谷治的研究，藤原惺窝的道德严肃主义也受到明代著名学者林兆恩的特殊影响。林氏的思想体系讨论到心和文化的关系。惺窝从这个体系构成一套工夫，以清除心中沾染的世俗欲望。具体言之，世俗的欲望，如名利有如镜的尘埃，必须勤加拂拭，以恢复镜的清

[①] ［日］友枝龙太郎：《朱子的思想形成》，第57页。
[②] 《藤原惺窝集》卷上，第8页。
[③] ［新加坡］龚道远：《日儒藤原惺窝的朱子思想》，《朱子研究》1993年第1期。

明状态。这就像我们清除心中的世俗之念后,清明的智慧才会呈现。金谷治认为,惺窝一如林兆恩,他的上述精神修养工夫强烈地倾向于现世的道德活动,而远离禅宗的寂静的冥想。

关于穷理工夫。藤原惺窝提出读书要学会穷理,并说"在我所立,地步不高,而欲文章之高,坐井而窥天,无是理也","天理存则志气明"①。就穷理而言,惺窝引述最多的是朱熹的言论,但他也不反对其他理学家(如陆象山)的一些说法。其实,在宋明理学家的视野中,读书就是格物,也即是穷理。而略有差别的是,格物是穷理的直接方法,读书乃是一种间接的穷理之法。如朱熹所言:"一书不读,则阙了一书道理;一事不格,则阙了一事道理;一物不格,则阙了一物道理。"② 这就是说,读书与格物、穷理具有同等的功效。而惺窝则认为,不管是读书、格物、还是穷理,其根本还是为了"存养"。而对《易传·说卦》中"穷理尽性以至于命"的分析,则"存养"可视为"穷理"逻辑发展的必然指向。这里说的"尽性以至于命"与孟子的"尽心、知性、知天"所表达的意思是相同的。所以,藤原惺窝说:"此心之灵与神明通,默而识之,游于造化之祖,天机出入,涉降左右,则妙与神明同矣。虑心周密,照物精切,纤毫曲折,比尽其情,则精与神明通矣。清圆妙用,与造化者为一。"③

(五) 四书学

在日本德川初期,只有少数特权家族像清原氏才能公开讲论儒学,而且只有这些家族才特准出版儒学典籍。他们把儒家典籍加上日式读法的标点,并依据汉唐古注为准则加以注释。但惺窝却遵循朱熹当年反对汉唐注释的学风,公然根据宋儒新注,替他的友人赤松广通(1562—1600年,播磨龙野城主)新出版的"四书""五经"作注释。他说:"予自幼无师,独读书。自谓汉唐儒者,不过记诵词章之间,才注释音训,标题事迹耳。决无圣学诚实之见识矣。唐唯有韩子之卓立,然非无

---

① [日]藤原惺窝:《文章达德录》卷1,《藤原惺窝集》卷上,第56页。
② 黎靖德编:《朱子语类》卷5,第467页。
③ [日]藤原惺窝:《文章达德纲领》卷1,《藤原惺窝集》卷上,第46页。

失。若无宋儒，岂续圣学之绝绪哉？……故赤松公今新书'四书''五经'之经文，请予欲以宋儒之意加倭训于字傍，以便后学。日本唱宋儒之义者，以此册为原本。"① 可以说，惺窝是日本第一个平民儒家学者从事于朱子学的提倡。他坚持朱熹的《四书集注》的价值，不是由于它可作为当官的敲门砖（因为日本没有科举取士制度），而只是把它看作对知识的掌握和成就。在这个意义上，惺窝大力协助出版朱熹注释的四书，实具有重大意义。

17世纪，日本的学术中心在京都。应该说，藤原惺窝之学为当时日本儒学的主流。他于1599年完成了日本第一部用朱子观点解释的《四书五经》著作，即《四书五经倭训》，开一代朱子学新风。下面以惺窝对《大学》的诠释（即《大学要略》）为例，对其作一介绍。

《大学》是《小戴礼记》之第42篇。它与《礼记》中其他篇目表述礼仪制度的文字大不相同，偏于义理阐发。汉代董仲舒、郑玄等学者都有所觉察，而将《大学》从《礼记》中抽离出来，单独成篇，肇始于程子。朱熹在其《大学章句》开篇就说："程子曰：'大学，孔氏之遗书，而初学入德之门也。'于今可见古人为学次第者，独赖此篇之存，而论、孟次之。学者必由是而学焉，则庶乎其不差矣。"而将《大学》提高到一个史无前例的高度，则是朱熹。尔后，宋末元明清诸儒都曾对《大学》做过诠释。据《四库全书总目》著录《大学》的专门著述有60多种。而最有影响的则是朱熹的《大学章句》、王阳明的《大学古本注》。

藤原惺窝于文禄二年（1593）曾受德川家康之邀请赴江户为其讲授《大学》；元和五年（1619），又应细川忠利（1568—1641，当时的小仓藩主忠兴的嗣子）、浅野长重（1588—1632，当时的常陆真壁藩主）之请，讲解《大学》。② 这次讲解的内容，后整理成书，为《大学要略》，又名为《逐鹿评》。而书名"逐鹿"之"鹿"字为儒道之喻，"逐鹿"即为追寻儒道之意，取自中国明代学者林兆恩（1517—1596）的《四书标摘正义》卷首《鹿谈》。③ 《大学要略》分上下两卷，上卷

---

① ［日］藤原惺窝：《问姜沆》，《藤原惺窝集》卷上，第135页。
② 《藤原惺窝集》卷上，第11页。
③ ［日］大田青丘：《藤原惺窝》，吉川：弘文馆1985年版，第110页。

主要是对《大学》"三纲领"进行解读，下卷是对《大学》全文的抄解。今天，我们对藤原氏《大学要略》的考察，无论是了解惺窝的思想，还是了解朱子学以及《大学》在日本江户初期受容情况，都具有重要的意义。

《大学要略》是惺窝对《大学》全文的解读，是他晚年之作，很能代表惺窝的思想。惺窝《大学要略》以《大学》古本为基础，又参考朱熹的《大学章句》、王阳明的《大学古本注》和林兆恩的《大学正义纂》，表现了惺窝学风的折中性。关于"大学"，惺窝的解释是："大学之道，'大'字，'人己合一'和'内外合一'之义也。何谓'人己合一'？'明明德、亲民'，则人与己无差别矣。何谓'内外合一'？'明明德、亲民'，外也；'止于至善'，内也。故人与己无内外也。'大'字义可知。'学'之字，非只学问之事。"① 在这里，惺窝将"大学"二字拆开，分别作了解释。他强调"大"为"人与己""内与外"的合二为一；强调"学"不应该只限于"学问之事"（即书本上的知识）。朱熹对"大学"仅做了一句注解，即"大学者，大人之学也"②。应该说，惺窝对"大学"的这一诠释，是对朱熹"大学"解释的进一步阐发。按照惺窝之意，学问之道，并不仅仅在于书本，而且还在于社会。

《大学》以"明明德、亲民、止于至善"之三纲领和"格物、致知、正心、诚意、修身、齐家、治国、平天下"之八条目，系统地阐述了儒家"内圣外王"的政治思想和伦理哲学。

对于"明明德"，惺窝说："在'明明德'者，'明德'乃君臣、父子、夫妇、长幼、朋友之五伦之五典也。上之云'明'字，有明发教导之心。固有不从五典者，有刑于兵。对小事用刑，对大事用兵也。""'明德'者人伦之事也。人伦不正，则有何所用？故明人伦之道重要也。"③ 依惺窝之意，"明德"即人伦，"明"即明发教导之心，"明明德"也就是通过明发教导的办法，引天下之人遵从人伦之道。而对于不遵从者，则小事用刑，大事用兵，使人伦得以实现。这在某种意义上

---

① 《藤原惺窝集》卷上，第385页。
② 朱熹：《大学章句》，《四书集注》，第5页。
③ 《藤原惺窝集》卷上，第379、385页。

说，惺窝的人伦之道具有一种外在的道德规范。

朱熹则认为："明，明之也。明德者，人之所得乎天，而虚灵不昧，以具众理而应万事者。但为气禀所拘，人欲所蔽，则有时而昏。然其本体之明，则有未尝息者。故学者当因其所发而遂明之，以复其初也。"① 也就是说，"明德"是一种来自于天的内在的德，是空虚灵妙没有任何杂质的，并且包含了万事万物之理，因而可以应对世间万事。这种具有形而上的"理"，与人与生俱来的"德性"同样存在于人的内心。但是由于人的私欲，而使"德性"被蒙蔽，"明德"不能呈现，因此人要发挥"本来之性"而"明"之，使其恢复到最初的状态。可见，朱熹所强调的是通过人的内在的自发性和主动性以恢复最初之澄明。

日本学者金谷治在《藤原惺窝的儒学思想》一文中指出：惺窝认为"明明德"是使人们对外表现出具体的实践伦理的形式，而朱熹所谓的"明明德"是一种人们为自己而发挥自身内在德行的努力。这是二者不同之处。而就"明明德"从天道人欲角度来思考，惺窝则是对朱熹"明明德"思想的阐发。惺窝说："何谓明德？从天而分来成我心，明而无丝毫邪念之心，成天道之物谓之明德。由天所生，明研于明德谓之圣人。又人所相伴所生之物谓之人欲。欲心之深，迷于所见所闻，此人欲若盛，则明德就衰，形为人，心为鸟兽同一也。明德如镜中所明之影，人欲若镜中之云。倘若日日夜夜不拂拭此明德之镜，则人欲之尘积，失本心也。明德与人欲乃劲敌也，一方不充分，则必负对方矣。"② 惺窝和朱熹都是将天道、天命视为"明德"存在的前提条件和内在依据。也就是说，"明德"是天道和天命存在和发展的必然之理。人伴随着天所生，所衍生出来的是人欲，人欲太盛，则明德就衰，故而要克制人欲，甚至是祛除人欲，以成就明德之大业。

对于"明明德"之后的"亲民"，二程在《大学定本》中将"亲民"作"新民"，朱熹非常赞同二程之说。他说："程子曰：'亲，当作新。'新者，革其旧之谓也。言既自明其明德，又当推以及人，使之亦

---

① 朱熹：《大学章句》，《四书集注》，第 5 页。
② ［日］藤原惺窝：《假名性理》，《藤原惺窝集》卷下，第 399—400 页。

有以去其旧染之污也。"① 惺窝则结合"明明德"作解，认为"明明德"乃是"教"，"亲民"乃是"养"，皆属人伦之内。他说："在亲民者，正人伦而上下相亲和睦也。故《孟子》曰：'人伦明于上，小民亲于下'。云'亲'字有亲爱养育之心。即养之意也。右教与养之二者，治人治己之第一义也。'亲'字并不必亲近之亲……然《孟子》亲民之字，有使民'亲'之意，即人伦之内一事而与'明德'同意。私按，云'明德'者有教之意，'亲民'者可为养民之意。故可云'亲爱养'矣。后生罪我知，宜在此矣。"②

惺窝在上文中，以"亲民"为善民之意，但同时亦认为朱熹"新民"之解并不与"亲民"之意相悖。这点可从《惺窝问答》中，惺窝与林罗山师徒二人之间的对话便可看出。林罗山问："王阳明《大学》从古本作'亲民'，以'仁'解'明德'，以天地万物为一体解'亲民'。先生曰：'新之'之中乃有'亲之'之意而存焉。'新民'毕竟非'亲民'而何。然则作'新民'恁地好。惺窝批曰：'亲民'之中亦有'新民'之意。"③ 可见，惺窝是极为赞同朱熹"新民"之说，并认为"亲"中有"新"，"新"中有"亲"，二者是相通的，相互包容的。从国家治理的角度出发，惺窝对"亲民"的解释更具有现实意义。

"止于至善"是《大学》之道的根本诉求和终极关怀。朱熹说："止者，必至于是而不迁之意。至善，则事理当然之极也。言明明德、新民，皆当止于至善之地而不迁。盖必其有以尽夫天理之极，而无一毫人欲之私也。"④ 藤原惺窝亦认为："至善，极处也。至，指我心之极处也。止于我心之极处之至善而不移，《大学》之人无内外之差别而粲然也。""至善，阴阳未分之前，始、中、终，贯通一个善也。浑然在中，粹然至善者也。《系词》'继之者善'、《中庸》'不明乎善'，又《孟子》'可欲之谓善'，此皆至善之善者也。"这就是说，善是人乃至宇宙自始至终贯穿其中的一种实存，止于至善是使其处心之极处而不使其变迁更易，至善为极处，从阴阳未分以前贯通始、中、终的一个善。这

---

① 朱熹：《大学章句》，《四书集注》，第5页。
② 《藤原惺窝集》卷上，第385页。
③ 《藤原惺窝集》卷下，第392页。
④ 朱熹：《大学章句》，《四书集注》，第5页。

就意味着，人之心性的最好状态是止于至善。对于这"一个善"，惺窝解释说："明德，亲民之根源之所出之理，云'至善'也。'至善'者，不可有其他至善，故云至善。不积工夫，则虽书尽说尽，不能心意满足。'止'者，不移也。云不移者，仅书尽，说尽，不可用言语尽。若无我心之落处，则不可澄。只知其名言者，不可云'知'。"① 这段文字提供的信息可知，惺窝认为"明德""亲民"皆是自"至善"这一个"理"而出，"止于至善"就是于"我心之落处"而不迁移。从上述解释中，可以看到朱熹的"止于至善"思想对惺窝的影响。

关于"至善"与"明明德""亲民"的关系，惺窝认为，至善为体，明德与亲民为用。因止于至善中有自然化育之功，故能自然明明德，而明明德始于亲民。他说："明德、亲民、至善，此三者中，应当从何入为工夫，我儒学为全体大用之学，有至善之体，则必有明德亲民之用也。其止于至善，自然有化育之功，故明明德也。"② 这里需要注意的是，"亲民"与"明明德"二者之间不存在先后次第问题。实际上，"亲民"的同时，便是"明德"得以推行的过程。

关于"八条目"，惺窝认为，格物为诚意、正心、修身、齐家、治国、平天下之本。因为，格物后自然知止，此中没有毫发之隔。同理，知至即止于至善，自然意诚；意诚即一念发动处皆真实无妄，则心正；心正即复其本心，自然修身；修身即使自身行为合于人伦，自然家齐；家齐使家和睦，合于人伦，自然举国上下都合于人伦之道，即国治。③ 这也就是说，格物与知至、意诚等六者之间亦是没有丝毫间隔，是同时进行的。

诚意，乃《大学》修身之第一义。朱熹说："诚其意者，自修之首也。""诚者，真实无妄之谓，天理之本然也。诚之者，未能真实无妄，而欲其真实无妄之谓，人事之当然也。"④ 而惺窝对"诚"的解释，则是沿着朱熹之义讲。他说："诚，有真实无妄之注。仅真实二字，则何事亦有人之无伪之诚之心得，故添无妄二字。无妄，我心清明，则善恶

---

① 《藤原惺窝集》卷上，第385、386、380页。
② 同上书，第386页。
③ 《惺窝先生文集》卷上，第388—392页。
④ 朱熹：《大学章句》，《四书集注》，第11页。

邪正镜中见，心诚明也。《中庸》之'自诚而明，自明而诚'，有圣贤之差别，可合考。"① 对于"正心"，朱子认为："心者，身之所主也。"且引程子之言说："程子曰：'身有'，之身当着心。"② 而惺窝则说："正，即无邪。心，心之本体复于本心。正心二字，《大学》和《孟子》，依各人之说，有同异也。"③ 又说："云'勿正心'和云'此在正其心'，语虽表里，然心同也。在正其心，学者不入学之时也；勿正心，学者入学以后，成我心之用处也。然云'勿正心'和云'此在正其心'，毕竟同也。譬如孟子云'求放心'……求放心，学者入学时之事也。心放，学者之用处也，故圣贤之心能常放，而暂不成物也。此云放心，凡人若放，则失去本心也。故学者先求放心，后至放心之境地也。故云修身先在正其心也。"④ 可见，惺窝对"心"以及"正心"的看法，更倾向于陆王心学对"心"所具有的知性功能和形而上超越性的阐发。就诚意和正心来说，惺窝认为，诚意为正心之本。这与言格物为诚意之本不同。前者是从体用的角度来说的，后者是从方法论的角度来说的。

《大学》将"修身"视为"本"，格物、致知、诚意和正心的目的都是为了修身，只有完成了修身，才能实现齐家治国平天下。朱熹在注释《大学》"自天子以至于庶人，一是皆以修身为本"时，将"一是"诠释为"一切"。惺窝仿之，亦说："上从天子下至庶人，一切大学之道，以修身为本。此为先也。"但惺窝对"修身"的"修"字单独又做出了解释。他说："修，正人伦而修其身。"⑤ 按惺窝之言，"修"有"正人伦"和"修其身"两方面之义。两者先后关系，"正人伦"在先，"修其身"在后，前者是后者实现的前提。应该说，这是惺窝对朱熹"修身"思想的进一步阐发。

还值得一提的是，惺窝对《大学》中"人之其所亲爱而辟焉，之其所贱恶而辟焉，之其所畏敬而辟焉，之其所哀矜而辟焉，之其所敖惰而

---

① [日]藤原惺窝：《假名性理》，《藤原惺窝集》卷上，第389页。
② 朱熹：《大学章句》，《四书集注》，第13页。
③ 《藤原惺窝集》卷上，第388页。
④ 《藤原惺窝集》卷下，第401页。
⑤ 《藤原惺窝集》卷上，第388—391页。

辟焉。故好而知其恶，恶而知其美者，天下鲜矣"① 作了新解。他说："人，众人也。辟，云偏，偏于之事也。圣贤，亲爱、贱恶、畏敬、哀矜、敖惰，不偏与此五者也。而凡人，为亲爱、贱恶、畏敬、哀矜、敖惰之五者所引而偏，好而不知其恶，恶而不知其好。此前章之有所之字，当着眼于'之辟'之字，由亲爱所引，云心也。四者，圣贤之所知也。敖惰，云圣贤有所敖而不审。此云不知敖惰，故有不审也……亲爱，偏人情之事也。而一偏于亲爱，则生乱也，狎，则身不修，无产者侍恩傲荡而失法，家不齐之可知也。贱恶，偏人情之事也。一偏于贱恶，则生忿怒而不修也。无产者，有忿疾，则失欢而怨也。心狠暴戾不受训，必家不齐。畏敬，一偏于事长，则足恭也。事父母，不柔声以谏，然身不修也。身不修，家之齐可知也。哀矜，偏人情之事也。慈幼以言，此坠于一偏而生姑息也。姑息生，则励之不也，故修身不能也。"② 这也就是说，亲爱、贱恶、畏敬、哀矜、敖惰这五者皆属于"人情"的范畴。而对于"修身"来说，若偏执于任何一端，都会迷乱身心。

藤原惺窝还把"修身"的主体分为圣贤和凡人。圣贤之人，察己知人，审时度势，不偏于亲爱、贱恶、畏敬、哀矜、敖惰之五者任何一端。而凡人由于"好而不知其恶，恶而不知其好"，故受亲爱、贱恶、畏敬、哀矜、敖惰五者之所激，容易偏于一端而行事。在五者之中，亲爱是根本，贱恶、畏敬、哀矜、敖惰四者皆来源于亲爱。惺窝认为，亲爱也就是好恶。偏于亲爱，则生乱；偏于贱恶，则生忿怒；偏于事长，则足恭；偏于慈幼，则姑息生。③ 这些内容都属于人情的范畴，而"非从天降也，非从地出也，人情而已"④。所以，修身之道，也即是依人情而合于礼。这正如朱熹所说："礼以恭敬辞逊为本，而有节文度数之详，可以固人肌肤之会，筋骸之束。故学者之中，所以能卓然自立，而不为事物所摇夺者，必于此而得之。"⑤ 礼以其外在的规度，调节和限

---

① 朱熹：《大学章句》，《四书集注》，第13页。
② 《藤原惺窝集》卷下，第402—404页。
③ 同上书，第401—402页。
④ 李慧玲等译注：《礼记·问丧第三十五》，中州古籍出版社2010年版，第329页。
⑤ 朱熹：《论语集注·述而》，《四书集注》，第150页。

制人感官情欲和言行之间的内在张力。当对其的践履和克制成了一种自觉的习惯行为时,即可"从心所欲,不逾矩"①,达到修身的要求。

应该说,藤原惺窝对"修身"的论述,基本上是依朱熹的思路进行拓展的。但他从"人情"的角度来把握"修身",这是他的新见。惺窝的"人情"论,后经伊藤仁斋、荻生徂徕的不断发展,奠定了日本江户时期"人情"论的人学理论基础。

关于"齐家",《大学》指出:"所谓治国者必先齐其家者,其家不可教而能教人者,无之。故君子不出家而成教于国:孝者,所以事君也;弟者,所以事长也;慈者,所以使众也。"② 对此,朱熹诠释说:"身修,则家可教矣。孝、弟、慈,所以修身而教于家者也。然而国之所以事君、事长,使众之道不外乎此,此所以家齐于上而教成于下也。"③ 藤原惺窝对"齐家"的理解依朱熹之说,亦认为:"其身正,则不令而行,家之不出,其人伦之教之国而不兴也。孝、弟、慈,修身齐家之教也。事君事长使众之道,不外于此也。"④ 但惺窝比朱熹更看重"齐家",他认为《大学》之道,"齐家"是根本。所以,惺窝在解释《大学》中"自天子以至于庶人,一是皆以修身为本。其本乱而末治者否矣。其所厚者薄,而其所薄者厚,未之有也"时,他说:"其根本乱,则无所云修末之事也。其可厚,若薄其家,则自其家之末处薄而不可厚也。大学之道,以齐家为本。其为先,是为本经业。""齐其家,家中人伦齐而和,则国比治也。"⑤ 惺窝对《大学》"齐家"的阐发,有其独到之处。

藤原惺窝对"治国、平天下"的诠释,基本上按照《大学》的原意来论述。但是,惺窝在《大学要略》的结尾部分对朱熹《大学章句》中的"右传之十章,释治国平天下"一句作了抄解。他说:"人伦天下明,先始于其国矣。"他认为,治国的起点在于齐家,齐家的起点在于修身,所以身正则不令而行,即人伦之教化自然行于下。可是,仅靠修身,待令自行于下还不够。掌握一国治乱兴亡的君主,还需要具备良好

---

① 朱熹:《论语集注·为政》,《四书集注》,第76页。
② 朱熹:《大学章句》,《四书集注》,第14页。
③ 同上书,第15页。
④ 《藤原惺窝集》卷下,第404页。
⑤ 《藤原惺窝集》卷上,第388—391页。

的品行和能力。惺窝说:"主人一人有仁心,一国有仁而复及天下,同让也。又主人一人贪心,则一国乱也。乱,不惟兵乱,亦谓人伦次第破坏而人有恶心也。故孟子主梁惠王之说,以利为本,可知也。治乱兴亡,主君一人也。故一人愤事一人定国也。"又说:"此'平天下'之章,主人能识人,举用其善人为第一也。其次善用天下之物产,使民无饥寒,养育之者也。天下主人之用,使万民不饥不寒,教人伦,以善人治也。此外无他也……不知生财之理,则或乱费之而国用贫弱。或乱生财之理,则风俗贫逆而上下溺利,五伦悖乱,而天疑如近世之天下。"①这也就是说,人主要爱民,以民之心为己心,其间无一毫私意;要以德为本,以财为末;要知人与知生财之理,为平天下之要。可见,惺窝希望人主以身作则,以人伦之道治国,并懂得用人、生财的治国之道。他认为只有这样,国家才能有序、富强,民才能有所依、有所养,从而带来祥和、有序的盛世。

从上述可见,藤原惺窝对《大学》的重新诠释是他政治理念的表达,表现的是他经世、救世的想法。所以,惺窝把各地藩主作为他首先要教化的对象,要他们在心上下功夫,注重"心体"的修养,恢复内在完美的德性,仁人爱民,不以利为利。而对君主来说,还要能识贤任能,懂得治国之道。实际上,惺窝是站在修己治人的立场上来诠释《大学》的。这与朱熹注重以内圣开出外王的思想是一致的。可以说,他的《大学要略》是与当时日本江户时代互动关系的产物,体现的是儒者惺窝的强烈政治关怀与忧患意识。

三 林罗山与朱子学

林罗山(1583—1657),名忠,一名信胜,又称道春,出生于京都的四条新町。他是加贺州武士林信时的长子,三岁时母亲即去世,13岁时入京都洛东山建仁禅寺读书学习②,15岁时"弃逃建仁",不愿为

---

① 《藤原惺窝集》卷下,第404—416页。
② 建仁寺十世住持圆尔辨圆在1241年由中国的南宋回国时,将朱熹的《大学章句》《大学或问》《孟子集注》等著作带回日本。

僧而离寺回家。庆长五年（1600），林罗山始读朱熹的《四书章句集注》，接受朱熹的思想。这次接触朱子学，直接引领他走上了弃佛从儒的思想道路。庆长七年（1602），他撰文批判佛教。庆长八年（1603），林罗山于京都设私塾，依据朱熹《论语集注》之义，讲授《论语》，打破了"清原家"的《论语》解释以何晏古注为其根本的立场，一统天下的局面。这就引起清原氏的指责，朝臣清原秀贤将林罗山告到当时的最高行政统治者——幕府将军德川家康那里，要求惩治林罗山。然而，出乎意料的是，德川家康驳回了"清原家"的上诉。这也就意味着林罗山公开讲授朱熹新注"四书"的合法化。此结果对于朱子学在日本的发展具有特殊的意义。可以说，这一事件与藤原惺窝易服去见德川家康，共同组成近世日本朱子学登台亮相的序幕。

庆长九年（1604），林罗山通过吉田玄之的介绍，第一次见到了藤原惺窝，并拜他为师。在惺窝的引荐下，庆长十年（1605）林罗山首次在京都的二条城内谒见德川家康。这一年是林罗山仕途生涯的开端。此后，德川家康又几次召见林罗山。通过这次接触，林氏的学识逐渐获得了德川家康的认可。这一时期，林罗山标点了朱熹的《诗集传》、胡安国《春秋传》。宽永元年（1624），他完成了为朱熹《通鉴纲目》加"训点"的工作，之后又在宽永三年（1626）春完成了为"五经"加"训点"的工作。这为儒学在日本的传播做出了努力。

宽永七年（1630），德川家光（第三代将军）赐予林罗山一片位于上野忍岗的土地和二百两黄金，并准许用此建立学塾，这标志着林家学成为幕府所扶持的官学正式诞生。元禄三年（1690），德川纲吉（第五代将军）将在东京市内御茶水地区的汤岛建圣堂，举行释奠礼，并赐祀田，后又建昌平坂学问所，以林罗山之孙林凤冈为大学头，规定此职由林氏后裔世袭。[①] 据石川谦博士统计，宽永七年（1630）到明治二十三年（1890）的 261 年间，进入林家学塾（昌平坂学问所）学习者共 2700 人。[②] 又据日本学者田村园澄的统计，1630—1871 年在各藩校担

[①] ［日］津田敬武：《日本的孔子圣庙》，国际文化振兴会编印，昭和十六年（1941）版，第 8 页。

[②] ［日］尾形禄康：《日本教育通史研究》，东京：早稻田大学出版部 1980 年版，第 162 页。

任过教授者1912人，属朱子学派者1388人，其中出于林家学塾和昌平坂学问所者占541人。① 林家校勘、训点的儒家经书多达100多种，成为当时日本儒学的代表。总之，林罗山创立的日本林家学对日本近世的思想界，起到了十分重要的作用，是日本朱子学的一个重要的方面。正由于林罗山的特殊地位，他所开创的昌平坂学问所培养出大批具有尊朱子学的学者，因此，朱子学迅速传播并成为日本当时的显学。

从朱子学来看，如果说李退溪的思想体现了朱子学的中心在16世纪转移到韩国，那么可以说，林罗山的出现，标志着17世纪以后的朱子学中心开始向日本转移，朱子学在日本获得了进一步的发展。②

（一）批佛崇儒

对佛教的批判是林罗山思想的一个重要方面。自诩为朱子学家的林罗山，在排佛论上与朱熹一样，都是从对佛教学理和社会影响来展开批判的。

在社会影响方面，林罗山清楚地看到，随着佛教信仰的流行，人们为建造寺塔佛像消耗大量的财力物力人力。佛教寺院又直接侵吞社会财富，致使国家的经济实力日趋衰弱。对此，林罗山是极为不满的。他在注释日本古典名著《徒然草》时说："我朝自神明传来之昔，国富民丰，民俗不薄……中古之时，德衰政疲，佛法初入我朝，自钦明天皇之时滥觞全国，至推古天皇执政时间，情势越来越严重，自君臣至士民，大家都倾家荡产，舍弃田园，建立起众多的寺塔。天平年中建大寺铸大佛，费尽天下工力，又在诸国七道建立了国分寺，费用已经高达正税的十分之五……国家日益衰敝。"③ 又说："惟夫算浮屠所收，每一州一万斛则六十余万，或二万斛则百二十余万。其外施嚫之费未知几多也。我朝神国已为佛国。"④

佛教信仰的流行对整个社会的安定、经济的发展带来了极其恶劣的影响，朱熹也有过强烈的批判。他说："自浮屠氏入中国，善之名便错

---

① [日]田村园澄等：《日本思想史基础知识》，东京：有斐阁1974年版，第280页。
② 陈来：《东亚儒学九论》，生活·读书·新知三联书店2008年版，第177页。
③ [日]林罗山：《野槌》，日本东北大学附属图书馆狩野文库所藏江户时代刻本。
④ 京都史迹会编：《林罗山文集》卷7，第93页。

了。渠把奉佛为善。如修桥道造路，犹有益于人。以离僧立寺为善，善安在？"朱熹还从历史的角度对佛教传来以后的社会变化，做出过总结。他说："尧舜三代之世无浮屠氏，乃比屋可封，天下太平。及其后有浮屠，而为恶者满天下。"① 可见，林罗山和朱熹对此认识是一致的。

就人伦而言，林罗山对佛教信仰所造成"乱人伦之道"的恶果也开展过批判。他在其《告禅徒》一文中，针对"日本镰仓时代末期，开创日本临济宗大德寺，成为日本禅宗史上著名的宗峰妙超禅师（号'灯国师'），曾为断绝自己的情亲爱欲，把亲生的两岁儿子煮熟吃掉"这一传说指责说："超（即大灯国师）有妻、子，为断恩爱之欲，使妻买酒，因闭户杀其二岁儿，串灸之。及妻还，见之怪焉。乃啖灸儿以饮。妻熟视，大叫唤而出，超亦便出。是乃紫野大灯国师也。吁！佛氏之蔽心，至于兹。酷乎！虎狼，仁也，以不食其子故也。彼灭人伦而绝义理……与夫大义渡擤杀其所生之母者，同大罪于天地之间。诚可惩焉。"② 这里所说的"大义渡擤杀其所生之母"是指黄檗宗的开山祖黄檗得法后，在福清渡眼看着自己的母亲为了追赶他而跌倒丧生，却视而不见，不相救助的故事。

林罗山对《徒然草》中记载的，圣德太子由于信奉佛教而祈求不留下自己的子嗣的行为，亦表示不满。他说："道，离不开人伦。有男女，然后有父子；有父子，则有君臣，有兄弟，有朋友。遁世之人，为求洁身自好而乱人伦之道。"因此，他认为"太子希望自己无子无孙之事，不合天下古今之法"③。林罗山把妙超、黄檗和圣德太子的行为都视为"灭人伦而绝义理"。这一认识，与朱熹认为"佛老之学，不待深辨而明。只是废三纲五常，这一事已是极大罪名！其他更不消说"④，也是相同的。

林罗山对佛教信仰所造成社会"乱人伦之道"的后果原因进行了分析。他说："浮屠氏毕竟以山河大地为假、人伦为幻妄，遂绝灭义理，有罪于我道。故曰：事君必忠，事亲必孝。彼去君臣、弃父子以求道，

---

① 黎靖德编：《朱子语类》卷126，第3014页。
② [日] 林罗山：《告禅徒》，《林罗山文集》卷56，第671页。
③ [日] 林罗山：《野槌》，第二十五段。
④ 黎靖德编：《朱子语类》卷126，第3014页。

我未闻君父之外别有所谓道也。"① 又说:"夫天地上下之间,鸢不跃于渊,鱼不戾于天。君尊在上,臣卑在下;父有父道,子有子道;男治外,女治内。此道万古如此,常恒不变。"② 在这里,林氏认为,佛教视山河大地为虚设之物,把人类社会的各种人伦关系看成是虚幻,并超脱君臣尊卑的社会关系,舍弃父子亲情去"求道",是理应受到批判的。他还认为"鸢不跃于渊,鱼不戾于天"这类不可更改的自然法则,"尊卑上下"的社会关系和"男治外,女治内"的社会分工,都是"万古如此,常恒不变"的。"道"绝不是脱离君臣父子这些现象的社会关系而存在的东西。

而朱熹则将佛教信仰所造成"乱人伦之道"的原因,上升到本体论意义上来认识。他说:"未有这事先有这理。如未有君臣,已先有君臣之理。未有父子,已先有父子之理。"③"且如万一山河大地都陷了,毕竟理却只在这里。"④ 在朱熹看来,"理"先于君臣父子这类现实中的人际关系而存在的,是超越具体现象,不依赖于任何物质实体而存在的。这一点是与林罗山不相同的。⑤

在佛教学理上,林罗山与朱熹一样,除了对佛教思想彻底否定外,主要是从"轮回报应""佛虚儒实"对佛教进行批判的。在《儒佛问答》⑥ 中,林氏说:"佛虚儒实之事,毋庸置疑。我若是把佛书中的虚假骗人之说举出许多例证来,你又该如何开口呢?……佛教的虚讹,无须在这里举例。要明白,它从根本上都是伪假之事。"⑦ 又说:"夫儒者实而佛氏虚,天下惑于虚实久矣。"⑧ 在这里,林氏指出"佛虚"的"虚"为"虚讹""伪假",而"儒实"应为"真实无伪"之意。

---

① [日] 林罗山:《谕三人》,《林罗山文集》卷56,第851页。
② [日] 林罗山:《随笔四》,《林罗山文集》卷68,第851页。
③ 黎靖德编:《朱子语类》卷95,第2436页。
④ 黎靖德编:《朱子语类》卷1,第4页。
⑤ 龚颖:《"似而非"的日本朱子学:林罗山思想研究》,学苑出版社2008年版,第149页。
⑥ 《儒佛问答》是林罗山与信奉佛教的文学家松永贞德(1571—1633)对于佛教争论的书信问答。后来,两人的往来信件由松永贞德的弟子们编集成《儒佛问答》一书刊行于世。该书的刻印本现藏日本东北大学附属图书馆狩野文库。
⑦ [日] 林罗山:《问第十三件》,《儒佛问答》。
⑧ [日] 林罗山:《寄颂游》,《林罗山文集》卷3,第32页。

在《儒佛问答》中，林罗山还把印度称为"夷狄"。他说："在《上宫太子记》中有记载说，日本如果热衷于夷国的做法的话，最终将要被蒙古人篡夺国政等等。啊！太子还说什么将来后世呀！他自己爱好夷狄之法，身为日本国的王子，可是心早已属于天竺的夷狄了！"① 林罗山在《儒佛问答》中，还曾征了韩愈的话语"韩子曰，佛只不过是夷狄之一法而已"②，来加强自己的论述。另外，林罗山还曾感叹说，"奈何远移天竺之胡鬼，近诬我朝之灵神哉"③，把印度的神灵称为"胡鬼"，而把日本的神称为"灵神"。

同样，朱熹对当时佛教风行于世的原因，也曾指出："道之在天下，一人说取一般。禅家最说的高妙去，后盖自庄老来，说的道自是一般物事，阒阒在天地间。后来佛氏又放开说，大决藩篱，更无下落，愈高愈妙，吾儒多有折而入之。把圣贤言语来看，全不如此。世间惑人之物不特于物为然。一语一言可取，亦是惑人，况佛氏之说足以动人如此乎！有学问底人便不被它惑。"④ 朱熹认为，佛教教义的"高妙"，吸引了儒家知识分子中的很多人信仰它。但佛教思想与儒家的"圣贤言语"不同，"有学问底人"不会被那种思想所迷惑。他又说："异端虚无寂灭之教，其高过于大学而无实。"⑤ 这也就是说，虽然"寂灭之教"（即指佛教）的思想看起来高远，其深度甚至超过了"大学"，但实质上却是"无实"。对这个"无实"，朱熹认为"吾儒心虽虚而理则实。若释氏则一向归空寂去了"⑥。这就是说，儒学的心虽虚而理则实，而佛教则是全部走向了空寂。

朱熹还从心性论对儒佛异同作了进一步的分析。他说："明德者，人之所得乎天，而虚灵不昧，以具众理而应万事者也。禅家则以虚灵不昧者为性，而无以具众理以下之事。"⑦ 儒家的"明德"是人善的本性。

---

① ［日］林罗山：《问第十三件》，《儒佛问答》。
② ［日］林罗山：《问第九件》，《儒佛问答》。
③ ［日］林罗山：《神社考详节跋》，《林罗山文集》卷55，第648页。
④ 黎靖德编：《朱子语类》卷126，第3011页。
⑤ 朱熹：《大学章句·序》，《四书集注》，第2页。
⑥ 黎靖德编：《朱子语类》卷126，第3015页。
⑦ 黎靖德编：《朱子语类》卷14，第265页。

它虽保持着"虚灵不昧"的状态,但却众理具备能应万事。然而佛教的禅宗却是把"虚灵不昧者"当成"性"本身,因此就不能"具众理而应万事"。朱熹还明确指出:"它(即指释氏)之所谓心,所谓性者,只是个空底物,无理","儒释言性异处,只是释言室,儒言实;释言无,儒言有"①。这就是说,儒佛之间"虚""实"的区别就在于是否有"理"这一点上。

可见,在论及"佛虚儒实"的问题时,林罗山所说的"佛虚"的"虚"是指其思想内容的"假伪",但朱熹认为佛教"无实"的主要理由在于,佛教不是把人类的本性看成"理",而是看成"空(虚)"。所以说,林罗山与朱熹对"佛虚儒实"所讲的内涵是不同的。②

林罗山不仅批判佛教,而且还排斥天主教。他站在朱子学的立场上,认为"理"是最根本的,用"理"反对天主教的学说。他说:"利玛窦天地鬼神及人灵魂有始无终,吾不信焉。有始则有终,无始则无终可也,有始无终不可也。"又说:"天主造天地万物云云,造天主者谁耶?"③ 他用理一元论反对一元论的神创说。

对于日本固有的神教,林罗山则是另一种态度。他强调神道与佛教的对立,而主张神儒合一。他曾说,"本朝神国也",坚持日本神道立国的传统,这是他尊重传统宗教的表现。作为一个朱子学者,他努力把神道与儒道二者调和起来。他认为儒学与神道"理一而已矣,其为异耳",并说"本朝神道是王道,王道是儒道,固无差等。所谓唯一宗源,理当心地,最当尽意"④,林罗山把他所主张的神儒合一的神道叫作"理当心地之神道",成为日本神儒合一的先驱者。神儒合一是日本儒学的特点,是中国儒学中所没有的。这种情况说明了中、日文化之间的差异。在中国没有统一的宗教,而日本则不同,神道教从其产生那天起,就成为日本国民生活的重要的精神内容。⑤

林罗山主要从道、理、德、心这些方面来说明神儒的一致性。他

---

① 黎靖德编:《朱子语类》卷126,第3015页。
② 龚颖:《林罗山和朱熹的排佛论比较》,《哲学研究》2000年第9期。
③ [日] 鹫尾顺敬编:《日本思想斗争史料》,东京:名著刊行会1969年版,第116页。
④ [日] 鹫尾顺敬编:《日本思想斗争史料》,第118页。
⑤ 王中田:《江户时代日本儒学研究》,中国社会科学出版社1994年版,第41页。

说:"或问神道与儒道如何别之？自我观之，理一而已矣……呜呼，王道一变至于神道，神道一变至于道。道，吾所谓儒道也，非所谓外道也，外道，佛道也。"①"道也，所谓大学之道也，非向所谓异端之道也……其书'四书''五经'，其位则君臣父子夫妇兄弟朋友，其事则格物致知诚意正心修身齐家治国平天下。"②"神意人心本是一理，以器而言之，剑、玺、镜也，以道言之，勇、信、如也……即是王道也，儒道也，圣贤之道也，《易》云'圣人以神道设教而天下服'。"③"三种神器，玺象仁也，剑象勇也，镜象智也。本具此三德者，神明也。夫心者神明之舍也，既具三德则神明岂远乎哉？方寸之间，严然肃尔。"④

林罗山用"理一分殊"的思想来说明神道与儒道的一致。从理的方面来说，神道之理与儒道之理是相同的，所谓"理一而已"。在他看来，儒道是普遍真理的最好体现，因此"神儒一理"或"神儒一道"，此理此道即"四书""五经"、君臣父子、格物致知诚意正心修身齐家治国平天下的道理。

从德的方面来说，神道的三种神器，也就是古典儒家的三达德。在林罗山的这种解释中，神器的意义在于德行的象征，即以对神灵的祭祀及其器物体现王道的德行，意谓祭祀者必须具备此三德，神才会降临。因此，以这种方式理解神道，神道的核心必归结为人心的敬德。所以他说："心为宅，神为主，敬亦为一心之主宰。故有敬则神来格，若无敬则亡本心，故为空宅，神何为来？止唯敬乎？敬所以合于神明也。"⑤又说："夫心外无神，亦无佛，佛即是神，神即是佛，岂外来哉？"⑥

林罗山强调以"敬"为心的主宰，以此包容祭祀神道，在这种讲法中，敬不一定是以合于神道的神明为目的，反而，心的敬本身成为彻始彻终的归结了。他甚至提出"心外无神"的主张，反对"外求"的对待神道的方式。这里，他把心学的某些讲法用来表现他对于神道内向化

---

① [日] 林罗山:《随笔二》,《林罗山文集》卷66，第804页。
② [日] 林罗山:《菅谏议圆尔问答辩》,《林罗山文集》卷26，第300页。
③ [日] 林罗山:《神祇宝典序》,《林罗山文集》卷48，第560页。
④ [日] 林罗山:《随笔五》,《林罗山文集》卷69，第863页。
⑤ [日] 林罗山:《随笔二》,《林罗山文集》卷66，第804页。
⑥ [日] 林罗山:《高雄山神护寺募缘记》,《林罗山文集》卷15，第170页。

的主张。

实际上，林罗山所谓的神儒合一，其中包涵了他在理论上以儒家的道理论、工夫论结合诠释神道传统的努力。①

（二）气生自理

在林罗山的著述中，关于"理""气"的讨论有很多。从林罗山的思想发展来看，他对朱熹理气论的理解，前后有一个变化过程。他开始接受朱子太极阴阳问题或理气问题具有本体论的优先地位的思想。在《西铭讲解》中，林罗山说："夫太极生阴阳，阴阳生五行，变化生克生万物。太极理也，阴阳气也。所以阴阳者道也，五行一阴阳也，阴阳一太极也。"② 他又在《大学钞》中说："大凡人生于天地之间，无不承受阴阳五行之气。由太极生出阴阳，所以先有此理而后有此气。"③ 可见，林罗山是赞同朱熹理先气后说的。

不久，林罗山对朱熹的理先气后说产生了怀疑。他假借一个西方学士远来东鲁，请教"依不依之理"的问题时说："西方美人问东鲁君子曰：夫理依赖于物而后有之欤？有君父而有忠孝，盖是乎？有耳目而能视听，盖亦是乎？不依形而有之，不依事而存之欤？若无此理则无此事，盖是乎？未有始有一物之时，本有而后物生，盖是乎？取彼则似为义外也，取此则如向虚远也。"④ 在这段话中，林罗山指出，说理依于事，在经典和事实上有根据，如有君臣而后有忠孝，有耳目而后有视听；说理不依于事，在理论上也有根据，如朱子说过有此理则有此事，无此理则无此事，未有事时已有此理等。在林氏看来，理依于事说意味理的"后有说"，即理后于事而有；理不依事说则意味理的"先有说"，即理先于事而有。而如果主张"理后于事"，则义离此心而有，容易导致孟子批评的"义外"论；如果主张"理先于事"，又容易产生离事求理的玄虚的弊端。朱子哲学中本有理在事先和理在事中两种说法。林罗山在这里并未给出结论，但从其哲学倾向可以看出，他对朱子理在事先

---

① 陈来：《东亚儒学九论》，第167页。
② ［日］林罗山：《西铭讲解》，《林罗山文集》卷30，第337页。
③ 《大学钞》是林罗山为《大学》而写的日语口语体解说书，日本国会图书馆藏稿本。
④ ［日］林罗山：《示恕靖百向上》，《林罗山文集》卷34，第387页。

说是怀疑的。①

与此同时，林罗山提出"理气不可分"论。在庆长九年（1604），他致信藤原惺窝，以征求惺窝的意见时说："太极，理也；阴阳，气也。太极之中本有阴阳，阴阳之中未尝不有太极。五常，理也；五行，气也；亦然。是以或有理气不可分之论，胜（即指林罗山）虽知其戾朱子之意，而或强言之。不知足下以为如何。"这里所谓的"理气不可分"，是指理中有气，气中有理，太极中有阴阳，阴阳中有太极。林罗山认为，理中本来就有气，太极中本来就有阴阳。这种理气互有说，主要是强调理气不可分（存在论）。林罗山的"理气不可分"论与朱熹一贯主张的"理气二元"论有着本质的不同。这一点林罗山是很清楚的。但他还是以提问的方式探询惺窝的看法。林氏"理气互有"说体现了一种"二元互涵"的哲学思维。

在这个基础上，林罗山开始倾向于王阳明的理气一元论。他说："程子曰：'论性不论气不备，论气不论性不明，二之则不是。'古今论理气者多矣，未有过焉者，独大明王守仁云：'理者气之条理，气者理之运用。'"②"理与气一欤？二欤？王守仁曰：'理者气之条理，气者理之运用。'"③又说："理气一而二，二而一，是宋儒之意也。然阳明子曰'理者气之条理，气者理之运用'，由之思焉。则有支离之弊。由后学起则右之二语不可舍此而取彼也。要之，归乎一而已矣，惟心之谓乎！"④林罗山认为，理气是不可能分的，是互有互涵的，必须像程颐那样把理气联系在一起讨论，因此理气不能"二之"，不是彼此分对的二物。在这个意义上，他主张以理气为一，反对以理气为二。他甚至提出理气归一，即归于一心。所以，他反复列出王阳明的话来说明，理和气都不是独立的实体，理是气之运行的条理和规律，气是理的运用和表现，理气是相互性的存在。林罗山的这种看法，与明代儒学的理气论及对于朱子理气观的修正是一致的。

元和七年（1621）以后，林罗山又回归到朱熹的理气论。关于这

---

① 陈来：《东亚儒学九论》，第139页。
② ［日］林罗山：《随笔》四，《林罗山文集》卷68，第852页。
③ ［日］林罗山：《随笔》三，《林罗山文集》卷67，第832页。
④ ［日］林罗山：《随笔》四，《林罗山文集》卷68，第844页。

个问题，日本著名学者石田一郎也明确指出："元和七、八年时，林罗山最终将他的思想确定在朱熹的理气二元论的立场上。"① 事实也是这样，宽永七年（1630），林罗山为给其子林鹅峰讲授《大学》，亲自撰写了《大学谚解》。他在该书的《跋》文中写道："此《谚解》，本《章句》并《或问》，尊程、朱也。"这表明该书是以朱熹的《大学章句》和《大学或问》为依据，站在二程、朱熹的立场上编写而成的。在《大学谚解》中，林罗山对"理"解释为"自天地之运至于鸟兽草木之类，物物必有其当然之处和只能如此之原因。此即为理"②。宽永八年（1631），林罗山完成的《理气辨》，其中说："此气中自行具备之物，理也，是则太极也。"③ 在《厄言抄》一书中林罗山亦云："气也生自理。"④ 这与朱熹以理为事物的存在根据的观点意义相同。

宽永十三年（1636）冬，林罗山在致朝鲜学者书中说："贵国先儒退溪李滉专依程朱子之说，作四端七情分理气辨，以答奇大升。其意谓四端出于理，七情出于气，此乃朱子所云'四端理之发，七情气之发'也。末学肤浅，岂容喙于其间哉。退溪辨尤可嘉也，我曾见其答，未见其问。是以思之，其分理气则曰'太极理也，阴阳气也'，而不能合一，则其弊至于支离欤？合理气则曰'理者气之条理，气者理之运用'，而不择善恶，则其弊至于荡莽欤？方寸之心，所当明辨也。"⑤ 在这里，林罗山指出，有两种理气论：一是"分理气"说，一是"合理气"说。分理气说主张"太极理也，阴阳气也"，这是朱子之说。合理气说主张"理者气之条理，气者理之运用"，这是阴阳之说。他认为，朱子的说法是主分论，其弊病是在本体论上理气为二，不能合一，在功夫论上易导致支离（不能归于一心）；而阳明的说法是主合论，其优点是在本体上的理气合一，但其弊病是在人生论上可能认气为理，不辨善

---

① 王健：《"神体儒用"的辨析：儒学在日本历史上的文化命运》，大象出版社2002年版，第141页。
② [日] 石田一良：《前期幕藩体制的意识形态与朱子学派的思想》，《日本思想大系28 藤原惺窝·林罗山》，岩波书店1975年版，第418页。
③ [日] 林罗山：《理气辨》，《三德抄》（上），岩波书店1975年版，第162页。
④ [日] 林罗山：《厄言抄》，日本东北大学图书馆附属狩野文库所藏江户时代刻本。
⑤ [日] 林罗山：《寄朝鲜国三官使》，《林罗山文集》卷14，第158页。

恶，导致放荡（欲望属气，只讲理气合容易引致不辨理欲，不辨感性和理性）。值得注意的是，他在这里指出了王阳明的理气合一说在道德实践上的流弊，这应当说是他思想上的一大进步。①

（三）情与理合

林罗山对心性问题的思考，不仅吸收了朱子的思想，而且也吸收了韩国朝鲜时代性理学家的思想成果。林罗山所处的时代环境，使得他对人类的情感世界十分关心，非常重视情的作用。②

在《大学钞》中，林罗山说："见到小儿将要掉进井里而感到悲哀，这是有仁心的表现。见到人之恶而憎恶它，这是义的表现。见贵人而敬，这是礼的表现。辨明是非知晓邪正，这是智的表现。所行所为皆是真实，这是有信的缘故。这就是虚灵不昧具众理而应万事，细分开来说的话就是说：天给予人的叫作性，一身之主宰叫作心，性之用是情。'虚灵不昧'说的是心，'具众理'说的是性，'应万事'是说情。"林氏在这里所说的"四种"表现，即指"恻隐""羞恶""辞让""是非"之心。而"性之用是情"的"情"是专指"四端"这些道德性情感。关于这一点，林罗山在《厄言抄》（下）中亦说："恻隐即是怜惜痛心之深。见赤子将要掉进井里而觉得可怜，无论是什么人都有此心，就是在我们的心底里有仁这种东西，而其用外现的证明。"这里所说的意思是，只要作为理（即性）的内容之一的仁存在于心中，当它表现出来的时候就自然成为"恻隐"这种善的感情。因此，人类内在地具有性，才是引发善的情感的根本。可见，林罗山把"情"限定为"四端"（即道德性情感）时，与朱熹"情根于性，性发为情"③的思想是相一致的。

在性情关系上，朱熹"情根于性，性发为情"这句话，更多的是指道德性情感或者说善的情感。而对于"非道德性情感也是来源于纯善的性"这个问题，朱熹并未作进一步明确的说明。后来，朝鲜时代的学者

---

① 陈来：《东亚儒学九论》，第143页。
② 同上。
③ 朱熹：《又论仁说》，《朱熹集》（三）卷32，第1395页。

李退溪、奇大升等人注意到朱熹在性情关系论中存在的这一问题。他们各自依照朱子学说对此进行深入思考,形成了"四端七情分理气"说。李退溪等人这一独特的理论关注,对林罗山是有影响的。①

林罗山对"情"的理解,主要包括两个方面的内容:一是《厄言抄》中专指"四端"之情;一是他在《心说》一文中所说的"夫性者其理也,五常是也;情者其用也,七情是也"②。这里的"情"是指七情。关于"七情",林罗山在《大学钞》中解释"正心"和"修身"时,按朱熹《大学章句》之意,先对其作了诠释性的翻译,接着他又加进了一段补充说明:"上面说的'正心'和现在的'修身',都是以七情来说的。因为心物相交,身物相交都必须是在七情上。"林罗山认为,人与周围的万物发生联系的时候,在现实中必须要通过"七情"才能使这种相关性得以实现。这也就是说,人的道德本性与现实的事物发生关系(即性与心外万物相交)时,是以情的形态出现的,道德主体与客体的具体关联是因为有了"情"才得以成立的。由此可见,林罗山对"正心"和"修身"是从七情这一感情层面上来把握的,这是他对朱熹思想的理解。林罗山对朱熹的这种理解使得正心、修身等道德修养论明显地向感情抑制论方向倾斜。③

对于"心与七情",林罗山认为,在控制七情的过程中,心起到了很重要的作用。他在《三德抄》中说:"如果要将喜怒哀俱爱恶欲分辨讲清的话,要先说人心是广大无边的,是像天那样虚实的。心是能思想千年万年之久的心,能思想千里万里之远的心。心知道一切万物之理。心虽说是如此广大之物,但它具于人身之内而不在人身之外。这样的心,一念未起之时,是静、正、平、明的。遇到应当高兴之事则喜……有应当祈望之事则祈望,这就是心之用。"④ 在这里,林氏对心的理解和阐释具有三个方面的特点:一是心在"一念"未起之时,即心的本然状态是平静明朗,没有偏斜的。这种理解与朱熹把心看作是"虚灵不

---

① 在整个江户时代,朝鲜派到日本的使节团共有 12 次。林罗山以幕府高级文官的身份接待,接触过其中一些使节,并有机会向他们打听朝鲜时代学者有关"四七理气辨"的情况。
② [日] 林罗山:《心说》,《林罗山文集》卷 27,第 310 页。
③ 龚颖:《"似而非"的日本朱子学:林罗山思想研究》,第 101 页。
④ [日] 林罗山:《七情》,《三德抄》(下),第 181—182 页。

昧"的观点相一致；二是心具有超越时空的抽象思维能力，而且能够认知世界的规律和存在意义，即"物之理"；三是心在外在事物的感触下会产生出喜、欲等情感，而这种感情就是心的外在作用的体现。这些心的作用与朱熹认为心有"知觉""思虑"的功用的观点基本上一致。可见，林罗山把"七情"看成是"心之用"来解释二者间的深刻联系。①

关于"人心"问题，林罗山说："人心只有道理，所以仁、义、礼、智从这个理发出。气有善恶，所以七情由此发出。"② 林氏在这里所说的"人心"是等同于理的心之本体，即指人的本性。这个本性虽说是纯粹善的存在，但纯粹的理并不能形成现实中的心，所以需要理与气的结合。由于气有善恶，善恶相混就有七情发出。因而，林罗山得出"七情出于气"的结论。在《三德抄》中，他说："只是理，难以运动发挥作用。理与气结合成为心，就能不间断地运动发挥作用……推动理的是气，使气不发生紊乱的是理。如果理解了由理气二者构成的道理，就必须要努力从心上运用气。"③ 在这里，林罗山把理看作自身"难以运动发挥作用"的存在，气则是能够不断运动的存在，但理是使气的运动"不紊乱"的依据。同时，他还特别提出"必须要努力从心上运用气"，这是主张从"心"这个知觉、判断的实践层面上来说"气"的。

林罗山还说："控制七情之念时，要一心如常、宁静平和、不能有内心的骚动。圣人贤人当喜则喜，当怒则怒，尽到了很好地控制七情的努力。"④ 这也就是说，只要能做到心对情的恰当控制，就能保持正确的行为。对此，朱熹却主张通过穷理（认明本性）来控制"气质"，使情感的流露符合人们的理性要求。这是林罗山与朱熹不相同之处。林罗山强调七情的目的就是要使情合于"理"。他说："此七情，合于理而用时，一心之本体自然就正确明朗。"⑤ 只有七情合于理时，各种恶的事情才会被消除。⑥ 林氏认为，只要在心的层次上努力，使人的非道德

---

① 龚颖：《"似而非"的日本朱子学：林罗山思想研究》，第113页。
② ［日］林罗山：《理气辨》，《三德抄》（上），第163页。
③ 同上书，第164页。
④ ［日］林罗山：《三纲领》，《三德抄》（下），第174页。
⑤ ［日］林罗山：《七情》，《三德抄》（下），第184页。
⑥ ［日］林罗山：《理气辨》，《三德抄》（上），第164页。

性感情也合于"理",那么七情就能够全部化为善的情感,善的本性也就能够彻底发挥出来。这就是林罗山所认为的理想境界。①

对于"四七理气论",林罗山在"随笔"中,通过记录他与德川家康的谈话,展示了他于庆长十二年(1607)与朝鲜使节进行交流的一段对话:"幕府(指德川家康)谓余曰:'尔与朝鲜三使笔谈何事?'余对曰:'理气以一耶,以为二耶?'彼答曰:'理有一而已,气有清浊。''四端出于理,七情出于气,此言如何?'彼答曰:'喜怒哀乐之得正者为清,不得其正者为浊,而气亦出于理。''朱子、象山何欤?'彼答曰:'朱文公集诸贤之大成,何比之于象山?'余盖有意而问如此,欲试之也。儒生之议论布在方册,余尝皆见之,非问彼而后知之也。"②

林罗山将朝鲜性理学的"四七理气学说"概括为"四端出于理,七情出于气"。宽永八年(1631),他写作《三德抄》时,特意在"理气辨"中把第二条的小标题定为"四端出于理,七情出于气",并对其内容作了注释。他说:"人心中只有道理,所以仁、义、礼、智是由理而出。气有善恶,所以有七情出来。七情有善恶,四端只是善,无恶。"③ 由此可以看出,林罗山的"四端出于理,七情出于气",与李退溪所强调的"四端理之发,七情气之发"是有区别的。

在"四端出于理,七情出于气"的条目下,林罗山把论述的重点放在对七情的控制论上。如他说:"如果将此七情按道理行事,那就符合仁义,是很好的。但如果被血气之私引诱时,七情为所欲为,违背理成为恶,所以就要好好分辨,使七情符合理,就没有恶事了。""孝敬双亲是心之理,如果对双亲表现出忿怒,这便是血气之私,一定要从这里领会理与气的判别。"④ 在林罗山看来,由气发出的七情和由理发出的四端是有本质不同。人们要让情感符合理的要求来消除那些不良情感,这也表现出林罗山对人类情感流向恶这种可能性的强烈危机意识。

总体来说,林罗山的心性论思想在对情(尤其是七情)的理解和定位问题上,与朱熹存在着差异。这也体现了林罗山心性论思想的特点。

---

① 龚颖:《"似而非"的日本朱子学:林罗山思想研究》,第116页。
② [日]林罗山:《随笔》四,《林罗山文集》卷68,第840页。
③ [日]林罗山:《理气辨》,《三德抄》(上),第163—164页。
④ 同上。

（四）格物主敬

在理学的功夫论上，林罗山主要是吸取了朱子的"格物主敬"思想。关于"格物"，他说："格物训，郑玄注：'格，来也，善来善，恶来恶之谓也。'司马光训'扞，御也'，谓防御外物也。吕祖谦谓'物我无间为格物'。至于朱子，直取程伯仲之意而以为穷理矣，理本无形，故由事物有形以立名，使人践实也，恐无形者入于虚故也。大明王守仁作《传习录》，曰'格，正也，至也'，正我心之物。林子曰：'格，弃废也，放下外物则本心灵明。'二说非不高也，然如王说，则与正心稍觉重复；如林说则与司马光说亦不大异。君臣父子，外物也，舍君父而后为忠孝乎？然则外物果不可御也，又不可弃也。譬如镜之弃明而不可照也。万物各有事，每事各具理，理乃心性也。心与性，无一也，拘于形气、蔽于私欲，不能一之，是以圣人着《大学》教人，欲使其心与理一之，而后指示曰'致知在格物'，格物之义大矣。"① 林罗山在这里指出，王阳明以正我心之物来解释《大学》的"格物"，这与《大学》本有的"正心"条目成为重复。这一看法，与明代学者批评王阳明是一样的。林罗山也不赞同司马光等的排斥外物说，认为如果要排斥和抵御外物才能达于善，那等于要我们放弃君臣父子的伦理关系才能进于善，这显然是不行的。因此，他认为朱子的格物解释，着重穷理而且不脱离实事，是平实正确的。这里要特别注意得是，在此段话中，林罗山提出，人的本心与事物之理本来是相同的，由于受到形气物欲的蒙蔽，心念往往与理相悖；所以圣人要人通过在事物上穷理，使人心恢复到与理为一。可见他是把恢复"心与理一"作为格物论的目的。②

林罗山非常强调此心之理与事物之理的同一性。他说："一草一木各具此理，格得穷得了毕，不外此心，天地亦然，视听言动亦然，所谓豁然贯通者欤！"③ 这就是说，格物穷理到尽处，便可知，天地之理与吾心之理同，草木之理与吾心之理同，人伦之理与吾心之理同，这才是

---

① ［日］林罗山：《四书跋》，《林罗山文集》卷53，第616页。
② 陈来：《东亚儒学九论》，第153页。
③ ［日］林罗山：《随笔》四，《林罗山文集》卷68，第846页。

豁然贯通。

在林罗山看来，格物的必然性不仅是因为人心被形气物欲所蒙蔽，而需要格物穷理，而且从理一分殊的道理来说，也是如此。他说："会得理一不易，会得分殊亦最难。事事物物归之于心，千言万语约诸心，唯一个心而已可也……若不会分殊，只管守这昭昭虚虚以为道在此，则犹若背镜而求造欤！"①虽然从理一的角度说，万物之理不外本心之理，在这个意义上可说万物之理归于一心，这就是理一。但会得理一必须以理会分殊为基础，而理会分殊最难，且理会分殊就是要到事事物物上去穷理。如果不去事事物物上面格物穷理，只是守着个昭昭虚灵的心，以为此心即道，那就是南辕北辙了。林罗山的这一认识，完全继承了朱子的思想。

关于"主敬"问题，林罗山认为，敬既指内心德行的存养，也指外在的行为规范。他说："夫人之身之主谓之心，心之主谓之敬……心之所以常存而不亡，莫如敬也。敬也者，一心之主宰而万事之本根也。"②虽然，敬包括外在的行为规范，但林罗山更强调敬对于"存心"的重要性。他说："心兮本虚，应物无迹。若不敬，则高而无实，罔而不安。故存心之要无如笃敬，此心在焉，即敬也。"③"心兮本虚，应物无迹"出自程伊川视箴，从工夫论的角度说，心虚无迹，意味着心之操存的不易。林罗山认为不能以敬存心，则容易导致"心不在焉"，心必然不能踏实，不能安定。敬能够使人心有所在而踏实稳定，所以主敬是存在的要法。

林罗山认为，虽然心在本体上具万理、统性情，但在现实的功能上难存易亡，只有主敬才能存心，才能修身；身修心正，则性情意志一切皆正。他说："张明公曰心统性情。夫性者其理也，五常是也；情者其用也，七情是也。气者其运用也，意者其所发也，志者其所用也，念虑者之余也，身者其所居也。譬如同源而有派别，如一本而有枝干也。然此心虚而无迹，故难存而易亡，唯敬则斯存，能敬则身修。此

---

① ［日］林罗山：《随笔》十一，《林罗山文集》卷75，第943页。
② ［日］林罗山：《敬止斋记》，《林罗山文集》卷17，第188页。
③ ［日］林罗山：《随笔》四，《林罗山文集》卷68，第848页。

心为身主，故无贵贱皆以修身为本，本正则性情志气念虑亦自正，可不敬乎？"① 这里关于心身性情志气意志念虑的说法都是来自朱子的观点。

林罗山强调敬是圣学之要，他说："敬者圣学之要也。程氏曰主一之谓也，又曰整齐严肃之理也。谢氏曰此心惺惺法也，尹氏曰此心收敛不容一物，朱氏曰敬者一心之主宰，万事之根本也。看此等语，则先儒之所思可以见也。夫方寸之管摄一身，身之所动是心之所为也，心之所寓不外于身。虽然，心体本虚，应物无迹，若无敬则本心亡矣，圣贤之学莫若此。"② 因为敬是理学的根本工夫，所以二程、程门弟子、朱子都非常重视敬。林罗山继承了程朱的思想，以主敬作为"操存"的根本工夫。

林罗山还把《大学》的工夫条目都归于敬。他说："敬者一心之主宰，万事之根本也，存之则所以直内也，义者心之制事之宜也，执之则所以方外也。德之所以立不在此乎？身之所以修不在此乎？凡身之所主者心也，心之所寓者身也。修身为本者，大学之教也，其所以修之者，敬身也。故格物致知诚意正心，悉是敬也。敬存在于中则义立于外。"③ 在这里，林氏将程朱所提倡的"敬以直内，义以方外"加以解释：敬之所以能够直内，是因为敬是存心之主宰。他还以为，《大学》提出修身为本，而敬是修身之要法，因此敬是《大学》修身以下一切条目的宗旨，格物致知诚意正心都是"敬"的不同表达。

在明代理学中，程朱的主敬说，在精神境界方面所引起的"敬"与"乐"的紧张，已经展开了充分讨论。这使得林罗山在强调主敬的同时，也涉及其中的一些讨论。例如，林罗山对曾点的"浴风舞雩"和周敦颐的"吟风弄月"曾提出过批评。他说："圣人以孝悌忠信为教，曾点所愿则学孔子也，而浴沂风雩，何也？考亭以格物穷理为要，朱子所愿则慕周子也，而吟风弄月，何也？夫'人欲净尽、无流行'，曾氏之风月乎？若非孝悌忠信，其不可得也，心节清冽，胸宇洒落，茂叔之风月乎？若非格物穷理，亦其不可得而致也。"④ 他问道，孔子是以孝

---

① ［日］林罗山：《心说》，《林罗山文集》卷27，第310页。
② ［日］林罗山：《敬义说》，《林罗山文集》卷27，第311页。
③ ［日］林罗山：《吟风弄月论》，《林罗山文集》卷24，第268页。
④ ［日］林罗山：《敬义说》，《林罗山文集》卷27，第311页。

悌忠信教人，曾点既然愿学孔子，为什么都去追求"浴沂风雩"呢？朱子以格物穷理为根本，又为何他所羡慕的周敦颐却向往"吟风弄月"呢？朱子企图以"人欲净尽，天理流行"来解释曾点的吟风弄月，可是事实上只有用孝悌忠信才能达到"人欲净尽，天理流行"的境界，浴沂风雩是达不到这样的境界的。"胸怀洒落"的境界是格物穷理的结果，而并非吟风弄月所能达到的。

朱子对浴风一段有过解释，他说："曾点之学，盖有以见夫人欲尽处，天理流行，随处充满，无少欠缺。故其动静之际，从容如此，而其言志，则又不过即其所居之位，乐其日用之常，初无舍己为人之意。而其胸次悠然，直与天地万物上下同流，各得其所之妙，隐然自见于言外。"① 林罗山进一步阐发朱子之意说："世人唯知天地之间有风月，而不知我心中自有风月也。若知夫风与月乎，则无时无处不有风月之可吟可弄，何天地与心之异有？呜呼，诚身之乐，万物皆备于我，岂吟风月而已哉。然诚身之乐岂在孝悌忠信之外哉？……然则所谓吟风弄月非逸游也，亦非玩物丧志也，亦非若骚人墨客。"这是说，世人只知道天地间的自然风月之景，而不知人人心中自有风月，因为纯粹客观的风月是没有的，所谓真正的风月，即是主客交融而在人的胸次境界引起的超俗乐感，真正了解风月的意义，则不必特别到自然美景中去寻，在人伦日用之中处处可得。因此重要的不是外在的风月，而是我们内在的乐感和境界，如果我们能"由己"地获得并保持这种乐感，那么外在的自然风月就可有可无。而一个儒家，是通过道德修养来实现和保有此种乐感，是通过践行道德信念来实现和保有这种境界。所以，对于所谓吟风弄月的真正的解释，并不应该是在自然美景中的闲逸游玩，而是孟子所说的"反身而诚，乐莫大焉"的心性实践。②

从上述可知，林罗山虽然深浸于理学之中，但他对理学的基本精神取向，有一定的反省，做出了自己的新诠释。所以，朱谦之先生说林罗山是日本文艺复兴式的人物，是有其道理的。③

---

① 朱熹：《论语集注·先进》，《四书集注》，第 190 页。
② ［日］林罗山：《吟风弄月论》，《林罗山文集》卷 24，第 268 页。
③ 朱谦之：《日本的朱子学》，第 196—197 页。

四　山崎暗斋与朱子学

山崎暗斋（1618—1682）出身于浪人（脱离主家的武士）之家。15岁时出家为僧，后移至四国的土佐吸江寺，与土佐藩儒野中兼山（1615—1663）游，受海南学派谷时中的影响，渐渐转向儒学。25岁时，脱僧服蓄发，以示脱禅入儒。28岁编集《辟异》，抨击佛教。从38岁开始，在京都设教席，教授门生，四方游学之士靡然向风。其讲授内容为"先小学，次近思录，次四书，次周易程传"。48岁以后，应江户幕府大老（地位仅次于将军的幕府官员）保科正之的邀请，聘为宾师，名声渐噪。55岁时，保科正之逝世，山崎暗斋回到京都专事讲学著述，门徒六千多人，形成当时著名的崎门学派。

山崎暗斋是虔诚的朱子学者，他推崇朱熹为"孔子以来第一人"。在日常生活中，他用朱色手帕，穿朱色衣服，包朱色书皮，以示对朱老夫子的敬意。他还不许其弟子读朱子学以外的书籍。[①] 山崎氏所著书甚多，主要有《文会笔录》《辟异》《仁说问答》等，大部分是抄引《朱子语类》等书。

在日本，山崎暗斋影响极大，近代日本学者室鸠巢（1658—1734）在《鸠巢文集》中说："山崎氏表彰缵述之书，皆多为后世抄略考证之类。朱子之书，盛行中国，中国儒者有志理学者所素传习而通知，不待表彰缵述。如此之为，惟在本朝，首倡正学，崇明朱子之书，则其功有不可诬者。"

（一）排斥佛教和陆王之学

山崎暗斋崇拜朱子学，他尝对门人说："我学宗朱子，所以尊孔子也，尊孔子以其与天地准也。《中庸》云：仲尼祖述尧舜，宪章文武，吾于孔子、朱子亦窃比焉。而宗朱子，亦非苟尊信之，吾意朱子之学，居敬穷理，即祖述孔子而差者，故学朱子而谬，与朱子共谬也，何遗憾之有？是吾所以信朱子，亦述而不作也。汝辈坚守此意而

[①] 郑樑生：《朱子学之东传日本与其发展》，文史哲出版社1999年版，第210页。

勿失。"① 在他看来，朱子学以外更无学问，所以遵从朱子就不能不排斥佛教之学、陆王之学。正保四年（1647），暗斋编集《辟异》，以排斥与纲常名教不相容的佛教。该书主要从《朱文公文集》《朱子语类》中抄出批判佛教的相关部分内容编集而成。他在《辟异小序》中说："朱子曰：正道异端如水火之相胜，彼灭则此兴，此强则彼弱，熟视异端之害，而不一言以正之，亦何以袪习俗之弊哉？观孟子所以答公都子好辩之问，则可见矣。"② 又在同书《跋》曰："程朱之门，千言万语，只欲使学者守正道辟异端而已矣。盖道者纲常而已矣，彼既废之，则其学之非道，可不攻而知矣……朱子曰：'异端之害道，如释氏者极矣，然则使出于夫子之时，则岂免《春秋》之诛哉'。如近世亦学天主之教，《春秋》之所必诛也；亦以不出《春秋》之时，以为不可以异端诛之而可哉？国法若不禁而诛之，儒者必可辞而辟焉者也。"③

暗斋作《世儒剃发辨》，批驳林罗山说："世儒不知之，徒见浮屠祝发痴坐人上，尤而效之。孟子曰：'吾闻用夏变夷者，未闻变于夷者也'；如世儒苟变于夷，又从为之辞，且其曰从俗者，无稽之言也。何也？我国自古王公，未尝剃发也……然则世儒剃发是其党之俗，而非天下之俗也，以此言之，其不违背《孝经》之训，亦《书》所谓乱俗者也。"④ 又《题孝经诗》说："不孝罪条冠五刑，参乎竟战践其形。彼哉剃发腐儒子，不信圣门有此经。" 这些都是山崎氏为排斥佛教而作。

山崎暗斋辟陆王之学，曾著《大家商量集》。该书与《辟佛》一样，都是从《朱子语类》《朱文公文集》中摘抄言及陆学部分的内容编撰之书，包括山崎暗斋的自序，以及上下卷共计63条。他在《大家商量集》序中说："孟子之后，周程张子继其学之绝，而朱先生得其传以晓天下，时陆氏自谓求放心而不事学问，先生虽为此辩论，然不顾己言，不察人言，而终于告子之见，可惜耳！予尝抄先生之言，编为两卷，上卷发学问之道，下卷明道体之极，名曰《大家商量集》，以使后

---

① ［日］山崎暗斋：《年谱》，《山崎暗斋全集》下卷，日本古典学会，昭和十二年（1937）刻本，第747页。
② ［日］山崎暗斋：《垂加文集》之二，《山崎暗斋全集》下卷，第726页。
③ 同上书，第726—727页。
④ ［日］山崎暗斋：《垂加草》第八，《山崎暗斋全集》上卷，第61页。

生不惑乎朱陆之是非。"①

在该书附录《答真边仲庵书》中，也可以看出山崎氏痛斥陆学读书穷理的欠缺，批判其心之所重近于禅的态度。他说："孟子不云乎！'能言距杨墨者，圣人之徒也'，是吾所以不辞也。先生（朱子）力与陆辩廓如也，先生没，吴草庐、赵东山再唱之，程篁墪、王阳明寻和之，以其外先生而难立也。篁墪作《道一编》（见《篁墪集》）附注《心经》，阳明为《晚年定论》（见《传习录》）欲混朱陆以易天下。陈清澜之《学蔀通辨》，冯贞白之《求是编》，正忧之而作，然之而作，然陈冯未窥先生之室，则以一酌之水，救昆冈之火，虽劳奚补？"②

他又说："张无垢之学，阳儒而阴释，先生《杂学辨》中论之。又尝闻张氏《经解》板行，曰：'此祸甚酷，不去洪水夷狄猛兽之下。'夫先生未闻陆氏也，既闻其宗无垢也矣。鹅湖之会，其祥不可得而考，然诵其诗可以概见焉。其后先生辩论不置，及陆氏之死也，有死了告子之叹。苟得此集而读之，则朱陆异同之分，不待他说而明矣。蔡介夫有言，'以朱子之正学精义，而不能折服象山氏兄弟于一时之语次，意亦其雄辩之不如孟子也'。介夫此言，吾不赓也。夫朱子之于陆氏，犹孟子之于告子；孟子之于夷之，犹朱子之于李伯谏（事见先生《答张敬夫》及《范伯宗林择之书》），则其服与不屈在彼耳。岂以此而方孟朱之辩哉！"③这是最鲜明地在朱子学的旗帜下，反对陆王之学。

山崎暗斋对藤原惺窝的朱陆并取之说也进行了批判。他说："朱书之来于本朝，凡数百年焉，独清轩玄惠法印，始以此为正，而未免佛。藤太阁亦以为程朱新释可为肝心，而犹惑乎佛，遂不闻实尊信之者也。庆长元和之际，南浦自谓信之，而亦尊佛，惺窝自谓尊之，而亦信陆。陆之为学阳儒阴佛，儒正而佛邪，厥悬隔不翅云泥，既尊此而信彼，则肯庵、草庐之亚流耳，岂曰实尊信者哉？"④

---

① ［日］山崎暗斋：《续山崎暗斋全集》中卷，日本古典学会昭和十二年（1937）刻本，第452页。
② 《续山崎暗斋全集》中卷，第490页。
③ 同上书，第491页。
④ 同上书，第490页。

在山崎暗斋看来，就是在朱子学中，如《大全》《蒙引》，其意虽在发明朱注者，亦当在排斥之列。为什么？因为："如诸儒先于先生者，则先生既辨之，先生同游张南轩、吕东莱；门人黄勉斋、蔡节斋、九峰；私淑之士，真西山、王鲁斋数人；盖皆醇乎君子者也，有余力则考其言可也。其他诸说，虽不阅无遗恨也。吾往时无师友之导，反复《大全》，追寻末疏，自得《蒙引》，尊信之不在朱注下，而于其难朱注者，则以为《蒙引》后出，介夫既宗先生，吾曹何讶之。夫书之后出，胜于前出者，他人之贤者所著也，如朱注岂有可间然哉！弗思之也。"①从以上可以看出，山崎暗斋是通过激烈的排斥异端，以阐明自己尊奉的朱子学的正当性。所以，日本学者阿部吉雄就山崎暗斋排斥异端的态度分析道："虽然林罗山排斥异学的态度非常严厉，但是与林罗山排斥异学的态度不同的特征是，山崎暗斋在攻击异学的同时，将重点放在了阐明朱子思想本身。所谓破邪的同时，注入显正的力量。"②

（二）敬内义外之说

山崎暗斋在理论上全面肯定朱子学的意义，在实践上更是笃实躬行。他对朱子《敬斋箴》的"持敬"学说非常推崇，曾作《敬斋箴序》。他认为："敬者一心之主宰，而万事之根本也。"他在《蒙养启发集序》中说："夫圣人之教，有小大之序，而一以贯之者敬也。小学之敬身，大学之敬上，可以见焉。盖小大之教，皆所以明五伦，而五伦则具于一身，是故小学以敬身为要，大学以修身为本，君子修己以敬，而止于亲义别序信，则天下之能事毕矣。"③又在《中和集说序》中说："孟子云：'恭敬之心礼也'，天人妙合之理如此，位育之功其在于敬，不亦宜乎？周子以中为礼为和，程子论中和，必以敬为言，先生（朱子）常举此示人者，其指深矣。"④可见，山崎暗斋对"敬"的重视程度与朱熹是相同的，但在"敬"的内容上有所不同。朱熹强调身心兼修，但更重视主体"心"的修养，而暗斋则更推崇修身。所以，他认

---

① 《年谱》，《山崎暗斋全集》下卷，第748页。
② ［日］阿部吉雄：《日本朱子学与朝鲜》，第245页。
③ ［日］山崎暗斋：《垂加草》第十，《山崎暗斋全集》上卷，第75页。
④ 《续山崎暗斋全集》中卷，第401页。

为小学、大学之敬都在于明五伦，而五伦又都具于一身，小学以敬身为要，大学以修身为本。山崎氏从古代典籍中寻找自己之所以重视修身的依据。在《文笔会录》中，他写道："然圣人于八目中特指'修身'而为本者，正乎此实也。颜子之'四勿'、曾子之'三省'者，就身而修……《中庸》于九经以'修身'为始，以'诚身'为枢。《孟子》惜'人之恒言，非本于身'。《或问》中于天下国家皆言'其本'，至于身则不曰'其本'而言主，盖圣贤相传之微意也。"①

显然，山崎暗斋重修身，但并非不谈心之修养，有时他还把"心敬"看成"修身"的重要途径。他在《敬斋箴序》中指出："人之一身五伦备焉，而主乎身者，心也。是故心敬，则一身修，而五伦明矣。"在这里，暗斋所说的"心"，与朱熹所讲的"心"，为"虚灵不昧以具众理而应事者"有着明显的不同。

山崎暗斋提倡"敬内义外"之说。他作《座右铭》说："惩怒窒欲，惟德惟力；敬义挟持，是仁之则。"② 又说："敬以直内，义以方外。敬义挟持，出入无悖。"③ 可见，他是以敬义为道德实践之二大原理。对此，山崎暗斋在《朱书抄略后》有较详细的说明。他说："'敬以直内，义以方外'八个字，一生用之不穷，朱子岂欺我哉！《论语》'君子修己以敬'者，敬以直内也；'修己以安人，以安百姓'者，义以方外也。孟子'守身之本者'，敬以直内也；'君子之守，修其身而天下平'者，义以方外也。《大学》'修身'以上，直内之节目；'齐家'以下，方外之规模。明命赫然，无有内外，故欲明明德于天下也。《中庸》九经'修身也、尊贤也'；此直内之事，其余则方外之事也。'诚者非自诚己而已也，所以成物也，成己仁也，成物知也，性之德也，合内外之道也，故时措之宜也。'夫成己内也，成物外也，是故程子曰：'敬以直内，义以方外，合内外之道也。'又曰：'敬义挟持，其上达天德自此。'夫八字之用不穷如此，朱子不我欺矣！"④

山崎暗斋还以"敬"包括"八条目"。他在《文会笔录》中说：

---

① ［日］山崎暗斋：《文笔会录》三，《山崎暗斋全集》上卷，第175页。
② 《山崎暗斋全集》下卷，第821页。
③ ［日］山崎暗斋：《垂加草》第五，《山崎暗斋全集》上卷，第53页。
④ ［日］山崎暗斋：《垂加草》第十一，《山崎暗斋全集》上卷，第90页。

"八条目者明德、新民之事,其道在止于至善,而传者释之曰敬上,恂栗者敬之存乎中也,威议者敬之著乎外也,此则八条目皆由乎敬,诚意之慎独、正心,修身之不在焉而辟,齐家、治国之偾事之言,不忒之仪,皆丁宁之戒,而平天下章,亦复示此意,不一而足焉。《中庸》曰:'笃恭而天下平'岂不信哉!"① 从上述可见,山崎暗斋对"敬"是极端地推崇。

(三) 仁爱之说

山崎暗斋对朱熹的"仁为爱之理"作了不同的解释,他说:"仁是爱的原则。以水相比时,仁是水之源,而爱是水之流。以树相比时,仁是树之根,而爱是树之枝……二者是'体'和'用'的关系。朱熹将这一事实隐喻地表述为糖之甜和醋之酸。……谈及爱的原则时,大多数儒家只知道它是显示出的爱的仁,而不知道它是未显示的爱的仁。"② 从这段话来看,山崎暗斋并未真正理解朱子的原意。不过,暗斋是围绕着社会关怀思考的,所以他对朱熹仁爱思想的解释,有其意向所在。他认为,爱之理是不能与爱他人的仁爱相分离。人性与爱,犹如水与流、树与叶、糖之甜与醋之酸。将仁与爱相分离,就会导致对人性的压抑。如果人性只能在同其他相互作用和联系中,才能显示活力与生气,那么必然应该有一个能够发挥这种情况能动性的自我。仁与物质的自我是同一的。也就是说,仁爱与物质自我是处在同一层次之中,没有高下优劣之分,只有体用不同。可见,暗斋一方面接受朱子只有消除私欲才能达仁的观点;另一方面又主张仁必须在强烈冲动和积极行动的生命状态下去实现。山崎暗斋为建构以仁爱为原则的日常社会,自然注重内省和反思,以及道德良知的修养。③

在日本江户时代的思想史上,山崎暗斋创造了把朱熹的道德理想和哲学原则带入日常生活的公共领域的先例。他预设了一个公共社会,在这种社会里,每个人通过诚意和正心的道德修养而进入自然的伦理关系

---

① [日]山崎暗斋:《文笔会录》三,《山崎暗斋全集》上卷,第176页。
② 引自[日]阿部吉雄《日本朱子学与朝鲜》,第153页。
③ 王健:《"神体儒用"的辨析:儒学在日本历史上的文化命运》,第146页。

之中。故相良彻说："山崎暗斋学派的内在论，集体社会美德和德行的道德观念及仁爱的伦理观念具有更重大的意义。"①

山崎暗斋与林罗山是以不同的动机和方法来理解朱子学的。林罗山在朱熹的理论体系中，选择适合稳定日本德川政治秩序的那些学问和思想，而山崎暗斋则把新儒学的关切带进了仁义的伦理社会中；林罗山的政治尺度要求新儒学道德原则外在化，而山崎暗斋的伦理社会则要求同样的道德原则内在化；林罗山为政治秩序寻找理论依据，必然重视和强调中国典籍的外部礼仪和法典方面的知识，山崎暗斋为建构以仁爱为原则的日常社会，自然注重内省和反思以及道德良知的修养。②

林罗山与山崎暗斋的思想分歧，对后世的日本思想界产生了极大的影响。美籍华裔学者狄百瑞认为："当政治和制度的外在主义在徂徕学派中达到顶峰时，当社会和伦理的内在主义在王阳明学派中处于顶峰时，这些差别就具有重大的历史意义。山崎暗斋相信外在化只是内在道德本身的扩展和忽视外部知识客观性的道德乐观主义，强调沉思的重要性，以及内严外正统一体的概念，与王阳明关于良知、知行合一和内省的概念是相似的。"③

从山崎暗斋的思想主题来看，他强调通过个人的道德修养来体现生命的价值和意义。岛田虔次在《朱子学与阳明学》中转述暗斋的话说："在我看来，无论是初级教育还是高级教育，其目的似乎都是阐明人际关系。在初级教育中，要明了各种各样的人际关系。这种人际关系教育的本质是忠诚于人。在《大学》中提出来的高级研究中的'格物'，只是使初级教育中所学的内容达到最终的结论……朱熹的教学规则列举五种人际关系作为课程……论述善行的文章与'修身'相配。自天子以至于庶人，皆以修身为本，包括'诚意'和'正心'两者。"在暗斋看来，朱熹的学说可概括为由五伦规范所决定的修身准则。按暗斋的理解，他虽然强调的是个人的修养主题，然而最终目的却是良好的人际关系。从对社会理想的设计上看，暗斋企图通过个人的"诚意"和"正

---

① ［日］相良彻：《近代史上的儒家思想》，东京：理想社1965年版，第39页。
② 王健：《"神体儒用"的辨析：儒学在日本历史上的文化命运》，第146页。
③ ［美］狄百瑞：《日本传统的渊源》，纽约：哥伦比亚大学出版社1964年版，第359页。

心"来达到社会的和谐。而林罗山是希望通过政治等级秩序来实现人际关系的稳定。在林罗山的伦理关系中,每个人都处在由法律和政治秩序所控制的共同体中,从属于不同的社会地位和身份等级。显然,林罗山是以外在的法律和秩序建构来理解朱子学说的,而山崎暗斋则认为朱子学的精神是强调人的内在修养,并通过彼此的仁爱来达到秩序的和谐。在实质上,山崎暗斋与林罗山是殊途同归的。①

(四)心神合一论

山崎暗斋借用朱熹"心之虚灵不昧"来说"心神合一"。他在《文会笔谈》中说:"先生说明德云:'虚灵不昧以具众理而应事者也';又云:'方寸之间,虚灵洞彻,万理咸备';说心云:'虚灵知觉一而已矣'";"又云;'人之一心,湛然虚明,如鉴之空,如衡之平,以为一身之主者';又云:'人心妙不测,出入乘气机';……又云:'心之为物,至虚至灵,神妙不测,常为一身之主,以提万事之纲';又云:'心之为主,实主于身,其体则有仁义礼智之性,其用则有恻隐羞恶恭敬是非之情'";"嘉谓盖明德也,心也,知也,一理也。而明德者心之表德,知则心之妙用也,其为物、方寸灵台、神明之舍,指脏而言。其人之神明,心之神明,就德而言,其脏之中虚而灵,即是神明而德之妙也。"② 暗斋上述之言都是就"虚灵不昧"来说心、说知、说神。

山崎暗斋在《大神宫三首》中之二首,对心神关系就说得更明显了。其一首曰:"万神万变自心台,台上明明绝点埃。若识虚灵无体一,许君亲见国尊来。"其二首曰:"永言神妙在心根,敬直义方道尚尊。俯仰乾坤惟一耳,更于内外示宗源。"③ 在山崎暗斋看来,这个心便是神明所在。所以,心便是神,神便是心,心神合一。这一点,山崎暗斋在《会津神社志序》中也进一步做了说明。他说:"惟神天地之心,惟天下神物,而其心则神明之舍也,抑天下万神天御中主尊之所化,而有正神有邪神何耶?盖天地之间,惟理与气,而神也者理之乘气而出入

---

① 王健:《"神体儒用"的辨析:儒学在日本历史上的文化命运》,第145页。
② [日]山崎暗斋:《文笔会录》三,《山崎暗斋全集》上卷,第170页。
③ 同上。

者，是故其气正则其神正矣，其气邪则其神邪矣。人能静谧守混沌之始，祓邪秽，致清明，正明而祈祷则正神申福焉，邪神息祸焉，岂可不敬乎哉！"①

山崎暗斋还在"敬"的基础上，建立他的神道教义（即垂加神道）。他说："夫神者天地之心，人者天地之神物，盖天人惟一，而其道之要在土金之敬而已。土即敬也，土与敬倭训相通，而天地之所以位，阴阳之所以行，人道之所以立，皆出自此。"② 又在《垂加社语》中说："神垂以祈祷为先，冥加以正直为本，此神托出《镇座传记》《宝基本记》《倭姬世纪》。嘉自赞：神垂祈祷，冥加正直。我愿守之，终身勿贰。"③ 山崎氏的神道学，实际上很大一方面，是从朱子学中而来的。他在《参宫三绝》中说："理气凝来一寸心，寸心敬守莫相侵。莫相侵去入神道，神道家源在土金。"这就把"以敬守心"神秘化了，即把神道儒学化了。所以，山崎暗斋在《洪范全书序》中，主张东西神圣自有妙契之处。他说："倭开国之古伊奘诺尊、伊奘册尊，奉天神卜合之教，顺阴阳之理，正彝伦之始。盖宇宙惟一理，则神圣之生，虽日出处日没处之异，然其道自有妙契者存焉，是我人所当敬以致思也。"④

从以上可见，山崎暗斋和朱熹都以"居敬"为途。朱熹是以居敬穷理，而山崎暗斋是以居敬入神道。

（五）神国思想

山崎暗斋提倡忠君报国，将神道思想发展为神国思想。他在《会津风土记序》中说："自有天地即有我神国，而伊奘诺尊、伊奘册尊继神建国中柱为八大州……逮生曰神授以天上之事，曰神以皇孙琼琼杵尊为此国之王，称曰丰苇原中国，丰苇原者苇牙发生之盛也，中国者当天地之中日月照正直之顶也。"这就是山崎暗斋垂加神道的神国思想。

山崎暗斋尊崇孔孟，但更尊重祖国。《先哲丛谈》中记其轶事云：

---

① ［日］山崎暗斋：《垂加草》第五，《山崎暗斋全集》上卷，第79页。
② ［日］原念斋：《先哲丛谈》第3卷，东京：平凡社1994年版，第1—2页。
③ ［日］山崎暗斋：《垂加草》第一，《山崎暗斋全集》上卷，第4页。
④ ［日］山崎暗斋：《垂加草》第十，《山崎暗斋全集》上卷，第73—74页。

"尝问群弟子曰：'方今彼邦以孔子为大将，孟子为副将，率骑数万来攻我邦，则吾党学孔孟之道者，为之如何？'弟子咸不能答，曰：'小子不如所为，愿闻其说。'曰：'不幸若逢此厄，则吾党身被坚手执锐，与之一战，擒孔孟以报国恩，此即孔孟之道也。'后弟子见伊藤东涯，告以此言。且曰：'如吾暗斋先生可谓通圣人之旨矣，不然安得能明此深义而为之说乎？'东涯微笑曰：'子幸不以孔孟之攻我邦为念，予保其天之。'"① 在这里，伊藤东涯说孔孟是不会侵略日本的，这不仅很了解中国，而且气度宽宏。而暗斋的爱国名言，也很值得我们钦佩，只是尊重祖国是一事，尊祖国为神国又是一回事，这是不能混为一谈的。

山崎暗斋还仿朱子《通鉴纲目》作《倭鉴》。朱子《纲目》的精神，据宋尹起莘所作《纲目发明》序中说是"尊君父而讨乱贼，崇正统而抑僭伪，褒名节而黜邪佞，贵中国而贱夷狄"。《倭鉴》是本此而作。今该书虽不传，但据所存目录②，可知第一卷，一之天，天神纪；一之地，地神纪；一之人，神武纪；以下顺序，第二卷《绥靖纪》，第三卷《安宁纪》，以至第八十六卷《后醍醐纪》，第八十七卷《后村上纪》，主张南朝本纪为正统，绝笔大书曰："后小松帝明德三年（1392）壬申冬十月朔己酉二月庚戌三种神器入洛。"③ 在这里，正统论和三种神器论，充满着神道思想，表现出神道思想与朱子的大义名分论相结合。

山崎暗斋亦仿朱子《小学》作《大和小学》一书。他将父子之亲先于君臣之义的思想，倒置了君臣之义先于父子之亲。山崎暗斋作《拘幽操跋》云："《礼》曰天先乎地，君先乎臣，其义一也。《坤》之六二，敬以直内，《大学》之至善，臣止于敬，诚有旨哉！《泰誓》云：予弗顺天，厥罪惟钧，是泰伯文王之所深讳，伯夷、叔齐之所以敢谏，而孔子所以谓未尽善也。"他指出此文"臣罪当诛，天王圣明"；再经朱子下一转语"看来臣子无说君父不是底道理，此便见得是君臣之义处"；由此所得结论，是从此"天下之为君臣者定矣"④。后来，崎门学

---

① [日] 原念斋：《先哲丛谈》第3卷，第4—5页。
② [日] 山崎暗斋：《东鉴历算改补序》，《山崎暗斋全集》卷下，第696页。
③ [日] 山崎暗斋：《垂加草·附录》，《山崎暗斋全集》卷下，第686页。
④ 《续山崎暗斋全集》下卷，第125—126页。

者阐明君臣大义，《拘幽操》和《靖献遗言》二书的影响，对明治维新的改良主义有所贡献。①

山崎暗斋门下人才济济，其中和海南朱子学有关人物，首推崎门三杰，即佐藤直方、浅见䌹斋、三宅尚斋。他们对其师说有接受，但都反对暗斋的神道说。总的来看，山崎暗斋和他们弟子继起，以新南学的姿态出现，足见暗斋在南学史上所占的重要地位。

五　贝原益轩与朱子学

贝原益轩（1630—1714），名笃信，字子诚，号益轩，又号损轩，出身于筑前福冈藩医学之家，其父为筑前福冈侯侍医宽离。他少好读佛书，14岁开始跟随其仲兄存斋学习"四书"的句读，受儒学教育。贝好右编《益轩先生年谱》记云："先生素崇浮屠，日诵佛教，常念佛号，每月当佛日，则素食，拜佛堂。仲兄告之以佛屠之非，一旦悟其过，而终身不好佛，自是始知圣人之道可遵而深信之。"同时，他又受其父熏陶，掌握了一些医学知识。

他28岁以后，利用藩费在京都学习儒学7年，与当时儒学学者松永尺五、山崎暗斋、木下顺庵、伊藤仁斋等都有往来。这时期，益轩既学朱子学，又习陆王学。据他的读书目录《玩古目录》记载，益轩曾反复阅读王阳明的《传习录》，有12遍之多。他36岁时，读到陈建的《学蔀通辨》，开始放弃兼习朱陆的做法，彻底转向朱子学。在《读朱子书辨》一文自述："后世之学者知经义者，皆朱子之力也。然则后学之于朱子也，有罔极之恩……吾辈不逮之质，虽不能窥其藩篱，然心窃向往之，故于其遗书也，尊之如神明，信之如蓍龟。"②

他39岁，著《近思录备考》，次年又著《小学句读备考》。他说："程朱之书，航海传于我者，盖三百余年于此矣，然而《小学》《近思录》之行于世也，未备于二纪，实为可恨焉。我曹幸生于今时，而得见

---

① 朱谦之：《日本的朱子学》，第310页。
② ［日］贝原益轩：《自娱集》，《益轩全集》（第三册），东京益轩全集刊行部，明治四十三年（1910）刊本，第227页。

此书而讲习之，当徒事空文而不能体心行身，则不几千于侮圣贤者乎！"① 晚年，他隐居京师，正德四年（1714）又归故里，不久即逝世，享年85岁。

贝原益轩崇尚朱子学，但并不盲从，而总是带着自己的问题去思考。他经常引用朱熹的"大疑则可大进，小疑则可小进，无疑则不进"的名言来鞭策自己，对自己的学说观点提出质疑。在他看来，"六经语孟"虽是经典依据，但是"天下义理无穷，圣人蕴奥难尽。是以宋之诸贤所说，虽义理明备，然其细微曲折之余意，尚待议论，有益详审者"②。这也就是说，孔孟之道、宋儒学说，只有后人根据历史社会的变化进行新的解释，才能产生新的意义。他著《慎思录》《大疑录》，从而确立了他在日本思想史上的重要地位。

（一）理气合一

贝原益轩著《大疑录》，对朱子理气为二之说提出疑问。他说："道是阴阳之流行，纯正而有条理之谓，是阴阳之本然不纷乱者。理是气之理，理气不可分而为二物，且无先后，无离合，故愚以为理气决是一物，朱子以理气为二物，是所以吾昏愚迷而未能信服也。"③ 又说："理即是气之理，一气之行于四时也，生长收藏而不变乱者，自顺正不乖戾，故理须就气上认取。譬如水，其清洁而就下者，是水之本然，故水与其清洁流行者非二物，不可分而为二物也，明矣。故二气之顺正而不变乱者，即为道；不顺正者，非气之本然也，为非道。"④ 益轩从理气一体观出发，比朱子更重视气。

益轩以太极为气，他说："盖太极是一气混沌，阴阳是太极既分之名，其实非有二也，因太极之动静，而阴阳分焉，则阴阳之流行，亦可谓太极之理，故《易》曰：'一阴一阳之谓道。'盖道犹路也，以所通行名之焉，是一气之所流行，故名之曰道；所谓一阴一阳者，以一气之

---

① [日] 贝原益轩：《小学句读备考书后》，《益轩全集》（第二册），第624页。
② 同上。
③ [日] 贝原益轩：《大疑录》卷上，井上哲次郎编《日本伦理汇编》（第八册），东京育成会，明治三十五年（1902）刊本，第212页。
④ [日] 贝原益轩：《大疑录》卷下，第237页。

动静，一为阴一为阳，交流行而不息言之也。"① 这也就是说，太极、道、阴阳都只是指气而言。所以说："夫天地之间，都是气。""故理气决是一物，不可分而为二物焉。然则无无气之理，又无无理之气，不可分先后。又理气非有二物，不可言离合也。盖理非别有一物，乃气之理而已矣。气之纯正而流行者谓之道，以其有条理而不纷乱，故谓之理。"② 可见，贝原益轩主张"理即气之理"，理与气是一体不可分的，这显然是气一元论，认为"气"是宇宙的本体。益轩从理气合一，进而主张气一元论，这是对朱子理气论的发展。

从气本体论出发，在人性问题上，贝原益轩则认为身死而性也随之而死亡。他说："朱子曰：'身有死生，而性无死生'；李退溪《自省录》亦曰：'气有生死，理无生死。'夫朱子之贤，李氏之学，其所说不容有差，然而予之昏愚，于此等说未能通晓，故于此姑述臆说，记所疑如左，以待识者之开示，是亦欲就有道而正之意耳。窃谓人身气禀则生焉，气散则死焉，性者人所受天之生理也，理者气之理也，非有二也。苟身死则生之理亦何处在耶？盖人身以气为本，理即气之理，故生则此理在焉，死则此理亦亡矣；故无身死而性存之理。有此身则有此性，无此身则此性亦随之而亡，无所寄寓。"③ 因为朱熹将性分为本然之性与气质之性，所以说身有死生，而本然之性无死生。而益轩认为，气禀之外，非有本然之性，所以身死而性也随之而亡。

贝原益轩认为，性本来只有一性，就是气质之性，而气质的本然就是天地之性。他在《慎思录》中说："性者一也，有以本然言者，有以所禀受言者。《易》所谓'一阴一阳之谓道，继之者善也，成之者性也'。《中庸》曰：'天命之谓性，率性之谓道。'孟子言性善，是皆言本然也。盖天地之理本自善，是以人之禀性，其本无有不善。张子谓之天地之性，是以理言。故程子曰：'性即理也'，盖本然之性，天命之所在也。有以气禀言者，人有生之初，禀阴阳之气。有清浊厚薄纯驳偏

---

① ［日］贝原益轩：《大疑录》卷下，第238页。
② ［日］贝原益轩：《大疑录》卷上，第212—213页。
③ ［日］贝原益轩：《大疑录》卷下，第239页。

正之不同，人之所禀受，偶然各异如此也。夫子曰：'性相近'，孟子曰：'食色者性也'，又曰：'形色者天性也'，此皆所以禀受言。故董子曰：'性者生之质也，是张程二子所谓气质之性是也，其所禀万殊也。盖性字从心从生，故以生质言者，便性字之正训也，是性之本义。以性为理者，言其本然而已，非性字之正训也。罗整庵以理一分殊说性，而不分天地气质，虽与先正之说稍异。可谓有所发明也。盖本然者理一也，天下之人所禀受皆一也。气质者分殊也，众人所禀各不同。罗氏此说后出者，可谓巧也，天下之事，以渐开者，此类也。"①又在《大疑录》中言："气质者性之本义，以所受天而言之。天地之性亦是所禀受之本然，非有二性；然立二名者，恐嫌有二性，不如以理一分殊说之，易简而无疑惑也。盖本然者，则是气质之本然也，气质亦是天之所命，非有二性。譬诸水，其流动盈溢且滋润者，水之质也；其清者，水之本然也，其质与其清者，非有二也。"②

这里要提到的是，贝原益轩虽疑朱子学，但他仍站在朱子学立场上，反对日本古学派。原念斋在《先哲丛谈》指出："《慎思录》驳时辈之学曰：'游荡泛滥，偏僻驳杂。'或云：'读书学文之事常多，慎德力行之功常少。'或云：'欲立己说而责人之小疵，动常伤于刻薄，虽有其说是者也，其心则非矣。浮躁浅露非君子之气象，其文字虽间有可采者，其人猥陋可贱而已矣'，是盖指徂徕党也。又斥为'《大学》非圣人之言也，为近世之俗儒'，是指二斋也。此《学术论》及《异学诽朱子辨》（载《自娱集》），皆论刺当世排宋儒，更立门户。"③益轩反对学者的偏执固滞，主张"学问之道，天下之公道，其是是非非之际，可为公直之正论也"④。因此，要信可信，疑可疑，虽然这一点他还不能做得很彻底，而仍然不出于宋儒的圈套之中。但就其治学的态度来说，是很值得我们景仰称道的。⑤

---

① [日] 贝原益轩：《慎思录》，井上哲次郎编《日本伦理汇编》（第八册），东京育成会，明治三十五年（1902）刊本，第193页。
② [日] 贝原益轩：《大疑录》卷上，第213页。
③ [日] 原念斋：《先哲丛谈》第4卷，第19页。
④ [日] 贝原益轩：《大疑录》卷下，第227页。
⑤ 朱谦之：《日本的朱子学》，第256页。

（二）格物穷理

贝原益轩的格物穷理工夫，是在接受朱子格物穷理思想的基础上，更注重向外用功，并对"格物穷理"内容作了进一步的发挥。

在"格物穷理"的内容上，贝原益轩认为，"理只是气之理"，"天地之间，都是一气"，"太极也只是一气之流行，阴阳是太极既分之名，而所谓一阴一阳者，是指一气之动静，一为阴一为阳，交流不息而言之也"。既然天地之间万物一气，那么格物穷理也就是探究"万物生生不息，生长收藏有条贯而不紊乱"之理。① 而在朱熹那里，"理"不仅指具体事物的客观规律，更重要的是指具于人心的"天理"。可见，在格物穷理的内容上，益轩与朱熹存在着差异。益轩在其理气不可分的宇宙观基础上，把格物穷理的重点放在外事上，提倡向外用功。

贝原益轩认为，格物穷理之工夫的具体实施就是博学。他在《慎思录》中指出："致知之工夫，自一身之中以至万物之理。不厌烦扰，讲究多则自然豁然有觉悟，是格物穷理之工夫。""盖学者于格物致知之功，博学广闻之事，其及用力之久也，岂惟于日用伦常之道，人身性情之理，无所不通而已乎哉！抑于天地之间，其所见所闻万事之理，皆逐一贯通，无所不知，无所疑惑，则其乐岂有穷乎？是博学之功所以可贵也。"②

当然，贝原益轩所谓的博学不只是为了空谈训诂章句，他批评那些为训诂章句烦扰而不务实际的人说："然今之学者，不专于究理之学，只为训诂章句之闲劳扰，而空过一生了，不亦误乎！"在益轩看来，"满天下之事物众多，其理亦无穷，为学而得逐一通晓于其理，而无可疑，是人生一大快事，其乐可无穷。"③ 这就是说，博学是为了逐一通晓万物之理。值得一提的是，益轩并不以穷究万物之理为苦，反而认为人们在穷理解惑的过程中可以体验到无穷的快乐。益轩重视并乐于对宇宙万物的推究，使他的"格物穷理"工夫更具有向外开拓

---

① ［日］贝原益轩：《大疑录》卷下，第237—240页。
② ［日］贝原益轩：《格物余论》，《甘雨亭丛书》，安中：日本安中造士馆，安政三年（1856）刻本，第1页。
③ ［日］贝原益轩：《慎思录》第二卷，第63页。

的实际内容。

贝原益轩是一位富于经验的自然科学家。他自述他在经学之外，还研究当时人所认为"小道鄙陋之事"。这是因为它们"有裨于民"。益轩把时间和精力花在许多有补于民生日用之事上，遭到当时一些世儒的诽议。然而，在格物穷理精神的推动下，他毅然表明自己的态度说："呜呼！吾辈食嘉谷，消白日，生无益于时，与禽兽同生，便是天地间之一蠹耳。苟有助于民生，则虽执方技之小道，受世儒之诽议，亦所不辞也。"① 正是益轩不惜世儒的诽议，着力于自然科学方面的研究，才使他超过宋儒。应该说，朱熹的格物穷理，经贝原益轩的努力，大大地提高了。

贝原益轩因为有自然科学知识的基础，所以敢于反对日本古代的神话传说。他在《格物余论》中说："盖上古民俗质朴而无知，故有一谈神怪诡异者，举世信尚之附会益酿成妄诞之诡，后之记事者，亦懵圣学，而不察其妄诞，承讹踵弊，漫信而笔之于书，以传之后人，亦信之而不疑，因循沿袭，逮于后世也无穷。如中华文明之国，记上世之事者，荒唐之言尚多矣，然况于外夷乎？如朝鲜国，上世传言檀君之事之类，中华日本朝鲜西域其地虽异，其事则同，盖上世圣学未传，人文未开而然。"② 这可以说是益轩"格物穷理"精神熠发的光辉思想。

（三）尊德乐道

贝原益轩认为，天地间消息盈虚之理，都是自然而然。无论是尊德性，还是道问学，在益轩看来，都可以归结于"乐"。乐是安乐此自然之理。以尊德性而言，他说："以仁爱作善为乐。""盖博文约礼之工夫既熟，而人欲净尽，天理流行，则其乐初可知而已矣……且夫草木之发生，禽兽之和鸣，鸢之飞，鱼之跃，亦是草本禽兽虫鱼之所为乐也。然则虽众人亦不可无其乐，其所乐之意味，多寡之分数，虽与孔颜之乐不可同日而语，然人物之性中，自然有生理，此乐之所生，故虽众人不能无此乐。"又说："孔颜之乐，非乐道，又非乐天理之谓，且非别有一

---

① ［日］贝原益轩：《慎思录》第六卷，第 202—203 页。
② ［日］贝原益轩：《格物余论》，《甘雨亭丛书》，第 37 页。

物而乐之。若谓以道为乐，则道与乐做二了。人心本天命之所在，天机常生生不息，故满腔常欣欣和气，其生意不息，随处欣合和畅，是谓之乐，是人生心里自然所有之天理也，非独孔颜有此乐，人皆有之……日用动静之际，天机流行发见，油然自生，如草木之有生意也，便是乐。既有此乐，则日新而不息，至于不知乎足之蹈之手之舞之。且如人之吟风弄月，咏歌舞蹈以养其血脉，与夫草木之发生，禽鸟之和鸣，鸢飞鱼跃，皆是同一天机，自然之生理，而无非乐也。"①

益轩认为人的心有本然之乐，所以只要天机流行，使无入而不自得。"然则虽处逆境，而不失其和乐之心，况于顺境乎？立则乐乎立，行则乐乎行，卧则乐乎卧，饮食则乐乎饮食，对客则乐于客，观山水则乐乎山水，如此则无所往而不乐也。"② 这就是日本有名的"益轩乐教"。

贝原益轩的乐天主义，巧妙地教导人们要以道制欲，虽在贫贱患难之中，不改其乐。人心之乐，既然是本然有的，就不必倚赖外面的东西来充实它，因此物质的愿望，也就可以减到最低限制。在一定程度上，这有利于对统治阶级的物质追求予以限制。益轩认为，"乐是心之生理，虽常人亦有之"，然惟君子能以道制欲，"故君子而后得乐，非乐则不可以为君子。仁者不忧，以乐与忧之消长，而君子小人分矣"③。这是"君子素其位不愿乎其外"④ 的消极思想，是教人安分。"自乐者必安分，故无求于世"⑤，是教人以富贵不如贫贱之乐。⑥

在道问学方面，贝原益轩倡导科学家特有的一种乐趣。他说："平安城之人风竹散人者，我之旧朋也，博览能文，为良臣，其言曰：'凡富有三焉，第宅宏丽资财殷充者，家富也；四体康健，耳目聪明者，身富也；旁通物理，广识古今者，心富也。三者不得而兼，将何取焉？家富不如身富，身富不如心富，故颜子不改其乐，庄周畏为牺牛矣。世俗

---

① ［日］贝原益轩：《慎思录》第一卷，第 11、37—38 页。
② 同上书，第 38 页。
③ ［日］贝原益轩：《慎思录》第四卷，第 133 页。
④ ［日］贝原益轩：《慎思录》第五卷，第 166 页。
⑤ ［日］贝原益轩：《慎思录》第六卷，第 189 页。
⑥ ［日］贝原益轩：《慎思录》第五卷，第 158 页。

唯尚家富,未尝论及身心之上,故贫士有不知其乐者,'笃信曰:'富有三等是前人所未言,可谓好议论也'。"① 益轩还自述其生平说:"吾人龄既衰残,日薄虞渊,以道制欲,取乐于桑榆之工夫,一日不可废。盖人生至乐,在读书乐道,如此而终余年,不亦善乎?若夫玩赏山水,爱玩月花,徜徉于园圃,而爱观草木,吟咏古人之诗歌,而眺望四时之佳景,具朝夕之变态者,触物遗兴,聊以养性情而已,是学问之余事,乐道之一端也。"② 这是益轩自道其书生的本色。

贝原益轩在 81 岁时,曾写《乐训》三卷,是关于人生观的著作,表现了他能怡然自乐。这是一种隐君子的德行。

(四) 诚的气质

贝原益轩确立的气本体论,为其学说中的人性论提供了哲学支撑。他说:"在这个世界上,在整个历史上,人只有一种本性……天的原初本性也是气的派生之性。"③ 在他看来,气是任何人都可以禀赋的宇宙本质。当天理的原初本性和派生之性等同时,善和恶就成为相对的存在。益轩认为:"善是人事的正常状态,恶是本性的畸变。"④ 益轩反对束缚人性的道德历行主义,他在《大疑录》中明确地说:"一个学者要使其人生有序和校正其行为,必须习礼乐,举止庄重严肃,以一种和谐的方式享受生活。为什么一个人必须只坚持'严肃整齐'?况且,当今之陈腐顽固的人并不理解'严肃'的意义。他们往往成为这个词的奴隶。"

同样,益轩也反对自我严肃的形式主义,他提出人应该有一种"诚"的气质,从而使人们之间形成平等的交往。在《慎思录》中,他说:"圣人们的教义以忠和信的观念为其根本原则……那些不以忠和信为其首要观念,却徒劳无益地以敬为其首要观念的人们,专注于敬的应用,无疑会囿于敬的原则,以奴役和顽固的弊病而终结……生于现代的人陷于旧礼仪,不能采取适应时代的行动。惯例和道德往往与时代必然

---

① [日] 贝原益轩:《慎思录》第四卷,第 128 页。
② [日] 贝原益轩:《慎思录》第六卷,第 200 页。
③ [日] 相良彻:《近代史上的儒家思想》,东京:理想社 1965 年版,第 40 页。
④ [日] 源了圆:《德川时期思想简史》,东京:中央公论社 1973 年版,第 415 页。

相抵触……这种状况怎能符合孔子之道?"

贝原益轩认为,人性与自然等同,仁是联结人性与自然的纽带。仁不仅是忠诚、孝顺等行为的爱之美德,而且也是大自然的天赋美德。以人类之仁报答自然之仁,是人类的责任。他说:"仁者以天地万物为一体,此理本自如此,非勉强为一体而已。盖吾身自天地而生来,天地为万物之父母,故天地万物与吾身本自为一气。仁者至公无私,故无物我之间隔,不能不以天地万物为一体。"① 又说:"总是牢记他们报效自然以偿还这巨大恩惠的职责,他们不应该忘记,正如他们应对其双亲尽孝一样,他们也应该对自然充分显示出他们的仁。仁意味着具有一种内在的同情心,并且把祝福带给人与物。对于那些依赖自然的恩惠养育成长的人们来说,这就是报效自然之道。"②

从上述可见,贝原益轩通过气本体论,得出人性同一的结论,再以人性论得出大众平等的观念。而平等交往的根本前提是包含着忠与信的"诚"的气质。这也就是说,遵循着"诚"的原则,才能使平等交往成为可能。这种平等交往不需要外在的强制,而是人们在日常生活中自愿实行的。③ 正如狄百瑞在《日本传统的渊源》中所说,贝原益轩"把形式主义的理论化的中国朱子学体系改变成为一种主张地方自治主义的符合常识的日本朱子学,以服务于个人在日常生活中的需要"。益轩所做的这种"改变",使发端于中国的朱子学极大地日本化了。丸山真男在《日本德川时期思想研究》中就特别指出这种"改变"的意义:"它已不像在中国那样是一种贵族阶级的文化垄断。它已改变成为日本民族的文化基础。在这种推广和普及的过程中,他使用日本的本国语言,从而把儒学民族化,为日本平民大众的个人需要服务。"

(五) 神儒合一

贝原益轩从其世界观出发,将儒家思想与日本固有的神道思想结合,提倡"神儒合一"论。元禄四年(1691),他作《神儒并行不相悖

---

① [日] 贝原益轩:《慎思录》第五卷,第 161 页。
② 引自 [日] 丸山真男《日本德川时期思想研究》,王中江译,生活·读书·新知三联书店 2001 年版,第 63 页。
③ 王健:《神体儒用的辨析:儒学在日本历史上的文化命运》,第 149 页。

论》,其意在反对"神佛合一"。他说:"浮屠之说,本是偏僻其道,以绝灭天理,废弃人伦为则焉,与我神道不同,犹冰炭薰莸之不相容也。"相反地,则儒教与神道是根本相同,为什么?益轩认为:"中世以来,华夏圣人之经典,流入我邦,其正心术厚人伦之道,建诸天地而不悖,质诸鬼神而无疑者,与我神道无异。而其为教也,广大悉备,精微深至,以可辅翼邦教,发明于神道;故学神道者,亦不可不学我圣人之道矣。盖神教固是易简之要诀,得其要者,一言而尽矣,故虽不待求于外,然得儒教之辅翼,而其理益明备矣,故谓神道无假于儒教而自立则尚可也,苟谓教无辅翼于神道,则不可也。"[1]

益轩认为,神儒所以不相悖的原因是:"天地之间,道一而已。故人道即是神道,神道即是天道,非有二也。苟有与天地神明之道不同者,即是非人道也。"因为益轩认"天人一理",人道即天道,所以神儒可以并行不悖。他说:"学儒者顺其道而不泥其法,择其礼之宜于本邦者行之,不宜者而置之不行,何不可之有?然则神儒并行而不相悖,不亦善乎!"又说:"学神者以谓儒教是外邦之道,不可行也;学儒者以我邦神教之法有殊于中国者,并诽其道,称之为异端之说,互相为讥议喧逐。"[2] 在这神儒的思想斗争中,一个是日本邦的宗教,另一个是外来的思想体系。现在把二者调和起来,这一方面固然是保卫了儒教的发展,使它不和固有的思想相冲突;而另一方面则把儒教庸俗化了,成为与神道同样带有神秘色彩的东西。这也就显示了益轩儒主神从的思想倾向。[3]

在这里要指出的是,虽然朱子学传入日本,特别是脱离禅宗走上独立的发展道路之后,就已经开始了日本化的过程,然而贝原益轩从内部对朱子学的阐释却是极为关键的一步。从藤原惺窝和林罗山的外部秩序到山崎暗斋的内在良心,贝原益轩沿着他们的理论逻辑,第一次使朱子学的视野关注到民间社会。如果将林罗山与山崎暗斋和贝原益轩的思想观点相比较,林罗山的朱子学是服务于德川名教的一种社会理论学说,它的效用在于幕府的政治制度和社会秩序的公共领域;山崎暗斋的朱子

---

[1] [日]贝原益轩:《神儒并行不相悖论》,西林时彦编《日本宋学史》上编,东京:梁江堂书店,明治四十二年(1909)版,第11页。
[2] [日]贝原益轩:《神儒并行不相悖论》,第11—13页。
[3] 朱谦之:《日本的朱子学》,第272页。

学重点放在个人的内在道德修养；贝原益轩则关切每个社会成员的日常生活。①

对于贝原益轩在日本思想史上的作用，黄秉泰先生评价说："贝原益轩是一位朱熹新儒学的伟大改革者，因为他把朱熹新儒学细分成一套有用的道德和伦理原则，并且把它改变成平等的平民社会的文化基础，但是他不是与外部破坏者相一致的内部破坏者。更确切地说，他使中国新儒学能够在日本民众的土壤中扎下根来，成为日本化的新儒学。他试图通过剪除朱子学中不适应日本民众口味的部分，而使新儒学普及化，以便使新儒学能够内化于日本平民的日用生活中。"②

六　大阪学派与朱子学

在儒学的发展上，大阪要比江户和京都落后。在大阪，为儒学开辟道路的是五井持轩。他于享保十一年（1726），在幕府（德川吉宗将军）的保护下，以及鸿池（指鸿池家族的第三代鸿池善右卫门）等富商的支持下，在大阪东区尼崎设立了怀德堂，为大阪朱子学的发展奠定了基础。

怀德堂第一代塾主为三宅石庵，继之者中井甃庵争取德川幕府的支持，使怀德堂变为半官半民的教育机构。第三代塾主五井蘭洲进一步巩固了怀德堂的地位，他培养的两个弟子中井竹山和中井履轩则带来了怀德堂的黄金时代。其学派分布全国，到了富永仲基、山片蟠桃进一步向唯物论发展。这不但标志了日本资本主义生长过程中的上升的现象，而且也标志了朱子学在日本的影响，已向唯物论的方向转移。③

从创立到明治初年，怀德堂延续了146年。在这期间，许多有名的学者都到此讲学，形成了比较自由的学风。虽然他们基本上属于朱子学系统，但是他们并不拘泥于朱子学或阳明学，很少有门户之见，有时还邀请古学派的学者来此讲学。中井竹山任塾主时还规定："书生之交，

---

① 王健：《神体儒用的辨析：儒学在日本历史上的文化命运》，第150—151页。
② 引自朱谦之《日本的朱子学》，第272页。
③ 朱谦之：《日本的朱子学》，人民出版社2000年版，第349页。

不论贵贱贫富，应为同辈。"① 大阪朱子学以怀德堂为中心，倡导平民教育，让朱子学说普及至一般人，尤其是商人。

下面就大阪学派的主要代表人物对朱子学的理解作一叙述。

（一）五井持轩

五井持轩（1641—1721），名守任，号持轩，为庆元以后大阪最初的读书人。他15岁时，负笈京师，师事伊藤仁斋、中村惕斋，又与贝原益轩游，开始研究程朱之学。《先哲丛谈》记其事云："初宗宋儒，晚有所见，不拘守，如其论证，专以气质为说。"②

宽文十年（1671），持轩回到大阪，其后50年间，以教授为业。梁田蜕岩作《持轩先生传》，特记其讲"四书"事云："先生尝谓人得能通'四书'，可认识宇宙第一理，乃行而躬焉，则天下之能事毕矣。以故说书循环《学》《庸》《语》《孟》，未尝及佗，此方坊间诸贾，命其业曰某屋，如所谓茶屋酒屋之类，摄入戏目先生谓曰'书屋加助'云。"五井持轩宗朱子，极其尊信，晚年稍从违其说，谓宋儒之说虽精，然而以理气分而言性，尤其专以气质说性，当接近唯物论的见解。

五井持轩的著作，皆毁于享保大火，不传于后世。但大阪朱子学的兴盛，却无疑乎正如《先哲丛谈》所说："此地文学之兴，以持轩为首。"③

（二）三宅石庵

三宅石庵（1665—1730），名正名，字实父，号石庵，又号万年。他是怀德堂创立时的学主。对于他的出身，《先哲丛谈》记其事曰："石庵少耽学，不视家道，由是产遂荡尽……弟观澜，于是兄弟相携来江户，教授取给，居数年，石庵独归京师，寻至大阪，时名翘然起，弟子云集。中井甃庵等相谋请诸官，建庠校，名怀德堂，众皆推石庵主之。固辞不可，遂领祭酒事，后中井氏嗣之，至今不衰。"④

---

① ［日］永田广志：《日本哲学思想史》，陈应年等译，商务印书馆1983年版，第186页。
② ［日］原念斋：《先哲丛谈》第4卷，第22页。
③ 同上。
④ ［日］原念斋：《先哲丛谈》第5卷，第22页。

三宅石庵著书大多遗失，现仅存有《万年先生诗稿》（1册）和《论语首章讲义》。他的学术思想虽不大可考，但就《论语首章讲义》（享保十一年版）来看，是注重"为人之道"，提倡道德修养的。如该讲义曰："学者何？学道也；道者何？人之道也。人生与鸟兽不同，学道即学人之道。"什么是人之道？那就是"君臣、父子、夫妇、兄弟、朋友五者，毕竟君君、臣臣、父父、子子、夫夫、妇妇、兄弟朋友之所以为兄弟朋友，此即人道也"①。

三宅石庵对于儒家经典是持怀疑态度，他考定《中庸》，撰《中庸错简说》。中井竹山对此说："按朱张二公往复所论《中庸》疑义，不指言其为何章，然以文意推之，其在第十六章前后也必矣。盖朱子病此数章无次序，故设费之大小及兼隐包大小等之说以通之，而南轩未释然也尔。至于吾石庵先生深疑于第十六章，潜玩日久，迨晚年一日有省，乃创错简之说，移此章置第二十四章后曰：'是或可以得本篇次序起承之明确矣。'于是宿疑便涣然云。"② 学者对《大学》错简，多有言及，而《中庸》错简之说，首创自三宅石庵。这种疑经的治学精神，对于后来怀德堂学派的学风颇有影响。

三宅石庵虽非纯粹的朱子学，但他承认"朱陆王三子皆吾道之宗子，斯文之大家。"五井蘭洲说："有小芝庄者，尝与蘭洲共谒石庵，庄语稍犯朱子，石庵厉声叱之曰：'子安知朱子，亦安知陆，第自修可耳！'庄逡巡却退。"③ 这说明石庵思想中并无任何宗派观点，而其所重仍在于道德修养。三宅石庵宗朱子而兼取陆王，这种自由的新学风，后来成为大阪朱子学一大特色。④

（三）五井蘭洲

五井蘭洲（1697—1762），名纯桢，字子祥，号蘭洲，又号洌庵，为五井持轩的季子。他少承家学，宗程朱，操守甚坚，其学务去偏固支

---

① 怀德堂纪念会：《怀德堂五种》，《怀德堂遗书六种》，明治四十四年（1911）刊本，第1页。
② ［日］中井竹山：《奠阴集》（附录），《怀德堂遗书六种》，第22页。
③ ［日］五井蘭洲：《蘭洲遗稿》卷上，大阪府立中之岛图书馆所藏。
④ 朱谦之：《日本的朱子学》，第351页。

离之弊，故虽往往于性命理气之说，别具一见解，而学问大本则以朱子学为依归。他曾仕于江户津轻侯，后又回到大阪，任怀德堂教授，继中井鳌庵之后为怀德堂塾主。所著书有《非物篇》《蘭洲遗稿》《蘭洲茗话》等。

五井蘭洲崇尚朱子学，并造诣很深。他作《论学蔽》，对当时流行的陆王学、仁斋学、徂徕学和暗斋学有所批评。他说："为陆王学者，废学问，弃事物，其弊也禅庄。为仁斋之学者，蔑义气，疏心性，其弊也管商功利。为徂徕之学者，局于修辞，造以敬直内之训，其弊也放荡浮躁。为暗斋之学者，颇过严毅，乏雍容和气，其弊也刻薄寡恩。惟此四学争辩强聒，道乃四分五裂，使学者眩其所从……不如无偏无党，中正之道，荡荡平平，惟以圣贤遗训切己以为心术德行之基，如此后乃免四学之弊哉。"[①] 他针对荻生徂徕的《论语征》，撰《非物篇》进行了强烈的批评。

五井蘭洲对朱子的《大学或问》和《大学章句》（格物补传），以及罗钦顺的《困知记》和陈建的《学蔀通辨》作过深入的研究。因而对于"格物穷理"和近古日本儒学史上的"朱陆之争"的意义有较深的理解。他认为"博文约礼"和"多学一贯"是从孔子、子夏，经过子思、孟子，到朱子的一个最重要的为学传统。他说："夫学者诵法孔子，孔子之教，博约是也。后之君子乃或博焉，或约焉……主博而率之约者，朱子是也，终始于约者，陆子是也。""昔子思忧后世之学不一孔氏也，乃立言曰，尊德性道问学，其下所陈皆分属此二者。盖尊德性之真，则自不能不道问学。道问学之至，则必尊德性，其他博文约礼亦然……朱子之于尊德性也不啻如自其口出，观学规敬箴可见。陆子之于道问学也，一以为糟粕，一以为注脚，可谓不恭也，岂不几单传心印，不立文字之教耶……王阳明乃知其终不可诬，曰工夫即本体，本体即工夫，是欲一德性问学之张本，而亦禅机也，非孔门博约并进之旨，仅有罗整庵、陈建之论，乃使学者得离禅衡，却王援，于是乎学朱者稍强气懿哉。""朱子之学得诸博约，可谓子夏之亚矣。世儒动以支离却之，似支离则有之。然不知圣人之道元如是，盖一本万殊之理，一本所以约

---

① ［日］五井蘭洲：《蘭洲遗稿》上卷，第30页。

万殊，所以博。又曰多学一贯，罗钦顺亦有悟于此，善学朱子也。"①

五井蘭洲把《大学》的"致知在格物"这一命题认定为儒教与佛教道教在认识论上的一个最重要的分歧。他说："老庄释虽有似诚意正心修身事，但不曾有似致知格物之事。圣人之道由致知格物入于诚意正心修身，故方寸之中知'万物皆备于我'，'冲漠无朕，万象森然已具'的道理，所以知万物同一理之本源也……故穷理为圣人之道与异端的分界处也。韩退之原道说诚意正心修身而弃致知格物不讲，是其理解大学较粗之故也"②。

五井蘭洲还把《大学或问》中的"才明彼即晓此"一句看作是朱子"格物致知"论的关键所在。他说："大学或问有才明彼即晓此，是致知格物关键之语。若无此语，致知格物之道理将难以理解。此语为开门引入日光之义也。开门为格物，日光为致知。开一寸门进一寸日光，开一尺门进一尺日光。外物之理既达，我心之知亦因此而明，物之理与我心之理一致故也。此一语发扬我一体，心理一致，致知格物，开合离合之妙也。"③

从上可见，五井蘭洲的"格物穷理"论是主张以"天下之物"之理作为研究对象，有着强烈的追求"真知实见""新知"和"知识增长"的倾向，而其中当然也包含学习"四书""五经"和体认天赋之德性。

（四）中井竹山

中井竹山（1730—1804），名积善，字子庆，号竹山，中井甃庵长子。他少时师事五井蘭洲，后继五井蘭洲为怀德堂塾主。中井竹山长于文史，所著经学著作，如《易断》《书断》《诗断》《礼断》《四书断》等，都为朱子《集注》或《新注五经》之栏外书，而这些书都不传于世。

中井竹山认为忠义即是理义，即是道学。他说："善夫，古人有言：

---

① ［日］五井蘭洲：《蘭洲遗稿》上卷，第23—49页。
② ［日］五井蘭洲：《钩深录》，大阪府立中之岛图书馆所藏，第47页。
③ ［日］五井蘭洲：《钩深录》，第55页。

三间大夫有此忠愤而无其雍容，五柳先生有此情节而无其激烈。噫噫！孰知洛闽诸贤千万言之绪论传说，翻成《正气歌》一阕。"① 他的这种思想，是和大阪商人社会中流行的所谓忠义思想相结合的。中井竹山在这个立场上认为："吾儒之道，圣人之道也，圣人之道，人之道也，人之道即天地之道也。四海万国将不可一日离，无此道则国恒亡，无可以容异端之余地。故道尊而无对，大而无外，小而无内，格致诚正戒惧慎独，从一心之微以至治国平天下，天地位而万物育一也。"②

儒家在于唱明圣学，也就是人伦日用之道，使邪不害正，正可辟邪。竹山之学就带着"唱正学迴狂澜"的一种斗争精神。他反对山崎暗斋之学，称其学为"侠学"。他批判"侠学"说："泥敬义之训，过刚太严，陷于忿戾之矜，一言不合，瞋目弃绝，重子子，贵苟难，贼恩伤情之不顾，激少年血气之勇，争立圭月，靡然成风者有焉，目为侠学可也。"③ 中井竹山还明白地指出暗斋学之弊："向暗斋尚斋二先生之学，一意尊信朱子，尊信朱子固矣，然颇有偏重，曲意周遮，若人有一语侵朱者，则努眼盛气，目以波辟邪说，不肯耐烦息怒，以息彼此之情……积善尝议其自信太过与信朱偏重之病，合名之曰执拗。"④

中井竹山对徂徕之学亦大加反对，并指其学为"妖学"。他说："其歆羡之也，特词章之习，欲以凌驾其上，乃借口复古，极口骂宋儒，钩棘其言，跅弛其行，谭礼乐之虚文，废进修之实功，狂悖诞妄，紊名分，煽僭乱；唱者既受剖棺弃尸之戮，和者犹且弗寤，天下浮躁之徒，乐其径捷，喜其流荡，奔凑重沓，如蚁附膻。其势张皇辉赫以震撼一世可骇可叹者有焉，目为妖学可也。"⑤

中井竹山虽反对古学派，但他自己也并不拘泥于朱子学。他曾表明自己的立场是："吾学非林，非山崎，一家之家学。"这一家家学，是指其大本处虽依据朱子，而在某种程度上却加以"改变"。他在所

---

① ［日］中井竹山：《奠阴集》第8卷，第1页。
② ［日］中井竹山：《出家之事》，《草茅危言》第4卷，东京：东方书院，昭和五年（1930）版，第524页。
③ ［日］中井竹山：《奠阴集》第6卷，第28页。
④ ［日］中井竹山：《奠阴集》第7卷，第6页。
⑤ ［日］中井竹山：《奠阴集》第6卷，第29页。

做的《建学私议》中，批判山崎、荻生二家之说。同时，中井竹山指出他学术的方向基本上是属于朱子学派。他发展了朱子学派合理主义方向。①

中井竹山反对佛教的学说，在《佛法之事》中曰："佛法为天下古今之大害，不待言，又何其为凶恶不祥之物耶？后汉时初入华域，楚王英首信之，而以反逆伏诛，其后历代帝王之内，排佛说、废寺院、禁僧尼者，皆贤君，无一人为昏君，其英明如周世宗。信佛说、建堂塔、度僧尼者皆昏君，无一人为贤君，其以愚昧至于丧身失国者如梁武帝。我邦丰聪王首信之……诸宗分立，佛氏之言满天下，千有余岁，王室之衰颓半因于此……以愚观之，佛氏之于我邦，有如人身上积聚症结之疾。"② 中井竹山还提出了一种防止佛教传播的方法。他说："欧阳子《本论》曰：'尧舜三代之际，王政修明，礼义之教充于天下，于此时虽有佛，无由而入，及三代衰，王政阙，礼义废后二百余年，而佛至乎中国，由是言之，佛所以为吾患者，乘其阙废之时而来，此其受患之本也。'又曰：'学问明而礼义熟，中心有所守以胜之。'又曰：'礼义者胜佛之本也。'"这就是说，只要提倡朱子学便可以消灭佛教的传播。同时，中井竹山还指责僧侣阶级的奸恶堕落，揭发佛教徒的种种罪状，这给当时儒教的发展，创造了有利的条件。③

尤其值得提及的是，中井竹山还在"别纸"里录程朱及张南轩之言论数条，而尤钦佩于南轩氏所谓"世之惑者，往往曰天地之间何所不有，是或有之，未可知也。为此说者其病不可服药，盖既置茫昧恍惚或有或无之域，则不复致思以穷其有无之实，其惑终身而已"④。由此可见，中井竹山不但有无神论的思想倾向，而且接近于反对不可知论。中井竹山的《草茅危言》和《逸史》都是取其科学性的精华，具有合理性倾向的论著，反映了当时日本的进步思想。特别是他的《草茅危言》对唯物论者山片蟠桃无神论的影响很大。

---

① 朱谦之：《日本的朱子学》，第359页。
② [日]中井竹山：《草茅危言》第4卷，第4页。
③ 朱谦之：《日本的朱子学》，第326页。
④ [日]中井竹山：《奠阴集》第7卷，第11页。

（五）中井履轩

中井履轩（1732—1816），名积德，字处叔，号履轩，为甃庵次子，竹山之弟，其年少竹山二岁。他与兄长竹山共同师事于五井蘭洲，后于大阪和泉町开设水哉馆，隐居其中，从事研究工作。他与其兄性格不同，不好交游，对于学者来访，不愿接见，对诸侯的招聘也表示拒绝。他的研究学风，折中群言，常谓理气体用、复初居敬之说。履轩一生研究经学，著作有《年成录》《浚河茅议》《均由茅议》《七经雕题》《七经题略》《七经逢原》等。其中《七经雕题》是将《四书集注》和《五经新注》本中不含原文的部分删去，代之另注。而《七经雕题略》则是将取舍的意见写入，而另作别本。如《春秋左氏雕题略》，弘化三年（1845）丙午有佐藤一斋序称："履轩于经都张己说，而《春秋左氏》尤有发明。夫左氏说，杜征南以下无虑数十家，履轩能取舍之，至于发明之说，往往卓越前人，即此篇是也。"晚年，中井履轩将《七经雕题略》整理成一家之言，这就是《七经逢原》（32卷）。其中《四书逢原》收入《日本名家四书注释全书》中。

在中井履轩的思想中，他所谓的"道"是指人伦日用之间所当行者而言，是指人之"道"。中井履轩在《中庸逢原》中说："《中庸》为学者而作，皆人理也，人道也。"① 又说："人者人道之谓也，此对禽兽而言，乃于亲亲尤为切矣……禽兽唯知营食字子避害趋利而已，无仁义之性，人则异乎此，自五伦之亲爱，推而至于博爱，所谓人道也，即是仁矣。人道中又以亲亲为大耳，不得著高妙理解。"② 《论语·述而》"志于道"句解说："道如君子之道，尧舜之道，夫子之道，吾道之道，此与人伦日用当行者非两事，然文辞所指，各有谓也。"③ 实际上，这是一种实用主义思想的表现。

中井履轩提倡一种知行并进的实践之格物方法。在《大学杂议》中云："格物谓躬往践其地，莅其事，执其劳也。譬如欲知稼穑之理，必

---

① ［日］中井履轩：《中庸逢原》，第19页，关仪一郎编《日本名家四书注释全书》，东京：鳳出版社1973年版。
② ［日］中井履轩：《中庸逢原》，第51页。
③ ［日］中井履轩：《论语逢原》，《日本名家四书注释全书》，第127页。

先执耒耜,亲耕耘,然后其理可得而知也;若欲知音乐之理,必先亲吹竽击钟,进退舞蹈也;乃厌其烦劳,徒在家读谱按节,梦想于金石之和谐,凤凰之来仪,终世弗可得矣。学算之牙筹,学书之笔墨皆然。故欲孝欲弟欲信者,弗亲莅其事而得焉哉,此知行并进之方也,若夫暝搜妄索,徒费精神而已矣。"①

中井履轩注重感性认识,也注重理性认识。他在《孟子·尽心章》解说"万物皆备于我矣"句时指出:"大而礼乐刑政,小而书算医药,百工之事我皆可以应之,而亦可施处置。以我之才识,足明其数,量其宜故也,非备于我而何?若以为当然之理,则理在于物,而不在于我,岂得言备于我哉,我唯识其理而应接处置焉矣。""譬工正督百工之事,剑戈则辨其利钝,布帛则审其精粗,而上下其稍,岂必待亲操炉锤,弄机杼而后能焉哉?人皆可能矣。他事亦由此而推焉可也。注:当然之理,失窾;性分之内,浮虚。"② 这种认识,明显地受到当时科学知识的影响。

在经学方面,中井履轩提倡一种自由研究的学风,并敢于疑经。如他对《易经》文本也持有怀疑,批评《系辞》第五章说:"健滑之笔,奋然发挥,足开人之心胸,然立言粗卤,意弗若《中庸》之明备精细矣。先儒皆以孔子之言读之,故必欲其有胜于《中庸》也。于是乎牵强附会之说,孟浪不根之言,靡然萌生焉,悉芟除之而文意自明。"③ 又否认《易》有阴阳之明道:"伏羲之世,岂有阴阳之名哉?亦岂有仁义之定称哉?唯刚柔之称莫须有者,亦无天地人之别耳。传者推求摸索,直用后世之言语,讨论乎上古之制作,必有不合,此亦健滑之失,勿泥!"在《周易逢原》中,中井履轩还指出朱子有些"用意太精密,遂失传文之意";有些"上下高深,失于太泛"④ 等。这些都是很大胆地发人之所未发,对于经学可以说是一种大解放。此种怀疑精神,可谓是怀德堂朱子学之学风的一大特点。

中井履轩反对宗教迷信,从经学的根据上,提出了他的一种近于无

---

① [日]中井履轩:《大学杂议》,《日本名家四书注释全书》,第14—15页。
② [日]中井履轩:《孟子逢原》,《日本名家四书注释全书》,第390页。
③ [日]中井履轩:《周易逢原》,大正十五年(1926)刊本,第47页。
④ [日]中井履轩:《周易逢原》,第74、43—45页。

神论的观点。如他反对鬼神之说，在《中庸逢原》解说"洋洋乎如在其上，如在其左右"句中云："如在者，其实不在也，设令其实在焉，何用如字为？洋洋乎唯是想象之光景矣，其实视之而弗见也，何发见昭著之有？《注》大谬，体物而无验，不当援，若昭明焄蒿凄怆，是愚昧妄诞之甚者，不当采入……人能诵得'如在'两字，然后始可与语鬼神矣，不劳多言。"① 又在《弊帚续编原祭》中云："祭祀之理，古人所难言，故其言之不明晰，惟《论语》'祭如在'一语，包括无余矣。设令见神实来而在焉，复何用'如'为？彼实不来焉，不在焉，而我在之，故曰'如'也。不在而在之，爱敬之道尽矣。"②

从无神论出发，中井履轩批评三宅尚斋（未指名）所云"千古一气说"言："祖先子孙同一气之说，未可以断祭祀之理。何也？以其推之外，神不通也。神有内外，而祭祀之理一也。夫外神天神也，地祇也，山川也，社稷也，五祀也，八蜡也，有功德于民者也，何一气之可言？"③ 实际上，日本反封建宗教迷信，就是从大阪朱子学派之中发展起来的，竹山和履轩的批判集中体现了大阪朱子学派的无神论的基本立场。

（六）富永仲基

富永仲基（1715—1762），名德基，后名仲基，字仲子，号南关，是怀德堂创立的五同志之一富永芳春之子。他因其父和怀德堂的关系，少年时曾师事三宅石庵，后到京都，被雇跟铁眼校订经书，乃精通佛典。仲基父亲去世后，开家塾从事学问研究，所著书今留传仅《出定后语》和《翁之文》二种。《出定后语》是对佛教经典的批判，《翁之文》是对神道的批判，而其根本思想则是从历史上观察过去思想，而归结于"诚之道"。他认为，一切思想的发展都是依照于"加上的法则"。所谓的"加上的法则"，就是后起的思想排斥以前的思想，因而便在以前的思想上，加上了一些东西。

---

① ［日］中井履轩：《中庸逢原》，第70页。
② ［日］中井履轩：《弊帚续编原祭》，关仪一郎编《续日本儒林丛书》（第2册），东京：东洋图书刊行会1930年版，第24页。
③ ［日］中井履轩：《水哉子》，《续日本儒林丛书》（第1册），第15页。

例如，佛教最初是《阿舍》的小乘教，其后为《般若》《法华》《华严》《涅槃》《禅》《真言》，依次否定了前说，而建立新宗派。儒教也一样，孔子祖述尧舜，孔子殁后，儒分为八，而皆出于孔子之上。告子说无善无恶，孟子说性善是出于告子之上，荀子说性恶又出于孟子之上。同样神道，也是发展的，一切思想都是跟着时代推移，没有一成不变的。富永仲基分析佛教兴起之前后，所得出的结论是："是诸教兴起之分，皆主出于其相加上，不于其相加上，则道法何张，乃古今道法之自然也。然而学者皆徒以谓诸教皆金占所亲说，多闻所亲传，殊不知其中却有许多开合也，不亦惜乎！"① 又分析"须弥诸天世界"之说，所得的结论是："世界之说凡五，一须弥世界，是梵志初说，盖其本也。其所谓小千世界，中千世界，三千大千世界，又三千世界外别有世界者，是皆以后加上也。《梵网》所谓莲华藏世界者，又一层加上之说。其广大则至华严世界而极矣。世界之说，其实漠然，不过以语心理，亦何知然否，故曰'世界随心起'，即是也。"②

因为教义、经说都是依照"加上的法则"，随时代而有所不同。于是，大乘教也都是后代人的造作，是不足信的。由此，富永仲基便否认了三世因缘之说，否认了阿赖耶识的主观唯心论，结果便给佛教哲学以合理的解释。抛开佛教的一切神秘主义，禁欲主义，便所剩下的就只道德的说教而已，这就是富永仲基的立场。③

在富永仲基看来，"诚之道"是儒家的本旨。如《论语》的忠信，《孟子》《中庸》之诚，朱子之穷理尽性，王阳明的致良知，结局也都只是这一"诚之道"。他认为佛教之教也是一本至诚或至信，日本神道也归着于"诚之道"。这是富永仲基把儒家的根本教义"诚"，来统一讲明佛教和神道。

实际上，"诚之道"原本就是怀德堂学派的学风，从三宅石庵以下都是提倡道德修养，把理气、心性的朱子学理论归结于"诚之道"。如中井履轩在《孟子逢原》中说："忠信两字，大抵诚之一字矣，时有浅

―――――――
① ［日］富永仲基：《富永仲基集》，《大日本思想全集》第10册，东京：大日本思想全集刊行会，昭和九年（1934）版，第324—325页。
② ［日］富永仲基：《富永仲基集》，第339—340页。
③ 朱之谦：《日本的朱子学》，第38页。

深而已。"①

（七）山片蟠桃

山片蟠桃（1748—1821），名芳秀，字子兰，他学于中井竹山和中井履轩。其思想也是从大阪朱子学派发展而来。山片蟠桃于享和二年至文政三年（1802—1820）著有《梦之代》。该书12卷，分天文、地理、神代、历史、制度、经济、经论、杂书、异端、无鬼、杂论等篇。他被称为日本无神论与唯物论的臣子。

从大阪朱子学派的学术倾向来看，主要的兴趣不是放在哲学理论的探讨上，而是在经学方面。所以，永田广志说：怀德堂学派"在理论方面，只不过是停留在针对反对学说来维护朱子学这样一种消极的课题上"②。虽然怀德堂学派在思想理论上没有什么新的创建，然而有些精神特点还是值得肯定的。

首先，大阪朱子学派具有批判的理性主义的学风。如富永仲基对佛教的批判，他在《出定后语》中指出，大乘佛教是后代人的造作，须弥山说和三千大千世界等思想也是不可信。他认为，"世界之说，其实模糊不清，不过以之谈心理而已，亦何知其然否"，并断定佛的真理归根结底"只在于向善而已"。总之，富永仲基的立场是从佛教中排除一切神秘而不可知的成分，排斥禁欲主义，只吸取那些可以合理解释的道德说。

其次，大阪朱子学派在批判徂徕学的不可知论的同时，发展了朱子学"格物穷理"思想中的合理成分，建筑了接受西方自然科学的思想基础。如五井兰洲明确地主张人的"新知之功"，他在《非物篇》中认为"虽古人已云，先师已传，我所始得亦以为新"。把"我"即人自身视为认识的主体，作为主体认识容体的方法，他提出了"真知"和"实见"两个概念。他在《兰洲茗话》中说："穷理工夫乃真知实见天下之理，真实此二字，穷理之神明也。"中井履轩进一步发展了五井兰洲的"真知"和"实见"的思想，提出自然世界和人类社会各有自己

---

① ［日］中井履轩：《孟子逢原》，《日本名家四书注释全书》，第223页。
② ［日］永田广志：《日本哲学思想史》，第186页。

的规律。在《水哉子》中，他说："天地为我覆载，日月为我照临，星辰为我参列，草木为我生殖，昆虫为我动伏。故由日月之会食以至昆虫草木之异，而自咎相责。岂不陋哉，谓之俗习。"① 中井履轩还对朱熹的"理"做出了新解释，他说："日用事物当行之理"，是指"物"的自身规律性。

大阪朱子学派除了重视经验知识外，还非常重视学习西方经验科学知识。受当时日本以"兰学"为主的西方科技的影响，他们的思想中已经具有了重经验、重实证的近代科学思想的要素。特别是他们把朱子学中的"理"本体思想，解释为客观世界的规律，更是在认识论方面接近了近代思想。虽然，他们反对徂徕学派，但是在理论性格上却殊途同归地走到了一起。诚如有的学者所说："如果说徂徕学的政治论带有近代色彩的话，那么可以说大阪朱子学派在认识论方面已表现了近代性格。"② 由于受到历史条件的限制，大阪朱子学派虽然提出一些近代意义的概念，但是并没有进一步发展这些思想。③

七 水户学派与朱子学

水户学派是水户藩主德川光国扶植起来的朱子学派。德川光国在38岁时拜流寓日本的明朝朱子学者朱舜水为师，到1672年设立彰考馆，吸引了大批学者（其中有不少人是舜水的弟子）修史，形成了水户学派。该学派延续了234年，分为前后两期。前期（约至1740）主要发展的是水户史学，以朱子《通鉴纲目》的正闰观、名分论为指导思想，编撰《大日本史》（420卷）为其特征。其代表人物是安积淡泊、栗山潜锋、三宅观澜等人。后期以德川齐昭（1800—1860）设立的"弘道馆"为中心，发展水户政教学，提出"奉神州之道，资西土之教，忠孝不二，文武不岐，学问事业，不殊其效，敬神崇儒，无有偏党，集众思，宣众力，以报国家无穷之恩"④，奠定了水户学派后期的

---

① ［日］中井履轩：《水哉子》，关仪一郎编《续日本儒林丛书》第1册，第15页。
② 王家骅：《儒家思想与日本文化》，第148页。
③ 王健：《神体儒用的辨析：儒学在日本历史上的文化命运》，第188页。
④ 《弘道馆记》，《日本思想大系》卷53，《水户学》，岩波书店1973年版。

思想基调。即把日本神道与朱子学紧密地集合，提倡忠孝，崇文修武，以捍卫幕府的利益。后期水户学派有藤田幽谷、会泽正志斋、藤田东湖等人。

值得注意的是，水户学派前期代表人物的观点，被后期学者所继承，并作了进一步的发展。下面就水户学派的主要代表人物的思想做一分析。

（一）安积淡泊

安积淡泊（1656—1737），名觉，字子先，号淡泊，他10岁时，奉父之命师事朱舜水，受学《小学》和《论语》等朱子之书。当时同受业者四人，安积淡泊最得朱舜水学术思想之影响。他继承其师说，虽主朱子学，然亦不拘泥朱子学。他与当时名儒室鸠巢、新井白石等结为好友。天和元年（1683），他入彰考馆，深得德川光国的信任，后来成为《大日本史》编撰总裁。他完成了"论赞"部分的编写工作。《大日本史》有《纪传》《论赞》《志类》三大部分，其中以《论赞》最具特色。正如赖山阳《书大日本史赞薮后》所说："《赞》是书中眉目，可概全体也。但西土无一姓过三百年者，而此间千载一王，故帝纪无事可纪，列传可不必立传者居多，是以致浩穰如此。"但遗憾的是，作为《大日本史》眉目的《论赞》，于德川光国去世后一百多年即被删除了，现在看到的《大日本史》已没有该部分内容。可以说，这也是安积淡泊的不幸。

《大日本史论赞》是"正润皇统，是非人臣"，具有一种教训主义的历史哲学。这也就是用历史的事实来拥护"名教"，是朱子学的正名论。具体而言，安积淡泊在《论赞》中表现的正名论有核名实、正名分、奖名行三点。所谓核名实，是说要用一字不苟的书法，来崇实抑虚，在据事直书之中，使名必副实，实必副名。这是学欧阳修《新五代史》和朱子《通鉴纲目》而来。"盖作史者据事直书，其得失从可见矣，此欧阳子作《梁本纪》大旨也。""若夫政大皇弟为皇太子，则代亲王而册授也，于名虽当，于义甚乖，既失事实，亦无明据，故元年特书立为东宫。前后一以大海人皇子称之，盖书法贵严，有常有变，即其所谓变，而义自见，此朱紫阳《纲目》之微意也。"①

所谓正名分，就是要分别正统无统、有罪无罪，使君臣大义炳然。这在正面就是尊王，反面就是贼霸。《大日本史》从正统的观点出发，处理日本南北朝历史。安积淡泊在《后小松天皇纪赞》中，以南朝为正统。他说："皇统之判为南北，犹元魏之分为东西乎？曰非也。孝武、孝静皆出于孝文，固无所轻重，唯视名分所在为正耳。孝武为高欢所逐，而孝静为其所立，则正统之东西从可知也。皇统之出于后嵯峨，亦无所轻重，唯视神器所在为正耳。光严、光明皆为叛臣所立，非无神器而所传非真，则不得谓之有焉。然神器之轻重，系人心之向背，人心归则神器重，人心离则神器轻，天人惟一，道器不二，固非闰孽乱贼之所得而觊觎者，则皇统所属，不待辨而明矣。"② 从中可见，神器所在就是名分所在，道器不二论的意义，这给名分论添上了物质的基础。

所谓奖名行，就是要"申以劝诫，树之风声"与"劝善惩恶，永肃将来"为目的。因此，旌名节、表贤能在修史中就显得非常重要。如安积淡泊作《楠正成传赞》，表彰楠正成为忠臣，称其忠孝两全。该传赞曰："凑川之战，正成将自杀。闻正季欲托生灭乱之语，含笑入地，其视巡（唐张巡）之临死誓为厉鬼以杀贼，又何相似也。此其忠义之心，穷天地，亘万古而不可灭，身虽死而其不死者固自若也。正行受遗托，能建义旗始终一节以死报国，可谓忠孝两全矣。至于宗党疏属皆能力战死节，阖门为忠义鬼，岂非正成教导训练之效欤！"③ 安积淡泊推崇朱子学，同时也排斥佛教。在《圣德太子厩户传赞》中，他说："皇太子厩户有圣德之名……然考诸载籍，施为多有不厌人心者，敏达不好佛，斥为异域之神，其言正大明白，而太子奏曰诸佛之道，诸神不敢违，是蔑如神祇也……马子谋不轨，而太子为不知者，贼在朝廷而不能讨，责以《春秋》许世子赵盾之义，则虽谓之太子与行在事，亦不能辞也。太子漠然无所顾曰，此过去之报也。佛国固立三世之说，其要令

---

① ［日］安积淡泊：《淡泊史论》卷上，《甘雨亭丛书》，安中：造士馆1856年版，第9页。

② ［日］安积淡泊：《后小松天皇纪赞》，《大日本史赞薮》第1卷，明治己巳刊本，第44页。

③ ［日］安积淡泊：《楠正成传赞》，《大日本史赞薮》第3卷，第8—9页。

人断恶修善，而流弊亦至如此，今子弑其父，臣弑其君，而诿过去之报，则天下可得而治哉？"①

从水户学派重大义名分的学风来看，其思想根源固然可以追溯到朱舜水，而安积淡泊对于这种正名论历史哲学的提倡，则更具有现实的政治意义。②

(二) 栗山潜锋

栗山潜锋（1617—1706），名愿，又成信，字伯立，号潜锋、拙斋。他早年学于山崎暗斋的门人桑名松雪，又深受北畠亲房的影响。他18岁时，由鹈饲炼斋的推荐，为后西院天皇第八皇子——八条王侍读，热心进讲经史。元禄六年（1693），栗山潜锋始游江户，后仕水户侯。栗山潜锋是一个少年负气的人，尝自云："宁为虎而早死，勿为鼠而为长矣。"他在彰考馆任职，刻苦励精，不遗余力。他的主要著作有《保建大记》《弊帚集》《倭史后编》等。栗山潜锋的主要思想是天皇中心主义，大义名分、王政复古。三宅观澜在潜锋去世后数年，给他的《保建大记》校刻作序曰："挽近学降士庶，撰者颇多，期间亦特得潜锋子《保建大记》，拟体范氏之《鉴》，朱子之《纲》，致敬畏于君心，谨礼分于臣道，忠邪不遁，始终可绎，以至政之得失，事之是非，一皆断以古义，信其推本贵正，爱说名教者，固可与源准后之作相亚，而措辞之严，行文之难，迥度越前人矣云云。"③

栗山潜锋的历史哲学思想是比较突出的，青山延于在《文苑遗谈》中说："余谓古人论史学，必先识见，然则非有才学者不能秉史笔，而识者未必有学，学者未必有识，此史笔之所以难也。以余观之，若潜锋氏者可谓兼三长矣。"④ 栗山潜锋早年的著作《保建大记》最能反映他的正统论思想。该书记日本国体必然是一君万民的政治，但固保元、平治之

---

① [日] 安积淡泊：《圣德太子厩户传赞》，《大日本史赞薮》第2卷，第15—16页。
② 朱谦之：《日本的朱子学》，第456页。
③ [日] 三宅观澜：《观澜集》，《续群书类丛》（第13册），东京：图书刊行会，明治三十八年（1905）刻本，第438页。
④ [日] 青山延于：《青山延于集》，《水户学全集》（第6册），东京：日本东京书院昭和八年（1933）刻本，第324页。

乱给武家抬头的机会，政权移于武门掌握。栗山潜锋根据对史实的考察，进而讲明日本国体的尊严，提倡正统论，即三种神器论。他认为保元之乱，崇德上皇（院）与近卫天皇（帝）兄弟之间的争位，当以奉神器者为天皇，所以崇德上皇虽为近卫天皇之兄，而臣下的向背乃归于奉持神器之近卫天皇。他说："古昔三器通谓之玺，玺者信也，皇祖之授玺也。持宝镜曰吾儿视此当犹视吾。又曰莫思尔祖，吾在镜中。""护身之灵器者，镇宇之神物，万物之公议也。终不容伪主之乱真，闰统之蔑正，则世道虽夷，王风虽降，三玺之尊自若也。""至以躬拥三器为我真主，则臣要质之鬼神而无疑，百世以俟圣人而不惑。"① 这就是以三种神器为神明的征信，所以躬拥三器者为正统，而伪主闰位皆无神器。以玺为信，则信以守器，器以正名，名与器不可以假人，这是本儒家的重名器的思想。②

栗山潜锋的大义名分思想，正如安积淡泊所说："宋理宗临轩策士，得文丞相，考官王应麟奏曰：是卷古谊如龟鉴，忠肝如铁石，臣敢为得人贺。潜锋栗君之修《保建大记》而上故弹正尹八条亲王也，古谊忠肝世宜有知之者，虽遭遇之殊途，小大之不侔，而士君子忧世济时之志，无以异也。"③

栗山潜锋的《保建大记》，后来因为土佐谷秦山著《保建大记打闻》，论辩其说，更加以发挥。就这一点来看，栗山潜锋的历史哲学属于山崎暗斋的思想系统，而其学传于土佐，成为神学的史学，而与水户学相远了。④

（三）三宅观澜

三宅观澜（1675—1718），名缉明，字用晦，号观澜，三宅石庵之弟，京都人。他初受业于崎门浅见䌹斋，出仕后以出处异途为师门所绝，又游于木下顺庵之门。三宅观澜于 26 岁时拜见德川光国于帝山，乃召为史馆编修。他最熟悉南朝史实，《大日本史》中新田楠木各氏等

---

① 朱谦之：《日本的朱子学》，第 460 页。
② ［日］栗山潜锋：《保建大记》卷上，《栗山潜锋集》，《水户学全集》（第 5 册），第 16—18 页。
③ ［日］安积淡泊：《淡泊史论》卷上，第 30 页。
④ 朱谦之：《日本的朱子学》，第 462 页。

传都由他执笔。他宣扬皇政复古,并贬斥霸政。宝永六年(1709),就任史馆总裁。正德元年(1711),以新井白石的推荐,三宅观澜去江户,与室鸠巢同擢为幕府博士。翌年,他与朝鲜聘使客馆唱和,辑其诗文一册,名曰《支机间谈》。享保三年(1718),三宅观澜逝世,年仅45岁。

三宅观澜年不得寿,然其学问则是当时第一流的。梁田蜕岩、荻生徂徕、雨森芳洲、青山延于都很推重其才识。青山延于曾论史馆人才说:"余尝观潜锋之论核实,观澜之文章富赡,得此才可谓不易,其他诸子,安积淡泊、中村篁溪之徒,亦皆以老练之才,博洽之学,各因其所长以竭其力。譬犹帆顺风而下长江,居高屋而建瓴水,则国史之成,将不待数年而奏其功。而潜锋、篁溪相继沦谢,观澜应幕府之辟,数年之间,人材零落,老成殆尽,颓波砥柱,惟淡泊先生而已。"①

三宅观澜尝作《中兴鉴言》,与栗山潜锋之《保建大记》并称为水户学之史论双璧。《中兴鉴言》内容分《论势》《论义》《论德》三篇。就思想来说,两者有所不同。三宅观澜在《保建大记序》中自述其不同之点说:"余以与子同邦共宦,学略均趣也。平素欢甚,承其所论,每相投意,但其所谓以神器之在否,而卜人君之向背者,议竟不合。不合者才一而合者竟是,则益足以见不阿而同也。"②

栗山潜锋的正统论,"以躬拥三器,为我真主","要质之鬼神而无疑,百世以俟其人而不惑"。而三宅观澜却不如此绝对,在《中兴鉴言》中"正统"一条中说:"统之归与不归,朝廷之名分已定矣,固非臣子之所可敢言,而后村上帝之时,有一侃侃中院公,惧王迹衰极,民之将迷其所仰向,乃著《神皇正统记》,本于肇国,至于时主,以推神器之有归,而揭皇统于将绝,论者或谓其显微扶正,几得《春秋》之遗意。"又说:"余观公此书,大以叹世道之降云。或谓正统之辨无以多为,以神器所为卜之耳,曰固然而未也。若此器也,神考精爽所凭,以护祚而镇国,不与秦隋伪制,夸谓承天受命之比,神人以之不离,民物以之不移,上常有崇畏弗坠之心,下永无觊觎不逞之萌,而器之所

---

① [日]青山延于:《青山延于集》,《水户学全集》(第6册),第330页。
② [日]三宅观澜:《观澜集》,第438页。

临，亦必在统当续而德足称者焉，统器之分弗判矣……余故曰正统在义不在器。"①

三宅观澜强调"正统在义不在器"，但他一方面又承认"其器之所临，定在其统之当续者"，这就变成器之所在，就是义之所在。实际上，栗山潜锋思想是以器为主，三宅观澜则以义为主。

综上所述可见，水户学派前期代表人物安积淡泊、栗山潜锋和三宅观澜等人，他们效力于史馆，修撰《大日本史》（1906 年完成）的前半部分，在这部分中体现出强烈的朱子学思想。他们以朱熹《通鉴纲目》的正闰观、名分论作标准来处理日本历史，主张要有"忠奸之别"，强调"义理名分"。例如，《大日本史》从正统论的观点出发处理日本南北朝历史，认为南朝拥有象征天皇权力的三大神器（镜、玉、剑），从义理名分上是属于"正"，而北朝为"闰"，因此把南朝五主列在北朝小松天皇本纪前面。这充分显示出水户前期，代表人物在撰写史书时已经充分吸收了朱熹的史学思想，并自觉地以此为撰写的指导。

（四）藤田幽谷

藤田幽谷（1774—1828），名一正，字子定，号幽谷，水户人。他幼年颖悟绝人，成童时著《读孝经》，15 岁时作《志学论》，18 岁时作《正名论》。天明八年（1788），他任职水户史馆编修，治记（武公）时任总裁。幽谷平日很守规则，治家很严。他是一名成功的教育家，其门下有会泽正志斋、丰田天功、吉田活堂和藤田东湖等著名学者。

藤田幽谷的史学思想重视大义名分，《正名论》为其代表作。藤田东湖《先考行状》云："宽政纪元，从立原先生游江户……居月余归家，亡何幕府执政，白河源公闻君之名，欲观其文辞……乃著《正名论》，述君臣之大义以应之。"会泽正志斋《及门遗范》云："（先生）十八岁著《正名论》，言君臣之大义，其教子弟以忠孝者本于此也。"

《正名论》一开头就说："甚矣哉！名分之于天下国家，不可不正且严，其犹天地之不可易欤！有天地然后有君臣，有君臣然后有上下，然后礼义有所措。苟君臣之分不正，而上下之分不严，则尊卑易位，贵

---

① ［日］三宅观澜：《观澜集》，第 438 页。

贱失所，强凌弱，众暴寡，亡无日矣。故孔子曰：'必也正名乎！'"藤田幽谷还用其大义名分论教人。会泽正志斋作《幽谷藤田先生墓志铭》谓："其教子弟，务在励名节，振风俗。"又在《及门遗范》中说："先生教人，专在忠孝……先生尤重君臣之义……先生原于《春秋》尊王攘夷之义，尤谨于名分，君臣上下之际，华夷内外之辨，论之极详明。"

攘夷主张是藤田幽谷政治思想的一个重要方面。宽政九年（1797），藤田幽谷给藩主治保写信，告诉他对于外患要提高警惕。他说："夫今代以武立国，鞬櫜以来，几二百年，海内晏然，无鼠窃狗盗之警，民至老死不知兵革，太平之盛，开辟以来所未有也。武人兵士世官世职，酒肉之池，歌吹之海，荡耳目而冶筋肉，天下滔滔醉生梦死，忘战之危亦开辟以来所未有也。而北溟之黠虏，窥觎神州，常用图南之志，奈何令人之小智不及，妄以斥鷃之见，哂大鹏之所为哉！所谓厝火于积薪之下而寝其上，火未燃及，则国谓之安，当今之势是也。天下之忧孰甚于此哉！……而我藩负海作邦，与冠邻接，尤以不可不备，岂阁下因循姑息，玩岁愒日时哉！"接着，藤田幽谷提出攘夷的对策就是要富国强兵。他说："夫兴师十万，日费百金，虽石城汤池，无粟则不得守，故古之欲强兵者，必先富其国。"又说："节用之政，兴利之术，惟阁下所欲为，夫然后富国之计得，强兵之略亦可施也。"[1]

在农政改革方面，藤田幽谷曾写《劝农或问》一书，指出劝农是富国的唯一手段，并认为为政之目的在于养民。其要为扶弱抑强，养老慈幼，不能贫富相隔过甚，兼并之弊使富者益富，贫者益贫。他虽世代从商，但能站在贫民立场上反对兼并土地，以为昔之兼并为武士，今之兼并为町人。现在应该限制商人的土地，重税商民，农民则可轻减。[2] 这是藤田幽谷的农本思想。可见，后期水户学派与大阪朱子学派所主张不同，即大阪朱子学派站在商业高利贷资产阶级的立场，提倡科学思想与无神论，而后期水户学派则是站在农本主义的立场，提倡以农富国的思想。

藤田幽谷提倡尊皇思想与神道思想相结合。他说："幕府尊皇室，

---

[1] ［日］藤田幽谷：《藤田幽谷集》，《水户学全集》（第4册），第268—269、285页。
[2] 同上书，第145、242页。

则诸侯崇幕府，诸侯崇幕府，则卿大夫敬诸侯；夫然后上学相保，万邦协和。"① 这种思想在他作的《咏古》和《元旦诗》中亦有所体现。其《咏古》云："万世巍然天祖宫，照临宇内太阳同。苍生煦育钦恩德，仰见茅茨存古风。"《元旦诗》云："春来一夜斗回杓，北顾还忧胡虏骄。投笔自怜班定远，忘家谁拟霍嫖姚。长蛇应畏神兵利，粒食曾资瑞穗饶。宇内至尊天日嗣，须令万国仰皇朝。"

藤田幽谷是一个折衷主义者，他尊崇朱子，也尊崇古学派的徂徕学。他在《与赤水先生书》中说："夫文公（即朱熹）以豪杰之资，卓越之见，继千载之绝学，为百世之儒宗。"但因幽谷是从古学派系的立原翠轩中来，他的政治思想，也就接受这一派的影响。如藤田幽谷在《封事》中说："《大学》一书主治国平天下，而后儒衍其义者，仅至齐家而止，所谓治国以下，特举而措之已耳。"这就是徂徕学的思想。正志斋在《下学迩言》中批判宋儒，赞赏徂徕学，谓其"以豪迈之资大唱古学，排击后儒，如论时务，说用兵，甚为痛快云云。"② 可见，后期水户学具有取长补短的特点。

（五）会泽正志斋

会泽正志斋（1782—1863），名安，字伯民，号正志斋（简称正志），后号憩斋，常陆人。他生活于幕末时期，日本各地农民纷纷反抗幕府，西方殖民势力日益渗透。因其师藤田幽谷的推荐，为彰考馆写字生。文政三年（1820），会泽正志斋开学塾，前后8年时间。天保元年（1830），他因拥立齐昭（敬三郎）为水户藩主有功，拔擢为郡奉行，后转为彰考馆总裁。天保十一年（1840），会泽正志斋任弘道馆总教，十三年（1842）因齐昭受幕府嫌疑被禁，会泽正志斋亦致仕禁锢于水户仲町之废室。在幽囚中，他写成《孝经考》《江湖负喧》和《下学迩言》等书。嘉永三年（1850）齐昭遇赦，再参与幕政，会泽正志斋亦出。安政五年（1858），他又因德昭被戒饬而退职。文元二年（1862），

---

① ［日］藤田幽谷：《封事》，《日本思想大系》卷53，《水户学》，第370页。
② ［日］会泽正志斋：《论道》，《下学迩言》第1卷，明治二十五年（1892）家刊本，第22页。

会泽正志斋上德昭之子庆喜之《时务策》，翌年病卒。

　　会泽正志斋著述甚丰，按其内容可分为三类：一、《思问篇》有：《孝经考》《中庸释义》《典谟述义》《删诗义》《读论日札》《读书日札》《读周官》等；二、《闲圣篇》有：《新论》《迪彝篇》《草偃和言》《学制略说》《退食间话》《及门遗范》《下学迩言》《读直毗灵》等；三、《息邪篇》有：《岂好辨》《两眼考》《息邪漫录》等。此外还有文稿诗草之类。《思问篇》以研究中国儒学为主，《息邪篇》以排耶稣为主，《闲圣篇》宣传尊王攘夷。而《新论》为其代表作，其内容有《国体》《形势》《虏情》《守御》《长计》五篇。其中《国体》篇旨在尊皇，《形势》《虏情》《守御》三篇指在攘夷，《长计》篇旨在依祭祀以巩固忠孝之道念，讲以儒教为中心之神儒合一。① 《新论》实际上是尊皇攘夷论，企图以朱子学作为维护幕府统治的思想工具。但值得注意的是，《新论》十分明确地提出了日本的民族危机，在当时产生了极大的影响，直接启发了后来的明治维新人士。他们从《新论》中看到了幕府统治的弊病，看到了日本民族的危机，提出了"倒幕开国"的思想主张。下面对会泽正志斋的思想做一分析。

　　第一，名分论和尊皇思想。会泽正志斋认为："君臣之义，地之大义也；父子之亲，天下之恩也"，"天胤（即天皇）之尊，严乎其不可犯，君臣之分定，同心一志，共输其忠，风俗以醇矣"②。在会泽正志斋看来，大义名分是永远不可改变的，恰如天地之经纬，亿兆（人民）之纲纪。他强调尊皇传统，以巩固统治，这种尊皇思想的根源，反映了当时对国际帝国主义压迫的反抗，具有号召革新之意义。

　　尊皇的国体观有：忠孝一本、祭政一致、一君二民。所谓"忠孝一本"，就是以忠孝合一为立国之根本，而忠孝观念则出于儒家的伦理观。会泽正志斋在《新论》中说："夫君臣也，父子也，天伦之最大者，而至恩隆于内，大义明于外，大义立，而天人之大道昭昭乎其著矣。忠以贵贵，孝以亲亲，亿兆之能一心，上下之能相亲，良有以也。"这也就是说，忠孝是天人之大道，只要提倡忠孝，则"虽曰步之时或有艰难，

---

① 朱谦之：《日本的朱子学》，第480—481页。
② ［日］会泽正志斋：《新论》，东京：岩波文库本，第12—40页。

而天胤之尊自若也"。正志斋认为，忠与孝二者不可分离，忠孝一本。所以，他说："乃祖乃父所以敬事皇祖，天神者，岂忍忘其祖背其君哉？于是孝敬之心，父以传子，子以传孙，继志述事，虽千百世犹如一日，孝以移于忠，忠以奉其先志，忠孝出于一。"①

所谓"祭政一致"，也就是祭与政合一。所以，会泽正志斋在《新论》中说："天祖在天，照临下土，天孙尽诚敬于下，以报天祖，祭政维一。""祭以为政，政以为教，教之与政未尝分为二，故民唯知敬天祖、奉天胤，所乡一定，不见异物，是以民志一而天人合矣。此帝王所恃以保四海，而祖宗所以建国开基之大体也。"② 在会泽正志斋看来，使教与政合一，也就是祭与政合一。

所谓"一君二民"，即一君万民，也就是以一君临于万民之上，皇统绵绵。《下学迩言》说："一君二民者，天地之道也。四海之大，万国之多，而其至尊者不宜有二焉……而神州居大地之首，宜其首出万国而君临四方也，故皇统绵绵，而君臣之分一定而不变，自太初以至今日，天位之尊自若也，此万国所未尝有。何则？天下至尊不宜有二也，而所谓一君二民之义，其谁得而间之矣。"③ 这就是说，君权超于一切，君臣的名分一定而不可易。

第二，攘夷论。会泽正志斋在名分论的基础上，提出攘夷论，这反映出日本民族的觉醒意识。这一思想，他在《下学迩言》和《新论》中的《形势》《虏情》《守御》三篇有很多论述。如《守御》篇是对于西方帝国主义侵略所提出积极的国防策略。会泽正志斋制定"守御之策"为四大纲：（1）内政的革新，"其目有四，兴士风也，禁奢靡也，安万民也，举贤才也"。（2）军令的整备，"其目的有三，汰骄兵也，增兵众也，精训练也"。（3）富国策，论武士生活的质朴化与市民经济活动的统制。（4）颁守备，更举及从前所未设而今日宜创立的。④ 如屯田兵的设置，制造巨大的军舰与采用大炮的技术等。再如《虏情》篇论当时西洋人的来航及传教，是以侵略殖民地为目的的，这也合乎19

---

① ［日］会泽正志斋：《新论》，第14、30、20页。
② 同上书，第14、22页。
③ ［日］会泽正志斋：《论道》，《下学迩言》第1卷，第2页。
④ ［日］会泽正志斋：《新论》，第138—148页。

世纪前半期的形势。

据其门人所作《会泽先生行实》中所述:"文政七年(1824),谙夷航海至常北津村上陆彷徨,图画山川,村人捕获以告,先生受命往而接对,夷不敢吐实,先生素谙兰字,且书且诘,声色俱厉,夷屈服。"① 这一事实就标识了他的攘夷思想的确不是无的放矢的,有它思想内容的。这就使他由自发以至自觉地反侵略的主张。此外,会泽正志斋还排斥洋教(即稣教)和洋学,他认为这些都是西方帝国主义侵略的工具。这在当时是很有见地的。

第三,以儒学为中心的神儒合一。会泽正志斋是后期水户政教学的代表人物。他以儒教为中心,提倡神儒合一,排斥佛教。他的宋儒思想有三点:(1)儒有报本尊祖之义。会泽正志斋在《新论》中说:"得周人经籍行之天下,其书言尧舜周孔之道,其国邻神州,风气相类,其教本于天命人心,明忠孝,而以事帝祀先于天祖之彝训大同"②。(2)儒讲王道。他用国史上事例(见《下学迩言·论政》),说明政治之根本原理,其中参考了周制《王制》的思想。(3)儒家重农的主张。他有调节米价与防米谷在都市集中的主张(见《新论》《江湖负喧》),这些都是出自儒家。

会泽正志斋反对复古神道,指出复古神道其说出自老庄,甚至剽窃老氏"道可道、非常道"之语。不知神道旨在正君臣父子之大伦,与老庄不同。③ 正志斋不仅反对复古神道,而且极端排斥佛教。他说:"佛氏之言与大道相背驰,圣人明人伦,使民乐其生而念父祖,佛氏废人伦使民恶其生而遗父祖,佛氏之言得行,则圣人之道不行,势不两立也。"④

会泽正志斋还提出排斥佛教、洋教和洋学。他要求将儒教(即朱子学)与日本的神道合为一体,作为幕府统治的基础,以制造巨舰大炮来攘夷,并认为祭政合一,政教合一,尊王敬幕,才能真正达到攘夷之目

---

① [日]会泽正志斋:《下学迩言》(附录),第2页。
② [日]会泽正志斋:《新论》,第42页。
③ [日]会泽正志斋:《读直毗灵》,《会泽正志斋集》,《水户学全集》(第2册),第450—478页。
④ [日]会泽正志斋:《论道》,《下学迩言》第1卷,第7页。

的。由此可见，正志斋继承了水户学派前期思想家安积淡泊等人和后期思想家藤田幽谷等人的思想，发展成为比较完整的尊王攘夷思想。

（六）藤田东湖

藤田东湖（1806—1855），名彪，字斌卿，号东湖，幽谷之子。他6岁时从父学《孝经》，八九岁常听其父朗诵文天祥的《正气歌》，受到忠孝精神的影响。弘化元年（1844），他写《回天诗史》，因触当时幕府忌讳，被幽囚江户邸内3年，于弘化四年（1846）放归水户。嘉永三年（1849），齐昭再起，参政幕府，东湖也复出江户。安政元年（1854），他任海岸防御，以提倡尊皇攘夷为世人所推崇。不幸的是翌年大地震，藤田东湖救出老母之后，自身被压于屋梁之下，死于非命，时年50岁。

藤田东湖的著作有《与史馆青山总裁书》《见闻偶笔》《东湖封事》《弘道馆记述义》《回天诗史》《常陆带》《和文天祥正气歌》等。其中，《常陆带》是用和文写的，该书为新井白石《折焚柴之记》后的杰作，而《和文天祥正气歌》则是在谪居生活中写成的。他自云："睥睨宇宙，叨与古人相期者，盖资于天祥歌为多。"又云："正气者道气之所积，忠孝之所发，然彼所谓正气者，秦汉唐宋变易不一，我所谓正气者，亘万世而不变也。极天地而不易者也。"① 这是一首脍炙人口的诗，使日本不少忠义孝烈之士闻风兴起。就其思想而言，《弘道馆记述义》阐述了日本国体的尊严。它与会泽正志斋的《新论》同称为水户学的两大名著。

藤田东湖把"道"称为神道。他说："《诗》曰：'天生蒸民，有物有则'；盖有天地则有天地之道，有人则有人之道。天神生民之本，天地万物之始。然则生民之道，原于天地而本于天神也，亦明矣。"② 这就是说道之源出于天神，在没有道的名称之前，已有神州所固有之道了。③

---

① ［日］高须芳次郎编：《藤田东湖集》第3卷，东京：章华社，昭和十年（1935），第3—4页。
② ［日］高须芳次郎编：《藤田东湖集》第3卷，第12页。
③ ［日］高须芳次郎编：《藤田东湖集》第2卷，第12页。

在《弘道馆记述义》中，藤田东湖把"明道"解释为三事：敬神、爱民、尚武。所谓"敬神"就是尊崇天神之盛德大业，也就必须尊崇神的子孙天皇。而敬神者亦当崇儒。他说："敬神崇儒，无有偏党。"所以，日本"既祀上古佐命之神，以明斯道之所由来；又营圣人之庙，以钦斯道之所以益大且明，可谓至矣"。可见，东湖站在儒家的立场，以为只有"无有偏党者，乃敬神崇儒之至"。所谓"爱民"，即是"神皇发政施仁"。也就是说，在尊崇天皇的前提下，天皇施仁政，但又须正名分，"君臣父子，彝伦之尤大者，尊卑内外，名分之至重者"①。这显然是要民众效忠天皇，以换取天皇的"慈悲"。所谓"尚武"，就是宣传武士的力量。他说："故尚武之风振，则幕府日昌，夷狄自远，天地之正气充，而神州之纪纲张矣。"② 这明显就是要尊幕府攘夷狄。

值得一提的是，藤田东湖极力排斥佛教。他曾建议德川齐昭为充实国防，"尝毁封内铜佛及梵钟，铸以造熕铳"，"今变而用诸海防，鏖腥膻之夷贼，济神州之生灵，以振起天下之怠惰，其用不亦大且广乎？"③ 东湖以尊王攘夷而发动的排佛运动，实际上是维新前后排佛运动的先驱，而攘夷与排佛思想的合流，也为后期水户政教学的一大特色。④

就后期水户政教学而言，会泽正志斋是一位理论家，而藤田东湖应为实行者，并强调理论与实践合一。正如东湖自己所说："学所以学道，问所以问道，而事业所以行其道。""夫学所以明人伦，圣贤之教，必本诸身。"⑤ 德富苏峰亦说："东湖先生不单以学问文章鼓吹指导天下之大势，先生其人实是活的水户学的权化。"⑥

综观水户学派前后时期的思想观点，最突出的一点，在于后期学者在继承前期学者大义名分论思想的同时，又竭力宣扬尊王攘夷，并且这一思想影响很大，为后来维新志士变法提供了思想资源。

---

① [日] 高须芳次郎编：《藤田东湖集》第 2 卷，第 317、368、63、140 页。
② [日] 高须芳次郎编：《藤田东湖集》第 1 卷，第 246 页。
③ 同上书，第 167 页。
④ 朱谦之：《日本的朱子学》，第 511 页。
⑤ [日] 高须芳次郎编：《藤田东湖集》第 2 卷，第 305、308 页。
⑥ [日] 德富苏峰：《解题》，高须芳次郎编：《藤田东湖集》第 1 卷，第 22 页。

八　朱子《白鹿洞书院揭示》在日本的传播与影响

朱熹的《白鹿洞书院揭示》（以下简称《揭示》），不仅对朝鲜民族教育产生过极大的影响，而且对日本民族教育亦产生过很大的影响。

（一）朱子《揭示》在日本的流传

朱子《揭示》是作为朱子学的内容之一传入日本的，如《朱子大全》卷74《杂著》28篇中，就收录了朱子《揭示》。江户时代，以山崎暗斋为首的崎门学派特别重视朱子《揭示》的研究，并成为该学派的重要特征之一。

庆安三年（1650）初，山崎暗斋读了朝鲜李退溪的《自省录》后，深受启发，开始研究朱子《揭示》和李退溪《白鹿洞书院学规集注》《白鹿洞规图》（即李退溪《圣学十图》第五图），并于同年11月写了《白鹿洞学规集注》。这是日本对朱子《揭示》诠释著述之嚆矢。他在其《白鹿洞学规集注》序中说："晦庵朱夫子挺命世之才，承伊洛之统，继往圣《小学》之教，明《大学》之道，又设此规以开来学……近看李退溪《自省录》，论之详矣。得是论汉复之，有以知此规之所以为规者。然后集先儒之说，注逐条之下，与同志讲习之。"①

山崎暗斋的门人浅见絅斋受其师影响，亦深入研究朱子《揭示》，并与其师一道，大力弘扬《揭示》的精神。他著有《白鹿洞书院揭示考证》和《白鹿洞揭示师说》，对山崎暗斋的《白鹿洞学规集注》做了详细说明。暗斋的另一高弟三宅尚斋亦极力弘扬朱熹书院教育精神，他说："朱子于精舍书院，苦心力讲，百方万机，其尽精神，亦可谓至焉。其意盖谓，教化隆乎上，则天下可平治，道学明乎下，则千岁道可传。"② 71岁的三宅尚斋还力图恢复三代的大学小学之法，以朱熹振兴白鹿洞书院为根据，重新认识"创办书院以教人"的意义。他以"朱子之书院，

---

① ［日］山崎暗斋：《白鹿洞学规集注·序》，《山崎暗斋全集》第4卷，东京：名著刊行会，1987年。

② ［日］三宅尚斋：《享保壬子岁六月设培根达支之两舍，告于先师文公朱先生文》，《道学资谈》（抄本）卷108，名古屋蓬左文库藏。

非宋主所兴"为例，说明"学堂开于匹夫之手岂有害"①，从而论证建立民间书院的合法性，赋予民间私置学校行为"义"的合理性，以及学校设置多样化的可能性。三宅尚斋还在书院设有祭祀朱熹和山崎暗斋先生的祠堂，对朱子顶礼膜拜。

崎门三杰之一的佐藤直方（1650—1719），读了李退溪《朱子书节要》，倍感兴奋，定下每月一日、十五日朗读朱子《揭示》和《朱子书节要》规则。阪谷朗庐（1822—1886），读了李退溪《白鹿洞书院学规集注》后，恪守《揭示》教条，认为"盖宇宙间事物，千绪万端，而揭示外无道，揭示外无教。苟不合乎此者，皆邪说暴行矣"②。他还建议"在上者，善用吾说，朝廷会集，演武练兵，诵揭示，然后就事。至巫祝僧尼辈，使之每朝先诵鹿洞揭示，然后唱其祝辞经文，最可谓盛事也"③。

德川时期，社会长期安定，经济发展，并随着朱子《揭示》的传播，白鹿洞书院成为江户时代日本学者非常熟悉的中国书院。他们认为白鹿洞书院至元明时已"为天下第一学校也"④，相互仿照白鹿洞书院创建书院，因此日本书院发展较快，成批出现。据日本文部省编《日本教育史资料》（第8、9册）记载，德川时期日本建立有名书院为：滋县藤树书院（始建于宽永九年，1632）、长崎县钱溪书院（又名立山书院，原为向井元升创建之圣堂）、佐贺县鹤山书院（始创于元禄十二年，1699）、大阪怀德书院（建于享保九年，1724）、井山县微向书院（始建享保十七年，1732）、大洲藩止善书院（创建于延享四年，1747）、千叶成德书院（宽政四年，1792创办）、秋田县崇德书院（始创于宽正五年，1793）、京都府鸠岭书院（始建于文政元年，1818）、京都府顺正书院（建于天保十年，1839）和福冈县龙山书院（安政三年创办，1856）等35所。除此之外，日本各地还有一些无名书院，甚至在地区上还扩大到了北海道。

---

① [日] 三宅尚斋：《答疑难书堂说》，稻叶信《尚斋实录》（写本），日本国会图书馆藏。
② [日] 阪谷朗庐：《白鹿洞揭示说》，《朗庐全集》（记文类），东京：富山房1910年。
③ [日] 三宅尚斋：《白鹿洞揭示口义》，《道学资谈》（抄本）卷108，名古屋蓬左文库藏。
④ [日] 三宅尚斋《白鹿洞揭示口义》，《道学资谈》（抄本）卷108。

（二）朱子《揭示》对江户时期日本民族教育的影响

朱子学作为德川时期的官方哲学，对日本文化教育事业的发展产生了积极的影响。朱子《揭示》不仅成为日本书院制定学规的蓝本，而且也被日本藩校和乡学，作为学校师生共同遵守的行为准则。

日本阴阳学派非常重视朱子《揭示》在教育中的作用。阴阳学者中江藤树（1608—1648）于27岁弃职归里，在大洲藩小川村自家的宅地上创办私塾。正保三年（1646），正式更名为藤树书院。中江藤树明确指出："吾私立之学曰：书院。"这是日本第一个冠以书院名称的私立教育机构。作为日本书院的首创者，中江藤树在创办书院不久，于宽永十六年（1639）为书院制定了《藤树规》《学舍座右戒》等书院规条。这些书院规条几乎全盘照录朱子《揭示》。[①]

在教学目的上，他也像朱熹一样强调生徒的道德修养而反对单纯记诵词章。在教学方法上，他亦注意采取讨论启发方式，不搞满堂灌；注意因材施教，个别指导，有时还专为一个学生编写教材或讲义；注意活跃书院气氛，融洽师生关系。中江藤树在从教的十多年中，先后写成了《论语乡党启蒙翼传》《翁问答》《孝经启蒙》《中庸解》《古本大学全解》《鉴草》《书简集》等著作。他不但创立了日本学术界新的学术派别，同时也开创了德川时期学术界自由研究的风气，对于当时日本思想界的活跃和学术研究的进步都起了重要的推动作用。因此，藤树书院成为当时日本最为优秀的一所私立书院。

朱子学者三宅石庵，在大阪三星屋等五大船场富商的支持下，于享保九年（1724）创立怀德堂，后称怀德书院。该书院建立之初，曾将传播汉学作为授业内容，主要讲授"四书"《小学》《近思录》《伊洛渊源录》等朱熹著作和《左传》《尚书》《诗经》《春秋左传》等儒家典籍。怀德书院还依据朱子《揭示》，于宝历八年（1759）、十四年（1765）分别制定了《学寮揭示》《怀德书院揭示》，加强对在院师生的管理。值得称道的是该书院在学术研究中所坚持的兼容并包的自由研究

[①] ［日］中江藤树：《藤树规》，《藤树先生全集》第1册，东京：岩波书店，昭和十五年（1940）。

风气。石庵先生坚持"朱陆一致"的学术观点。他指出:"朱、陆子,皆吾道之宗子,斯文之大家也。"① 为此,他身体力行,在他担任学主期间,除了普通依据朱子学观点讲授各种儒家典籍之外,还于每月举行同志会,亲自主讲《象山集要》。他又邀请日本阴阳学派的学者三轮执齐和古学派学者伊藤东涯前来大阪怀德书院讲学,这样,该书院不但培养出了一大批知名学者,而且在当时日本教育界也有着极高的声望和影响。

德川幕府将军家纲为扩大林罗山的弘文馆规模,于元禄三年(1690)将江户忍冈的弘文馆迁至汤岛,改称为昌平黉学问所(幕府直接经办的教育机构),作为朱子学的殿堂。各藩相继效法,设置藩校,让藩士子弟学习朱子学。与此同时,日本各地乡学亦兴起。当时,所有讲授朱子学的藩校和乡学都奉朱子《揭示》为圭臬,并在讲堂悬挂朱子《揭示》。如福岛县会津藩校日新馆,始建于日本后西院天皇明历三年(1657)。它明确昭示系"仿朱子白鹿洞书院所建"②。冈山藩主池田光政于宽文六年(1666),在冈山县备前市创设的闲谷学校,在讲堂落成之时就将《揭示》以"朱文公学规"为题悬挂于讲堂。佐贺藩多久邑(即今多久市)的乡学东原精舍(前身是学问所),一落成就悬挂朱子《揭示》和《敬斋箴》。备中江原的后月郡寺户村一桥家的乡学兴让馆(前身为教谕所,于1853年10月创办)不仅悬挂《揭示》,而且每天早晨上课前全体师生齐诵朱子《揭示》。由此可见,《揭示》在日本藩校和乡学影响是非常大的。

朱子《揭示》对日本书院学者的人生信念有着深刻的影响。阪谷朗庐于庆应二年(1866)十二月写有一篇《揭示上书》,文中说:"今日之人屡言洋学洋学,一旦开化,洋学俱化日本学之内,此时若无目标,日本之教不及万国。纵观古今万国,其教不过'忠孝'二字。目标太简太繁均失之,以中庸为佳。若干年来,吾用心思之,洋学推进之中,无论何校,都应标举《白鹿洞书院揭示》……尤其洋式军队将

---

① [日]三宅石庵:《藤树先生简杂著》,梅溪升《大阪学问史周边》,东京:思文阁,平成10年。

② 《会津藩校日新馆与白虎队》,《会津历史资料集》,京都史迹会编印,1979年版。

士，服装起居皆仿西洋，胸中无定思标的，更应诵唱。其法可在操练之时，士卒集合之所，由教官先导，同声齐诵白鹿洞规。操练结束复齐诵一遍，而后行礼解散。照此实行，军规定肃然。日日齐诵，不识文字者亦自然铭记，得于日常事务中知晓义理。博学审问固在五伦之外，然诸艺不出其理。若遭战败，士卒知'反求诸己'败而士气不堕，精心演练，败成就必胜之基础。向来藩主思虑文武政教合一，其实齐唱揭示可为此大政之基本。"[1] 在阪谷朗庐看来，以忠孝为根本，既不流于繁杂，也不失之粗简，《揭示》最为适合。《揭示》反映的是万道万艺的根本，每天齐诵它，是当时形势下最紧要的事。就是军队也应这样，服装起居都西洋化，接受西洋式训练的士兵，心中缺乏目标，所以训练前后应该让他们齐诵《揭示》。这样做会使军规整肃，不识文字的士兵也能自然掌握、明白义理，懂得博学审问，还可以强兵，为战争胜利打下基础。而且，也能形成藩主所期望的文武政教合一的基础。即使日本被洋学所改变，《揭示》也会留在每个人的心中，成为一切行动的目标。

江户时期，日本学者研究朱子《揭示》的著作不断出现。据昭和初年的资料记载，日本全国图书馆收藏德川时代有关《揭示》的著述就有：山崎暗斋的《白鹿洞学规集注》、佐藤坦的《白鹿洞学规集注》、堤它山的《白鹿洞学规发挥》、川岛某的《白鹿洞揭示口义》、久米订斋的《白鹿洞揭示口义》、岩本复的《白鹿洞揭示图解》、川崎履的《白鹿洞揭示答书》、稻叶默斋的《白鹿洞揭示笔记》、三宅尚斋的《白鹿洞揭示笔记》、长野子成的《白鹿洞揭示副译》、泽田眉山的《白鹿洞揭示略解》、中村兰林的《白鹿洞讲义》、佐藤一斋的《白鹿洞书院揭示解》等26篇。此外还有山口春水的《白鹿洞揭示说》、唐崎彦明的《白鹿洞学规讲义》、阪谷朗庐的《白鹿洞揭示说》《白鹿洞图记》、山下秋堂的《白鹿洞书院揭示译解》《白鹿洞书院揭示释义》等，估计民间收藏的就更多了。日本出现这么多解释《揭示》的著作和讲义，其原因在于语言的差异性。

---

[1] ［日］阪谷朗庐：《备中江原一桥藩阪谷希八朗意见书》，庆应二年（1866）丙寅12月，后改为《揭示上书》，收入《冈山县后月郡史》，现藏于日本国立公文书图书馆。

(三) 朱子《揭示》对近代日本民族教育的影响

明治维新（1868）之后，由于确立资本主义体制的需要，日本新政府推行"文明开化"，这虽然在知识才艺上收到较好的效果，但随之而来的却是道德的沦丧，风俗的紊乱。在这种情况下，明治四年（1871）以来长期担任明治天皇侍讲的元萨摩藩士、朱子学者元田永孚（1818—1891）根据天皇的要求写了《教育大旨》及《幼学纲要》，提出要"以'四书''五经'为主"进行修身教育。《教育大旨》从朱子《揭示》中引用了"五教之目"。《幼学纲要》的整个体例，是依照朱熹的《小学》一书展开的。明治二十三年（1890）十月三十日，天皇公布了以《教育大旨》为基础的《教育敕语》，确立了以儒学道德为主要内容的教育方针和国民道德方针。朱子《揭示》在日本又产生了广泛的影响。

朱子学作为江户时期德川幕府的官方哲学，长达270多年之久，已经成为日本人的道德规范和民族心理的重要内容。及至近代，朱子《揭示》仍然自发地在日本一些学校保持着原有的活力。日本一些藩校和乡学不仅讲堂悬挂朱子《揭示》，而且进行齐诵和讲论朱子《揭示》内容，并作为师生共同遵循的行为准则。

如冈山藩乡学闲谷学校在明治维新之后，已经没有日常教学活动，仅作为历史遗迹保存，但讲堂上一直还悬挂着刻有《朱文公学规》的木板。据说，该校的习艺斋每月初一都要举行朱子《揭示》的讲论活动，而且允许附近村里的老百姓来听讲。备中江原的乡学兴让馆由首任教授阪谷朗庐倡导的齐诵朱子《揭示》这个传统遵行一百余年而不坠。曾任该校校长的山下五树先生说："白鹿洞学规是我们办学的宗旨。"明治维新后，兴让馆已成为有学生近千名的私立高等学校，齐诵朱子《揭示》除在晨礼时进行外，在开学典礼、毕业典礼和校友会等学校各种纪念活动中仍坚持先齐诵朱子《揭示》，之后才开始其他活动。该校对新生还准备了如名片大小的《白鹿洞书院揭示书》（汉白话文）和《白鹿洞书院揭示解说书》，入学第一次讲论朱子《揭示》时发给新生。

据曾在兴让馆毕业的平坂谦二先生回忆说："在兴让馆学习的三年间，由齐诵而深深印入脑海中的白鹿洞书院告示，一言一句都令人终身不忘。进大学深造的人可以为之做进一步求学的指南。就职于社会者则可借助其立身处世。此外，齐诵《白鹿洞揭示》还能培养学生齐心协力的性格。"① 这种齐诵和讲论朱子《揭示》的做法，不用说在日本，就是在中国本土也是罕见的。可见，朱子《揭示》对日本民族教育产生的影响极为深远。

九　朱子《近思录》在日本的流传及其影响

最早的汉文原本《近思录》，于镰仓末期由中日僧人带入日本。日本战国时期（1334—1392），后醍醐天皇在宫廷开设宋学讲筵，分别以程朱新义讲授"四书"，而作为学习四书阶梯的《近思录》，亦在讲授内容之列。可见，这时《近思录》已传入日本。

到了江户初期，朱子学由宫廷走向地方，受到各地学者的普遍重视。所以，朱谦之说："江户时代的儒学，是统治阶级的幕府之学，朝廷之学，在大阪则成为町人（商人）之学。"② 日本学者为了便于本国读者阅读研习《近思录》，对其进行日文训解，或在汉字旁加注日文训点，并进行刊刻传播。此外，日本学者还将朱子的语录加入其中，编纂续补《近思录》等。

日本通过日文训点、翻译、注释、讲读、仿编等方式产生了大量具有本土特色的《近思录》系列文献。据程水龙教授在《朱子〈近思录〉东亚版本研究》课题中研究统计，日本现藏江户时代至20世纪40年代的《近思录》系列文献有139种之多，其中以日本人的注解、讲义、笔记为主体。同时，叶采《近思录集解》也受到日本学者的重视，其注本、抄录和刻印本在日本出现很多，现存版本有21种，占日本现存《近思录》系列文献总数的15%。故陈荣捷说："叶采之注，在日本甚为通行。日本注家几皆全依叶采。"③

日本《近思录》系列文献大体可归纳为三种：其一，日文训点、翻译、注释类，主要是日本学者对《近思录》原本进行日文训点、注释、

---

① ［日］平坂谦二：《被称为书院的日本学校》，载中国书院学会编《中国书院》，湖南教育出版社1997年版，第260页。
② 朱谦之：《日本的朱子学》，第157页。
③ 陈荣捷：《近思录详注集评》，华东师范大学出版社2007年版，第3页。

翻译而形成的文本；其二，讲读、札记类，主要由日本学者讲读《近思录》而形成的与原书密切关联的文本；其三，仿写类，主要是日本学者效仿《近思录》体例而编纂的仿《近思录》文本。

以日本特有的汉文训读方法传播《近思录》。日本学者在抄写、刻印《近思录》时，为了便于本邦人阅读，在原汉文本上加注日文训点。如林罗山为不懂汉语的日本人能阅读《小学》《近思录》之类朱子学著作，就对其进行过日文训点来传播朱子学。现在日本所存的《近思录》原文本，大多为日文训点本。

在日本《近思录》训点上，做出最大贡献的是山崎暗斋。他38岁在京师开讲《近思录》，为帮助从学之士阅读理解此书，对《近思录》进行了训点。宽文五年（1665），他受会津侯保科正之请，到江户讲"四书"《近思录》。他讲授朱子学时，"先《小学》，次《近思录》，次'四书'"①。当时，四方游学之士很多，据说达到六千多人，可见在日本影响之大。

山崎暗斋训点的《近思录》受到日本学者的推崇，后来重刊《近思录》时，大都选择暗斋训点本，重刊者仅在正文前后增补刊印者的绪跋。故在日本形成了暗斋系列《近思录》文本。如：日本宽文十年（1670）山崎暗斋序，寿文堂刊本②；宽文十年，洛阳武林市兵卫、大阪武林佐卫刊本③；安永三年（1774），井上清兵卫重刊本④等。这种在不改变原文内容的基础上，用训点的方法，顺应了日本社会的需求，也扩大了《近思录》阅读面，增强了普及力度，从而推动了《近思录》在日本的传播。

随着朱子学在日本的发展，《近思录》训点本已不能满足读者阅读的需求。于是，日本学者又用日语翻译加注，推出许多《近思录》日文译注本。如内藤耻叟译注本⑤、家藤常贤译注本⑥、塚本哲三译注

---

① 朱谦之：《日本的朱子学》，第294页。
② 现藏日本东京都立中央图书馆（特7168）。
③ 现藏京都大学、东京都立图书馆。
④ 现藏日本国立公文书馆、广岛大学图书馆。
⑤ 明治二十六年（1893）博文馆刊本，收录《支那文学全书》第16编。
⑥ 大正十三年（1924），东京支那哲学丛书刊行会编印，收录《支那哲学丛书》第11卷。

本①、秋月胤继译注本②、山崎道夫译注本③、市川安司译注本④等。

以注解讲评的方式传播《近思录》。日本学者在阅读、解说《近思录》过程中，所形成的讲读札记文本，是日本最具本土特色的文本。这些文本最能反映出他们对《近思录》内容的本土化理解。

在《近思录》注释上，日本海西学派的贝原笃信（1630—1714），多年搜集与《近思录》相关资料，于宽文八年（1668）写成《近思录备考》（14卷），这是日本最早的《近思录》注释本。该《备考》为读者提供了较翔实的注本，有助于后来学者查考求是，其文字具有考证特色，对后世影响极大。陈荣捷对此书评论极高，他说："其引朱子及其他理学家甚长，亦附己见，为日本研究《近思录》标准之作，其后学者多参考征引之。"⑤ 后来，佐藤一斋讲学时就多取《近思录备考》。

藤原惺窝的再传弟子宇都宫遁庵（1633—1707），于延宝五年（1677）撰写的《鳌头近思录》（14卷）⑥，汇集多种文献来注释《近思录》原文及叶采集解。他的注释辑自北宋四子的语录，及朱子《四书集注》《朱子语类》《性理大全》等，内容非常丰富。

佐藤一斋（1772—1859）于天保十年（1839）十二月，著《近思录栏外书》（14卷）⑦，原是他给学生讲课时的讲义，后汇集成专书，是一部具有诠释性的讲义。此书是佐藤一斋在阅读叶采《近思录集解》的基础上，对叶采《近思录表》《近思录集解序》《近思录》各卷内容的部分文字进行的考校，对一些语录或部分重点语段进行解说。《栏外书》是一边教学一边解说，简明易记，便于读者阅读抄写，因而该书在佐藤一斋生前就已在门人中传阅，有弟子不断抄录，故流传较广。陈荣捷对上述《近思录》注本评价说："日本注此与贝原益轩、宇都宫遁

---

① 昭和四年（1929）东京有朋堂书店刊印，收录《汉文丛书》第9卷。
② 昭和十五年（1940）、五十二年（1977）岩波书店印本，收入"岩波文库"。
③ 昭和四十二年（1967）东京明德出版社刊印，收录《中国古典新书》。
④ 昭和五十年（1975）东京明治书院刊印，收录《新释汉文大系》第37卷。
⑤ 陈荣捷：《朱学论集》，华东师范大学出版社2007年版，第109页。
⑥ ［日］宇都宫遁庵：《鳌头近思录》，现东京大学综合图书馆藏有文政元年（1818）京都菱屋孙兵卫重刻延宝六年（1678）刊本（B60—2526号）。
⑦ ［日］佐藤一斋：《近思录栏外书》，日本天保十年（1839）汉文写本。

庵,与佐藤一斋为最好,印本各处甚多。"①

此外,日本学者的注解本还有中井履轩《近思录闻书》、籛田胜信《近思录集解便蒙评说》、溪百年《经典余师近思录》、安裝《近思录训蒙辑疏》、东正纯《近思录参考》等。

在《近思录》札记文本中,山崎学派的札记文本最出色。山崎暗斋著有《近思录讲义笔记》(14卷)②。在该书第二册末写有"《近思录讲义笔记》卷十四,山崎暗斋讲说也,之元文四年己未岁,从三天氏听焉,龟山敬胜草稿"字样。从这一记载可知,龟山敬胜"草稿"时间是日本元文四年(1739)抄写。

山崎门下的浅见䌹斋写有《近思录师说》,是他给弟子讲解的文本,后来门人若林强斋抄录成《近思录道体讲义》。据陈荣捷考证,《近思录师说》又名《近思录讲义》。一斋写于䌹斋门人若林强斋,强斋有《近思录道体讲义》,即䌹斋所讲。享保十七年(1732)写本,又称《近思录无极太极章讲义》。加藤谦斋亦于元文四年(1739)录《近思录道体笔记》一本。至《近思录师说》之天明八年(1788)写本,则据早年抄本所写也③。据此可知,《近思录师说》是在䌹斋《讲义》的基础上形成的,曾有享保十七年(1732)若林强斋抄录本,文元四年(1739)加藤谦斋(1669—1724)抄录本,而天明八年(1788)《近思录师说》写本,则是据早年抄本所写。一斋即浅见䌹斋再传门人泽田重渊(号一斋),抄录有《近思录师说》(日文写本)④。此外,浅见䌹斋还写有《近思录笔记》⑤。

山崎暗斋另一门人佐藤直方撰有《近思录笔记》⑥,主要记录对自己相关语录的理解。据三宅尚斋《默识录》载:"直方先生与人语,非《小》《近》、'四子'未尝载于口舌,才之颖,辞之敏,终日与人谈学,

---

① 陈荣捷:《朱学论集》,第101页。
② [日]山崎暗斋:《近思录讲义笔记》(稿本),日本国立国会图书馆收藏(Y994—L2519)。
③ 陈荣捷:《朱学论集》,第109页。
④ [日]泽田重渊:《近思录师说》(日文写本),现藏于关西大学图书馆(L24)。
⑤ [日]浅见䌹斋:《近思录笔记》,现存有文政五年(1822)片峰谅抄写本,关西大学图书馆收藏(L24)。
⑥ [日]佐藤直方:《近思录笔记》(抄写本),现藏日本国立公文书馆(190—0335号)。

譬喻百端，殆教人踊跃自得矣，实东方一人耳。所憾者，其学止于《小学》、'四子'、《近思》之间，不吻合于《近思录·致知篇》所载先贤之语多，而其见识之彻，未知能入精微否？"① 又说："直东方先生读书甚简，不及于六经，唯试之'四书'、《小学》《近思录》而已。"② 佐藤直方认为，程朱之学是道统的正宗。他说："孔曾思孟之后，接其道统者，周程张朱也，吾人所学岂外此而他求乎？"③

山崎暗斋门下的三宅尚斋，于享保十三年（1728）写有《读近思录笔记》④，以记录自己读《近思录》的心得。他与天木时中合著《近思录天木氏说》。

海西朱子学派的中村惕斋（1629—1702），少年杜门读书，淡泊名利，后过着隐居的生活。他一生奉行朱子学，长期在江户宣扬理学，其学风与贝原益轩相近，著述甚丰。其中，《四书说》肯定朱子在儒学统绪上的历史功绩。他抄引朱熹、叶采、饶鲁等人语录解说《近思录》，并增补自己的注解，编成《近思录》抄说（14卷）。

此外，札记类文本还有五井蘭洲的《近思录纪闻》⑤、小出唯知（1699—1784）的《近思录会读笔记》⑥、中井竹山的《近思录说》⑦、宇井默斋的《近思录笔记》⑧、日原坦斋的《近思录笔记》⑨等。

《近思录》讲义，大多是日本学者为弟子门人讲说《近思录》所形成的文本。如若林强斋（1679—1732）的《近思录师说讲义》，是其门人抄录整理的。据陈荣捷说："其《近思录师说讲义》四卷，乃宽斋（若林强斋的号名）所讲，有数写本。一为其侄天明三年（1783）所录（藏无穷会），一为天保四年（1833），乃集合强斋门人享保四年

---

① ［日］三宅尚斋：《默识录》（卷3），载井上哲次郎编《日本伦理汇编》，东京：育成会1902年版，第518页。
② 同上书，第522页。
③ ［日］三宅尚斋：《续近思录笔记》（抄写本），现藏东京都立中央图书馆（加00794）。
④ 朱谦之：《日本的朱子学》，第269页。
⑤ ［日］五井蘭洲：《近思录纪闻》（汉文抄写本），现藏大阪图书馆。
⑥ ［日］小出唯知：《近思录会读笔记》（汉文写本），现藏东京无穷会。
⑦ ［日］中井竹山：《近思录说》（汉文抄写本），现藏东京都立中央图书馆。
⑧ ［日］宇井默斋：《近思录笔记》（日文写本），现藏东京无穷会。
⑨ ［日］原坦斋：《近思录笔记》（抄写本），现藏东京无穷会。

(1719)、十年（1725）、十三年（1728）所录而成（藏无穷会）。"可见，强斋门人抄录《讲义》有多种文本。

室鸠巢撰写的《近思录道体讲义》（14卷）①，各卷大纲与叶采《集解》相同，主要内容是对《近思录集解序》《进近思录表》和朱熹序、吕祖谦跋等的讲解。此外，《近思录》讲义，还有刚庵独录《近思录讲义》、稻叶默斋《近思录讲义》、西晋一郎《近思录讲义》、小野道熙《近思录讲义》、仲钦《近思录讲说》、内藤耻叟《近思录讲义》和《近思别录讲义》等。

以续编的方式传播《近思录》。日本学者除了以中国《近思录》及注本为底本续编外，还博采中国理学家的语录，精选其中"关于大体而切于日用者"，又择取本邦学者的语录，依《近思录》编纂方式仿编，撰写出具有本土色彩的仿编《近思录》文本。但日本相较于韩国来说，其仿《近思录》体例续编的文本则明显较少。这种续编《近思录》文本在江户时代中后期才出现。

如古贺朴（1750—1817）认为，《近思录》旨在"近思"，"其可以助讲习，资启发"。他与石冢崔高、牧原直亮、三宅昭等人，熟读朱子《文集》《语类》，以及宋元以来诸家学说，抄录出其中可以注解《近思录》的语句，于文化十二年（1815）完成《近思录集说》（5卷）。石冢崔高在《凡例》中说，对《近思录》的集说，"凡每章有定说无可疑者"，便不载他说；对存疑之处，则"取诸家明解以折衷"，以求明白晓畅。"故此编于其各条章旨句意，未必尽为章释句解，但有古人误解恐致读者疑惑者，必择其定说正解，以载本节条下。"对朱子未言或存疑之处，往往取自日本诸解说，以辅助注解。从《引用书目姓氏》来看，《近思录集说》所引诸家之甚丰，有中国、朝鲜和日本学者著述，涉及学者48人。

《集说》编纂依《近思录》体例，其文字主要引诸家之学，以助解说相关语录，故而书名取"集说"。从其偏纂体例方式来看，此书具有续编性质。该《集说》为五卷本，但包含的篇名与叶采《集解》基本相同。五卷篇名分别是：卷一道体，卷二为学，卷三致知，卷四存养、

---

① ［日］室鸠巢：《近思录道体讲义》（汉文写本），现藏东京无穷会。

克己，卷五家道、出处、治体、治法、政事、教学、警戒、异端、圣贤。此外，紫野栗山（1973—1807）、尾藤二洲（1745—1813）均编撰有《近思录集说》续编本。

日本对《近思录》的接受有其自身特点。其一，日本学者肯定朱子《近思录》的"入道"价值。对于日本学者而言，《近思录》是一种外来文化。他们在接受《近思录》思想的过程中，同样把它提升到儒学经典的地位，定性为仅次于"五经""四书"的读本，为青少年入道的阶梯。如江户后期会津藩学校奉行山内俊温说："学中刷印《近思录》……其意专在奉公家教育之意，指引学徒而趋于正路也。夫此书之为圣学之阶梯，大道之标表也，固矣。"[①] 日本学者安裴亦在《活板近思录序》中说："欲学圣人之道者，不可不读四子，而读四子者尤不可以不读《近思录》矣。"[②] 直到近代，日本学者张源详仍旧认为："朱子曰：'四子，六经之阶梯；《近思录》，四子之阶梯。'宜哉！是书风行于世之久且盛也，青年学子如繙此书，熟读玩味，则于得圣学之纲领，进而推求远约，其有所补益不可少矣。"[③]

其二，在体例结构上，日本学者均依朱子《近思录》纲目，设定编排体例。日本学者认为，朱子《近思录》14卷内容之间具有进学次第，体现出层次性的逻辑结构。正如吕祖谦在《近思录》跋文中所说："循是而进，自卑升高，自近及远，庶几不失纂集之旨。"因而，日本学者在注释、札记和仿编《近思录》时，都是分作14卷，各卷篇名沿袭朱子所拟《纲目》或叶采《集解》的标题，仿拟出文字相近的篇名。如佐藤一斋《近思录栏外书》、溪百年《近思录余师》、中村惕斋《近思录示蒙句解》，都以14卷分目，标题均是：道体类、为学类、致知类、存养类、克己类、家道类、出处类、治体类、治法类、政事类、教学类、警戒类、辨异端类、观圣贤类。正是因为有了这些名目清晰的纲目，日本本土学者在理解领悟文本内容的过程中，更易纲举目张。

---

① ［日］山内俊温：《活板近思录跋》，载宋朱子《近思录》，天保二年（1831）活字印本。
② ［日］安裴：《活板近思录序》，载宋朱子《近思录》，天保二年（1831）活字印本。
③ ［日］张源详：《近思录钞序》，汉文誊写本，大阪书房昭和十四年（1939）版，第2页。

其三，在内容征引上，日本学者体现出更多的"主观"认知。从日本《近思录》注释、札记、仿编文本来看，其内容有征引中国、日本的，甚至朝鲜的朱子学文献，还有注编者自己的阅读心得，多展示其"主观"认知。日本学者注重溯源反思，抒发己见，相较于朝鲜学者则更显自我意识。如泽田希认为，朱子《近思录》"实为学之要务，求道之楷模"，而叶采的《集解》训释不够精详，微旨尚未阐明。所以，他说："自濂洛关陕全书，以至诸儒百家之论说……博搜旁考，质以师友之言，间亦附以管见，而笔之简牍，月订岁改，积若干年而成。"① 该书得到当时学者的好评，伊藤长胤就说："考核精详，援据明悉，采濂洛之旨，而穷其源委，其才之敏与业之勤，既有以过乎人也。"② 该书既吸收了叶采《集解》的部分内容，又对其他学者的解说之词进行评议，并间附己见。

从上述《近思录》在日本的传播及其影响来看，日本对中国朱子学是从形式而内容，由表及里，多方位的受容。这表明中日两国思想文化有着深厚的历史渊源。在历史的长河中，身处汉文化圈的日本，是难以割弃中国思想文化的影响。③

---

① ［日］泽田希：《近思录说略·序》，日本享保五年（1720）芳野屋权兵刊本。
② ［日］伊藤长胤：《近思录说略序》，载泽田希《近思录说略》，日本享保五年（1720）芳野屋权兵刊本。
③ 程水龙：《中国经典理学〈近思录〉在日本的传播与本土化》，《河南社会科学》2014年第5期。

第三章 东亚朱子学的特点

中国、韩国、日本三国，由于地理环境和频繁的学术交流，形成了近古东亚朱子文化圈。因此，三国朱子学作为新儒学的发展，有其相同之处；又由于不同的社会环境，在与本土文化相结合的过程中，表现出相异性。朱子学在日本和韩国，形成了有别于中国朱子学的日本朱子学和韩国朱子学。中国朱子学是日本朱子学和韩国朱子学的源，日本朱子学和韩国朱子学是中国朱子学的流，三国的朱子学之间，同中有异、异中有同、各具特色、各有价值，有此形成了东亚朱子学的多元性。

一 日本、韩国对中国朱子学的接受

朱子学于日本镰仓时代，由留学中国的日本僧人以及去日本的中国僧人传入日本，大约经过吉野时代至室町时代将近400年的传播和发展，在江户时期进入兴盛，出现了日本朱子学及其代表人物。这时，朱子学取代佛学而成为日本的国学。稍晚于日本，朱子学也由中国移民和高丽官方学者传入朝鲜半岛。在朝鲜，朱子学经过一百多年的吸收消化，到14世纪末就成为朝鲜李朝的建国理念，并于16世纪中叶出现了朝鲜化的朱子学——退溪学。这里值得注意的是：朱子学始传日本比朝鲜早，但融化为本民族自己的文化学术时间，日本却比朝鲜要晚得多。

（一）朱子学传入日本、韩国的渠道不同

日本依赖僧侣学者为主传入朱子学，"儒学在佛门学，儒生由佛门出"的状况沿袭了很久。而朝鲜则主要是由官方儒家学者传入，具有很强的"经世致用"性，表现出排佛态度。

日本引进朱子学得力于中日往来禅僧的共同努力。日本京都泉涌寺开山大师俊芿于南宋庆元六年（1200）入宋，先后在明州（今宁渡）、临安（今杭州）和秀州（今嘉兴）等地参禅学法。他学佛之余，又学习朱子学，留学中国12年，深受朱子思想影响。接着，日本临济宗祖师圆尔来华。在宋6年，他受教于南宋禅门中有名"儒学家"的无准、北磵和痴绝等，力主儒学与禅教结合。随后，日本还有道元、绍明和桂庵玄树等一大批日本僧人来中国留学，学习佛学和朱子学。

同时，中国禅僧也不断去日本。如兰溪于1246年去日本，为建长寺开山祖，主张理学与佛学相结合。大休于1269年去日本，受北条时赖之请，先后主持禅兴、建长、圆觉诸寺，强调三教合一。一山禅师奉朝廷之命，持国书于1299年去日本，在日讲法近20年。他的日本弟子虎关师炼，再传弟子义堂周信曾在日本王侯公卿中讲授程朱理学，而义堂周信的弟子歧阳方秀是日本开创"四书"和点、和训的人。此外，还有元庵普宁、无学祖元禅僧等先后于1260年、1279年赴日本，他们为朱子学在日本的传播做出了努力。

由镰仓时代经吉野时代至室町时代这四百年，是朱子学传入日本的时期，朱子学从属于佛门。

而韩国就不同了，起初朱子学是通过移民向高丽民间传播。后来，高丽官方学者安珦陪同高丽忠烈王赴中国，在元朝大都燕京研读《朱子大全集》。安珦回国后，高丽学者白颐正随从忠宣王于1298年赴元朝燕京，专门攻读朱子学长达10年之久。他归国时带回大量程朱理学著作，并设馆讲学传授给弟子。随后，李齐贤也跟随忠宣王，滞留于元大都近30年，在燕京钻研朱子学。李齐贤的弟子李穑以高丽使节书状官身份于1348年入元，在元国子监学习，元至正十四年（1354）中元朝进士，授翰林编修。归国后，他在成均馆任大司成时，移植元朝教育方式，在中央建五部学堂，在地方设乡校，以朱子学为教育内容，推行儒学教育。

朱子学传入高丽，最大的特点是为了自身的存在开辟道路。当时，佛教是高丽的建国理念，对佛教之外的一切学派，教门视为异己而加以排斥。朱子学在高丽的传播和发展，首先面临的问题是在社会上争得立足之地。在这样一种背景下，高丽官方学者安珦、白颐正、李齐贤等人掀起"排佛运动"。他们不仅在理论上极力揭露佛教的危害性和虚伪性,而且还以《朱子家礼》易既往千年间流行之佛教的生活仪式。

(二) 朱子学在韩国作为科举,而日本未普遍实行科举制

韩国朝鲜时期仿效中国,将朱子学作为科举之用,因此朝鲜朱子学极为普及。但日本就不同,日本没有普遍实行科举制,没有将朱熹的著作作为科举的教科书,所以日本对朱子学的接受,用了很长一段时间才实现了广泛普及。

高丽统治者仿效元朝,把朱熹的《四书集注》、真德秀的《大学衍义》等朱子学著作作为科举考试的依据。美国朱子学家狄百瑞在访问韩国安东陶山书院时,发现那里有真德秀等人的著作。他说,当新儒学课本最终与新科举考试制度结合起来的时候,朝鲜人也成为这个多种族的、国际"范围"内选拔合适人才的考试的人选之一。在非中国人里,朝鲜人无疑是准备最充分的,随着新道学传入朝鲜国内,他们首先鼓动起智力的和教育的革命,它的历史始自朱熹,并能一直追溯到朱熹的弟子直至元代以至高丽王朝。新儒学通过同一类型的书院,讲授精心拟定的课程而得到传播。①

高丽末,通过科举选拔出来的一批人形成了新兴儒学改革派。武将李成桂利用新兴儒学派除去佛教权门势学,推翻了高丽王朝,建立了新政,即朝鲜李朝。李朝太祖在即位书上强调说:"文武两班不可偏废,内而国学,外而乡校,增置生徒,敦加讲劝,养育人才,其科举之法,本以为国取才。"② 要想进入两班,必须经科举考试登科及第。参加科举考试要具备两个条件:一是必须是两班家庭子弟;二是经乡校和国学预备教育而成绩优秀者。

日本没有实行普遍科举制,朱熹及其门人的著作自传入后,在很长一段时期未能出寺院和宫廷之门,也就谈不上广泛传播与普及。进入江户时代后,日本基于国家政治经济的统一,也需要思想上的统一,从前的佛教思想体系已不能适应新的时代,而朱熹哲学、政治、伦理三位一

---

① [美]狄百瑞:《新儒学在朝鲜兴起》,《东方哲学研究》1985年第1期。
② 引自张敏《儒学在朝鲜的传播与发展》,《孔子研究》1991年第3期。

体的学说正是当时德川幕府所需要的。"将儒学朱子学，作为德川幕府的公认之学"①，也就成为历史的必然。于是，德川家康招来相国寺禅僧藤原惺窝，进行了一场有关儒学的论争。这便是名扬日本的五山学僧之间的儒佛论争，其结果是家康采纳了藤原惺窝的儒学观点，即以正人伦而至平天下作为幕府设立的基础，定儒学为日本国学。1690 年，五代将军纲吉在现今的东京神田汤岛台建圣堂，致力于儒学的普及。

这里有一个很值得注意的问题：在日本，没有像中国和朝鲜那样将朱子学作为科举内容，所以没有发生使朱子学走向僵化的弊端，而日本把朱子全体大用思想和格物穷理思想有效地用于科学技术的发展，并以此作为摄取西方科学技术的母体，从而成为东方第一个完成现代化的国家。这是日本与中国、朝鲜所不同的。

二 日本朱子学的特征

日本朱子学作为中国朱子学在日本的传播和发展。日本朱子学与中国朱子学相比较，具有自己的特性。这种特性具体说，就是日本朱子学具有很强的民族主义色彩和注重"即物思维"的特性。具有这种特性的日本朱子学，在日本社会近代化过程中发挥过重要的作用。

（一）具有很强的民族主义色彩

日本在接受朱子学的过程中，无论如何也不肯抛弃本国独特的、固有的思想，即神典所传的日本精神——神道。在朱子学兴盛时期（即德川时代），这种思想得到进一步发展。如当时日本朱子学所提倡的道德之理是神儒合一的。把忠信仁义等思想与天皇崇拜思想（即日本本土的神道教提倡忠于象征日本国的天皇）结合起来。德川时代武士道德的核心即此内容。它要求武士阶级实践忠信相依、生死与共的道德信条，进而生出忠君、爱国、忠诚、牺牲、信义、廉耻、名誉、尚武等"武士道"精神。日本朱子学家的"神儒合一"思想均较为明显。如被尊为日本朱子学的创始人藤原惺窝，就主张儒学和日本固有思想武士道、神

---

① ［日］井上清：《日本历史》，东京大学出版社 1995 年版，第 131 页。

道兼包并用，使中国朱子学日本化，形成日本朱子学。"日本之神道，亦已正我心，恤万民，施慈悲为极意。尧舜之道，亦以此为极意。于唐士谓之儒道，于日本谓之神道，其名异，其心一也。"[①] 林罗山亦主张"神儒一致"说。他的《本朝神社考》《神道传授》《神道秘诀》等著作，均倡神儒契合为必然之理。他说："或问神道与儒道如何别之？曰：自我观之，理一而已矣，其为异耳？夫守屋大连没而神道不行，空海法师出而神法忽亡，端之为害者大矣！……呜呼！王道一变至于神道，神道一变至于道。道，吾所谓儒道也，非所谓外道也。外道者，佛道也。"[②] 海南朱子学派代表人物山崎暗斋把朱子学与神道结合起来，创立垂加神道，形成了一个学派。这当中不能否认其包含着爱国主义思想，但是也导致了"日本中心主义"，为后来日本的殖民主义，侵略主义提供了思想基础。明治维新开始后，有的日本朱子学者提倡儒道即神道、皇国即神国的军国主义思想。这些都充分体现了日本朱子学的民族主义色彩。

（二）注重"即物思维"

日本朱子学崇尚"理"的道德价值，重视从即物穷理的观点出发，强调"理"的自然性、实在性的意义。日本朱子学着重发挥了朱熹的"即物穷理"思想。其主要代表学者为贝原益轩、新井白石、佐久间象山等。贝原益轩继承了朱熹"格物穷理""格物致知"中的合理因素，认为"格物致知之功，乃博学广闻之事"[③]。从这种格物穷理思想出发，他重视对经验科学的研究，成为一名经验的自然科学家。如他著的《大和本草》是研究实物的结晶，成为日本草药学和植物学的开基。贝原益轩将穷理精神与经验科学相结合，赋予朱子学"理"范畴以经验合理主义色彩。新井白石认为"穷理"就是对真理的追求，就是对自然规律的追求。在这一思想指导下，在历史学中他力图揭示日本社会历史发展的规律，成为日本科学历史学的先驱；在自然科学中他了解了西方自

---

① ［日］藤原惺窝：《假名性理》，《藤原惺窝集》卷上，第407页。
② ［日］林罗山：《随笔》，《林罗山文集》第66卷，第803页。
③ ［日］贝原益轩：《格物余论》，《甘雨亭丛书》，第1页。

然科学的价值，对经验科学产生了浓厚兴趣，成为日本西学的开祖。佐久间象山把朱子学的格物致知之"穷理"与西方的科学技艺之"实理"相结合，提出了"东洋道德，西洋艺术（科学技术），精粗不遗，表里兼赅"这一著名口号。在这一口号指导下，幕末维新志士强烈要求幕府"开国"，积极提倡学习西方先进的技艺，以促成日本的富强。在象山以"穷理"探究"实理"的精神指导下，日本迎来了明治初年全面学习"西学"的高潮。

源了圆认为日本民族的这种"即物思维"① 特性，使日本人讲究实际、实用和实效。所以，日本朱子学总是强调一草、一木、一虫、一物中的具体的理，即经验性的理。以这种经验性的理为重心，日本朱子学很强调即物穷理、格物穷理，认为要把握住这一经验性的理，就必须接触具体事物，通过分析、调查、研究、实验等证实方法，穷尽事物之理。其穷究经验之理的结果，是对客观事物的本质、规律、属性、法则的探求。这种探求就导致了日本朱子学对经验科学的兴趣。所以，日本朱子学从经验价值出发，围绕着自然、科学、实用、经世等问题展开；围绕自然问题，日本朱子学热衷于寻求自然中的实理，由此发展了日本的科学历史学、本草学、地质学等经验科学；围绕科学问题，日本朱子学成为介绍西方自然科学的媒体；围绕实用问题，日本朱子学提倡利国济民。这样，就形成了日本民族讲究实际，倡导实用的民族性和努力提倡经验科学、实证科学的良好风气。

三　韩国朱子学的特征

韩国朱子学又称性理学，这表明它的基本内容是韩国化了的朱子学。韩国朱子学与中国朱子学和日本朱子学相比较，具有自己的特性。这种特性具体说就是"重气""重情""重实"②。此外，韩国朱子学还具有较强的"自主性"特征。具有这种特性的韩国朱子学，在韩国社会的发展过程中起过重要的历史作用。

---

① ［日］源了圆：《德川时期思想简史》，东京：中央公论社1973年版，第20页。
② 李甦平：《论韩国儒学的特性》，《孔子研究》2008年第1期。

(一)"重气"特性

在韩国朱子学史中，由于对朱子学说中"理"与"气"关系的不同理解，通过"四七论辩"形成了"主理"派（岭南学派）和"主气"派（畿湖学派）。其中"主气"派谱系的主要代表性学者有李栗谷、金长生、宋时烈、权尚夏、韩元震和李柬等。这一谱系传承的一个基本思想就是强调"气"的功能性和自主性，认为"理"与"气"的关系是"气先理后""气发理乘""理在气中"（即"气包理"）、"理气妙合"。这种理气模式凸显的是"气"的价值、功能和作用。

朝鲜李朝 500 年间是韩国朱子学的鼎盛期。之所以这样讲，是因为在这一时期形成了有别于中国朱子学的韩国朱子学。韩国朱子学从理学上划分，可分为"主理"学派和"主气"学派。此外，韩国儒学还有实学派和阳明学派。而实学派和阳明学派都深受以李栗谷为首的"主气"学派的影响。

韩国实学派不仅是韩国儒学史上的一个重要学派，而且也是东亚实学史上一个颇具特色的学派。韩国自 16 世纪中叶至 19 世纪中叶是"实学"思潮产生、发展和成熟的时期。而在实学的这一发展演化过程中，深受以李栗谷为代表的韩国朱子学的"主气"学派，关于"气"思想的影响。例如，韩国学者尹丝淳教授在《实学思想之哲学性格》一文中，曾对李星湖、洪大容、朴其家、丁茶山等 11 位实学派学者的理气观进行了考察，发现主气的学者与主理的学者的人数比例 7∶3，这表明重"气"是韩国实学的哲学特性。而韩国实学派学者重气的思想则受到了主气学派的影响。又如有的学者将李栗谷视为早期启蒙实学者之一。再如实学学者崔汉绮建立了一个系统的气学思想体系，被称为"气学实学"。而韩国实学在韩国历史上起到了指向近代化的重要历史作用。

韩国阳明学与中国阳明学相比较，一个显著特点是将"气"范畴引入心学之中，故称为主气心学。如郑霞谷是韩国阳明学的集大成者，在他的阳明学思想中"生气论"是其基本命题之一。"生气论"强调"气"是生生不已的，心是气，也是理，理气非二。"气"成为韩国阳明学思想的一个重要范畴。显然，这是深受"主气"学派重"气"思想影响的结果。

"主气"学派在韩国朱子学史上的重要作用和显著地位的另一个具体体现是由于主气学是一种实践性理学。这种实践性理学成为韩国17世纪朱子学的主题并影响了整整一个世纪的韩国朱子学。韩国的主气学在理论形态上有一种向元典儒学（即孔孟学说）回归的趋势。主气学者大都忠实地继承了孔孟的仁义思想，并笃实地在道德践履方面下功夫，从李栗谷的"诚"到沙溪的"戒惧慎独"再到宋时烈的"敬"，都是心法之学。通过心性修养，达到孔孟所说的仁义境界。所以，这种心性之学也是一种道德哲学。主气学者的这种心法之学或道德哲学就是一种实践性理学。这种实践性理学以元典儒学为基本理论，以下学上达为方法论，以修身养性为手段，以达到孔孟的仁义境界，为安身立命之所在。17世纪韩国朱子学的主要特征和基本内容就是对实践性理学的提倡。这就是说，韩国朱子学学者不论是主气的学者，还是主理的学者，或持折衷思想的学者，大都主张实践性理学。

作为韩国17世纪朱子学的实践性理学，不仅成为韩国朱子学的一大特色，而且这一特色又极大地丰富了17世纪东亚朱子学的内容。

（二）"重情"的特征

韩国朱子学学者注重对"情"的研究和探索，突出了"情"的重要性。这里所讲的"情"是指朱子学中的"性情"之"情"。这可以从三个方面看。

第一，韩国儒学学者对"情"探讨时间之长，参与人数之多，可谓东亚朱子学史上的第一次。韩国朝鲜时期历时五百年，在这五百年中，朝鲜性理学集中探讨的问题就是"四端"（恻隐、羞恶、辞让、是非）之情与"七情"（喜怒哀惧爱恶欲）之间的关系。"四端七情之辨"（又称"四七之辨"）从高丽朝末开始，一直延续到朝鲜朝末期，时间近五百年之久。其中最主要的辩论发生于16世纪的李退溪与奇高峰、李栗谷与成牛溪之间。而在此之后，几乎每一位韩国朱子学者都直接或间接地参加了这场著名辩论。可以说，朝鲜五百年的朱子学史就是关于"四端七情"论辩、研究、探讨的历史。而朝鲜时期的朱子学又是韩国朱子学的鼎盛期和成熟期，因此可以说韩国朱子学的主题和焦点就是关于"情"——"四端七情"的问题。

韩国朝鲜时期朱子学者之所以重视"情",主要有两个原因:其一是朝鲜时期的"士祸"频繁,"士祸"的结果是使朝鲜的"士"(读书人)必须思考这样一个问题,即人性善恶的问题,或者说如何使人性能够去恶从善,成为圣人。这就涉及"性情"问题。按照儒家传统观点,"性"是善的,"情"发而中节,符合性的原则,便是"善"的表现,但当"情"发而不中节时,便为"恶"。所以关键是"情"如何发,才能中节,也就是说"情"是人性善恶的核心所在。为此,"情"成为朝鲜朱子学者们长论不衰的话题。其二是中国朱子学很少细研关于"情"的问题,这就为韩国的朱子学者留下了从细微处发展朱子学的空间。所以,韩国学者关于"四七论辩"的各种思想和结论,无一不是对朱子学的创造性发展。

第二,韩国朱子学学者从"理气"观上对"情"作了系统的论述。朱熹关于"性情"问题,从"动静""体用""未发已发"等方面作了详细的论述,但是却没有从理学的基本范畴"理气"角度对性情进行论述。对此,李退溪明确地指出:性情之辨,先儒们已经论说得很多了,但却没有发现从理气方面对"情"进行分析的。正是在这一点上,李退溪提出了"四端,理发而气随之;七情,气发而理乘之"的经典结论。他的意思为:"四端"之情为"理"发,"七情"之情为"气"发。理发的四端之情是"善"的,气发的七情之情有善、有不善之区别,因此要为善去恶。针对李退溪的这一思想,李退溪的弟子李栗谷又总结出了"气发理乘一途说"著名论断。而与李退溪直接辩论的奇高峰则又提出了"情兼理气"的说法。

不管是"四端理发气随,七情气发理乘",还是"四端""七情"都是"气发理乘一途说",以及"情兼理气说"等,都是从"理气"范畴出发对"情"的来源及性质进行分析。"理气"范畴是中国理学(韩国称为性理学)的最基本、最核心的范畴之一,它是关于宇宙本体及其构成的一对范畴。韩国朱子学者以"理气"范畴分析"情"的来源(怎么发?是理发还是气发?)及性质(善与恶是缘与理,还是缘与气)。这就是说,他们从本原、本质上对"情"进行分析研究,赋予了"情"与"性"一样的地位和价值,而不像中国朱子学者大多将"情"视为"性"之末、用等。这就表明了中国朱子学更加重视的是"性",

而非"情";而韩国朱子学在中国朱子学对"性"深入研究的基础上,更加关注的是"性情"范畴中的"情"。

第三,韩国儒学学者深入细致探讨了"四端"与"七情"的关系。

"四端"之情为道德情感,"七情"之情为自然情感。道德情感与自然情感的关系,即"四端"与"七情"的关系问题,对此问题早期中国朱子学者不太注意。韩国朱子学者循着从"理气"范畴,对"情"研究的思路走下去,必然涉及对"四端"与"七情"关系的探究。韩国朱子学者关于"四端"与"七情"关系的研究,主要有以下内容:"四端"与"七情"是同质还是异质;"四端"包"七情"还是"七情"包"四端";"四端"是纯善还是与"七情"一样亦有善恶。

李退溪在"理气"观上的最大特色是强调理与气的相殊性,由此导致了他认为"四端"与"七情"的相异性,即"四端"与"七情"的异质性。而他与论辩的奇高峰从"理气混沦"的理气观出发,认为"四端"与"七情"是同质的。由于"四端"与"七情"的同质性,"七情"有善有恶,所以"四端"亦应有善有恶。而李栗谷在理气观上提出"气包理"思想,沿着这一思路,他认为"七情"是"四端"之总会,即"七情包四端"。他的意思是说,"七情"涵盖了人的一切"情",而"四端"之情是"孟子就七情中剔出善的一边,而名之曰四端"。所以,"四端"是"七情"之善的一边,"七情"已包"四端"于其中。

韩国朱子学者发中国朱子学者所未发,凸显了对"情"范畴的深入细密的研究。这标示着韩国朱子学者对"情"的重视和关注,由此构成了韩国朱子学的一大特色。

(三)"重实"的特征

这里的"重实",是说韩国朱子学都注重实行、工夫、践履,即为学的目的是为了自身的道德修养,进而成为圣人。这一特点是由韩国社会自身内部原因所决定的。朝鲜李朝时期"士祸"迭起,使许多知识人惨遭杀害。从燕山君至明宗时期(1495—1545)短短的五十年间,就发生了四次大士祸:(1)"戊午士祸",将已故大儒金宗直"剖棺斩尸",门人十余人遭害。(2)"甲子士祸",将已故名儒郑汝昌"剖棺斩尸",金弘弼等八十余名新进士林派被杀害。(3)"己卯士祸",新进士林派领袖赵光祖等七十多人被赐死或杖流。(4)"乙巳士祸",名儒李彦迪等四十多人遭害。四次"士祸"被残害的读书人多达一百八十余人。这些人多是新进士林派的领袖人物和名儒。对此,朝鲜李朝的朱子学者厌恶官场,淡泊名利,誓志"敦圣学以立治本"①,探求心性之学,以明自我完善。这是韩国朱子学的终极关怀。

韩国朱子学"重实"的思想,后来发展为实学。实学是韩国"性理学划时代的转换",是一种"改新的儒学"。它主张"穷经以致用",是一种以经世致用、利用厚生、实行实践为标志的新学风。其结果使韩国朱子学向着近代的性格转化,为后来韩国近代"开化思想"兴起的先导意识。

(四)"自主性"的特征

韩国与日本不同,韩国朱子学具有较强的"自主性"。朱子学自从高丽末传入之后,很快就成为朝鲜李朝的建国理念。到16世纪中期,朝鲜出现了朱子学集大成的思想体系——退溪学。在这一发展过程中,朝鲜朱子学"自主"的一面有显著的表现。如朝鲜哲学史上著名的"四端七情"论辩。在这一论辩中,李退溪站在朱熹"理气不杂"的立场,主张"四端理发而气随之,七情气发而理乘之"②的"理气互发说"。而李栗谷同样也站在朱熹"理气不杂"的立场,则主张四端七情都为"气发而理乘之"③的理气一途说。

在对"人心道心"的问题上,李退溪根据"理气互发"说,提出人心归属于七情,道心则归属于四端的主张;而李栗谷根据"理气一途"说,提出"人心道心之相对说"和"七情包四端"的主张。

以李退溪为代表的主理派和以李栗谷为代表的主气派之间论辩长达三百多年之久,充分展示了朝鲜朱子学"自主"的精神。这些也正是韩国朱子学所具有的特征。

---

① [日]李退溪:《戊辰六条疏》,《增补退溪全书》(一),第182页。
② [日]李退溪:《答奇明彦论四端七情第二书》,《增补退溪全书》(一),第412页。
③ [日]李珥:《答成原浩》,《栗谷全书》(一)卷10,第198页。

四 中日韩朱子学的相同性

中国朱子学是日本朱子学和韩国朱子学的源,日本朱子学和韩国朱子学是中国朱子学的流。三者之间,存在着相同性。

(一) 中日韩三国都以朱子学为官方意识形态

南宋晚期,理宗皇帝赵昀开始体悟到朱子学"有补于治道","历万世而无弊"①。因朱子学有益于治理国家,被奉为为政的良规,故朱熹得以改封为徽国公,并"用邹兖例也"②,即按祭祀孟子的礼仪来祭祀朱熹。度宗咸淳五年(1269)下诏,以朱熹祖籍故里为阙里,"赐文公阙里于婺源"③,把朱熹的地位抬高到孔子的高度。

元朝建立了一个统一的国家,原来流传于东南半壁的道学,在北方也得以流传。元朝采取了"治天下必用儒术"的建议,企图用孔孟之道来加强意识形态的控制。仁宗延祐年间(1314—1320)复科举,诏定朱熹《四书章句集注》试士子,朱子理学的官学地位开始确立。惠宗至元元年(1335)下诏兴建朱熹祠庙,"诏立徽国文公之庙"④。此后,朱熹的文庙,受到历代统治者的朝拜。

明朝建立后,朱元璋推崇朱学。他做皇帝的第二年(1369)诏天下立学,遂命礼部传谕,立石于学。刊定条约十二款,头款规定:"国家明经取士,说经者以宋儒传注为宗,行文者以典,实纯正为主。今后务须颁降'四书''五经'、《性理》《通鉴纲目》《大学衍义》《历代名臣奏议》《文章正宗》及历代诰律典制等书,课令生徒讲解,其有剽窃异端邪说,炫奇立异者,文虽工,弗录。"⑤科举取士以朱熹等宋儒的"传注为宗",规定"四书""五经"、《性理》《资治通鉴纲目》《大学衍义》等为读书和考试的范围及标准答案,如有超越而剽窃异端邪说、

---

① 李心传:《晦庵先生改封徽国公制祠》,《道命录》卷10,丛书集成初编本。
② 陆埈:《道学崇黜》,《宋史纪事本末》卷80,丛书集成初编本。
③ 江峰青主修:《婺源县志》卷18,《朱子世家》,1925年刻本。
④ 同上。
⑤ 《涵芬楼秘籍本》,《松下杂抄》卷下。

炫奇立异的一律不取，朱学作为意识形态的正统地位，得到进一步的加强。

由于明代官员的宣扬和当时明政府的推动，便下令天下学宫，祭祀朱熹。"厥今天下学宫，奉先生为通祀。"① 颁赐祭朱制度，规定与孔子一样，每年春秋祭祀二次，并赐给祭田，拨款修葺，扩建朱墓、朱祠和书院等。

清代，康熙利用传统孔孟之道和朱子学说，来加强其意识形态统治的力度和统治秩序的安定，给孔子挂上"万世师表"的匾额，并命大学士熊赐履、李光地等编辑《朱子全书》，并亲自作《序》："至于朱夫子集大成，而绪千百年绝传之学，开愚蒙而立亿万世一定之规，穷理以致其知，反躬以践其实，释《大学》则有次第，由致知而平天下，自明得而止于至善，无不开发后人，而教来者也。"② 康熙认为，虽圣人复起，也不能超越朱熹。宋儒继孔孟不传之学，而朱熹集大成。他不仅"绪千百年绝传之学"，而且"立亿万世一定之规"。"观此则孔孟之后，可谓有益于斯文，厥功伟矣。"他把朱熹喻孔子，并要大臣们议论如何崇朱。他说："朕既深知之而不言其谁，言之朱子，宜如何表章崇奉，尔等即与九卿会同，具议以闻，钦此。"③ 在康熙皇帝的倡导下，崇朱愈演愈烈。"朱子者，孔孟后一人也。朱子之道，既上接孔孟，下轶周、程，则朱子者，天下之朱子也，万世之朱子也。"④ "婺源之有朱子，犹邹之有孟子，继曲阜之有孔子也。"⑤ 因而各地像祭祀孔孟那样祭祀朱子，人们认为宗孔子，不得不宗朱熹，不宗朱熹，即不宗孔子。于是在康熙五十一年（1712）谕旨，朱熹的牌位从孔庙东庑先贤之列移至大成殿"十哲之次"，配享先圣，以昭清朝表彰先贤之至意，朱熹文庙每年春秋二次行祭典。

尽管朱熹曾预言，"将有望于后来"，但被抬高到这样高的地位，恐怕也出乎他意料之外。

---

① 王祎：《重修文公家庙记》，江峰青主修：《婺源县志》卷66。
② 李光地：《朱子全书·序》，《朱子全书》卷首，四部丛刊本。
③ 《清康熙壬辰年升祀朱子奏议》，江峰青主修：《婺源县志》卷64。
④ 朱庭梅：《重修文公庙暨建韦斋祠记》，江峰青主修：《婺源县志》卷64。
⑤ 赵宏恩：《重修文公祠记》，江峰青主修：《婺源县志》卷66。

韩国在高丽传入朱子学后，便成为批判佛教思想的有力武器，并为建立和巩固朝鲜李氏王朝做出贡献。李朝初郑道传、权近等以朱子学作为改革立新制度的理念。16世纪李退溪、李栗谷等使朱子学在哲学思维、伦理道德、政治文化、教育制度以及百姓日用生活方面，居于统治的地位，并使朱子学深深地融合到朝鲜传统文化之中，而成为李朝的官方意识形态。

朱子学传入日本后，曾在社会、文化教育和伦理道德层面有深刻的影响。进入江户时代，朱子学得与政治相结合，而成为修身齐家的功夫和治国平天下的理念。在德川幕府的260多年间，成为官方哲学。作为官方意识形态，其共同特点是与政治权利相结合，并获得统治集团的青睐和赏识，以及社会现实的需要。

（二）中日韩三国都以朱子学为致用之学

中国儒学具有入世的实行精神，以现世的修养而达到成圣境界。朱子学既是道德形上学，又是百姓日用之学。

韩国朝鲜时期，在接受朱子学时便是为新王朝的一系列政治、经济制度的改革服务，用实理精神结合朝鲜现实，实践国家管理、普及教育、伦理道德、家礼等方面改革。

朱子学传入日本以后就作为批判墨守汉唐旧注训诂之学的武器，五山禅僧在研讨朱子学中而与幕府政权结合一起，既充当幕府政治、外交顾问，又传播朱子学，并逐渐成为主导思想。江户时期朱子学对巩固幕府体制和文化教育、伦理道德等都有其切实的效用。

（三）中日韩三国都以朱子学为群体道德精神

中、日、韩作为儒家文化圈的成员，都具有"群体第一，个人第二"的精神。韩国的教育宪章曾强调唯有国家的强盛，才有自我的发展，并要求发挥国民的献身精神。这就是以群体道德精神为指导。韩国的新乡村运动的"勤勉""自助""合作"三原则，亦基于朱子学的群体道德理念。

日本的群体意识（或称团体精神）是战后经济成功的动力。个体属于某一企业团体，团体中的成员，对个人所属的企业团体，要忠诚和献身。但日本群体精神具有差分性，对团体内倡导"和为贵"，对团体外则提倡竞争。

五　中日韩朱子学的相异性

日本朱子学和韩国朱子学作为中国朱子学的发展，有其相同之处，但又由于不同的国度和社会环境，及与本土文化相结合中，又表现出其相异性。

(一) 中国注重形上学道德理性，日韩注重形下学实践理性

朱子学最切实的目标是格物穷理的理性主义特征。这个理既是形而上的宇宙本体，是普遍存有的根据，也是最深层的价值源泉。朱子学的求理精神，反映了中华民族最深层的生存方式和文化核心，以及由其所转化的自觉生存智慧和价值观念。理是事物之"所以然"，与行为"所当然"的和合本体，是先验的价值原则与经验的条理秩序的贯通统摄。对此理的格致和穷究，其目的是为了在理性原则的指导下从事德行实践，通过道德主体的自觉操持，实现万物存有的价值以及人生的意义。以净洁空阔的理世界为终极的存有和终极的关怀，并建构了统摄自然、社会、人生的哲学逻辑结构。

韩国朱子学在探求人间现实与存有本体时，更关注人间的社会现实问题。如直接与善恶、邪正相联系的义理问题，人性的来源、性质和修养问题，性情的关系和未发已发问题，性情与理气的发乘问题等等，大体是围绕现实而展开现实历史的、社会状况中的道德行为准则和伦理规范等探讨。如"四端七情"之论争，韩国朱子学发展了朱子学中重实践理性、人间伦理层面。如果说朝鲜朱子学重人间伦理层面，那么日本朱子学则更重"格物穷理"的穷究方面，更倾注于百姓日用之理的穷究。如贝原益轩称赞荷兰人的外科手术："彼国俗穷理，往往长于外治，于疗病有神效。"[①] 他亲自从事医药学、博物学、算学等自然科学的研究，提倡"民生日用之学"，而疏于形上学本体理的哲学逻辑结构的思

---

① 《日本思想大系》卷34，《贝原益轩·室鸠巢》，岩波书店1977年版，第53页。

考。这与日本文化的"直观的"①，或者说"即物主义"②的思维方式相关联。日本、朝鲜朱子学与中国重形上学道德理性不同，注重形下学的实践理性。

（二）中日韩三国朱子学的伦理道德观念各有侧重

程朱理学，重道德的修养。二程倡导"涵养须用敬，进学则在致知"③。敬有三义：主一、持中和直内是讲涵养的功夫和境界。敬而涵泳而达主一，则敬就无失而符合中。居敬就是"操存闲邪""涵泳存养"的功夫。敬的宗旨是明天理。在四德与四端中，中国朱子学强调仁为四德之首，仁包四德；在四端中强调恻隐，恻隐涵摄羞恶、辞让、是非三端。韩国朱子学者从四端七情问题切入，重视伦理道德的修养问题，用仁义礼智指导行为，改变人的气质，而达圣人境界。他们强调忠孝，以忠孝为本，并以"忠为礼之本"，以《朱子家礼》为救国的途径之一。日本朱子学讲忠孝，但强调"诚"。江户时代后期，"诚"成为伦理思想的主流。吉田松阴（1830—1859）认为诚具有实、一、久的含义。实是以实心去实行，内心与外表为一，外部社会与主体愿望为一，内外不二即"诚"。父母无杂念地爱孩子，这是生而具有，得于天地的心就是诚，以这种诚的心相互对待，便是互诚。诚为道德之本，诚伦理与敬伦理相比较，诚伦理表现为对情欲较宽容，较具情感的色彩。而中国讲诚，往往道德情感转变为道德形上学，赋予诚以形而上本体的性质。

（三）中日韩三国朱子学对不同学派的冲突和融合的态度各不相同

朱子学作为历史的思潮，必然与其他思想、学派发生关系。如何对待相异于自己的学派？中国朱子学具有很大的包容性。从朱熹本人来看，他对于佛教和道德思想虽进行了批判，但并不是盲目的否定，而且采取儒、释、道三教融合的立场，吸收佛教的精神，建构自身的理学逻

---

① ［日］桑赛姆：《日本文化史》，创文社1976年版，第5页。
② ［日］源了圆：《日本人的自然观》，载《岩流讲座·哲学》卷5，《自然与宇宙》，岩波书店1985年版，第348页。
③ 程颢、程颐：《河南程氏遗书》卷18，《二程集》（上），第188页。

辑结构。正因为这样，有学者批评其为"阳儒阴释"。朱子学对隋唐至宋初外来印度佛教的挑战和本土道教对传统儒教的挑战做出了成功的回应，在儒、释、道三教冲突中融合为新的理论形态的理学；并把唐以来儒、释、道三教文化整合的兼容并蓄的方法落到了实处，开创了宋明理学的新学风、新时代。但元、明、清统治者以朱子学为官方意识形态以后，朱子学便逐渐僵化，而失去了其生命的活力。特别是以独尊的形式出现，而排斥其他学派的生存，这样与权力相结果，便产生了"以理杀人"的灾难。

韩国朱子学作为反佛的有力武器，视佛教为异端，以朱子学战胜和取代佛教为主导思想。朱子学作为官方意识形态，它排斥其他一切学说，并在"破邪显正"的思想政策的指导下，把阳明学及各种学派都划为"破"之列，对这种所谓的"邪"教，进行了残酷镇压。这样，韩国的阳明学、古汉学都没有得到发展。这与中国朱熹对待陆九渊心学的态度和明代居官方意识形态的朱子学者对待王阳明心学的态度大不相同。

日本朱子学与中国、韩国又不相同。朱子学不仅依五山禅僧而传入日本，而且依禅僧的研讨而传播。朱子学与禅教是融合的，而不是一开始就排佛，以佛教为异端。对日本固有的神祇崇拜（原始神道）也不是激烈否定，而表现了互相包容性、共存性。在镰仓、室町时代有主张神、儒、佛三教一致的思想。到江户时代，日本朱子学脱禅而独立，对佛教的出世主义进行批判。但对日本固有的神道却取保护、融合的态度，主张神儒一致、神儒合一。例如，山崎暗斋的垂加神道。日本的神道诸派，如两部神道、山王神道、伊势神道、唯一神道等也都吸收儒学，互相融合。与韩国朱子学相比较，日本朱子学对其他学派、神道，能以一种"厚德载物"的兼容精神，才使日本的古汉学、阳明学作为一种私学得以充分发展。

通过中日韩三国东亚朱子学的比较分析，可以发现，无论是日本还是韩国，对中国朱子学的引进与吸收，并不是简单地将中国朱子学移植到日本或韩国，而是根据他们所在国的社会实际，与其传统文化、思维方式、风俗习惯、行为方式以及社会需要相融合。因此，日本有日本化朱子学，韩国有韩国化朱子学，使东亚朱子学呈现出多元文化现象，从而为东亚朱子学做出了应有的历史贡献。研究这种现象，正是深入各国家、各民族文化细微部分的功夫，也是体认各国家、各民族文化血脉、生命智慧的重要方法。

　　从中日、中韩朱子学思想的发展来看，同时也说明任何国家和民族要想改造、发展、超越自己的文化传统，就决不能把外来文化拒之门外而采取封闭式的内省方式。没有各国与各民族不同文明形式之间的互渗、互补，要实现本国传统文化的更新与发展是不可能的，本土文化与外来文明的对立互补性，是人类文明发展的普遍规律。

六　现代东亚朱子学研究

　　朱子学虽然起源于中国，但经过数百年在韩国和日本的传播和发展，已成为13世纪后中日韩三国共同接受的学说，成为东亚文明的共同体现。它是东亚各国文化的共同传统，也是东亚文化的共同遗产。随着现代东亚各国之间的文化学术交流日益频繁，东亚朱子学的研究越来越受到中日韩三国学者的关注。

（一）中国和日本学者对韩国朱子学的研究

1. 中国的韩国朱子学研究

　　20世纪70年代以来，中国学者开始深入研究韩国退溪学。特别是中国学者们从源流上研究退溪学，把它放在东方以至世界文化的全局中进行考察，更加深刻地认识到包括退溪学在内的朱子学的国际地位和文化价值。2014年10月，在武夷山举办了"第25届退溪学国际学术会议"，并编辑出版了《退溪学与和平》的会议论文集。

　　张立文教授仿李退溪《朱子书节要》体例，编辑《退溪书节要》[①]。贾顺先教授主编《退溪全书今注今译》，于1992年5月起，分册由四川大学出版社陆续出版，规模至为宏大。徐远和的《李朝朱子学的兴起》载《儒学与东方文化》[②]，蔡茂松的《退溪栗谷哲学比较研究》[③]，金起

[①] 张立文：《退溪书节要》，中国人民大学出版社1989年版。
[②] 徐远和：《李朝朱子学的兴起》，载《儒学与东方文化》，人民出版社1994年版。
[③] 蔡茂松：《退溪栗谷哲学比较研究》，商务印书馆1995年版。

贤《朱子学在韩国的流衍及其影响之研究——以李退溪与李栗谷之圣学为中心》①，张立文的《李退溪思想研究》②，高令印的《李退溪与东方文化》③，陈来的《李退溪与奇高峰的四七理气之辨》《李退溪心学之研究》《李退溪性理学的再研究》等文收集刊于《东亚儒学九论》④ 等。这些退溪学论著已产生了很大的影响，并将对今后中国退溪学的研究起着推动作用。在近几年出版的有关宋明理学的专著中也多论及退溪学，把退溪学作为新儒学不可分割的一个部分和在国外的分支。对于现代中国学者的退溪学的研究，韩国学者权五凤在其《李退溪家书之综合研究》中有所记述。这里就不一一介绍。

此外，还有日本学者对韩国朱子学研究的著作。如：阿部吉雄的《朝鲜朱子学》⑤、高桥进的《李退溪和敬的哲学》⑥、友枝龙太郎的《李退溪的生平和思想》和《李退溪哲学之历史位置》⑦ 等。

2. 中国的日本朱子学研究

现代日本朱子学研究，起于 1958 年北京大学成立了东方哲学研究室。以朱谦之（1899—1972）和刘及辰（1905—1991）为代表的日本朱子学研究正式起步。朱谦之的《日本的朱子学》⑧，是中国的日本朱子学研究的开拓性成果。之后，刘及辰又出版了《京都学派哲学》⑨。这两部著作做了原始资料的收集和翻译工作，为后来的研究者提供了直接的文献资料。中国哲学对于日本究竟产生了什么样的影响？对于中国学者而言，应该说是"特别主要的任务之一"⑩。

到了 20 世纪 80 年代，中国的日本朱子学研究得以重新起步，并涌

---

① 金起贤：《朱子学在韩国的流衍及其影响之研究——以李退溪与李栗谷之圣学为中心》，博士学位论文，东海大学，1995 年。
② 张立文：《李退溪思想研究》，东方出版社 1997 年版。
③ 高令印：《李退溪与东方文化》，厦门大学出版社 2002 年版。
④ 陈来：《东亚儒学九论》，生活·读书·新知三联书店 2008 年版。
⑤ ［日］阿部吉雄：《朝鲜朱子学》，东京：明德出版社 1977 年版。
⑥ ［日］高桥进：《李退溪和敬的哲学》，首尔：日本东洋书院 1985 年版。
⑦ ［日］友枝龙太郎：《李退溪的生平和思想》，首尔：日本东洋书院 1986 年版；《李退溪哲学之历史位置》。
⑧ 朱谦之：《日本的朱子学》，生活·读书·新知三联书店 1958 年版。
⑨ 刘及辰：《京都学派哲学》，光明日报出版社 1993 年版。
⑩ 《朱谦之文集》第 8 卷，福建教育出版社 2002 年版，第 3 页。

现出了王守华、卞崇道、王家骅、李甦平、金熙德、王中田等一批研究者。他们组织了中华全国日本哲学会，开展日本思想史的翻译与研究工作，并开拓了不少新的研究领域。这一时期，王守华、卞崇道编著《日本哲学史教程》①、金熙德《日本近代哲学史纲》②、王家骅《儒家思想与日本文化》③、王中田《江户时代日本儒学研究》④ 等一批综合性研究著作出版。他们大多是将日本思想史放在了一个外来思想与自身传统相冲突的背景之下来加以把握，一方面坚持了以往的历史学研究方法，积极发掘、收集、整理文献资料；一方面结合日本文化的特征来探讨日本思想的发展轨迹，并谋求树立日本思想史的体系结构与时代定位。

21世纪之后，中国的日本朱子学研究进入了一个新的发展时期。一批留学日本的青年学者呈现出了前所未有的活跃。以王青、赵刚、龚颖、张崑将为代表的中国青年学者推出了一批新的研究成果。如王青《日本近世儒学家荻生徂徕研究》⑤、赵刚《林罗山与日本的儒学》⑥、龚颖《"似而非"的日本朱子学：林罗山思想研究》⑦、张崑将《日本德川时代古学派之王道政治论——以伊藤仁斋、荻生徂徕为中心》⑧ 等。他们将日本朱子学研究还原为一个历史事实的实证性研究，同时它也是一个涉及文化本质的探讨，即日本的特殊性，且将它作为了一个与中国有所区别的"文化他者"的研究。

此外，还有韩国学者对日本朱子学研究的著作，这里就不再详述。

（二）日本和韩国学者对中国朱子学的研究
1. 日本的中国朱子学的研究

在日本的现代中国思想（史）研究领域中，以朱子学为对象的研究

---

① 王守华、卞崇道编：《日本哲学史教程》，山东大学出版社1989年版。
② 金熙德：《日本近代哲学史纲》，延边大学出版社1989年版。
③ 王家骅：《儒家思想与日本文化》，浙江人民出版社1990年版。
④ 王中田：《江户时代日本儒学研究》，中国社会科学出版社1994年版。
⑤ 王青：《日本近世儒学家荻生徂徕研究》，上海古籍出版社2005年版。
⑥ 赵刚：《林罗山与日本的儒学》，世界知识出版社2006年版。
⑦ 龚颖：《"似而非"的日本朱子学：林罗山思想研究》，学苑出版社2008年版。
⑧ 张崑将：《日本德川时代古学派之王道政治论——以伊藤仁斋、荻生徂徕为中心》，华东师范大学出版社2008年版。

极为盛行，至今已有不少相关专著与专论相继发表问世。日本著名教授子安宣邦在回答日本人为何要研究朱子学时说：日本人认为朱子学是东方唯一能与西洋哲学抗衡的思想体系。研究朱子学有助于提高东方人的思考能力，进而与西方哲学交流，创造新的世界哲学的意义。①

20世纪50年代出版的朱子学相关研究论著有：今井宇三郎的《宋代易学的研究》（1958），论述了朱熹把北宋刘牧的象数易、邵雍的先天易、周敦颐的太极图等三个易学集其大成的情况。楠本正继的《宋明时代儒学思想的研究》②，虽然是历史性地叙述宋明时代的儒学思想，但并非只是概念性地介绍宋明时代所产生的学说。它首次将以朱子学、阳明学为代表的宋明儒学思想之全貌，综合性地加以掌握，因而被赋予极高之评价。荒本见悟《佛教与儒教》③，是一部重要的哲学著作。全书分四章，第三章为《朱子的哲学》，专门讨论朱子哲学思想中所当然与所以然、本然之性与气质之性、未发与已发、格物致知等问题。后藤俊瑞《朱子的伦理思想》④是对朱熹的实践论按照西方伦理学的方法进行思考论述，岛田虔次《朱子学与阳明学》⑤，友枝龙太郎《朱子的思想形成》⑥，这三部专著，内容是最为翔实的。特别是《朱子的思想形成》一书结合考证学与哲学，将朱子思想的演进与社会背景作详尽的分析，以见其理论与实践相结合的独特风格。

20世纪70年代问世的朱子学相关研究专著有：山本命《宋时代儒学的伦理学研究》⑦，其中第五章为《朱熹的儒学》；间野潜龙《朱熹与王阳明：新儒学与大学的理念》⑧；田中兼二的《朱门弟子师事年考》（1975），详细地考证了《朱子语类》里所出现的门人师事的年代；石

---

① 黄俊杰主编：《儒家思想在现代东亚·导言》（日本篇），"中研院"中国文哲所筹备处，1999年，第2页。
② [日] 楠本正继：《宋明时代儒学思想的研究》，日本千叶广池学园出版部1962年版。
③ [日] 荒本见悟：《佛教与儒教》，京都：平乐寺书店1963年版。
④ [日] 后藤俊瑞：《朱子的伦理思想》，西宫：后藤俊瑞博士遗稿刊行会1964年版。
⑤ [日] 岛田虔次：《朱子学与阳明学》，东京：岩波书店1967年版。
⑥ [日] 友枝龙太郎：《朱子的思想形成》，东京：春秋社1969年版。
⑦ [日] 山本命：《宋时代儒学的伦理学研究》，东京：理想社1973年版。
⑧ [日] 间野潜龙：《朱熹与王阳明：新儒学与大学的理念》，东京：清水书院1974年版。

田肇的《唐仲友觉书〈备忘录〉》(1975)，柳田圣山的《佛教与朱子的周围》(1976)，研究了朱熹和佛教的关系，以及朱熹关于大慧禅是什么的问题；吉田幸次郎、三浦国雄的《朱子集》(1976)，对朱熹论著进行了语音注释；高桥进的《朱熹与王阳明——物、心与理的比较思想论》①、山田庆儿的《朱子的自然学》②，通过分析整理《朱子语类》的片段记述，从宇宙论、天文学、气象学等方面重新阐述朱熹气的自然学；佐藤仁的《朱熹与陆游》(1976)、冈田武彦的《宋明哲学序说》③、冈本不二明的《语音与身体——朱熹的文学》(1979)、三浦国雄的《朱子》(1979)等。

20世纪80年代出版的朱子学相关的著作有：久须本文雄的《宋代儒学的禅思想研究》④、小南一郎的《朱熹〈楚辞集注〉考》(1981)，论述了朱熹的文学观；衣穿强的《朱熹与唐仲友》(1980)，是对朱熹生前事迹的专题研究；上山春平的《朱子的〈家礼〉》(1982)、《仪礼经传通解》(1982)，山根三芳的《朱子礼学的先驱——北宋道学系统礼学的诸论考》，研究了朱熹的礼学；三浦国雄的《朱子与呼吸》(1982)、《气数与事势》(1984)，吾妻重二的《关于朱熹〈周易参同契考〉》(1984)，市来恭彦的《阴符经考异的思想》(1984)，都是从道教及其气的方面来研究朱熹；佐野公治的《朱子经书的构造——四书学的成立》(1984)，山佐藤仁的《朱子》⑤，大滨皓的《朱子的哲学》⑥，冈田武彦的《中国思想的理想与现实》《宋明哲学的本质》⑦，市川安司的《朱子哲学论考》⑧，都是程朱理学通论性的著作。⑨ 此外还

---

① [日]高桥进：《朱熹与王阳明——物、心与理的比较思想论》，东京：国书刊行会1977年版。
② [日]山田庆儿：《朱子的自然学》，东京：岩波书店1978年版。
③ [日]冈田武彦：《宋明哲学序说》，东京：文言社1977年版。
④ [日]久须本文雄：《宋代儒学的禅思想研究》，名古屋：日进堂书店1980年版。
⑤ [日]山佐藤仁：《朱子》，东京：集英社1985年版。
⑥ [日]大滨皓：《朱子的哲学》，东京大学出版社1982年版。
⑦ [日]冈田武彦：《中国思想的理想与现实》，东京木耳社1983年版；《宋明哲学的本质》，东京木耳社1985年版。
⑧ [日]市川安司：《朱子哲学论考》，东京汲古书院1985年版。
⑨ 以上均见[日]吉田公平、市来津由彦《日本宋明理学研究情况》，《中州学刊》1985年第3期。

有荒木见悟的《中国思想史的诸相》① 等。

20世纪90年代问世的朱子学相关的论著有：佐藤仁的《朱子》(1986)，记述了朱熹的生平事迹和朝鲜化儒学史。有田和夫、大岛晃所编的《朱子学的思维：中国思想史上的传统与革新》②，是山井涌在东京大学、大东文化大学的弟子所组成的"朱子研究会"，开展了朱子学为主题的研究。自1987年1月，他们开始共同研究"中国思想史中朱子学的思维"，经过两年多，举办十数次的研讨会，发表论文，集结成书，并附以山井涌的《清代的朱子学》一文。此外，山根三芳的《宋代礼说研究》③、小岛毅的《中国近代时期礼的言说》④ 这两本书同为日本朱子学研究专著中，少数以中国近代之"礼"为研究对象的专书之一。此外还有田中忠治《朱子的读书法》⑤、三浦国雄的《朱子、气、身体》⑥、木下铁矢的《朱熹再读——对朱子学理解的序说之一》⑦、小岛毅的《宋学的形成与展开》⑧ 等。

进入21世纪后，日本有关朱子学研究的出版著作有：市来津由彦的《朱熹门人集团形成的研究》⑨、土田健次郎的《道学的形成》⑩、吾妻重二的《朱子学的新研究》⑪、垣内景子的《围绕着"心"与"理"的朱熹思想构造的研究》⑫ 等。最近日本有关朱子学研究的主要成果还有山根三芳的《宋代礼说研究》、小岛毅的《宋学的形成与展开》、土田健次郎的《道学的形成》、市来津由彦的《朱熹门人集团形成的研

---

① ［日］荒木见悟：《中国思想史的诸相》，福冈中国书店1989年版。
② ［日］有田和夫、大岛晃编：《朱子学的思维：中国思想史上的传统与革新》，东京：汲古书院1990年版。
③ ［日］山根三芳：《宋代礼说研究》，广岛溪水社1996年版。
④ ［日］小岛毅：《中国近代时期礼的言说》，东京大学出版社1996年版。
⑤ ［日］田中忠治：《朱子的读书法》，东京：致知出版社1994年版。
⑥ ［日］三浦国雄：《朱子、气、身体》，东京：平凡社1997年版。
⑦ ［日］木下铁矢：《朱熹再读——对朱子学理解的序说之一》，东京：研文出版社1999年版。
⑧ ［日］小岛毅：《宋学的形成与展开》，东京：创文社1999年版。
⑨ ［日］市来津由彦：《朱熹门人集团形成的研究》，东京：创文社2002年版。
⑩ ［日］土田健次郎：《道学的形成》，东京：创文社2002年版。
⑪ ［日］吾妻重二：《朱子学的新研究》，东京：创文社2004年版。
⑫ ［日］垣内景子：《围绕着"心"与"理"的朱熹思想构造的研究》，东京：汲古书院2005年版。

究》、吾妻重二的《朱熹〈家礼〉实证研究》等。

现代日本学者藤井伦明认为,今后日本朱子学研究的课题是将朱子学与世界其他各地的思想,尤其是将之与西方思想加以比较对照,同时也应该要思考朱子学作为一种哲学思想,其到底具有何种价值?以及在现代的社会中,其又具有何种意义?在日本,近年反而有些西方哲学研究者开始重新审视评价作为哲学的朱子学。①

2. 韩国的中国朱子学的研究

现代韩国学者对中国朱子学研究的著作有:梁大源的《儒学概论》、车相辕的《儒学思想史》、刘明钟的《朱子的人间与思想》、丁淳睦的《中国书院制度》、韩国首尔儒教事典编纂委员会编的《儒教大事典》、金永植的《朱熹的自然哲学》②、刘承相著有的《朱子早年思想的历程》、崔英辰的《韩国儒学思想研究》③、吴锡源的《韩国儒学的义理思想》④、朴洋子的《朱熹的中和旧说》等等。他们都肯定朱子学对朝鲜民族有着极大的影响,并提出对朱子学要重新诠释现代化的目标。金永植的《朱熹的自然哲学》,是国际范围内朱子学研究领域里,颇具特色的一部学术著作。他在书里指出:要从把握朱熹的自然哲学的角度去研究朱熹思想。金永植的另一篇《朱熹格物致知方法论中的类推》⑤的论文,对朱熹的"类推"方法进行了考察,指出"类推"是朱熹"格物致知"践履中的重要方法。他的研究,为我们全面认识朱熹和朱子学提出了一个独特的视角。

(三) 中日韩三国朱子学的比较研究

1. 中韩朱子学比较研究成果

阿部吉雄《朝鲜的朱子学与中国朱子学》⑥,李秀雄《朱熹与李退

---

① [日] 藤井伦明:《朱熹思想结构探索——以"理"为考察中心》,台湾大学出版中心2013年版,第3页。

② [日] 金永植:《朱熹的自然哲学》,潘文国译,华东师范大学出版社2003年版。

③ [日] 崔英辰:《韩国儒学思想研究》,邢丽菊译,东方出版社2008年版。

④ [日] 吴锡源:《韩国儒学的义理思想》,邢丽菊、赵甜甜译,复旦大学出版社2014年版。

⑤ [日] 金永植:《朱熹格物致知方法论中的类推》,潘文国译,《朱子文化》2007年第6期。

⑥ [日] 阿部吉雄:《朝鲜的朱子学与中国朱子学》,日本明德出版社1977年版。

溪诗比较研究》①，张立文《朱熹与退溪思想比较研究》②，洪军《朱熹与栗谷哲学比较研究》③，庐仁淑《朱子家礼与韩国之礼学》④，宋瑋圭《朱子与李退溪政治思想之比较研究》⑤，林映希《李退溪与朱熹易学哲学比较研究》⑥，张品端主编《朱子学与退溪学研究——中韩性理学之比较》⑦，张品端《李滉对朱熹理学的继承和发展》《李珥对朱子学的继承和阐发》《〈朱子家礼〉与朝鲜礼学的发展》⑧等。

2. 中日朱子学比较研究成果

町田三郎、潘富恩《朱舜水与日本文化》（人民出版社，2003）、金台《中日朱子学"理"范畴比较》（论文，1991）、李甦平《中日朱子学之比较——"理"之比较》（论文，1993）、王家骅《中、日朱子学的异同》（论文，1994）、子安宣邦《朱子学与近代日本的形成》（论文，2000）、龚颖《林罗山与朱熹的文道关系论比较研究》（论文，2005）、张品端《藤原惺窝对朱熹四书学的阐发》（论文，2016）等。

3. 日韩朱子学比较研究成果

阿部吉雄《日本的朱子学与朝鲜》⑨、宇野精一《日本朱子学与李退溪》（论文，1979）、赖祺一《日本朱子学与朝鲜》（论文，1965）等。

4. 中日韩三国朱子学比较研究成果

黄秉泰《儒学与现代化——中日韩儒学比较研究》⑩、黄新宪《朱子学在东亚三国文化教育界的传播影响述评》（论文，1987）、张品端《日本、朝鲜对朱子学的接受及其特征》（论文，2001）等。

---

① 李秀雄：《朱熹与李退溪诗比较研究》，北京大学出版社1991年版。
② 张立文：《朱熹与退溪思想比较研究》，文津出版社1995年版。
③ 洪军：《朱熹与栗谷哲学比较研究》，中国社会科学出版社2003年版。
④ 庐仁淑：《朱子家礼与韩国之礼学》，人民文学出版社2000年版。
⑤ 宋瑋圭：《朱子与李退溪政治思想之比较研究》，博士学位论文，台北政治大学，1993年。
⑥ 林映希：《李退溪与朱熹易学哲学比较研究》，博士学位论文，北京大学，1999年。
⑦ 张品端主编：《朱子学与退溪学研究——中韩性理学之比较》，厦门大学出版社2015年版。
⑧ 张品端：《李滉对朱熹理学的继承和发展》，《合肥学院学报》（社会科学版）2007年第5期；《李珥对朱子学的继承和阐发》，《朱子学刊》2010年第1期；《〈朱子家礼〉与朝鲜礼学的发展》，《中国社会科院研究生院学报》2011年1月15日。
⑨ ［日］阿部吉雄：《日本的朱子学与朝鲜》，东京大学出版社1971年版。
⑩ 黄秉泰：《儒学与现代化——中日韩儒学比较研究》，社会科学文献出版社1995年版。

特别值得关注的是，近几年台湾大学高研院开启了东亚朱子学研究，编辑出版了《东亚文明研究丛书》。这其中有由杨儒宾主编的《朱子学的开展——东亚篇》①，黄俊杰著《东亚儒学史的新视野》②，黄俊杰、林维杰主编的《东亚朱子学的同调和异趣》③，徐兴庆著《朱舜水与东亚文化传播的世界》④ 等。大陆有张品端主编《东亚朱子学新论》⑤。这些论著和论集的论文都是中日韩三国朱子学个案研究或比较研究的成果。此外，港台地区朱子学研究也受到学者的关注，写出了许多专著和论文。如王煜《港台朱子学研究述评》（论文，1991）、杨儒宾《战后台湾的朱子学研究》（论文，2000）等。

从上述对东亚朱子学的简要梳理，我们可以看出，东亚学者围绕朱子学的展开，分别探讨了中国朱子学、韩国朱子学和日本朱子学，及其它们之间的关系。

在21世纪的今天，文化思维的多元性与自主性，使得我们更能够深刻地了解东亚朱子学在发展中的各种文化表现。从东亚文化史的广袤视野中，考察东亚朱子学在东亚地区文化传承上的历史地位，有利于了解东亚各民族精神和生活方式的形成，东亚朱子学与近现代东亚地区现代化的关系等。

---

① 杨儒宾主编：《朱子学的开展——东亚篇》，汉学研究中心2002年版。
② 黄俊杰：《东亚儒学史的新视野》，台湾大学出版中心2004年版。
③ 黄俊杰、林维杰主编：《东亚朱子学的同调和异趣》，台湾大学出版中心2006年版。
④ 徐兴庆：《朱舜水与东亚文化传播的世界》，台湾大学出版中心2008年版。
⑤ 张品端主编：《东亚朱子学新论》，厦门大学出版社2012年版。

中 篇

朱子学在东南亚的传播与影响

第四章　朱子学在越南

越南和中国山水相连，毗邻而居，自古以来就建立了十分密切的关系。越南是汉文化圈的一个重要国家，深受儒家思想的影响。儒学从秦汉开始传入越南，对越南产生了广泛而深远的影响。13世纪以后，越南的儒学，主要是程朱理学，特别是朱子学在越南影响尤为巨大。

一　朱子学在越南陈朝的初传

据越南正史记载，朱子学是在越南陈朝（1225—1400）初传入的。陈太宗元丰三年（1253）九月，"诏天下儒士诸国学院，讲'四书''五经'"[1]。陈圣宗绍隆十五年（1273）十月，又"诏求贤良明经者为国子监司业，能讲'四书''五经'之义，入侍经幄"[2]。陈朝初，朝廷鼓励全国士子到国子监讲习"四书""五经"。这一做法，为此后越南历代王朝所沿袭。这里的"四书"，便是朱熹的《四书章句集注》。"四书""五经"是儒家学派的基本经典，而"四书"之名，由朱熹《四书章句集注》的问世而确立。陈朝对"四书"的重视，反映了朱子学在越南的影响。

陈朝统治者重视朱子学，这固然与中越两国都具有大致相同的文化结构和社会结构有关。陈朝建国之初，仍沿袭上代李朝以佛教为国教的政策。当时，佛教在越南社会中已经造成种种严重的危害。黎文休

---

[1]　[越]吴士连等编纂：《大越史记全书·陈纪·太宗》，东京：日本东京大学东洋学文献中心丛刊，1979年。

[2]　《大越史记全书·陈纪·圣宗》。

（1230—1322）在批评李太祖崇佛时说："李太祖即帝，甫及二年，宗庙未通，社稷未立，先于天德府创立八寺，又重修诸路寺观，而度京师千余人为僧，则土木财力之费，不可胜言也？财非天雨，力非神作，岂非俊民之膏血，可谓修福欤？创业之主，躬行勤俭，犹恐子孙之奢怠，而太祖垂法如是！宜其后世起凌霄之堵坡，立削石之寺柱，佛宫壮丽，倍于宸居！下皆化之，至有毁形易服，破产逃亲，百姓大半为僧，国内到处皆寺，其源岂无所自哉？"① 太尉谭以蒙亦说，"方今僧徒与役夫相半"，不仅减少了应该纳税出丁的人口，而且这批僧徒"聚类群居，多为秽行。或于戒场、精舍公行酒肉；或于禅房、净院私自奸淫。昼伏夜行，有如狐鼠，败俗伤教，渐渐成风。此类不除，久必滋甚"②。张汉超在他所撰的《开严寺碑记》中视佛教为异端，要求独尊儒术。他说："佛教由设，乃浮屠氏度人方便。盖欲使愚而无知，迷而不悟者，即以此为回向白业地。乃其徒之狡狯者，殊失苦空本意，务占名园佳境，以金碧其居，尤象其众。当世流俗豪右辈又从而响应，故凡天下奥区名士，寺居其中。缁黄饭之，匪耕而食，匪织而衣。匹夫匹妇，往往离家室，去乡里，随风而靡。噫！去圣愈远。道之不明，任师相者，即无周召以首风化，州闾乡党，又无庠序以申孝悌之义。斯人安得不惶惶顾而之他。亦势使然也……方今圣朝欲畅皇风以救颓俗，异端实可黜，正道当复行。为士大夫者，非尧舜之道不陈前，非孔孟之道不著述。"③ 这些批评，迫使越南统治者放弃以佛教为国教的政策，引进当时在中国影响日隆的朱子学。可见，朱子学是以反佛教的面貌而受到越南士人的重视。

到陈明宗（1314—1329）时，则根本不信佛教，他的所言所行，多按儒学行事。他说："顺义行之，安危何足虑。"他教育他的皇太子说："力治产业。吝啬致富者，非我子。"为人应按《大学》一书中所说的"财聚则民散，财散则民聚"的道理行事。④ 陈朝末年，统治者从各方

---

① 《大越史记全书·李纪·太祖》。
② 引自梁志明《略论越南佛教的源流和李、陈时期越南佛教的发展》，《印支研究》1984年第2期。
③ 引自何成轩等主编《儒学与现代社会》，沈阳出版社2001年版，第150页。
④ 《大越史记全书·陈纪·明宗》。

面着手，限制佛教在社会上的影响。1396年，陈顺宗下诏，淘汰僧侣，要求年龄不到50岁的人必须还俗。1397年5月，陈顺宗又下诏，要求各州县设立学宫，每年年终选送优秀学子晋京，由皇帝亲自考试，授予官职。诏书曰："古者国有学，党有序，遂有庠，所以明教化敦风俗也，朕意甚慕焉。今国都之制已备，而州县尚缺，其何以广化民之道哉？应令山南、京北、海东诸路府各置一学官。赐官田有差，大府州十五亩，中府州十二亩，小府州十亩，以供本学之用。路官督学教训生徒，使成才艺，每岁季则选秀者贡于朝，朕将亲试而擢之焉。"[①] 陈朝后期，朱子学逐渐取得主导地位。

在陈朝，以儒家思想为指导，建立了一套完整的教育体系。中央和地方相继建立起学校，除了官学，还有私学。中央学校有国子监、国学院、太学以及一些书院，地方学校有府学、州学和县学等。科举取士的制度已趋于完善，从陈太宗起，朝廷规定每七年举行一次科举考试，中选者为进士。陈朝的科举制度仿效中国，同样以朱熹《四书章句集注》为科场程式和取士标准。陈顺宗光泰九年（1396）四月，"诏定试举人格，用四场文字体，罢暗写古文法。第一场，用本经义一篇，有破题结语，小讲原题，大讲缴结，五百字以上。第二场，用诗一篇，用唐律，赋一篇，用古体，或骚或选，亦五百字以上。第三场，诏一篇，用汉体，制一篇，表一篇，用唐体四六。第四场，策一篇，用经史时务中出题，一千字以上。以前年乡试，次年会试，中者御试策一篇，定其第"[②]。士子们为要金榜题名，无不熟读朱熹的《四书章句集注》，努力掌握其中义理。这时，官办学校不能满足大量学子对功名追求的需要，私学即由此逐步兴盛起来。私学的发展，有力地推动了朱子学在平民百姓中的传播与普及。这又为朱子学在越南确立统治思想地位奠定了社会基础。

官学私学和科举的发展，使儒士阶层人数大增，在国家社会中显示出了重要的地位。朝廷中僧官人数减少，地位下降。相反，儒臣在官员队伍中的比例日益扩大，其政治地位也不断提高。在统治阶级中，儒士

[①] 引自何成轩等主编《儒学与现代社会》，第151页。
[②] 《大越史记全书·陈纪·顺宗》。

出身的官员逐渐占优势，担任从朝廷到地方各级官署的许多重要职务。故越南史书常说，陈朝儒臣辈出，"人才彬彬称盛"。儒士在朝廷及各级地方部门逐渐得势，以至占据要津，又反过来促进了朱子学的传播，扩大了朱子学的影响。

朱子学在越南的传播，除统治者的提倡外，还出现了一批积极传播朱子学的先驱者，如朱文安、黎文休、张汉超和黎恬等。他们在解释、体会朱子学的同时，致力于朱子学的普及。

黎文休（1230—1322），清化人，17岁中榜眼，任国史院监修。他曾奉陈太宗之命，编纂《大越史记》，于1272年编成，共30卷，叙述从赵武帝到李昭皇这一时期的历史。该书体例仿效司马迁的《史记》，是越南最早的一部通史。它又仿《史记》的"太史公曰"，叙事之后加以"黎文休曰"这样的评论。书中贯穿了儒家的史学观点，并对佛、道二教进行批判。

朱文安（1292—1370），字灵泽，号樵隐，清潭人。《历朝宪章类志》写道："朱文安，清潭人，性刚介，清修苦节，不求利达，居家读书，学业精醇。所居号文村，筑书室于潭上大阜以授徒，远近闻其名就学甚众。"他以毕生的精力研究朱子学，同时致力于朱子学的传播与普及。他弟子盈门，桃李满天下，名儒范师孟、黎恬俱出其门下。陈明宗时（1314—1329），他曾任职国子监司业，给太子讲授"四书""五经"。陈裕宗（1341—1368）时期，由于上下恣意行乐，奸佞横行，朱文安屡劝不止，又上疏乞斩"七佞臣"，裕宗不从。他上疏被驳回后，遂弃官归里，以教学为业，所撰著的《四书说约》一书，以朱子的《四书章句集注》为基础，介绍"四书"的内容，是阐述"性命义理"之学为主的著作，反映了他对朱熹思想的继承和发展。《越史总论》将朱文安的学术思想概括为"穷理、正心、除邪、拒躄"。朱文安思想对后世产生了深远的影响，被誉为越南朱子学的一代宗师。

张汉超为早期传播朱子学的先驱者。他极力建议陈朝统治者罢黜佛教独尊儒术。他的《开严寺碑记》是他发出排斥佛教、独尊儒术的宣言。

从陈艺宗元年（1370）开始，朝廷以能排异端、传道统的大儒从祀文庙。朱文安卒，谥文贞公，首赐从祀文庙，开越儒从祀文庙之先例。次年，朝廷又以名儒张汉超从祀文庙。越儒从祀文庙，标志着越南已出现高水平的大儒，也说明儒学在当时已具有崇高的地位。

陈朝末年，朱子学在越南也曾经受到挑战。左右陈朝政局的胡季犛，为了篡位自立的政治需要，就对理学和理学人物进行了别出心裁的评价。陈朝光泰五年（1392）十二月，胡季犛作了《明道》十四篇上进顺宗皇帝，公开反对理学的道统之说。他以周公为先圣，孔子为先师。文庙以周公正坐南面，孔子偏坐西面。《论语》有四疑，如子见南山、在陈绝粮、公山佛肸、召子欲往之类。以韩愈为盗儒，谓周茂叔、程颢、程颐、杨时、罗仲素、李延平、朱子之徒学博而才疏，不切事情而务为剽窃。胡季犛还"作国语，诗义并序，令女师教后妃及宫人学习，序中多出己意，不从朱子集注"①。他对朱子学采取拒斥态度。胡氏这种异端思想，遭到了越南正统儒家学者的反驳。当时国子助教段春雷，便上书言其不可，但胡季犛大权在握，陈顺宗亦只能赐诏奖谕，段春雷则被流放，并牵连其他官员。

后来的越南史家对胡氏的观点提出谴责，如后黎朝著名学者吴士连便痛斥其非，并为朱子辩护，推崇朱子绍述儒学之功。他在《大越史记全书》中写道："朱子生于宋末，承汉唐诸儒笺疏六经之后，溯流求源，得圣人之心于遗经，明圣人之道于训解，研精殚思，理与心融。其说也详，其指也远，所谓集诸儒之大成，而为后学之矜式者也。况有程子倡之于前，而朱子补其未圆于后，则其义精矣。后之有作，恢廓而充大之，膏沃而光泽之，如斯而已，乌得而非议之哉。"②吴士连为朱学的辩护及其对朱子的推崇，也可见朱子学说在越南士人心目中的地位。从反面来看，胡季犛诋毁朱子理学，恰好说明了程朱理学为广大儒士们所接受。胡季犛排斥宋儒，是因为宋儒特别强调君臣之义，把三纲五常提到天理的高度来认识。胡季犛要篡夺帝位，自然讨厌宋儒，称程朱理学为空疏，务为剽窃，不切实际，无补时政。③后来，越南故王陈日奎之弟陈天平借助明朝力量，敉平了陈朝外戚胡季犛篡位自立的胡朝

---

① 《大越史记全书·陈纪·顺宗》。
② 同上。
③ 何成轩：《儒学南传史》，北京大学出版社2000年版，第346页。

(1400—1407)。所以胡氏排朱未能根本影响到朱子学,朱子学最终成为越南占统治地位的思想。

明朝于永乐四年(1406),改安南为交趾(安南、交趾都是越南的古称),并在交趾设置布政司,进行直接统治,宣德二年(1427)撤出。这二十余年,史称越南为"属明时期"。在此期间,明朝为了巩固在越南的统治和培养造就忠于明王朝的人才,在越南广开学校。据《安南志略·学校篇》记载,当时越南在全国开设学校161所,其中府学14所,州学34所,县学113所。同时,中国理学著作也大量传入越南。"己亥(1419)春二月,明遣监生唐义,颁赐五经四书、性理大全、为善阴骘、孝顺事实等书于府州县儒学。俾僧学传佛经于僧道司。"①"永乐二十年(1422)五月,交趾宣化、太原、镇蛮、奉化、清化、新安等府及所隶州县学师生员贡方物诣阙,谢赐五经、四书、性理大全,为善阴骘书。皇太子令礼部赐赉之。"② 明朝对越南的短暂统治,无疑加速了朱子学在越南的传播。

二 朱子学在越南后黎朝的发展

明成祖对越南的统治,遭到了越南各阶层民众的反抗。1418年,越南爆发了黎利领导的为争取民族独立的蓝山起义,经过十年艰苦卓绝的斗争,终于在1428年恢复独立,建立起后黎朝。

后黎朝建立后,黎太祖黎利继承明代初期在越南所推行的以程朱理学作为正统思想的做法。他"立国之始,首兴学校,祀孔子太学,其崇重至矣"③。接着,黎太宗"重道崇儒",曾亲率百官谒太庙。黎圣宗又于洪德三年(1472)亲自定丁祭,规定每年春秋两季丁日举行祭孔典礼。他在位期间,曾几次扩修首都升龙文庙。黎朝最高统治者如此抬高儒学的地位,其用意乃在巩固儒家思想在越南的统治地位,以利于越南的长治久安。黎朝前期,诸帝崇奉儒学,以儒家作为建国治民的指导思

---

① 《大越史记全书·黎纪·太祖》。
② 《明太祖实录》卷123。
③ 《大越史记全书·黎纪·太祖》。

想，使儒学取得了独尊的地位，成为支配全社会的正统思想。

后黎朝重视印行儒家经典。由于后黎朝特别重视儒学教育，所以越南举国上下都争求儒家经典。史载，越南"士人嗜书，每重赀以购焉"①。为了满足士人对儒书的需求，朝廷下令刊印"四书""五经"等儒家经典。黎太宗绍平二年（1435）十二月，官方刊刻《四书大全》。黎圣宗光顺八年（1467）四月，诏谕重刻"五经"官版，颁给国子监，供监生学习。并"每年颁书于各府，如'四书''五经'、马氏《文献通考》《昭明文选》及《通鉴纲目》等。学官据此讲学，科举据此选人"②。所谓《通鉴纲目》，即指朱熹的《资治通鉴纲目》。黎纯宗龙德三年（1734）"春正月，颁《五经大全》于各处学宫。先是遣官校阅'五经'北板，刊刻书成颁布。令学者传授，禁买北书。又令文臣阮效、范谦益等分刻'四书'、诸史、诗林字汇诸本刊行"③。在越南，儒家的书籍日益增多，促进了朱子学在士民中的传播。此外，黎显宗景兴年间（1740—1786），范贵适取材于程颐《易经序》、程颢《易经序》、朱熹《图说》及《朱了五赞》《易说纲领》《朱子筮仪》等，撰写成《易经大全节要演义》。问答体科举文集《周易策文略集》（汉文书），附载有《易序》《程子序》和朱熹《周易图说》，这些阐发朱子学的著作相继问世。

这时期，科举制度日益趋于正规化。后黎朝统治者认为"得人之效，取士为先，取士之法，科目为首"，在儒学教育中尤重科举。黎太宗"重道崇儒，开科取士"，规定所有考场都考"四书"，并确定了进士立碑题名的制度，以起到"会试登科有录，既足以表当代之盛明，又足以示后来广劝"的作用。这些进士题名碑（共82块，刻着1442—1779年间科举考试中进士的1306人姓名）一直保存在河内文庙内。黎圣宗亦十分重视科举制度，将仕途彻底对科举出身者开放，开启了后世竞奔科举的社会风气。为确保应试考生质量，他于1462年，制定保结乡试例，规定天下应试士人，须"听本管官及本社社长，保结其人，实

---

① 引自杨焕英《孔子思想在国外的传播与影响》，教育科学出版社1987年版，第65页。
② ［越］黎贵惇：《见闻小录》卷3，越南汉喃研究院图书馆收藏（手写本）。
③ ［越］潘清简等编纂：《越史通鉴纲目》卷8，北京图书馆藏本。

有德行者，方许上报应试。其不孝、不睦、不义、乱伦及教唆之类，虽有学问词章，不许入试"①。这一规定要求士人不仅要学好儒家经典，还必须身体力行，按儒家的伦理道德修养自身，若能佐国王以治天下，既可言传又可身教。这一制度不仅为后黎朝选拔了大量掌握儒家思想的各级官吏，同时也在社会上大大提升了儒学的地位。1466年，黎圣宗设置五经博士。1483年，他派人修建和扩大太学，在文庙中祀奉先圣、先贤和先儒。1484年，他在乡试中规定第一场先考朱熹的《四书章句集注》，并亲自会试举人，廷试问"赵宋用儒"。黎圣宗时期，取士达501人。他在位38年，励精图治，振兴文教，推行儒学，被称为雄才大略之主，史称"光顺中兴"。其后，黎宪宗二年（1499）开科，应试者竟达五千余人。科举兴盛，应试者之多，这正好反映了儒学影响之深广。

朱子学以思辨性和道德实践性为特征，这有利于维护社会的和谐有序及等级制度。后黎朝统治者从实用和功利的需要出发，特别重视朱子学的道德实践性一面，积极推行以儒家伦理观念和道德规范为主要内容的社会教化活动，使之普及到民间，渗透到社会各个角落。1483年，朝廷颁行的《洪德法典》和《二十四训条》，1663年的《教化四十七条》等，都将儒家伦理道德，封建的等级观念、尊卑秩序，具体化为法律法令条文，予以严格规范，并且固定下来。诸项措施，各种条文，无不体现了朱子学的基本精神。此外，后黎朝统治者还依照《朱子家礼》，对越南的传统婚娶方式进行变革，明确规定"凡娶妻，先使媒妁往来定议，然后定亲礼，亲礼既毕，然后议纳娉……其仪序节文，遵如颁奉行，不得如前"，并将嫁娶能否遵循礼仪当作官吏迁升的一个重要条件。故一位英国学者说，儒学在越南取得非凡胜利，它们把"五伦"尤其是家庭关系的伦理在社会中扩展到最大限度，虽然随着帝国势力向南扩张而带来的大量人口迁移，而不至于威胁到国家日益加强的以家庭为中心的正常秩序，并在人口的流动中保持相对稳定的社会关系。②

由于后黎朝统治者的鼓励，文学、史学、哲学大为发展，涌现出大

---

① 引自杨焕英《孔子思想在国外的传播与影响》，第64页。
② ［英］亚历山大·B. 伍德斯特：《中世纪的越南与柬埔寨：比较评论》，李延凌译，《印支研究》1985年第1期。

批儒家学者。他们深受朱熹思想的影响。

在文学方面，阮荐（1380—1442）是一位著名的诗人。他撰写的军中辞令，明显受到朱熹文学思想的影响。如《平吴大诰》，在越南文学史上占有极其重要的地位，全书贯穿着儒家仁义思想。阮荐希望按照爱国爱民的士大夫的进步思想来建设国家。他想"钟爱民众，做益民之事"，"先天下之忧而忧"，建立一个"穷乡僻壤，听不到怨恨、愁苦声"的社会。黎太宗令他作乐，他进石磬图，并且进奏曰："夫也乱用武，时平尚文。今兴礼乐，此其时也。然无本不立，无文不行，和平为乐之本，声音为乐之文。臣奉诏作乐，不敢不尽心力，但学术疏浅，恐声律之间乐难以和谐。但陛下爱养元元，使里无怨恨愁叹之声，斯为不失乐之本矣。"① 他借作乐之机，向黎太宗阐述为政之要，他说：音乐要有本有文，"和平为乐之本"，声律务求谐和；为政"爱养元元"是本，仁义治国，爱民济众，国家和合而强盛。

阮秉谦（1491—1585），字亨甫，号白云居士，45 岁中状元，曾任吏部尚书，晚年在家乡授徒，从学者甚多，影响极大。他著有汉字和喃字诗文千余篇。他不仅是一位杰出的诗人，而且是一个著名的思想家。他的哲学思想在他的《白云庵诗集》和《白云国语诗集》中都有体现，主要是程朱理学的重义轻利思想，而生存原则是遵循程朱理学的伦理道德和中庸哲学，其宇宙观和人生观更是深受程朱理学影响。其诗云："欲观造化生消处，太极图中试细详"，"一周气运终而始，剥复都从太极先。" 他认为，太极是先天地而存在的世界本原，而天地万物处于不断的运动和变化之中，并且按照天理循环往复，周而复始。他还认为，世事之沉浮乃是必然，谁也无法改变这种必然，阻止自然和社会的不停地运动是徒劳无益的。他把自然的发展称作"天道"，强调人要顺应"天理"、合乎"天道"，这样才能更好地做到因时制宜、应时而变，发挥人的能动作用。

阮秉谦精通《易》，其思想糅合了儒家学说和老庄思想，而以老庄思想为处世哲学。所以，贺圣达研究员指出：11—19 世纪中叶，"由中国传入越南的儒家思想、老庄哲学和佛教（尤其是禅宗），深刻地影响

---

① 《大越史记全书·黎纪·太宗》。

了越南文学创作者的思想。而且，儒家和老庄的经典以及许多佛经，本身也可视为文学特别是散文，影响着文学的发展。在这一时期的书面文学作品中，找不到完全受儒、佛、老庄思想影响的作品。这就使得越南文学在思想上，明显地不同于东南亚其他国家这一时期的文学"[1]。

在史学方面，吴士连兼长经、史之学，曾参与用汉文撰写的《大越史记全书》（1697）的编修工作。该书明显受到朱熹撰著的《资治通鉴纲目》史学思想的影响。从吴士连对《全书凡例》所做的说明，以及范公著在《本纪续凡例》中的纪年原则，都可以清楚看出受到朱熹《资治通鉴纲目》思想的影响。《资治通鉴纲目》的扶纲常植名教的鲜明特点在《大越史记全书》中亦得到充分体现。

黎朝末年，越南出现了一位思想家和政治家黎贵惇（1726—1784）。黎贵惇，字允厚，号桂堂，太平省沿河县人。他出身于士大夫家庭，自幼熟读儒家经典，少年时已博览"四书""五经"，诸子百家，18岁中解元，27岁榜眼及第。他出仕后，历任郑氏政权的翰林院侍讲、秘书阁学士、海阳参政等官职。黎贵惇具有深厚的汉学修养，曾两次出使中国。据越南学者考证，他的著作达50余部，流传下来有14部。[2]其著述题材包括古籍研究、史地编撰、经传释义、诗文创作等。其著述内容涉及哲学、经济及史地诸方面，被称为集大成的学者。

黎贵惇为经学大师，撰有《群经考辨》《易经层说》《春秋略论》《四书约解》《圣贤模范录》等著作。他著《四书约解》的内容，主要依据朱熹《四书章句集注》。如释《大学》首句"大学之道，在明明德，在亲民，在止于至善"，朱熹《大学章句》云："大学者，大人之学也。明，明之也。明德者，人之所得乎天，而虚灵不昧，以具众理而应万事者也。但为气禀所拘，人欲所蔽，则有时而昏。然其本体之明，则有未尝息者。故学者当因其所发而遂明之，以复其初也。新者，革其旧之谓也。言既自明其明德，又当推以及人，使之亦有以去其旧染之污也。止者，必至于是而不迁之意。至善，则事理当然之极也。言明明

---

[1] 引自李未醉《朱熹文学思想对越南文学的影响》，《兰州学刊》2006年第9期。
[2] ［越］越南社会科学委员会编：《越南历史》，北京大学东语系译，人民出版社1977年版，第490页。

德、新民，皆当至于至善之地而不迁，盖必其有以尽夫天理之极，而无一毫人欲之私也。此三者，大学之纲领也。"

黎贵惇的《四书约解·大学解》的注释同句，似乎若合符节。黎氏谓："大学者，大人之学也。在明明德者，已之德本明也，而不能不昏于气禀物欲，故学者当因其所发而遂明之以复其初也。民之德本新也，而不能不污于习俗，又当推吾之所明，立法垂教，使革其旧自新焉。止者，必至于是而不迁之意。至善则事当然之极也，言明明德、新民，皆止于至善之地而不迁。此三者，大学之纲领也。"[1] 黎贵惇的《四书约解》，在解经方面可谓没有什么创新，但对越南人来说，则大不然，盖其特色在于将每句均加上越音喃文，使得越南士子易懂易明。黎贵惇在《重刻四书约解序》中说："圣贤言行载之四书备矣，读者体认而力行之，修身齐家治国平天下，举此而措之，非难也。是故河南、紫阳两夫子撰出而发明之，理学诸儒又从而剖析之，一字一句，靡不坦然明白。"从这两句话，可见其对朱学的推崇。

在理气观上，黎贵惇受中国理学特别是受到朱熹理学思想的深刻影响。在《芸台类语》中，黎氏将《理气》篇列为首篇。朱熹认为"天地之间有理有气。理也者，形而上之道也，生物之本也；气也者，形而下之器也，生物之具也。是以人物之生，必禀此理，然后有性；必禀此气，然后有形。其性其形，虽不外乎一身，然其道器之间，分际甚明，不可乱也"[2]。黎贵惇认为，理在气之中，理因气而有。他说："天地之间充满着气，理为实有，而非虚无。理无形迹，因气而显。"又说："盈天地之间皆气也。"[3] 他还进一步认为，理与气并非对立，具有同等的地位，不像阴与阳、奇与偶、知与行、体与用那样可相对而言。所以，他在《四书约解》中说："阴和阳、奇与偶、知与行、体与容（当为用），皆可相对而言，理与气则不可。"黎贵惇提出理因气而生，理存气中，有气然后有理，理仅为气之属性，无气则理无所依的看法。在越南学者看来，他比朱熹进步，"简洁明了地解决了无极和太极、虚气

---

[1]　[越] 黎贵惇：《四书约解》卷1，黎明命二十年（1839），河内：郁文堂重刊本。
[2]　朱熹：《答黄道夫》，《朱文公文集》卷58，《朱熹集》（五），第2947页。
[3]　[越] 黎贵惇：《理气》，《芸台类语》卷1，越南汉喃研究院图书馆收藏（手写本）。

和理气的问题，而朱熹在解释为何太极又产生出理和气的问题时，却显得很混乱、拉杂①。实际上，《理气》篇涉及朱子思想，但并不以其为宗。相反，《理气》篇的论述较接近气化宇宙论的实用观点。②

在"天理"与"人欲"的关系上，黎贵惇接受并发挥了朱熹"理欲之辨"的思想。朱熹把人性区分为"天命之性"和"气质之性"，以此来说明人性善恶问题，并进一步提出了"道心"与"人心"之说。他认为，道心来源于"性命之正"，出乎"义理"。而人心来源于"形气之私"，出乎"私欲"。"道心"是至善的，而"人心"有善与不善。黎贵惇在《阴骘文注·题辞》中明确指出："人莫不有人心，莫不有道心。人心是人欲，道心是天理。顾得一分天理，便消得一分人欲。人欲生则为恶，天理胜则为善。"③ 他认为，善与恶的斗争就是"道心"与"人心""天理"与"人欲"的斗争。精心体察"道心"才能逐步认识"天理"。

在政治上，黎贵惇维护以黎帝阮主为代表的封建集团的利益。他坚持儒家的"仁政""民本"思想，认为"民为国之本，本固则邦宁"，主张宽民力，减轻刑罚与捐税，以巩固封建制度。

黎朝统治者还利用朱熹学说来协调统治阶级内部的矛盾，调节其利益的再分配，如在废除功臣子孙的仕宦特权等方面起到良好的效果。黎初，被授予官爵的是有功之臣及其子弟或其举荐的人，科举出身者极少。1464年，黎圣宗下令要功臣子孙们返依原姓，废除功臣子孙出仕特权。这势必触犯统治阶级内部相当一部分人的既得利益，处理不当有可能激化统治阶级内部的矛盾，危及整个政权基础。但黎圣宗通过朱熹的道德思想来化解这一难题。他说，"姓有谱系，固不可混，赐之失所系最大。以人臣而同国姓则不敬，以人子而忘本族则不孝，孰有不敬不孝而能济事哉"④。

---

① 于向东、蔡德贵主编：《东方著名哲学家评传》（越南篇），山东人民出版社2000年版，第188页。
② 蔡振丰：《黎文敔〈周易究原〉与其儒学解释》，《台湾东亚文明研究学刊》2012年第2期。
③ 于向东、蔡德贵主编：《东方著名哲学家评传》（越南篇），第176页。
④ 《大越史记全书·黎纪·圣宗》。

由于朱子学在越南影响极其广泛,黎末西山农民起义的领袖们也非常尊崇朱学。西山阮朝(1786—1802)建立后,阮惠曾下令在义安设立崇政学院,任命罗山夫子阮涉为院长,"专掌教事","遵朱子学规",培养人才。① 他组织学者把朱熹的《小学》"四书"翻译成喃字,并刻印《诗经解音》。他还颁布"立学诏",整顿科举制度,对前朝的生徒进行考试。

三　朱子学在越南阮朝由盛而衰

黎朝崩溃,南北对立,阮福映统一南北,建立阮朝(1802),定都富春(今顺化),建元嘉隆。阮初,阮福映遣使向清朝纳贡请封,并求改定国号。当时,清朝嘉庆皇帝封阮福映为国王,命用"越南"为国名。1858年,法国借口保护传教士,与西班牙组成联合舰队,炮击岘港,发动侵越战争。1884年,越法签订《顺化条约》,阮朝被迫接受法国对越南的"保护权"。1885年,清朝又与法国签订《天津条约》(即《中法会订越南条约》),承认法国对越南的"宗主权",越南遂完全沦为法国的殖民地。

1802—1885年的80多年时间中,清朝与阮朝一直保持着宗藩关系,阮朝的各种制度都仿照中国清代。当时,清朝极为崇尚朱子学,所以越南亦尊崇朱子学。从嘉隆元年到嗣德末年(1883),是越南朱子学发展的全盛时期。1885年越南沦为法国殖民地,越南朱子学开始衰落。

阮朝初期和中期,朱子学仍保持兴盛的势头。儒学教育及科举考试受到前所未有的重视。陶维英说:"阮代儒学占据独尊地位……对于儒学,阮朝诸王均极为尊重。"② 阮福映帝统一越南后,在全国大力兴办各级儒学教育。嘉隆二年(1803)建国学堂于京城顺化之西,又于全国各营镇置督学,督课士子。并定课士法,申定教条,颁布实施。其教学内容皆为儒家经典。嘉隆十年(1811),又诏求古代典籍,设国史馆。明命帝(1820—1840年在位)即位,初建国子监,并置国子监祭

---

① [越]黄春翰:《罗山夫子》,河内:明新出版社1945年版,第289页。
② [越]陶维英:《越南文化史纲》,第271页。

酒、司业。后又设集善堂，作为诸皇子讲学的场所。学习的课程是"四书""五经"、《孝经》。又规定"人年八岁以上，入小学"，读《孝经》《小学》。12 岁以上，先读《论语》《孟子》，次及《中庸》《学记》。15 岁以上，先读"诗、书，次及易、礼、春秋，旁及子史"①。学习经书，以培养孝悌忠信为宗旨，以正心修身为目标。幼童则学习《明心宝鉴》②及《小学》书，使之知道进退应对的礼节。这里值得一提的是，阮朝皇帝非常注重儒学修养。开国之初，阮世祖就采纳文臣范如登建议十二事，第一就是开经筵以进讲。范如登说："自古帝王为治之道，备载于书，伏望万机之暇，六日一御经筵，命儒臣更直进讲，以知求治之本。"③阮朝最高统治者注重儒学学习，其目的是从儒学中寻求治国之道。阮朝前期的明命、绍治（1841—1847 年在位）、嗣德（1848—1883 年在位）诸帝都亲自研究朱子学说。同时，不少重臣都有朱子学方面的著述，如范登兴（1765—1825）著有《易系解说》《大学圆说》。大学士潘清简、范富庶等，也有阐述朱子学的论著。

阮朝科举制度较前有所发展和变化。越南于 1075 年（李朝仁宗即位之后第三年）首开试科，自此越南仿效中国，也以科举取士的方式，来建构文官系统。但越南李、陈、黎三朝科举制度不同于中国科举制度，是儒、佛、道三教并试。当时，越南在各地设立明经考场，"诸府路军人及山林隐逸之士"，"果有通经史，工于文艺"者，四品以下的"内外官文武、有精通经史"者以及"诸僧道，有通经典及精谨节行"者，均可"通身检阅考试"④。科举中考试佛、道，一方面反映了佛、道在越南李、陈、黎三朝有过相当大的影响；另一方面也反映了越南封建统治者通过科举考试加紧对佛、道的控制。阮朝一改以往科举试三教的做法，取消佛、道科场考试，唯儒一家。这反映阮朝更加倚重朱子学和儒生来实现"治国平天下"之大业。嗣德时代，正是法国殖民主义

---

① 引自杨焕英《孔子思想在国外的传播与影响》，第 71 页。
② 此书成书于宋、元之际，内容系儒、佛、道及诸家格言的辑录，其中包括朱熹的著作和言论。如引《近思录》："循天理则不求利而自无不利，徇人欲则求利未得而害已随之。"正因为该书富含人生哲理。所以很早就传入越南，并且广为传播，流行不衰。
③ 引自杨焕英《孔子思想在国外的传播与影响》，第 71 页。
④ 何成轩等主编：《儒学与现代社会》，第 193 页。

者对越南发动侵略的时期，但同时也是越南的科举考试盛况空前的时期。当时各科各榜的人数达506人，其中正榜229人，副榜227人。另据史载，越南在全国设有五个考区，以河内考区为例，1876—1879年考生人数达6000人。可以说在越南的科举史上没有一个朝代的秀才、举人、进士的人数有像阮朝那样多的。

阮朝科举考试不同于前朝的又一个重要方面是，为了加强对士人的思想控制，明命十年（1832）在科场中引进八股文这一标准化的考试文体，要求考生考卷用汉文，写成八股文。"其八股制义，正拾有破题、承题、起讲、题比、中比、后比、束比、小结。句法：八股之外有两扇、三股、两截。"① 可见，阮朝科举制度较前严密，考试中还引入八股文，又在会试中增设副榜，以增加取士名额。阮朝的官吏，大多从科举考试中选拔。对于科举出身的人，待遇更加优厚。如黎朝时，举人一般不授官；阮朝时，则授官从八品。这样，科举就是士子们飞黄腾达的捷径，而考试内容又不外"四书""五经"，所以此时越南自通都大邑至穷乡僻壤，官民子弟无不争读儒家经典。

越南科举制度结束的时间比中国更晚，中国的科举制度于1905年废止，而越南于1919年在顺化还举行了最后的一次科举考试。至此，长达八百多年的越南科举制度才结束。应该看到，实行科举制度，不仅仅是选拔人才的手段，而且也是塑造人性和教化民众的过程。但也应当指出，阮朝科举制度也出现了许多的弊端。后来的阮圣祖明命帝就有所察觉，他说："自来科举误人至深。朕以为文章无一定之规，而今科举之文仅仅拘泥于腐套，互相夸耀，各立门户，人品之高下，观乎于此，科场之取舍亦决定于此。如此治学，无怪乎人才日益拙劣。然集习成规，难于改变，今后宜徐图变之。"②

朱子学著作在阮朝时被大量输入并翻译注释。嘉隆八年（1809）清朝商人将朱子门人真德秀撰写的《大学衍义》带到越南。北城总镇阮文诚认为此书推行《大学》之旨，有益于治国，将其献给嘉隆帝，嘉隆帝亦以此书有益于为君之道，又能化民成俗，转变社会风气，乃诏

---

① 金旭东：《越南科举制度简论》，《东南亚研究》1986年第3期。
② 引自李未醉《朱子学在东南亚社会发展的双重作用》，《世纪桥》2007年第12期。

谕重印，颁发各地，供臣民学习。

1835年，明命帝将"四书""五经"《小学集注》这三种入门书各50部颁给国子监，供初学士人学习。次年，又颁发"四书""五经"《四书人物备考》1170部给国子监及各省学校。不久，又颁《通鉴辑览》一书给各省学堂。此外，朱熹撰，陈士贤（陈选）集注，陈士冕校订的《朱子小学全书》（汉文书），于明命二十年（1839）刊刻出版。该书实际为《朱子小学全书》的集注本。

1846年，绍治帝命平定、嘉定、河内、南定等地各镌刻《四书大全》《五经大全》印版，大量印行，同时亦允许官吏百姓印刷销售，使这些书籍流布全国。越南学者裴辉碧撰写的《性理节要》，又名《性理大全节要》（汉文书），为朱熹《性理》一书的概要，于绍治二年（1842）、三年、四年连续印行。《性理略集》（汉文书），为朱熹《性理》一书的评注本。绍治三年（1843）壬寅科进士潘廷扬的《行吟歌词诗奏》文集（汉文书）刊印，该书收集有《朱子家训演音》跋。

成泰六年（1894），《朱子家政》[①]重印于慈廉县上葛社三圣庙。该书后附载《女训要言》，论及女子四德。《名诗合撰》（汉文书）系诗文集。《朱子小学略编》（汉文书）为蒙学教科书《朱子小学全书》的简编，刊印于成泰甲午年（1894）。该书总论、题辞、序文及书中主要内容采自朱熹，陈选集注，桂山阮劝撰再版序文。《小学句读》（汉文书）为蒙学教科书，内容从《论语》《孟子》《朱子语录》等书中摘出的若干短句而成。《筮仪演义》（喃文书），题朱子撰，为《筮仪》的喃译本，每句汉文原文后为喃译。[②]

从以上介绍可知，除了越南官方大量印行朱熹的"四书"外，阮朝还先后出现过一些用汉字或者喃字翻译注释、阐发朱熹的其他著作。可见，当时朱熹的著作在越南的流传相当广泛。

阮朝时期，越南不少学者积极开展对朱子学的研究，并且取得了可观的成果。例如，嗣德年间由潘清简等人编纂的《钦定越史通鉴纲目》

[①] 中国书重抄本，系朱熹所撰的家训。
[②] 刘春银、王小盾、陈义主编：《越南汉喃文献目录提要》，"中研院"中国文哲研究所，2003年。

(153卷)，叙述自"雄王建国"至1789年四千余年史事，为越南编年史中时间跨度最长、篇幅最大的一部通史。前后参加编纂的史学家达数千人，历时近三十年才完成。这部史书的编写体例，完全是以朱熹的《资治通鉴纲目》为样板。朱熹所撰写的《资治通鉴纲目》特别强调正统观念，注重君臣、父子、夫妇伦理纲常，这一点尤其被嗣德帝及其史臣们所赞赏。嗣德帝亲自规定《钦定越史通鉴纲目》要"一准紫阳《纲目》书法"，强调"修史之事，莫大于明正统"[1]。书中对于历朝年号，凡认为正统者皆大书之，非正统者则分行注之。这部书是越南古代最重要的史学著作之一，它在搜集和整理越南古代典籍方面有很大的贡献，在叙述越南历史方面有许多优点，所作评论也有不少可取之处。因此，这部书价值颇高，是研究越南历史不可不读的重要典籍之一。此外，由阮朝国史馆汇集史学家编纂的《大南实录》（453卷）、《大南明命政要》《大南一统志》等，皆"本儒家精神为主论之旨"[2]。

阮朝还积极推行以儒家伦理纲常为主要内容的社会教化活动。嘉隆三年（1804），阮福映帝在诏书中说："王者以孝治天下，而孝莫大于尊亲，追崇祖宗，所以致敬而达孝也。"嘉隆五年（1806），他在册文中又重申："孝莫大于显扬，礼莫隆于爱敬。故孝之所至，礼必报焉。"[3] 明命十三年（1832），明命帝对群臣亦说："朕以孝治天下，盖欲民之孝于其亲也。故有犯罪而亲老丁单，每常屈法伸恩，准其留养。"[4] 明命帝对于孝子顺孙，义夫节妇，分优、平、次三等给予奖励。对于各地表现突出的孝子顺孙，还赐予"孝行可风""孝顺可风"的匾额。明命十五年（1834），明命帝颁布《十条训谕》，内容如下：一曰敦人伦，二曰正心术，三曰务本业，四曰尚节俭，五曰厚风俗，六曰训子弟，七曰崇正学，八曰戒淫慝，九曰慎法守，十曰广善行。其中最重要的是"敦人伦"（重三纲五常）、"崇正学"（崇奉儒学）和"慎法守"（遵守阮朝法律法令）三条。嗣德帝又将《十条训谕》用字喃译成《拾条演歌》，以广流传。后来，《大南明命政要》一书对阮朝的社会教化也有记载：

---

[1] ［越］潘清简等编：《钦定越史通鉴纲目》卷首，北京国家图书馆藏本。
[2] 罗怀：《儒学在越南》，《中越文化论集》，中华文化事业委员会2009年版，第150页。
[3] 引自黄国安《孔子学说在越南的传播和影响》，《中国哲学史》1991年第5期。
[4] 同上。

"其敦教化，故举贤良方正，旌孝顺节义……五代同堂，四代同居，则旌表其门；殉节之臣，立庙崇祀；清白之吏，褒奖备至。申之以礼让，先之以忠孝。"① 阮朝施行的"教化"，对广大民众不可避免地产生了影响。他们虽未见得有条件习读儒学著作，但儒家伦理道德必然渗透到他们的思想行为中去，化作他们的价值观念，成为他们行动的指南。

值得一提的是，朱熹的思想对越南的佛教和道教也产生了一定的影响。例如，郑穗，字拙夫，号菊林居士，黎懿宗永佑二年（1763），状元及第。郑穗深于理学，号称大儒。但又取字"拙夫"，表明他也尊崇道家道教；以"菊香居士"为号，更显示他是一个佛家信徒。他于黎显宗景兴五年（1744）撰写的《三教一原说》，是系统阐述三教同源理论的专门著作，在越南思想史上占有重要的地位。该书的主旨是"三教一门，三宗一理"，认为儒、佛、道三教在基本原理和精神实质上是互相一致的，具有共同的根源、目的和宗旨，只是各自的表现形式不同而已。书末以一偈作为结论："谁云三教有殊途？佛末儒兮道亦儒。"郑穗服膺朱子学说，称："《春秋》作于夫子，而游夏不能赞一辞；《卦》《图》演于羲文，惟程朱乃能探其秘。"

阮朝福田和尚、沙门安禅编撰的名著《道教源流》（亦名《三教管窥录》，又称《三教通考》），广引古今典籍文句，传说故事、人物事迹，然后加上作者自己的评论发挥。书名《道教源流》中的"道教"二字虽用汉字书写，却包含越南语词义和语法。"道"是教门、教派的意思；"教"是宗教的意思，即儒、释、道三教。"道教"系倒装词组，意为"教道"，即宗派派别。《道家源流》所阐述的，就是儒、释、道三教的相互关系以及发展演变情况。而全书的中心思想，则是三教合一，认为"教虽有三，理归于一"。在治世方面，该书主张以朱熹《大学章句》所归纳的三纲领（即明明德、亲民、止于至善）八条目（即格物、致知、诚意、正心、修身、齐家、治国、平天下）为最高准则。

19世纪中叶以后，越南沦为法国的殖民地。在殖民制度和西方文明的冲击下，朱子学开始走向衰落。

随着社会的发展和形势的变化，朱子学在越南出现了许多弊端。越

---

① 引自杨焕英《孔子思想在国外的传播与影响》，第73页。

南近代史学家陈重金曾经指出，到嗣德帝时代，"学业变成专门学习举业，即学习是为了中举做官"。"学习的人要把许多工夫花在记忆'五经''四书'和这些书中先儒的注释，并要加学几部中国史书。每天所练习者，主要是熟悉科场的方法，即经义、诗赋、策文。这是用虚文来鉴定实用之才，以华美为尺度来衡量经纶之才。"① 就连皇帝也感觉到科举之文拘泥于腐套，不能培养出对国家社会有用的人才来。这都是历史发展的必然，也是儒学与科举自身性质使然。

朱子学在越南的衰微还有外部的原因。自古中越两国关系密切，越南是深受汉文化影响的国家。法国殖民者为了消除越南人民的民族意识和民族文化，有意限制汉文化的传播和发展，而宣传西方的思想文化。他们积极推广拉丁化越文，以代替汉字和喃字，结果造成了越南人阅读古代典籍，特别儒家经典的困难。儒学教育逐渐失去生存的基础，科举制度日益萎缩。

从历史上看，朱子学说八百年来在越南，除了在文化教育，科举取士方面占有主导地位外，对越南儒士的治国理想、价值观念的影响，对越南民族道德自觉地提高和精神文明的进步，都曾经起过积极的作用。

四 朱子学在现代越南的影响

陈末黎初以来数百年，朱子学一直是越南的正统思想。经六百年的浸润传播，潜移默化，朱子学已渗透到社会意识形态各个领域与社会生活各个方面，成为越南民族传统思想文化的重要组成部分。到近现代，朱子学仍有其巨大影响。陈重金曾经指出：越南"自古至今，凡事皆以儒教为依据，以三纲五常为处世之根本。君臣、父子、夫妻，为我国社会所固有的伦理。谁若违背这些伦理，则被视为非人"。"国人濡染中国文明非常之深，尽管后世摆脱了中国的桎梏，国人仍不得不受中国的影响。这种影响年深日久已成了自己的国粹，即使今天想清除它，也不易一时涤荡干净。"② 陈重金的分析，不失为实事求是之论。朱子学在

---

① ［越］陈重金：《越南通史》，第358页。
② 同上书，第354页。

越南本土化后，它作为越南民族传统学术有着许多积极因素，对近现代越南亦产生着影响。

19世纪末20世纪初，朱子学研究著作和饱含儒家思想的爱国诗作不断出现。如阮文瑞著《论孟子有感》，潘佩珠（原名潘文册）撰《绝命诗》《孔学灯》和《易经注解》，阮超著《诸经考约》《四书备讲》等书。其中《孔学灯》一书，内容涉及《大学》《中庸》《论语》《孟子》，对"四书"不仅详加注释，而且译成越语；《易经注解》将《易经》译成越语并详细注释。此外，谢清白译的"四书"和《明心宝鉴》，注解音释，颇为详尽。这些儒书不断地用当时越南拉丁化的越语翻译出版，有助于中国的"四书""五经"在越南的继续传播。

越南文人用汉文表达爱国之情的诗文，更是渗透着儒家思想的情怀。如潘廷逢（1847—1895）所做的《元旦感咏》云："流莺外语花枝来，花报春归人未归。屏岭百年思日绕，鸿山万里望云飞。吾家有教根忠孝，客地无心怨别离。佳节是人行乐处，我逢佳节不胜悲。"全诗充溢忧世之情。潘佩珠的《绝命诗》曰："痛哭江山与国民，愚忠无计拯沉沦。此心未了身先了，羞向泉台面故人。"[①] 表达了诗人强烈、深沉的爱国之情。阮廷炤（1822—1888）作的《渔樵医术问答》是一部长篇叙事诗。该诗饱含着作者无比的爱国热情和坚决不与敌人妥协的英勇无畏精神。从这部作品可以看出，他受儒家思想的熏陶很深。"他撷取了儒家思想中的不少精华，不慕名利，不苟且偷生，那种'威武不能屈，富贵不能淫'的高洁品格在他的身上得到了很好的体现。"[②] 在近代抗法斗争中，越南一批文人志士，他们深受儒家的"杀身成仁，舍生取义"气节的熏陶，不畏强暴，视死如归，坚贞不屈，谱写了一曲又一曲的爱国主义英雄凯歌。

儒学是越南民族民主运动的思想因素之一。儒家的大一统观念和忠君爱国思想，在培养越南民族精神，维护越南国家统一和民族独立方面，曾经起过积极的作用。当时一位颇具影响的爱国志士吴德继就说："我越南国，千年以来，学汉学，遵孔道，汉文即为国文，孔学即为国

[①] 引自贺圣达《东南亚文化发展史》，云南人民出版社1996年版，第365—367页。
[②] 引自季羡林主编《东方文学史》，吉林教育出版社1995年版，第942—944页。

学,虽江山朝代几经变易,危险变乱多次,而正学不衰;人心、风俗、道德、政治皆由此而出;国家民族,亦由此而固。"[1] 在国难当头,国家民族面临生死存亡的紧急时刻,许多受儒家思想长期熏陶的知识分子和革命志士,奋起抗法,开展救国运动。1885 年,越南的一部分文绅在"勤王"的旗帜下,掀起了抗法救国的"文绅运动"(又称"勤王运动")。"文绅运动"的主要成员多是儒家学者。他们在"忠君爱国"精神的激励下,浴血奋战 11 年,给入侵者以沉重打击,给越南人民以巨大鼓舞,在越南近代史上写下了光辉的一页。

以潘佩珠(1867—1940)为代表的维新派,在勤王运动失败以后,受中国维新派康有为、梁启超等人思想影响,又得到日本明治维新成功的启发,于 1904 年组织越南维新会,主张君主立宪。1905 年,他赴日本,结识孙中山、章太炎等人,以后多次往返于日本、中国之间,并联络越南国内爱国人士,在越南掀起"东游运动",鼓励和组织青年学子赴日本留学。潘佩珠用汉文写成《越南亡国史》《海外血书》等著作,宣传抗法救国的主张。1912 年,潘佩珠受中国辛亥革命的鼓舞,在越南成立光复会,自任总理。光复会的纲领是:"驱逐法贼,恢复越南,成立越南共和国。"1924 年,潘佩珠在广州解散光复会,成立越南国民党。1925 年,他在上海被法国特务绑架,押送回国,软禁在顺化御津,直至 1940 年逝世。

从潘佩珠一生的思想行事来看,他受儒学的影响很深。儒学是他安身立命、为人处世和从事革命的思想依据和理论来源之一。潘佩珠出身于书香门第,其父潘文谱是一位宿儒。他自幼随父诵读儒家经典,7 岁即能领会经书大意,8 岁就能作短文。13 岁时,他又从名儒阮乔深造。34 岁时,考中解元,名声大振,表明其汉文化与儒学功底深厚。潘佩珠提倡人们按照儒家的古训"修身、齐家、治国、平天下"去行事,加强修养,培养完善的人格,为国家民族效力。他对儒家的伦理道德思想极为崇尚,在诗文中,经常有阐扬儒家"仁爱""孝悌""忠信""谦让""廉耻"一类思想观念的内容。他完全赞成中庸之道,认为"天下事惟中庸为可久"。潘佩珠虽受儒家思想的深刻影响,但他对儒

---

[1] 引自马克承《汉字在越南的传播和使用》,《今日东方》1997 年第 1 期。

家思想作了修正。他根据世界局势的变化,越南的国情,民族民主革命运动的需要,对儒家古训古词做出新的解释,因而包含了新时代的内容和意义。

潘周桢(1872—1926),越南维新运动领袖之一。他既崇尚儒学,也深受维新思潮影响,主张在弘扬民族精神基础上实行变法,并且派青年人出国留学。他还亲自到河内的东京义塾演讲,传播新思想新文化,开启民智,提高民气,蓄积力量,以待时机成熟,推翻法国殖民统治。

胡志明(原名阮必成,1890—1969)出生于乂安省(今乂静省)南坛县,其父阮生色是个举人,曾中副榜。1923年,胡志明首次赴俄国时,曾对人说:"我出生在一个越南儒家家庭中。"[①] 他从幼年起,就跟着一些爱国儒士学习汉文,接触儒家经典,深受儒家之影响。他还用汉文写诗,其代表作就是著名的《狱中日记》。越南学者潘文阁教授说:"胡志明许多性格特征,如谦恭、温雅、志在救国救民而不图名利、终生学而不厌诲人不倦,尤其是以身作则的为人处世,具有朱安、阮廌式风度节操等,看来都是或多或少带有儒家积极一面的烙印。"[②] 胡志明思想的理论来源,按照越南武元甲先生所言,主要有三个:一是爱国主义、越南文化、仁爱传统;二是东西方文化的精华;三是马克思列宁主义。[③] 就胡志明思想的根源之一,东西方文化的精华而言,儒学是其中的一个重要因素。

在胡志明的著作中,经常引用儒家的概念和命题。他提倡用"仁、义、智、勇、廉"五个字来培养国家公职人员的品德,以"勤、俭、廉、正"来作为革命干部道德修养的目标。他多次提出"忠于国,孝于民"的口号,以激励全国军民抗战建国的热忱和自我牺牲精神。胡志明说:"学校要为学生培养一种基本精神作为他们将来终身终世进行自我修养。这精神应该是《大学》之道,在明明德,在亲民。"扼要地说,明明德就是正心,亲民就是亲近老百姓,热爱老百

---

① [越]潘文煌:《胡志明和儒教积极因素》,游明谦译,《中国东南亚研究会通讯》1995年第1期。

② [越]潘文阁:《胡志明与儒教》,《孔孟荀之比较——中、日、韩、越学者论儒学》,社会科学文献出版社1994年版,第149页。

③ [越]武元甲:《胡志明思想的根源》,河内:《共产杂志》1996年第23期。

姓、把老百姓的利益放在第一位。他接着解释说："正心、修身就是改造思想。"① 胡志明还多次引用并发挥"民为贵""民为邦本，本固邦宁"的思想，用以说明人民群众的历史地位和历史作用，以及做好群众工作，争取人民支持的重要意义。

20世纪40年代，胡志明曾对东西方古今各家学说进行过比较。他认为："孔子学说的长处是重视个人道德的修养。耶稣的宗教的长处是高贵的仁爱之心。马克思主义的长处是辩证的工作法。孙逸仙学说的优点是他的主张政策适合我国环境。"他指出各家学说的优点和长处之后，得出如下的结论："孔子、耶稣、马克思、孙逸仙岂非均有一个共通之处：他们都要为人类谋幸福，为社会谋福利。假若到今天他们还在世，假若他们还聚会在一起的话，我相信他们一定会像至亲朋友一样地和好相处。我自己愿意当他们几位的一个小小学生。"②

总的来说，胡志明对儒学采取分析的态度，吸收其中的一些积极、合理成分，并予以改造和发挥，赋予新的时代精神和思想内容，为现实的救国建国事业服务。

儒家道德伦理思想仍深深地影响着越南现代社会。例如，越南将忠、孝这一发端于中国儒家的美德发展、提高到了一个新的境界，使其在新的时代里获得新的活力。越南学者邓德超说："随着历史的发展，人们对忠、孝的内容不断地加以充实和调整，使之日益完善，日趋符合人类所共有的感情和理性。在这方面，胡志明主席关于'忠于国，孝于民'等一些新的提法可以被看做一个典范。"今天，"孝"作为调节家庭和家庭内部关系的道德原则和规范，在越南仍十分普遍地存在着，对祖辈，"生，事之以礼，死，葬之以礼，祭之以礼"③，已成为越南民族的美好传统。

儒家提倡的谦恭礼让，长幼有序、尊师敬长，尊老爱幼等等，已经成为越南民族性格的一重要方面。越南素称礼仪之邦，注重礼节礼貌，古风犹存。许多越南人都能用汉越语熟练地背诵"老吾老以及人之老；

---

① ［越］潘文阁：《胡志明与儒教》，第148页。
② 同上书，第146页。
③ 朱熹：《论语集注》，《四书集注》，第77页。

幼吾幼以及人之幼"等中国古训名言，并且诠释得头头是道，令人为之叹服。在越南的家庭生活中，老年人和儿童都受到很好的照顾。无论是在城市还是在农村，人们普遍的把孝敬老人视为一种美德，并把它变成自觉的行为，形成一种风尚。这种家庭伦理关系向社会延伸，使越南人之间具有一种较强的亲和力、凝聚力。越南这种民族文化的特征，"除了社会、历史、种族等方面的因素之外，一个很重要的因素恐怕同越南民族在思想意识上长期接受儒家伦理思想的濡染和影响有很大的关系，而这种濡染和影响的痕迹在现代的越南社会生活中之所以随处可见，正是因为它在越南得到了较好的承传，并逐渐把它变成具有越南本民族文化特质的成分"①。

自从越南实行革新开放以后，民族传统文化（包括儒家思想）中的优良成分和积极因素，在新的形势下得到进一步继承和发扬。例如，政府所提倡的"民知、民议、民行、民查"，可以说这是对儒家民本思想的改造和运用。20世纪末，越南对儒学开展研究和重新评价的工作已引起学术界的重视，并且陆续有一些研究成果问世。如1998年7月15日至17日，在河内巴亭会堂举行了"越南儒学与增进国际合作"国际研讨会。来自越南各地和其他26个国家与地区的699位专家学者出席了会议。会议共收到论文437篇，其中有些文章论及越南儒学及其评价问题。相当一部分学者以比较客观的态度对儒学的历史地位和当代价值进行评价，认为儒学的某些合理因素，在现代化建设中仍可继续发挥其积极作用。越南社会科学院汉喃研究所所长潘文阁在《儒学与未来越南社会的展望》一文中认为，在越南现代化中应善于开发利用儒家思想体系中那些积极合理的因素。儒家学说把人生价值归结为社会价值和道德价值，这一思想在现代化过程中以及在"后现代化"时期，对现代化不可避免地带来的污染浊水将起荡涤作用。② 如何改造利用本国深厚的儒学文化资源为其社会现代化服务，正是越南儒学文化发展的重要课题。

---

① 何成轩等主编：《儒学与现代社会》，第210页。
② ［越］潘文阁：《儒学与未来越南社会的展望》，《孔子研究》1994年第1期。

第五章　朱子学在新加坡

新加坡位于马来半岛南端，印度洋与太平洋之间航运要道马六甲海峡的出入口，是一个四面环海的岛国。在新加坡，华人占全国总人口的76.8%。华人将包括朱子学在内的中国传统思想文化带到新加坡。

一　朱子学在新加坡的早期传播

据新加坡儒学研究会顾问苏新鋈博士的研究，朱子学传入新加坡的时间，大约在19世纪初，即1819年新加坡开埠前后。那时，华人从中国的福建、广东等省移民南来，马六甲等邻近地区的华人居民也不断迁入。尽管初到新加坡谋生的华人多属贫苦阶层，他们没有很深的儒学修养，但他们的思想意识和社会习俗却处处充满着浓厚的儒家精神。一方面，他们自身具有刻苦耐劳、勤俭朴素、尊老敬贤的优秀品质；另一方面，他们又身体力行儒家所提倡的仁义礼智、忠信勤俭、勇敢正直、慎终追远等美德。华人与新加坡其他民族和谐共处，同创一个新的国家；同时，也酝酿着儒学风气在新加坡的形成。

1840年以后，随着到新加坡的华侨人数迅速增多，移民成分也越来越广泛，除了农民、手工业者、小商人外，一些华侨知识分子也不断迁入新加坡。因此，华人的文化素质有所提高。同时，华人富商大贾的出现，为发展华人教育的文化、社会、经济条件都具备了，以儒家思想为主要内容的学校教育也迅速发展起来。1849年，新加坡出现了由华商陈巨川主办的第一所华文学校"崇文阁"。1854年，陈巨川等20人又合办了"萃英书院"。这些华文学府的教学宗旨，在《兴建崇文阁碑记》中，明确规定为"究洛阁之奥"。它们主要课程是"四书""五经",并把朱熹的《四书章句集注》作为主要教材。①

19世纪80年代以前,新加坡儒家思想的教育发展较缓慢,在华人文化生活中宗教文化占有重要的地位。这是因为从大陆东南沿海前往新加坡的移民必得乘船跨越大洋。在航海技术不发达,海途漫长险恶,随时都可能葬身大海的情况下,早期移民只能寄希望于神明保佑。他们往往随身携带各种家乡的神像,沿途小心供奉,顶礼膜拜。神秘的宗教文化是移民们战胜大自然的强大的精神动力。到了目的地后,为了求得生存和发展,除了依靠亲缘和乡缘关系同舟共济外,他们还往往供奉家乡的神明,寄托对故土的情思,倾注对家乡的眷念。

19世纪80年代后,儒学在新加坡华人圈中的发展进入了一个兴盛期。这时期出现了华文报纸,通过报纸传播儒家思想。1881年,新加坡侨领薛有礼创办了第一家华文日报《叻报》。该报社聘请了颇有新安理学功底的安徽士子叶季允(1859—1921)为主笔。他在《叻报》上发表了许多文章,向华人灌输朱子学的伦理道德观念。之后,又有《天南新报》《日新报》等创刊。这些报纸以社论和评论的形式发表文章,诸如《论为善莫先于孝悌》《论诚实乃为人之本》《论为政以顺民为贵》《崇圣学以广教化论》等。正如叶季允在新加坡《叻报》(1888年2月4日)社论中所说:"近来叻地(即新加坡)已大有中国衣冠文物之气,恢复当年狉獉初起简朴之风。"

接着,新加坡又出现了华人的文化会社。1890年,黄遵宪创立了"图南社";1892年,左秉龙创立了"会贤社";其后,邱菽园创立了"丽泽社""会吟社"等。这些文化会社吸引当地读书人参加,以此作为宣传朱子学的中心场所。如"会贤社"几乎每一个月都举行"月课",讨论征文的题目,这些题目大多从"四书""五经"中来。它们有"致知在格物论""人之行莫大于孝论""夫子之道忠恕而已"等。文化会社通过讲演、征文、征联等多种形式传播朱子思想。

值得注意的是,1895年,甲午战争中失败后,中国许多维新派人士,如吴桐林、丘逢甲和林文庆等先后到新加坡。他们对新加坡儒家文化的发展,起了直接的推动作用。通过各个方面各种形式的倡导,儒家

---

① 冯增铨:《儒学在新加坡》,《孔子研究》1986年创刊号。

思想逐渐在新加坡植根发展。到了19—20世纪之间，新加坡出现了"儒家复兴运动"。此次运动之目的就是为了加强华人对传统文化的认同和道德意识。对此，林文庆指出：华族迫切需要一种宗教或道德文化，犹如回教徒需要可兰经，基督教需要圣经。他并认为儒教最为优秀也最适合新加坡华人。

进入20世纪以后，由于中国教育制度的变革和维新派以及中产阶级革命派的影响，新式教育在新加坡兴起。私塾、书院逐渐为学堂所代替。1905年新加坡建立起养正学校、崇正学校；1906年建起应新学校、端蒙学校、启发学校、宁阳夜校；1907年建起道南学校；1910年建起育英学校；1911年建起中华女校。辛亥革命后，华侨学校如雨后春笋般遍布大埠小镇，甚至乡村，只要有华人聚居的地方，都有华侨学校。

1919年，陈嘉庚创办南洋华侨中学，为东南亚著名的华侨中学。到1929年，新加坡已有华侨学校204所，学生14000多人；到1938年，发展到329所，学生28000多人。新式学校在学制、课程与课本等方面，大体参考中国国内同类同级学校，但一般都设有英文课程，以适应新加坡社会的需要。这一时期的新加坡华人在学习近代科学文化知识的同时，又接受中华传统文化以及辛亥革命和五四以来的新文化，从而对近代新加坡文化的形成和发展，起了积极的作用。[1] 1947年，新加坡朱子后裔成立了朱氏公会（会所设在新加坡娜里士路），其主要任务就是传承朱子文化传统，在新加坡推动朱子学研究。

新加坡重视朱子学，是与种族认同、文化认同的强烈愿望密切相关的。新加坡华人在民族源流上始终坚认自己是"龙的传人""炎黄子孙"，并往往以此为自豪。前新加坡总理李光耀在1991年新春晚会上说："我们的历史并不是在祖先初到新加坡的时候才开始，它早在五千多年前中国文明初创时就已开始。这段历史是我们的一部分，因为我们继承了这个系统与文化。"[2] 因此，新加坡加强华人传统文化的宣传，进行朱子学研究，是必然的。

---

[1] 引自贺圣达《东南亚文化发展史》，云南人民出版社1996年版，第460页。
[2] 《社论》，《联合早报》1991年2月19日。

二 新加坡独立后朱子学的发展

第二次世界大战后,东南亚局势发生了翻天覆地的变化。1956 年 6 月,新加坡成立了自治邦,摆脱了英国的殖民统治,实现了自治。1963 年加入马来西亚。1965 年 8 月 9 日退出,成立了独立的新加坡共和国。独立后的新加坡为了求生存和社会的发展,全面展开了现代社会文明建设,从而出现了朝野共倡儒学的时代。

自 20 世纪 60 年代以来,新加坡开始推行工业化政策,到了 20 世纪 70 年代,经济得到很大的发展,人们的生活水平有了很大提高,生活基本达到小康,越来越多的人享受着中产阶级的生活。但在其现代化的进程中,盛行于西方国家的一些社会风气,也从西方国家传入新加坡,使越来越多的新加坡青少年,不断受"洋化"思想的侵蚀,造成个人主义过分伸张,家庭结构逐渐解体、物质主义、功利主义思想普遍流行,金钱挂帅、唯利是图观念四处泛滥,人际关系冷却到最低点。这种精神危机,引起了新加坡政府的高度重视,在 20 世纪 70 年代末,政府对国家教育进行了反思,对东西文化进行比较,"深感新加坡必须对道德教育进行全面改革,否则培养出来的新科技人才没有深厚的文化素养,就很难把新加坡真正带进 21 世纪"[1]。为防患于未然,向东方文明复归,在新加坡就成为必然的趋向。

为了将社会从道德危机中解救出来,培养新加坡人的国家意识,建立起民族的自豪感和自信心,以治理伴随现代化而来的各种弊端,新加坡政府在其总理李光耀的领导下,开始全面开展弘扬中国优秀传统文化,重建儒家道德的社会宣传活动。

1976 年 6 月,新加坡掀起了一场由服务行业扩展到全社会的"礼貌运动",并规定以后每年 6、7 两个月为该运动的固定时间。运动的口号是"建立更好的人与人之间的关系"。主题是"处世待人,讲求礼貌"。新加坡开展"礼貌运动",极大地提高了新加坡的文明礼貌程度,

---

[1] 杜维明:《香港新加坡美国学者研究孔子及儒家的概况》,载《中华孔子研究所成立大会会刊》,中华孔子研究所 1985 年 6 月刊印,第 77 页。

使去过新加坡的人无不对那里的人们良好的道德风貌和和谐的社会氛围交口称赞。

1979年9月,新加坡政府在华人社团的全面支持下,开展了一个"多用华语,少用方言"的语言推广运动,简称"华语运动"。其目的是使"普通华语"取代方言,成为新加坡华人的共同语言,并通过推广华语以维系华族的认同感,寻求民族的文化根源和建立民族自尊心。从语言策划的观点来看,语言运动在于改变人们的语言态度和语言习惯,从而改变某一语言在社会中的地位和功能。这次华语运动最大的收获还在于,新加坡一般人在思想和感情上接受了华语的社会地位,从而为新加坡政府进一步推广儒家伦理运动打下了良好的思想和语言基础。

1979年12月,新加坡社会福利部和民间的福利协会、人民协会联合发起了"敬老运动",主题是"敬老尊贤"和"老年们,您的参与是重要的"。全社会都对"敬老尊贤"奉献爱心,对老人给以细心照顾和关怀。当时任总理的李光耀亲自倡导"恪守五伦,孝敬父母"。并强调灌输儒家思想,延续三代同堂家庭。

20世纪80年代初,儒学在新加坡进入了一个新的发展时期。首先是掀起了一场儒家伦理运动,从中学的儒家伦理课程开始,进而扩展到全社会,成为全民参与的文化再生运动。1982年2月7日,李光耀曾在总统府举行的元宵节献词上强调儒家思想教育的重要性。他说:"我们的任务是在我们的孩子思想还未定型,而且还可以熏陶时,把这些价值观念灌输给他们,以便这些处事待人的态度能够在他们长大后根深蒂固,终身不忘。"[①] 同年2月,根据李光耀总理的提议,新加坡第一副总理兼教育部长吴庆瑞提出了在新加坡发展儒家伦理教育的问题,并于6月组团赴美国,同那里的华裔学者商讨推行儒家伦理教育有关事宜。同年7月至9月,他又先后邀请余英时、杜维明、唐德刚、许倬云等八位著名的现代新儒学专家到新加坡,为儒家伦理课程开设拟定大纲,举行座谈和讲演,帮助推行儒家伦理教育计划。新加坡教育部组建了以余英时教授、杜维明教授为海外顾问,以吕武吉博士、梁元生博士为本地

---

① 新加坡联合早报社编:《李光耀40年政论选》,新加坡联邦出版社1993年版,第414页。

顾问，以刘蕙霞博士为主任，包括其他协办单位为成员的儒家伦理课程编写组，同时新加坡政府还成立了以吴德耀教授为首的"儒家伦理教育委员会"，协助教育部拟定课程纲要。

经过两年的努力，儒家伦理课题编写组先后编写出一套《儒家伦理》教材。华文版刻本于1984年1月开始在15所中学试用，1985年1月正式在全部中学推行。英文版课本也于1985年1月起开始进行教学试验。新加坡中学《儒家伦理》课本写道："搞好经济，最重要的是提高生产力。而提高生产力，主要有两个因素：人事管理得法，良好的工作态度。在管理方面，如果能采取儒家'以礼待人'和尊重别人的原则，对于人际关系的协调，一定会有帮助。而且儒家主张上级对下属应该要宽厚、谦和，而下属则应该尽责、忠心。这种强调上下合作的精神，也是符合现代企业管理原则的。另一方面儒家思想注重学习、敬业乐群、遵守纪律、服从领导和刻苦耐劳精神。这些都是培养良好工作态度的重要条件。"[①] 新加坡推行儒家伦理教育之目标是：培养学生具有儒家伦理的价值观念，成为有理想有道德的人；使学生认识华族固有的道德与文化，认识自己的根源；培养学生积极正确的人生观，使学生将来能过有意义的生活；帮助学生确立良好的人际关系。新加坡是第一个将儒家伦理编写成课本，并在中学进行教学的国家。新加坡把传统儒家伦理通过现代改造与现代诠释，转化成为适应现代社会需要的现代新儒家伦理，其意义十分重大，同时它也为儒学的现代转型提供了范式。新加坡这一做法，确实是一项开创性的工作。

接着，新加坡政府还大力向全社会推行儒家伦理道德教育，开展以提倡儒家伦理道德为内容的各种社会性教化活动。为了稳定社会秩序，重建儒家伦理，新加坡政府从"培养家庭核心价值观"做起。强调家庭的重要性，是因为家庭伦理对维护传统价值观和社会秩序具有基础的作用。李光耀说："如果孝道不受重视，生存体系就会变得薄弱，而文明的生活方式也会因此变得粗野。"[②] 新加坡的领导人把"孝"看作是伦理的起点，这样的致思路向与传统儒家"百善孝为先"的原则是一

---

① ［新加坡］王永炳：《新加坡的儒学伦理教育》，《孔子研究》1990年第2期。
② ［新加坡］李光耀：《1982年华人新春的献词》，《南阳商报》1982年1月24日。

致的。新加坡从最基础的家族伦理"孝、悌",又进一步引申出具有更加广泛意义的社会公共道德。1985年由新加坡政府审议通过并正式颁发的《儒家伦理》教材,其中明确把灌输儒家伦理、介绍华族固有的道德文化、培养积极正确的人生观作为主旨,把儒家的"忠孝仁爱礼义廉耻"作为社会的道德标准和基本价值观。[1]"忠孝仁爱礼义廉耻"八种德行,其中"忠"就是热爱和效忠国家;"孝"是孝顺长辈,尊老敬贤;"仁爱"是要富有同情心,关心他人;"礼义"是要讲礼貌,守信义;"廉"是为官清廉公正;"耻"即具有羞耻荣辱的观念。这八种德行是新加坡上下普遍认同的处理各种社会关系的行为准则。

新加坡是一个多元重组的移民社会。为了避免敏感的种族问题,新加坡政府在各族文化传统基础上提出了"国家至上,社会为先;家庭为根,社会为本;关怀扶助,同舟共济;求同存异,协商共识;种族和谐,宗教容忍"五种核心价值观念,以作为各族人民建立一个共同的价值系统的基础。可以看出,新加坡政府推出共同价值观的目的,在于用现代语言对儒家思想进行解释,并通过改造和发展,把儒家思想的合理内核不留痕迹地融入共同价值观的框架中去,从而实现儒家思想的现代化。这正如新加坡国会通过的《共同价值观白皮书》所指出的一样:儒家学说中的许多思想观念,例如重视家庭结构、人际关系、群体利益,强调政府有责任为人民谋求福利等,都可以通过共同价值观加以发扬。

新加坡政府大力提倡儒家文化,使儒学在新加坡得以复兴。1983年3月,新加坡建立了"东亚哲学研究所"。研究的主要课题是"儒家伦理与东亚实际发展的关系""儒家思想与现代新加坡"等。1985年7月31日至8月3日,该所主办了一次"儒家伦理研讨会",邀请了本地及中国、英国、韩国和美国等国20多名学者出席,发表讲演,进行研讨,借以促进各地儒学研究的交流。这次研讨会之后,1985年8月4日,根据担任"儒家伦理"课程的教师和对儒学有浓厚兴趣的文教界人士的要求,新加坡正式成立了"儒学研究会"。在这个时期,新加坡

---

[1] [新加坡]刘蕙霞主编:《儒家伦理》,《前言》,新加坡:教育出版社私营有限公司1985年版。

学者对以朱熹为代表的新儒学的研究已有不少论文和专著问世。

新加坡大学龚道运博士撰写了《朱熹心学的特质》和《朱熹之乐学》等论文,并于1985年5月出版了《朱学论丛》一书。龚氏根据国家提倡儒家伦理的宗旨,全面研究朱子学的心性践履之学,提出朱子学也有心学。龚道运说:"朱熹禀气质实,由工夫之践履,以体会心不即是理,而主性即理。此一体系盖会通宋儒所言心体、性体,而由尽心以证诚者。余以心学名朱学,即欲由工夫以契入其理论体系,而窥其会通者也。朱子以降,世之治朱学者,其人之气质类与朱子相近,观乎元儒许衡、郝经、金履祥、许谦皆以质实而规模朱子,益见气禀及工夫与理论体系之不相离!"又说:"儒家之哲学,以道德为依归。其言道德,则落实于心……顾儒家自孔、孟以降,其最具影响力之代表人物,厥为南宋之朱熹。"龚道运认为,朱熹的心学义理系统,是对儒学心学的特殊贡献。他说:"朱熹由尽心工夫以体会心不直下如理,因言理超越于一般心理活动、事物与气之上,由是彰显理之至尊无上,斯乃朱熹对心学之最大贡献。"龚道运还认为,朱熹的心学对今日有重要的实践意义。他说:"朱熹心学所启示于今日吾人者,则凡欲修养其精神生命,升华其道德人格,以为安身立命者,皆需依本身气质之所近,以从事切实之践履。所践履者既切,则其由迁善改过所成就之德性之学,自亦无不实矣!"[①]龚道运在《朱学论丛》中,对元代著名朱子学者金履祥、郝经、许衡、许谦等人的思想,也是按由气质契入其践履之工夫的心学义理系统进行研究的。可见,龚氏的朱子学研究,发展了朱子学中的心性践履之学,把朱子学解释为治心之学,显示了20世纪80年代新加坡儒学研究的新特点。

应该说,新加坡儒家文化运动声势之浩大,发展之快,影响之深刻,举世瞩目。

三 朱子学与新加坡现代化

新加坡建国以来,在短短的三十几年时间里,就由一个贫穷落后的

[①] [新加坡]龚道运:《朱学论丛》,文史哲出版社1985年版,第1、6、62、65页。

殖民地变成了举世瞩目的现代化国家，成为亚洲"四小龙"之一。这其中当然有不少重要的因素，然而无可否认的是，在新加坡的现代化过程中，与儒家思想有着不可分割的关系。那么，究竟儒家思想对新加坡现代化所起的是一种什么作用？海外的一些"现代新儒家"认为，东亚地区近年在经济发展上所以有那么优异的表现，是由于其背后受到一种"东方企业精神"的影响。而这种精神的核心，正是儒家思想。他们坚信，儒家思想与现代化不但没有冲突，而且是现代化所不可缺少的历史动力。新加坡著名的华人企业家之一的郭松年说："从小我们就被灌输儒家的道德价值观。老人经常教导我们要讲商业道德、重视荣誉、言而有信，这一切都深深印在我们心里。"[①]

以朱子学为代表的新儒学在新加坡经济发展中发挥了巨大而深远的影响，这种影响就像在日本、韩国等国家一样，给这一地区的现代化打上鲜明的民族文化的印记。从这一点上讲，朱子学的作用无疑是巨大的。但是这种作用不是绝对的、无条件的，它必须在资本主义全球化的背景下，在旧制度彻底解体、朱子学自身发生转化和更新的前提下，才能融入现代生活并发挥正面效应。

朱子学中的"仁政""德治"思想是新加坡立国之本。儒家由"内圣"引导的"外王"，具有浓厚的道德主义和泛道德主义色彩，这一特点在今天亚洲一些新兴工业化国家的"新外王"实践中鲜明地表现出来。新加坡治国的一大特色即将"仁政""德治"作为治国方略。它包括两方面内容：对于统治者而言，是要求"贤人政治""精英治国"；对于普通民众实施道德教化。这充分体现了朱熹政治哲学的核心精神。

精英政治是新加坡几十年奉行的基本国策，也是李光耀最著名的政治理论。李光耀曾多次谈到，依靠精英人才管理国家是新加坡成功的先决条件。精英政治从理论上直接来源于儒家的"人治"思想，它的出发点是"为政在人"，强调人的道德才能对政治的决定作用，这与现代官员制度重视制度本身的功能效果全然不同。在精英政治下，官员除管理职能外，还对整个社会的稳定和道德秩序负有强烈责任。李光耀十分

[①] 引自［美］约翰·奈斯比特《亚洲大趋势》，蔚文译，外文出版社1996年版，第19页。

重视官员的道德品行,他不仅要求自己和下属正直廉洁、奉公守法,还通过建立一套完善严格的选拔、考核制度来确保官员和政府的廉能。

全民道德教育是新加坡政府"德治"的又一重要内容。从20世纪70年代末开始,政府对新加坡工业化过程中出现的道德危机,有计划、有目的地开展了一系列旨在重建儒家道德的社会宣传活动,包括每年一次的文明礼貌运动、敬老周运动、推广华语运动等,其中以20世纪80年代初开始的儒家伦理教育运动最有名,影响也最大。儒家伦理教育运动先从中学的儒家伦理课程开始,进而扩展到全社会,成为全民参与的文化再生运动。它有两个明显的特点:一是自上而下,由政府提倡、组织实施;二是主观选择性,即从传统文化中选择有利于新加坡现实需要的儒家伦理作为全民道德教育的标准。1985年由新加坡伦理委员会审查通过并正式颁发的《儒家伦理》教材,可看作是这场运动的纲领。其中明确把灌输儒家伦理、介绍华族固有的道德文化、培养积极正确的人生观作为主旨,把儒家的"忠孝仁爱礼义廉耻"作为社会的道德标准和基本价值观。[1] 新加坡第二任总理吴作栋也曾表示,在新加坡工业化和现代化中,什么都可以改变,什么都会有所改变,但东方价值观——关系到新加坡生存和发展方向——这个东西决不会改变。1991年制定的《新加坡向发达国家发展的经济战略计划》,从四个方面描绘了未来理想的新加坡,其中把具有民族特性看成是与经济活力、生活质量及世界性城市一样重要的战略目标。这表明以德治国、以传统儒家文化作为民族精神已成为新加坡既定的文化战略。

朱子学中讲和谐,求中庸的处世观,保持了新加坡对外的和平共处,对内的民族团结,为现代化建设提供了长期的内外稳定的社会环境。大家都知道,新加坡是一个多元民族、多元宗教、多元文化的移民国家,又是一个人口少面积小、自然资源缺乏的城市国家。因此,对内,种族关系、宗教关系始终是这个国家最敏感的问题。对外,为了实现自身的现代化,一方面要吸收西方的现代科学技术和现代的管理经验,另一方面又要保持自己的文化认同,而不被完全西化。在这种社会背景下,新加坡政府对内大力倡导民族团结,社会和谐,提倡新加坡人

---

[1] [新加坡]刘蕙霞主编:《儒家伦理》,《前言》。

需要有宽阔的胸怀、远大的眼光，彼此尊重，相互容忍，建立共识，以会通不同的文化传统。新加坡政府还把追求和谐转化成集体精神和爱国精神加以大力宣扬。今天新加坡不仅民族和谐、社会稳定，而且成为堪与瑞士媲美的花园城市。新加坡政府对外则借鉴朱子学中讲和谐、求中庸的深层文化内涵，制定各种政策，抓住机遇，及时调整经济政策，博采东西文化之长治理国家，收效显著。1990年3月，李光耀总理明确指出："新加坡的华人要善于适应完全不同的环境，求取中庸之道，以便既可以保留自己的传统文化，也能与其他种族同心同德建设国家。"①新加坡所创造的现代化经验，引起了包括西方人在内的全世界有识之士的极大关注。

朱熹的义利观对新加坡经济行为的扩张和经济秩序的建立起了积极的作用。朱熹说："义者，利之和也。"②"利之和"是指把"利"放在和谐合宜的地位，就是"义"，不是简单地以"义"制"利"，而是具有自行协调社会各阶层之间的矛盾和利益的深刻内涵。朱熹在"义利之辨"中还特别强调"利"要合乎"义"，即物质利益的取得要在一定的道德规范和社会规范的制约下有秩序地、合理地进行。在这一思想的影响下，新加坡人极推崇"重道义，尊德性"的价值追求，并用以处理物质文明和精神文明的辩证关系。在新加坡，"争权夺利"式的价值观在年轻人的心目中并不重要。他们较为看中的是"道德情操"，即个人的道德修养，对于新加坡的热爱，即爱国的价值观处于一个核心的地位。新加坡人（特别是华人）亦很重"信义"，即尚义。早期的华裔一般都缺文化或文化低，有些人连自己的姓名都写不来，但在商业活动中，他们仅凭口头的君子协定，双方记个数以备忘。这种信用关系完全靠双方的道德观念，相互信任来维持的。所以，美国社会学家德鲁克说："海外华人的成功，应归因于他们把家庭变成现代企业的能力。他们组织跨国集团，主要靠的既不是股份，也不是合同。而是家庭成员间的互相信任和互相服务。"③

---

① 引自张焱宇《儒家文化在新加坡现代化中的作用》，《现代国际关系》1993年第3期。
② 黎靖德编：《朱子语类》卷51，第1221页。
③ 慕摘编：《新儒学国际学术会议在香港召开》，《八桂侨史》1995年第1期。

朱熹所倡导的价值观，适应了新加坡现代化经济发展的需要。世俗化的儒家思想（如勤奋、克己、节俭等）实际上是一套关于生活和工作的价值准则。它虽然是古老东方农业社会的生活习惯，但在今天新加坡资本主义生产关系普遍发展的前提下，它不仅没有妨碍经济的运行，反而演变成一种配合经济增长的有利的人文条件。价值观念影响经济发展，主要表现在作为生产要素的人对待现实生活的态度上，如他们是如何适应经济组织的，他们对于经济生活的兴趣以及处理财富的方法等。

1985年，新加坡正经历独立以来最严重的经济衰退。经过了十年接近两位数字的经济增长之后，新加坡于1985年却面对1.6%的负增长。政府劝说工人和工会接受减薪。政府向工人和工会解释说，新加坡必须恢复它在国际上的竞争力，否则，新加坡将不能避免裁员，也不能促进持续的经济增长。工人接受了做出牺牲的号召。工人所做的牺牲，是使新加坡经济的增长从1985年的国内生产总值负数增长率，提高到1987年9%的增长率的最主要因素。对此，李光耀总理说："那些在较低层次工作的人们，他们勤奋、节俭、有惊人的耐力、灵敏，并把社会置于个人之上，尤其组成人口大部分的华人。如果我们有的是英国类型的劳动力，那我们就不会成功。我们有的是新加坡类型的劳动力，创造出成绩。"[①]

受儒家价值观的影响，新加坡这一地区的劳动者对待财富的态度也表现出特点。新加坡等东亚地区的积累率要远远高于欧美发达国家，其原因是这些国家和地区的居民长期形成的节俭习惯，使得他们的个人储蓄率特别高，从而形成了不同于欧美消费型社会的积累性社会。新加坡高投资率、高储蓄率带来经济高增长率的成功经验背后，隐含了儒家文化的内在动因。

此外，新加坡对教育非常重视，把教育视为经济增长的一个重要因素。因为教育加快了技术的运用和生产工具的改进，加快了科学知识的传播普及，这对于落后国家的现代化建设尤为重要。新加坡领导人在谈到新加坡成功的经验时，就多次强调了教育的至关重要性。在新加坡，

---

① 引自吕元礼《亚洲价值观：新加坡政治的诠释》，江西人民出版社2002年版，第15页。

儒家思想还引导教育朝向精英制度发展。它不是偏重在知识教育，停留在认知层面，而是要在实践中有所作为。这种新型的精英制度推动了新加坡工业化进程和经济的高速发展。

由此可见，新加坡的经济发展表明，由传统儒学到现代儒学的转换，从根本上说是一个社会实践和历史的选择过程，只有被选择的儒学，即从儒学中分离出具有现代性的思想资源，才能在现代化中发挥作用。

第六章　朱子学在泰国、马来西亚和印度尼西亚等国

朱子学在泰国、马来西亚和印度尼西亚等东南亚国家的传播，主要依靠华人移民。19世纪初，闽粤等省沿海的人民为谋生，不断移居东南亚各国。他们在其所生活的地区，组织华人社团，创办各类华文学校和华文报刊，把中国儒家文化传播到所在国或地区。

一　朱子学在泰国的传播与影响

泰国古名暹罗，1939年5月易今名。早在秦汉时，中泰两国就开始交往，唐宋时，就有华人定居暹罗，至今中泰两国文化交流已有两千年的历史。19世纪初，由于华人大量南迁移民到泰国，朱子学随之传入泰国。现在，泰国有华人华侨600多万，占泰国总人口的12%。据世界华人华侨总会统计，泰国华人人数位居第三位，是东南亚地区华人华侨较多的国家。

19世纪60年代，泰国华侨华人开始组织社团。1862年，广东梅县人李家仁、任福等创建集贤馆。1897年，朝阳人马润创办华侨德善堂。1908年，泰国同盟会人士又创办华益学堂等。到20世纪末，各类社团组织达到400余个，仅曼谷一地注册的就有近200余个。这些社团组织与当地社会融合，兴办华文学校，进行华文教育，传播儒学。据谢犹荣的《新编暹罗国志》载："曼谷王朝拉玛一世（1782—1809）在位时，泰国华侨在大城府阁凉区创办一所华文学校。该校有可容学生200人的

教室。"① 这段记载说明泰国华文学校的创办是始于 18 世纪。

华人在这些学校里坚持儒家思想教育，学生阅读的儒家书籍有：《千字文》《三字经》《弟子规》《孝经》"四书""五经"等。华人华侨社团还加强对儒家典籍和传统文化书籍的翻译介绍。

华人华侨社团创办的华文报纸，主要有《星暹日报》《中华日报》《新中原报》《世界日报》《京华中原联合报》《工商时报》等。在这些华文报纸上，经常刊载一些宣扬儒家文化的文章，从而进一步促进儒家文化在泰国的传播。

中泰两国建交后，泰国汉语教育和儒学研究迅速发展。1980 年诗琳通公主开始学习中国大陆流行的中文简化字和汉语拼音，改革泰国长期使用汉语繁体字的状况。2001 年 2 月 14 日至 3 月 15 日，诗琳通公主来中国北京大学研修中国语言并获得名誉博士学位。② 诗琳通公主的行动激发了泰国人民学习华文和中国文化的热情，于是在泰国兴起了前所未有的汉语热。泰国诗纳卡琳威洛大学、清迈大学、华侨崇圣大学等高校都设立中文系。后来，泰国朱拉隆功大学、法政大学等将中文课程从选修课提升为主修课，朱拉隆功大学还开设了汉语课研究班；清莱王太后大学专门设立诗琳通中国语言文化中心和泰国华教促进会，开展华校中文师资培训。此外，泰国还成立华文教育语言中心、私立语言学校等。到 20 世纪 90 年代，泰国这类学校据不完全统计有 200 余所。最早建立的是东方文化书院，由泰国华文教育基金会在 1992 年创办。接着，中华语文中心、曼谷语言学院、曼谷语言音乐学院、泰国中华语文学院、曼谷泰中语言文化学院、百姓华文学院等也先后成立。③ 这些华文教育学校，从中国聘请教师到校讲授中国文化。因此，汉语和儒学为主流的中华传统文化的研究也迅速发展。儒家典籍《论语》《诗经》、朱注"四书"，诸子百家《道德经》《孙子兵法》，中国文学《中国古代

---

① ［泰］秦程：《泰国中文民校》，《乐然台揭幕纪念特刊》，泰国乌隆蓬出版公司 1985 年版，第 173 页。

② 郝平、李岩松：《泰国公主在北大研修中国文化记行》，北京大学出版社 2001 年版，第 23 页。

③ 傅增有：《泰国华文教育的现状及发展前景》，《东方研究》，曼谷：天地出版社 1995 年版，第 304 页。

诗选》《中国短篇小说集》《儒林外史》以及其他著作被大量地翻译出版流传。

中国儒家文化在泰国得到华人的普遍认同，并有一定的影响。泰国华人领袖郑午楼博士说："我们海外华人，在保持中华文化传统中占有重要地位。事实上，儒家思想早已通过历史塑造出华人特有的心态和生活方式。我们身居竞争性工商社会，深知社会价值观念西方化所造成的弊端。如果得到经济现代化，却失去了儒家传统，那将是一个时代的悲剧。因此，我们必须在投身于一个工商社会以求生存发展的同时，努力保存并发扬华人的道德理性，实践东西文化共同治于一炉的中庸之道。"①

20世纪80年代，泰国学者对朱子学的研究已有专著出版。1984年4月，曼谷时中出版社出版了郑彝元的《儒家思想导论》一书，在泰国发生了重大的影响。这本书主要内容是论述：道德就是天人合契之道与仁义礼智信五德；伦理就是君臣、父子、夫妇、兄弟、朋友五伦，以及修身、齐家、治国、平天下等四个实践道德伦理的步骤。郑氏认为，这是中国传统思想文化的精华所在，是华人社会关系的基础；要继承这种中华传统思想文化，弘扬儒家的价值观念和理性精神，荡涤一切歪曲误解和尘垢，恢复中国传统儒家思想的本来面目。

郑彝元在《儒家思想导论》中，着重分析了汉唐前以孔孟为代表的儒家与宋明以来以朱熹为代表的新儒家的不同特点。对于宋明以后新儒学的发展，郑彝元说："宋代儒学融合佛学。特别是朱熹把经学和理学共治于一炉，使儒学大放光芒。宋明儒学由于解释心物、性理的侧重点不同，从二程开始，逐渐分化出偏于道问学的程朱学派，与偏于尊德性的陆王学派。其中又以陆王学派受佛学禅宗的影响最大。明代儒学以王阳明为代表，以'致良知'与'知行合一'为主旨的心学大行其道。明末清初的黄宗羲、王夫之、顾炎武等大儒力矫王学的流弊，提倡致用的实学，并在清政府压迫的特殊环境中导出乾嘉时期的考据学，使儒家学风由尊德性阶段向道问学阶段推移。"这里，郑氏把宋代理学之朱陆学派与明清唯物论和唯心论的分野联系起来，认为它们是宋明理学衍变过程的必然结果。郑彝元还对朱熹的人性论进行了深入研究。他说：

---

① ［泰］郑彝元：《儒家思想导论·序》，第2页。

"朱熹觉得个人人格的发展,不要说成圣成贤,就是堂堂正正地做人,都是非常困难的。这就说明朱熹对人性中的本能,即恶的倾向,具有相当深刻的体会。"他还说:"朱熹能够把人性的善恶与天理人欲两者联系起来讲,表明他已看到了本能(人欲)与理性(天理)同善恶的相关性。但是,他把理性说成天理,表明他还不明白理性发源于人的社会属性,是人类社会意识的表现。其次,他对人欲与天理、本能与理性的依存性(并有之物)缺乏明确认识,不明白两者之间的对立并非绝对,只能互相制衡而不能独立存在。"① 郑氏这种分析是深刻的,是有新意的。

进入 21 世纪后,随着孔子学院在泰国的建立,汉语、儒学在泰国的传播与研究将不断发展。

二 朱子学在马来西亚的传播与影响

马来西亚是一个多元社会,有马来族、华族、印度族、达雅族、加达山族和土著民族所组成。人口达二千二百多万(1998 年数),其中华人有五百五十多万,占总人口约四分之一。② 19 世纪初,由于华侨不断移居马来西亚,儒家思想亦随之传入该地区。马来西亚华侨在各地创办私塾、义学、书院,讲授"四书""五经",宣扬中华传统文化,旨在强化民族意识,培养具有传统价值观的华侨子弟人才。1888 年,华侨在马来西亚槟榔屿建立起一所义学学堂。学堂的《章程》共 15 条,在课程方面,第 13 条规定要读《孝经》和"四书"。③ 这里所说的"四书",即朱熹的《四书章句集注》。马来西亚华人社团创办学校,进行华文教育,"以吾人之母语教授吾人之儿童,发扬本族文化,使吾人子孙可以适应本族社会环境而生存"④。

---

① [泰]郑彝元:《儒家思想导论》,第 1、40 页。
② [马]饶尚东:《马来西亚华族人口比率下降之隐忧及其解决途径》,美里:《紫阳学讯》创刊号,马来西亚砂拉越美里紫阳学会,1999 年 11 月编印。
③ [法]苏儿梦、龙巴儿:《南洋群岛华人之儒家学说及改良主义思想》,李平沤译,《华侨华人百科全书》,中国华侨出版社 2002 年版,第 880 页。
④ [马]郑良树:《林连玉先生言论集》,吉隆坡:林连玉基金会,2003 年,第 234 页。

1898年，出生在马来西亚槟榔屿的辜鸿铭（1857—1928），将朱注"四书"中的《大学》翻译成英文。

19世纪末20世纪初，马来西亚华人社会由林文庆、邱菽园领导发起"儒学复兴运动"。他们在1897—1910年间，多次召集华人开会，到处演讲，并通过中英文报纸、杂志传播儒学。丘逢甲、王晓沧、吴相桐等人也从中国内地赶赴马来西亚，协助指导这场儒学复兴运动。

1957年，马来西亚独立后，马政府就先后颁布一系列法令，实施国民教育政策，大力推行大马来主义，多方削弱华文学校的发展。但是，马来西亚华人始终将华文教育视为整个华族文化兴衰的命脉，为了维护和争取民族地位和权利，特别是文化的权力，不懈地坚持反同化反限制斗争。1983年3月，马来西亚华人社团文化大会在槟城召开，通过了一份《国家文化备忘录》。该备忘录提出："我国是一个多元民族，多元语文、多元宗教及多元文化的国家"，"但是，目前的国家语文，教育及文化政策却具有浓厚的种族主义色彩与强制同化他族的倾向，只从单一民族立场和观点看待与处理语文、教育及文化问题"。他们认为"在多元种族国家里，如果强制推行语文、教育和文化的同化政策，其结果必将引起民族的不和，使国家团结的基础受到动摇"，主张"应该以联合国人权宣言、联邦宪法、国家原则、各民族平等与协商精神作为讨论国家文化问题的基础，以确保各族人民继承与发展其民族文化的基本权利不受侵犯，做到互相尊重彼此的文化传统"，而"华、印裔公民在获得各族语文可以自由学习、使用与发展的保证之后，接受马来文为国语，作为各民族的共同语文"。这反映了全体马来西亚华人的心声。经过不断的努力，马来西亚华文学校得到较快发展。20世纪末，马来西亚已形成了从小学、中学到大专院校完整的华文教育体系。

自1984年起，马来西亚各州华人社团每年都要轮流举办华团文化节，弘扬中华文化，全马各地华人社团派代表参加。该文化节除了有华团文艺大会演、书法绘画展览、华文书展之外，还有高水平的华人文化研讨会。为文化节而创作的《文化颂》这样写道："我们华裔同胞与各族和谐亲善，尊敬各族同胞的宗教，重视各族同胞的语言，尊重各族同胞的文化。文化是不朽的精华，文化是不朽的灵魂。各族的同胞，让我们互相依赖，让我们互相坦诚，交流彼此的文化……愿中国传统文化在东南亚的文化大海中永生。"

华人在马来西亚社会有一定势力，他们不仅创办华文学校，而且创办20多种华文日报和多种华文期刊。随着国内外华语人士交流的增加，其发行量和读者人数显著增加。《南洋商报》和《星洲日报》两份大报的日发行量已分别达到20万份左右。其读者，除了本国华人外，还包括中国人和亚太乃至世界各国的华人。20世纪80年代，马来西亚华人文化协会创办《文道月刊》，曾庆豹的十多篇讨论儒学和现代化，儒学与马来西亚华人社会的关系的论文被刊登，孙和声和其他人宣传儒学的多篇文章也被刊登。

1993年，华人社团对华族文化发展方向做出新的总结。"创造大马华族文化的独特性，提升华族文化内涵，促进文化交流，贯彻开放、多元化，国际化的文化概念，致力使华族文化为国人所接受及认同，并引以为荣。"① 1996年马来西亚孔学研究会成立，拿督林金华太平绅士担任总会会长。研究会创立之初，其任务主要是开展"精英儒学"活动，即一方面联系国内外学者，建立儒学论坛，开展儒学研究，定期出版论文集；另一方面联系国内外儒学研究会和高校，举办国际儒学研讨会，交流研究成果等。1996年3月，马来西亚孔学研究会首次在吉隆坡举办"回儒国际研讨会"。来自马、中、美、日等国的十一名专家学者发表专题演讲，探讨回儒两大世界文明在过去和现在的共同点，以及两者面对的问题和解决问题的方法和途径。马来西亚专栏作家加化·拉欣赞扬孔子的思想和哲学是世界的，完全不受种族和国界的限制。②

在"提升大马华族文化"的背景下，东马砂拉越州朱祥南先生广泛联络文化教育界人士，经砂拉越州社团注册机构批准，于1996年4月，在砂拉越州美里市成立了"砂拉越美里紫阳学会"。该学会的宗旨：（1）学习和研究中国伟大学者及哲学家，尤其是朱熹的学说，并评估这些学说对传统和现代文化的影响；（2）与其他文学和文化团体在相同的领域彼此交换意见和看法；（3）促进砂拉越州内不同社群之间的

---

① [马] 赖顺吉：《期待华族文化的文艺复兴》，《星洲日报》1996年3月1日。
② [马] 碧澄：《回儒研讨会与国民之间的思想交流》，《星洲日报》1995年3月5日。

亲善及了解；（4）出版文化研究的文章以促进马来西亚文化的融合；（5）在社团注册官及有关当局的许可下，进行筹款以达至以上所述的宗旨。该学会成立后，积极与中国朱子学研究团体建立联系，开展文化学术交流，并编辑出版《紫阳学讯》会刊。朱祥南会长说："我们创建学会，编印会刊，目的是弘扬儒家学说与文公（朱熹）思想，促进各民族文化交流，希望在文化沙漠中的砂拉越开辟一个绿洲。"①

20世纪90年代以来，马来西亚的朱子后裔为了更好地弘扬朱子学，在朱祥南和世界朱氏联合会的组织带领下，纷纷来福建建阳、武夷山、政和等地朱子故里寻根认祖、祭祖，与闽北朱氏宗亲和学者交流，参加朱子学研讨会，共同推进朱子学在全球的传播和发展。

进入21世纪，朱子学受到马来西亚官方的重视。为了更好地弘扬朱熹思想，推动朱子学的研究，马来西亚朱氏公会会长朱珖铭在西马牵头发起组织"马来西亚朱熹学术研究会"。该会于2001年9月21日正式获得马来西亚社团注册组织的批准。10月13日，朱珖铭会长在接受《南洋商报》采访时说："朱熹研究会并不是仅属于姓朱的专利品，它是属于我国各阶层对朱熹学术研究爱好者的，是门户开放给大众。基于朱子学对我国仍然是陌生，本会的首要任务是加强对朱子的宣传工作。"② 由此，马来西亚朱熹学术研究会成立不久，就组织学者编辑出版了一套《朱熹文选集》，分为《认识篇》《教育篇》《思想篇》三册。该书免费送给读者，其目的是让马来西亚人更多地了解朱子及其思想，弘扬朱子文化传统。

2001年12月1—3日，马来西亚朱氏联合会与马来西亚华社研究中心在吉隆坡联合举办了首次"朱子学国际学术研讨会"。应邀出席会议的国际知名学者有宫达非（中国大陆）、杜维明（美国）、蔡仁厚（中国台湾）、苏金鋕（新加坡），以及马来西亚国际贸易及工业部长郭洙镇、世界朱氏联合会会长朱祥南、马来西亚朱氏联合会会长朱珖铭、华社研究中心主席陈忠登、主任林水檺等，共50多人。该研讨会组委会主席朱绍英说，举办这次朱子学术研讨会的目的：一是提高我国华人在

---

① ［马］朱祥南：《美里紫阳学会成立经过》，《紫阳学讯》1999年创刊号。
② ［马］朱珖铭：《谈马来西亚朱子学的推广》，《南洋商报》2001年10月19日。

文化领域的研究水平；二是加强国内外学者之间的联系；三是探讨朱子思想的现代价值；四是配合政府将我国发展成为东南亚朱子学研究中心。其中心议题是：朱子学与世界文明、朱子学在海外华人世界的价值意义等。为了配合这次"朱子学国际会议"的召开，马来西亚朱氏联合会还举办了"朱子格言书展"。

2002年，马来西亚孔学研究会筹建孔子学院，由"精英儒学"到"普及化儒学"，全面开展弘扬儒学的活动，在研究会中除设一个理事会外，还设五个分支机构：一是学术咨询顾问团，为研究会确定正确的发展方向并进行理论建设；二是监察委员会，监察督促研究会方针政策的执行；三是经典导读促进委员会，负责发展和指导全国的"经典教育"工作，包括"经典导读"班、儿童"经典诵读"班和"经典导读"促进会；四是孔子书院，包括孔子纪念堂、孔学堂、文化馆；五是青年团，为青年建设文、商、政的平台，以培养接班人。在理事会和五个分支机构的组织指导下，孔学研究会领导的"普及化儒学"活动开展得有声有色，主要是：开办"儿童读经班"，推广儿童读经教育活动；组织成人"经典导读"，普及民众读经活动；编印出版各种儒学教育小册子、儒学通讯刊物、《论语》课本、儿童读经教育手册20万册，并且分别配备光盘，免费向社会赠阅；建设儒学天地，报刊投稿和电台广播；鼓励举办诗书琴画、歌舞棋剑等各类文艺活动；举办孔诞祭祀和庆典活动。"普及化儒学"活动的开展，儒学在马来西亚得到推广和普及。后来，林金华总会长在总结"普及化儒学"活动时说："从开始专注于'精英儒学'，到进入兼顾'普及化儒学'；从积极推动国际论坛扩展到国内儒学座谈交流；从儿童读经教育延伸到大马儒学研究上，短短几年能有这样的成绩，是全体同仁抱着成功不必在我的精神来努力的。"①

2003年11月10日，马来西亚朱熹学术研究会在吉隆坡雪兰莪中华大会堂举行了《朱子全书》及《朱熹研究文选集》新书推介会。华侨总会、雪华堂、华社研究中心、华校校友会联合总会、拉曼大学中文系等团体代表，以及新闻媒体记者参加了这次推介会。推介会由马来西亚

---

① 引自吴长庚《马来西亚的儒学研究》，《朱子学刊》2004年第1期。

房屋及地方政府部长拿督斯里黄家定主持。

2004年7月11日，马来西亚朱熹学术研究会与新世纪学院中文系，在吉隆坡新世纪学院举办"朱子学说面面观"国际研讨会。出席这次会议的有中国、新加坡和马来西亚的学者。马来西亚高等教育部副部长胡亚桥在开幕式致辞中说："儒学在中华文化形成与发展过程中扮演主导角色，而朱熹是儒学发展到宋代另创高峰，贡献至大的人物。要发展文化，不能只推动'表层文化'，应兼顾各方面，尤其不能忽略'思想性'的高层文化，因为它是'表层文化'的活水源头。"[①] 他还要求，马来西亚大专院校中文系要开设"朱子学"学科，以培养这方面人才，并建议马来西亚朱熹学术研究会聘请国际著名朱子学者到马来西亚进行短期的讲学活动，以推动朱子学研究的发展。

接着，马来西亚朱熹学术研究会还与马南方学院举办了朱熹思想讲座，先后邀请中国社会科学院研究员李甦平、台湾《鹅湖月刊》杂志社社长杨祖汉和新加坡国立大学教授劳悦强等进行主讲。李甦平研究员作了主题为"中国朱子学在韩国和日本的传播及演变"的演讲，杨祖汉教授作了"朱子'中和说'中的工夫论新诠释"的演讲，劳悦强博士作了"朱熹蒙学中的大道理与小问题"的演讲等。出席讲座会的有马来西亚首都吉隆坡文化学术界人士一千多人。

2004年8月7—12日，马来西亚孔学研究会在吉隆坡举办了"儒学国际学术研讨会"，大会的主题是"忠恕之道促进世界和平"。该会认为，当前强权政治给世界各国带来灾难，物质文明高度发展的同时社会道德却沦丧，故而举办"国际儒学学术研讨会"，以集世界各国儒学家们之力，发挥儒学智慧，弘扬忠恕精神，使忠恕之道成为全球伦理，进而化解冲突，促进国家进步，达到世界和平。

2004年11月11日，马来西亚朱熹学术研究会开始创办《朱子学刊》，为朱子学研究提供园地，广泛开展学术文化交流活动。该刊主编林纬毅博士说：我们希望《朱子学刊》的出版，达到两个目的：一、在马来西亚普及、推广儒家价值观，深化文化理念；二、培养后进，鼓励年青学者对中华文化的主流儒家思想，进行探讨与深入研究。马来西

---

① [马] 符树存：《马来西亚朱子学研究的崛起》，《朱子文化》2006年第2期。

亚拿督沈幕羽局绅为该刊题写了刊名。

随着21世纪朱子学研究的崛起，马来西亚华人公会、马来西亚工商联合会、马来西亚中华大会堂总会三大组织，联合发起和推动"马来西亚华人思想兴革运动"。华人社会热烈响应，积极参与，召开多次学术研讨会，讨论哪些该"兴"，哪些该"革"。在讨论中，他们认真贯彻和坚决实践儒家的"己所不欲，勿施于人"的金律，工商界认真贯彻和实践朱子学的勤谨俭朴、敬业爱岗、诚实守信、知礼和谐等信条，形成了经商的美德；政界、华人领袖遵守"中庸之道"，凡事采取协商的办法，尽量取得"双赢"的效果；华人老百姓中，都奉行三纲五常，自觉地维护纲常名教，努力实践孝道，用儒学来修身、齐家、建立和谐的家庭。通过多种形式的倡导，儒学尤其是朱子学，在马来西亚华人社会的各个阶层中被推广与普及，并且得到很好的实践。

三　朱子学在印度尼西亚的传播与影响

印度尼西亚是东南亚地区的一个群岛国家。早在唐代，印尼与中国就有交往。到了宋代，中印两国间的友好往来更加频繁。根据《诸蕃志》记载，宋代中印两国经贸与文化往来关系极为密切。所以，印尼前总统阿里·沙斯特罗阿米佐约曾经指出："远在我们两国第一次通航有海上贸易以来，印尼便和中国一直是友好的邻邦。中国的航船不仅带来货物，随之而来的还有许多中国商人、工人、手工业者，他们在我国定居下来，带来了中国的技术和古老的文化，直到现在我国许多岛屿上还保留着这些文化的精华。"[①]

印度尼西亚华人社会在宋代就已形成。宋代末期，大批中国民间商人及其他阶层的人出海谋生，往往一二十年不归，并与土著妇女结婚，生儿育女，于是侨居国印尼开始出现"土生唐人"，因而印尼华侨社会初步形成。[②] 早在唐代的时候，印尼华人就将儒教、道教、佛教带入印尼，并合称作"三教"。他们信奉"三教"，在印尼建立庙宇以奉祀。

[①]《阿里·沙斯特罗阿米佐约总理的演说》，《人民日报》1955年6月3日。
[②] 参见李学民、黄昆章编《印尼华侨史》，广东高等教育出版社1987年版，第48页。

据北京大学外国语学院东语系教授孔远志近年来的初步统计，印尼华人创建的"三教"寺庙和中国民间宗教寺庙、宫观至少有217座。[①] 1934年，华人郭德怀成立"三教"会，出版《三种文化》月刊。印尼华人通过信奉"三教"和出版《三种文化》月刊，以弘扬儒释道的伦理道德和价值观。

20世纪末，印度尼西亚有800多万华人，是海外最大的文化中国区。早在1729年，印尼华人就建立了明诚书院。1875年，印尼华人又在东爪哇泗水创建了"文庙"（后改称"孔夫子堂"）。1888年，在泗水曾经出现过朱用纯（1627—1699）改编成诗歌的《朱子家训》。19世纪末，印尼中华会馆成立，其宗旨是弘扬儒家学说。该会馆成立后，即组织翻译出版朱熹著作译本，如陈庆忠和尤才祥合译了朱注"四书"中的《大学》和《中庸》（1900），陈文盛将《孝经》译成马来文（1925）等。这些译著在印尼广为流传。中华会馆还在印尼创办有华文学校二百多所（1919年数），以及《孔教月报》和《华侨》等报刊，为儒家文化在印尼的传播和发展，做出积极的努力。[②] 1928年后，中华会馆的主要任务：由尊孔崇朱改为加强华人的民族主义教育。会馆后来发展了许多孔教会，如梭罗孔教会、泗水孔教会、三宝垄孔教会等。

1923年，印尼各地的孔教会在梭罗举行全国第一次代表大会，成立孔教总会，张震益任总会主席，总会设在万隆。孔教总会以孔子为圣人，孔学为宗教，"四书""五经"为圣经，大力弘扬孔学、朱子学等儒家思想。1955年在雅加达成立以郭谢卓为首的孔教联合会。1961年，孔教联合会在梭罗召开了第四次代表大会，决定统一孔教教规，更名孔教联合会为"孔子学说学会"。1965年，苏加诺总统发布命令，承认孔教与伊斯兰教、基督教、天主教、印度教、佛教一起同为印度尼西亚的官方宗教。孔教的圣经是经过朱熹注释的"四书"。印尼儒家活动的核心是其教义，即八条信仰原则：……六是信仰遵从孔夫子的教导；七是信仰尊敬"四书"的真理。儒教教义的最大特色，是强调对伦理道德

[①] 何芳川主编：《中外文化交流史》（上卷），国际文化出版公司2008年版，第433页。
[②] 孔达志：《印度尼西亚华人孔教的兴衰》，载《孔子思想与21世纪国际学术研讨会论文集》，香港孔教学院，1998年。

的虔诚，因为道德是建立在至高无上的精神之基础上。

马来语中有大量的汉语借词。1934年10月，印尼著名语言学家和文学家达梯尔在《华人马来语的地位》一文中说："我深信，正如世界上的其他语言一样，哪怕是最崇高和最神圣的感情都可以用华人马来语表达出来。"印尼华人在19世纪70年代至20世纪60年代，用马来语、爪哇语创作和翻译的作品共有3005部，其中翻译中国作品有759部。[①]《三国演义》在1859年被译成爪哇语，受到印尼人的欢迎。正如甫榕·沙勒在《印度尼西亚华裔公民对印度尼西亚现代文化发展的贡献》一文中所说："印尼华人马来语文学作品中有一批从中国古代文学作品改编或翻译过来的……有几篇极为印度尼西亚人所熟悉，并且已成为全体人民的共同财富……由华人马来语改编的故事中最出名的是《三国演义》。"当今，印尼华人仍在为传承中华传统文化、朱子文化，而继续做出积极贡献。

二战结束后，东南亚各国摆脱了殖民统治，先后得到独立。1955年，亚非会议召开之时，中国和印度签订了关于双重国籍问题的条约，中国正式宣布不承认双重国籍，于是东南亚各国华侨社会开始转变为华人社会。华人从认同于祖居国变为认同居住国。当时，印尼当局不准华人进行华语教育，甚至禁止华文书刊进入，造成华人文化的空白。现在，华人只有40岁以上的人才能懂得一点华文。对华人来说，把他们的文化拿走，甚至把他们的语言和文字拿走，这是相当悲惨的经历。对此，印尼极具影响力的华人李文正先生向当时印尼政府建言，中国如此之大，而在其外围的地区都是中国文化的重镇，如果印尼排斥华文，就会失去与其他国家的竞争力。另外，在经济发展的潮流中，相当多企业和资金是通过全球性集团经营的方式，实力甚至远超过政府。后来，当多国基金向印尼进攻，经济即崩溃。印尼商业陷入停顿以后，政府才感到华人文化如此重要，才体认到应该重新寻回华人的信心，着手解决种族歧视的问题。这样才有利于和促进华人积极投入印尼的现代化建设。

事实上，从东南亚的整个情况来看，中华传统文化的影响力还是举足轻重的。就印尼而言，许多华人后代不懂华文，讲印尼话，但他们的

---

① 何芳川主编：《中外文化交流史》（上卷），第439、433页。

生活还是非常中国化的，文化上的中国在华人中还是非常重要的因素。他们在日常生活中，始终保有一些属于中国传统价值体系的价值观念，如勤俭谨慎、谦虚随和、敬业奉献、诚实守信等。可见，华人社会仍然保持华人文化的特征是经过一个理性的选择后产生的结果，香港中文大学教授金耀基把这称之为"理性的传统主义"的观念。

21世纪初，印尼的朱熹后裔也建立起印尼朱氏联合会，召开纪念会、组织祭祖活动，举办朱子学论坛，传播朱子学，传承朱子文化传统。

此外，在老挝、柬埔寨和菲律宾等东南亚国家，儒家文化都构成了当地华族文化发展的共同基础，华人社团、华文学校和华文报刊都有一定的实力和影响。他们在所在国极力倡导儒家文化，有力地推动了华人的文化认同，并促进了儒家文化在他国的传播和发展。

通过对朱子学在东南亚的传播和发展的叙述，我们可以看出，朱子学不仅在我国，而且在东南亚各国的影响，都是非常广泛的、深刻的。它作为一种外来文化，将与东南亚各国的主流文化相互交流融合，继续存在和不断发展下去。

下 篇

朱子学在欧美的传播与影响

第七章 朱子学在欧洲

欧洲人是16世纪开始知道朱子学的。明朝正德十二年（1517），葡萄牙与中国开始通商之后，来华的耶稣会传教士将朱子学介绍到欧洲。17世纪末，朱子学在欧洲出现了"文化热"，许多启蒙思想家开始研究朱子学，并在研究的过程中受到启蒙。这些进步思想家从朱子学中不断汲取理论养料，充实和丰富自己的思想，从而推动了法国十七八世纪欧洲哲学的发展。

一 朱子学在欧洲的传播与影响

（一）早期耶稣会士向欧洲传播朱子学

从16世纪中叶到17世纪中叶这一百多年，朱子学在欧洲开始早期传播。罗马天主教会为扩张势力，由西班牙人依纳爵·罗耀拉于1534年，在法国巴黎创建传教团体耶稣会。1540年，耶稣会获得罗马教皇保罗三世的批准。西班牙在其殖民地菲律宾于1574年建立了"奥斯汀会中国传教省"，向中国派遣传教士。当时，到中国传教的耶稣会士共有77人，其中葡萄牙籍40人，西班牙籍19人，意大利籍11人，其他国籍7人。[1] 这些传教士在中国边传教边撰写一些介绍中华文化的书籍。如西班牙传教士门多萨（1545—1618）编写了《中华大帝国史》，于1585年在罗马出版，书名改为《大中华帝国最杰出事物及其礼仪、习俗史》。这是有关中国的一部百科全书式的著作，介绍了中国历史地理、文化传统、社会意识、宗教信仰、风土人情、礼仪风俗、生活习惯等，

---

[1] 荣振华：《在华耶稣会士列传及数目补编》，中华书局1995年版，第956—997页。

备受欧洲人关注。据不完全统计，十六七世纪，该书被译成 7 种欧洲文字 43 种版本。[①] 另一位西班牙传教士胡安·科沃（1546—1592）把明朝范立本编的《明心宝鉴》译成西班牙文，1593 年在菲律宾马尼拉出版。该书是一部为中国儿童写的哲学启蒙教育读物，内容多是儒家"四书""五经"中的语录和"齐家治国""修身养性"的格言。如引朱子《近思录》"循天理则不求利而自无不利，徇人欲则求利未得而害已随之"等。这在客观上，朱子学就已经开始影响欧洲人。

1582 年 4 月，耶稣会为了进入中国内地传教，选派意大利的范礼安、罗明坚、巴范济和利玛窦等数名"有突出才能"的耶稣会士赴中国传教。他们 8 月抵达澳门，学习中文，积极做好到中国内地传教的准备。第二年 9 月 10 日，他们取水道沿西江而上，进入当时南方政治、经济、文化中心的肇庆。

罗明坚在肇庆第一个用汉文发表教理书，也第一个将"四书"翻译成拉丁文。他的"四书"译文依据朱熹的《四书章句集注》，如对"大学者、大人之学也"，译作"the right way to teach human being"（诲人之正道），相比之下他更接近朱熹所说的"大学之书，古之大学所以教人之法也"。这多少看出罗明坚翻译经文时曾参考过朱注。他于 1590 年返回欧洲后，对"四书"译稿又作了修改，现该书稿仍保存在罗马意大利图书馆。他向罗马的外交官和耶稣会士学者安东尼奥·波赛维诺提供了其巨著《图书论》中有关中国的资料。波赛维诺编纂的"Bibliotheca Selects"发表了罗氏翻译的《大学》中的部分内容。该书第一版于 1953 年在罗马发行，1603 年在威尼斯，1608 年在科伦又出版了修订本。波赛维诺据此对中国文化作了耶稣会士式的第一次全面阐述。这是欧洲对中国儒家经典的首次解译。[②]

罗明坚翻译的"四书"，给 16 世纪的欧洲读者留下了深刻的印象，其中最使他们感到惊奇的是"四书"中有关伦理政治的阐述向人们所提供的"格物致知"的告诫。在它的影响下，继波赛维诺之后，其他

---

① 何芳川主编：《中外文化交流史》（下卷），第 890 页。
② ［丹麦］克劳德·伦德贝克：《理学在欧洲的传播过程》，耿昇译，《中国史研究动态》1988 年第 7 期。

耶稣会士于 1598 年又出版一部著作 *Ratio atque Institutio Studiorum*。这部著作引起了马基雅维利主义者与反马基雅维利主义者就君主专制的定义和合法性展开了论争。但是由于 16 世纪末的欧洲对中国文化兴趣尚未成风，因此罗明坚的"四书"译本在当时的影响极其有限。

利玛窦（1552—1610）于 1590 年后，先后在南京、南昌等地传教，并于 1596 年就任耶稣会在中国首任会长。1601 年，他应明万历皇帝之诏进住北京，直至 1610 年在北京逝世。他在中国传教前后长达 28 年之久。在这期间，他用了很大的精力潜心研读儒家经典。故李贽说利玛窦"凡我国书籍无不读……请明于四书性理者解其大义，又请明于六经疏义者通其解说，今尽能言我此间之言，作此间之文字，行此间之礼仪"[①]。利玛窦认为，"四书""是着眼于个人、家庭，及整个国家的道德行为，而在人类理性的光芒下对正当的道德活动加以指导；'四书'是所有想要成为学者的人必须背熟的书"。基于这种认识，他于 1593 年 12 月与人合作，完成了用拉丁文注释"四书"的工作，以帮助在华的传教士学习中文和了解中国文化。利玛窦企图从儒家经典中寻找"儒耶对话"的切入点，探讨用儒家思想论证基督教教义的可能性。此外，利玛窦于 1595 年写的《天主实义》，是传播理学最有影响的一部著作。该书以"中士""西士"问答的形式，从基督教立场出发，对朱子学中的"太极"和"理"作了批判性的介绍。1604 年，他致法国耶稣会长的书简中，也提到了有关"太极"和"理"的理论。利玛窦还撰写了《中国传教史》，后由他的同会教友金尼阁（于 17 世纪初来华）整理出版，书名为《基督教远征中国史》（1615 年初版）。这是一部详细介绍中国诸如风土习俗、宗教信仰、伦理道德和儒家经典，以及儒生在社会上的崇高地位的著作，对欧洲学者了解中国文化有启蒙作用。

利玛窦的继承人龙华民（意大利人，1559—1654）于 1597 年来中国，他用拉丁文撰写了著名的论文《孔子及其教理》，后译成法文时题为"论中国人宗教的基本问题"，这是一位著名的耶稣会士与其友探讨中国文化的文章，也是第一部向欧洲介绍朱熹理学的文章，"其价值就在于试以西方语言首次阐述在中国流传得最广的哲学观念，并对当时的

[①] 引自林金水《利玛窦与中国》，中国社会科学出版社 1996 年版，第 18 页。

文人观念作了正确的反映"①。在表面看来，它"似乎是宋儒理学的厄运，现在看来却正是宋儒理学的幸运"②。1714年10月12日，法国学者尼古拉·德雷蒙致电莱布尼茨说，他读过龙华民的《论中国人宗教的基本问题》，请求莱布尼茨对这篇论文做一评价。德雷蒙是当时法国摄政奥尔良公爵的顾问。后来德国哲学家莱布尼茨（1646—1716）主要就是从龙氏的著作中获得朱熹理学思想的。龙华民对理学的描述从此之后形成了一个起点，后来始终由哲学家和历史学家们进行研究。但是，龙氏的这本论著不为读者们所理解，因为它不是为了欧洲大众写的，而是一份内部报告或备忘录。它是根据日本和中国的省会长赵中神父的教谕而写成，因为他希望得到由在华耶稣会士们的传教实践而提出的问题的资料。该书对会长提出的三个问题都做了有条理的回答，对于传教区具有极其重要的意义。龙华民重点研究了朱熹的"理""气"和"太极"问题，认为"理"是一种原始物，最早的混沌，同时又是整个自然界的起因和基础。"理"是无限的和不灭的，但它不创造事物。宋儒理学的大部分术语和观念都出现在这本书中。③ 龙华民的汉文论著《灵魂道体说》也是批判朱熹理学的一部重要著作。

另一个通过批判而把朱熹理学传到欧洲的，较有影响的人物是方济各会的利安当。他原在福建福安传教，后来由于耶稣会的排斥，首先发难对耶稣会赞同的祭祖祭孔提出质疑，点燃中西礼仪之争（1634—1742）的燎原大火。利氏的《论中国宗教的某些观点》也是一部向欧洲反面介绍朱子理学的著作。此书后来寄给德国著名的哲学家莱布尼茨。莱氏积极地参加了礼仪问题的争论。莱布尼茨于1716年（生命的最后岁月）写出了著名的《论中国自然神学》（即《致德雷蒙先生的有关中国哲学的书简》）一文。这是一封未发出的长信，一篇学术论文。它反映了莱布尼茨的一些重要思想。19年之后（1735），科尼尔特发表了莱布尼茨的书简。这时，欧洲学者才得知莱氏这篇解释理学的论文。1981年，中国学者庞景仁先生将它译成中文，标题改为《致德雷蒙的

---

① [法]谢和耐：《中国和基督教》，耿昇译，上海古籍出版社1991年版，第42页。
② 朱之谦：《中国哲学对于欧洲的影响》，福建人民出版社1983年版，第195页。
③ [丹麦]克劳德·伦德贝克：《理学在欧洲的传播过程》，耿昇译，《中国史研究动态》1988年第7期。

信：论中国哲学》。故后来莱布尼茨说："龙华民神父和利安当神父反对我的看法，这我毫不奇怪。"①尽管龙华民和利安当对朱熹理学的批判难免带有个人的偏见，但他毕竟是欧洲对朱熹理学与经院哲学作系统比较研究的先驱者。

1620年德籍耶稣会士汤若望来到澳门，1623年来到北京。他与明朝大臣徐光启等相交，参与修订了《大统历》，受到明朝廷的重用。他在中国生活了40多年，在北京逝世。在华期间，汤若望一共著有28部著作，其中《汤若望回忆录》（三卷）详细记述他在中国的经历和包括朱子学在内的中国传统文化。他与利玛窦都为中国古典文化西传做出重大贡献。1634年，传教士郭纳爵来华，先在福州学习汉语，后派往陕西。因明清战乱，他又回到福建。他将《大学》译成拉丁文，取名为《中国之智慧》，中文、拉丁文相互对照，汉文题曰："耶稣会士郭纳爵殷铎泽同述"，为该书编者。此书稿于1662年在江西建昌刻印，共93页，另附《论语》前五章的译文和一页的序文。从这本书的"大学之道在明明德"的译文中，可以明显看出他是根据朱注意思翻译的，"大人的认识之道在于彰明美德和天赋予的圣灵，即灵魂，这样灵魂才有可能回到原先被人欲所遮蔽的净化状态"②。这与朱熹在注解"明明德"时所说"但为气禀所拘，人欲所蔽……故学者当因其所发而遂明之，以复其初也"③ 意思很相近。可见，郭氏译文中已融会了朱注的思想。

继郭纳爵之后，殷铎泽等人又将《中庸》译成拉丁文，取名《中国的政治道德》。殷铎泽于1659年与卫匡国一同来华，先抵达杭州，后往江西建昌。该书于1667年首次刻于广州，共有54页，中文、拉丁文相互对照。1669年，在印度的果阿又修订再版，1672年又从拉丁文译成法文。1637年，葡萄牙籍耶稣会士曾德昭（1585—1658）用葡萄牙文著《大中国志》，于1642年译成西班牙文。该书中介绍《易经》，是最早注意宋代理学家对《易经》的研究，认为程颐的《易传》和朱熹的《周易本义》就是阐释《易经》的重要成果。

---

① ［德］莱布尼茨：《致德雷蒙先生的信：论中国哲学》（下），庞景仁译，《中国哲学史研究》1982年第1期。
② 此处汉译文根据英文，它又是从拉丁文翻译过来的。
③ 朱熹：《大学章句》，《四书集注》，第5页。

这个时期，耶稣会士翻译"四书"等译本具有四个特点：一是中文拉丁文对照；二是字面上的翻译；三是每个汉字带一个编号，跟拉丁文对应；四是汉字也标注耶稣会士所发明的拼音。这种编辑更方便欧洲人理解朗读和记忆。

总的来说，从 16 世纪中叶到 17 世纪中叶，朱子学通过欧洲传教士的介绍，在欧洲的影响仍然很有限。

（二）朱子学在欧洲的"文化热"

经过耶稣会士们近百年的传播，从 17 世纪末开始，在欧洲逐步形成了朱子学的"文化热"。这时期不仅耶稣会士们对朱子学有更深的理解，而且欧洲有一批思想家尤其是启蒙思想家们都在深入接触和探讨朱子学，并在研究的过程中受到了各方面的启蒙。

为了借助耶稣会传教士在中国打开局面，法国国王路易十四于 1685 年 1 月 28 日，亲自从国库中拨款 9200 金法郎（Livres）作为年俸，大力资助耶稣会士赴中国传教。[①] 17 世纪中叶以后来华的欧洲传教士，都受过高等教育，有丰富的学识，并在中国长期居住，熟悉中国文献，其中不少人在中国朝廷供职。他们翻译并写了大量介绍朱子学的著作，介绍到欧洲，这促进了欧洲人对朱子学的了解。

1687 年，由比利时耶稣会士柏应理、殷铎泽和恩理格等人用拉丁文编纂的《中国的哲学家孔夫子》在巴黎出版。此书包括《大学》《中庸》《论语》的译文，以及带绘像的《孔子传》。该书不仅在译文中采纳了朱注，而且在长达 100 页的《前言》中对理学做了大量介绍。如介绍"太极"时，译文为"古代和近代中国人关于事物的第一因，质料因和动力因"[②]。柏应理等人认为理学所说的"太极"相当于亚里士多德哲学所说的"质料因"。所谓质料因，就是事物的"最初基质"，即构成每一事物的原始质料。译本在当时能被欧洲广大读者所理解，在欧洲流传广、影响大。如符腾堡大公国的大臣毕尔丰格，当他读到《中国

[①] 王殿卿：《中国儒学与欧洲启蒙思想》，洛阳大学东方文化研究院编：《程朱思想新论》，人民出版社 1999 年版，第 70 页。

[②] Knud Lundbek, "Chinese Philosopher Confucins", *The Image of Neoconfucianism Journal of The History of Ideas*, Vol. 44, 1983, p. 22.

的哲学家孔夫子》一书时，产生了对孔子的狂热崇拜，并于其主要著作《中国伦理和政治的典范理论》（1704）中，对中国人的伦理作了全面阐述。① 1719 年，《中国的哲学家孔夫子》一书被节译成英文《孔子的道德》。1735 年，法国耶稣会士杜赫德发表了《中华帝国某些文人的教派》，将《中国的哲学家孔夫子》中有关部分译成法文。对此，丹麦学者龙伯格亦强调说："孔子的形象第一次被传到欧洲。此书把孔子描述成了一位全面的伦理学家，认为他的伦理和自然神学统治着中华帝国，从而支持了耶稣会士们在近期内归化中国人的希望。"②

比利时耶稣会士魏方济于 1685 年 8 月到达澳门，1690 年进入江西南昌传教，一直到 1702 年。他在华翻译了《中华帝国六典》。这里的"六典"即《大学》《论语》《孟子》《中庸》《小学》《孝经》，其中"四书"译本是耶稣会士在欧洲的第一部完整的译本。朱熹的《小学》也是全文译成拉丁文。《中华帝国六典》于 1711 年在布拉格出版后，德国和法国两个主要刊物曾发表过书评。该译本对欧洲学者翻译朱熹的著作起了参考作用，如 19 世纪，比利时汉学家德兹翻译《小学》曾参考过魏氏的译著。德国哲学家沃尔夫于 1721 年写《中国哲学讲义》（又名《中国实践哲学》）亦研究过魏氏之书。法国汉学家雷蒙沙对该书给予很高的评价："孔子和他弟子的书从来还没有得到如此清晰的理解和如此完整的解释。"这里所说的"弟子"即指宋明理学家。瑞典乌普萨拉大学汉学家谢尔修斯借助耶稣会士翻译的"四书"，而撰写出版了《中国儒家哲学批评》一书。另一瑞典学者贝尔曼用瑞典语翻译出版了法语版的《儒家箴言》③。

1685 年后，大部分在中国的欧洲传教士是法国耶稣会士，如白晋、马若瑟、刘应、李明、宋君荣、冯秉正、钱德明等相继来华。康熙时，法国耶稣会士在华达到 90 人。1699 年，白晋著《中华帝国史》一书出版（1940 年天津再版），他认为："儒学毕竟预示着一种一般全球性道德的可能性；汉字也蕴含超越方言、地形的全球性语言的希望。"这两

---

① ［丹麦］克劳德·伦德贝克：《理学在欧洲的传播过程》，耿昇译，《中国史研究动态》1988 年第 7 期。
② 张西平：《中国与欧洲早期宗教和哲学交流史》，东方出版社 1988 年版，第 307 页。
③ 根据法国传教士 Michel Boutauld 的法文译本 Lescomseils de Ia Saqesse 的再翻译。

方面后来也被莱布尼茨所运用。而在300年后的今天，他的预言惊人地将变成现实。

马若瑟1698年随白晋来中国，在华25年。他的汉文著作有《经传议论》《六书实义》《儒教实义》等，西文著作中较有影响的是《书经的时代和中国神话的研究》《中国经学研究导言略论》《中国语言札记》。《中国语言札记》是欧洲对中国语言性质和结构作研究的第一部著作，其中对宋明理学家著作《性理大全》作了介绍，提到了周敦颐、程子、张载、邵康节、朱熹。此外，他还与欧洲友人不断通信，商讨有关的问题，其中1728年9月28日写给弗蒙特（Fourmont）题为《有关中国一神论的信札》。该信札分两部分：第一部分探讨朱熹的宇宙起源论；第二部分是说明中国同样存在与基督教相一致的关于上帝存在的观念。在这封信札中，他引用大量的中文资料论证朱子理学是一神论，反对把朱子理学说成无神论。

在"礼仪之争"十分激烈的时候，法国巴黎外方传教士大主教阿丢斯·利翁（中国名为梁弘仁）来华。他在中国居住了20多年，于1702年返回欧洲。他告诉法国哲学家尼古拉·马勒伯朗士，只有纠正中国儒生对于上帝本性的错误观念，欧洲基督教才能得到顺利的传播。为此，马勒伯朗士撰写了《一个基督教哲学家的对话——论上帝的存在和本性》。他在文章中集中论述了中国程朱理学的"理"与西方基督教的"上帝"的异同。

1715年，俄国派遣东正教士团来华传教。该教士团在北京首先将朱熹"四书"译成《四书解》出版，还将朱熹的《通鉴纲目》译成俄文，传入我国。俄国伟大的人道主义者冯维辛把德文版的《大学》译成俄文出版。1765年，诺维科夫写的《中国哲学家程子给皇帝的劝告》（程颐《为太中上皇帝应诏书》的摘译），于1770年2月发表在《雄蜂》杂志上。1779年，《大学》被译为《大学注》，刊载在《科学院消息》（1780年第11期）上。1780年，列昂季耶夫又翻译出版了《大学》，并于1801年以"大学，或包含中国高级哲学的大学科"为题收入《爱说真理或圣人的袖珍本》一书。同年，他将《中庸》译为《中庸，即确定不移的法则——摘自中国哲人孔子的传说》并加注释出版。1784年，阿加封诺夫将《中庸》译为《论忠的书》

出版。此外，俄国学者还从法国启蒙思想家获得了许多有关中国儒学家的资料。

1744年，布鲁凯在莱比锡出版了《批判哲学史》，其中包括有关中国哲学内容的一章很长的文字。他把理学称为"中世纪的玄学"，主要内容引自龙华民著的《论中国宗教的几个问题》第4—11章和第15章。他认为中国的全部哲学都是"无砂的白灰"，中国的哲学家们既不是亚里士多德派，也不属于斯宾诺莎派，而明显与斯多葛主义相似。"理"和"太极"就是斯多葛派的"宇宙灵魂"。

18世纪初，法国耶稣会士冯秉正翻译了《易经》，译稿现藏巴黎。该书稿直到1839年才出版，出版时书名为《〈易经〉，耶稣会士对汉文古籍的译文》。全书除了译文之外，还包括大量注释、考证和多种长篇的论述。1728年，刘应也对《易经》进行了注释，其中提到了周敦颐和朱熹。法国神父汤尚贤著有《易经注》。这些作品对欧洲知识界进一步了解和研究《易经》起到重要的作用。

1770年，法国汉学家德经发表了宋君荣神父的《书经》译文和马若瑟、刘应研究《书经》的长文。他于第一章中研究了周敦颐、二程和朱熹四位理学家。他认为朱熹并不比苏格拉底和柏拉图更持无神论观点。特别是他还讲到对"无极而太极"一句名言的解释问题。

19世纪初，法国巴黎出版了巨著《有关中国人的历史、科学、艺术、风俗和习惯的论著》（简称《中国杂纂》）。中国传教区的元老韩国英于1782年写的《论中国人的哲学》一文被该书的第8卷收入。韩氏在文中阐述了周敦颐和朱熹的思想。在华生活25年之久的钱德明的《由不朽著作证实的中国之古老历史》一文也被《中国杂纂》第2卷收入。钱氏在文中认为"近代派"理学家们的观点是唯物主义的。理学家们所说的"太极"就是万物之本原。据统计，16世纪至18世纪在欧洲出版的中国文化典籍，文化传统和风俗习惯的著作多达262部。①

随着耶稣会士日益频繁地往来于中欧之间，大量书信文章不断寄往

---

① 宋瑞芝：《人类不同文明的互动：文明冲突与交融史》，湖北人民出版社2007年版，第54页。

欧洲。1702年，法国卢安哥比神父编辑的《耶稣会士书简集》，后经杜赫德、巴图耶、马雷夏尔主编，到1776年共出版了34大卷。柏格夫于1780年按书简寄出地分类刊行26卷，其中有9卷是中国书简。1819年经过压缩而为14卷，其中有关中国的书简也有6卷，在法国里昂刊印。[①] 所以，美国学者埃德蒙·莱特斯说："最典型的传送方式，就是透过在东方的传教士之书信，委托给返回欧洲的教士。这些书信结集出版后，成为18世纪欧洲士人间大量流通的读物。书志编纂者，对这些书信集散的状况加以研究，结果显示散布之广相当可观——从波兰到西班牙，都有所发现。"[②]

在17—18世纪的欧洲，有一批大思想家都曾经非常热心中国儒学，如笛卡尔、莱布尼茨、伏尔泰、霍尔巴赫、亚当·斯密等。

17世纪初，法国著名的哲学家笛卡尔（1596—1650）阅读到利玛窦的拉丁文"四书"和《天主实义》，接触到朱子学。他在其《沉思录》和《探求真理的指导原则》书中，认为世界是二元的，一边为精神，一边为物质，上帝则在此两端之外……中国是无神论国家。法国启蒙思想家的先驱者培尔亦认为，中国社会"是无神论的社会的实例，中国哲学无疑也就是无神论的哲学了"[③]。马若瑟《关于中国一神论的信札》，就是反驳他们把朱子理学看成无神论而写的。笛卡尔高举理性这面大旗，批判宗教神学，使唯物主义的发展在18世纪的欧洲占据了绝对的地位，为欧洲启蒙运动奠定了思想基础。

德国著名的哲学家莱布尼茨（1646—1716）在罗马结识了由中国返回欧洲的耶稣会士闵明我，获得了许多关于中国的第一手资料。他于1697年在《中国近况》一书的序言中，曾经建议："鉴于我们道德急剧衰败的现实，由中国派传教士来教我们自然神学的运用与实践，就像我们派传教士去教他们由神启示的神学那样，是很有必要的。"他极崇拜中国儒家哲学的自然神论，在《致德雷蒙的信：论中国哲学》中说，"这种哲学学说或自然神论是从约3000年以来建立的，并且极有权威，

[①] 姜林祥：《儒学在国外的传播与影响》，第242页。
[②] ［美］埃德蒙·莱特斯：《哲学家统治者》，庞景仁译，《中国哲学史研究》1989年第1期。
[③] 引自朱谦之《中国哲学对于欧洲的影响》，第357页。

远在希腊人的哲学很久很久以前"①。他在《人类理学新论》中，根据龙华民的著作得出："理"是万物之本原，"气"是制造理的工具，"太极"仅仅是"理"的同义词，"上帝"是基督造物主的通俗名称。他还对理学形象与基督教理和近代欧洲哲学进行了比较研究。②莱布尼茨是一位受中国文化影响较深的哲学家。他从朱子理学中汲取营养，提出了著名的"唯理论"学说。

康德（1724—1804）是一位深受朱熹思想影响的著名哲学家。他在《宇宙发展概论》中提出的天体起源假说，把宇宙描绘成一个物质的发展过程和"大自然是自身发展起来的没有神来统治它的必要"的观点，与朱熹的宇宙哲学中的"阴阳二气的宇宙演化论"的观点是十分相似的。所以，他被人称为"歌尼斯堡的伟大的中国人"。17—18世纪欧洲流行的"中国文化热"，最终汇集到作为启蒙哲学集大成的康德思想体系中去。

18世纪法国启蒙运动的领袖伏尔泰（1694—1778），他从耶稣会士巴多明（1728—1740年在华）的通信，及莱布尼茨的著作中了解到中国发达的文明。伏尔泰与培尔不同，他主要是受到朱子理学为有神论的影响。这是因为他更多地受到欧洲象征主义者的宣传，尤其是傅圣泽多次告诉他，在中国几乎看不见无神论的哲学家。因此，伏尔泰是基于理学为有神论的立场来赞美朱子理学的。他认为，朱子理学是一种"理性宗教"，中国人"是在所有人中最有理性的人"③人类文明、科学技术的发展，都是首先从中国那里开始的，而且在很长一段时间内遥遥领先。他在《哲学辞典》中说："我全神贯注地读孔子的这些著作，我从中吸取了精华，除了最纯洁的道德之外，我从未在其中发现任何东西，并且没有些许的假充内行式的蒙骗的味道。"他宣称："在道德上欧洲

---

① ［德］莱布尼茨：《致德雷蒙先生的信：论中国哲学》（上），庞景仁译，《中国哲学史研究》1981年第3期。
② ［丹麦］克劳德·伦德贝克：《理学在欧洲的传播过程》，耿昇译，《中国史研究动态》1988年第7期。
③ 引自［丹麦］克劳德·伦德贝克《理学在欧洲的传播过程》，耿昇译，《中国史研究动态》1988年第7期。

人应当成为中国人的徒弟。"①

霍尔巴赫（1723—1789）是法国18世纪启蒙运动中最杰出的唯物主义哲学代表人物，"百科全书派"的领导人。他在《社会体系》一书中说："人们感到，在这个幅员辽阔的国家中，伦理道德是一切具有理性的人的唯一宗教"，"中国是世界上唯一的将政治和伦理道德相结合的国家。这个帝国的悠久历史使一切统治者都明了，要使国家繁荣，必须仰赖道德。"他主张以德治国，用"德治"一词，著了《德治或以道德为基础的政府》一书，公然宣称："欧洲政府必须以中国为模范"，法国要想繁荣，必须"以儒家的道德代替基督的道德"②。

英国著名的思想家亚当·斯密（1723—1790）在《国富论》中说："中国一向是世界上最富裕的国家，就是土地最肥沃，耕作最精细，人民最多而且最勤勉的国家。"他从法国重农学派那里吸收了"自由放任"的思想，从耶稣会士那里获得朱熹遵循自然法则来增加社会财富的思想。这为他探讨如何增加国民财富，提供了有益的材料，并建立起资产阶级的政治经济学说。

1945年，美国汉学家顾立雅出版了《孔子与中国之道》一书。他对中国儒学在17—18世纪对欧洲的影响，尤其是对法国启蒙学者的影响作了极其翔实的阐释。他在该书一开头就明确指出："哲学的启蒙运动开始时，孔子已经成为欧洲的名人。一大批哲学家包括莱布尼茨、沃尔夫、伏尔泰，以及一些政治家和文人，都用孔子的名字和思想来推动他们的主张，而在此进程中他们本人亦受到了教育和影响。"③

18世纪末，"欧洲文化优越论"兴起，由传教士打开的朝向中国的窗口被关上，朱子理学在欧洲的传播受到影响。

（三）近代新教传教士向欧洲介绍朱子学和"汉学热"的兴起

1807年，新教传教士、伦敦会的马礼逊来到中国，标志着近代新教传华之始。他1824年从中国返欧洲时，带回一万卷中国图书，其中

---

① ［美］顾立雅：《孔子与中国之道》，高专诚译，山西人民出版社1992年版，第374页。
② 引自［法］霍尔巴赫《自然的体系》（下），管士滨译，商务印书馆1977年版，第319页。
③ ［美］顾立雅：《孔子与中国之道》，第2页。

有不少理学著作。1836年，布里奇曼将朱熹《小学》译为英文出版，1848年他又将《朱子全书》中关于宇宙、天地、日月、星辰、人物、鸟兽的若干文字译成英文。该译本虽只有7页，但却是欧洲新教传教士认识并翻译朱子原始资料的开始。1852年，英国著名的传教士理雅各发表了《中国人的神鬼观》一书。他主张用"神"而不是"上帝"来指天主，并批评理学家（特别是朱熹）如同"打牌一样"地玩弄"太极""理""气"和"道"等术语。[①] 1856年，理雅各将朱熹的"四书"译成英文，并且在译本里附上原文、注释及长篇绪论，于1861年出版。他又与中国学者王韬合作用英文翻译了"五经"，并且以《中国经典》为名分卷予以出版。他于1873年回国后，大力宣传儒学，并英译了十三经中的十种。其厚重注释深刻影响着欧洲后来学者对儒家经典的阅读理解。《各国时事类编》（卷九）说："理雅各游华多年，博览群书，以'四书'《诗》《书》《左传》译为英文，现充书院讲解，华文教习。"后来，理雅各成为牛津大学第一位汉学家。

1876年，英国的汉学研究进入大学殿堂。伦敦大学、牛津大学、剑桥大学都设有汉学系，开展儒学研究。1876年，乔治·卡布兰茨翻译了朱熹的《太极图说解》；1879年，威廉·格鲁伯用德语选译了《朱子全书》中关于"理"与"气"的章节和朱熹的《通书》；1887年，查理·德阿雷从高攀龙的《朱子节要》中选部分章节译成法文，1892年他又翻译了朱熹对《正蒙》与《西铭》的批注；1906年，利昂·威格发表著作《哲学引述：儒教、道教、佛教》，并在该书中专设一章论朱熹的"理气""阴阳""生死""天命""善恶"等哲学范畴；1922年，佩里·布鲁斯用英文翻译了《朱子全书》中的有关章节，书名为《朱熹著：人类本性之理学》，专门讨论人的本性、人的命运和自然界的本性等问题。此外，英国传教士詹宁斯、阿连璧还翻译了《诗经》，朱熹的《资治通鉴纲目》也被翻译出版。

英国著名的历史学家汤因比（1889—1975）在论及中国文化时说："几千年来，中国人比世界任何民族都成功，他把几亿民众从政治、文

---

① ［丹麦］克劳德·伦德贝克：《理学在欧洲的传播过程》，耿昇译，《中国史研究动态》1988年第7期。

化上团结起来,显示出这种在政治、文化上统一的本领。"①

1815年,法国学院式的汉学研究诞生。当时在法兰西学院为雷慕沙(法国汉学家)开设了汉语讲座。《亚洲论丛》第五卷中有雷慕沙的遗著《论中国的哲学》。他叙述了儒教于11世纪的重要变化,即朱熹的著作中提到了"太极"为万物之本原,指天、命、性范畴。"太极"以动和静两种形式出现,这就是宇宙的实质,从而导致了对朱熹的唯物主义诠释。雷慕沙的学生鲍狄埃于1844年出版了《中国哲学史大纲》,对中国哲学进行了全面介绍。该书后来成为欧洲学者关注中国哲学的入门教材。因受马若瑟神父《论中国人的独神主义》书简的启发,鲍狄埃写成了有关"后儒"(指理学)的论著。他从周敦颐《太极图说》开始,认为"无极而太极"中的"而"字仅是一个语法连词,不表示因果和启程顺序。他还引证了朱熹与陆象山在"无极"问题上的观点进行论辩,并利用亚里士多德术语,讲到了动力因和唯物论的问题。1861年,鲍狄埃又在发表《有关中国人的独神主义的书简》(1728年,耶稣会士从中国寄出的)时,并重新论述了理学问题。这使新教传教士们有关中国人是否有过真正上帝的问题,争论激烈起来。这些书简中有大量汉文典籍的引文,其第一部分解释了宋代颇为发达的宇宙观,包括朱熹哲学的论述。因为所有近代人都追随朱熹的无神论。

法国崇拜中国文化者顾赛芬(1835—1919),用法语和拉丁语对中国古籍"四书""礼记"、《诗经》和《春秋左传》进行了翻译。他的《汉语古文词典》是研究中国古籍十分珍贵的工具书,在欧洲至今仍是人们必备的汉语古文词汇工具书。1867年,伟烈亚利的《中国文献记略》(有6500篇提要)在上海出版。他对程朱理学的文献作了提要,列举了许多版本。1874年,梅辉立的《中国教科书文选》(有800篇提要)在上海出版。该文选收集了不少理学先师们的传记,其中提到王守仁(即王阳明)代表着理学的顶峰。1874年,麦克拉奇的《儒教宇宙观,哲学家朱夫子全集》第49卷译文亦在上海出版。他以所谓异教徒的古代世界观为出发点来解释中国人的宇宙观,并认为神是一种具有生

───────

① [英]汤因比、[日]池田大作:《展望二十一世纪》,荀春生、朱继征译,国际文化出版公司1989年版,第292页。

命力的宇宙空间，是一种造物主，在西方被称为"天"。所有这一切都存在于孔子和朱熹的著作中。① 1894 年，法国传教士高尔撰写了《朱子之书用到》等。

19 世纪后期，德国汉学研究机构开始建立。1887 年，东方语言研究所在柏林建立，并开设有汉语教学课程。接着，莱比锡、哥廷根、波恩等大学也相继设立了汉学教授席位。此后，德国汉学研究发展较快，具有代表性的是卫礼贤的经学、福兰阁的史学、费尔克的哲学、柴赫的训诂与文学，构成了德国的所谓"四库全书"。

早在 1837 年，德国慕尼黑大学东方学教授内曼（K. F. Neumann，1793—1870）在著名的《历史神学杂志》上发表了长达 88 页的对朱熹理气思想的德文译介成果。译者着眼于"道统传续"，首先对朱熹之前的中国思想脉络进行了一番梳理，然后对承接道统的朱熹思想作了评价，其对朱熹思想的最终定位是："朱熹乃是中国的亚里士多德，他的著述是他的时代与他的民族之信念与知识的集大成者。"② 1876 年，德国汉学家甲柏连孜（Geor von der Gabelentz）翻译了《太极图说解》，并以此译文和相关研究获得博士学位，后任莱比锡大学教授。1879 年，柏林大学顾路柏教授（Wilhelm Grube，1856—1908），选译朱子关于理气若干条，翌年又从《性理精义》中翻译周子通书于朱子的注释。1886 年，汉学家威廉·硕特（Wilhelm Schott）出版了《对中国博学之士朱熹的评论》。

18 世纪末，德国传教士魏晋就编纂出版了《汉德词典》（选汉语词汇 2200 个），为迄今所知最早的汉德词典。1881 年，汉学家甲柏连孜又出版了名著《汉学辞典》，为德国汉学研究做出了贡献。德国近代哲学家叔本华（1788—1860），长期对中西哲学作比较研究。其著作常引用朱熹的语录，十分肯定朱熹哲学的价值。朱谦之对此评论说："朱熹哲学在 1735 年既已介绍到欧洲。叔本华哲学——自然意志说，无论他自己承认，其和朱子发生了关系，却是决无可疑的事实了。"③

---

① ［丹麦］克劳德·伦德贝克：《理学在欧洲的传播过程》，耿昇译，《中国史研究动态》1988 年第 7 期。
② 张柯：《德文语境中的朱熹思想》，《孔子研究》2013 年第 3 期。
③ 朱谦之：《中国哲学对于欧洲的影响》，第 362 页。

19世纪，俄国沙皇东正教士团为了便于开展传教，亦为了汲取中华文化的精华，加强了汉学的研究。俄国汉学奠基人、东方学家雅金甫修道院长比丘林（在西方称为夏真特，1777—1853），于1807年被沙皇派遣为东正教第九届北京传教士团长而来华。他在北京14年，发表了许多有关中亚和远东的著作，编纂了《俄汉辞典》和《俄汉语言字典》。他的《中华帝国的统计资料》（1842），在法国和德国广为流传。比丘林书中讲了周敦颐，阐述了他的宇宙观及某些具体情节，翻译了《太极图说》和《通书》。接着，他讲到朱熹，认为朱熹撰写了《六经》的疏注，总结和整理了一些观念，使人接受了他对作为国家正统哲学的解释。

1876年，乔治·加贝敦茨在博士论文《朱熹注有关太极的〈太极图〉》中，认为周敦颐是一元论者。他提到了中国哲学史上的断裂问题，在孟子和周敦颐之间没有出现过一部重要的哲学著作。他认为朱熹是伦理和自然哲学的结合者。他的学生格罗贝，曾在圣彼得堡大学学习过东方历史和语音。1879年，他在圣彼得堡皇家科学院读了《性理新义》（1715年版《性理大全》之修订册节本）第10卷的汉文和满文文献的译注文。他在该文序言中论述了"道""理"和"太极"之间的关系，认为"太极"与斯宾诺莎的"自由"论相同。格罗贝的博士论文《朱熹的〈通书〉》（1880）认为，朱熹全部著作的目的在于调和儒、释、道三教。托尔斯泰（1828—1910）从理雅各《中国经典》（英译本）转译了《大学》，而写了论《大学》的论文，准确地阐释了《大学》的旨意，并且表述他完全赞同和接受《大学》的思想。他在论《大学》中说："中国学说的核心是这样的，真正的学说教育人具有崇高的善。"

19世纪俄国极具权威的汉学家瓦西里耶夫（1818—1900），于1840年作为第十二届东正教使团学员到中国留学十年。后来，他将汉学研究基地——东正教使团从北京迁移到俄国，并使汉学教育由个别汉学家开办（如比丘林办的东方学家雅金甫修道院等），转移到高等学校，为俄国汉学培养了大批人才。1880年出版，他将《论语》译成俄文，并且最早在大学里讲授。他还将《诗经》按照《风》《雅》《颂》的类别给予翻译，加以评论，并提出欧阳修、孔颖达、朱熹的注释都值得商榷。

1884年，他又译注了《论语》。

1896年，俄国德·科尼西将《中庸》译为《中间和忠实——孔子弟子的圣书》，并加注释刊载在1896年的《哲学和心理学问题》（第4册）上。同年，波波夫将《孟子》译为《中国哲学家孟子》，并加孟子传略和注释出版。1896年，德·科尼西又将《孝经》译为《论孝敬父母的书》（节选），等等。19世纪，俄国翻译的中国典籍、论著和论文有50种。[1] 1889年在斯德哥尔摩和克里斯蒂亚纳举行了第八届东方学代表大会。许多国家的汉学者出席了这次大会，如日本著名的朱子学家井上哲次郎就在大会上作了《性理新义》学术演讲。

瑞典传教士到中国传教要晚于欧洲其他国家，直到19世纪时，瑞典才开始派传教士到中国传教。其中较为著名的有福尔克、安特生、高本汉等。

福尔克在中国传教40年，搜集了许多中国资料，撰写出版了三卷本德语中国哲学史巨著，分别为《古代中国的思想家》《中古中国哲学史》《近现代中国哲学史》。他把宋代哲学作为近代哲学的起点，对宋代以来的中国哲学有极高的评价。他说："先秦时代是智慧的时代，宋代和明代是真正的哲学之时代……只是从宋代以来，这些基本概念才真正得到了哲学性思考，最高的难题被把握住了，独创性的解答被发现了。"[2] "朱熹掌握了他的时代的全部知识，因此堪与亚里士多德、阿奎那或者莱布尼茨相提并论。"[3] 福尔克在研究宋代哲学时主要依据的文本是《朱子全书》《性理大全》《宋元学案》等。他之所以如此高调地评价宋代哲学，其根本因为是他对朱熹哲学有极高评价。[4] 安特生于1914年来中国，在华居住十年，深受朱熹的"格物致知"思想之影响。他从考古发掘工作出发，认为考古与发掘工作就是格物致知，而格物须知至，才会成为博学之人。他出版了《中国史前文化研究》的汉学考古研究专著。高本汉（瑞典汉学奠基人）根据朱熹《诗集传》中的音

---

[1] ［俄］彼·叶·斯卡奇科夫：《中国书目》，莫斯科1932年，第465—474页。
[2] Alfred Forke, *Geschichte der Neueren Chinesischen Philosophie*, De Gruyter 1938, Vorwort, VI.
[3] Ibid., S. 201.
[4] 张柯：《德文语境中的朱熹思想》，《孔子研究》2013年第3期。

韵学考证古音的办法，为其中的 1571 个汉字找到了相应的古音，为之确定了古韵尾。他的《古汉字汇释》于 1940 年出版，后来他又经修改，定书名为《古汉字汇释新编》，于 1957 年再版。他对《诗经》和《书经》作译注，出版了《诗经译注》《书经译注》，为欧洲学者准确解读《诗经》《书经》，提供了重要参考书的作用。①

（四）现代的欧洲朱子学研究

进入 20 世纪后，法国汉学界对 17—18 世纪形成的"中国文化热"，以及"中学西渐"的课题作了大量的研究。如在巴黎出版的著作就有：安田朴的《入华耶稣会士和礼仪之争》《中国文化西传欧洲史》，危席晔的《耶稣会士中国书简选》，克里斯蒂亚纳·费莱蒙的《莱布尼茨有关中国自然神学的论述》，谢和耐的《中国和基督教》，丁肇庆的《法国人 17 世纪中叶至 18 世纪中叶间对中国的描述》，等等。此外，庞景仁用法文在巴黎出版了《马勒伯朗士的神和朱熹的理》，指出朱熹的"理"富有精神性，这时的欧洲人才开始明确了朱熹的"理"和天主教"神"之异同。他还将《朱子全书》中理气部分译成法文。戴鹤白将《朱子家训》译成法文，在欧洲广为传播。

英国现代对朱子学的研究主要表现在翻译或撰写出版了许多关于朱熹的著作。如 1906 年，戴神父编译《朱子语类》64 条；1906 年，利昂·威格发表著作《哲学引述：儒教、道教、佛教》，并在该书中专设一章论朱熹的"理气""阴阳""生死""天命""善恶"等哲学范畴；1922 年，佩里·布鲁斯用英文翻译了《朱子全书》中的有关章节，书名为《朱熹著：人类本性之理学》，专门讨论人的本性、人的命运和自然界的本性等问题，1923 年他又在伦敦出版了《朱熹和他的老师们》；1923 年，卜道成（1861—1934）著《朱熹和他的前辈们：朱熹与宋代新儒学导论》；1938 年佛尔克编写《新编中国哲学史》，对朱熹哲学作了全面介绍；1943 年，休斯用英文翻译了《大学》和《中庸》，并合为一书，该书在导论中，以"《新哲学》和《大学》与《中庸》"为题，论述了莱布尼茨与中国哲学的关系；1955 年，萨金静著《朱熹修养

---

① 张静河：《瑞典汉学研究概述》，《传统文化与现代化》1995 年第 4 期。

方法》。

1956年，李约瑟对朱熹自然哲学思想给予了高度的肯定。他说："在中国的文献中，有关山岳成因的论述，是极为丰富的，其中最有名的是新儒家朱熹"[①]，"朱熹是第一个辨认出化石的人"[②]；又说："当爱因斯坦时代到来时，人们发现一长串的哲学思想家已经为之准备好了道路——从怀特海上溯到恩格斯和黑格尔，又从黑格尔到莱布尼茨——那时候的灵感也许就完全不是欧洲的了。也许，最现代化的欧洲的自然科学理论基础应该归功于庄周、周敦颐和朱熹等人的，要比世人至今所认识到的更多。"[③]

20世纪的德国，对朱子学的研究主要是大学的汉学院系的学者们。汉学家卫礼贤（1873—1930）在中国传教22年之久，对中国高度发达的古代文化深表钦佩。他于1920年回国后，创办了法兰克福大学汉学研究所，讲授中国古典哲学。他著有《中国文明简史》《中国魂》和《东亚，中国文化圈的形成和变化》等著作。1920年后，他又翻译了"四书"、《礼记》《易经》《庄子》《列子》《吕氏春秋》等。尤其是用德文翻译的《易经》，被欧洲学者公认为，它是相当准确无误的。德国学者夏春瑞说："他那认真细致尤其是文笔优美的译文为本世纪欧洲适当地接受中国文化奠定了基础。"[④] 1917年，德国著名翻译家弗兰兹·库恩（Franz Kuhn）发表了《中国皇帝关于朱熹的九条诫命》。1923年，汉学家利奇温出版了《十八世纪中国与欧洲文化的接触》。该书指出："认识中国文化对于西方文化发展的重要性。"[⑤]

20世纪30年代，经中德两国学者推动，德国在北平（今北京）成立了中德学会。其目的是沟通中德文化，促进两国学术交流。德国学者

[①] ［英］李约瑟：《中国科学技术史》第5卷，何兆武等译，科学出版社1975年版，第264页。

[②] 《李约瑟文集》，陈养正等译，辽宁科学出版社1986年版，第115页。

[③] ［英］李约瑟：《中国科学技术史》第2卷，何兆武等译，《科学思想史》，科学出版社、上海古籍出版社1990年版，第538页。

[④] ［德］夏春瑞：《德国思想家论中国》，陈爱政等译，江苏人民出版社1995年版，第277页。

[⑤] ［德］利奇温：《十八世纪中国与欧洲文化的接触》，朱杰勤译，商务印书馆1962年版，第128页。

对宋明理学的研究颇为重视。

1948年，德国汉学家葛拉福（Olaf Graf，1900—1976）神父撰写发表了比较哲学论文《朱熹与斯宾诺莎》；1953年，他耗费多年的心血，完成了《近思录》的德文译本。该译本共三篇（第一篇为《概论》，第二篇为《近思录》与叶采《近思录集解》之翻译，第三篇为翻译之附注）。陈荣捷先生评价此译本说："在概论中详言近思录与其思想在理学上之位置。又于佛教、道教，与西方思想，尤其是斯宾诺莎相比较，实为朱子研究一大进步。"[①] 1970年，葛拉福神父又出版德文研究著作《道与仁：中国宋代一元论中的实然与应然》。该书将宋代朱子理学看作是一元论的哲学，反对视为二元论的哲学。陈荣捷先生评其书说："以近思录为出发点，泛论宋代理学而以朱子为中心，所论太极、理气、人道、天地之心等，虽乏完整，而言之成理。"

1963年，汉学家孔达（Victoria Contag）发表了《对古人朱熹的认识》；1985年，汉学家尤塔·维沙里乌斯（Jutta Visarius）出版了《朱熹形而上学研究》专著；1987年，波鸿大学教授欧阳师出版了《新中国的思想史研究：当前对朱熹及其理气论的评价》博士论文。1964年，汉学家施唐格翻译出版了《论语》。1987年，联邦德国学者余蓓荷教授把日本学者岛田虔次的《朱子学与王明阳》译成德文。1988年，汉学家欧阳博（Wolfgang Ommerborn）先后发表了《朱熹学说中对人的哲学考察》《新儒家朱熹的生平与思想》《朱熹对孟子仁政理论的接受和这种理论的哲学根基》《评叶翰的〈从程颐到朱熹：胡氏家族传统中的正道论〉》。1989年，汉学家傅敏怡（Michael Friedrich）发表了《传统与直觉：朱熹学派的渊源史》。1990年，汉学家朗宓榭（Michael Lackner）发表了《朱熹是黑格尔之前的"黑格尔"么？在中国和当代西方之间的理解难题》。1997年，莱比锡大学教授莫里茨（Ralf Moritz）发表了《概念与历史：论朱熹》。1999年，汉学家崔海硕（Hae-suk Choi）出版了比较哲学领域的研究专著《斯宾诺莎与朱熹：斯宾诺莎伦理学与朱熹新儒家学说中的作为人之存在根据的绝对自然》。

2001年，中国学者林维杰在法兰克福出版其博士论文《理解与道

[①] 陈荣捷：《朱子论集》，学生书局1982年版，第430页。

德实践：朱熹儒学与伽达默尔哲学解释学之间的比较》。2001年，著名汉学家鲍吾刚出版了一部全新的中国哲学史专著：《中国哲学史：儒家、道家、佛教》。这是一部较为系统的哲学史著作，其中用20页篇幅探讨了朱熹哲学，分为"理、人性与爱、物与心、新的经典著作、朱熹与伟大的综合"五个环节分别展开。他认为，北宋道学的基本特性在于对"宇宙论"建构和对"存在"的重新发现，但又因此出现了两极性倾向，而朱熹的功绩就在于他对此做出了一种"伟大的综合"。

2003年，汉学家叶翰出版研究专著《从程颐到朱熹：胡氏家族传统中的正道论》。他认为朱熹思想吸收了胡宏和张栻的许多思想，其思想体系中的许多内容都来自湖湘学派，但较之湖湘学派，朱熹思想有更为强大的、兼收并蓄的纯粹学术精神，也因此而得以成功。此书原系1999年在汉堡大学提交的教授资格论文。2006年，欧阳师又出版新作《戴震对孟子的接受与他对朱熹学派的批判》，该研究分别从哲学思想和政治思想两个层面进行展开论述。2008年，欧阳师又译注出版了《近思录》。该译本通过大量评注和阐释，试图在德语释著中树立一个最有影响力的文本。2009年，托马斯·塔贝利（Thomas Tabery）博士出版了研究颜习斋哲学专著《自身教化与世界构形：颜元的实践论哲学》。该书对朱熹的理气作了较为详尽而深入的专题研究。汉学家苏费翔将《朱子家训》译成德文。

现代，德国学者对待朱子理学的态度，既不像莱布尼茨那样推崇，也不像黑格尔从其对孔子思想意义的判断出发，断言中国没有哲学。他们肯定中文是人类历史上少有的几种天生的哲学语音。这反映了现代德国学者对历史事实的尊重。季羡林先生对现代德国学术评论说："德国学术，不管是社会科学，还是自然科学，成绩斐然，名家学者灿如列星，在国际上一向享有盛名，受到各国学者的热烈赞扬。"[①]

1903年，俄国成立了研究中亚和东亚委员会，加强了对东亚地区文化的研究。汉学家波兹涅耶娃（1908—1974），翻译出版了《论语》《孟子》和《春秋》等儒学典籍。1987年，汉学家李谢维奇出版了《圣贤著作选》（共三篇），其中第三篇为《朱子》。1989年，西门诺科

---

① 季羡林：《德国学术论文选译·序》，香港中文大学出版社1981年版，第6页。

选译《论语》。1993年，俄罗斯在莫斯科召开了儒学国际会议，设立孔子学院，开展中俄文化年活动。

　　进入现代，西班牙翻译了许多儒家经典。1945年，《儒家的政治社会哲学》（中文版）被译成西班牙文，并在布宜诺斯艾利斯出版。该书向西班牙人介绍了儒家尤其是理学家的政治观和社会观。1954年，胡安·倍尔瓜和何塞·倍尔瓜共同翻译出版了《关于政治、哲学、道德的中国〈四书〉》。1969年，胡安·倍尔瓜又单独翻译出版了《古代中国关于哲学、政治、道德的五本伟大的图书：〈书经〉、〈大学〉、〈论语〉、〈春秋〉、〈孟子〉》，1960年，他又出版了由法文版转译成西班牙文的《孔夫子与中国人道主义》。1968年，胡安·赫多和海玫·邬亚共同把英文版的《东方哲学：孔夫子及其他》转译成西班牙文。该书分两部分：第一部分是介绍《大学》《中庸》和《论语》，第二部分是讲《道德经》。① 西班牙翻译介绍"四书"的版本较多，据伊多·阿尔比亚加的《中国文学翻译在西班牙》的统计，有西班牙文本的"四书"有21个版本。其中从中文直译的有两个版本：一是1981年在马德里出版的《孔子·孟子·四书》，2002年又在巴塞罗那再版；二是安娜·苏娅雷斯的《论语：思考与教育》，1997年在巴塞罗那出版。从英、法、德等文转译为西班牙文的"四书"有19个，而最有影响的是卡尔多纳·卡斯罗的《智慧的四书》（由法文转译）。②

　　20世纪开始，瑞典的汉学研究兴盛，出现了许多成绩斐然的汉学家。如著名的汉学家吉蒂·卡尔格林，他曾在中国执教多年，对中国的诸多问题都有研究，特别是对中国白话文研究得很深。他以《朱子全书》为对象，用历史统计和对比的方法来分析《朱子全书》中各类词汇性质和方言色彩，论证白话文在南宋流行的程度。1958年，他将研究结果写成博士论文《关于〈朱子全书〉所揭示的宋代白话文的研究》。③ 该博士论文阐述了朱熹语言学对宋代语言发展，尤其是对白话文的发展起了重要的作用。瑞典人类学博物馆馆长卜斯文对《周礼》

---

① 程利田：《朱子学在西班牙的传播和影响》，《朱子文化》2013年第3期。
② 何芳川主编：《中外文化交流史》（下卷），国际文化出版公司2008年版，第893页。
③ 何芳川主编：《中外文化交流史》（下卷），第893页。

作了系统的研究，写出了学术论著《论〈周礼〉》一书，并于1961年出版。汉学家罗多弼译注了戴震的《孟子字义疏证》，撰写出版了《戴震和儒家思想的社会作用》著作。他的代表作是《反思传统：后毛泽东时代中国的马克思主义和儒家学说》（论文）。[1] 此外，1984年，瑞典建立了亚太研究中心。1986年，斯德哥尔摩大学、皇家图书馆、远东博物馆三家收藏的中文图书合并，成立了东亚图书馆，为中国儒学研究提供了图书资料服务。20世纪80年代后，瑞典的斯德哥尔摩、哥德堡、乌普萨拉等大学的汉学系都以宋明理学研究为重点。[2]

总体来看，作为朱子学在欧洲传播载体的耶稣会士，在中西文化交流还只能借助宗教传播形式而进行的时代，他们把朱子理学介绍到欧洲。尽管他们站在唯基督教独尊的立场上，评判朱子理学的是与非、有神与无神、唯物与唯心，致使在中西文化交流中带来不成熟、不完满的结果。但是，如果没有耶稣会士对朱子理学的传播，哪怕欧洲对朱子理学这种有限的认识，也许要推迟很长一段时间。因此，从这个意义上来说，他们对中西文化交流的贡献是显而易见的。

欧洲启蒙思想家、哲学家通过传教士把朱子理学的著作译成西文，间接地了解到朱子理学，并从中获得有益的启迪，形成了一百多年的"中国文化热"。朱子理学与欧洲启蒙思想相结合，也为近代欧洲哲学的开创提供了一定的思想资源。从这一历史事实来看，包括朱子学的中国文化对欧洲文化发展的影响是很大的。

二　早期耶稣会士对朱子学的理解

1582年4月，欧洲耶稣会士进入中国内地传教后，他们学汉语，读经书，用"四书"学习中文。因为，"四书"是宋末以降中国流行最广、影响最深的一部著作，是明清两代朝廷取士的教科书。传教士看到了这一点，他们仿照中国儒生，把"四书"看作是来华传教初习儒学的必读书，把熟谙"四书"看成跻身文人社会圈子的敲门砖。一位欧

---

[1] 该文载于台湾汉学研究中心编《中国人的价值观国际研究论文集》，台北，1992年。
[2] 程利田：《朱子学在瑞典》，《朱子文化》2012年第5期。

洲传教士说："在当时至少要背诵几句'四书'中的格言，因为他们所听到得没有什么要比引用他们自己的书的话更能打动他们。"他在谈到自己学习的经过时说："我首先抄写了全部的'四书'，把字写在练习簿的左边，看着我助手写的笔顺，一划一划地写，在反面，我写上他们给我讲的各种解释和评论。"① 在学习"四书"的过程中，耶稣会士从其中体现的朱子思想，获得了对朱子理学的了解，并将"四书"翻译成西文。

（一）罗明坚对朱子学的理解

罗明坚是第一个将"四书"译成拉丁文的耶稣会士。他将《大学》的"明德"，译成 the light of revelation（启示之光）。这里显然是用基督教教义来解释"明德"之意。对"亲民"，罗明坚似乎注意到朱熹与王明阳对"亲"字训诂的不同，他回避这个有争议的字眼，既不译成"爱"（love），也不译成"更新"（renovate）之意，而是把"亲民"分两层意思"to follow the light of nature and to get others to do the same"。大意是：照形性之光，使其他人也同样做到。尽管他没有把"新"译成"更新"之意，但这与朱注"言既自明其明德，又当推己及人"②的原意有一定的相似之处。这可看出罗明坚翻译经文是按朱熹之意来理解的。

（二）利玛窦对朱子学的理解

利玛窦来华传教，熟读中国经书，极力将先秦典籍所说的上帝，比附为基督教的天主。这种借儒传教，并尽量尊重中国的传统习俗，博得不少知识分子的好感。但当时中国哲学是朱子学，朱子学的"太极"与基督教中的"上帝"观存在根本的冲突，耶稣会在中国传教，自然无法回避这个冲突。利玛窦虽然是最主张适应中国文化的传教士，但与理学的论战正是开始于他。1601年，利玛窦的中文代表著作《天主实

---

① Knud Lundbek, *Josoph de Premare (1666 – 1736), S. J. : Chinese Philology and Figurism*, Aarhus: Aarhus University Press, 1991, p. 69.

② 朱熹：《大学章句》，《四书集注》，第5页。

义》问世，书中全面阐述了他对理学的看法。这些看法曾引起当时中国思想界、宗教界广泛注意与争议，尤其对在华耶稣会士发生了倡导作用与深远影响。自此以后，耶稣会士不断著述与理学论战，直到1753年比利时传教士孙璋发表著作《性理真诠》，论战时间长达150年之久，因雍正皇帝下禁教令，传教士对理学的论战才逐渐停止。

早期欧洲传教士，只认同"先儒"（即先秦儒家）关于"天""上帝"的思想可以与基督教的"上帝"的概念相一致，而"后儒"（即宋儒）的理学，或称新儒学，耶稣会士则视其为无神论或唯物主义而加以排斥。利玛窦对朱子理学的无神论倾向持否定批判的态度。在《天主实义》中，利玛窦对"太极"和"理"作了批判性的介绍。

1. 否定"太极"为天地主宰之说

利玛窦说："中士曰：太极之论，吾儒言太极者是乎？西士曰：余虽末年入中华，然窃视古经书不息，但闻古先君子。敬恭于天地之主宰，未闻有尊奉太极者，如太极为主宰万物之祖，古圣何隐其说乎？中士曰：古者未有其名，而实有其理，但图释未传耳。西士曰：凡言于理相合，君子无以逆之，太极之解，恐难谓合理也。吾视夫无极而太极之图，不过取奇偶之象言，而其象何在？太极非生天地之实可知也。"① 利氏此论，后来受到布莱尼茨的批评，布莱尼茨不仅认为先秦儒家之"天"与基督教之"神"是相同的，而且宋儒之"太极"（理）与基督教的"神"也是相同的，都是天地的主宰者。

2. 否定"理"为万物本原说

第一，理是依赖者。他说："吾今先判物之宗品，以置理于本品，然后明其太极之说，不能为万物本源也。夫物之宗品有二，有自立者，有依赖者，物之不特别体以为物。而自能成立，如神人鸟兽、草木金石四行是也。斯属自立者之品者，物之不能主而托他体以为其他物，如五常五色五香五味七情是也。斯属依赖之品者……若太极者止解之所谓理，则不能为天地万物之原矣。盖理亦依赖之类，自不能立，曷立他物哉。"这对中国学者来说，利氏提出了一对全新的概念：自立者和依赖

---

① ［意］利玛窦：《天主实义》第2篇，士山湾印书馆1935年重刊本。（利玛窦用中文写的）

者。利玛窦完全运用西方神学理论作为论证依据，并引用了亚里士多德实体与属性的理论。他认为，"理依于物"，是属性，故为依赖者。依赖者的存在取决于自立者的存在，如无自立者，依赖者便失去了存在的基础。所以，"自立者先也，贵也。依赖者后也，贱也"①。

利玛窦认为程朱和陆王学说中的"理"均属依赖者。他说："中国文人学士讲伦理者，只谓两端，或在人心，或在事物，事物之情合乎人心之理，则于物方谓真实焉。人心能穷彼在物之理，而尽其知，则谓之格物焉。据此两端，则理固依赖，奚得为物原乎？二者皆在物后，而后岂先者之原？且期初无一物之先，亲言必有理存焉。夫理在何处，依属何物乎。依赖之情不能自立，故无自立者以为之托，则依赖者了无矣。"②这里所说的"或在人心""事物之情合乎人心之理，则事物方谓真实焉"，是指王明阳心学。心学中一个基本观念是"物我一体""心物一体"。而所谓"或在事物""人心能穷彼在物之理，则谓之格物"，是针对朱子理学而言。朱熹说："格物者，格尽也。须是穷尽事物之理，若是穷得三两分，便未是格物。须是穷尽得十分，方是格物。"③但朱熹又说："若在理上看，则虽未有物而已有物之理"④，甚至认为在形成物质的宇宙之前，一切的理都存在。这与利玛窦"理为依赖者""理在物后"的诠释显然不合。

第二，理非灵觉者。利玛窦说："理者灵觉否？明义否？如果觉明义，则属鬼神之类，偈谓之太极谓之理也。如否，则天主鬼神夫人之灵觉……惟是灵者生灵，觉者生觉耳。自灵觉者而出不灵觉者，则有之矣，未闻有自不灵觉而生灵觉者也。"⑤在基督教徒的世界里，无限完善的造物主把每一被造物安在高低不等的位置，享有与之地位相配的完善性。这种等级秩序表明，低序位的东西不能生高序位的东西。由此，利玛窦认为，理是依赖者，无灵觉者，不能生有灵觉者，自立者，不能为万物之原。

---

① ［意］利玛窦：《天主实义》第 2 篇。
② 同上。
③ 黎靖德编：《朱子语类》卷 15，第 282 页。
④ 朱熹：《答刘叔文》，《朱文公文集》卷 46，《朱熹集》（四），第 2243 页。
⑤ ［意］利玛窦：《天主实义》，第 2 篇。

第三，理为物，非物为理。利玛窦说："理卑于人，理为物而非物为理也。故仲尼曰：人能弘道，非道弘人也。如尔曰：理含万物之灵，化生万物，此乃天主也。何独谓之理，谓之太极哉！中士曰：如此则吾孔子言太极何意？西士曰：造物之功盛也。其中固有枢纽矣。然此为天主所立者，物之无原之原者，不可以理以太极当之。夫太极之理本有精论，吾虽曾阅之，不敢杂陈其辩，或容以他书传其要也。"① 在这里，"理含万物之灵，化生万物，此乃天主也"，又把理与"上帝"等同起来。这反映了利玛窦思想的矛盾之处，说明他对理学的否定是有限的。对此，他在一封用拉丁文写的信中说得更清楚："我们更加认为读书（指《天主实义》）不是攻击他们之所说，而是使之更为与上帝的观念相吻合，以便使我们显得不是追随中国人的观念，而是按照我们的观点来诠释中国作者的著作。如果我们攻击这项原则（太极），那么统治中国的文人就会被严重激怒。所以，我们必须做出极大的努力，以仅仅涉及他们对这一原则的解释，而不是这一原则本身。他们最终理解到'太极'是第一的物质本原，既深奥又无限，我们一致认为应该说这就是上帝，而不是任何其他。"②

3. 否定天地万物为一体

在基督教看来，理学的"万物一体"说的危害，就在于抹杀了上帝与万物间以及万物之间的差异，它包含着对上帝的轻视。因此，利玛窦在"辩释鬼神及人魂异论，而解天下万物不可谓一体"中，展开了较为全面的批判。他指出三个论点：

第一，灵魂在人鬼神体物之差异。利玛窦对"灵魂在人"解释是"魂神在人为其内分，在人形为一体，故人以是能说理，而列于灵才之类"。"鬼神体物"是西方神学中没有的概念，而利氏则用西方神学理论对它做出新的解释。他说："彼鬼神在物如长年在船，非船之本分者，与船分为二物，而各列于各类，故物虽有鬼神，而弗登灵才之品也……有物自或无灵，或无知觉，则天主命鬼神引异之，以适其所，兹所谓体

---

① ［意］利玛窦：《天主实义》，第2篇。
② ［英］谢和耐：《中国和基督教》，第42页。

物而已。"① 利玛窦的解释是依据亚里士多德与柏拉图灵魂说的理论。因为，这两种理论之间正巧存在一个根本分歧：前者认为灵魂与人的整体之间是形式与实体的关系；后者认为灵魂与人的整体之间是实体与实体的关系。这个理论分歧为利氏提供了证明人与物之间相区别的理论根据。他把柏拉图原指"灵魂"与"肉体"的意思，分别变换为中国古代哲学中"鬼神"与"物体"的概念了。这样，人受灵魂支配，物无灵魂，受鬼神（按天主命令）引导，两者完全不同。

第二，气非鬼神。朱熹依据气化说，将"鬼神"解释为"气"，并认为鬼神非一般之气，乃是气之"灵"，把鬼神看作物质之气的自然属性和神妙功能，作为事物生灭有无的变化情状的概念。利玛窦则指出："所谓二气良能，造化之迹，气之屈伸，非诸经所指之鬼神也。"如中国古人谈气谈鬼神，但古人祭鬼神，从不祭气，故气非鬼神。他认为，气与鬼神完全不同，气是四行之一，"和水土火三行而为万物之形者也"，是质料，"鬼神乃无形别物之类"②，是精神实体。

第三，"万物一体"说真解。利玛窦对"万物一体"论的解释是，所谓"一体"，意指同体者，"物相连则同体也，相绝则异体也"。"万物一体"的真解是"前世之儒，借万物一体说，以翼愚民悦从于仁，所谓一体，仅谓一原耳已"。这就是说，"万物一体"是比喻，如果是真相信万物为同体，反而灭仁义之道。因为"仁义相施必待有二，若以众物实为一体，是以公物为一物，而但以虚像为之异耳，彼虚像焉能相爱敬哉？故曰为仁者推己及人也"③。换而言之，道德实践是以对立面存在为基础的，必须有行为主体与受施之客体两方面，道德行为方成为可能，所以先儒说为仁者推己及人。显然，利玛窦对"万物一体"的理解仅及于现实存在层次。因此，他没有明白作为精神超越与自由意义下的"万物一体"。更没有以"万物一体"为人生至境，而这正是理学家对"万物一体"的看法。对理学家而言，"万物一体"是精神性、功能性的，而不是单纯的"万物同体"。"万物一体"并非是"万物差别"

---

① ［意］利玛窦：《天主实义》，第4篇。
② 同上。
③ 同上。

的单纯否定，而是万物内在最深的"自由"及"可能性"，即达到"仁者浑然与物同体"的境界。利玛窦的解释与理学家恰恰相反，充分反映了东西方文化的差异。

（三）龙华民对朱子理学的理解

龙华民的《论中国宗教的几个问题》（法文），是早期来华耶稣会士向西方介绍中国哲学和宗教的重要文献之一。它大量引用"四书"、《性理大全》等书中的篇章，将朱子理学中的太极、理、气、心、性等范畴，与西方经院哲学中的上帝、灵魂、实体等范畴相比较，得出朱子理学是无神论的。他介绍的理学观点如下：

1. "理"为第一本原

龙华民说："中国人的第一本原名为理，即全部自然界的理由或根据，包罗万象的理由或实体。没有任何东西能比理更伟大、更美好。这个巨大的、普遍的原因是纯粹的、平静的、稀薄的、无体的、无形的，只有用理智才能认识它。理，就其为理而言，生五德：崇敬、正义、宗教、谨慎、信仰（似即仁、义、礼、智、信）。"[①]

"中国人把（尽善尽美）第一本原叫作至上存在体、实体、体。按照他们的说法，这个实体是无限的、永恒的、自有的、不朽的、无本原的、无穷无尽的。它不仅是天地以及其他有形物体的物质本原。同时也是德性、习惯，以及其他精神性的东西的精神本原。它不可见。在它的至上存在体上，它是至高无上的完满。它甚至是一切种类的完满性。"[②]

中国人也把理"叫作简单扼要的一，或者至高无上的一。因为就像在数目里一样，一是数目的本原，而一是无本原的。也像在诸实体里，在宇宙的诸要素里一样。其中有一个，它是至高无上的一，是不可分的。至于它的体，它是世界上所有的以及可能有的一切要素的本原。但是它又是集合体或最完满的多。因为在这个本原的体中，就像在胚芽中的一样，包含着万物的一切要素"[③]。

[①] ［德］莱布尼茨：《致德雷蒙先生的信：论中国哲学》（上），庞景仁译，《中国哲学史研究》1981年第3期。

[②] 同上。

[③] 同上。

龙华民从正统基督教的观点出发，认为"上帝"是至高无上的人格神，是全智全能全善的，没有任何缺点。相比之下，朱子学中所讲的"理"不同于"上帝"这一概念，充其量只相当于西方所讲的"原始物质"。他否认朱子理学中"精神实体"的存在。其理由是：朱子给予"理"许多完满性，但实际上它存在着巨大的缺点，即理不能自存，它需要元气；理本身无生命，无主张，无明智，无人格。

2. 气是理的一种产物

龙华民认为："中国著者们说，由理生气，原始的气，元气。他们把这些都统名分为'气'，气是理的工具。鬼神之作用，直接来自理，而以气为工具，在形式上属于鬼神。这个气或原始的气似乎就是作为第一本原的工具，第一本原像一个工匠那样运用他的工具而产生万物。气，在我们这里可以称之为'以太'，因为物质最初完全是流动的，毫无硬度，无间断，无终止，不能分为部分。它是人们所想象的最稀薄的物体。"①

龙华民认为，朱子学讲的"理"总是与"气"相联系，所以与其把"理"称之为神，不如称之为"原始物质"（premiere matiere）。

3. 太极包含理和气

在龙华民看来，太极包含理和气，太极不过是作用于气的理。他认为："太极以至精神为理，以水为原始流体，为元气，为气，或为原始物质。这样一来，理和太极并没有什么不同，而是在不同谓语之下的一个东西……理变成一个无限的球，我们称之为太极，也就是达到了完满无缺的最后极限，因为它实际上在行动，在万物的生产中行使他的能力，使它们完成为万物。这种完成包含先定的秩序，由于这个先定的秩序，一切都因自然倾向继之而生。"当他说到"太极本身包含理和气"时，他认为，"不要把这话理解为它是由理和气组成的，而只应该理解为它包含理和气，就像一个结果包含它的前提一样，因为太极乃是理作用于气，从而以气为条件的"②。

---

① ［德］莱布尼茨：《致德雷蒙先生的信：论中国哲学》（中），庞景仁译，《中国哲学史研究》1981年第4期。
② ［德］莱布尼茨：《致德雷蒙先生的信：论中国哲学》（上），庞景仁译，《中国哲学史研究》1981年第3期。

4. 神灵归结为理或太极

龙华民认为："中国人的一切神或者他们赋予统治万物的神灵，归结为一个，即理或太极"，"理是心智的理性和全自然界的最高规律，太极是本身包含着可能的全部能力的自然界的心脏"，"理和太极之间区别只是在形式上：理指的是一个绝对的存在体，而太极指的是对事物来说一个绝对存在体，它是万物的根源"①。他引用《性理大全》一段话说："原因不停息地起作用，因为理和太极在其中，它统治并且指挥着这些原因。""若太极云者，乃是就'理'论。天之所以万古常运，地之所以万古常存，人物之所以万古生生不息，不是各各自恁地，都是理在其中为之主宰，便自然如此。"接着，他又引用同书同卷的另一段话说："太极是这个世界的起始和终结，在一个世界之后，即在名为'太岁'的大年运转之后，它在产生另一个世界，而太极则永无息止之日。"（朱熹原文："开物之前，混沌太始混元之如此者，太极为之也；开物之后，有天地有人物如此者，太极为之也；闭物之后，人销物尽天地又合为混沌者，亦太极为之也。太极常常如此始终，一般无增无减，无分无合。"②）

5. 朱熹的鬼神说

龙华民说："《朱子》第28卷第2页，'这些鬼神是气吗？'他（指朱熹）答道：它们与其说是气本身，还不如说是气中有力、活力、主动性。"③（朱熹原文："鬼神只是气，屈伸往来者，气也。天地间无非气，人之气与天地之气常相接，无间断，人自不见，人心才动，必达于气，便与这屈伸往来者相感通。"④）又说："鬼神有好坏之分。好的鬼神光明正大，产生好的作用，在太阳、月亮、日月等里边。也有不光明正大的鬼神……还有第三种鬼神。"⑤（朱熹原文："雨风露雷，日月昼夜，

---

① [德]莱布尼茨：《致德雷蒙先生的信：论中国哲学》（上），庞景仁译，《中国哲学史研究》1981年第3期。
② 《性理大全》卷26，《四库全书》（第710册），上海古籍出版社1987年版，第567页。
③ [德]莱布尼茨：《致德雷蒙先生的信：论中国哲学》（中），庞景仁译，《中国哲学史研究》1981年第4期。
④ 《性理大全》卷28，《四库全书》（第710册），第609页。
⑤ [德]莱布尼茨：《致德雷蒙先生的信：论中国哲学》（中），庞景仁译，《中国哲学史研究》1981年第4期。

此鬼神之迹也。此是白日公平正直之鬼神,若所谓有啸于梁,触于胸,此则所谓不正邪暗,或有或无,或去或来,或聚或散者,又有所谓祷之而应祈之,而获此亦所谓鬼神同一理也。"①) 又说:"假如没有鬼神,古人就不会在斋戒问题上发问,还有,皇帝祭祀天地,王公祭祀名山大川,士大夫做五种祭祀。"②(朱熹原文:"鬼神若是无时,古人不如是求七日戒三日斋,或求诸阳或求诸阴,须是见得,有如天子祭天地,定是有个天、有个地。诸侯祭境内名山大川,定是有个名山大川,大夫祭五祀,定是有个门、行、户、灶、中霤。"③)可见,龙华民认为朱熹所说的"鬼神"是气、物质。他把鬼神看作自然界事物运动的一种形式。神不仅是力量或主动性,而且还有智慧,因为神让人畏惧、崇敬。

6. 朱熹的魂魄说

龙华民说:"灵魂脱离了粗笨的肉体,就叫作魂(Hoen),最常叫的是灵魂(Ling_Hoen)。"灵魂这名称意思是在肉体死后它还继续存在,因此在《诗经》卷6上说:"文王在上,于昭天下。周虽旧邦,其命维新。有周不显,帝命不时,王文陟降,在帝左右!(与肉体)分离开的灵魂也叫作游魂,即随从飘荡的灵魂……人之死亡不过是人之所由组成的两个部分的分离,而在分离之后,回到它们应该回到的地方去。因此,魂(或灵魂)升天,而魄(或肉体)入地……中国哲学的著作者也这样说。"④ 在这里,龙华民指的是朱熹的:"人所以生,精气聚也。人有许多气,须有一个尽时,尽则魂气归于天,形魄归于地而死矣。人将死时,热气上出,所谓魂升也;下体渐冷,所谓魄降也。此所以有生必有死,有始必有终也。"⑤

龙华民的另外一部汉文著作《灵魂道体说》,也是向欧洲批判性地介绍朱子理学的著作。他把西方哲学的"灵魂"与中国哲学的"道体"

---

① 《性理大全》卷28,《四库全书》(第710册),第609页。
② [德]莱布尼茨:《致德雷蒙先生的信:论中国哲学》(中),庞景仁译,《中国哲学史研究》1981年第4期。
③ 《性理大全》卷28,《四库全书》(第710册),第630—631页。
④ [意]莱布尼茨:《致德雷蒙先生的信:论中国哲学》(中),庞景仁译,《中国哲学史研究》1981年第4期。
⑤ 《性理大全》卷28,《四库全书》(第710册),第614页。

作比较。他认为灵魂说与道体说在理学上都属于本体论范畴，它们都具有哲学形上学的四大特征：一是"溯其原来"，即追溯万物之本源；二是"要其末后"，即二者皆永久不灭；三是"论其体性"，即二者皆为一定之体，无损益消长之异；四是"论其功力"，即二者皆能实体乎物，道体本为形物之体质，灵魂本为人身之体模。然而，它们同中又有异：灵魂是纯一不杂的精神，而道体则呈现于物质世界之中。灵魂是一个可以不依赖于物质而存在的，指称纯粹的精神生活的范畴，其作为人生的主宰具有认识世界和认识自己的自主性和能动性，人生有限而灵魂不灭。而道体则有体无为，"本无心意，本无色相，而万形万相，资之以为体质者也"①。这一观点是合乎朱熹关于理"无情意，无计度，无造作"② 规定。由于道体本无心意，因而理亦受制于气禀，如朱熹论"气之偏者便只得理之偏，气之塞者便自与理相隔"③。

龙华民还把道体说与灵魂说的区别分为十一个条目，而这十一条目又可以归纳为五大要点：其一，道体是一个与物质不相分离、泯灭精神的个性差异的范畴，而灵魂则是一个与物质相分离、强调个体精神之独立性的范畴。其二，道体说使人重物质胜于重精神，而灵魂说则使人更注重精神生活。其三，道体与物同，天地万物与人皆同秉道体；而灵魂与物异，于天地万物中使人独秉神性。其四，道体说使人缺乏既不受制于物也不受制于人的自由意志，而灵魂说则使人具有行止由己的意志自由。其五，道体不赏不罚，人亦不必像对待天主一样，对道体怀有神圣的敬畏；而灵魂说则强调"灵魂能行善恶，能受赏罚"，所以人要对自己的行为负责任。④ 结论是："人奈何徇其与物同之道体，而忽其与物异之灵魂……遂使人性不明，灵顽混杂？"⑤ 龙华民没有看到中国哲学的"道"也有精神超越性的一面，因而其论述不免有片面性。这里要指出的是，他对"灵魂"与"道体"之区分，给欧洲思想界以很大的

---

① ［意］龙华民：《灵魂道体说·道体解》。
② 《性理大全》卷26，《四库全书》（第710册），第563页。
③ 黎靖德编：《朱子语类》卷1，第3页。
④ 许苏民：《明清之际儒学与基督教的"第一哲学"对话》，《哲学研究》2011年第1期。
⑤ 龙华民：《灵魂道体说·论灵魂之象肖》。

影响。

从上述可见，龙华民是带着经院哲学的眼镜来看朱子理学的一些基本观点的。他认为，中国人只有放弃自己的文化传统才可能与基督教对话。这一观点后来受到莱布尼茨的反对，尽管龙氏对朱子理学的批判，难免带有个人的偏见，但他毕竟是西方对朱子理学与经院哲学作系统比较研究的先驱者之一。他的著作对当时和后来欧洲的哲学家都产生了正面和负面的影响。

（四）利安当对朱子理学的理解

利安当《论中国宗教的某些观点》也是向欧洲批判性的介绍朱子理学的著作。

关于"理"，利安当说："理是指导万物的大法，是引导万物的智慧，是天地由之而形成的大法和普遍规律，是所产生的一切东西的来源。"又说："理是多少世纪以来以一种久恒相等的动，推动天的唯一的原因，它给地以静，它传授给万物以生殖和它们相似的后代的能力，这种能力不在万物的安排里，也不依存于万物，而在于理，存在于理里。理高于一切，在一切之中，以天地的绝对主宰的身份统治一切，产生一切。"[①]

关于"鬼神"，利安当认为"中国人把鬼神视为'上帝'——天之普遍的和至高无上的精神——的属下，把鬼神比做塞湿卡和奥古斯丁的上帝之下的低级神。""万物的本性和本质是理，太极，它是万物的本原和创造者。它作为天上的帝王时，叫上'上帝'，即至高无上的帝王；作为统治个别的和下级事物，执掌生成和死亡等职责时，叫作鬼神。由于物质和形式之毁灭必然牵连到它们所组成的东西之完全毁灭。同样，这些精神附到物体上，也必须随着这些物体而一同死亡。"[②] 对利氏的这一观点，莱布尼茨批评说，仅仅因为中国人的这种观念与正宗的经院哲学观念不同就加以非议或排斥，那就未免过于狭隘了。

---

① ［意］莱布尼茨：《致德雷蒙先生的信：论中国哲学》（上），庞景仁译，《中国哲学史研究》1981 年第 3 期。
② ［意］莱布尼茨：《致德雷蒙先生的信：论中国哲学》（中），庞景仁译，《中国哲学史研究》1981 年第 4 期。

关于"灵魂",利安当说:"中国人犯了几种不同的错误。有人认为灵魂不死而仅仅是转移,再生于各种不同的人或动物的身体中给予它们生命;有人认为灵魂下入地狱,在那里过一段时间之后又出来;有人认为灵魂是不死的,它们在荒无人烟的山林中游荡,人们称之为'神仙',给它们修庙。儒家和最有学问的人认为我们的灵魂来源于天,是从无的最稀微之气分出来的很小一部分的稀微之气,或者天的火气;灵魂离开肉体时就复归于天。它们以天为归宿,由天而出,又混合于天。"《性理大全》卷 28 说:"如轻气一般的灵魂的本来的,真正的来源在于天,它在天上飞翔着,与天为一体。肉体的来源在于地,它在地下分解变成为地(土)。"① (朱子曰:"魂气本乎天,故腾上;体魄本乎地,故降下。《书》言,帝为殂落,正是此意。殂是魂之升上,落是魄之降下者也。"②)

关于"鬼神"和"灵魂"的联系,他认为:"灵魂和鬼神原属同一性质,它们之间有更多的关系。例如,假如一个农民向一个有身份的人的鬼神祈求,他立刻就会遭到拒绝,这个鬼神对他任何作用都不起。但是,有谁向一个合乎他身份的鬼神祈求,他肯定会感动它,并且使他得到好处。"这就是朱熹所说的,只有气相通,鬼神方能感召的思想。"自天地之言之,只是一个气。自一身言之,我之气,即祖先之气,亦只是一个气,所以才感必应……祭祀之礼全是如此。且天子祭天地,诸侯祭山川,大夫祭五祀,皆是自家精神抵挡得他过,方能感召得他来,如诸侯祭天地,大夫祭山川,便没意思了。"③ 因此,在利氏看来,只有儒家才能祭祀孔子。他说:"中国人把至高的'上帝'看着位在天上,把天当作他的宫殿,其余的鬼神作为他的下属,掌管世界。每一个鬼神都有其职位,有的掌管日、月、星、云、光、雹、风、雨……每个中国人都找一个鬼神作了他的保护者,向它祈祷,用祭祀的办法来向它求福。"④

---

① [意]莱布尼茨:《致德雷蒙先生的信:论中国哲学》(中),庞景仁译,《中国哲学史研究》1981 年第 4 期。
② 《性理大全》卷 28,《四库全书》(第 710 册),第 621 页。
③ 同上书,第 623 页。
④ [意]莱布尼茨:《致德雷蒙先生的信:论中国哲学》(中),庞景仁译,《中国哲学史研究》1981 年第 4 期。

在这里，利安当又把中国祭祀和祭祖看成是有神论，而不是无神论的表现。而祭祀祭祖是否求福，是礼仪之争有争议的焦点之一。①

（五）汤若望对朱子学的理解

汤若望是在中国传教时间最长、著作最多的欧洲传教士。他在《主制群徵》一书中，回答了儒者从"自因"的观点对基督教学说的质疑，其所持的理由与朱熹的观点有惊人的一致。他说："如以有常不易，而谓物行自然，不由主制，则必将造化止息、形天不动、春秋错、雨雪绝、万物毁败而后徵有主制乎？"②朱熹也说，天之所以如此运转不息，"必有为之主宰者"③。又说："（天地）若果无心，则须牛生出马，桃树上发李花。"④

（六）马若瑟对朱子学的理解

马若瑟是早期欧洲传教士中，象征主义代表者之一。这一派对利玛窦在中国传教的"适应"策略，提出了最富有创造性的修改。他们不仅对古代儒家思想全盘接受，而且对宋明理学也加以全面肯定，把朱熹理学解释为不是无神论，而是有神论。他的《论中国人的独神主义书简》，对朱子理学作了最详细的介绍。为了反对把朱子理学说成无神论和斯宾诺沙的泛神论，他在这封书简中，引用大量的中文资料论证朱子理学是一神论。他的另一部《儒教实义》亦证明，不仅先秦儒家崇奉上帝，而且这一传统在中国并未中绝。对此，他举出七条证据。如：关于"梦帝赉良弼"，朱子解云："据此，则是真有个天帝与高宗对曰：'吾赉以汝弼。'不得说光此事；说只是天理，亦不得。"关于"福善祸淫"，朱丰成解曰："福善而祸淫，此天之常理也……方其未定，则人可能以胜天；乃其既定，则天必能以胜人。"⑤如此等等，皆证明宋明

---

① 郑安德编：《明末清初耶稣会思想文献汇编》（第2卷），北京大学宗教研究所2003年版，第169页。
② 林金水：《明清之际士大夫与中西礼仪之争》，《历史研究》1993年第2期。
③ 黎靖德编：《朱子语类》卷68，第1685页。
④ 《性理大全》卷26，《四库全书》（第710册），第572页。
⑤ 郑安德编：《明末清初耶稣会思想文献汇编》（第2卷），第78—79页。

时期中国人依然有上帝观念。

马若瑟认为朱熹的宇宙论可以分析为"气"与"理"两个部分,气是无形的,但可以变成有形,气可以比作器(vase),而理完全是超形的。他引用朱熹的话说:"宇宙间有理有气,所谓的理是一切形上的道理,它就像树根一样,万物从中长出,所谓的气是器,它在形之下,一切事物由器而制造出。"他每引一段朱熹话均附中文原文:"天地之间,有理有气。理也者,形而上之道也,生物之本也。气也者,形而下之器也,生物之具也。"①

马若瑟把"太极""理"诠释为被创造物一类的东西,这样它们与基督神学并不矛盾冲突,彼此之间可以相容。首先,他对"无极而太极"发表了自己的见解。周敦颐《太极图说》的原文是"自无极而为太极"。朱熹则提出"无极而太极",认为"自""为"二字,乃修国史者所增。马若瑟赞同周敦颐的说法,"宋儒周濂溪承认在没有任何物质存在之前,就已经有一个无限理(无极)的存在,它制造一切事物,这就是'而'的意思,所以周濂溪把'而'置于'无极''太极'之中"。其次,太极或物质的世界之所以存在,是因为很早以前就已经有了永恒的理——无极,从无极而得太极。可见,毫无疑问在周濂溪图说中,丝毫没有提到太极是理。恰恰相反,他说:"五行就是阴阳,阴阳是太极,太极源于无极。"②

根据周濂溪的愿意,马若瑟翻译"无极而太极"时,把它分为并列的两部分,无极即永恒的理,太极是混沌中物,后者由前者而生。这样,太极就与前者万物之创造主区别开来。从而他得出结论:"周敦颐及其追随者(其中包括朱熹)不是无神论者,他们的宇宙论并不像一些传教士所说的,导致斯宾诺沙主义,也不是笛卡儿所说的原则。"③

马若瑟反对欧洲广泛流行的、把中国哲学家统统说成是无神论者的观点。首先,他认为并不是所有学者都是朱熹的信徒,只有那些不知道其他哲学家的人,才跟随朱熹。相反,一个真正的学者,常常把他与朱

---

① 朱熹:《答黄道夫》,《朱文公文集》卷58,《朱熹集》(五),第2947页。
② [法]马若瑟:《论中国人的独神主义书简》,《中西哲学》1976年第26期。
③ 同上。

熹区别开来，并批评他的观点。其次，他认为朱熹并不是无神论者，而是有神论者。这可以从他的著作中得到证明。比如，对于《易经》《说卦传》所说的"帝出乎震"，朱熹认为"帝"就是天地之主宰。马若瑟引用《朱子全书》一段话说："帝是理为主。苍苍之谓天，运转周流不已，便是那个，而今说天有个在那里批判罪恶，固不可，说道全无主之者又不可。这里要人见得。"接着，他又指出朱熹对"天"有不同的看法。如朱熹说："问经传中'天'字。曰：要人自看得分晓，也有说苍苍者，也有说主宰者，也有单训理时。"① 再次，他认为朱熹非常重视天人之间的关系，及"性"在这两者之间所起的中介作用。如《中庸》"天命之谓性"，《孟子》"知性而知天"，孔子"五十知天命"。根据这些论述，马若瑟得出天具有指导的力量，是人们奉献的对象，人性是由天传递而来的。因此，这种天人关系是有神论的表现。

对于朱熹的理气论，马若瑟认为朱熹的理气，权宜上说，理气无先后，逻辑上说，理先于气。他熟谙《性理大全》中关于朱熹"理气"的论述，发现朱熹在理气问题上，不能自圆其说，陷入自相矛盾之中。他先引用朱熹理气决是二物的观点，"所谓理与气，此决是二物。但在物上看，则二物浑沦，不可分开各在一处，然不害二物各为一物也。若在理上看，则虽未有物而已有物之理，然亦但有其理而已，未尝实有是物也"②。这段话，马若瑟认为可以与一神论的观点同一起来，但是他又发现朱熹的说法与上述有相左的，如"盖气则能凝结造作，理却无情意，无计度，无造作。只此气凝聚处，理便在其中……若理，则是个净洁、空阔的世界，无形迹，他却不会造作，气则能酝酿凝聚生物也"③。

在理气关系上，朱熹有一些不同的说法。在本原上，朱熹讲理在气先，但在构成上朱熹并不讲理在气先，而常常强调理气无先后。显然，注意区别朱熹论述理气关系所从出发的不同角度，对于把握朱熹理气观是重要的。④ 马若瑟用西方创世主的概念来看待朱熹的理气论，并把朱熹所说的"气"译为"质料"（Mattre）。在西方概念中"质料"是消

---

① 黎靖德编：《朱子语类》卷1，第5页。
② 朱熹：《答刘叔文》，《朱文公文集》卷46《朱熹集》（四），第2243页。
③ 《性理大全》卷26，《四库全书》（第710册），第563页。
④ 陈来：《朱子哲学研究》，华东师范大学出版社2000年版，第92页。

极被动的，他需要指令和主动力，这指令和主动力来自上帝。如果否认上帝对气的指令和主动力，那么上帝的作用就要受到破坏，这种观念就是无神论的，而这是马若瑟所不愿意看到的。①

另外，马若瑟还用"三位一体"的神学来解释朱子"理"的二元论现象。在他"三位一体"的解释中，太极被说成：（1）太极是永恒的、无限的、先于创造；（2）太极作为被创造物是有限的，可以是精神的，也可以是物质的；（3）太极作为一个神把创造者与被创造者，国王与民，上帝与人联系在一起。马若瑟为了解决朱熹二元论的难题，提出要赋予太极两种不同的意义：一是把太极等同于道（永恒的理），即周敦颐所谓的无极；二是把太极视为代表思想、性质和特写事物的理，即相当于中国人所说的"则""当然"②。

这里要指出的是，马若瑟在《书简》中还介绍了明代福建著名的朱子学家蔡清（字介夫，号虚斋，晋江人）。他在对《大学》"明德"作诠释时，先引用朱熹的注释，后又引用蔡清《四书蒙引》对朱注的评论。他说："人之所得乎天，一条小注详矣。又当知此，是以心言，而理在其中，心所以能涵万理者，以其虚也。人之五脏，惟心独虚，而灵不与他脏同，虚则有以具众理，灵则有以应万事，能具众理，而应万事，此所以为明德也。朱子曰：有得于天，而光明正大者，谓之明德。又曰：心与性自有分别，灵的是心，实的是性，性便是那里，心便是盛贮，该载敷施发用底，此皆切要语也。"从蔡清的言论中，马若瑟得出每物之理与人灵魂是相关联系的。

蔡清对马若瑟影响最大的是他的观点，使马若瑟最终接受朱熹的理气合一论。蔡清说："愚意天地间无无气之理，亦无无理之气，但自造化言，则气分为二，而理兼有二，实能主宰斡运之，所谓一故神者也。故理尊于气，而得太极之名，是亦可先言理，后言气耳……凡立言当随所在，如理气之说，若主造化，则当先言理，而后言气，若主人物，则当先言气，而后言理，盖理气无先后，言理气则有先后也。"③ 在此，

---

① 林金水：《明清之际朱熹理学在西方的传播与影响》（下），《朱子学刊》1995 年第 1 辑。
② 同上。
③ 蔡清：《四书蒙引》（第 1 册），《大学》，光绪十八年（1892）重刊本。

马若瑟还是在为理学的有神论作辩护,足见其煞费苦心。①

综上所述,朱子理学经过早期欧洲耶稣会士们各自的理解和诠释,被视为无神论、有神论、一神论等。但无论冠以何种学说,均对欧洲人产生深刻的影响,给他们以启迪。拥护它的人,对它倍加赞赏;反对它的人,对它大加抨击。这种现象说明朱子理学博大精深,其丰富的思想内涵,并非能用无神与有神这种简单的方法来区别。

三 朱子学与法国启蒙思想家

中世纪的欧洲是基督教会独统天下,正如恩格斯所说:"中世纪只知道一种意识形态,即宗教和神学。"② 明正德十二年(1517),葡萄牙与中国开始通商之后,朱熹理学由来华传教士与留欧中国学生介绍、传播到欧洲。法国启蒙思潮中的启蒙思想家们,从耶稣会士和中国留欧学生翻译的"四书"等儒家经典与他们的论著中了解到朱熹理学。这些进步思想家在研究中国文化中,不断汲取理论养料,充实和丰富自己的思想,从而推动了法国17—18世纪哲学的发展和近代文明的诞生。下面就朱子理学对法国启蒙思想家的影响作一叙述。

(一) 朱子学与笛卡尔、培尔的怀疑论

17—18世纪的西方怀疑论曾是法国启蒙思潮先驱者笛卡儿(1596—1650)、比埃尔·培尔等用以抨击和反对教会与经院哲学的思想武器。他们认为世俗、宗教、伦理的权威是对人的思想禁锢,只有自由之路才能使人们从这些禁锢中解脱出来。笛卡尔是"较先接触到东方世界的第一人",欧洲人通常把他看成是近代(从17世纪开始)哲学的始祖。1604—1612年,笛卡尔在拉夫赖士的耶稣会学校读书。当时耶稣会传教士罗明坚用拉丁文译成的"四书"(罗氏于1590年返欧之前完成的,返欧后对译稿又作了修改)在欧洲出版,利玛窦拉丁文

---

① 林金水:《明清之际朱熹理学在西方的传播与影响》(下),《朱子学刊》1995年第1辑。

② 《马克思恩格斯选集》第4卷,人民出版社1972年版,第228页。

《天文实义》（1604）也流传到欧洲①，这时的笛卡尔就已开始接触到朱熹理学。1620年冬，他写成了哲学著作《方法论》一书。该书有几段有关中国的记载："1. 一个人若从小生长在中国，所表现的性格一定和在德国和法国不同；2. 在实际上，在中国人当中，也同在我们当中一样也有聪明人；3. 我们不能占有中国"。可见，他的思想"无疑地很受外来文化接触的影响"②。1642年，笛卡尔另一部重要的哲学论著——《沉思录》完成。这两本书被人称作"笛卡尔式怀疑"的方法。在《方法论》中，笛卡尔开宗明义地宣称他可以怀疑自己以往学习过的一切典籍的真理性，从数学、神学、哲学到其他一切学科，同时也包含对读书、"游历"等学习和认识方式的怀疑；在《沉思集》中，笛卡尔怀疑的是感觉、想象乃至推理这样一些活动。对笛卡尔来说，哲学和真理的起点不是确信而是怀疑。这里要说明的是，笛卡尔的怀疑是方法的怀疑，其目的是如何达到既普遍必然又客观有效的真理，这和欧洲古代怀疑论是大不相同的。赫胥黎在《论笛卡尔底方法讲话》中说："笛卡尔自始至终都是一个很好的旧徒，他自己矜夸地证明了上帝与人的灵魂之存在，他的老朋友们耶稣会把他的书籍编成禁书目录，当作一个他的努力的酬报看，称他为无神论者；而同时荷兰的新教牧师们又宣布他是耶稣会士和无神论者；他的书很少逃出狱吏底焚烧。"笛卡尔的唯物主义倾向，着力教人的"Reason"一词，同朱熹理学思想体系中所讲的"理性"，有着相同的意义。

马若瑟神父的《关于中国一神论的信札》，就是反驳笛卡尔怀疑论把朱熹理学看成无神论而写的。马氏在该封信札中，引用大量的中文资料论证朱熹理学是一神论，反对把朱熹理学说成无神论。这篇信札分两部分：第一部分探讨朱熹的宇宙起源论；第二部分说明中国同样存在与基督教相一致的关于上帝存在的观念。马若瑟另一书简——《论中国人的独神主义》，亦向欧洲学者介绍了理学的一些观点，鲍狄埃受这一书简的启发，写成了有关"后儒"（理学）的一些论著。1844年，他出版

---

① ［丹麦］克劳德·伦德贝克：《理学在欧洲的传播过程》，耿昇译，《中国史研究动态》1988年第7期。

② 朱谦之：《中国哲学对于欧洲的影响》，第345页。

了《中国哲学史大纲》一书，这是欧洲对中国哲学的首次全面论述。他认真研究了朱熹的《太极图说》和张载的《正蒙》，提出了一种著名的宇宙形象①。他利用亚里士多德术语，讲到了动力因和唯物论的问题。鲍狄埃《中国哲学史大纲》一书，成为19世纪欧洲关心中国哲学思想的读者的入门教材。

19世纪初，巴黎出版的《中国杂纂》，将许多理学的新资料传到了欧洲。该书第八卷收录了韩国英《论中国人的哲学》。在这篇文章中，韩氏阐述了周敦颐和朱熹的观点，《易经》中的象征性图案和具有深刻意义的注释。他认为朱熹是中国的最大天才，周敦颐的"伽桑狄"式的学说获得了成功。他还认为，朱熹打开了怀疑论以及在感情和思想上不信教的大门。②

比埃尔·培尔是继笛卡尔之后法国启蒙思潮的先驱者，"培尔对17世纪来说，是最后一个形而上学者，而对18世纪说来，则是第一个哲学家"。他继承和发展笛卡儿哲学的唯物主义思想，是笛卡尔的科学怀疑的追随者。他从法国皇家图书馆获得有关宋儒理学思想，并阅读了耶稣会士与非耶稣会士之间关于中国礼仪争论的著作和文章。法国皇家图书馆馆员泰韦诺《游记文学》汇编，收入的殷铎泽神父《中庸》（法译本），给培尔很大启发。1692年，他出版了著名的《历史批判辞典》。书中有关中国的言论，是他利用"孔教的无神论，来有意使读者去打倒基督教及以基督教为基础的专制政治"。培尔认为，"中国人所信仰的至高至善的存在'神'，实为构成世界物质的中心，换言之，神即是世界尽美尽善之'天'的中心而已"。他还把中国人的泛神论与斯宾诺沙的泛神论相提并论，认为两者均为无神论。而中国人的无神论更为彻底。在培尔看来，中国社会"是无神论的社会的实例，中国哲学无疑也就是无神论的哲学了"③。而一个由清一色无神论者组成的社会，则是这位哲学家孜孜追求的目标，他希望在这个社会，人们不相信上帝，也不相信灵魂的不灭，但他们热心于社会福利、结束犯罪、阻止争端等

---

① ［丹麦］克劳德·伦德贝克：《理学在欧洲的传播过程》，耿昇译，《中国史研究动态》1988年第7期。
② 同上。
③ 朱谦之：《中国哲学对于欧洲的影响》，第265页。

等。这种社会可以看成是高度文明的社会。因此，朱熹理学宣传的思想成了培尔眼里高度文明社会的象征之一，"比埃尔·培尔不仅用怀疑论摧毁了形而上学，从而为在法国掌握唯物主义和健全理智的哲学打下了基础"①。培尔还认为追求真理是没有国界的，他宣称，学者在追求真理时，必须忘掉他所出身的国家，忘掉他是由任何特殊信仰教养大的。"如果有人问他，'你从何处来'？他必须回答：'我既非法国人或德国人，也不是英国人或西班牙人。我是个世界公民。我既不为哪个皇帝效劳，也不为法兰西王效劳，而只为真理效劳。'"② 培尔的这段话堪称维护和发展世界主义精神传统一个经典性表达。

（二）朱子学与马勒伯朗士的"偶因论"

尼古拉·马勒伯朗士（1638—1715）是法国一位颇有名望的哲学家，也是笛卡尔哲学的追随者。他主张神是宇宙的唯一实体和变化的唯一原因，神本身包含万物，人们心灵只有在神之中才能认识一切，人们的生理活动（身体）与心理活动（心灵）之间的相互关系，只是一种"偶因"，真正的原因应归于上帝的意志。所以，他的思想被称为"偶因论"。马勒伯朗士是从他的挚友法国外方传教会传教士梁弘仁（于1702年离开中国返欧）那里获得有关中国朱熹理学思想的。梁氏为了纠正中国儒家关于上帝本性的错误观点，以此反对耶稣会在礼仪斗争中的立场观点，借用当时马氏在欧洲社会的影响，请马勒伯朗士写文章，马氏接受了梁氏的邀请。马勒伯朗士说："一位非常受人尊敬、真正值得信赖的人告诉我，由于他曾和中国儒生们交往，他知道了他们关于神的看法就像我阐述的那样，而且多次恳求我对于这些看法予以驳斥，以便使用真理让他们接受，以纠正他们关于上帝本性的错误观点。"③ 在礼仪之争高潮之时，马氏从"偶因论"的哲学观点出发，写下中西比较哲学史上的一篇名作：《一个基督教哲学家和一个中国哲学家的对话——论上帝的存在和本性》。在这篇文章中，马勒伯朗士集中论述了

---

① 《马克思恩格斯全集》第2卷，人民出版社1957年版，第162页。
② ［德］E.卡西尔：《启蒙哲学》，顾伟铭等译，山东人民出版社1988年版，第203页。
③ ［法］尼古拉·马勒伯朗士：《一个基督教哲学家和一个中国哲学家的对话——论上帝的存在和本性》，庞景仁译，《中国哲学史研究》1982年第2期。

中国程朱哲学的"理"和西方基督教"上帝"的异同。马氏认为："中国哲学以'理'为依存物质，朱熹说'天下未有无理之气，亦未有无气之理'，因此理不是永恒不变的实体。在这个意义上，马勒伯朗士认为中国哲学是无神论。"①

马勒伯朗士把朱熹理学思想归纳为六点：（1）仅有两种存在体要认识——理（或说至上的理性、秩序、智慧、正义）和质料（气）；（2）理和质料是永恒的存在体；（3）理不能自存，它独立于质料，他们显然把理看作形式，或者分布在质料中的质；（4）理既不智慧，也不明智，显然它是至上的智慧与明智；（5）理并不自由，它之所以行动，只是由于它的本性所使然，既不知道也不愿意他所做的一切；（6）理使有意接受明智、智慧和正义的部分质料变成明智、智慧和正义。因为按照我说过的士大夫的话，人的精神不过是净化的，或有意被理所示知的，从而使它变得有明智或有能力的质料。显然，这就是他们之所以同意理是照耀一切人的光，是在理中我们看到了万物。② 对于"在理中看万物"，马勒伯朗士提出反驳说："怎么在理中？重新想想原则吧。知觉个'无'和没知觉是一回事。因此，在只有十个实在性的地方不能知觉到一百个实在性，因为会有九十个实在性由于不存在而不能被知觉。因此，如果理不卓越地含有万物，如果理不是无限完满的存在体——我们所崇拜的上帝，那么我们就在理中看不到万物。我们是在这个无限完满的存在体中，才能看到天和我们所感觉到不能穷尽的无限空间。"③ 在马勒伯朗士看来，中国哲学家在理中看到很多东西是无法理解的，其中有一与多的结合，中国哲学家确信有一个至上的智慧，一个至上的规范光照着他们，规划一切。但是基督教哲学家把这个智慧放在上帝之内，而中国哲学家则把它存于气（物质）之中。马氏借基督教哲学家之口表明他的观点说："在上帝本质的单一性里，包含着万物里边的全部有实在性或完满性的东西，而万物不过是他的本质的无限多的限制的一些分有，无限不完满的一些模仿。因为无限的存在体的一个

---

① 焦树安：《谈马勒伯朗士论中国哲学》，《中国哲学史研究》1982 年第 2 期。
② ［法］大卫·麦格洛：《诅咒与中国哲学》，《历史杂志》1980 年 10 月，第 561 页。
③ ［法］尼古拉·马勒伯朗士：《一个基督教哲学家和一个中国哲学家的对话——论上帝的存在和本性》，庞景仁译，《中国哲学史研究》1982 年第 2 期。

特性是：他是一，同时又是一切东西。也就是说，他是完全单一的，绝不是由许多部分、许多实在性、许多完满性组成的。他是可以由不同的东西以无限多的方式模仿和不完满地分有的。"① 总而言之，上帝一方面是单一的，一方面又是万有的，马勒伯朗士想在这个意义上，把"理"与"上帝"同一起来。

对于中国哲学家"把理不是简单地理解为气（物质）的安排，而且理解为把气各部分安排到一种奇妙的秩序中的那种至上的智慧"，马勒伯朗士认为，这与基督教说的很相似，"理不过是物体的形状和安排。因为，物体的形状和安排不能离开物体本身而存在，并且缺少明智。比如说，一个物体的圆，肯定不过是这样方式的物体，圆并不知道它是什么。当你看见一个美好的作品时，你说在那里有理。如果你指的是它的人是由理、由至上的明智启示的，那你就是和我们想的一样了。如果你愿意说匠人对他的作品的观念是在理里，是这个观念启示了匠人的，我们是会同意的，把匠人毁掉了，启示匠人的观念依然存在。因此理并不存在于所以构成作品的各个部分的安排里。同样道理，也不存在于匠人大脑的各部分的安排里。理是对一切人的共同光明，而物质（气）的所有这些安排不过是一些特殊变化。这种安排可以死灭，可以改变；不过理是永远不变的。因此它存在于它本身里，不仅不依存于物质，而且也不依存于最崇高的智慧。最崇高的智慧是从理那里接受它们的本性的美好和它们的认识的崇高性"②。在这里，马勒伯朗士按照他自己的思维框架，把"理"和"气"定义为符合上帝的本性。因此，他对中国人贬低理看成是荒谬的奇谈怪论。

对于耶稣会士批评他"随随便便把无神论算在一个中国哲学家的账上"，马勒伯朗士反驳说："如果不是因为无神论指的是否认真正的上帝——任何方式的无限完满和存在体的存在，我也不会把无神论算在中国人的账上。"③ 然而，无论耶稣会士，还是马勒伯朗士，他们对朱熹理学的理解，却有他们的偏见，是非之断，完全取决各自的立场和需

---

① ［法］尼古拉·马勒伯朗士：《一个基督教哲学家和一个中国哲学家的对话——论上帝的存在和本性》，庞景仁译，《中国哲学史研究》1982年第2期。
② 同上。
③ 同上。

要。而真正对这桩"公案"（还包括莱布尼茨于 1817 年提出，朱熹哲学的基础为抽象的理和道德伦理规范，而非如西方基督教之天神，没有人格意志，朱熹不信上帝。戴神父极言朱熹的天理与斯宾诺莎的上帝相接近），做出比较正确的结论的是 20 世纪的庞景仁所写的法文著作《马勒伯朗士的神和朱熹的理》①。这篇文章于 1942 年在巴黎出版，是庞氏有关朱熹与马勒伯朗士比较研究的博士论文。

（三）朱子学与启蒙运动理性派

18 世纪，法国出现了猛烈抨击天主教和专制制度的资产阶级启蒙运动。孟德斯鸠和伏尔泰是这一启蒙运动理性派的代表人物，他们都不同程度地受到朱熹理学思想的影响。

孟德斯鸠（1689—1755）"早在启蒙派形成气候之前就已经是一个启蒙思想家了"②。他从侨居巴黎十年、在法国皇家文库任中文翻译的福建漳州人黄加略③那里获得有关中国儒家思想的基本理论和中国的国家形态、政治结构及文化、教育、民俗等情况。1713 年，他与黄加略进行一次长时间的谈话，并对谈话内容作了详细的笔录，后整理成文，标题为《关于中国问题与黄先生对话》④。通过对这次谈话内容的深入研究，孟德斯鸠丰富充实了他的"自然神论"思想和"法"的历史观。他特别崇尚中国理学家所推崇的理性观，对朱子学中的自然观、宇宙生成论及政治理论做了研究，并吸纳到自己的学说中去。孟德斯鸠从朱熹的"法者，天下之理"⑤ 和"礼法应'与时宜之'"⑥ 的思想中得到启示，提出了他的"自然界是运动着的物质，它为自身固有的规律即

---

① 冯俊：《比较哲学的一个范例》，《中国哲学史研究》1982 年第 3 期。
② 肖雪慧：《理性人格——伏尔泰》，长江文艺出版社 1996 年版，第 72 页。
③ 黄加略出生在一个天主教家庭，其教名为阿卡狄奥，1702 年随罗萨科主教梁弘仁前往巴黎，是福建第一位留法学生。不久，他被派往罗马深造，回巴黎后到皇家文库工作。1711 年获中文翻译家称号。1713 年春，他与巴黎姑娘玛丽·克劳德·蕾妮结婚，并定居巴黎。在巴黎期间，他与孟德斯鸠、弗雷烈友好，参加《法汉词典》编写，1716 年 10 月 1 日病逝于巴黎。
④ 《孟德斯鸠全集》，法国巴黎出版社 1950 年版，第 927—943 页。
⑤ 朱熹：《学校贡举私议》，《朱文公文集》卷 69，《朱熹集》（六），第 3637 页。
⑥ 朱熹：《论语集注》，《四书集注》，第 84 页。

'法'所支配","人类历史也和自然界一样,为自己固有的'法'所支配;支配一切民族的一般的'法'就是人类理性","政治、法律制度要从人的现实生活环境出发"① 等看法。孟德斯鸠还在黄加略的协助下,结合对法国政治和文化的见解,写下了当时足以影响整个世界的政治民主化进程的论著——《论法的精神》。在这篇论著中,孟德斯鸠猛烈抨击了法国封建专制主义政治制度的黑暗,赞扬实行保障人的自由和平的最基本权利的君主立宪制的英国。追求政治上的自由,特别是言论自由、信仰自由、出版自由,是孟德斯鸠为之奋斗的人生目标。他认为,君主立宪制的英国,能够充分保障公民的政治自由,因而它是人们理想的政治制度。直到晚年,他对英国能够保护公民的政治自由极力赞美,并由衷地向往。孟德斯鸠的这种自由理论,与中国古代思想家孟子所提出的"自反而缩,虽千百人,吾往矣!""居天下之广居,立天下之正位,行天下之大道。得志,与民由之;不得志,独行其道。富贵不能淫,贫贱不能移,威武不能屈。此之谓大丈夫"②,二者有着极为相似之处。孟子的这种"自由、自律、自主的人格",在每个人身上一律平等,无分轩轾,不因个人的性别、种族、语言、信仰、宗教、年龄、社会地位等条件而有所区别。从自由主义的核心价值来看,孟子反对放任的自由主义,强调人格的自由、自律与自主,并希望以此来规范国家的生活秩序,亦即国家的基本职责乃在保障每一个人"人格的自由、自律与自主"。孟德斯鸠在《论法的精神》中高度称赞中国的文化:"我相信,中国文化将永远无法完全为我们所了解。"③

法国资产阶级启蒙运动著名领袖伏尔泰(1694—1778)同样也受到中国文化以及朱熹理学思想的影响,并为朱子理学自觉的理性精神所折服。他从耶稣会士傅圣多和启蒙思潮的先驱者的著作中了解到中国文化,认为中国的历史是悠久的,"在起源上比《圣经》所说的希伯来人文化早得多,基督教各个教派宣扬的宗教史观在时间上和空间上都站不住脚"④。在《风俗论》前言中,伏尔泰说:"当一个人以哲学家身份去

---

① 《孟德斯鸠全集》,第927—943页。
② 朱熹:《孟子集注》,《四书集注》,第330、381页。
③ [法]孟德斯鸠:《论法的精神》,张雁深译,商务印书馆1982年版。
④ 肖雪慧:《理性人格——伏尔泰》,第166页。

了解这个世界时,应首先把目光朝向东方,东方是一切艺术的摇篮,东方给了西方以一切。"① 伏尔泰称赞中国史籍的记载即无虚构又无奇谈怪论,中国历史是一部合乎理性的信史。他说:"中国人几乎没有丝毫的虚构和奇谈怪论,绝无埃及人和希腊人那种自称受到神的启示的上帝的代言人;中国人的历史从一开始起就写得合乎理性……全世界各民族中,唯有他们的史籍持续不断地记下了日食和星球的交会。我们的天文学家验证他们的计算后惊奇地发现,几乎所有的记录都真实可信。"② 伏尔泰认为,中国人的"神"与西方人的"神"有着本质的不同,"中国人的神是作为宇宙万物原理之神,他是理性的崇拜者,文明的肯定论者,所以把中国的宗教也完全解释为理性的宗教"。故伏尔泰对宋儒理学宣传的理性道德尤为推崇,1752年他撰写《自然法赋》,"目的是关于一切启示宗教乃至最高存在性质的一切议论里独立出来,确立了普遍的道德之存在"。在《自然法赋》初篇的末尾说到自然法的普遍性时,伏尔泰说:"吾人与生俱来之悠久的存在,一切人之心中同样有其萌芽。从天所授的德性,由人来表现,人却为私欲或迷误蒙蔽了它。"这和朱熹的"天理人欲之辨和存天理去人欲之说没有什么不同"。伏尔泰还认为,罪恶是暂时的,"无论人欲兴盛,在内心深处常常有法则和道德俨然存在",并用清冷之泉作譬喻,因风而波起,水必浊;但在风平浪静之时,就是坏人也可以在水中看到自己的面貌。朱谦之教授认为:"这简直完全应用了宋儒水波的譬喻了。"③ 在《查第格》这部哲理小说中,伏尔泰说,中国的"理"或所谓的"天",既是"万物的本源",也是中国"立国古老"和"文明完美"的原因。他觉得中国人"是在所有的人中最有理性的人"。这种以道德规范为准则,使天赋与理性、文明的发展与理性的进步、历史的前进相统一的"理性宗教"是伏尔泰坚定不移的信仰。在另一部哲理小说《老实人》中,伏尔泰塑造了如中国那样的一方"尽善尽美的乐土"——具有崇高理性、合乎自然和道德的理想国家。直到法国大革命,中国儒家的德治思想还对雅各宾派产生

---

① [法]伏尔泰:《风俗论》前言,梁守锵译,商务印书馆1995年版。
② 《伏尔泰全集》第3卷,法国巴黎出版社1965年版,第25页。
③ 朱谦之:《中国哲学对于欧洲的影响》,第213页。

影响，罗伯斯庇尔起草的《1793年宪法》的第六条说："自由是属于所有人做一切不损害他人权利的事的权利，其原则是自然，其规则为正义，其保障为法律，其道德界限则在下述格言之中'己所不欲，勿施于人'。"

（四）朱子学与百科全书派、重农学派

在启蒙运动中，法国出现了以狄德罗为代表的百科全书派，以魁奈和杜尔哥为代表的重农学派。他们通过耶稣会士、启蒙思想家和中国留法学生了解到包括朱熹理学在内的中国文化，并受其影响。

狄德罗（1713—1778）是百科全书派领袖人物。他赞美朱子理学所倡导的伦理道德与政治的结合，是造成中国高度文明的基础。他主编的《百科全书》伸张人类理性，热情洋溢地介绍中国文明，认为中国哲学的基本概念是"理性"，高度评价宋儒理学，说它"只需以理性或真理，便可治国平天下"。狄德罗受朱熹理学无神论的影响较深，1749年发表了被认为是公开宣扬无神论著作《供明眼人读的盲人书简》。该书简触痛了法国基督教，因而狄德罗被卫道士们"以国王的名义"关进监狱。儒家"人道""仁爱"思想亦深深影响了狄德罗，在《百科全书》"人道"词条中，他说："人道是一种对全人类的仁爱精神，它仅能在伟大而富感情的灵魂里燃烧。具有这种高尚而卓越的热忱的人，由于别人的痛苦以及想要解除别人的痛苦而极端烦恼；为了消灭奴隶制度、迷信、罪恶和灾难，他情愿跑遍天下。"[1] 在1751年出版的《百科全书》第一卷中，由狄德罗撰写的《政治权威》一词条说："不是国家属于君主，而是君主属于国家。"[2] 这和朱熹所说的"天下者，天下人之天下，非一人之私有故也"[3]，没什么不同。

百科全书派的霍尔巴赫亦推崇朱熹的政治与伦理道德相结合的理性思想，认为中国是政治和伦理道德结合的典范。他在《社会体系》一书中说：在中国"伦理道德是一切具有理性的人的唯一宗教"，"中国

---

[1] 引自肖雪慧《理性人格——伏尔泰》，第68页。
[2] 肖雪慧：《理性人格——伏尔泰》，第62页。
[3] 朱熹：《孟子集注》，《四书集注》，第441页。

是世界上唯一的把政治和伦理道德相结合的国家。这个帝国的悠久历史使一切统治者都明了，要使国家繁荣，必须仰赖道德"①。这种以德治国，强调法制必须与德治相结合，以德治为基础的社会政治理念，正是朱子思想的精华之一。而百科全书派的波维尔则受到朱熹法律思想的影响。朱熹提出"严刑"是与"慎刑"相结合的，如果严而不慎，则会草菅人命。他认为，先贤提出的"恤刑"就是"慎刑"，不是"宽刑"。朱熹对《尚书》"惟刑之恤"解释说："书曰：'钦哉！钦哉！惟刑之恤哉！'所谓钦恤者，欲其详审曲直，令有罪者不得免，无罪者不得滥刑也。今之法官或于钦恤之说，以为当宽人之罪而出其死，是乃卖弄条贯舞法而受赇者耳？罪之疑者从轻，功之疑者从重，所谓疑者，非法令之所能决，则罪从轻而功从重，唯此一条为然耳；非谓凡罪皆可以从轻，而凡功皆可以从重也。"②从朱熹的这些法律思想中，波维尔看到中国法律之严明，因而非常赞赏中国的法律。他在《哲学家游说》中说："如果中国的法律能变为各国的法律，中国就可以为世界提供一个作为去向的美妙境界。"从上述可见，百科全书派深受朱熹的理性、政治、道德和法律思想的影响，他们向往中国文明，向往一个具有崇高理性，合乎自然和道德的理性社会。

重农学派创始人魁奈（1694—1774）非常崇尚朱熹的"以农立国""务农重谷"是"自然之理"的思想。他认为人类社会和自然界一样，受自然法则的支配；人们的思想和行为符合自然法则就成功，违反自然法则就失败。因此，"自然法则是人类立法的基础和人类行为的最高准则"③。他还指出："所有的国家都忽视了按自然法则来建立自己的国家，只有中国是例外。"④魁奈提倡以农为本，认为"财富的唯一源泉只能是农业生产，因为只有农业生产才能增加物质本身即生产'纯产品'"。"纯产品"学说是魁奈理论体系和经济纲领的核心。魁奈提出的"整顿税收制度，实行地租单一税"的主张，也是受《周礼》均田贡赋和朱熹的"除尽正税以外的赋税""存天理，去人欲"的思想启发而提

---

① 引自朱谦之《中国思想对于欧洲的影响》，第214页。
② 黎靖德编：《朱子语类》卷110，第2712页。
③ 《魁奈经济著作选集》，吴斐丹等译，商务印书馆1979年版，第30页。
④ 《魁奈经济著作选集》，第412页。

出的。他认为中国政府几千年以来都能使国家处于社会安定的局面中，其基本原因：一是中国实行了孔子和朱熹的思想和道德规范，以仁爱众生和克制私欲为行为的准则；二是劳动所得税和人头税的征收，中国人一向认为"是不合理和不公允的"。唯一合理的办法就是向土地所有者获取的那部分"纯产品"征税，以提供国家所需的赋税。[1] 魁奈的重农主义思想对法国18世纪的社会产生了巨大的影响。

杜尔哥（1727—1781）是重农学派的改革家。他在担任里摩日州长时，就与当时留法的中国学生杨德望和高磊斯交往，从他们那里获得有关中国的情况。1764年，当两位留学生回中国时，杜尔哥专门写了《给两位中国人关于研究中国问题的指标》，要求他们收集有关中国思想、政治、经济和文化的情况。杨、高两人回国后，积极地收集有关情况，并定期向法国国务大臣贝尔坦汇报，还协助在华耶稣会士汇编由法国资助出版的关于中国的材料——《北京教士报告》。杜尔哥通过中国留学生和耶稣会士获得大量关于中国经济、农业和朱熹理学等方面的资料。当他在担任法国财政大臣时，就借助中国朱熹"生民之本，足食为先"[2]的重农思想，进行农业经济发展改革，以图实现他的重农主义的主张。

综上所述，我们不难看出，朱子理学对17—18世纪的法国启蒙思潮产生过深刻的影响。这场思潮的先驱者、发起人和参与者都曾研究过包括朱子理学在内的中国传统思想资料，并从中汲取理论养料，充实和丰富自己的思想。

四　朱子学与德国启蒙思想家

17世纪末18世纪初，德国启蒙运动在哲学方面的重要代表是莱布尼茨和他的追随者沃尔夫。沃尔夫将莱布尼茨哲学系统化，形成了"莱布尼茨—沃尔夫哲学体系"。在很大程度上，近代哲学为启蒙运动在德国的广泛普及起了积极的作用。朱子理学与莱布尼茨、沃尔夫的哲学，既有相通的共同点，又有相异点。

---

[1]　《魁奈经济著作选集》，第412页。
[2]　朱熹：《劝农文》，《朱文公文集》卷100，《朱熹集》（八），第5105页。

(一) 朱子学与莱布尼茨

莱布尼茨(1646—1716)是 17—18 世纪之交欧洲杰出的哲学家、科学家,德国启蒙运动的先驱者。他对中国文化充满浓厚的兴趣,长期关注中国文化的发展,被西方学者视为"狂热的中国崇拜者"。他从欧洲来华的闵明我、白晋和南怀仁等耶稣会士那里了解到大量有关中国的各种情况,还从传教士翻译的《易经》《孝经》和"四书"等理学著作,以及他们撰写的《论中国的宗教中的某些问题》(龙华民著)、《中国的智慧》(柏应理著)、《论中国宗教的某些观点》(利安当著)和《中华帝国史》(白晋著)等论著中获得了有关的朱子理学思想。莱氏认为,中国是一个伟大的国家,中国文化与西方文化各有特色,两者之间具有互补作用。他在《论中国哲学》中说:"中国哲学学说……远在希腊人的哲学很久很久以前。""中国是一个大国,它在版图上不次于文明的欧洲,并且在人数上和国家的治理上远胜于文明的欧洲。在中国,在某种意义上,有一个极其令人钦佩的道德,再加上有一个哲学学说,或者有一个自然神论,因其古老而受到尊重。"[①]他还在 1697 年写的《中国近事》一书序言中,曾经建议:"鉴于我们道德急剧衰败的现实,由中国派传教士来教我们自然神学的运用与实践,就像我们派传教士去教他们由神启示的神学那样,是很有必要的。"可见,莱布尼茨在承认两种文化都各具特色的前提下,去努力寻找东西两种文化之间内在的共同点,建立起相互之间的紧密联系,这是一种极为客观又具前瞻性的见解。

朱熹是宋代理学的集大成者,他对其哲学的最高范畴"理"作了前所未有的、系统的阐发。其理学的特点,就在于把逻辑的论证和道德的说教结合起来,把理性思辨和道德实践结合起来,所以然也就是所当然。理是知识论的真理,因而也是道德论的至善;反过来也是一样,既是至善,"则事理当然之极也"[②]。莱布尼茨在深入接触和研究程

[①] 引自清华大学思想文化研究所编《世界名人论中国文化》,湖北人民出版社 1995 年版,第 139 页。

[②] 朱熹:《大学章句》,《四书集注》,第 5 页。

朱理学的过程中，受到了启蒙。他对"理"这个朱熹哲学最高范畴有不少独到的见解。他将来华传教士译文中所介绍"理"的概念加以梳理，归纳为六点：（1）理是"第一本原"，即是大自然的理由和本原，它是包罗万象的实体，它统治一切，存在于一切，以天与地的绝对主宰者的身份控制并产生一切。它既纯粹、安静、精微，又无形无体，只能由悟性来认识。（2）理不仅是天地与一切有形物体的"物质性之原"，也是一切德性、风俗与一切无形物体的"精神性之原"，它本身是不可见的，至善至美的，完善完美的。（3）理与万物的关系是"一是一切"的关系，即它本身是一，是不可再分的本体，同时它又是世上所有要素，所可能有的要素的本原。（4）理即"太虚"或空间，无际的太空，它是无所不在的，它充满一切，不留一点空隙，同时万物的存在与秩序都是由理来决定。（5）理在形态上是"圆体"或"丸体"，即"它的中心无所不在，而它的圆边则并无所在的"。（6）理也叫太极，太极是作用于气的理。[①] 这就是莱布尼茨对朱子理学中"理"的理解。

关于"理"与"精神实体"或"神"的关系。莱布尼茨对"理"的理解和评判与当时龙华民、利安当等传教士们的看法有异。龙华民重点研究了"理""气"和"太极"的问题，认为宋明理学（主要指朱熹理学）中所讲的"理"，充其量只相当于西方所讲的"原始物质"、最早的混沌。其理由是"理不能自存，它需要元气"，也就是说它没有脱离原始物质，因此不能作为精神实体；"理本身无生命，无主张、无明智"，即无人格。莱氏对此进行了驳斥，他认为理即是神，绝不是物质。中国人确知精神的本体，但不认为这个本体是和物质完全分离的。理之所以需要气，只是说它通过原始物质（指元气）产生万物，这"恰好证明了理不是原始物质"。"原始物质"只是"理"借以发挥作用的条件和手段，不能把理与这些条件和手段相混同。

至于理本身是否具有"无生命、无主张、无明智"即无人格的问题，莱布尼茨认为，中国人已赋予理以最高的完满性，它比造物主更高明，"比明智更明智"。莱布尼茨还把朱熹的"理"理解为"第一推动

[①] 引自姜林祥编《儒学在国外的传播与影响》，第288页。

者"和"万物的理由"。他说:"要判断中国人(是否)承认精神实体,就特别应该考虑他们'理'的规范,它是其他事物的第一推动者和理由,我认为它和我们的神的概念是一致的。不可能把这一点理解为一种纯粹是被动的、生硬的、对任何东西都无所谓的,因而是无规律的,和物质一样。"① 朱子理学对理的解释同欧洲人关于神的概念是相通的。理是一种非物质的精神实体,而不是"原始物质"。在这里,就莱布尼茨而言,他所理解的"神"更多地是指哲学意义上的逻辑起点和终极原因,而不是人格神。在这个基础上,莱氏认为中西哲学是相通的。至于理和气的关系,莱布尼茨认为理即太极,气为第一物质,是太极所创造的。理是永远的,具有一切可能的完全性。也就是说,理具有西方所谓"神"的意义。

关于"理"与"上帝"的关系。莱布尼茨和龙华民等耶稣会士们的主要分歧表现在"理"是不是"上帝"这个问题上,龙氏在《论中国人的宗教》一书中指出,上帝是至高无上的人格神,是全智全能全善的,没有任何缺点。相比之下,朱子理学中所讲的"理"不同于西方的"上帝"这一概念。对此,莱布尼茨指出"这些理由是非常软弱无力的",他认为"中国人的'理'即是我们拜为至高神的至上实体"②。"绝对地讲,普遍之灵称'理'或秩序;在受造物身上有所为时,它称为'太极'或完成造化万物者;而统治天的主要者称'上帝'或'天主'。"③ 在这里,莱氏把"理"归结为精神性的至上完满的存在物。"正是基于这一点,莱布尼茨将朱熹之理与基督教之上帝的相似性理解成了同一性了。"④ 莱布尼茨与龙华民对"上帝"的规定性的理解有所不同的根本目的是:龙华民等传教士把中国哲学的"理"理解为"原始物质",是把中国文化看作是"被改造的对象",并由此出发对朱子学说进行"为我所用"的损益和取舍,最终为其在中国传播基督教的目的服务,带有明显的功利主义色彩。而莱布尼茨仅仅把上帝作为一种

---

① 引自安文铸等编译《莱布尼茨和中国》,福建人民出版社1993年版,第146页。
② 引自秦家懿编译《德国哲学家论中国》,生活·读书·新知三联书店1993年版,第77页。
③ 秦家懿编译:《德国哲学家论中国》,第101页。
④ 张立文等主编:《中外儒学比较研究》,东方出版社1998年版,第281页。

非人格世界的最高原因，这与他客观唯心主义的自然神论的理论倾向是一致的。他说："我并不想知道中国人的祭祀礼节可以谴责或原谅到什么程度，我只是要研究他们的学说。我认为他们古代圣贤的意图是尊敬理或至上的理性。"① 莱氏把朱熹理学当作一种"被认识的对象"，力图从对这种学说的理论性研究以及同西方学说之比较中客观地把握理学的特质，并希望在此基础上寻求中西文化的共同性。

莱布尼茨还对朱熹"理一分殊"思想进行了分析。他认为，理是最高的统一，一即一切，绝不是部分的。他这样解释道："我们说'理'的时候，应该注意到'一切即一'于'一即一切'是有连带作用的。这句话指出，神是高于一切的……神是万物的心。'一切即一'是指这个意思……不是单指形式而说。'一切'是由许多'一'组成的，也不是说，'一'是'一切'的原质，而是说，'一切'来自'一'，'一'是因，'一切'是果。"② 为了形象地说明"理一分殊"思想，莱氏举例说："物质的每个部分都可以设想成一座充满植物的花园，一个充满着鱼的池塘。可是植物的每个枝丫，动物的某个肢体，它们的每一滴体液，也是一个这样的花园或这样的池塘。"③ 所以，英国著名学者李约瑟在评论莱布尼茨关于一般与个别相统一的思想时，说他"颇似理学家的理在每个纹理与组织中无数的个别显现"。这里说的理学家，就是指朱熹而言。

朱子的"理"与莱布尼茨的"单子"。单子论是莱布尼茨哲学体系的核心，这种理论认为世界万物都是由无数简单的实体或单子构成的，单子是一种没有部分、不占有空间的东西。莱布尼茨说："我们在这里所讲的单子，不是别的东西，只是一种组成复合物的单纯实体。"它不是物质性的存在物，而只能是一种精神的实体。莱布尼茨认为，单子的基本属性是知觉。所谓单子的变化，就是在欲望的推动下，从一种知觉向另一种知觉的变化与过渡。他说："那种致使一个知觉变化和过渡到

---

① ［德］莱布尼茨：《致德雷蒙先生的信：论中国哲学》（上），庞景仁译，《中国哲学史研究》1981年第3期。
② 引自徐刚《论莱布尼茨对朱熹自然哲学的评判》，《朱子学刊》1996年第1辑。
③ 引自北京大学哲学系外国哲学史教研室编译《16—18世纪西欧各国哲学》，商务印书馆1975年版，第495页。

另一个知觉的内在原则的活动，可以称为欲求。"① 由于单子内在欲求的推动，单子的知觉不断由低级向高级发展，由这样的单子构成的事物便形成了一个不同等级的连续发展的系列。这些认识，表明莱布尼茨通过单子能动性原则证明了物质与运动不可割裂的关系。列宁对他的这个见解评价极高："莱布尼茨通过神学而接近了物质和运动不可分割的（并且是普遍的、绝对的）联系的原则。"② 莱布尼茨遵循单子能动性的原则，阐述每个单子都在不断运动变化发展的，而且和其他的单子的运动变化发展协调一致，即"前定和谐"，并以此论述了宇宙和谐发展的观点。

莱布尼茨的单子论与朱子理学有许多极相似之处。李约瑟博士说："几乎可以说，单子是有机主义在西方哲学舞台上的第一次露面，单子的等级制及其'前定和谐'有似于理学家的理在每一种模式和有机体中的无数个别的表现。每个单子都反映着宇宙，就像'因陀罗网'中的结一样，莱布尼茨希望借助于等级制的宇宙来克服以神学活力论为一方和以机械唯物论为另一方之间的二律背反。如果他是对这种'二者必居其一'的论调深感不满的一长串思想家中的第一个，难道不可能是理学的综合暗示了他一种更好的办法吗？"③

加拿大华裔学者秦家懿对于朱熹的"理"与莱布尼茨的"单子"也作了比较研究。秦氏说："莱布尼茨觉得'理'所指的，很像他说的'至高单子'或'最崇高而最简单纯粹的本性'，也就是'神'。他强调理是唯一无二的。用数学来解说，就如'一'，众善之元，'理'也是众实体的至高本体；也就是万有之原；众善之元，就如'神是至一而包罗万象的一样'。因为莱布尼茨看到，朱熹的'理'既是事事物物各有的，个别的'小'理，又是唯一无二，同乎太极的'大'理。从这个角度来看，个别的'理'就像个别的单子，而太极的'理'，绝对体的理，就像至高的单子，也就是神。"莱布尼茨的单子就像他自己所说的，

---

① 北京大学哲学系外国哲学史教研室编译：《16—18世纪西欧各国哲学》，第483、485页。
② 列宁：《费尔巴哈〈对莱布尼茨哲学的叙述、分析和批判〉一书摘要》，《列宁全集》第38卷，第427页。
③ ［英］李约瑟：《中国科学技术史》第2卷，《科学思想史》，何兆武等译，第315页。

"每一实体（单子）就像是神的镜子，或是全世界的镜子一般"。对此，秦氏认为"这种哲学说明了宇宙是'一而多'的意思，用佛家华严宗的术语说就是'一即一切，一切即一'。单子既有静的一面也有动的一面，所以，这种学说和程颐朱熹理气论也有接近的地方，因为程朱的理气论，本来就反映了华严佛家的影响"①。

这里要指出的是，在莱布尼茨提出《单子论》之前，他提出了"充足理由原理"，这是他建立自己思想体系的基础。根据这条原理，什么事情没有理由绝不发生。但是，这条原理怎么得出？日本学者认为，这是"在1687年《中国之哲人孔子》出版以后，在那里《大学》《中庸》及《论语》均有朱子注的拉丁文译本，莱氏读了这书以后，才发明'理由律'，这分明是受了宋儒程朱所说'理'的影响，故以'理由律'为哲学全体系的核心。由此影响更可见莱氏和宋儒理学关系之密切"②。正是因为如此，故李约瑟说："当爱因斯坦时代到来时，人们发现一长串的哲学思想家已经为之准备好了道路——从怀特海上溯到恩格斯和黑格尔，又从黑格尔到莱布尼茨——那时候的灵感也许就完全不是欧洲的了。也许，最现代化的欧洲的自然科学理论基础应该归功于庄周、周敦颐和朱熹等人的，要比世人至今所认识到的更多。"③

（二）朱子学与沃尔夫

沃尔夫（1670—1754）是德国著名的启蒙哲学家，是莱布尼茨哲学的继承者和传播者。他将莱氏哲学系统化，在德国哲学史上第一个创建了一个学科完整的体系。这一哲学体系或学科分类被人们普遍认可，并搬上大学讲坛，成为大学教学的基本模式，从而规定了以后一百多年德国哲学的发展方向。

沃尔夫了解朱子理学的途径主要是阅读来华传教士的译著。他从魏方济《中华帝国的六经》译著中获得有关朱子理学思想。沃尔夫认为，"中国人的'理'即是我们拜为至高神的至上实体"，中国理学家把

---

① 秦家懿：《莱布尼茨和中国理学思想》，《中国哲学史研究》1983年第4期。
② 同上。
③ ［英］李约瑟：《中国科学技术史》第2卷，《科学思想史》，第538页。

"格物、致知、正心、诚意"作为"修身、齐家、治国、平天下"的基础，这说明理学家最本质的东西是人的伦理实践，而哲学的实践或道德倾向正是哲学的灵魂。1721年，沃尔夫在哈勒大学演讲《论中国的实践哲学》而名噪一时。这篇讲稿分三部分：第一部分叙述中国的政治道德，即实践哲学的发展史；第二部分比较儒教与基督教，认为前者以自然性为基础，而后者则是以神的恩惠为基础，但两者不相冲突，而且可以相反相成，所以理性可以与信仰互相调和、补充；第三部分论述中国人的道德原理——理性主义与他的主张相符合。讲稿还特别阐述了中国哲学的"天人合一"的思想，他把这一思想称之为物性和人性或宏观宇宙和微观宇宙的一致性。

沃尔夫根据他对中国哲学的理解，认为儒家哲学的第一要义是理性原则。他说："中国人的第一原则，是小心培养理性，以达到明辨是非，为选择德性而行善，不为恐惧上司或追求报偿而行善的能力。这种对于善恶是非的清楚辨别，只能通过对于事物性质与理由的深入认识而达到。"[1] 又说："他们这项坚持的理由很好，因为他们觉得，不居人下的自由人，或是不甘居人下者，若是不能克制灵魂的欲望与肉体上的行动，则不会行善避恶。再者，这些欲望与行动只有在真正爱善憎恶的人身上才能受制，因为这爱与这憎只可发自理性得来的辨别是非的真知识，而且这真知识也不能只靠理性，还须要事物的性质与理由的检讨。"[2] 沃尔夫把儒家哲学的第一要义归结为理性原则，这是对的。但他所说的理性只是立足于道德修养的实践，而不是探求事物本原和真知的科学理性。实践理性与科学理性是有区别的。

沃尔夫还对中国儒学与西方基督教作了比较研究，认为人的德性由不同的动机来决定：一种是从自然宗教中找到德性的根据，即人的道德是因神的完美而决定，"从神恩中得到力量，并以之为自己的德性的原则"；另一种则是完全出于人类理性的自然性的力量，德性确定是由于自身的追求而不是出于神的启示和恩典。儒家哲学则属于后者。他还认

---

[1] 引自秦家懿编译《德国哲学家论中国》，生活·读书·新知三联书店1993年版，第160页。

[2] 秦家懿编译：《德国哲学家论中国》，第161页。

为，中国人的伦理道德与宗教无关，"中国人并不认识宇宙的创始者，并不相信自然宗教，更没有任何启示的宗教。他们只靠与一切宗教无关的自然力量引导他们行善，我们将看到他们如何尽量由此得到所需的力量"①。在沃尔夫看来，中国人的道德动力不是从外面的自然宗教和神的启示得来的，而是他们反求于内心，只发自行为性质的内在理由。

沃尔夫十分推崇朱熹培养学生个体"自律型"人格，重视学生的主体性、自觉性、能动性的教育理念，认为中国儒家教育是一切顺从人的精神发展的自然规律，追求智慧、向善、快乐、幸福，发展理性为转移。他对朱熹将教育分为"小学"和"大学"两个阶段的做法极为赞赏，把它称之为"双层学校"。沃尔夫对朱熹规定的小学"教人以洒扫、应对、进退之节，爱亲、隆师、亲友之道，皆所以修身、齐家、治国、平天下之本，而必须进而习之于幼稚之时，欲其习与智长，化与心成，而无扞格不胜之患矣"②，大学"教之以穷理正心、修己治人之道"③，即"教之以理"，"学其小学所学之事之所以"④ 的教育内容是认同的。他认为，第一层叫"小学"，"专为教训灵魂下部而设的"。"男童们从八岁起到十五岁止，在尚未能善用理性，须要由感性的协助之下得到训导时，去上小学。"小学的目标在于教育孩子服从，善于听从命令，尤其要教育他们孝顺双亲、长辈、上司，谦逊与服从法律。另一层叫"大学"，"专为教训灵魂上部而设的"。"要进入大学，必须在十五岁的年龄，即是能够运用理性，追求更高的理性时才得到准许。""大学是为教导行政，训练学生们只发善命，并且以身作则的地方。"大学的教育目标是，"能够解释事理，为自治治人而提出有用的规则"，做对于政府有用，对于全国人民的幸福有所贡献的人。但无论是小学还是大学，全部的教育在于"导向行善，不做任何违背这目标的事"⑤。

沃尔夫是第一个用德语写作哲学文章的人，他的大部分哲学著作都是用德语写的。他十分彻底地排除了经院式的亚里士多德哲学，从此使

---

① 引自秦家懿编译《德国哲学家论中国》，第154页。
② 朱熹：《小学·序》，上海古籍出版社1987年版，第2页。
③ 朱熹：《大学章句序》，《四书集注》，第1页。
④ 黎靖德编：《朱子语类》卷7，第124页。
⑤ 引自秦家懿编译《德国哲学家论中国》，第158—160页。

德语堂而皇之地进入了学术的殿堂，使哲学成为普遍的、属于德意志民族的科学。应该说，本民族语言的应用对哲学在德国的普及，哲学的世俗化和思想的深化有巨大促进作用。德语取代拉丁语，也是德国民族语言取得的一个巨大文化成果，它反映了德国民族意识的觉醒。民族意识的强化又促进了本国文化事业的发展。后来，黑格尔在评价沃尔夫因推广德语而对德国哲学所做的贡献时说："只有当一个民族用自己的语言掌握了一门科学的时候，我们才能说这门科学属于这个民族了。这一点，对于哲学来说最有必要。"①

沃尔夫在德国哲学史上第一个创建了自己的学派。在他之后，他的弟子们占据了德国各大学的哲学教授讲席，当时所有的哲学课都在莱布尼茨——沃尔夫哲学的框架内进行。这对朱子理学在德国的传播有着积极的作用。如沃尔夫的学生毕芬格曾著《古代中国道德说并政治说的样本》一书，论及中国的政治、道德、哲学及文学，并将中国教育与欧洲神学及道德进行比较，尤其推崇中国政治与道德结合的传统，把中国看成是理想之邦，表达了他以中国为楷模建设德国的愿望。又如思想家卢多维希在其《评论莱布尼茨哲学之全部发展史》一书的序言中，认为莱布尼茨与沃尔夫的世界观，与柏拉图哲学和中国哲学关系密切，不研究后者就谈不上研究前者。

由此可见，沃尔夫从到过中国的传教士及其著述中获得朱子理学思想，并融入它尊重人性、赞美理性的思想体系中，在德国近代的影响是不可低估的。先辈朱谦之先生论及沃尔夫时曾说："莱布尼茨的影响，经过沃尔夫而更加扩大起来，沃尔夫用德语很普遍地宣传中国哲学……所以影响更大。一方面影响于腓特烈大帝，使他倾向于哲人的政治思想，一方面因尊重理性的缘故，在沃尔夫等人的思想影响下，发生了德国观念论的哲学。观念论实际即是理性论。《纯粹理性批判》的著者康德……是沃尔夫的再传弟子，这可以说明德国古典哲学也可能间接地受到了中国哲学、特别是理学的影响。"②

---

① ［德］黑格尔：《哲学史讲演录》第4卷，北京大学哲学系外国哲学教研室译，商务印书馆1981年版，第187页。

② 朱谦之：《中国哲学对于欧洲的影响》，第247—248页。

综上所述，朱子理学由来华传教士这一文化使者介绍到欧洲后，德国启蒙哲学家莱布尼茨、沃尔夫从他们及其译著中汲取理论养料，印证、充实和丰富自己的思想。莱布尼茨—沃尔夫哲学体系的形成，推动了德国近代哲学的发展。

今天，我们对朱子理学与近代德国哲学进行比较研究，有助于认识以儒学为媒介的中西文化特殊的异质性和普遍的共同性；有助于在多元文化背景下进行中西文化对话，促进中西文化交流，从而推动人类文明的发展。

五　朱子学与康德哲学

朱熹融合儒、释、道三教，建构了自然、社会、人生整体性的、博大的理学思想体系，把中国哲学发展到新的阶段。康德（1724—1804），是18世纪末19世纪初德国古典哲学的开创者。他开创的德国古典哲学是欧洲自古希腊以来两千多年哲学发展的又一高峰。对两种哲学进行比较分析，有助于认识二者在建构哲学体系时在学理进路上的相似性；有助于把握人类哲学思维的共同性与民族心理文化的特异性。下面就朱熹与康德哲学中的"天理"与"物自体""物理"与"伦理""至善"作一比较。

（一）"天理"与"物自体"

"天理"与"物自体"这两个概念在朱熹与康德的哲学体系中，各自有着至关重要的地位。朱熹在本体论层面上提出了"天理"（即"理"），使"天理"成为宇宙的本体和世界的目的。他说："宇宙之间，一理而已。"① 又说："未有天地之先，毕竟也只是理。"② 这也就是说，"天理"在逻辑上优先于、超越于万事万物的现象世界，它构成世间万物的本体存在。对个体来说，这个作为形上实存的"理"是所必须遵循、服从、执行的绝对律令。故朱熹说："命，犹令也。性，即理也。

---

① 朱熹：《读大记》，《朱文公文集》卷70，《朱熹集》（六），第3656页。
② 黎靖德编：《朱子语类》卷1，第1页。

天以阴阳五行化生万物,气以成形,而理亦赋焉,犹命令也。于是人物之生,因各得其所赋之理,以为健顺五常之德,所谓性也。"① 人们通过对"绝对律令"的深切肯认,方能使形上的宇宙本体落实到形下的人性禀赋,"理"的世界方能与"性"界相沟通。就本质而言,"绝对律令"是超越一切经验现象世界,具有无比崇高的意义与强大感召力量的道德性本体。同时,朱熹认为,世界由理和气组成:"天地间,有理有气。理也者,形而上之道也,生物之本也。气也者,形而下之器也,生物之具也。是以人物之生,必禀此理然后有性;必禀此气然后有形。"② 这就是说,理是一种先验的、形而上的存在,是世界存在的原因,相对于理的形上属性,气是形而下的,是组成经验世界的质料。在朱熹看来,宇宙本体的理既是自然性的,又是社会性的、伦理性的形上实存。

康德从认识论的角度,把认知的对象区别为现象界和物自体两个层面,"如果人们把现象看作是自在之物,要求从现象中依照条件的序列得到完全无条件的东西,那么就陷入了明显的矛盾。只有通过指明:完全无条件的东西不在现象之下,而只是在自在之物那里,这些矛盾才能消除"③。现象关涉到自然的必然性,其存在总是遵循着自然的因果律。物自体不处于现象界的范畴之内,因此也不受自然因果律的支配。康德指出,物自体的发现使他"找到了解决问题的关键",如果说自然因果律是支配一切的法则,那么自由就成为不可能,同时,如果道德意志也存在于现象界,那么人的一切道德行为也都是有条件的,即处于自然的因果律中,人也只能生活在自然的王国中,而不是目的王国中。但是,物自体的发现却揭示了可以不被自然因果律所支配的领域,使"自由"成为可能。康德还认为,理论理性不能认识的物自体可以在实践理性中把握,作为感性的人受自然规律支配,具有有限性;但作为理性的人能够突破此种有限性去把握无限的存在,理性追求无限的存在是人的本性。

---

① 朱熹:《中庸章句》,《四书集注》,第 26 页。
② 朱熹:《答黄道夫》,《朱文公文集》卷 58,《朱熹集》(五),第 2947 页。
③ 李秋零:《康德书信百封》,上海人民出版社 1992 年版,第 90 页。

朱熹从本体论的角度说明了理与气的差别，康德则从认识论的角度对物自体与现象界的划分做出了证明。但是，两人都认为，经验世界之外的天理或物自体才是真实的存在，这个存在才能够真实反映现存的经验世界。在康德的哲学中，物自体与现象界区别的意义在于说明了上帝、灵魂不朽、自由等没有经验的依据，也不是理论理性可以认识的。然而，物自体的发现却证实了经验世界之外的道德世界存在的可能性，从而为实践理性留下了余地，为信仰留下了地盘。而在朱熹的哲学中，宇宙之本体也就是道德与伦理之本体："宇宙之间一理而已……其张之为三纲，其纪之为五常，盖皆此理之流行，无所适而不在。"[①] 人所应遵循的所有的伦理与道德原则都来源于作为本体的天理，天理不仅是自然世界的自然法则，还是人类社会必须遵守的道德法则。可见，朱熹构建宇宙本体论的道德目的是十分明显的，作为宇宙本体的天理与人类的道德法则是贯通的，天理论构建的目的就是为日用伦常与道德提供了一个更为根本的依据。

物自体和天理与经验世界的分离也拒绝了对道德哲学的经验主义理解。道德法则具有先验的本质属性，它只是先验理性或天理的结果，而不能源于经验的世界。也就是说，道德法则不是从经验而来，它已经先天地蕴含在纯粹理性之中。在康德看来，对于认识而言，人离不开经验和感性直观，但是我们的道德实践却不以一切经验为条件。只以理性原则作为行动准则。朱熹把天理作为伦理道德本体，也说明了道德的来源问题。相似地，朱熹在道德上的善不能来源于经验世界的任何事物，而在于先验的天理。经验的事物本身并没有善的属性，它们只有禀赋了天理之后才可具有善的特征。显然康德与朱熹两人都认为道德意义上善的源头，不在于经验的世界，也不在于个人的感受，而是源于独立于经验世界之外的一个独立的存在，只不过朱熹认为这个存在是人之外的天理，而康德认为它是内在于人的。

（二）"物理"与"伦理"

康德的哲学建构明显存在着从自然科学到自然哲学再到道德形而上

[①] 朱熹：《读大记》，《朱文公文集》卷70，《朱熹集》（六），第3656页。

学的时间序列。而朱熹的自然科学知识是伴随着他的道德形而上学的建构而阐发出来的，没有任何迹象表明他是先研究自然科学后再到道德形上学的。正是他们在自然科学方面的这种差异，彰显了他们在道德形而上学建构方面的不同特色。

康德认为，人的理性只有一个，为确保科学知识和道德法则的普遍必然性，他把理性分为理论理性和实践理性。理论理性是讲：认识不能脱离经验，由感性、知性再到理性，寻求知识的普遍必然的客观有效性，使科学知识成为可能；实践理性是讲道德必须脱离经验，它由道德律令、善恶概念再到感性感情。寻找理性与意志、道德与行为的联系。在客观上，康德确立了理论理性与实践理性的分离，而这种分离又以现象和物自体的分离为根据。理论理性和实践理性的二分，保证了科学知识（物理）和道德法则（伦理）的普遍必然性，但在康德看来，二者并不处于平等的地位，实践理性优先于理论理性。实践理性优于理论理性，是因为实践理性是人区别于其他一切存在物的本质所在，是人作为自由自觉的象征。在回答自然知识何以可能的问题上，康德从人的理性中找到了只是存在的先天根据，"自然界的最高法则必然在我们心中，即在我们的理智中，而且我们必须不是通过经验，在自然界里去寻求自然界的普遍法则；而是反过来，根据自然界的普遍的合乎法则性，在存在于我们的感性和理智里的经验的可能的条件中去寻求自然界"[1]。康德指出，自然界的法则，即自然界的规律性和有序性不是自然界所固有的，而是人们将知性范畴运用自然事物的结果，是知性、先验自我向自然界"颁布"规律。康德在人的理性中发掘出人认识的先天形式，即感性的时空直观形式和知性范畴，为自然知识的普遍必然性找到了根据。不过他把这种先天形式的运用严格限制在现象的范围内，至于现象背后的物自体则不能以获得知识的方法获得。

朱熹与康德不同，他深受中国古代自然科学和传统哲学的影响，走了一条与康德建构形而上学完全相反的路线。他通过融合自然物理和社会伦理，融合认知工夫与修养工夫的方法建构了他的理学体系。从本体论方面看，朱熹虽然认识到了物理和伦理的存在，但没有把二者作严格

---

[1] ［德］康德：《未来形而上学导论》，庞景仁译，商务印书馆1978年版，第92页。

的划分。在朱熹的哲学中，物理与伦理并不是分属两个界限分别世界中的理，而是同一个本体理世界中的理，二者具有同样的性质和同样的作用。既谓自然之理（物理）又谓社会伦理（伦理），两者是合而为一的，自然万事之理就是一种"物我一体"。朱熹认为，无论用伦理还是用物理都可以确证本体的客观存在，并且伦理和物理可以相互确证对方的普遍制约性。他说："人物之生，天赋之以此理，未尝不同，但人物之禀受自有异耳。"①

从认知方面看，康德把现象和物自体作了严格划界，朱熹没有把认知的对象作严格划分。在朱熹看来，所格之物不能有性分之物和身外之物的区分。物理和伦理虽有区别，但本质上没有不同，"上而无极、太极，下而至于一草一木一昆虫之微，亦各有理。一书不读，则阙了一书道理；一事不穷，则阙一事道理；一物不格，则阙了一物道理。须着逐一件与他理会过"②。可见，在朱熹那里，认知工夫与道德修养工夫没有截然的分界，对知识的掌握也就是对太极至善的追求，对物理、伦理的认知也就是确证本体理的普遍必然性。认知工夫与修养工夫的有机统一，保证了真与善的统一。

在本体理的形式化方面，朱熹似乎与康德有某些类似，他也意识到要保证道德法则的普遍必然性，就必须排斥道德上的感性经验。于是，朱熹设置了天理与人欲、道心与人心、天命之性与气质之性的紧张对峙以彰显"理"的纯粹至善性。但他又与康德不同，康德的道德法则是从人的内在理性，特别是从实践理性中逻辑地推演出，他严格排斥人在理论理性中的经验因素。而朱熹的理则是从外在的感性物理和现实伦理中提升出。例如，朱熹的"理一分殊"中的"理一"本身就是"分殊"之理的提炼，如果没有"分殊"，理就是虚理、空理，与佛教没有区别。为保证理的实在性，他不得不重视实质的层面。在此意义上，朱熹就不仅要重视社会伦理，也要重视自然物理，否则，理就不具有普遍性。朱熹对自然物理的关注最终也被消融于他的人的道德关怀之中，物理不过是存在本体的一种呈现。

---

① 黎靖德编：《朱子语类》卷4，第58页。
② 黎靖德编：《朱子语类》卷15，第295页。

但值得注意的是，融合的方法是朱熹不同于康德哲学的特色之处，而正是在这里体现了朱熹理学的机巧。以现代观点看，自然物理与社会伦理性质不同，物理具有客观实在性，对客观存在物有客观制约性；社会伦理属于意识形态，具有主观性。朱熹混同了两种性质不同的理，以自然物理的普遍性、客观性、制约性说明社会伦理的普遍性、客观性和制约性。他又通过对这两种完全不同的理的抽象提升，使理逐渐本体形式化。在某些方面，朱熹也类似于康德，有把范畴二分对置的倾向，例如，理气、道器、阴阳等，但朱熹最终还是强调二者体用不二的融合，走向了具有中国哲学特征的"天人合一"，进一步凸显了中西方哲学的不同向度。

（三）对"至善"概念的阐发

"至善"是人类的永恒追求，不管是西方哲学还是中国哲学，它都是一个非常重要的概念。但由于社会背景和思维方式等方面的差异，康德与朱熹至善观存在着共性之外，也形成了比较鲜明的个性特征。

中国古代的《礼记·大学》曰："大学之道，在明明德，在亲民，在止于至善。"朱熹对"至善"进行了详细的阐发，他说："至善，则事理当然之极也。言明明德、亲民，皆当止于至善之地而后迁。"① "凡曰善者，固是好。然方是好事，未是极好处。必到极处，便是道理十分尽头，无一毫不尽，故曰至善……至善是极好处。"② "至善是个最好处。若十件事做得九件是，一件不尽，亦不是至善。"③ "'至善'，指言理之极致随事而在处。"④ "一事自有一事之至善，如仁、敬、孝、慈之类。"⑤ 朱熹认为，"至善"就是"事理当然之极"，"是极好处"，"是个最好处"，"随事而在处"。可见，至善既具有"最高性"，又具有"最完整性"，还具有"普遍性"。其主要内容包括"仁、敬、孝、慈"等等。

---

① 朱熹：《大学章句》，《四书集注》，第 5 页。
② 黎靖德编：《朱子语类》卷 14，第 267 页。
③ 同上书，第 268 页。
④ 朱熹：《答何叔京》书十九，《朱文公文集》卷 40，《朱熹集》（四），第 1877 页。
⑤ 朱熹：《答周舜弼》书十，《朱文公文集》卷 50，《朱熹集》（五），第 2468 页。

朱熹还认为，理得之于天，而存于人心，性即理也。从人性的角度，朱熹将至善称为"天命之性"。他说："盖天命之性，纯粹至善。"①"性者，人所禀于天以生之理也，浑然至善，未尝有恶。"② 在朱熹看来，"天命之性"禀于天以生之理，因而是浑然至善的。而人之生又皆禀于气，因而又有"气质之性"。"气质之性"有恶的一面，人必须去除恶浊的"气质之性"，恢复"天命之性"。如何实现"至善"呢？朱熹认为，"格物致知"是实现至善的有效途径。他说："格物致知所以求知至善之所在；自诚意以至于乎天下，所以求得夫至善而止之也。"③朱熹所说的"格物"就是要即物（到具体事物中）而穷其理，并且要穷究到极处。致知是人们在通晓事物之理后主观上扩充人的心灵，以达到心与理一。心虽然具备众理，但其被气禀物欲所蔽而无法显发出来，故而人们可以通过格物明理，理增一分，则心中之知则长一分。格物的目的是把握"所以然"的物理与"所当然"的伦理。就朱熹的"理一分殊"思想来说，个别事物的物理、伦理有别，但它们是宇宙普遍、统一之理的不同表现，经过格物活动的日积月累，最终是可以达到"吾心之全体大用无不明"的境界，而这个境界就是"至善"。朱熹还反复强调人的道德实践要长久地停留在"至善"而不迁，这体现了其理想主义的特征。

自古希腊以来，西方哲学家们就赋予"至善"以无上的地位。康德不仅继承古人对至善的理解，而且赋予至善以新的内涵。他在《实践理性批判》一书中，对"至善"的概念进行了详细的论述。康德认为，德性是"最高的善"，即一种无条件的"原生的善"。但仅仅有德性还不是"完满的善"，还必须包括感性的需求——幸福，即德性与幸福的结合才是完满的善，康德将之称为"至善"。为什么康德要在最高的善（德性）之外设立一个至善呢？原因就在于，人不仅仅是理性的存在者，同时还是感性的存在者，不仅要有精神追求，还要有物质需求，并需要得到满足。但问题在于，德性以理性为原则，幸福以感性为基础，

---

① 朱熹：《中庸或问》上，《四书或问》，第54页。
② 朱熹：《孟子集注》，《四书集注》，第361页。
③ 朱熹：《大学或问》上，《四书或问》，第7页。

二者如何统一起来呢？康德说："必然地结合在一个概念中的两种性质，一定是作为理由联系在一起的，而就这种联系方式而论，这种统一或则被认为是分析的，因而是从属于因果律的，这就是逻辑的联系，或则被认为是综合性的，因而是因果律的，这就是实在结合。"① 幸福和德性是"至善"所包含的两种完全不同的要素，它们并不处于同一世界的基础上。因此，他们的结合是不能在分析方式下认识的（即二者之间不是逻辑推论关系），而是因果联系的，是一种可以借实践而获得的东西。在康德看来，幸福是绝对不能产生德性的，而德性仅仅是在感性世界里才不能带来幸福，在超验的本体世界是可以的。之所以会产生这样的二律背反，是因为出于一种单纯的误解，人们把物自体（德性）与这些现象（幸福）之间的关系当作现象之间的关系。

康德指出，人是"有限的理性存在物"，因而人的"实存"不可能是不朽的。在感性世界中，任何有理性的存在者在此生中是不可能达到德性的尽善尽美的完满境界，他们只能无限趋向于那个境界，只有当我们假设有理性的存在者的存在和人格会无止境地延续下去——即灵魂不朽时，上述的这种境界才是可能的，从而至善的实现才有可能。不过，"灵魂不朽"只保证了至善的第一要素，即德性实现的可能性。同时，为了保证至善的实现，康德还认为，除了假设灵魂不朽外，还必须假设上帝的存在，以上帝的力量来达到德性与幸福的完满的统一。康德试图通过上帝的智慧、仁慈和道德的完满性、公正性力量来保证幸福与德性的精确比例关系，并且使伦理社会成为可能或至少可以被期望。但是康德认为，这里的上帝仅是虚设的。尽管上帝可以智慧、仁慈、强力，但却不可以全知、全善、全能，他仅仅是信仰的对象，是实现至善的条件，不是世界的主宰，不可以成为意志的决定根据。如不是如此，道德就是他律的，即由上帝来约束，而非自律的了，道德也就会失去其无上的地位。

朱熹与康德的"至善"概念既有相同，又有相异。朱熹的"至善"是指天理，即天理所包含的"仁、敬、孝、慈"等伦理道德，道

---

① ［德］康德：《实践理性批判》，关文运译，广西师范大学出版社 2002 年版，第106 页。

德就是"至善"。而康德的"至善"概念包含了"德性"与"幸福"两重含义。康德以为，作为理性的存在者，人要遵守"绝对命令"，要奉行义务与职责；作为感性的经验者，个体希望自身能够幸福。因此，"德性"虽是至上的善，却不是完满的善，只有再加上"幸福"，才能构成"至善"。德行是至善的第一要素，幸福作为道德的结果构成至善的第二要素。对比来看，朱熹的"至善"概念仅相当于康德"至善"概念中的一层含义，即道德。如果把康德的"纯粹理性"与朱熹的"天命之性"联系起来，那么康德的一般理性就可对应于朱熹的"气质之性"。"天命之性"禀之于天，与"天理"相通，是纯良至善的，而"气质之性"却与"人欲"（即与道德法则相违背的欲望）相连，是恶的。所以朱熹要求人们"存天理，去人欲"。纯粹理性给人们提出了普遍的道德法则，而一般理性却总是在考虑个体的祸福与利益，所以康德在《实践理性批判》中批判的是一般理性，高扬的却是纯粹理性。

朱熹与康德的"至善"思想都是讲道德问题，但前者是属他律的，后者属自律的。朱熹认为"至善"就是"事理当然之极"，其"得之于天，而见于日用之间"，因为"得之于天"，又叫作"天理"。"天理"存在于人性之中，但却来自于上天的赋予，因而被称之为"天命之性"，如果做了不道德的事，那是天理难容，这种道德学属于一种他律说。而康德所说的道德法则是一种理性法则，理性给予人的义务和职责是一种绝对命令，道德的本质在于理性自身，这种道德说属于道德自律说。但就其道德内容而言，朱熹把"天理"与纲常秩序等同起来，如"所谓君之仁、臣之敬、子之孝、父之慈、与人交之信，乃其目之大者也。众人之心，固莫不有是"①，封建制度的社会秩序和标准便构成了"天理"的善的具体内容。而康德哲学是以"自由""平等""人权"来构成道德律令的核心内容的。

朱熹与康德对于"至善"的实现途径也存在着明显的不同。朱熹认为，"人皆可以为尧舜"，至善是可以实现的。圣人就是实现了至善的代表。在朱熹的哲学中，性理存在于人的心中，"心者，人之神明。所

---

① 朱熹：《大学或问》上，《四书或问》，第5页。

以具众理而应万事者也。性则心之所具之理"①。而性理本身就具有至善的属性，所以只要人们作尽心、知性的功夫，则实现至善的性理就是完全可能的。具体的实现途径就是"格物致知"的方法论。因而朱熹的"至善"不需要任何的前提，它只需要个体的努力就可以实现。而康德的"至善"是有外加条件的。他认为意志与道德法则的完满契合是一种神圣性，而道德与幸福的精确和谐必须通过上帝之手才能实现。因而灵魂不朽与神的存在是"至善"的前提，是实践理性的两个假设。

从上述可知，朱熹从本体论提出"天理"的概念，并认为天理是世界的本源，是产生万事万物的总根源，而物理、伦理、至善都是天理在具体事物中的体现。宇宙本体也就是物理和伦理之本体，天理也就是至善。形而上的理既是自然性的，又是社会性的、伦理性的形上实存。而康德则从认识论中引出"物自体"概念，其目的是要为道德法则的属性提供先验的说明。他将认识的对象区别为现象界和物自体两个层面，在客观上确立了理论理性和实践理性的分离，这样既保证了自然科学知识（物理）的普遍必然性，又确保了道德法则（伦理）的普遍必然性。康德还认为实践理性的最高要求就是实现"至善"。可见，朱熹本体论的构建与康德认识论的完成，表明中西方两种不同哲学却有着相似的思维方式。

六 朱子学与黑格尔哲学

朱子是中国 11 世纪最著名的思想家，是宋代理学的集大成者。明清之际的学者黄宗羲称其"致广大，尽精微，综罗百代"。黑格尔（1770—1831），是 18 世纪末 19 世纪初德国古典哲学的集大成者。他创立了庞大的哲学体系，对当时普鲁士的思想界有着重大影响，尤其在 1818 年，黑格尔接受普鲁士政府的邀请，在柏林大学开设哲学讲座，使他成为普鲁士官方哲学的代言人。朱熹和黑格尔是东西方哲学史上两个里程碑式的人物，对于这样两个不同文化背景下的东西方哲学家的思想进行比较研究，有助于我们了解中西方哲学之间的共同性和相异性。下面就朱熹

---

① 朱熹：《孟子集注》，《四书集注》，第 499 页。

与黑格尔哲学的本体探索、逻辑构架、体系的内在矛盾作一些分析。

（一）两种哲学的本体探索

在本体论上，朱子的"理"和黑格尔的"绝对理念"都是宇宙客观存在的第一性的实体。朱熹认为世界的本源是理，强调理对世界产生的决定性作用。他说："合天地万物而言，只是一个理"，"未有天地之先，毕竟也只是理，有此理，便有此天地。若无此理，便亦无天地，无人无物"①，"宇宙之间，一理而已。天得之而为天，地得之而为地，而凡生于天地之间者，又各得之以为性"②。显然，朱熹强调世界的产生、人类的产生、事物的演变都受理的支配和决定，没有理便没有一切。理是第一性，是万物的依据、世界的本原。所以，黑格尔在《哲学史讲演录》中说："中国人也曾注意到抽象的思想和纯粹的范畴。"③ 黑格尔最高的哲学范畴是"绝对理念"，它是一切自然现象和人类社会现象的基础和始原，是纯粹的、超越万物凌驾派生万物的第一性的精神本原。他说："理性是宇宙的实体。"④ 这里所说的"理性"就是指"绝对理念"。黑格尔认为，作为万物基础与本质的绝对理念"不仅是我们的思想，同时又是事物的自身"⑤，"思想……是事物的本质，是绝对的全体，是一切事物的内在本质"。至于物质自然界，那只是"直观着的理念"⑥，是处于自我发展过程的某一阶段上的绝对理念。黑格尔肯定"精神世界便是实体世界，物质世界是隶属于它的"⑦。这就是说，精神世界是第一性的实体世界，而物质世界是隶属于精神世界的第二性的客观存在。前者是主导者，后者是从属者。因此，黑格尔的绝对理念不仅是万物的基础、根据与本体，而且是世界的全体。世界以及世间所发生的一切不仅决定于绝对理念，而且是绝对理念在其自我发展过程中所发

---

① 黎靖德编：《朱子语类》卷1，第1—2页。
② 朱熹：《读大记》，《朱文公文集》卷70，《朱熹集》（六），第3656页。
③ ［德］黑格尔：《哲学史讲演录》第1卷，北京大学哲学系外国哲学教研室译，生活·读书·新知三联书店1957年版，第120页。
④ ［德］黑格尔：《历史哲学》，王造时译，商务印书馆1963年版，第47页。
⑤ ［德］黑格尔：《小逻辑》（上），贺麟译，商务印书馆1980年版，第120页。
⑥ ［德］黑格尔：《哲学史讲演录》第1卷，第93、427页。
⑦ ［德］黑格尔：《历史哲学》，第57页。

生的一切，是绝对理念本身。

在世界观上，朱子的"理"与黑格尔的"绝对理念"均是派生自然与社会的本源。所不同的是，朱熹的"理"派生万物，需要借助"气"的作用；而黑格尔的"绝对理念"不需要任何外在力量的作用。朱熹把"理"作为宇宙万物的本原，而对于"理"是如何派生万物的问题，他借助"气"这个中介，认为由于阴阳二气的运动变化产生万事万物。在朱熹看来，从普遍的理到具体事物的过程中，必须有"气"的参与，"然理又非别为一物，即存乎是气之中；无是气，则是理亦无挂搭处"。理必须落到气中，必须在气中体现它的现实性，只有理与气的结合才产生出现实的万物来。因此，朱熹说："天下未有无理之气，亦未有无气之理。"① 由于"理搭于气而行"②，方可"生出许多万物"③。相似地，"绝对理念"也被黑格尔看作是宇宙万物的本原。他说："思想不但构成外界事物的实体，而且构成精神性的东西的普遍实体……思维便统摄这一切而成为这一切的基础了。"④"绝对理念"作为统一整体，能把自身包括的多种多样的规定性和丰富的内容不断展开，外化为自然界和人类社会。同时，通过外化和表现不断地认识自己，回复到自身。黑格尔认为，"绝对理念"是能动的、不断发展和完善的、趋向于自由的，它的辩证发展历经了三个基本阶段，即逻辑阶段、自然阶段和精神阶段。从逻辑阶段经自然阶段到精神阶段的发展过程，也就是从精神、思维转化为物质、存在，又从物质、存在转化为精神、思维的过程。

与此相适应，黑格尔把其学说分为逻辑学、自然哲学和精神哲学三个部分。逻辑学描述的是其"绝对理念"自我发展过程，在这个阶段上，"绝对理念"表现为它的各个范畴的推演。自然哲学描述的是"绝对理念"外化为自然界后，在自然界中的发展过程。"精神哲学"描述的是"绝对理念"摆脱了自然界进入人的意识并在人的意识中回复到了自己，认识了自己，达到了思维和存在的同一过程。因此，"绝对理

---

① 黎靖德编：《朱子语类》卷1，第2—3页。
② 黎靖德编：《朱子语类》卷94，第2376页。
③ 黎靖德编：《朱子语类》卷1，第4页。
④ ［德］黑格尔：《哲学史讲演录》第1卷，第80—81页。

念"外化并体现在一切事物之中,成为万事万物的造物主。

在伦理观上,朱熹的"理"和黑格尔的"绝对理念"是最高的道德标准,它们都是为了实现宇宙间和人世间的绝对正义和绝对秩序。但是,朱熹的"理"有着具体的内容,而黑格尔的"绝对理念"没有具体内容,是一种高度的抽象。朱熹把"理"看作是最高的道德实体,引入人类社会,转化为伦理道德观念。他说:"宇宙之间,一理而已……其张之为三纲,其纪之为五常,盖皆此理之流行,无所适而不在。"① 又说:"夫天下之事莫不有理,为君臣者有君臣之理,为父子者有父子之理,为夫妇、为兄弟、为朋友以至于出入起居、应事接物之际,亦莫不各有理焉。"② 朱熹还认为,伦理道德的"天理"虽然可见可闻,但它仍是先验的、绝对的,"未有这事,先有这理。如未有君臣,已先有君臣之理;未有父子,已先有父子之理"③。朱熹是将抽象的精神本体的"理"推向人类社会,转换成可闻可见的人伦关系的"天理",强调了"理"对人类社会的决定作用。而黑格尔的"绝对理念"是一种不存在具体内容的高度抽象。它在其发展过程中,从抽象之概念开始,通过相当曲折的长期发展,方可发展为自然界,此后再接着发展,最终在精神领域、思想领域与历史领域返回自身,形成多样性统一的绝对的观念。黑格尔认为:"理性的概念,在其实中,只与自身融合;绝对理念,作为理性的概念,由于此概念的客观同一的直接性的缘故,一方面回到生命,但他又同时扬弃了它的直接性的形式,而在自身中具有最高度的对立。概念不仅是灵魂,而且是自由的,主观的概念,它是自为的,并且因此具有人格——实践的、被规定为自在自为的客观概念。"④ 在黑格尔哲学体系中,其概念与范畴,实际上是根据抽象到具体的发展过程进行的,有其严密的内在逻辑性。

由上可见,朱熹与黑格尔都分别将"理"或"绝对理念"作为世界本原,它们都是客观存在的第一性的实体;其次,他们的"理"和

---

① 朱熹:《读大记》,《朱文公文集》卷70,《朱熹集》(六),第3656页。
② 朱熹:《行宫便殿奏札二》,《朱文公文集》卷14,《朱熹集》(二),第547页。
③ 黎靖德编:《朱子语类》卷95,第2436页。
④ [德] 黑格尔:《逻辑学》(下),第529页。

"绝对理念"都被看作是万物得以产生、变化和消亡的本源性依据和动力，万物源于他们又归于它们，是自然界和精神界的最高法则；第三，朱熹认为"理"是先天完备无缺的"精神"，而黑格尔认为"绝对理念"是一种不断自我完善着的"精神"。

（二）两种哲学的逻辑构架

朱熹哲学与黑格尔哲学有着各自不同的逻辑构架。就哲学建构的逻辑起点而言，在朱熹那里，"先有是理后有是气"，理先于物质世界而存在。他说："未有天地之先，毕竟也只是理。"又说："要之，也先有理……且如万一山河大地都陷了，毕竟理却只在这里。"当然，朱熹所谓在先，不是从时间上说的，而是从逻辑上说的。他反复强调理气没有时间先后，从时间上说，理气"本无先后之可言"。但是，"理未尝离乎气。然理形而上者，气形而下者。自形而上下言，岂无先后？"理与气，"本不可以先后言"，"必欲推其所从来，则须说先有是理"，"但推上去时，却如理在先，气在后相似"①。这就是说，事实上理气虽然不可分先后，但在逻辑上是可以分先后的。所谓"自形而上下言"，就是从精神和物质的关系而言的。由于"气"这一范畴的运用，使得朱熹的理气论增添了许多唯物辩证的思想。朱熹运用逻辑推论，得出事物之理可以先于事物而存在，是强调精神先于物质而存在。而在黑格尔那里，其哲学的逻辑起点的"绝对理念"对物质自然界的先于，只是先决条件或根据、本质的意思，是指绝对理念比物质自然界更根本、更真实。黑格尔把思想、概念看作是"客观的"，是存在于一切事物之中的，是一切事物的"本质"。因为，在黑格尔看来，"自然并不是一个固定的自身完成之物，可以离开精神而独立存在，反之，惟有在精神里自然才达到它的目的和真理。同样，精神这一方面也并不仅是一超出自然的抽象之物，反之，精神惟有扬弃并包括自然于其内，方可成为真正的精神，方可证实其为精神"②。

在如何派生万物这个问题上，朱熹借助古代一个重要的哲学范畴

---

① 黎靖德编：《朱子语类》卷1，第1—4页。
② ［德］黑格尔：《小逻辑》（上），第212页。

"气",用以说明理派生万物的发展过程。而黑格尔则没有借用其他任何范畴说明"绝对理念"的发展。"绝对理念"最主要的特点就是主体自身的辩证运动,由产生自身再发展自身,最后回到自身。朱熹在沟通抽象之理与客观世界时,他是用"气"这一范畴,来展开他的哲学逻辑构架的。他认为"理若,则只是个净洁空阔底世界,无形迹,他都不会造作。气则能酝酿凝聚生物"①,"阴阳虽是两个字,然却只是一气之消息……做出古今天地间无限事来"②,"天地之化,包括无外,运行无穷,然其所以为实,不越乎一阴一阳两端而已"③,"天下万物万事自古及今,只是个阴阳消息屈伸"④。在朱熹看来,古今天地间无限事都是"气"的阴阳动静变化的结果。这种变化是一种物质的运动,它是受理所支配的,体现理的规定性,也就是这种运动具有理所规定的发展趋势,即具有不为其他力量所改变的规定性。

朱熹的气化万物、阴阳"运行无穷"的观点肯定了人类社会演进的物质性、可知性、客观性和规律性。而在黑格尔那里,整个世界就是"绝对理念"的自身超出、分离,然后又向自身复归的辩证发展过程。在这一过程中,起始时的"绝对理念"还没有体现为自然界和人类社会,它只是作为一种抽象的、纯粹的思想、概念而存在着。当它经过一系列的辩证发展后,便"外化"为物质自然界,随后又摆脱了外在的物质形式的束缚而重新获得与其自身相适应的实在的、具体的精神形式,达到了自我认识,达到其哲学总体的逻辑构架的终点。正如黑格尔所说:"当哲学达到这个终点时……哲学就俨然是一个自己返回到自己的圆圈。"⑤ 黑格尔将"绝对理念"派生万物看成是自我创造、自我运动、自我认识、自我实现的过程。这较之朱熹哲学的逻辑构建更具有思辨性。

就哲学建构的逻辑进程来说,朱熹哲学的逻辑进程是以"一分为二"的方式不断化生万物的过程;黑格尔哲学的"绝对理念"是以辩

---

① 黎靖德编:《朱子语类》卷1,第3页。
② 黎靖德编:《朱子语类》卷74,第2503页。
③ 朱熹:《金华潘公文集序》,《朱文公文集》卷76,《朱熹集》(七),第3984页。
④ 黎靖德编:《朱子语类》卷3,第45页。
⑤ [德]黑格尔:《小逻辑》(上),第59页。

证否定的方式不断自我扬弃的过程。朱熹认为,"天地之间,一气而已,分而为二则为阴阳,而五行造化,万物始终"①。"此只是一分为二,节节如此,以至于无穷,皆是一生两尔。"② 这就是说,天地间的万物都是"气"的阴阳动静变化产生的,但这种"一分为二,节节如此,以至于无穷"的万物生成模式,牵涉到宇宙的无限性问题。为了解决这个问题,朱熹把这种无限性纳入循环论的模式中,使他的阴阳动静"运行无穷"的趋向显现为周而复始的循环运行。他说:"一阴、一阳,言其变化循环,无有穷已也"③,"盖天地之间,只有动静两端,循环不已,更无余事"④。不难看出,朱熹的"气化万物"的逻辑进程是一种直线式的扩展进程。黑格尔与朱熹不同,其哲学逻辑进程是后来阶段对先前阶段的否定,这种否定并非全盘否定,而是辩证的否定,亦即扬弃。黑格尔认为自然界中一个阶段向另一个阶段的发展和转化,总是从内容最抽象、最简单的在前阶段发展到内容较具体、较复杂的在后阶段。他说:"在一个体系里最抽象的东西是最初的东西,每个领域的真实东西都是最后的东西,而这个最后的东西也只是一个更高阶段的最初的东西。"⑤ 这种结果便是使后来的阶段比先前的"更高、更丰富"。因为后来阶段不仅否定或抛弃了先前阶段的陈旧的、衰亡的方面,而且肯定或发扬了先前阶段的具有生命力的、有价值的东西。可见,黑格尔哲学的逻辑进程则是一种螺旋式不断扬弃的进程。

就哲学建构的逻辑终点来看,朱熹哲学的终点是被人心认识到的"理",而黑格尔哲学的终点则是自己认识自己的"绝对理念"。在朱熹的哲学中,作为万物根源的理,通过搭气而产生出物,认识主体的人心又通过"格物致知"而获得关于"理"的认识,从而完成了从理到理的逻辑构架。朱熹强调"理在物与在吾身,只一般"⑥,但他又强调

---

① 朱熹:《易学启蒙》卷1,《朱子全书》(第1册),上海古籍出版社、安徽教育出版社2002年版,第212页。
② 黎靖德编:《朱子语类》卷67,第1651页。
③ 朱熹:《楚辞集注》卷2,《朱子全书》(第19册),第54页。
④ 朱熹:《答杨子直》书一,《朱文公文集》卷45,《朱熹集》(四),第2153页。
⑤ [德] 黑格尔《自然哲学》,梁志学译,商务印书馆1980年版,第9页。
⑥ 黎靖德编:《朱子语类》卷18,第416页。

"知在我，理在物"，"知者，吾心之知。理者，事物之理。以此知彼，自有主宾之辨，不当以此字训彼字也"①。朱熹认为，"心具理"，虽然吾心也具理，但不是"心即理"，毕竟不等于理。他还认为，作为认识主体的吾心"比性则微有迹，比气，则自然又灵"②。可见，朱熹所说的吾心是微有形迹的，是"理气之合"，而不完全等同于理。所以，作为朱熹哲学终点的被人心认识到的理，并不等于是自己认识自己的理，并不是理的自我认识或自我复归。黑格尔与朱熹则不同，作为他哲学终点的绝对理念不仅是认识的主体，而且是认识的客体，是集主体和客体为一身的全体。"真东西是全体。而全体无非是那个通过发展使自己完满的本质……它的本体恰恰在于是现实的，是主体，是'成为自己'。"③ 这么一来，"当哲学达到这个终点时，也就是哲学重新达到其起点而回归到它自身之时……简言之，达到概念的概念，自己返回自己，自己满足自己"④，是绝对理念"自己对自己的反思"。

从上可见，朱熹哲学和黑格尔哲学的逻辑构架的共同点都是圆圈式的：前者是从理到理，即作为万物根源的理，通过搭气而行产生万物，然后再经过认识主体的"格物穷理"而获得对"理"的认识，从而完成了从理到理的逻辑构架；后者是从绝对理念到绝对理念，即绝对理念派生万物是以辩证否定的方式不断自我扬弃，自我创造、自我运动、自我认识、自我实现，是一个由低级到高级，由简单到复杂的发展过程，从而完成从绝对理念到绝对理念的逻辑构架。

（三）两种哲学体系的内在矛盾

朱熹和黑格尔的哲学体系都存在着内在的矛盾。就朱熹而言，在他的体系中，最基本的矛盾：一是理本体论同气本体论的矛盾；二是理本体论同心本体论的矛盾。朱熹是理本论者，坚持以理为第一性存在。他说："天地之间有理有气。理也者，形而上之道也，生物之本也；气也者，形而下之器也，生物之具也。是以人物之生，必禀此理然后有性；

---

① 朱熹：《答江德功》书二，《朱文公文集》卷44，《朱熹集》（四），第2115页。
② 黎靖德编：《朱子语类》卷5，第87页。
③ ［德］黑格尔：《精神现象学》，贺麟、王玖兴译，商务印书馆1962年版，第36页。
④ ［德］黑格尔：《小逻辑》（上），第59页。

必禀此气然后有形。其性其形虽不外乎一身，然其道器之间分际甚明，不可乱也。"① 又说："有理便有是气，但理是本，而今且从理上说气。"② 朱熹认为，构成世界万物以及人类的，有理有气，但理是形而上者，是生物的根本；气是形而下者，是生物的材料。理是决定气的，气是由理所派生的。理在气上，是"主宰"气的。理是第一性的，气是第二性的。但是，朱熹在理气问题上又有一个重要的思想，即从"形而上"的观点来看：理是体，气是用；理在先，气在后。但从"形而下"的观点来看，气是体，理是用；理不先，气不后。从"形而下"，就是从事实上看问题时，朱熹不得不认为，物质是基本存在，而理是物质所具有的。为此，他提出了气本体的思想。而且，朱熹还说，太极是气。"做这万物、四时、五行，只是从那太极中来。太极只是一个气，迤逦分做两个气，气里面动底是阳，静底是阴。又分做五气，又散为万物。"③ 又说："'动而生阳，静而生阴'，动即太极之动，静即太极之静。"④ 他认为，从"形而上"的观点看，太极之理是本，从"形而下"的观点看，太极之气是本。可见，朱熹哲学具有"形而上"的理本体和"形而下"的气本体的两重性。这样，朱熹哲学便发生了理本体论同气本体论的矛盾。正是由于这个缘故，朱熹提出"理在气中""理不离气"的思想，而同他的"理在气上"说也发生了矛盾。

朱熹哲学的以理为最高范畴，但同时他又很重视心的作用。理是朱熹哲学的出发点，但不是它的归宿。朱熹的理不是简单地回到天理，而是把理安置在人的心中，通过穷理尽性，达到"天人合一"的精神境界，这才是他的哲学的最终目的。在朱熹那里，理是客观精神，心是主观精神，他既强调客观精神，又很强调主观精神，为了把二者统一起来，他提出了"心与理一"的命题，并认为要克去物欲、纯乎天理，才能达到心与理一的境界。从一定意义上说，性与心的关系犹如理与气的关系。性是"形而上"之理，或"心之所有之理"；而心则是"形而下"之器，是"性之所会之地"。"性犹太极也，心犹阴阳也。太极只

---

① 朱熹：《答黄道夫》书一，《朱文公文集》卷58，《朱熹集》（五），第2947页。
② 黎靖德编：《朱子语类》卷1，第2页。
③ 黎靖德编：《朱子语类》卷3，第41页。
④ 黎靖德编：《朱子语类》卷94，第2367页。

在阴阳之中，非能离阴阳也。"① 性虽不离心，但并不等于心。然而，心虽不等于性、不等于理，却可以主宰性、主宰理。朱熹所谓"心统性情"，不仅指"心是包含该载敷施发用底"意思，而且是"主宰"的意思。他说："统是主宰"，"妙性情之德者，心也，所以致中和，立大本，而行大道者也，天理之主宰也"②。正因为性情"皆出于心"，因此，心能主宰性情，也能主宰天理。朱子还认为，心有体有用，心之体是形而上之理（即性），心之用是形而下之气（即情）。"心有体用，未发之前是心之体，已发之际是心之用。"③ 在朱熹看来，心不仅是形而下者，而且是形而上者，是精神本体。心既是"形而上"，又是"形而下"；既是精神的，又是物质的。这就从体用关系上确立了"心与理为一"的思想。这样，在朱熹的哲学体系中又出现了理本体论同心本体论的矛盾。朱熹理学体系中这两个最基本的矛盾，既包含了某些唯物主义因素，同时又有主观唯心论的思想，是朱熹本人无法解决的。这也决定了后来朱熹哲学的分化。

　　黑格尔哲学体系也存着内在的矛盾，主要表现为：一是作为辩证者他却否认物质、自然的辩证发展；二是事物永恒发展与发展过程终结的矛盾。在黑格尔看来，物质、自然本身是不能有辩证发展的，只有独立于物质之外的精神、思想才能有辩证发展。自然界中的一个阶段由另一个阶段不断地向前发展与转化，并非由自然本身产生出来。而是由内在于自然中，构成自然的内在本质的概念自身发展出来的。他说："并非这一阶段好像会从另一阶段自然地产生出来，相反地，它是从内在的，构成自然根据的理念里产生出来的。形态的变化只属于概念本身，因为惟有概念的变化才是发展。"④ 由此看来，在黑格尔哲学体系中自然界呈现出来的各个不同的阶段或不同的领域的外在形式的表现，自然界中多个阶段的联系并非是自然界本身在历史发展中所形成的联系，而是一种逻辑概念的内在联系。而事物辩证发展的普遍性，不仅承认在精神、概念的领域内有辩证发展，而且首先是在客观物质世界中，在自然界和

---

① 黎靖德编：《朱子语类》卷5，第87页。
② 朱熹：《太极说》，《朱文公文集》卷67，《朱熹集》（六），第3536页。
③ 黎靖德编：《朱子语类》卷5，第90页。
④ ［德］黑格尔：《自然哲学》，第28页。

社会物质生活的领域中有辩证发展。但是，黑格尔却否认了物质、自然的辩证发展，只把辩证发展限制在精神、概念的领域之内。可见，黑格尔的辩证发展是从属于他的哲学体系的，为了"迎合"这个体系，与辩证发展的普遍性产生了矛盾。

同样，任何事物发展是没有止境的。但是黑格尔在断言真理是发展过程的同时，又主张整个发展过程有一个终点。在社会历史领域，黑格尔把人类历史看成是一个不断运动、变化、发展的过程，并强调历史从低级阶段逐渐向高级阶段的发展，企图深入到历史发展的内在动力中寻找历史发展的必然的本质的联系，从而把握历史发展的规律。这个看法是有其进步意义的。但是，黑格尔论述历史发展趋向只是为了印证那个先验的"绝对理念"的正确性，并认为历史不断运动、变化、发展的过程是"绝对理念"的活动过程。他说："哲学所关心的只是'观念'在'世界历史'的明镜中照射出来的光辉"[①]，"世界历史无非是'自由'意识的进展；这一种进展是我们必须在它的必然性中加以认识的"[②]。可见，黑格尔真正关心的是先验的"精神"发展，而不是客观的历史发展。他甚至断言：世界的历史是从东方走向西方，从亚洲走向欧洲，东方、亚洲是历史的起点，西方、欧洲是历史发展的顶峰，历史到此不再前进了。此外，在认识领域，黑格尔自己的哲学就是绝对真理。显然，黑格尔哲学体系中存在事物永恒发展与发展过程终结的矛盾。

由上可见，在朱熹和黑格尔哲学体系中，都存在着两种矛盾的发展观。这种在同一哲学体系内同时出现两种矛盾的发展观，是马克思哲学以前的哲学家难以解决的问题，也是难以避免的问题。

此外，朱熹与黑格尔哲学还存在方法和体系之间的矛盾。如朱熹的"格物穷理"说同"明明德"的根本目的之间的矛盾；黑格尔的矛盾对立双方"合二而一"与矛盾"对立统一"之间的矛盾；等等。

综上所述，朱熹和黑格尔两大哲学体系，在本体探索和逻辑构架上，都具有各自的特征。可以说，他们都分别为东西方哲学的发展做出

---

① [德] 黑格尔：《历史哲学》，第503页。
② [德] 黑格尔：《小逻辑》（下），第421页。

了努力，也都影响了各自社会和时代的发展。但是，他们都受各自传统哲学思想的影响，在其哲学体系中都存在着内在的矛盾，这些矛盾都是他们自身无法解决的。值得注意的是，朱熹之后出现了王夫之，黑格尔之后出现了费尔巴哈，他们分别开启了东西方哲学的新时代。

七 朱子学与李约瑟

李约瑟（1900—1995）是英国著名的科技史学家。在《中国科学技术史》中，他对中国古代哲学、宗教、科技等方面作了全面的论述。该书第二卷还专门分析评价了朱熹的理学思想及其在历史上的地位。

（一）关于朱子的"理"

李约瑟在阅读《朱子全书》的基础上，对朱熹的"理"有自己的理解。他从宇宙论的角度将"理"解释为"宇宙的组织原理"。他反对把朱熹的"理"说成是精神性的东西。同时，他也反对把朱熹的"理"等同于亚里士多德的"形式"，亦反对把朱熹的"理"解释为人格化的上帝。他说："躯体的形式是灵魂……理的特殊重要性恰恰在于，它本质上就不像灵魂，也没有生气。再者，亚里士多德的形式确实赋予事实以实体性……但气却不是由理产生的，理不过是在逻辑上有着优先性而已，气不以任何方式依赖于理。形式是事物的'本质'和'原质'，但理本身既不是实质的，也不是'气'或'质'的任何形式……理在任何严格的意义上都不是形而上的（即不像柏拉图的'理'和亚里士多德的'形式'那样），而不如说是在自然界之内，以各种层次标志着的，看不见的组织场或组织力。纯粹的形式和纯粹的现实乃是上帝，但是在理和气的世界中，根本就没有任何主宰。"[1] 又说："完全不牵涉到什么超越人类之上的造物主，或超自然的神灵的概念。"[2] 从宇宙论的角度看，李约瑟对朱熹的"理"的解释有其合理之处。但从本体论的

---

[1] ［英］李约瑟：《中国科学技术史》第2卷，《科学思想史》，何兆武等译，科学出版社、上海古籍出版社1990年版，第511、506页。

[2] 《李约瑟文集》，第572页。

角度看，朱熹的"理"还包含精神性的东西。而李约瑟则认为："这种哲学并不涉及一种本体论的决定，理可能是一种非物质的原则，但它是自然的物理宇宙的一部分，并可肯定不是主观的。"① 这显然，李约瑟对朱熹"理"的解释仅限于宇宙论的解释，而否定"理"在本体论上的解释。②

（二）关于朱子的"气"

李约瑟将朱熹的"气"理解为"物质—能量"的统一体。③ 按照现代哲学而言，所谓"物质"，是标准客观实在的哲学范畴，"这种客观实在是人通过感觉感知的，它不依赖于我们的感觉而存在，为我们的感觉所复写、摄影、反映"④。世界的本质是物质的，在统一的物质世界中包含着无限多样的物质形态，自然界和社会的一切现象，都是运动着的物质的各种不同表现形式，物质不能被创造和被消灭，世界上各种事物的产生和消灭，只是物质形态在一定条件下的转化。从现代科学而言，所谓"能量"，即为物质运动的度量。物质的任何一种运动形式，如机械、热、光、电、磁、化学等在一定条件下，都能够而且必然地以直接或间接的方式，转化为其他的任何运动形式。在转化前后，标志物质运动度量的能量恒保持不变。所以，从东西哲学与古今科学比较的角度看，李约瑟的解释与朱熹之原意，显然不一定完全相符，然而其意思大体上还是相通的。⑤

（三）关于理气关系

李约瑟把"理"理解为"宇宙的组织原则"，把"气"理解为"物质—能量"的统一体。他对理气关系，引了《朱子全书》中大量有关理气的对话后说："参与对话的人似乎思想有点模糊，因为他们把宇宙生成论的问题和形而上的问题轻易地混淆在一起；'先'和'后'也可

---

① ［英］李约瑟：《中国科学技术史》第 2 卷，《科学思想史》，第 511 页。
② 乐爱国：《李约瑟评朱熹的理气论》，《朱子研究》1998 年第 2 期。
③ ［英］李约瑟：《中国科学技术史》第 2 卷，《科学思想史》，第 511 页。
④ 《列宁选集》第 2 卷，人民出版社 1992 年版，第 128 页。
⑤ 徐刚：《近现代西方哲学的朱熹理学因素》，《东南学术》2011 年第 4 期。

以理解为'实在'与'现象'。"① 按李约瑟对理气关系上述的理解，可做出如下分析：

李约瑟将朱子理气先后问题的'先'和'后'解释为"实在"与"现象"。这是他以其习惯西方哲学的语言，对理气之'先'与'后'所做的解释。在西方哲学的语境中，所谓"实在"，是独立于个别事物的一种客观的"共相"（一般），它是个别事物的本质，个别事物不过是由其派生出来的个别情形，偶然现象，并非真实存在。所谓"现象"，与"本体"是一对不可分割的范畴。"本体"指自在之物，是不可知的，"现象"是自在之物作用于人的感官，形成经验材料，再加上人的感性和知性的先天形式而产生的，是人们的认识对象。就今天哲学原理而言，现象这个范畴是指事物内在联系的本质，各方面的外部现象，一般是人的感官所能直接感觉到的，是事物的比较表面的零散的和多变的方面。李约瑟的这种理解，与朱熹之原意大致符合。

然而，李约瑟认为"他们把宇宙生成论的问题和形而上的问题轻易地混淆在一起"。这反映了李氏对朱子理学就理气先后问题，存在认识上的距离。朱熹对理气先后问题的论述，是根据论本原和论构成的区别而有不同。在本原上朱熹讲理在气先，但在构成上朱熹并不讲理在气先，而常常强调理气无先后。如果把论本原当作论构成，或者反过来把论构成当作论本原，而由此断言朱熹哲学始终是理气先后的二元论，在理解朱熹思想上都必然发生混乱。②

李约瑟认为"朱熹在理气先后问题上是物质—能量和组织在宇宙中是同时的和同等重要的，二者'本无先后'，虽然后者略为'优先'，这种信念的残余极难舍弃"③。从宇宙论上讲，李约瑟的理解是正确的。而理先气后，或理略为"优先"是就朱熹的本体论而言的。

李约瑟分别从两个不同的角度来分析说明朱熹在本体论上的"理先气后"。从认识论方面，李约瑟说：朱熹"很难摆脱这样一个观念，即一个计划者必定是在时间上，先于并在地位上高于被计划的东西"④。

---

① ［英］李约瑟：《中国科学技术史》第2卷，《科学思想史》，第513页。
② 陈来：《朱子哲学研究》，华东师范大学出版社2000年版，第92页。
③ ［英］李约瑟：《中国科学技术史》第2卷，《科学思想史》，第514页。
④ 同上书，第513页。

换言之，是先有计划才有行动，先有图纸才有房子的建造。从社会论方面，李约瑟说：朱熹的理先气后"理由乃是无意识地具有社会性的。因为在理学家所能设想的一切社会形式之中，进行计划、组织、安排、调整的管理人，其社会地位要优先于从事'气'——因而是'气'的代表——的农民和工匠"①。李氏从认识与社会两方面去寻找朱熹"理先气后"的思想与实践上的根源。虽然，他的分析不一定完全符合朱熹那个时代的背景和朱熹对这个问题的看法。但是，这却表现了李约瑟对朱熹理学研究的一种多视角的审视。②

李约瑟深入研究朱熹思想，特别是他的科学思想。他给予朱熹及其思想在中国古代哲学与科学史上的地位以很高的评价。他说："朱熹在本体论上，决心不陷入唯心主义，但他也不愿成为一个（机械）唯物主义者。"他认为朱熹的理学"本质上是科学性的"，其"理学的世界观和自然科学极其一致，这一点是不可能有疑问的"③。后来，李约瑟还说："现代中国的知识分子所以会接受共产主义的思想，其中一个很重要的因素是因为新儒学家和辩证唯物主义，在思想上是密切联系的。换句话说，新儒学家这一思想体系代表着中国哲学思想发展的最高峰。它本身是唯物主义的，但不是机械的唯物主义。实际上，它是对自然的一种有机的认识，一种综合层次的理论，一种有机的自然主义……它和辩证唯物主义的概念是非常接近的。辩证唯物主义也是唯物而不是机械的。"④

从科学与哲学的关系看，绝大多数的自然科学家在科学研究中都会自发地产生出自然科学的唯物主义，而不论他们在哲学观点上接受那一种哲学流派。朱熹在自然科学的研究中，从宇宙论的角度讲理气统一，不分先后，当是这种自发的唯物主义的反映。李约瑟称朱熹的思想为唯物主义，这较多地从宇宙论的角度看待朱熹的理学思想，并予以高度的评价。这对于全面理解朱熹的理学及其与自然科学的关系无疑是很有意

---

① ［英］李约瑟：《中国科学技术史》第 2 卷，《科学思想史》，第 514 页。
② 徐刚：《近代西方哲学的朱熹理学因素》，《东南学术》2011 年第 4 期。
③ ［英］李约瑟：《中国科学技术史》第 2 卷，《科学思想史》，第 513、527—528 页。
④ 乐爱国：《李约瑟评朱子的理气论》，《朱子文化》1998 年第 2 期。

义的。①

就自然哲学而言,李约瑟指出:"宋代理学主要是靠洞见而达到了一种类似于怀特海的立场,但却不曾经历过相当于牛顿和伽利略的阶段","中国人射出的有机论自然哲学这支箭,落在后来玻尔和卢瑟福的立足点附近,但却从未达到过牛顿的位置"②。这是著名的"李约瑟难题"(即近代自然科学革命为什么没有发生在中国)的又一种表达方式。李约瑟所说的"洞见",即指朱熹等中国古代学者一种"格物致知""取象比类"之类的思维方式。他对由这种思维获得的许多具体学术成就给予了高度的评价。如他所说的"在中国的文献中,有关山岳成因论述,是极为丰富的。其中最有名的,是新儒家学者朱熹"③,"朱熹是第一个辨认出化石的人"。对于朱熹在解释雪花何以呈六角形时,将雪花与太阳玄精石的比较,李约瑟称之为"预示了后来播云技术的发展"。他认为"朱熹关于雪花晶体六角对称的非凡认识,应该得到其应有的赞赏"④。

李约瑟对中国古代哲学的思维范式进行过深入的分析。他认为:"阴阳五行理论以及它所形成的思维",可表述为一种"相关思维的体系","中国通体相关的思维体系所持有的'意志和谐',其中全宇宙的各个组成部分都自发地协调合作,而没有指导和机械的强制";"中国的通体相关的思维体系所构想的事物关系类型,在那里一切按计划而发生,任何事物都不是别的事物的机械原因"⑤。李约瑟根据阴阳五行学说中所蕴含的复杂相关性原理,将中国古代哲学思维形成界定为一种"复杂相关性思维"或"通体相关性思维"。这种思维形式仍是建立在"有机主义"基础上的。它既具有一种朴素的系统论思维内核,又具有一定的混沌学的科学内核。⑥ 所以,李约瑟指出,以朱熹等人为代表的

---

① 乐爱国:《李约瑟评朱子的理气论》,《朱子文化》1998年第2期。
② [英]李约瑟:《中国科学技术史》第2卷,《科学思想史》,第489页。
③ [英]李约瑟:《中国科学技术史》第5卷,何兆武等译,北京科学出版社1975年版,第264页。
④ 《李约瑟文集》,第115、522、572页。
⑤ [英]李约瑟:《中国科学技术史》第2卷,《科学思想史》,第528、531页。
⑥ 徐刚:《近代西方哲学的朱熹理学因素》,《东南学术》2011年第4期。

中国传统有机论哲学应该看成是"现代科学正在不得不纳入其本身结构中的那样一种世界观"①。

李约瑟将朱熹称之为11世纪"中国最伟大的思想家",认为他"曾经发展了一种更近似有机主义哲学",并由此指出,"朱熹的哲学基本是一种有机主义的哲学"。他还说:"我大胆地把理学解释为有机主义哲学的一种尝试,而且绝不是不成功的一次尝试。"李约瑟对中国古代哲学及其代表人物,分别采取一种客观与全面、东西与古今、历史与逻辑相结合的研究方法,为今人正确认识近代西方自然哲学中的朱熹理学因素开拓了一条新的道路。②

---

① [英]李约瑟:《中国科学技术史》第2卷,《科学思想史》,第311页。
② 徐刚:《近代西方哲学的朱熹理学因素》,《东南学术》2011年第4期。

第八章　朱子学在美国

朱子学传播于北美，开始于18世纪。这时，欧洲耶稣会士们翻译和撰写的朱子的著作传入北美。同时，法国传教士汇编的《耶稣会士书简集》也传到北美。这些译著和书简集间接地向北美介绍朱子学。但北美学界对朱子学的真正关注是以对朱子典籍的著译为开端的，特别是20世纪中叶之后，朱子学经由中西学者的努力，而在北美得到较快的发展。

一　朱子学在美国的早期传播

18世纪中叶，欧洲传教士著译的朱子学书籍传入美国。1733年，柏应理的《四书直译》（即《中国的哲学家孔夫子》）传入费城，收藏在詹姆斯·洛根的私人图书馆里，供读者查阅。该书分为四个部分：一是"四书""五经"的历史意义；二是宋明理学的阐述，佛教与儒学的区别；三是孔子画像与孔子的传略；四是《大学》《中庸》《论语》的译文，程颐、朱熹对"四书""五经"的注疏。同时，欧洲传教士的书信汇编集和利玛窦的《中国札记》也相继传到了美国。这些欧洲人著译的朱子学书籍，在美国传播经历了一个相当长时间的沉寂期。

进入19世纪后，美国为了打开中国的门户，派遣传教士到中国，开始对中国文化进行研究。这些传教士中涌现了一批"东方学者""中国通"。如裨治文（1801—1861），是美国最早的、朱熹著作的译者之一。他从清人高愈之的《朱子年谱》中得知朱熹生平及其学术思想概况。1837年，他将朱熹的《小学》一书译成英文，其后又将《朱子大全》中关于理气、天地、人物等若干片断译成英文。1849年，裨治文于《中国丛报》中发表了长篇的《朱熹传》译文以及朱熹的书目。① 卫三畏（1812—1884），通过对中国社会和儒学的研究，认为排斥儒学不如利用儒学。儒学确实对美国有可利用之处。所以，他主张把孔子、朱子的思想和基督教的思想结合起来。1848年，卫三畏著《中国总论》，并在该书中第一卷中说："儒家思想的许多精华，如中国人的伦理道德观、人格品性等都是可以乐以称道的……'四书''五经'的实质与其他著作相比，不仅在文学上兴味隽永，文字上引人入胜，而且还对千百万人的思想施加了无可比拟的影响。由此看来，这些书所造成的努力，除了《圣经》外，是任何别种书都无法与之匹敌的。"② 1869年，美国政府还用种子交换《皇清经解》《性理大全》等10种130卷中国儒家典籍回国，收藏在美国国会图书馆。

1842年，美国成立了第一个研究东方文化的学术机构——美国东方学会，专门开展以中国文化为主体的东方学的研究。1854年，该学会编辑出版了《美国东方学会杂志》，随后又编辑出版了《美国东方学丛刊》和《美国东方学翻译丛刊》。1876年，耶鲁大学第一个开设中文课。之后，加利福尼亚大学、哈佛大学和哥伦比亚大学等也相继开设中文课。19世纪80年代，美国又陆续建立起语言学会、历史协会、国外传教联谊会、亚洲协会等，开展对中国文化的研究，并使之走上专业化的道路。所以，美国学者莱曼·斯莱克说："在19世纪，中国对美国的影响就广度来说要比美国对中国的影响大得多。"③

二 朱子学研究在现代美国的兴起

20世纪以后，美国对朱子学的研究出现了热潮。首先是研究中国学的经费大幅度增加。1958—1970年，政府拨款达7000万美元。90所大学图书馆、公共图书馆、东亚图书馆的中文藏书计400多万册。到1984年，美国国会图书馆的中文藏书高达50万册。④ 这为美国学者研

---

① 高令印、蒋步荣：《闽学概论》，香港易通出版社1990年版，第184页。
② 引自杨焕英《孔子思想在国外的传播和影响》，第202页。
③ 何芳川主编：《中外文化交流史》（下卷），第992页。
④ 引自程利田《朱子学在海外的传播》，海峡文艺出版社2016年版，第305页。

究朱子学提供了文献资料的方便。这时期，美国出现了一批研究朱子的先驱者，如威廉·霍金、狄百瑞、陈荣捷、谢康伦等。其中有的到过中国参加宋明理学研讨会和考察朱子事迹，对中国朱子学较为了解。他们翻译朱子原著，撰写朱子学研究论文和论著。这些学者对朱子的研究，表现出与欧洲学者迥然不同的研究特点：注重对朱子原著的翻译，向读者提供切实可靠的原始资料；致力探究朱子所处时代的政治文化背景，梳理朱子思想的形成过程及发展脉络（包括朱子的师承关系）；重视对朱子思想的研究。

20世纪中叶，美国以哥伦比亚大学为中心的地区性中国哲学讨论会每月举办一次，其《中国哲学学报》于1978年出版朱子学专号。哥伦比亚大学的东方学系从20世纪50年代起就把宋明理学作为研究的一个重点，并邀请台湾、香港等地学者到那里去讲授宋明理学，其领导人是曾经任过该校副校长的狄百瑞和荣誉教授陈荣捷等人。[1] 1974年6月，美国学联会在狄百瑞的主持下，举行了国际实学会议，专门讨论了日本朱子学诸派别。[2]

美国学者（包括美籍华裔学者，以下皆同）发表了一系列朱子学研究成果。1936年，威廉·霍金（1859—1952）撰写的《朱熹的知识论》，是20世纪美国学界专事朱子思想研究的首篇论文，其重要意义不言而喻。1960年，哥伦比亚大学狄百瑞主持编刊的《中国传统诸源》（两卷本）是一部规模最大的关于中国近代思想家们著述的英文选译本。美籍华人学者陈荣捷负责理学部分。他摘译了《朱子全书》中关于理气、太极、天地、鬼神、人物、性命、心性、仁等内容的数十个段落。这部书在美国大学里被普遍用作教授中国历史、文化、哲学和宗教的教科书，其影响很大。狄百瑞撰写有《宋儒正统与心学》（1981）、《中国的自由传统》（1983）、《为己之学》（1991）和《儒学的困境》（1996）等著作，其中部分内容对朱子思想进行了阐发。1963年，陈荣捷编辑出版了《中国哲学文献选编》[3]，其中的第34章专论朱熹。该章

---

[1] 任继愈：《访问加拿大美国观感》，《中国哲学史研究》1981年第1期。
[2] 高令印、蒋步荣：《闽学概论》，第158页。
[3] 该书由美国普林斯顿大学出版社1963年出版，中译本于1993年在台北巨流图书公司出版。

除译朱熹四篇重要哲学短文之外，又选译了《朱子全书》中的247篇段落。这本书出版后，畅销不衰。

1960年，谢康伦在加利福尼亚大学攻读博士，撰写了《朱熹的政治思想和政治活动》的博士论文。接着，他先后发表了《朱熹的政治生涯：一个两难的问题》《受攻击的理学：质疑伪学》《朱熹的政治思想》等论文，对朱子的政治思想和实践进行了深入的探讨。

20世纪七八十年代，陈荣捷教授发表了一系列的研究成果。具体有英译《近思录》《传习录》《书通》《中国哲学资料选集》等书8种。英文原著有《现代中国的宗教趋势》等4种。中文原著有《朱学论集》《朱子门人》《王阳明与禅》《朱熹》和《朱子新探索》等。他对朱子学在美国的传播与发展做出了巨大的贡献。

20世纪70年代后，一批中国学者如余英时、成中英、杜维明等赴美国，为朱子学的传播和研究做出了努力。这一批后来成为美籍华人的学者，从20世纪五六十年代开始，先在中国的香港和台湾等地接受大学和硕士阶段的教育，受到钱穆、东方美、唐君毅、徐复观等这些现代儒学代表人物的亲炙面授，打下了扎实的传统学术基础。然后，他们去到美国攻读博士学位，又受到西方文化知识的系统教育和西方哲学思维训练，毕业后留在美国大学任教。他们以较为熟练的西方现代哲学语言来阐明朱子学，其著作更容易为西方人所理解和接受。这个时期，美籍华人学者和美国本土学者共同营建了以研究中国哲学为基础的新儒学运动，出现了极为活跃的态势，美国也逐渐成为西方研究中国哲学的重镇。

1982年7月，由美国学术团体和夏威夷大学亚太研究中心联合举办的朱子学国际学术会议在夏威夷举行。这次会议集世界朱子学最权威者和对朱子有特殊研究之专家及青年学者80多人，诸如冯友兰、冈田武彦、任继愈、余英明、傅伟勋、柳存仁、李泽厚、蔡仁厚、成中英、高明、刘述先、张立文等。会期10天（6—15日），专家学者为会议提供的论文有30篇。① 会议论文于会后出版了论文集英文版。② 此外，有

---

① 陈荣捷：《国际朱子学讨论会文集·导言》，《哲学与文化月刊》1986年第10期。
② Wing-tsitchau ed., *Chu His and Neo-Con-fucianism*, Honolulu: University of Hawaii Press, 1986.

的学者还为会议提供了专著,如刘述先的《朱子哲学之发展与完成》、蔡仁厚的《新儒家的精神方向》、张立文的《朱熹思想研究》、陈荣捷的《朱学论集》等。这次会议是首次朱子学国际大会,标志着朱熹思想之研究和影响真正国际化。陈荣捷在《国际朱子学讨论会文集·导言》中说:"我们深信这次会议,涵盖许多学术背景,而且促进对朱子学进一步研究,已做了好多。实在的,会议的目的之一,便是展望未来。此所以透过世界性竞争,使年轻学人,声气相求,而有创新计划。他们(指年轻学者)和前辈学人亲切地交往,会给予他们很大的灵感与很强的启发。这绝非妄想,朱学的新生代,将由此会议应运而生……朱熹的课程,在美国与(中国)台湾,在几所大学里,渐已增加。狄百瑞教授所领导的新儒学与教育的会议,在1984年秋,已经召开。朱子学的研究,确实方兴未艾。"[1]

20世纪80年代以来,美国学者的朱熹著作翻译和朱子研究成果不断涌现,主要体现在对朱熹思想研究、朱熹与西方哲学比较研究、朱子学与现代化等方面。如译著有约瑟夫·艾德勒的《朱熹〈易学启蒙〉》[2]、帕特丽夏·艾布里的《朱熹〈家礼〉》[3]等;研究类有邓艾民(音)的《朱熹的格物知至说》(1983)[4]、基民勇的《朱熹的格物、类推和致知》(2004)[5]、丹尼尔·伽德纳的《朱熹的"敬"》[6]、金永植的《气概念下的鬼神:朱熹论鬼神》[7]、威廉·L.里斯的《创造力的范畴:朱熹与怀特海的对比》[8]、杜维明的《儒家传统的现代转换》[9]和《现

---

[1] 陈荣捷:《国际朱子学讨论会文集·导言》,《哲学与文化月刊》1986年第10期。
[2] [美]约瑟夫·艾德勒:朱熹《易学启蒙》,纽约:全球学术出版社2002年版。
[3] [美]帕特丽夏·艾布里:朱熹《家礼》,普林斯顿大学出版社1991年版。
[4] Deng Aimin, "Zhui's Neo-Confucianism", *Chinese Studies in Philosophy*, Vol. 14, No. 3, 1983.
[5] Kim Yung, "Zhu Xi's Case Analogy and Knowledge", *Journal of Song-Yuan Studies*, Vol. 34, 2004.
[6] Daniel Gardner, "Confucian Spirituality", Tu Weiming, Mary Evelyn Tuker eds., *Crossroad*, Vol. 2, No. 72 – 98, 2004.
[7] Kim Yung Sik, "Ghosts and Gods of Qi Philosophy: Zhuxi's Ideas on Ghosts and Gods", *Tsing Hua Journal of Chinese Studies*, Vol. 17, No. 1 – 2, 1985.
[8] William L. Reese, "A Comparative Study of Zhuxi and Whitehead on Creativity", *Chinese Studies in Philosophy*, Vol. 18, No. 3, 1991.
[9] 杜维明:《儒家传统的现代转换》,中国广播电视大学出版社1992年版。

代精神与儒家传统》①等。

此外，还有许多欧洲汉学家在美国期刊上发表论文。如意大利学者史华罗的《朱熹对情的理解及其影响》②等。

20世纪80年代，美国对朱子学的研究进入了兴盛时期，出现了一批新儒家学者。他们对朱子学的阐发做出了努力。

三　狄百瑞的朱子学研究

狄百瑞（1919—2017）是美国著名的宋明理学研究专家，为实践儒家"为己之学"的代表人物之一。他曾就学于哥伦比亚大学，毕业后到哈佛大学进修。1948—1950年到中国燕京大学等机构研究中国思想史。回美国后，在哥伦比亚大学继续从事东亚文化的研究和教学，担任教授，后任哥伦比亚大学副校长。

狄百瑞长期研究宋明理学，他著《宋儒正统与心学》③，通过考察朱子的道统理念，来强调个体的"自任于道"。他的《中国的自由传统》④，努力将儒家提倡的自主人格与西方自由主义传统衔接起来。他认为，儒学中具有一种自由主义传统，并将宋明理学作为中国自由主义的代表。张立文先生认为，狄百瑞关于"儒学具有自由主义传统的观点也在很大程度上打破了西方从前的许多学者把儒学看作是保守、封闭、停滞的成见，并且给人一个观察和理解儒学的新视野"⑤。他撰《为己之学》⑥，对"己"和"道"之关系进行了探索，展示新儒家"为己之学"和西方一些自由学习形式的相似之处。他认为，"为己之学"是儒家在教育上的最主要思想。所以，他在具体阐述了朱熹在《大学》序中所说的教育要遵循"三原则"和"八条目"之后说："社会只能通过

---

①　杜维明：《现代精神与儒家传统》，生活·读书·新知三联书店1997年版。
②　Paolo Santangelo, "Zhu Xi's Understanding of Emotion and Its Impact", *Ming Qing Yan Jiu*, 1993, pp. 81–112.
③　[美]狄百瑞：《宋儒正统与心学》，哥伦比亚大学出版社1981年版。
④　[美]狄百瑞：《中国的自由传统》，香港中文大学出版社1983年版。
⑤　张立文主编：《中外儒学比较研究》，东方出版社1988年版，第345页。
⑥　[美]狄百瑞：《为己之学》，哥伦比亚大学出版社1991年版。

个人和集体的自我约束才能加以治理，而且集体的自我改造乃是社会更新的手段。所以，这个新公式被后世的新儒家所瞄准，并在朝鲜和日本及中国广泛地被用来表达以个人的主动性、责任感和自我纪律为基础的那种政治哲学的要义，这一点是不足为奇的。"① 他著《儒家的困境》②，对儒家人格和君子之道作了探讨。他写的《朱熹的新儒家精神性》论文，探讨了朱熹的"心法"和"中庸"思想等。

狄百瑞的上述著述，探讨了儒家道统的普世价值和个体传承道统的可能性。而就狄百瑞对宋儒精神风貌，特别是对朱子在界定道学正统上的重要作用的考察来说，他的研究是很有见地的。例如，他认为朱子强调个体内省之"心"如何"居敬"，以使先知启示之"道"化育自我，并由此把"道学"视为"心学"，突出了朱熹"道学"中的宗教意味。③ 这与日本朱子学专家垣内景子在《朱子思想的结构的研究》中的主张有类似之处。只是她的研究似乎并不具有狄百瑞著述中充溢的"为己之学"之精神，这种儒学传统的自由主义特征。

狄百瑞通过对朱熹思想的诠释，认为朱子的哲学正是一种无比卓越的自由主义学说。朱子思想所显示的深广洞识及其思想的开放与严整，使其成为对中国自由传统进行比较性理解的典范。他把宋明理学的自由主义传统因素归纳为诸如"道统"概念、为己之学、人本主义、理性主义等。

四　陈荣捷的朱子学研究

陈荣捷（1901—1994），广东开平人。岭南大学文学学士，美国哈佛大学哲学博士。历任岭南大学教务长，美国夏威夷大学、哥伦比亚大学等校讲座教授，"中研院"院士，中国文化复兴总会副会长等。他在美国讲学著述半个世纪，自述说："二十年前曾为法国巴黎大学《宋学

---

① ［美］狄百瑞：《东亚文明：五个阶段的对话》，何兆武等译，江苏人民出版社1996年版，第58页。
② ［美］狄百瑞：《儒家的困境》，哈佛大学出版社1996年版。
③ Theodore de Bary, *Nto-Confucian Orthodoxy and the Learning of the Mind-and-Heart*, New York: Columbia University Press, 1998, pp. 2 – 17.

研究》撰写《朱子对儒学之完成》。其时谈朱子者竟无一人。近五年间，则论文专书相继而出。于是有'廿载孤鸣沙漠中，而今理学忽然红'之叹。近十年来，专研朱子，台北出版者已有《朱学论集》《朱子门人》两书。香港中文大学钱穆讲座之《朱子生平和思想》（英文）亦将付梓。台北又出版《朱子新探索》，专言数百年来中日韩学者向未言者，不久可以问世，亦将以英文刊。海内外朱学方兴。"①

陈荣捷是美国朱子学和宋明理学研究的先驱，他和学侣狄百瑞开始注意从思想内部阐释朱子学，这一标准成为美国朱子学研究的主流。②在北美学界中，他不但是首批系统阐述朱子思想的学者，也是最早以英文译注的形式在北美大力推阐朱子著作和其他中国经典文献的学者。早在1946年，陈荣捷在麦克奈尔主编的《中国》一书中，即自撰《新儒学》一章，详细地介绍了朱熹等人的思想，较之张君劢于1951年在美国撰写《理学的发展》，并自称"二十世纪新儒学"③ 为早。1949年，陈荣捷获古金汉研究奖金，回中国进行朱子学研究，并陆续在康奈尔、哥伦比亚、芝加哥等大学进行系列演讲。由哥伦比亚大学出版的《现代中国的宗教趋势》一书，其中第一章《儒家的衰弱与复兴》的《理性主义新儒家的发展》一节中，提出"所谓'新传统'，指的是中国传统哲学，尤其是程朱新儒家理性主义的新发展"④。在该节中还指出，当时出版的冯友兰的《新理学》，是以朱熹新儒学之旧瓶，装入西方思想之新酒。陈荣捷的这本书后来由英文译成西班牙、德、日等多种文字版本，在西方广为流传。

1967年，陈荣捷又出版了《近思录》⑤的英文注本。该注本除将原文622条悉数译出之外，陈荣捷又选择《朱子语录》《朱文公文集》《四书集注》《四书或问》等朱子书中的281条相关集评条目；张伯行、茅星来、江永等人和朝鲜、日本学者的评论数百条；书末还有附言详述《近思录》的编撰经过，《近思录》选语统计表，《近思录》选语来源考

---

① 陈荣捷：《海外讲授中国哲学50年》，《清华学报》（第17卷）1985年12月。
② 卢睿蓉：《美国朱子学研究发展之管窥》，《现代哲学》2011年第4期。
③ 忻剑、方松华：《中国现代哲学原著选》，复旦大学出版社1989年版，第131页。
④ 陈荣捷：《现代中国的宗教趋势》，文殊出版社1998年版，第54页。
⑤ 陈荣捷：《近思录》，哥伦比亚大学出版社1967年版。

等内容。他对《近思录》的评注内容经过增补修订，于1992年单独出版为一本专著《近思录详注集评》①。

1974年，陈荣捷的《欧美之朱子学》，发表于《华学月刊》②。日译文收入日本《朱子学大系》（共十五册，1974）第一册《朱子学入门》之一章。他的《西方之朱熹研究》发表于《亚洲学刊》③。1984年，他在香港中文大学新亚书院的钱穆学术讲座上，发表了《朱熹与世界哲学》演讲。这个演讲不但包括了西方之朱熹研究，还对朱熹哲学与其他哲学进行比较。特别要指出的是，《西方之朱熹研究》发表之后，陈荣捷为了推动朱子研究的国际化，确立朱熹思想之世界地位，于1982年发起了夏威夷朱熹国际学术研讨会。参加会议的有来自北美、欧洲、中国、韩国、日本等国家的著名学者。会后，他于1986年编辑出版了《国际朱子学讨论会文集》。

在史学研究方面，陈荣捷写了三部著作。这三本书，发掘了大量以往不被朱子学界注意的新材料，从而大大地深化了朱子学研究的课题。第一部是《朱子门人》④。该书详细考察了朱子门人的人数构成、地理关系、社会背景、学术贡献等，是朱子门人研究领域的集大成之作。对此，他说："我在外国研究了四十年，虽然写了许多文章，总觉得少了点什么。我想，我应该为中国留下些东西。这次（1982）我在学生书局出版了两本书，就是基于此一构想。其中《朱子门人》一书，较诸前人的《考亭渊源录》《儒林宗派》等书，在内容上不知丰富了几十倍。我看过许多材料，发现《宋元学案》里有许多错误，而大多数的人都还在依据它，所以也顺便改正了其中的错误。此外，我对于日本和韩国的材料也加以利用。我想，两三百年后若有人要研究朱熹门人的话，是一定要看我这本书的。"⑤ 第二部是《朱熹：生平与思想》⑥。这本书收录了考察朱子投身书院教育和朱子宗教生活的论文。如《朱熹的

---

① 陈荣捷：《近思录详注集评》，学生书局1992年版。
② 陈荣捷：《欧美之朱子学》，《华学月刊》1974年第7期。
③ 陈荣捷：《西方之朱熹研究》，《亚洲学刊》1976年第4期。
④ 陈荣捷：《朱子门人》，学生书局1982年版。
⑤ 卢建荣：《访陈荣捷院士》，《汉学研究通讯》1983年第1期。
⑥ 陈荣捷：《朱熹：生平与思想》，香港中文大学出版社1987年版。

宗教实践》论文，侧重于朱熹个人的宗教实践，他是如何祭祀孔子的。第三部是《朱子新探索》①，其中收录了他考察朱子的生平、居所、衣着、游历、教学、交游友人等生活事件的多篇论文。《朱熹：生平与思想》和《朱子新探索》，对朱子生平和思想的许多细节作了深入探索。

　　1982年，陈荣捷出版了《朱学论集》②。该书对程朱之异的讨论，对朱子近思录的考察，对朱子仁说之来源的考证，及其与张栻仁说的比较等，都是他填补以前朱子学研究空白的创见之处。其亮点更多在于他从哲学义理方面对朱子学进行研究，可谓是陈氏"以朱释朱"的典型之作。此外，陈荣捷还研究了朱熹个人的体验工夫，写了《朱熹与静坐》的论文，后被收进《朱子新探索》。

　　对于陈荣捷的朱子学研究的评价及其贡献，美国哲学家安乐哲说："陈先生五十年来的辛勤耕耘，点点心血，斑斑汗渍，其个人的事功就是活鲜鲜的一部中国思想的'西部开拓史'，怎不令人肃然起敬！而陈先生五十年学术生涯的得意之笔则是：花费了二十五年漫长的岁月，研究并弘扬朱熹思想，遂使举世肯定朱子学在世界思想上获得其应有的地位。"③

五　余英时、田浩的朱子学研究

　　余英时（1930—　）安徽潜山人。香港新亚书院第一届毕业生，美国哈佛大学历史学博士，曾任哈佛大学中国史教授、耶鲁大学历史讲座教授、普林斯顿大学讲座教授等职。他写有《朱熹的历史世界：宋代士大夫政治文化研究》《合内外之道——儒家哲学论》和《现代儒学的回顾与展望》等数十种中英文著作。

　　余英时的朱子学研究的特点，即把朱子思想放在一种综合性的历史背景下加以考察，更关注朱子时代的历史政治背景，而尽量避免对朱子思想和道学运动做纯粹哲学化的抽象讨论。这就为研究朱子思想和道学

---

①　陈荣捷：《朱子新探索》，学生书局1988年版。
②　陈荣捷：《朱学论集》，学生书局1982年版。
③　[美]安乐哲：《灵魂的反刍》，《汉学研究通讯》1985年第1期。

运动的产生发展过程提供更为广阔的视角。他的朱子学研究代表作是《朱熹的历史世界：宋代士大夫政治文化的研究》①。该书用翔实的史证说明，对朱子和同时代的道学家来说，政治文化在逻辑上先于哲学思辨。他指出，道学运动远不是程朱学派一方的宏愿，而是多个道学派别交锋的结果。这种道学竞争更多的是以政见上的分歧，而不是哲学思想上的殊异为基础的。比如，在探讨朱子继承程颐评论张载的《西铭》时，由"民胞物与"概括出的"理一分殊"思想的篇章中，余英时指出，朱子对"理一分殊"的提倡，是为了抗衡林栗等人对张载"民胞物与"思想的政治内涵的质疑。林栗固守君主专制，认为"民胞物与"暗示的"人人为兄弟"的思想可能引发天下混乱。而朱子则认为，"民胞物与""理一分殊"表达了士大夫须积极参与政府事务，与君共治天下这一社会政治理想。②

余英时的这本论著是"关于宋代文化史和政治史的综合研究，尤其注重二者之间的互动关系"③，展现出朱熹研究的社会史意义，在学术界有很大的影响。

田浩（1944—　）是哈佛大学历史学与东亚语言博士，亚利桑那州立大学历史系教授。他师从余英时先生，相比之下，田浩更关注朱子时代的思想运动，而对朱子所处时代的社会政治环境，如书院教育对形成道学群体的影响，道学运动成员们参与的政治斗争等，也有诸多讨论，只是他并不认为这些社会政治环境是左右道学运动进程和朱子思想的决定性因素。④

田浩著有《功力主义的儒学：陈亮与朱熹的辩论》《儒学论述与朱熹地位的提升》《朱熹的思维世界》等论著。此外，他还发表了《朱熹思想中天的概念》⑤ 等论文。

---

① 余英时：《朱熹的历史世界：宋代士大夫政治文化的研究》，允晨文化实业股份有限公司2003年版。
② 余英时：《朱熹的历史世界：宋代士大夫政治文化的研究》卷1，第200—218页。
③ 余英时：《朱熹的历史世界：宋代士大夫政治文化的研究·序》，第1页。
④ 黎昕主编：《朱子学说与闽学发展》，中国社会科学出版社2013年版，第184页。
⑤ Tillmam, "Concptsin in Zhuxi's Thought", *Harvard Journal of Asiatic Studies*, Vol. 47, No. 1, 1987.

对《功力主义的儒学：朱熹和陈亮的辩论》① 这本著作，冒怀辛先生评论说："书中有大量篇幅评论了朱熹。作者指出，朱熹并不是一个恢复古代制度的主张者，他不像一些早期道学家（按指北宋时的理学家）要恢复井田制。他认为，那些复古者不知道圣人生在今日，也将改变古昔的政治制度，并且不依据'前人的书册'（按作者此处引《朱子语类》卷134中语）。田浩又分析说：'朱熹在《上孝宗书》中曾提到统治者要以《周礼》第一章作为模式〔按此指朱熹（戊申封事）中所云《周礼·天官大冢宰》一篇，乃有周公辅导成王、垂治后世等语〕。但是，实际上，他是以此强调儒家学说的传播。而他明显地认为，经典中古代政治的细节是神话式的，不可行的。'总之，作者指出朱熹在公开言论中讲过大话，而对具体事件是考虑实际情况的。摘录田浩教授的老师许华茨（又译许华慈）先生对本书的序言中一段作为本文的结语。许华茨说：'田浩教授的作品，在我看来，是我曾见过的西方关于宋代思想的最生动、最易接受的著作之一。可能有人对他的分析解释或名词术语使用有所分歧，而他对于解决北宋和南宋思想的主要倾向的问题，是进行过努力。'"②

在《儒家论述与朱熹地位的提升》中，田浩重点考察了与朱子同时代的儒者以及其他思想家，在道学运动和朱子崇高地位的形成过程中所发挥的作用。他认为，不论是朱子的崇高地位还是学界所谓道学运动的一致性，都是被后世神话化的表象。虽然朱子的影响是深远的，但他并不是自道学运动伊始就被尊为道统象征的。毋宁说，他的崇高地位是在其思想论敌交锋中逐渐确立的。另外，道学运动的发展史表明，朱子的道学派别所抱持的政治信念和文化诉求是在与哲学思考的互动中逐渐确立其权威性的。③

---

① ［美］田浩：《功力主义的儒学：陈亮与朱熹的辩论》，哈佛大学出版社1982年版。
② 冒怀辛：《田浩教授〈功力主义的儒学：朱熹和陈亮的辩论〉读后》，《中国哲学史研究》1985年第2期。
③ Tillman, *Confucian Discourse and Chu Hsi's Ascendoncy*, Honolulu: University of Hawaii Press, 1992, pp. 251–263.

在《朱熹的思维世界》①中，田浩把南宋道学史分为四个阶段，其着眼点主要在于学术与政治之间的关系。这一分期很有助于读者对于南宋道学的演变过程的认识。田浩指出，每个阶段的道学运动其领导人物各不相同，他们对"我们的道""纯粹的儒者""我们的学派"等道学运动中的关键字眼都有不同的理解。而朱子的崇高地位是在第三个阶段（朱子提出"道统"观念与其他儒学派别发生思想冲突）和第四个阶段（朱子病逝后，其门人尊朱）才确立起来的。田浩的这本书，是鉴于"目前对宋代儒学发展的研究，乃以朱熹道统为主线，将重点放在几个重要思想家和为数不多的前后学人身上"，"缺乏一套全面且系统的看法"，他"另辟蹊径，由'道学'这个具有多元化的思想的团体出发，将朱熹放回当时学术环境中考察，辅以政治、社会所共构成网络，交织出一部结合思想史社会史的南宋道学发展史，再现道学从较多样面貌步向正统的发展过程"②。陈来先生亦评论说："本书以南宋道学史为主题，致力于论明朱熹与南宋道学群体的广泛交往互动，是道学运动发展的主要动力。这部著作代表了南宋思想史研究的一个新方向。即在一个更丰富的话语和历史环境中，更具体地把握和理解南宋道学的多元展开。这一研究方法已经得到越来越多的学者的赞同。"③

六　成中英、安乐哲的朱子学研究

成中英（1935—　）是美国夏威夷大学哲学系教授，夏威夷新儒学的代表人物之一。他对朱子学的研究是采用哲学的比较方法，对朱熹及其思想做出重新诠释和评价。他的著述有《莱布尼茨、怀特海和朱熹之

---

① 该书的英文版于1992年出版之后，引起海外汉学界的广泛关注。2002年，该书的中文版问世，也同样受到海峡两岸的广泛重视。田浩在综合海内外学者对此书的意见的基础上，于2009年在该书的中文增订版中新增加了"朱熹的祈祷文与道统观"一章，回应学界同仁对他在书中"过度强调朱子领导道学的企图"的质疑。另外，他撰文从通经致用的角度对当代儒学在东亚经济发展中的影响作用做了探讨，这些新增内容都收录于该书2011年的版本中（江苏人民出版社2011年版）。
② ［美］田浩：《朱熹的思维世界》，允晨文化公司1996年版，封底简介。
③ ［美］田浩：《朱熹的思维世界》，江苏人民出版社2009年版，封底评价。

比较》①《论重新诠释、理解与评价朱子——朱熹与中国哲学比较》《论康德与儒学的相互诠释——一个新的思想架构》和《从朱子理气、心性之学到朱子〈本义〉、〈启蒙〉易学》② 等。

成中英在《论重新诠释、理解与评价朱子——朱熹与中西哲学比较》中提出,对朱熹哲学的核心范畴"理"要再认识,重新诠释。他认为,朱熹哲学体系中的"理",是统一"气"于其中的"理",是同时具有根源与结构之义的"理"。所以,这个"理"应具有本体、宇宙的一贯性,同时应具有发生学上的、宇宙构成论上的、生命演化论上的、价值论上的、伦理学上的、方法论上的多元的含义。这就是说,以"理"观物,万物莫不有"理";"理"既是心知,又是物则。在中西哲学比较上,成中英认为,将朱熹哲学与康德哲学作比较,是最富有相互启发性和开拓性的。朱熹用"超融"的方式吸收与整合北宋诸子的学说,以建立他的哲学义理系统。这相应于康德,朱熹开辟了一个超融本体论的思考。

成中英还认为,朱熹的重大贡献在于他在超融的理的思考活动中进行了一场"无声的革命",即分别主体与客体而又合两者为一的思想格局的提出。这既是知识论的,又是形而上学的;既是价值哲学的,又是道德哲学的。这种超融本体论的思考,是重视体验反思,重视人的整体性,重新整合与分析,重视文本的超越与文本的诠释,而又结合当前的体验与经验,以寻求新义。从而发展了理学与哲学,并起到承前启后的作用,而且为中国经典诠释学开辟了一个新的时代。

在《论康德与儒学的相互诠释——一个新的思想构架》中,成中英在朱熹超融思想的启示下,进一步提出了"以知识构架实现儒学的超融创新"的主张。他认为,要成功地应对全球化的经济发展新趋势,就必须依赖儒学。这是因为"儒家伦理本身就包含了强烈的全球色彩",即在全球化的经济发展中,儒家伦理扮演着一个既促进经济发展又平衡经济发展的角色。儒家为人类社会的发展勾画出一个基本的价值方向、社

---

① 成中英:《莱布尼茨、怀特海和朱熹之比较》,《中国哲学期刊》2002年第1期。
② 成中英:《从朱子理气、心性之学到朱子〈本义〉〈启蒙〉易学》,《朱子学刊》2015年第1期。

会蓝图和行为规范的思想系统,这在现今的经济全球化的趋向中,已经能更鲜明地表现出来。21世纪人类的命运有赖于经济全球化的制度合理化与个人合德化的发展与实现,儒学既提供了一套经济伦理的价值,又提供了一套社会伦理的基石。它不但有平衡经济与伦理的作用,也有促进经济导向人类社会与人类文化伦理上的发展的力量,更能带动人之为人的品质提升。儒学在经济伦理、社会伦理与文化伦理上的发展,正是21世纪的人类所急迫需要的。

在《从朱子理气、心性之学到朱子〈本义〉〈启蒙〉易学》中,成中英认为:朱子继承二程之理学,并据张载的气学来认识理气间的关系,对于张载以"气"为宇宙本体之说有深刻认识,此即朱子有过于二程之处。在天人并论的过程中,朱子将"仁"之善从理气心性之学推向了宇宙本体之学,借天地生生不已的理气来说明人之心性情的宇宙性,这是一种深刻的卓见。应该说,朱子从理气心性学走向仁学宇宙论的过程,是十分圆融的。但在将这些学问与易学之类的经学相结合时,朱子的理论仍存在着一定的理与气的隔阂问题,以及本与体的贯通问题。①

此外,成中英还结合西方社会的现实,论述朱熹之实学,考订朱熹理之观念与政治生涯之实践性。

安乐哲(1947—)是美国夏威夷大学哲学系教授,夏威夷大学新儒学代表人物之一。他用"比较哲学"的方法来研究中国哲学,研究朱子学。他指出,很长一段时间以来,西方哲学研究视野中关于中国哲学的探讨,往往将中国哲学置入与其自身毫不相干的西方哲学范畴和问题的框架中加以讨论,而且西方哲学家也只是偶尔附带着研究一点中国哲学、朱子学的文献,这就难免会对中国哲学产生误解。他认为,要避免误解,就必须脱离"将中国哲学置入西方哲学范畴的框架中加以讨论"的这一窠臼,也就是要远离欧洲传统研究模式。安乐哲翻译了《论语》《中庸》和《道德经》等中国典籍,写有《和而不同——中西哲学的会通》《儒家的角色伦理学与杜威的实用主义——对个人主义意识形态的挑战》《儒家式的民主主义》等。

---

① 成中英:《从朱子理气、心性之学到朱子〈本义〉〈启蒙〉易学》,《朱子学刊》2015年第1期。

在《儒家的角度伦理学与杜威的实用主义——对个人主义意识形态的挑战》中，安乐哲指出，"伦理与道德行为方式存在于丰富的家庭结构、共同体结构与亲属关联的内在肌理之中"，而"儒家颂扬尊重与相互影响的价值"。与此同时，他进而说：在中国经济、政治及全球影响力快速增长的条件下，"这些以家庭为中心的儒家价值是否会在接下来的十年促成新的世界文化秩序"。安乐哲将自己的主张命名为"角色伦理学"，认为"家族的、社会的角色自身乃是一种规范性力量"，而最大限度地利用关联性生活提升角色水平与人际关系，则被视为儒家式角色伦理学的核心旨趣。安乐哲在《儒家式的民主主义》（2006）中指出，"一些西方人对自己的民主制度非常骄傲，他们将中国视为一种集权国家的直接的典型"，然而，"考虑到如资本主义阻碍而非促进了可行的民主，我们应当稍稍转换我们的视角了"。他进而认为，"19世纪的个人主义不利于任何真正民主的人类社群的建立，恰恰相反，个人主义是任何民主社群的大敌"①。

在《和而不同——中西哲学的会通》中，安乐哲说：中国哲学和西方哲学代表了两种哲学系统，两种哲学系统有同有异，与同相比，异是更基本的，同时也是更值得关注的方面，因而要用比较的方法来研究中国哲学。中国人的思维特质是兼收并蓄的"和而不同"，正是这种特质使得儒家思想成为我们当代全球化的一种可能性；正是这种特质，在不远的将来，日益强大的中国将更有力量改变世界秩序，这将使中国文化成为那个美丽世界中，举足轻重的因素。

近年来，安乐哲在多种场合批评国际汉学界缺乏哲学自觉性。他认为，西方对宋明理学的理解，同对先秦儒学解释一样，都存在误解。在文字、版本等问题上，汉学家们享有权威，然而一旦涉及哲学问题，汉学家们往往就完全不知所云（《辨异观同论中西——安乐哲教授访谈录》）。就此而言，儒典翻译有必要在更合适的哲学视角下更新换代。②安乐哲还认为，重新准确翻译中国哲学典籍，是正确研读理解中国哲学

---

① 王学典、孟巍隆：《西方儒学研究新动向——第七届世界儒学大会背景分析》，《光明日报》2015年9月21日。
② 同上。

的前提。当代美国学者都尽力准确翻译中国哲学典籍,为研究中国传统哲学提供权威性工具书。

七 南乐山、白诗朗的朱子学研究

南乐山(1939—)是美国波士顿大学神学院院长,波士顿儒学的重要代表人物。波士顿儒学这一名称来自1992年一场儒耶学术会议。当时,参加会议的四位波士顿学者认为,儒家不限于东亚伦理之学,也能移植如波士顿西方世界,成为现代主义的批判者。[①] 南乐山对当前儒家思想在比较哲学和神学方面所带来的影响和贡献具有强烈的兴趣,所以他非常重视对孔子原始儒学和朱子新儒学的研究。

南乐山很早就发表有关中国哲学文章。1977年,他在《过程研究》上发表了第一篇论述中国哲学的论文《王阳明的〈大学〉问》,1982年出版了专著《道与魔》。迄今已发表有关中国哲学的论文80多篇,陆续结集成四部专著:《波士顿儒学》《在上帝面具的背后》《礼仪与尊重》《善就是一》。《善就是一》由15篇论文构成,广泛讨论了儒学形上学、道德、礼仪、制度、性别等话题。南乐山自觉意识到其研究进路,不同于中国哲学专家的儒学文本研究,而是从哲学的角度力图发展一种可行于当今世界的儒家哲学。[②]

南乐山在《波士顿儒学》中对北美的中国哲学研究学者有一个类型上的分判,由此对自身研究特色有清晰定位。即以陈荣捷、狄百瑞、吴广明为代表的翻译诠释性(interpret-ers),以安乐哲、郝大卫为代表的规范性哲学家(normative philosophers)。他认为自己与成中英相似,不是儒家哲学的诠释者(interpreters),而是拓展者(extender),不过成中英更多采用西方的大陆哲学,而他则是美国实用主义。

在《波士顿儒学的一个简短而愉快的生命史》中,南乐山提出:中国儒家的孔子、孟子、荀子、朱熹、王阳明同西方的亚里士多德、柏拉图、圣奥古斯丁以及怀特海一样,都是国际哲学讨论的重要内容。他认为,哈

[①] 许家星:《"波士顿新儒学"近况》,《光明日报》2016年8月5日。
[②] 同上。

佛的儒学研究应该把其提出的基本课题和儒家文化基础问题作为重点，西方的大学教育应该开设儒学经典课程，一般学生应该了解"四书"。

冷战结束后，美国学者亨廷顿提出"21世纪国际政治角力的核心单位不再是国家，而是文明，不同文明间的冲突"。"多元主义"因而成为缓和紧张的不二之选。问题在于，"多元主义"本身可能成为深度交流的障碍。各种文化或宗教的核心观念，背后无不存在情感支持，差异文明的深度交流往往带有"碰撞"特征。旨在缔造"和平"的"多元主义"，往往只能维系一种相安无事的共存，而无法促成"安身立命"意义上的吸纳与融合。南乐山于2000年著《波士顿儒学：现代世界中可移动的传统》。他在该书中追问：在现代世界里，我们究竟有没有真正意义上跨文化的哲学和神学活动？南乐山试图在探究儒家存在论、自我观以及所谓儒家灵修学的同时，吸收柏拉图、皮尔斯、美国实用主义，泛亚洲佛教和基督教神学，为西方古典思辨哲学传统注入活力。本着这种治理理念，他于2008年又写出了《礼仪与尊重》[①]。

南乐山坚信，儒学是一个持续发展的生命体，从先秦儒学发展到宋明理学再到新儒学，下一步的走向就是全球儒学，推动全球儒学化正是其用力所在。他对波士顿儒学的日后发展自信乐观：一方面，他已经培养了大量志同道合的年轻博士；另一方面，每年总有数位中国各高校的访问学者慕名远道而来跟他学习。他殷切希望继承者能致力于儒学在东亚之外世界各地的本土化，以切实推动儒学的全球化。[②]

波士顿大学教授白诗朗（1946— ）也认为，儒学已成为国际性的运动，成为欧洲思想自我意识的一个方面，已在太平洋和北大西洋找到听众。他赞赏"中国文化较之其他文化更能够与思想和宗教的多元主义共处"[③]。他撰写了《论创造性：怀特海、南乐山与朱熹的比较》[④]专

---

① R. C. Neville, "Etiquette and Respect", *Philosophical Theology*, 2013, Vol. 1; 2014, Vol. 2.
② 许家星：《"波士顿新儒学"近况》，《光明日报》2016年8月5日。
③ 王学典、孟巍隆：《西方儒学研究新动向——第七届世界儒学大会背景分析》，《光明日报》2015年9月21日。
④ [美] 白诗朗：《论创造性：怀特海、南乐山与朱熹的比较》，纽约州立大学出版社1998年版。

著，发表了《朱熹的创造：理的产生过程》① 论文。

白诗朗在《论创造性：怀特海、南乐山与朱熹的比较》中认为，虽然朱子并不像怀特海和南乐山那样对上帝本性之类的神学话题或者上帝与创造性的关系这样的主题有过深入讨论。但白诗朗（1998）还通过考察怀特海和南乐山在"创新性"，特别是创造性与上帝本性的关系——观念上的分歧以及朱子对"道"（及"理""太极"）的生生不息和"诚""仁"等观念的阐述，颇有新意地论证了怀特海和朱子在关于创造性的观念上所可能达成的共识。② 这为怀特海回应南乐山的质疑提供了契机，并为重新思考和阐述"存在""过程""本体论""宇宙论"之类的西方观念提供了一种新的视角。同时，这种视角在客观上也为重新审视朱子学界对朱子哲学（甚至是理学传统）的通见提供了契机。③

白诗朗与南乐山通力合作，把波士顿大学神学院建成北美神学界发展儒家学说的道场。因为，他们把儒学与基督神学相联系，因而他们的儒学被称为基督教儒学。

南乐山、白诗朗的博士生联合美国社会对儒学感兴趣的知识人群，于2014年成立了"波士顿大学儒家协会（Boston University Confucian Association）。这是北美首个高校儒学社团，它以促进儒学全球化和现代化为宗旨。该社团的主要倡议者为波士顿大学南乐山、白诗朗的博士生宋斌、劳伦斯·惠特尼（Lawrence Whitney，兼波士顿大学基督教驻院牧师）、亚毅（Yair Lior，现任波士顿大学讲师）。其成员除波士顿大学各院系学生外，还有来自国内各高校的访问学者和学生，美国本土对中国思想感兴趣的知识人士。南乐山、白诗朗一直对社团的活动非常支持，如白诗朗曾在该社团2014年10月24日的活动中作了"波士顿儒家的崛起"的秋季讲座。作为学生组织，"波士顿儒家"在经典学习上用功最多。每年春秋两学期坚持开展每周一次的英文版儒学经典读书活

---

① John Berthrong, "Chu Xi's Creation: The Birth Process of Neo Confucianism", *Journal of Chinese Philosophy*, Vol. 18, No. 3, 1991.
② 杜维明：《现代精神与儒家传统》，生活·读书·新知三联书店1997年版，第298页。
③ John Berthrong, *Concerning Creativity: A Comparison of Whitehead, and Neville, and Chu Xi's*, New York: SUNY Press, 1998, pp. 74-79, 111-141.

动,迄今已读完理雅各翻译的《周易》《大学》《中庸》等重要经典。社团还适时邀请学者以讲座形式加以指导,开展了如"阿多诺与庄子关于变化的思想比较""荀子礼仪思想"等讲座。

尤其值得一提的是,2016年7月1—3日社团举行了主旨为"美国儒学的过去、现在、未来"暨首次"北美儒学同道静修会"的会议。会议首要仪式是简单地祭天祭孔,然后与会者依次阅读了"四书"的重要章节,讨论了儒学如何进入美国生活及其步骤、静修体验等问题。他们希望挖掘儒学思想资源,积极参与美国社会关切的生态伦理等热点问题。①

八 伽德纳、谢康伦、孟旦的朱子学研究

伽德纳(1950—)从注释、理解朱子典籍入手,开展对朱子学的研究。他的主要著作有《学以成圣:朱熹语录分类选集》②、《朱熹与大学:宋儒对儒家经典的反思》③、《朱熹的〈论语〉解读:经典、注释、经典传统》④、《四书:宋以后的儒家经典》⑤ 等。

《学以成圣:朱熹语录分类选集》是对《朱子语类》的著译,有别于陈荣捷对《朱子全书》和《近思录》的著译。伽德纳在这本译著中,选择了《朱子语录》第七章到第十一章,并在该书的导论中讨论了朱子的文化使命感、读书之法和教学之法等内容,指出朱子读书、教学之法的核心乃是让学人于读经解经中自我发现(而不是以疏通经典文意为鹄的),进而自担延续道统的使命,这种学以成圣的读书法于今日读书人亦颇有启示意义。⑥ 此外,伽德纳还从《朱子语类》里选择了朱熹论

---

① 许家星:《"波士顿新儒学"近况》,《光明日报》2016年8月5日。
② [美]伽德纳:《学以成圣:朱熹语录分类选集》,加州大学出版社1990年版。
③ [美]伽德纳:《朱熹与大学:宋儒对儒家经典的反思》,哈佛大学出版社1996年版。
④ [美]伽德纳:《朱熹的〈论语〉解读:经典、注释、经典传统》,哥伦比亚出版社2003年版。
⑤ Daniel Gardner, *The Four Books*: *The Basic Teachings of the Cater Confucian Tradition*, Hackett of University Press, 2007.
⑥ [美]伽德纳:《学以成圣:朱熹语录分类选集》,加州大学出版社1990年版,第10—81页。

鬼神的内容，写了一篇《宋代新儒家的鬼神观：朱熹论鬼神》，发表在《美国东方社会学刊》（1995年4月）。

伽德纳在朱子学的义理研究上自成一系。他与陈荣捷的"以朱释朱"进路不尽相同。在陈荣捷那里，对朱子学的义理分析虽以对朱子文本的校勘注释为根据，但并不止于校勘注释。而伽德纳的校勘注释，特别是他对朱子解经之作的考证，也是一种独特的义理分析方法。这种方法在伽德纳的著译的书中体现的很明显。如《朱熹与大学：宋儒对儒家经典的反思》《朱熹的〈论语〉解读：经典、注释、经典传统》，就是这方面的例证。伽德纳通过详细注释朱子对《大学》和《论语》的解经著作，考察了朱子解经的前提。这些前提的考察也恰恰就是朱子哲学思想的体现，而伽德纳对这些前提的考察也恰是他对朱子思想进行义理分析的表征。①

在注释朱子对《大学》的解读时，伽德纳指出了朱子对"大学""大学之道在明明德""格物""致知"等的解读如何相异于汉唐古注，从中阐明了朱子在心性论和格物致知论上的新意。而在注释朱子的《论语》时，伽德纳则将朱子的《论语集注》与何晏的《论语集解》相比较，以见出朱子作为一名积极阅读者的解经策略（通过解经将自己的哲学观点注入经典中）和传承道统的使命感。通过这些分析，伽德纳让读者看到了注释经典所可能具有的原创力量。这种力量使解释者与被解释的经典之间——朱子与《大学》和《论语》之间、伽德纳与朱子的《大学章句》和《论语集注》之间，始终保持着一种意义深远的互动关系。②

谢康伦（1929—2018）以"朱子论朱子"的研究进路，对朱子的政治思想和政治活动认真地考察，进行深入的研究。1960年，他在美国加州大学的博士论文《朱熹的政治思想和政治活动》中，除了参考《朱子文集》等朱子典籍外，又参考清王懋竑《朱子年谱》、陈邦瞻《宋史纪事本末》等书，详细叙述了朱子的政治活动（朱子的政事）和政治理念（朱子的政论）。在此基础上，他相继发表了《朱熹的政治

---

① 黎昕主编：《朱子学说与闽学发展》，第191页。
② 同上。

生涯：一个两难的问题》①、《受攻击的理学：质疑伪学》② 和《朱熹的政治思想》③ 三篇论文。其研究水平深得北美学术界的赞赏。④

孟旦（1931— ）的朱子学研究特点，是把对朱子的解读置于人性论、道德心理学等当代哲学问题的大背景下，或者说，试图实现朱子思想与当代相关哲学问题的结合。他著有《人性的形象：一个宋代的肖像》⑤、《新世纪的一种中国伦理》⑥ 等。

《人性的形象：一个宋代的肖像》一书，是孟旦专论朱子的著作。该书从哲学人类学的角度，对朱子的人性观及其政治内涵进行颇有意思的分析。孟旦首先将朱子人性观重构为四对"结构性的形象"，即家庭与流水、明镜与身体、植物与园丁、统治者与被统治者，并花大篇幅分析这四对形象的意义。继而在这些分析的基础上讨论了朱子的人性观中可能蕴含的一种张力，即模仿模范的倾向（可能导向极权主义）之间的张力。由此，孟旦得出了一个很有意思的结论。我们可以把孟旦的这个结论与狄百瑞的朱子"心学"主张做一个对比：朱子并不相信个体之"心"有得"道"的可能，所以朱子所强调的"立志"并不具有西方"自由意志"的内涵——这可能恰是中国专制体制的哲学根源。⑦

在《新世纪的一种中国伦理学》中，孟旦延续了他对儒家人性论的关注，只是他转变了之前的哲学人类学视角，转而将儒家人性论与进化心理学、进化生物学的当代理论相结合，再一次对包括朱子在内的儒家伦理学给出了富有启发性的自然主义的解读。⑧

---

① Arthur Wright, Denis Twitchett eds., *Confucian Personalities*, Stanford: Stanford University Press, pp. 162 – 188.
② John Haeger, ed., *Crisis and Prosperity in Sung China Tucso*, Arizona University Press, 1975, pp. 163 – 198.
③ Conrad Schirokaer, "Chu His's Political Thonght", *Journal of Chinese Philosophy*, Vol. 3, No. 127 – 148, 1978.
④ 黎昕主编：《朱子学说与闽学发展》，第 183 页。
⑤ ［美］孟旦：《人性的形象：一个宋代的肖像》，普林斯顿大学出版社 1988 年版。
⑥ ［美］孟旦：《新世纪的一种中国伦理》，香港中文大学出版社 2005 年版。
⑦ Munro, *Images of Human Nature: A Sung Portrait*, Princeton University Press, 1988, pp. 192 – 232, 18 – 19, 28, 155 – 191.
⑧ 黎昕主编：《朱子学说与闽学发展》，第 191 页。

九　杜维明的儒学观

杜维明（1940—　），生于云南昆明。1961 年毕业于台湾东海大学，并获得哈佛燕京奖学金，于次年赴美国留学，1968 年获得博士学位。曾先后任教于普林斯顿大学和加州大学伯克利分校，1981 年任职哈佛大学中国历史和哲学教授，并担任该校东亚语音和文明系主任，1988 年被选为美国人文社会科学院院士，1996 年出任哈佛燕京社社长。他写有《论中国传统文化》《儒家思想新论——创造性转化的自我》《儒学创新的哲学反思》《儒家传统的现代转化》《现代精神与儒家传统》[①] 等著作。

杜维明早在 20 世纪 80 年代初，就提出儒学应在以朱熹为代表的第二期儒学（即宋明理学）的基础上，发展第三期儒学（即现代新儒学）。他多年来致力现代新儒学的发展、文明中国、文明对话及现代精神的反思。

在《论中国传统文化》中，杜维明指出，以朱熹为代表的第二期儒学（即宋明理学）的国际性意义是：第二期儒学的发展，也就是中国的宋明、朝鲜的李朝、日本的德川，儒学（这里主要是指朱子学）成为地道的东亚文明的体现。这个传统在越南也有相当的发展。这也就是说儒学不完全是中国的，也是日本的、朝鲜的、越南的。儒学第二期的发展，有八百多年的历史，如朝鲜的李朝从 1392 年开始建立，直到 1910 年日本侵略朝鲜灭亡，跨越中国明清两代，是东亚大王朝。这个朝代的指导思想就是朱子学，其中非常突出的思想家就是李退溪。从李退溪到他的学生李栗谷，儒学有非常大的发展，这个发展的基础就是中国的朱子学，也就是朱熹学统的发展。朱熹、李退溪、李栗谷等新儒家，把孔孟儒学更加具体化了，成为东方诸民族生存发展的指导与规范。

在《现代精神与儒家传统》中，杜维明认为，儒学不能只停留在中国文化范畴理，也不能停留在东亚文化的范畴理，儒学要走向世界，儒

---

① 杜维明：《现代精神与儒家传统》，生活·读书·新知三联书店 1997 年版。

学也应该是世界的精神资源。但是，儒家传统一定要面对现代西方文化的挑战，这是儒家传统可能进一步发展的基本前提。因此，儒家传统要继续发展，至少需要对西方文化提出的四个方面问题做出回应：科学精神、民主运动、宗教情操、心理学方面对人性的理解。这些都是儒家传统所缺乏的，而又都是现代西方文明所体现的价值。这是中国现代化的发展，必须要掌握的价值。如果儒家传统不能对其做出创见性的回应，乃至开出一些类似崭新的价值，那么儒家传统也就无法进行创造转化的工作，以建立新的价值。[1]

另外，西方文化发展到现在，人类所碰到的危机困境，是儒家传统进一步发展的契机，在世界多元文化的前提下，儒家传统这个源远流长的文明形态有很多资源可以发挥。正如杜维明所说："儒家传统的资源，在多元文化的背景下，应可为最近才涌现的'地球村'找到一个大家共同的关切，这个共同的关切即是人文的全面反思。"[2] 为此，儒学要克服自身的缺陷，并面对历史发展的多样性和西方现代文明所碰到的各种挑战、难题，创造崭新的、有深刻宗教含义和广泛政治实效的人文精神。

在多角度思考现代精神与儒家传统这一课题过程中，杜维明深深地感到，发扬儒家传统的人文资源，不仅有助于中国现代精神的发展，也可建构全球伦理。因为，全球化和根源性之间的紧张使得西方现代主义面临危机，若想从根源处着手来探讨解决核战威胁、生态破坏、贫富不均、人口爆炸和社会解体等种种问题的人类长久共生之道，就必须改变人类社会以"启蒙生态"为基础的游戏规则，建立多元开放的全球伦理，而儒家传统可以为现代精神提供具有儒家特色的人文价值。[3]

---

[1] 姜林祥编：《儒学在国外的传播与影响》，第382页。
[2] 杜维明：《现代精神与儒家传统》，第434页。
[3] 杜维明：《现代精神与儒家传统》，"代序"，第3页。

第九章　朱子学在加拿大

加拿大对朱子学的研究要晚于美国，其主要研究力量是旅居加拿大的华人。20世纪60年代起，大批华人从中国香港和大陆移居到加拿大，现在华裔在加拿大成为英裔、法裔之外的第三大民族。[①] 加拿大政府推行多元文化政策，采取许多支持政策，如赞助华语教学，出版中文杂志，大学承认华语为第二外语，越来越多的大学开设中文课程等。因而，儒学在加拿大，特别是华人社会中有广泛的影响，出现了一些儒家学者。下面，我们仅以秦家懿、梁燕城为例，来叙述旅居加拿大的华裔学者对朱子学的传播和研究的情况。

一　秦家懿的朱子学研究

秦家懿（1934—2001）是一位从事中西文化比较研究的旅加华人学者。1979年，她撰写了《朱熹与怀德海二哲》之论文，"为文相较朱熹与怀德海，分目有构造之比较、范畴之设计与上帝问题，指出其后者之相异相同，而以相同为多。朱子方面则多从天地之心与太极立论于上帝问题，尤有心得"[②]。

1983年，秦家懿又写了《莱布尼茨和中国理学思想》，对朱熹的"理"与莱布尼茨的"单子"作了比较研究。她说："莱布尼茨觉得"理"所指的，很像他说的'至高单子'或'最崇高而最简单纯粹的本性'……因为莱布尼茨看到，朱熹的'理'既是事事物物各有的，个

[①] 李桂山、朱柯冰：《加拿大多元文化新视野》，机械工业出版社2012年版，第15页。
[②] 陈荣捷：《朱学论集》，学生书局1982年版，第446页。

别的'小'理,又是唯一无二,同乎太极的'大'理。从这角度来看,个别的'理'就像个别的的单子,而太极的'理'(绝对体的理),就像至高的单子,也就是神。"① 1997 年,她写了《朱熹与道教》的论文,后被收进《思想交流:东亚传统思想中的哲学与宗教的交流》②。

秦家懿最主要的朱子学研究著述,是《朱熹的宗教思想》专著。该书探讨了朱熹的太极、鬼神、礼、人性、修养,也讨论了朱熹对佛教和道教的态度。她对北美朱子学比较研究的贡献,主要体现在以下三个方面:

其一,该书将朱子的核心思想界定为宗教性的,将朱子的"太极"概念视为一种动态的、类似宗教观念中的绝对存在或终极实在的东西,并认为被朱子学界视为核心的"诚""敬"等概念,其实是为直接而无中介地领悟这种终极实在服务的。但同时朱子又通过"理"概念,保持着超越向度之间的平衡关系。这是一种颇为新奇的朱子学诠释角度,在一定程度上,颠覆了朱子学界对推崇格物致知的朱子冠以"理性主义者"的标签,转而将朱子诠释为某种特殊意义上的宗教神秘主义者(这种特殊性体现在,朱子的神秘主义是即内在而超越的,而不是单论彼岸世界的)。③

其二,该书将朱子的宗教思想与西方的宗教哲学传统相比照,指出朱子的宗教观不同于西方唯物论模式,也不同于西方唯知论模式[以柏拉图传统和基督教的各种诺斯底派(Gnosticism)为标志],以中道的宗教观规避了上述两种模式的弊端。

其三,该书采用的是施莱尔马赫(Friedrich Schleiermacher)的"心理移情"诠释学模式,从而能够在对朱子文本有同情之理解的基础上重构朱子思想。④

秦家懿对朱子文本的语意分析极尽细致,并在分析中将朱子思想中

---

① 秦家懿:《莱布尼茨和中国理学思想》,《中国哲学史研究》1983 年第 4 期。
② 秦家懿:《思想交流:东亚传统思想中的哲学与宗教的交流》,纽约:牛津大学出版社 2000 年版。
③ Ching Julia, *The Religious Thought of Chu His*, New York: Oxford University Press, 2000, pp. 32 – 53、50 – 60、67、81、94、123 – 236、212 – 213、228。
④ Ibid., pp. 44 – 47、115 – 122、195 – 196、210 – 211。

关于鬼神、礼仪、人性、教化等的重要观念整合起来，配以对从古到今朱子批判者的考察，这种主观地重构客观朱子学（主要是朱子宗教思想）的进路使得这本书成为英文学界中内容相当丰富的朱子研究参考书。①

二 梁燕城的儒学思想

梁燕城（1951— ）毕业于香港中文大学，美国夏威夷大学哲学博士。他曾任香港浸会大学高级教师，后任加拿大卑斯大学维真学院中国研究部主任。1993年，他在加拿大创办文化更新研究中心，并出任院长和出版《文化中国》学术季刊兼任主编至今。

2004年，梁燕城在马来西亚吉隆坡召开的"第一届儒学国际学术研讨会"上，作了题为《感通与和谐——从忠恕之道化解冲突》②的学术报告。在该主题报告中，他说："中国古代处理全球问题，是通过一种礼乐文化精神，从实践上带来和谐与合乎人性人情之共识。今将之放在现代全球关联和处境来重构其精神，可视之为一种以人与人，国与国间的感通伦理，以'关系思维'来作为全球伦理之一个体精神资源……礼乐精神，是要带来人与人，国与国的互相尊敬与和谐，其道德哲学的基础，即是感通。只有当人能对他人有投入的感应与理解时，才能建立人与人，国与国的互敬和谐。"③

梁燕城认为，儒家的"仁"，是感通他人感受的一种经验。尽人之性是为忠；人也要推己及人，接受他人之不足，原谅他人之错误，是为恕。忠可以化解自己心中的怨恨，恕可以宽恕他人的错误。如此才能除去愤怒的毒根。双方能以忠恕释出善意，才能有化解冲突的机会。他还认为，中国处于两大文明冲突的旁观者位置。中国须从自身文化的价值中，寻找一条化解冲突之路，以中间身份带来两大文明之对话。

---

① 黎昕主编：《朱子学说与闽学发展》，第196页。
② 梁燕城提交大会论文是《全球冲突抑全球和谐——儒道思想如何面对全球化之道》，收录于马来西亚孔学研究会编《第一届儒学国际学术研讨会论文集》（二），2004年8月出版。
③ 马来西亚孔学研究会编：《第一届儒学国际学术研讨会论文集》（二），第262—263页。

1997年，全球100多个宗教领袖汇聚在美国芝加哥城，举办盛大的世界大会，大会正式发表了《全球伦理宣言》，其中一条就是儒家的"己所不欲，勿施于人"。1999年10月，联合国教科文组织提出的《21世纪伦理的共同架构》宣言，将朱熹的"天人哲学"列入宣言的第一条。随着朱子"天人哲学"的普世价值和孔子学院的全球化，朱子学在21世纪的加拿大，会得到更加广泛深入的传播。

参考文献

(以首字笔画为序)

汉文古籍

(宋)朱熹著,朱杰人等主编:《朱子大全》,上海古籍出版社、安徽教育出版社2010年版。

(宋)朱熹:《朱熹集》,四川教育出版社1996年版。

(宋)朱熹:《四书集注》,岳麓书社1995年版。

(宋)朱熹:《四书或问》,上海古籍出版社、安徽教育出版社2001年版。

(宋)吕本中:《杨龟山先生行状》,载杨时《杨龟山先生文集》卷25,清正谊堂刻本。

(宋)张载:《张载集》,中华书局1978年版。

(宋)陆九渊:《陆九渊集》,中华书局1980年版。

(宋)周敦颐:《周子全书》,商务印书馆万有文库本。

(宋)程颢、程颐:《二程集》,中华书局2004年版。

(宋)黎靖德编:《朱子语类》,中华书局1986年版。

(明)朱鉴编:《朱文公易说》,丛书集成初编本。

(明)陈邦瞻:《宋史纪事本末》,中华书局1977年版。

(明)罗钦顺:《困知记》,中华书局1990年版。

(明)黄宗羲:《宋元学案》,中华书局1985年版。

(明)黄宗羲:《明儒学案》,中华书局1986年版。

(明)蔡清:《四书蒙引》,光绪十八年(1892)重刊本。

(清)《续文献通考》,浙江古籍出版社1988年版。

（民国）江峰青主修：《婺源县志》，民国十四年（1925）刻本。

［日］三宅尚斋：《道学资谈》，名古屋蓬左文库藏抄本。

［日］山崎暗斋：《山崎暗斋全集》，日本古典学会昭和十二年（1937）刻本。

［日］山崎暗斋：《续山崎暗斋全集》，日本古典学会昭和十二年（1937）刻本。

［日］日本国民精神文化研究所编：《藤原惺窝集》，京都：思文阁1978年版。

［日］五井蘭洲：《蘭洲遗稿》，大阪府立中之岛图书馆藏本。

［日］五井蘭洲：《钩深录》，大阪府立中之岛图书馆藏本。

［日］藤树书院编：《藤树先生全集》，东京：岩波书店1940年版。

［日］安积淡泊：《大日本史赞薮》，明治己巳刊本。

［日］会泽正志斋：《新论》，东京：岩波文库本。

［日］怀德堂纪念会：《怀德堂遗书六种》，大阪：松村文海堂，昭和四十四年（1969）刻本。

［日］林罗山：《厄言抄》，日本东北大学狩野文库藏江户时代刻本。

［日］林罗山：《野槌》，日本东北大学狩野文库藏江户时代刻本。

［日］板仓节三编：《甘雨亭丛书》，安中：造士馆1856年版。

［日］京都史迹会编：《林罗山诗文集》，京都：弘文社1930年版。

［日］原念斋：《先哲丛谈》，东京：平凡社1994年版。

［日］高须芳次郎编：《水户学全集》，东京：日东书院1933年版。

［日］高须芳次郎编：《藤田东湖全集》，东京：章华社1935年版。

［日］贝原益轩：《益轩全集》，东京：东京益轩全集刊行部，明治四十三年（1910）刊本。

［日］家永三郎等编：《伊藤仁斋 伊藤东狌》，《日本思想大系》33，东京：岩波书店1980年版。

［日］堀杏庵：《杏阳稿》，东京大学史料编纂所藏本。

［日］稻叶君山编：《朱舜水全集》，东京：文会堂1912年版。

［日］稻叶信：《尚斋实录》，日本国会图书馆藏写本。

［日］藤原为经编：《惺窝先生文集》，东京：思文阁1941年版。

［韩］丁范镇编：《增补退溪全书》，首尔：成均馆大学校大东文化研究

院，1978年。

[韩]《世宗实录》，首尔：琛求堂1984年版。

[韩] 李彦迪：《晦斋集》，首尔：景仁文化社1996年版。

[韩] 李珥：《栗谷全书》，首尔：成均馆大学出版社1992年版。

[韩] 李滉：《李退溪文集》，首尔：民族文化推进会1996年版。

[韩] 李德弘：《艮斋先生文集》，首尔：延世大学校出版部1980年版。

[韩] 郑梦周：《圃隐文集》，首尔：景仁文化社1996年版。

[韩] 郑道传：《三峰集》，首尔：延世大学出版社1980年版。

[韩] 郑麟趾：《高丽史》，朝鲜科学院古籍出版社1957年版。

[韩] 退溪学研究院编：《陶山全书》，首尔：高丽书籍株式会社1988年版。

[韩] 周世鹏：《东国名贤言行录》，朝鲜李朝太宗（1402）刻本。

[韩] 赵光祖：《静庵文集》，首尔：景仁文化社1996年版。

[韩] 徐敬德：《花潭集》，首尔：景仁文化社1996年版。

[韩] 韩南塘：《南塘集》，首尔：景仁文化社1996年版。

[韩] 韩国新安朱氏中央宗亲会编《新安朱氏世谱》，首尔：忠孝堂1902年刻本。

[韩]《增补文献备考》，首尔：高丽书籍株式会社1980年版。

[越] 吴士连等编纂：《大越史记全书》，东京：东京大学东洋学文献中心，1979年。

[越] 黎贵惇：《四书约解》，河内：郁文堂1839年版。

其他文献

[马] 马来西亚孔学研究会编：《第一届儒学国际学术研讨会论文集》（吉隆坡），内部资料，2004年。

[马] 郑良玉：《林连玉先生言论集》，吉隆坡：林连玉基金会，2003年。

王中田：《江户时代日本儒学研究》，中国社会科学出版社1994年版。

王家骅：《儒家思想与日本文化》，浙江人民出版社1990年版。

王健：《"神体儒用"的辨析：儒学在日本历史上的文化命运》，大象出版社 2002 年版。

中国日本史研究会编：《日本史论文集》，生活·读书·新知三联书店 1982 年版。

中国孔子基金会编：《孔孟荀之比较——中、日、韩、越学者论儒学》，社会科学文献出版社 1994 年版。

中国社科院哲学研究所：《中国哲学年鉴》，中国大百科全书出版社 1984 年版。

［日］上山春平主编：《日本文明史》，东京：角川书店 1992 年版。

［日］大田青丘：《藤原惺窝》，吉川：弘文馆 1985 年版。

［日］丸山真男：《日本德川时期思想研究》，王中江译，生活·读书·新知三联书店 2001 年版。

［日］井上哲次郎：《日本朱子学派之哲学》，东京：富山房 1990 年版。

［日］井上哲次郎编：《日本伦理汇编》，东京：育成会 1902 年版。

［日］木宫泰彦：《日中文化交流史》，胡锡年译，商务印书馆 1980 年版。

［日］友枝龙太郎：《朱子的思想形成》，东京：春秋社 1969 年版。

［日］东京大学史料编纂所编：《大日本史料》，东京：东京大学出版社 1994 年版。

［日］永田广志：《日本哲学思想史》，陈应年等译，商务印书馆 1983 年版。

［日］田村园澄等：《日本思想史基础知识》，东京：有斐阁 1974 年版。

［日］西林时彦：《日本宋学史》，东京：梁江堂书店 1909 年版。

［日］关仪一郎编：《续日本儒林丛书》，东京：东洋图书刊行会 1930 年版。

［日］辻善之助：《海外交通史话》，东京：内外书籍社 1930 年版。

［日］阪谷朗庐：《朗庐全集》，东京：富山房 1910 年版。

［日］沟口雄三：《中国的思想》，赵士林译，中国社会科学出版社 1995 年版。

［日］尾形禄康：《日本教育通史研究》，东京：早稻田大学出版部 1980 年版。

［日］阿部吉雄：《日本朱子学与朝鲜》，东京：东京大学出版社 1971

年版。

［日］相良亨：《近世日本儒教运动之系谱》，东京：理想社 1965 年版。

［日］相良彻：《近代史上的儒家思想》，东京：理想社 1965 年版。

［日］桑赛姆：《日本文化史》，东京：创文社 1976 年版。

［日］梅溪升：《大阪学问史周边》，东京：思文阁 1989 年版。

［日］源了圆：《德川时期思想简史》，东京：中央公论社 1973 年版。

［日］藤井伦明：《朱熹思想结构探索——以"理"为考察中心》，台湾大学出版中心 2011 年版。

［日］鹫尾顺敬编：《日本思想斗争史料》，东京：名著刊行会 1969 年版。

孔远志：《中国印度尼西亚文化交流》，北京大学出版社 1999 年版。

冯承柏：《中国与北美文化交流志》，上海人民出版社 1998 年版。

北京大学编：《日本哲学》，商务印书馆 1963 年版。

北京大学哲学系外国哲学史教研室：《十六—十八世纪西欧各国哲学》，商务印书馆 1975 年版。

吕元礼：《亚洲价值观：新加坡政治的诠释》，江西人民出版社 2002 年版。

朱谦之：《日本的朱子学》，生活·读书·新知三联书店 1958 年版。

朱谦之：《日本哲学史》，生活·读书·新知三联书店 1964 年版。

朱谦之：《中国哲学对于欧洲的影响》，福建人民出版社 1983 年版。

《朱谦之文集》，福建教育出版社 2002 年版。

朱汉民、李弘祺：《中国书院》，湖南教育出版社 1997 年版。

安文铸等编译：《莱布尼茨和中国》，福建人民出版社 1993 年版。

张立文等主编：《中外儒学比较研究》，东方出版社 1998 年版。

张西平：《中国与欧洲早期宗教和哲学交流史》，东方出版社 1988 年版。

张秀民：《中越关系史论文集》，文史哲出版社 1992 年版。

张国刚：《从中西初识到礼仪之争》，人民出版社 2003 年版。

陈来：《宋明理学》，华东师范大学出版社 2004 年版。

陈来：《朱子哲学研究》，华东师范大学出版社 2000 年版。

陈来：《东亚儒学九论》，生活·读书·新知三联书店 2008 年版。

陈里特:《中国海外移民史》,中华书局1946年版。
陈荣捷:《朱学论集》,学生书局1982年版。
陈荣捷:《朱子门人》,学生书局1982年版。
陈荣捷:《朱熹:生平与思想》,香港中文大学出版社1987年版。
陈荣捷:《朱子新探索》,学生书局1988年版。
陈荣捷:《近思录详注集评》,学生书局1992年版。
陈荣捷:《现代中国的宗教趋势》,文殊出版社1998年版。
李明滨:《中国与俄苏文化交流志》,上海人民出版社1998年版。
李学民、黄昆章:《印尼华侨史》,广东高等教育出版社1987年版。
李桂山、朱柯冰:《加拿大多元文化新视野》,机械工业出版社2012年版。
吴晗辑:《朝鲜李朝实录中的中国史料》,中华书局1980年版。
宋瑞芝:《人类不同文明的互动:文明冲突与交融史》,湖北人民出版社2007年版。
余英时:《朱熹的历史世界》,允晨文化实业股份有限公司2003年版。
杜维明:《儒家传统的现代转换》,中国广播电视大学出版社1992年版。
杜维明:《现代精神与儒家传统》,生活·读书·新知三联书店1997年版。
杜维明:《儒学第三期的前景问题》,联经出版公司1989年版。
杜维明:《论中国儒学传统文化》,生活·读书·新知三联书店1988年版。
何成轩:《儒学南传史》,北京大学出版社2000年版。
何成轩等主编:《儒学与现代社会》,沈阳出版社2001年版。
何芳川主编:《中外文化交流史》,国际文化出版公司2008年版。
沈福伟:《中西文化交流史》,上海人民出版社1985年版。
肖雪慧:《理性人格——伏尔泰》,长江文艺出版社1996年版。
忻剑、方松华编:《中国现代哲学原著选》,复旦大学出版社1989年版。
[英]约翰·霍布森:《西方文明的东方起源》,孙建党译,于向东、王琛校,山东画报出版社2009年版。

［英］《李约瑟文集》，陈养正等译，辽宁科技出版社1986年版。
［英］汤因比、［日］池田大作：《展望二十一世纪：汤因比与池田大作对话录》，荀春生、朱继征译，国际文化出版公司1989年版。
林金水：《利玛窦与中国》，中国社会科学出版社1996年版。
郑安德编：《明末清初耶稣会思想文献汇编》，北京大学出版社2003年版。
郑樑生：《朱子学之东传日本与其发展》，文史出版社1991年版。
杨焕英：《孔子思想在国外的传播与影响》，教育科学出版社1987年版。
周南京主编：《华侨华人百科全书》，中国华侨出版社2002年版。
周一良主编：《中外文化交流史》，河南人民出版社1987年版。
范存忠：《中国文化在启蒙时期的英国》，上海外语出版社1991年版。
季羡林主编：《东方文学史》，吉林教育出版社1995年版。
季羡林编译：《德国学术论文选译》，香港中文大学出版社1981年版。
武安隆：《文化的抉择与发展——日本吸收外来文化史说》，天津人民出版社1993年版。
武夷山朱熹研究中心编：《朱子学新论》，生活·读书·新知三联书店1991年版。
武夷山朱熹研究中心编：《朱熹与中国文化》，学林出版社1989年版。
［法］伏尔泰：《哲学辞典》，王燕生译，商务印书馆1991年版。
［法］伏尔泰：《风俗论》，梁守锵译，商务印书馆1995年版。
［法］孟德斯鸠：《论法的精神》，张雁深译，商务印书馆1982年版。
［法］谢和耐：《中国和基督教》，耿昇译，上海古籍出版社1991年版。
［法］谢和耐、戴密微等：《明清间耶稣会士入华与中西汇通》，耿昇译，东方出版社2011年版。
［法］霍尔巴赫：《自然的体系》，管士滨译，商务印书馆1977年版。
贺胜达：《东南亚文化发展史》，云南人民出版社1996年版。
姜林祥编：《儒学在国外的传播与影响》，齐鲁书社2004年版。
荣振华：《在华耶稣会士列传及数目补编》，中华书局1995年版。
洛阳大学东方文化研究院编：《程朱思想新论》，人民出版社1999年版。

［美］田浩：《朱熹的思维世界》，牛朴、冀小斌等译，允晨文化公司2008年版。

［美］狄百瑞：《东亚文明：五个阶段的对话》，何兆武等译，江苏人民出版社1996年版。

［美］狄百瑞：《中国的自由传统》，李弘祺译，香港中文大学出版社1983年版。

［美］顾立雅：《孔子与中国之道》，高专诚译，山西人民出版社1992年版。

［俄］列宁：《列宁选集》，中共中央编译局译，人民出版社1992年版。

秦家懿编译：《德国哲学家论中国》，生活·读书·新知三联书店1993年版。

徐远和等主编：《东方哲学史》，人民出版社2010年版。

［泰］郑彝元：《儒家思想导论》，曼谷：时中出版社1984年版。

［泰］洪林：《泰国华文学校史》，曼谷：泰中学会2005年版。

黄心川主编：《东方著名哲学家评传》，山东人民出版社2000年版。

黄遵宪：《日本国志》，天津人民出版社2005年版。

［新加坡］龚道运：《朱学论丛》，文史哲出版社1985年版。

龚颖：《"似而非"的日本朱子学：林罗山思想研究》，学苑出版社2008年版。

清华大学思想文化研究所编：《世界名人论中国文化》，湖北人民出版社1995年版。

［韩］全海宗：《中韩关系史论集》，金善姬译，中国社会科学出版社1997年版。

［韩］李丙焘：《韩国儒学史略》，首尔：亚细亚文化社1986年版。

［韩］崔英辰：《韩国儒学思想研究》，邢丽菊译，东方出版社2008年版。

［韩］崔根德：《韩国儒学思想研究》，学苑出版社1998年版。

［韩］黄秉泰：《儒学与现代化——中韩日儒学比较研究》，李明译，社会科学文献出版社1995年版。

［越］陈重金：《越南通史》，戴可来译，商务印书馆1992年版。

［越］武兆主编：《古今儒教》，河南：越南社会科学出版社1990年版。

［越］陶维英：《越南文化史纲》，胡志明市：胡志明出版社 1992 年版。

［新加坡］联合早报社编：《李光耀 40 年政论选》，新加坡：联邦出版社 1993 年版。

［新加坡］刘蕙霞主编：《儒家伦理》，新加坡教育出版社 1985 年版。

［意］利玛窦：《天主实义》，士山湾印书馆 1935 年版。

蔡仁厚：《宋明理学》，学生书局 1999 年版。

［德］E. 卡西尔：《启蒙哲学》，顾伟铭等译，山东人民出版社 1988 年版。

［德］利奇：《十八世纪中国与欧洲文化的接触》，朱杰勤译，商务印书馆 1991 年版。

［德］夏春瑞：《德国思想家论中国》，陈爱政等译，江苏人民出版社 1995 年版。

［德］康德：《未来形而上学导论》，庞景仁译，商务印书馆 1978 年版。

［德］康德：《实践理性批判》，关文运译，广西师范大学出版社 2002 年版。

［德］黑格尔：《哲学史讲演录》，北京大学哲学系外国哲学教研室译，生活·读书·新知三联书店 1957 年版。

［德］黑格尔：《精神现象学》，贺麟、王玖兴译，商务印书馆 1962 年版。

［德］黑格尔：《历史哲学》，王造时译，商务印书馆 1963 年版。

［德］黑格尔：《小逻辑》，贺麟译，商务印书馆 1980 年版。

［德］黑格尔：《自然哲学》，梁志学译，商务印书馆 1980 年版。

黎昕主编：《朱子学说与闽学发展》，中国社会科学出版社 2015 年版。

Adler, Joseph, trans., *Introduction to the Study of the Classic of Change*, by Chu Hsi（易学启蒙）, New York: Global Scholarly Publications, 2002.

de Bary, Wm. Theodore（狄百瑞）, *Sources of Japanese Tradition: 1600 – 2000*, New York: Columbia University Press, 1964.

de Bary, Wm. Theodore（狄百瑞）, *Neo-Confucian Orthodoxy and the Learning of the Mind-and-Heart*, New York: Columbia University Press, 1981.

de Bary, Wm. Theodore（狄百瑞）, *The Rise of Neo-Confucianism in Korea*,

New York: Columbia University Press, 1985.

de Bary, Wm. Theodore (狄百瑞), *Learning for Oneself: Essays on the Individual in Neo-Confucian Thought*, New York: Columbia University Press, 1991.

Berthrong, John (白诗朗), *Concerning Creativity: A Comparison of Whitehead, and Neville, Chu Hsi*, New York: SUNY Press, 1998.

Chan, Wing-tsit (陈荣捷), ed. *Chu Hsi and Neo-Confucianism*, Honolulu: University of Hawaii Press, 1986.

Chan, Wing-tsit (陈荣捷), trans., *Reflections on Things at Hand*（近思录）, New York: Columbia University Press, 1967.

Ching, Julia (秦家懿), *The Religious Thought of Chu Hsi*, New York: Oxford University Press, 2000.

Forke, Alfred. Geschichte der neueren chinesischen philosophie. Berlin: De Gruyter, 1938.

Gardner, Daniel K. (伽德纳), *Zhu Xi's Reading of the "Analects": Canon, Commentary and the Classical Tradition*, New York: Columbia University Press, 2003.

Gardner, Daniel K. (伽德纳), trans., and ed. *Learning to be a Sage: Selections from the Conversations of Master Chu, Arranged Topically*, Oakland: University of California Press, 1990.

Gardner, Daniel K. (伽德纳), trans., *The Four Books: The Basic Teachings of the Later Confucian Tradition*, Indianapolis: Hackett Publishing, 2007.

Haeger, John, ed., *Crisis and Prosperity in Sung China*, Tucson: Arizona University Press, 1975.

Lundbick, Knud, *Josoph de Premare (1666 – 1736), S. J.: Chinese Philology and Figurism*, Aarhus: Aarhus University Press, 1991.

Munro, Donald J. (孟旦), *Images of Human Nature: A Sung Portrait*, Princeton: Princeton University Press, 1988.

Patricia Ebrey (伊佩霞), trans., *Chu Hsi's Family Rituals: A Twelfth-Century Chinese Manual for the Performance of Cappings, Weddings, Funerals, and Ancestral Rites*（家礼）, Princeton: Princeton University Press, 1991.

Tillman, Hoyt C. (田浩), *Confucian Discourse and Chu Hsi's Ascendancy*, Honolulu: University of Hawaii Press, 1992.

Tillman, Hoyt C. (田浩), *Utilitarian Confucianism: Ch'en Liang's Challenge to Chu Hsi*, Cambridge, Mass.: Harvard University of Press, 1982.

Tu, Weiming (杜维明) and Mary Evelyn Tucker, eds., *Confucian Spirituality*, Vol. 1. New York: Crossroad Publishing Company, 2003; Vol. 2. Chicago: Independent Publishers Group, 2004

Wright, Arthur and Denis Twitchett, eds., *Confucian Personalities*, Stanford: Stanford University Press, 1962.

结 束 语

本书从世界的视域，按照朱子学传播发展的脉络进行梳理，并作客观的透视，对朱子学在各传播国与其本土文化相碰撞、融合，对传播国的思想家就朱子学扬弃的思想内涵做出具体分析，力求较准确地反映朱子学在传播国的发展和影响，以使朱子学在海外的情况呈现给读者。

然而，这些只是适应于一般了解朱子学在海外的情况。朱子学在海外传播时间久、地域广，并对不同的传播国的影响各异。为了深入了解朱子学在海外的传播，特别是对传播国的影响，则必须通过对他国的原始资料的研究，才能逐步达到更深的把握。另一方面，为了解朱子学与传播国思想家、朱子学与传播国的近代化、朱子学与人类命运共同体的关联，还有更多的课题需要研究。但限于本书的性质、篇幅与本人的学识，这些问题无法在书中作深入探讨和分析。这就有待今后进一步研究。

从朱子学在海外传播的时空性特征而言，朱子学是近古东亚文明的体现，并在西传过程中，对西方文化产生了一定程度的影响。它具有"世界朱子学"的意义。因此，我们应当对它进行有分析的传承，并积极促进它发生适应新时代的转化，为人类的进步、文明的发展做出中国人的贡献。

在本书问世之际，我要感谢先期发布研究成果被本书引用的学界前辈与同仁，感谢蒙培元老师为之题写书名，感谢各位师友为本书的出版付出的辛勤努力。

在此，我以本书献给我的妻子雷冬香，以感谢她一直以来给予我学术事业上的关怀和支持。

张品端
2019 年 4 月